Ernst Reinhardt Verlag München

Otto Speck

Menschen mit geistiger Behinderung

Ein Lehrbuch zur Erziehung und Bildung

10., überarbeitete Auflage
Mit 47 Abbildungen und 5 Tabellen

Ernst Reinhardt Verlag München Basel

Prof. em. Dr. phil. Otto Speck, Ludwig-Maximilians-Universität München
Pfarrer-Grimm-Straße 42, 80999 München

Fotos auf den Seiten 27, 31: Archivmaterial Stiftung Ecksberg
Fotos auf den Seiten 19, 20, 25: aus dem Nachlass von Max Kirmsse
Fotos auf den Seiten 44, 240, 242, 247, 264, 266, 337: Gisela Peters, Törkendorf
Fotos auf den Seiten 220, 223, 225, 226: Verena Henneböhle, Rhea Gerke und
Birgit Zettl, Grundschule an der Oselstraße, München, Integrationsklasse
Cover unter Verwendung eines Fotos der Musikschule Bochum

Bibliografische Information der Deutschen Bibliothek

Die Deutsche Bibliothek verzeichnet diese Publikation in der Deutschen
Nationalbibliografie; detaillierte bibliografische Daten sind im Internet über
<http://dnb.ddb.de> abrufbar.
ISBN 3-497-01739-6
10. Auflage

Printed in Germany
Reihenkonzeption Umschlag: Oliver Linke, Augsburg
Satz: Rist Satz & Druck GmbH, Ilmmünster
Druck und Bindung: Friedrich Pustet, Regensburg

Ernst Reinhardt Verlag, Kemnatenstr. 46, D-80639 München
Net: www.reinhardt-verlag.de   Mail: info@reinhardt-verlag.de

Inhalt

Vorwort zur 10. Auflage

Die Jubiläumsauflage dieses Buches (31. bis 35. Tausend), das inzwischen auch in japanischer und russischer Übersetzung vorliegt und demnächst auch in polnischer Sprache erscheinen wird, gab Anlass, den Inhalt nochmals zu überarbeiten und zu aktualisieren. Die erneute Veränderung wichtiger Rahmenbedingungen der Behindertenhilfe machte dies erforderlich. Dabei blieben alle wesentlichen Bestandteile erhalten. Neuere wissenschaftlich-empirische Erkenntnisse halten sich ohnehin in Grenzen. Die grundlegenden Befunde aus den letzten Jahrzehnten haben ihre Bedeutung durchaus behalten und spiegeln zugleich die historische Entwicklung der Forschung und der pädagogisch-sozialen Hilfe für Menschen mit geistiger Behinderung wider. Die Ergänzungen beziehen sich auf pädagogisch wichtige Konsequenzen, die sich aus dem gesellschaftlichen Wandel ergeben, insbesondere in ökonomischer, biotechnologischer, ethischer und organisationaler Hinsicht, und die nicht ohne direkte Auswirkungen auf die Einstellungen und die praktische Arbeit geblieben sind. So wurde u. a. eine differenzierte Auseinandersetzung mit dem Grundbegriff „geistige Behinderung" vorgenommen, da dieser gegenwärtig von bestimmten Positionen aus als obsolet betrachtet wird. Neu aufgenommen wurden u. a. Kapitel über die moralische Entwicklung, über pädagogische Achtsamkeit und über Qualitätsentwicklung. Aufgrund der aktuellen Diskussion um das Bildungswesen und der dabei zu beobachtenden einseitigen Gewichtung der Förderung von Spitzenbegabungen erschien es nötig, den Begriff der Bildung hier stärker zu betonen. Aus diesem Grunde wurde auch der Titel leicht geändert. Neu eingefügt wurden auch Photos über den integrativen Unterricht.

Herbst 2004   Otto Speck

Einleitung:
Menschen mit geistiger Behinderung –
aktuelle Perspektiven

Vierzig Jahre nach Wiedereinführung des Bildungsrechtes für Kinder und Jugendliche mit einer geistigen Behinderung sind zahlreiche Zielvorstellungen verwirklicht, die damals als völlig neue Ideen, zumeist nur zaghaft, in der Öffentlichkeit geltend gemacht worden waren. Die nötigen Erziehungs- und Bildungseinrichtungen, angefangen von der Frühförderung, über den Kindergarten und die Schule bis zur beruflichen Bildung und Erwachsenenbildung sind weithin geschaffen und in rechtlichen Bestimmungen verankert.

Die soziale Eingliederung hat große Fortschritte gemacht, auch wenn immer noch da und dort Vorurteile ein gemeinsames Leben und Lernen erschweren. Der Sinn sozialer Teilhabe hat sich im Ganzen gesehen im öffentlichen Bewusstsein verankert, auch wenn deren Umsetzung keine vollständige ist. Von einer Erfüllung aller Visionen kann keine Rede sein.

Das Grundgesetz wurde geändert: *Niemand darf wegen seiner Behinderung benachteiligt werden.* Geht man von dem Nullpunkt von einst aus, so ist es eine insgesamt beachtliche Aufbauleistung, die hier vorliegt. Man kann sagen: Die Erziehung und Bildung von Menschen mit einer geistigen Behinderung ist ein selbstverständlicher und integrierter Bestandteil unserer Kultur geworden.

Es gibt inzwischen aber auch Anzeichen dafür, dass sich die Situation der Menschen mit geistiger Behinderung wiederum ändert und zwar als Folge globaler Umgewichtungen in den gesellschaftlichen und politischen Rahmenbedingungen. So hat zum einen eine *zunehmend ökonomisch orientierte Bildungsauffassung* mit einer forcierten Förderung der leistungsstärkeren Schülerinnen und Schüler zu einer Schwerpunktverlagerung der öffentlichen Interessen und Investitionen in diesen Bereich geführt. Die neuen bildungspolitischen Programme tendieren eindeutig zu einer verstärkten Förderung der produktiveren Schülerinnen und Schüler, während die schwächeren in zunehmendem Maße eine Randrolle spielen (Vereinigung der Bayerischen Wirtschaft 2003). Diese einseitige Schwerpunktsetzung könnte bewirken, dass die Bildung derjenigen an Wert verliert, die nicht zu den Hochqualifizierbaren gehören. Bereits jetzt stagnieren bzw. verringern sich die staatlichen Aufwendungen für diejenigen, die nur geringere Verwertungspotenziale einbringen, die sich also zu wenig „rechnen". Ihre beruflichen Chancen sinken ohnehin. Wirtschaftlich gesehen rangieren sie als „Überflüssige" (Speck 1999).

Hinzu kommt eine neue Herausforderung, die das menschliche Phänomen geistige Behinderung in einem neuen Bild erscheinen lässt und auf die

Dauer nicht ohne Konsequenzen für die pädagogische Arbeit und das für sie wesentliche *Menschenbild* bleiben wird. Lag diesem bisher eine schicksalhafte Fügung zu Grunde, die es als Herausforderung anzunehmen und menschlich zu gestalten galt, taucht nun, bedingt durch phänomenale Fortschritte der Molekularbiologie und Biotechnik, die *Leitvorstellung des perfekten Menschen* auf.

Im Entstehen begriffen ist eine „eugenische Zivilisation", der es im Sinne einer „positiven Eugenik" darum geht, biologisch unerwünschte Merkmale zu eliminieren, und die biotische Ausstattung des Menschen zu optimieren. Von der *Gentechnologie* wird erwartet, dass sie letztlich „ideale Kinder mit idealen Merkmalen" hervorbringt, heißt es (Rifkin 1998, 196, Fukuyama 2002). Diese Tendenzen und Aussichten auf künftig makellose und möglichst perfekte Neugeborene werden nicht ohne Auswirkung auf die Vorstellungen vom Sinn menschlichen Lebens bleiben. Behinderung dürfte künftig als Codierungsfehler oder vermeidbarer Irrtum verstanden werden, als Leben also, das es zu verhindern gilt. Diese Entwicklung zu einem *biotechnischen Zeitalter* dürfte nur schwer aufzuhalten sein. Wer wollte es Eltern übelnehmen, wenn sie den Wunsch haben, ein möglichst gesundes Baby zu bekommen? Andererseits: Welche Chancen werden dann Kinder mit einer geistigen Behinderung haben, ein lebenswertes Leben in einer sie akzeptierenden Umwelt leben zu können?

Die Vorstellung von einer endgültigen Lösung der Menschenprobleme, von Erlösung von Unvollkommenheit und Inhumanität, stellt ein *gefährliches Phantasma* dar (Baudrillard 2000). Nichts geht nur von *einem einzigen* Prinzip aus. Keines der sich gegenseitig ausschließenden und sich unentwirrbar manifestierenden Prinzipien wird sich besiegen lassen. Ohne das duale oder antagonistische Prinzip müsste „das Eigentümliche des Menschen und also auch des Humanismus" verschwinden (54). In einer Welt, in der das Individuum sich anschickt, zum „perfekten Subjekt", zum „Subjekt ohne den Anderen" zu werden, müsste „Heil" seinen Sinn verlieren. Angesichts dieser geradezu wahnwitzigen Vorstellungen dürfte Behindertenhilfe und Integration als Antwort auf die reale Gefährdung des Menschlichen mehr denn je angezeigt sein. Das Bildungsrecht und seine ethischen Grundlagen sind neu zu sichern.

I Geschichtliche Entwicklung der sozialen und pädagogischen Hilfe

Menschen mit geistigen Behinderungen gab es zu allen Zeiten. Die Sozialgeschichte ist auch eine Geschichte der verschiedenen Positionen, die die jeweilige Gesellschaft diesen Menschen zuwies, die sie als wunderlich und verehrungswert oder als unbrauchbar und lebensunwert ansah. Die Fachtermini, mit denen eine relativ ratlose Wissenschaft sie zu klassifizieren suchte, waren u. a. „Blödsinn", „Idiotie", „Schwachsinn", „Geistesschwäche" (Sengelmann 1885).

Es sollen hier nur überblickshaft einige historische Orientierungsdaten aufgezeichnet werden, soweit sie zum Verständnis der Entwicklungslinien einer Geistigbehindertenpädagogik uns wichtig erscheinen. Einzelheiten aus neuerer Sicht können den Arbeiten von D. Meyer (1973), Möckel (1988), Merkens (1988) und B. und Ch. Lindmeier (2002) entnommen werden.

Die Geschichte dieser Menschen war über Jahrhunderte hinweg die Geschichte ihrer Verfolgung und Missachtung (Bachmann 1985). Erst seit dem Beginn des 19. Jahrhunderts kann von Ansätzen ihrer Bildung und Erziehung die Rede sein.

1 Mythische Abwehr und soziale Selektion

In den antiken Quellen finden sich relativ wenige Hinweise zum Schicksal geistig behinderter Menschen. Ganz allgemein lässt sich sagen, dass dieses im Wesentlichen von mythisch-religiösen Abwehrmechanismen bestimmt war. Allzu fremd und naturwidrig war ihr Bild. Der hilflos ausgelieferte Mensch des Altertums sah Götter und Dämonen im Spiel. Seine soziale Antwort war Selektion. Die Spartaner entledigten sich der missgebildeten Neugeborenen in den Schluchten des Taygetos-Gebirges. Auch für Athen galt die Tötung dieser „Nutzlosen" als Erfordernis im Sinne des Gemeinwohles (Meyer 1983). Es gab keine Anerkennung ihres Lebensrechtes und ihrer Menschenwürde. Aristoteles sprach in seiner Nikomachischen Ethik bewusst „entehrend" von „Erscheinungsformen eines tierischen Wesens", entstanden durch Krankheit oder Verkrüppelung (Buch VII, Kap. 1). Der immer wieder zitierte Unterschied bei der Einschätzung der Epilepsie, die als „heilige Krankheit" galt, erklärt sich daraus, dass damit nicht geistesschwache Menschen gemeint waren. Die Tötung neugeborener missgestalteter Kinder wurde im Übrigen auch von den Römern praktiziert.

Das christliche Mittelalter konnte sich bezüglich der missgestalteten, also geistig und körperlich schwergeschädigten Kinder nicht ganz von heidnischen Überlieferungen trennen. Dies fand seinen unheilvollen Niederschlag insbesondere im Begriff der „untergeschobenen" Kinder, der „Wechselbälge" (Bachmann 1985). Nach dem damaligen Volksglauben nahm man an, dass der Teufel ein gesundes Kind gegen ein missgestaltetes austausche. Bachmann legt eine Reihe von Dokumenten vor, die seine These bestätigen sollen, dass diese primitive Unterstellung genuin christlich sei, dass die jahrhundertelange grausame Verfolgung dieser Menschen als „Teufelswerk" durch die Kirche die maßgebliche Rolle am Zustandekommen der tiefeingewurzelten Vorurteile ihnen gegenüber gespielt habe. Bei näherer Untersuchung erweist sich pars pro toto gesetzt: Der primitive Aberglaube frühgeschichtlichen (heidnischen) Ursprungs, durch kirchliche Instanzen zusätzlich sanktioniert, hat mit Sicherheit einem akzeptierenden Verständnis für diese Menschen im Wege gestanden; darüber kann aber der Grundansatz der evangelianischen Nächstenliebe, der ohne jeden Zweifel gerade zur Annahme, Seelsorge und Erziehung geistig schwacher Menschen nach der Aufklärung geführt hat, nicht ignoriert werden. Diese um der geschichtlichen Wahrheit willen nötige Relativierung gilt auch für die häufig zitierten „Tischreden" Martin Luthers aus dem Jahre 1540 (Nr. 5207). Es handelt sich um nachträgliche Niederschriften über Tischgespräche. Dabei ging es um den Fall eines offensichtlich geistesschwachen Kindes, eines „Kielkropfes", also eines „Wechselbalgs", von dem gesagt wurde, dass der Teufel dies gemacht habe, dass solche Kinder eine „massa carnis", ein Klumpen Fleisch ohne Seele, seien.

Dass es schon im Mittelalter auch eine christlich motivierte Fürsorglichkeit für Geistesschwache und Geisteskranke gegeben hat, dürfte die bis heute während Tradition im belgischen Ort Geel zeigen. Sie geht auf ein vor Jahrhunderten abgelegtes Gelübde dieser Kirchengemeinde zurück. Auch J. A. Comenius (1592–1670) setzte sich von seiner christlich begründeten Pädagogik aus für die Schulbildung aller ein, „mit Ausnahme höchstens derer, denen Gott den Verstand versagt hat" (Große Didaktik, 1627/28, Ausg. 1985, 66).

2 Aufklärung und erste pädagogische Ansätze

Das Gedankengut der Aufklärung führte allmählich zur Überwindung des Aberglaubens und regte das kausale Interesse an der Erforschung der Geistesschwäche, des Kretinismus, an, aber auch an Möglichkeiten einer Erziehung und Bildung der bisher geschmähten und im Elend lebenden Kinder.

Dass sie sich dabei zunächst auch schwer tat, zeigte sich u. a. bei J. J. Rousseau. Er bekannte sich in seinem „Emile", seinem „Evangelium der Natur" (Goethe), zu seinen Problemen mit kränklichen und siechen Kindern. Die

Sorge um sie sei zu Schaden der Sozietät verschwendet. „Mag ein anderer sich statt meiner dieses Schwachen annehmen. Ich billige es und seine Nächstenliebe. Ich kann nicht jemanden das Leben lehren, der nur darauf bedacht ist, sein Sterben zu verhindern" (1762, 265).

Auch für Kant bedeutete Blödsinnigkeit „Seelenlosigkeit". In seiner „Anthropologie" von 1798 spricht er von „gänzlicher Gemütsschwäche, die entweder selbst nicht zum tierischen Gebrauch der Lebenskraft (wie bei den Kretinen des Walliserlandes), oder auch nur eben zur bloß mechanischen Nachahmung äußerer durch Tiere möglichen Handlungen (Sägen, Graben etc.) zureicht" (Weischedel-TB-Ausg. 1977, Bd. XII, S. 526). Aus dieser Umschreibung geht übrigens hervor, dass die „Seelenlosigkeit", von der Kant hier im Falle einer „Blödsinnigkeit" spricht, weder eine totale Verneinung des Menschseins meint noch eine endgültige Selektion intendiert. Immerhin aber bezeichnet H. E. Stötzner, der sich als einer der ersten Pädagogen für die Errichtung von Schulen für Schwachbefähigte einsetzte, die „eigentlich Blödsinnigen" als „geistig tot" (1864).

Die Errichtung der ersten Einrichtungen für Schwachsinnige im vorigen Jahrhundert geht im Wesentlichen auf dreierlei Beweggründe zurück: auf medizinische, pädagogisch-soziale und religiös-caritative. Das Vordringen des naturwissenschaftlichen, d. h. kausalen Denkens, gab starke Anstöße für eine systematische Entfaltung der Arbeit für den geistesschwachen Menschen.

Als Ursprungsland der Erforschung des jugendlichen Schwachsinns gilt die Schweiz. Diese Tatsache ist bedingt durch das gehäufte Vorkommen des Kretinismus in diesem Lande.

Bedeutsame und beispielhafte pädagogisch-soziale Anstöße waren von Pestalozzi ausgegangen. In einer „Anrufung der Menschlichkeit" setzte er sich für die in der „niedrigsten Menschheit" vergessenen Kinder und ihre Auferziehung ein (Pestalozzi, 1777, S. W., 1. Bd., 176). Seine Berichte über zwei Kinder auf dem Neuhof dürften die einzigen über eine erfolgreiche Erziehung geistig behinderter Kinder im 18. Jahrhundert sein. Völlig unzeitgemäß war seine Überzeugung, „daß auch Kinder von äußerstem Blödsinn, die durch gewohnte Härte dem Tollhaus aufgeopfert werden, durch liebreiche Leitung zu einem ihrer Schwachheit angemessenen, einfachen Verdienst vom Elend eines eingesperrten Lebens errettet und zur Gewinnung ihres Unterhalts und zum Genuß eines freien und ungehemmten Lebens geführt werden können" (Pestalozzi, 1778, S.W., 1. Bd., S. 188).

Den Kretinismus zu heilen versuchte der Arzt J. J. Guggenbühl in seiner 1841 auf dem Abendberg bei Interlaken / Schweiz gegründeten „Heilanstalt für Kretinen und blödsinnige Kinder" (siehe Abb. S. 18).

Die ersten speziellen Gründungen von Schulen und Anstalten für Schwachsinnige fallen ins 19. Jahrhundert. Die erste Schule, die auch für schwachsinnige Kinder gedacht war, gründete der Privatlehrer Gotth. Guggenmoos 1816 in Hallein, später in Salzburg, wo sie bis 1835 bestand. In

Das Berghaus Abendberg bei Interlaken/Schweiz, gegründet 1841 von J. J. Guggenbühl, heute.

Österreich hatte bereits 1779 der Wiener Krankenhausdirektor Frank die
Erziehung und Bildung schwachsinniger Kinder für notwendig gehalten.
1820 rief Traugott Weise mit seiner „Betrachtung über geistesschwache Kinder" seine Zeitgenossen auf, sich der Geistesschwachen anzunehmen, „deren Menschheit oft mit Füßen getreten wird".

Dass die „Wechselbälge" noch nicht ganz ausgestorben waren, geht aus
einer Tagebuch-Aufzeichnung von J. W. v. Goethe hervor. Dort ist aus dem
Jahre 1810 von „Fexen im Salzburgischen" die Rede, was gleichbedeutend
mit „Wechselkindern" ist: „Fexe werden im Salzburgischen mehr oder weniger imbezille Menschen genannt. Alle Wirtschaften an der Salzach haben
deren mehr oder weniger … Es gibt Stufen dieser Blödsinnigkeit und deswegen werden dreierlei Arten von Fexen gezählt: *Weltläufige*, welche al-
lenfalls umher nach der Residenz gehen können, um irgendein Geschäft zu
verrichten; *Revierige*, welche bloß in den Revieren des Dorfes können zu
Hirten oder sonst gebraucht werden; *Unrevierige*, welche nicht aus dem
Hause kommen und nicht die mindesten Fähigkeiten haben. Diese Menschen sind so häufig, daß gewisse Gewohnheitsrechte für die hergebracht
sind." – Wir dürfen hierin wohl die erste integrationsbezogene Klassifizierung geistig behinderter Personen sehen. Pfarrer Probst nannte seine 1852
in Ecksberg gegründete Anstalt eine „Weltläufigmachungsanstalt", deren
Programme er auf der Weltausstellung 1872 in Wien vorstellte: soziale Eingliederung würde man heute sagen.

gegründet 1816 in Hallein von G. Guggenmoos

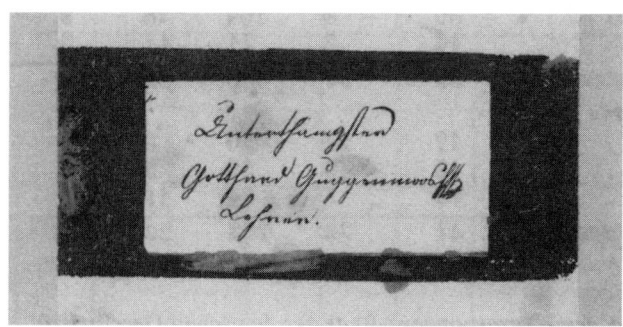

Faksimile von Guggenmoos' Handschrift

Heilpflege- und Erziehanstalt in Baden bei Wien,
gegr. durch J. D. Georgens und M. Deinhardt 1856

Eine pädagogisch differenzierte, zum Teil modern anmutende Einrichtung schufen 1856 J. D. Georgens und M. Deinhardt mit ihrer „Heilpflege-
und Erziehanstalt Levana" in Baden bei Wien (Möckel 1988).

In Frankreich gelang es 1798 dem Arzt Jean Itard, einem verwilderten,
geistig behinderten Knaben durch sorgfältige pädagogische Maßnahmen zu
einem erstaunlichen Grad von sozialer Anpassung zu verhelfen. Jäger hatten den etwa 10-jährigen Jungen nackt in einem abgelegenen Wald gefun-

den, wo er offensichtlich schon längere Zeit vegetiert und sich von Eicheln ernährt hatte. Seine Lebensgeschichte bis zu seiner Auffindung, die Frage nach der Dominanz endogener oder exogener Faktoren, mag ungeklärt bleiben; auf jeden Fall handelte es sich um eine geistige Behinderung. Systematische Sinnesschulung und gemüthafte Bildung trugen zu dem Erziehungserfolg wesentlich bei. Der Junge konnte schließlich mit Itard in Pariser Restaurants speisen, nachdem oder obwohl er vorher sein Dasein nur in der Wildnis gefristet hatte (Itard 1965, Lane 1990).

Für Itard selber war es offensichtlich ein Misserfolg, denn Viktor, das „Wildkind“, das er zunächst nicht als „Idioten“ angesehen hatte, vermochte nicht, das Sprechen zu erlernen und sich in die Ordnung der Moral zu integrieren. Überzogene Zielsetzungen und Hoffnungen ließen den mit hohem wissenschaftlichen Ehrgeiz arbeitenden Arzt und Pädagogen schließlich resignieren. Seinen methodischen Ansatz einer *„physiologischen Erziehung“* aber führte ein anderer Pariser Arzt fort: Edouard Seguin (1812–1880). Sein Konzept richtete sich – im Gegensatz zu dem Itards – direkt auf die Erziehung idiotischer Kinder. Er hatte die besondere Bedeutung der sensualistischen Methode für die Bildung des Intellekts erkannt, zugleich aber auch die Bedeutung der affektiven und moralischen Erziehung. Sein Programm fasste er 1846 in seinem *„Lehrbuch der Idiotenerziehung“* zusammen, dem ersten systematischen Lehrbuch dieser Art (Hänsel 1974). Seine praktischen Versuche, die in der Betonung der sensorischen und motorischen Schulung auf den späteren Piagetschen Ansatz hindeuten, führte er mit idiotischen Kindern zunächst an der Pariser Irrenanstalt Bicêtre und später an einer eigenen Privatschule durch (Seguin 1864). Wohl aus politischen Gründen emigrierte er 1850 in die Vereinigen Staaten, wo er dann maßgeblich am Aufbau der Schwachsinnigenerziehung beteiligt war (Kanner 1964, Rosen u. a. 1976, Scherenberger 1987).

Für die deutsche Heilpädagogik blieb Seguin und damit auch der „physiologische“ Ansatz weithin unbeachtet. M. Montessori kommt das Verdienst zu, seine Methode wieder aufgegriffen und auch für die allgemeine Erziehung weiterentwickelt zu haben. In Paris selber bemühte sich der Psychiater Bourneville (1840–1909), Seguins Werk zu erhalten und fortzuführen.

1866 publizierte der englische Arzt John L. H. Down seine „Beobachtungen zu einer ethnischen Klassifizierung von Schwachsinnigen“. Darin unternimmt er den Versuch, die ihm bekannten Gruppen von Schwachsinnigen bestimmten Rassen zuzuordnen, und beschreibt dabei erstmals den von ihm so genannten „mongolischen Typ der Idiotie“. Beachtlich ist hierbei, dass er nicht nur Symptomatologie und eine spekulative Ätiologie darstellt, sondern auch konkrete Möglichkeiten der Behandlung – „systematic training“ (Down 1966, 6).

Die blödsinnigen Kinder Rheinlands und Westfalens unter 15 Jahren,

nach einer im Auftrage des Ober-Präsidenten beider Provinzen im Jahr 1858 vorgenommen Zählung nach verschiedenen Gesichtspunkten zusammengestellt

von C. Barthold,

Vorsteher von „Hephata," Heil- und Pflegeanstalt für blödsinnige Kinder Rheinlands und Westfalens.

1. Zahl der vorhandenen Kinder.

I. Rheinprov. Reg.-Bezirk:	Total-Summe.	Geschlecht.		Confession.			Altersstufen.				
		Knaben.	Mädchen.	evangel.	kathol.	jüdisch.	unt. 4 Jahr.	5–6 Jahre.	7–9 Jahre.	10–12 Jhr.	13–15 Jhr.
Aachen . . .	74	45	29	3	70	1	1	6	20	23	24
Coblenz . . .	130	82	48	32	95	3	4	8	38	49	31
Cöln	137	74	63	16	118	3	5	11	45	46	29
Düsseldorf . .	234	127	107	91	141	2	6	19	66	73	70
Trier	107	58	49	15	91	1	3	7	31	42	24
Summen:	682	386	296	157	515	10	19	51	200	233	178
II. Westfalen.											
Arnsberg . .	116	62	54	73	43	—	6	5	36	41	24
Minden . . .	98	59	39	57	41	—	5	7	32	26	25
Münster . . .	109	71	38	11	96	2	8	9	38	27	25
Summen:	323	192	131	141	180	2	19	21	106	94	74

2. An Steuern zahlen die Eltern:

I. Rheinprovinz. Reg.-Bezirk:	steuerfrei.	15 Sgr. bis 1 Thlr.	1—4 Thlr.	5—8 Thlr.	9—12 Thlr.	13—16 Thlr. u. höher.
Aachen . . .	8	13	42	7	1	3
Coblenz . . .	10	7	86	17	4	6
Cöln . . . :	37	5	75	9	5	6
Düsseldorf . .	30	8	164	18	9	5
Trier	14	6	71	11	3	2
Summen:	99	39	438	62	22	22
II. Westfalen.						
Arnsberg . . .	12	21	70	6	5	2
Minden . . .	15	10	58	5	5	2
Münster . . .	14	5	74	11	1	2
Summen:	41	36	202	22	11	6

Faksimile aus dem Correspondenz-Blatt der deutschen Gesellschaft für Psychiatrie und gerichtliche Psychologie. 7. Jahrgang 1860

3. Ursächliche Entstehungsweise des Blödsinns.

I. Rheinprov. Reg.-Bezirk.	Von Geburt an.	Epilepsie.	Krankheiten, z. B Gehirnentzündung, Scropheln, Rachitis, hitzige Fieber, Kopfgeschwüre, Rötheln etc.	Krämpfe, besonders während des Zahnens.	Unfall, Schreck, Fallen, Schlag etc. Trunksucht d. Eltrn. schlechte Erz.
Aachen . . .	36	14	14	3	2
Coblenz . . .	67	17	17	18	6
Cöln	73	12	12	10	17
Düsseldorf . .	138	26	26	16	21
Trier	64	7	7	13	10
Summen:	378	76	76	60	56
II. Westfalen.					
Arnsberg . . .	94	5	12	2	3
Minden . . .	65	12	7	10	4
Münster . . .	85	10	6	4	4
Summen:	244	27	25	16	11

4. Verhältniss zur Bevölkerung.

I. Rheinprov. Reg.-Bez.   1 Blödsinniger unter 15 Jahren kommt auf

Aachen . . .	6036 Bewohner.	II. Westfalen.		
Coblenz . . .	3987 „			
Cöln	3984 „	Arnsberg . .	5750 Bewohner.	
Düsseldorf .	4541 „	Minden . . .	4695 „	
Trier	4840 „	Münster .	4000 „	
In Summa:	4540 Bewohner.	In Summa:	4849 Bewohner. *)	

3 Anstalten und Hilfsschulen

Die zahlreichen Gründungen von Schwachsinnigenanstalten durch *kirchlich-caritative Institutionen* waren sicherlich in erster Linie vom christlichen Ethos getragen (Verband Kath. Einrichtungen 1989, Stockhausen 1975). Man würde ihnen aber nicht gerecht, wollte man sie *nur* unter diesem Aspekt betrachten. Sie waren vielmehr, jedenfalls die neuen Anstalten im 19. Jahrhundert, mitgetragen von den pädagogischen und medizinischen Impulsen und Erkenntnissen, die sich in dieser Zeit allmächlich verbreiteten. Als Beispiele genannt seien die süddeutschen Anstaltsgründungen von Wildberg b. Nagold durch Pfr. Haldenwang (1838, „Rettungsanstalt für schwachsinnige Kinder"), Stetten durch Dr. Müller (1848), die Kretinenanstalt Ecksberg durch Pfr. Probst (1852), die „Blödenanstalt" Neuendettelsau durch Pfr. Löhe (1854), die „Associationsanstalt Schönbrunn" bei Dachau (1863), die Wagnerschen Anstalten in Dillingen durch Pfr. Wagner (1869) und die Ursberger Anstalten durch Pfr. Ringeisen (1884). Einen näheren Überblick in die Entwicklung der ersten Anstaltsgründungen gibt die Arbeit von Meyer (1973). Bezeichnend für den ursprünglich offenen Ansatz, der durchaus nicht nur auf Separierung abgestellt war, sind Aufzeichnungen in der Schulchronik von Schönbrunn, wonach unter den ersten Schülerinnen sich zu einem Drittel auch „normalbegabte" Kinder befanden, und stets auch Kinder aus der Umgebung – behinderte und nicht behinderte – aufgenommen wurden (vgl. auch Stockhausen 1975, Möckel u. a. 1997, 1999).

Auch die *staatlichen „Idiotenanstalten"* dieser Zeit verstanden sich nicht als Bewahranstalten, sondern bemühten sich um die Erfüllung eines pädagogischen Auftrags, wie u. a. aus den Preußischen Bestimmungen, das Hilfsschulwesen betreffend, von 1859 hervorgeht. Darin wird über „Erziehung und Unterricht der Blödsinnigen" festgestellt und bestätigt, dass es möglich sei, Kinder dieser Kategorie durch „sorgfältigste, physische und moralische Pflege, unter Anwendung geeigneter Hilfsmittel der Erziehung und des Unterrichts ... allmählich wieder zu einigermaßen brauchbaren Mitgliedern der menschlichen Gemeinschaft heranzubilden" zit. b. Klink 1966, 106–107). Diese staatlichen Anstalten gingen zum Teil aus Initiativen von Taubstummenpädagogen hervor, so z. B. die Gründung der „Heil- und Bildungsanstalt für Blödsinnige" in Berlin durch C. W. Saegert (1858). In seiner Schrift „Die Heilung des Blödsinns auf intellektuellem Wege" (1845 / 46) stützte er sich im Wesentlichen auf J. Itard. Sozialstaatliche und ideengeschichtliche Zusammenhänge hat Bradl (1991) aufgezeigt.

In der 2. Hälfte des 19. Jahrhunderts wurde das Ausmaß gewährter Bildungshilfe für geistig behinderte Kinder durch die Gründungen der *öffentlichen Hilfsschulen* erheblich erweitert. Im Zuge ihres Ausbaues vollzog sich eine allmähliche Verdrängung der Imbezillen aus den Hilfsschulen („Strukturwandel", Beschel 1960). Es mögen dafür mehrere Gründe maßgebend

Carl Wilhelm Saegert
1809–1879
Wegbereiter der deutschen
Schwachsinnigenfürsorge Berlin

P. Heinr. Matthias Sengelmann
1821–1899
Gründer der Altendorfer Anstalten
bei Hamburg

Johanna Philippine Nathesius
1829–1885
Gründerin der Schwachsinnigenanstalten zu Neinstedt am Harz, 1861

Pfarrer Joseph Probst
1816–1884
Gründer der Anstalt
Ecksberg/Oberbayern

gewesen sein: das Leistungsprinzip, der Nachweis der sozialen Brauchbarkeit, das Fehlen einer tragfähigen Bildungskonzeption für die Schwächeren, der fehlende Rückhalt in der öffentlichen Meinung und die durch die unterschiedliche Zusammensetzung der Schülerschaft in der Hilfsschule – Debile und Imbezille – schwer zu überbrückende unterrichtliche Schwierigkeit.

Die um ihre Anerkennung ringende *Hilfsschule* sah sich genötigt, sich nach „unten" abzugrenzen. So plädierte Egenberger (1913) für die Praktizierung einer Grenze, an der das „Unternormale, welches wertlos ist", beginnt. „Wer nur Unterklassenziele zu erreichen vermag, also über die ersten Elemente nicht hinauszubringen ist, dessen Bildung bedeutet verlorene Mühe und verlorenes Geld" (99). In späteren Jahren hat Egenberger die prinzipielle Bildbarkeit auch der Schwächsten durchaus verteidigt. Hier aber ging es offensichtlich um die Profilierung einer bestimmten Sonderschule, der Hilfsschule, die mit Nützlichkeitsbegründungen ihre Existenzberechtigung gegenüber einer uneinsichtigen Öffentlichkeit zu verteidigen suchte.

Wollte man die Schwächeren nicht gänzlich ausschulen, so überwies man sie in Anstaltshilfsschulen oder an manchen Orten in so genannte Vorklassen oder Sammelklassen.

A. Fuchs (1917) berichtet von solchen „*Sammelklassen*" für schwer schwachsinnige Kinder an den Berliner Hilfsschulen, wo sie eine selbstständige Stellung einnahmen. Ihnen war jeweils ein Hort angeschlossen, dessen Aufgabe die „Speisung, belehrende Beschäftigung und Übung der Kinder bis zu den Abendstunden" war. Es handelte sich also um Tageseinrichtungen. Die Eltern waren verpflichtet, ihr Kind dorthin zu schicken.

Die Sammelklasse (S-Klasse) stellte eine einklassige Schule dar. Wegen der nötigen Einzelbehandlung sollte sie nicht mehr als 15 Kinder umfassen. Auf die Fächer Deutsch und Rechnen wurde im Gegensatz zur Hilfsschule ausdrücklich nicht mehr das Hauptgewicht gelegt. Neben der Pflege des Gemüts wurde die Entwicklung der körperlichen Geschicklichkeit als Hauptfach angesehen. Die Hälfte der täglichen Unterrichtszeit sollte auf den Handarbeitsunterricht verwendet werden. Dazu kamen in angemessenem Umfang Spielen und Turnen (Fuchs). In anderen Orten versuchte man es mit Differenzierungen der Hilfsschüler in A- und B-Züge oder in A-, B- und C-Züge gemäß dem unterschiedlichen Leistungsvermögen.

Im Gegensatz zu diesen lokalen Regelungen in Deutschland, welche die adäquate Förderung der schwer schwachsinnigen Kinder mehr zufälligen Bedingungen überließ, wurde die Schulpflicht für imbezille Kinder in *Norwegen* im Jahre 1881 und in den *Niederlanden* 1901 durch Gesetz eigens geregelt. So kam es, dass dieses kleine Land bald das mit am besten ausgebaute Schulsystem für imbezille Kinder aufwies.

Wie utilitaristisch angefochten die allgemeine Bereitschaft zur Förderung der schwer schwachsinnigen Kinder schon vor 1933 war, geht u. a. aus einem Vortrag hervor, den G. Aschaffenburg, Dekan der Medizinischen Fakultät der Universität Köln, 1930 auf dem 5. Kongress für Heilpädagogik

Aus der Stiftung Ecksberg
bei Mühldorf am Inn

in Köln hielt. Unter dem Titel „Grenzen der Heilpädagogik" erhob er seine Stimme gegen „den auf heilpädagogischem Gebiet vielfach geübten Mißbrauch der Kräfte". So sollte man „davon Abstand nehmen, hochgradig Schwachsinnige mit unendlicher Mühe zu fördern, mit dem Endergebnis, daß sie vielleicht etwas hinzugelernt haben, aber doch niemals sozial brauchbar werden … Die Notwendigkeit, mit menschlicher Kraft und menschlicher Begeisterung sparsam umzugehen, verlangt gebieterisch eine sorgfältige Sichtung der Fälle, damit die Kraft, die, an anderer Stelle eingesetzt, Gutes wirken und Wertvolles erreichen könnte, nicht vergeudet wird in mühseliger, aber aussichtsloser Arbeit" (Aschaffenburg 1931, 709).

4 Sozialdarwinistische und schulische Ausgrenzung

Ende des 19. Jahrhunderts verbreiteten sich in Europa und Nordamerika rassehygienische Tendenzen, die vor allem auf eine Verhütung und Ausgrenzung „minderwertigen Lebens" hinausliefen. In äußerer Anlehnung an die Entdeckungen des großen Biologen Ch. Darwin, vor allem aber unter rassistischen Vorzeichen wurde der „Kampf ums Dasein" zu einem pseudowissenschaftlichen Thema. Er wird als „Sozialdarwinismus" bezeichnet. Die damals verkündeten Thesen, die bis in die Forderung nach einer „Euthanasie" hineinreichten, bezweckten eine soziale Auslese und letztlich die Züchtung einer hochwertigen Rasse. Soziale Maßnahmen zu Gunsten „Minderwertiger" wurden ausdrücklich verneint.

Verwirrung und Unheil hatten bereits seit Beginn dieses Jahrhunderts vererbungstheoretische und eugenische Tendenzen angerichtet. Man war der Annahme, dass Schwachsinn erblich sei, zur Armut, Kriminalität und diversen Krankheiten führe und deshalb ausgemerzt werden müsse. Vor allem in *Nordamerika* bestimmte dieses Denken die Maßnahmen an Schwachsinnigen lange Zeit. Dazu hatte besonders ein Buch von H. H. Goddard beigetragen, das (deutsch) 1914 erschienen war und den Titel trug „Die Kalikak-Familie – Eine Studie über die Vererbung des Schwachsinns". Die Folge dieser und ähnlicher wissenschaftlich unzulänglicher Behauptungen waren u. a. die gesetzlich bestimmte Sterilisation und die weitestgehende gesellschaftliche Isolation der Geistesschwachen, d. h. ihre lebenslängliche Internierung (Näheres b. Hanselmann 1958, 127).

1920 erschien in Deutschland eine von zwei angesehenen Gelehrten, einem Rechtswissenschaftler, K. Binding, und einem Mediziner, A. Hoche, verfasste Schrift mit dem Titel „Die Freigabe der Tötung lebensunwerten Lebens". Sie richtete sich gegen die Existenzberechtigung von Menschen mit schweren geistigen Mängeln, deren Versorgung als sinnlos und kostspielig angesehen wurde. Unter dem Einfluss volkswirtschaftlicher und selektiv-eugenischer Maßgaben hatten die Autoren gefordert, „unheilbar blödsinnige" Menschen zu „erlösen", statt sie hinter Anstaltsmauern nutz-

**Die
Freigabe der Vernichtung
lebensunwerten Lebens**

Ihr Maß und ihre Form

Von den Professoren
Dr. jur. et phil. Karl Binding und Dr. med. Alfred Hoche

Leipzig 1920

los am Leben zu erhalten. Bei ihnen könne von Leiden keine Rede sein, weil kein Lebenswille und kein Selbstbewusstsein vorlägen. Sie seien „geistig Tote", „leere Menschenhülsen". Der Lebenswert dieser Menschen müsse sich auf die Beurteilung eines „objektiven Lebenswertes für die Gesellschaft" verlagern, und dieser könne eben auch „unter null sinken", sodass diese Menschen als „Ballastexistenzen" im Gefüge der menschlichen Gesellschaft anzusehen seien. Als Mediziner resümierte Hoche: „Eine neue Zeit wird kommen, die von dem Standpunkte einer höheren Sittlichkeit aus aufhören wird, die Forderungen eines überspannten Humanitätsbegriffes und einer Überschätzung des Wertes der Existenz schlechthin mit schweren Opfern dauernd in die Tat umzusetzen" (1920, 62).

In der Zeit des Nationalsozialismus kulminierten die Idee und der Grundsatz der Brauchbarkeit, und zwar hier im völkischen Sinne. So lesen wir bei A. Krampf (1936): „Brauchbarkeit ist … das Urteil über den Wert einer Persönlichkeit in ihrem ganzen physischen und psychischen Sein für die Gemeinschaft" (19). Oder: „Wenn die Einzelpersönlichkeit im Sinne und zum Nutzen des Ganzen" am Kulturschaffen des Volkes „bewußt teilnimmt und teilzunehmen in der Lage ist, dann erweist sie sich als brauchbar" (16). Die Arbeit der Hilfsschule galt nicht dem Wohle des einzelnen Behinderten, sondern hatte da anzusetzen, „wo die Gefahr einer kulturellen, wirtschaftlichen und politischen Volksschädigung besteht", heißt es in einem Aufruf von Ruckau in der „Deutschen Sonderschule" (1936, 1–3). Das Brauchbarmachen als Aufgabe der Hilfsschule aber sollte „auf dem wirkungsvollsten und billigsten Wege" erfolgen. „Es darf im Dritten Reich keinen Erzieher auf sog. verlorenem Posten geben und keine Stunde umsonst vertaner Kraft oder unverhältnismäßig starken Ringens um einen ganz kleinen, für die Volksgemeinschaft nur unwesentlichen Erfolg" (Bartsch 1934, 48).

In der Konzeption der „Hilfsschule im neuen Staat" fehlten denn auch schulische Einrichtungen für schwer schwachsinnige Kinder. Krampf sprach von den „völlig Bildungsunfähigen", die durch Gesetz aus der allgemeinen Schulpflicht entlassen werden und der Wohlfahrt überantwortet werden sollten. Eine schulische Arbeit an ihnen sei aus wirtschaftlichen Gründen nicht mehr vertretbar. Horte, Kindergärten oder Anstalten sollten sich dieser Kinder annehmen. Um Kosten zu sparen, sollte man die Zöglinge „äußerst scharf in Schul- und Bildungsfähige und Schul- und Bildungsunfähige" teilen (Voigt 1934). Differenzierte Angaben über die Verdrängung der schwerer behinderten Kinder durch Anordnungen der Nazi-Dienststellen enthält u. a. die Untersuchung von Höck (1978).

Das Gesetz, das den Ausschluss der sog. Bildungsunfähigen legalisierte, trat 1938 in Kraft. Dieses *Reichsschulpflichtgesetz* bestimmte in § 11: „Bildungsunfähige Kinder und Jugendliche sind von der Schulpflicht befreit. Als bildungsunfähig sind solche Kinder und Jugendliche anzusehen, die körperlich, geistig oder seelisch so beschaffen sind, daß sie auch mit den vorhandenen Sonderschuleinrichtungen nicht gefördert werden können."

Die Bubenabteilung der Anstalt Ecksberg, vergast 1944

Abtransport zur „Endlösung", 1940

Diese Bestimmung ist wegen ihres relationalen Aussagegehalts im Reich unterschiedlich gehandhabt worden. Sie führte aber generell zur systematischen Ausgrenzung dieser Kinder und bedeutete in sehr vielen Fällen deren Freigabe zur Tötung.

Es wurde von einzelnen Vertretern der Hilfsschulen versucht, die schwer schwachsinnigen Kinder und ihre Einrichtungen zu retten. So betonte u. a. Tornow (1941), dass diese Kinder eine gewisse Bildbarkeit durchaus besäßen und daher auch eine Teilbrauchbarkeit für das Volksganze erreichen könnten. „Wir müssen in voller Klarheit herausstellen: die als bildungsunfähig aus der Hilfsschule auszuschulenden Kinder sind in der Mehrzahl der Fälle keineswegs als völlig unbeeinflußbar, als völlig erziehungs- und bildungsunfähig, als völlig arbeitsunfähig oder gar als asozial hinzustellen" (27). „Diese Kinder könnten bei geeigneter Betreuung wenigstens einen Teil ihres Lebensunterhalts verdienen und zugleich vor dem völligen sozialen Absinken bewahrt werden" (33).

Die konsequente Auslegung der Begriffe „lebensunwertes Leben" und „Bildungsunfähigkeit" führte allerdings unerbittlich – vor allem im Krieg – zur massenweisen systematischen Tötung dieser im Sinne der Nazi-Ideologie „unbrauchbaren" Kinder und Jugendlichen (Ehrhardt 1965, Klee 1983). Ihr Ziel wurde zwar mit der Lüge zu verschleiern versucht, dass niemand diese Menschen auf dem Wege der Euthanasie beseitigt wissen wolle, zugleich aber wurde auch primitiv-utilitaristisch suggeriert, dass „niemand mehr – wollen wir endlich aus dem Wohlfahrtsstaat herauskommen – die Verantwortung für die Erhaltung arbeitsunfähiger Volksgenossen übernehmen" könne (Krampf, ibid., 83). – Das Programm der Kinder-Euthanasie („T4") wurde über eine Meldepflicht zentral gesteuert und in mehreren als Pflegeanstalten oder Spezialkliniken getarnten Tötungseinrichtungen durchgeführt. Ihm fielen mindestens 5000 geistig behinderte Kinder zum Opfer, wahrscheinlich wesentlich mehr. Insgesamt gab es im Deutschen Reich sechs Tötungsanstalten, in denen über 70 000 Menschen aus psychiatrischen Anstalten, Alters- und Pflegeheimen und Krankenhäusern ermordet wurden (Klee 1983, Kuratorium Gedenkstätte Sonnenschein 1996, Jenner, Klieme 1997, Faulstich 1998).

Nach 1945 änderte sich für die geistig behinderten Kinder schulisch und sozial wenig. Man knüpfte da an, wo man 1933 gestanden hatte. Der § 11 des Reichsschulpflichtgesetzes wurde in sämtliche Schulpflichtgesetze der Bundesländer übernommen. Die Hilfsschule etablierte sich wieder als Leistungsschule, die an einer Einbeziehung der Schwerschwachsinnigen kaum interessiert war. Man überließ sie – wie einst – den Anstalten, d. h. der „privaten Mildtätigkeit". Die Ausschulung der sog. Bildungsunfähigen, ihre „Schulbefreiung", wurde vielfach bedenkenlos praktiziert. Die Hilfsschule registrierte diese „Befreiten" lediglich in ihren Akten. Es standen nur in den Anstalten Plätze in sehr begrenzter Zahl zur Verfügung. – Noch 1954 hieß es in einer Denkschrift des Verbandes Deutscher Hilfsschulen zum Ausbau des heilpädagogischen Sonderschulwesens (unter A 8): „Erweist sich ein Kind während seiner Hilfsschulzeit als bildungsunfähig, ist die Ausschulung zu veranlassen." Darüber, was mit den so Entfernten geschehen soll, wurde nichts vermerkt.

Die zahlreichen Anstalten, zumeist in kirchlicher Trägerschaft, hatten nach dem Krieg einen schweren Stand. Die materiellen und geistigen Verwüstungen hatten Spuren hinterlassen, die nicht so rasch überwunden werden konnten. Die Finanzierung war im Wesentlichen auf „Mildtätigkeit" angewiesen. Der empfindliche Mangel an pädagogischem Fachpersonal erlaubte im Allgemeinen nur Pflegedienste, freilich unter Einbeziehung pädagogischer Elemente (Kaspar, Wollasch 1981, Klevinghaus 1972).

5 Bildungsrecht und Schule für Geistigbehinderte

Eine Wendung bahnte sich an, als die Eltern zur Selbsthilfe griffen und sich zu Elternvereinigungen zusammenschlossen. 1958 wurde die Bundesvereinigung „Lebenshilfe für das geistig behinderte Kind" in Marburg gegründet (Mutters 1965). Der allmählich wieder in Gang kommende Kontakt mit dem Ausland ließ die bisherige Mauer der Ignoranz auf sozialem und schulischem Sektor allmählich abbröckeln. Die von der Bundesvereinigung Lebenshilfe geprägte Bezeichnung „geistig behindert" wurde in die sonderpädagogische Fachterminologie übernommen.

Es entstanden zunächst *sozialpädagogische* Einrichtungen in Form reiner Horte oder Tagesstätten ohne eine Angliederung an eine Schule. Ihre Errichtung ließ sich aufgrund des Jugendwohlfahrtsgesetzes rechtlich leichter bewerkstelligen als die Schaffung schulischer Einrichtungen. Hier bestand rechtlich das Hindernis der „Schulbefreiung" der „bildungsunfähigen" Kinder.

Ein aufschlussreiches Dokument für diese Problematik stellt der 13. Abschnitt des *„Gutachtens der Ständigen Konferenz der Kultusminister der Länder zur Ordnung des Sonderschulwesens"* (1960) dar. Er ist betitelt „Heilpädagogischer Lebenskreis für pflegebedürftige Kinder". Es heißt darin im Einzelnen: „Diejenigen Kinder, deren Erziehbarkeit und Bildbarkeit so gering sind, daß sie weder in Schulen noch in Heilpädagogischen Kindergärten gefördert werden können, haben auch ein Anrecht darauf, als Menschen beachtet und behandelt zu werden. – Der Staat darf sich der Verpflichtung nicht entziehen, auch diesen Kindern gerecht zu werden … Diese Lebenskreise sind stationär in Heimen oder … als Tagesheimstätten einzurichten. Wieweit die Jugendfürsorge oder die Schulbehörde oder beide gemeinsam solche Einrichtungen schaffen und beaufsichtigen, hängt von den jeweiligen örtlichen Gegebenheiten und dem jeweiligen Charakter dieser Einrichtung ab."

Dieser Text stellt offensichlich eine Verlegenheitslösung dar. Dies geht schon aus dem schulorganisationsfremden Terminus „Lebenskreis" hervor, der in einem Gutachten verwendet wird, in welchem eindeutig nur von „Sonderschulen" die Rede ist. Man könnte einwenden, dass man sich damals – 1960 – in Anbetracht der gegebenen Verhältnisse und der noch nicht ausgereiften Konzeption für diese Bildungsarbeit alle Türen offen lassen wollte (Schulanhängsel oder Sozialeinrichtung); und doch wurde eine negative Fixierung vorgenommen: die geistig behinderten Kinder wurden als „pflegebedürftig", d. h. nicht schulbildungsfähig, deklariert. Die menschliche Aufgabe an ihnen wurde nicht als Bildungsaufgabe, sondern als „Pflege der körperlichen und seelischen Kräfte" definiert. Abgesehen von diesen vagen und die Bildungsaufgabe am geistig behinderten Kind einengenden Formulierungen wurde immerhin die Aufmerksamkeit der Öffentlichkeit auf diese bedeutsame Aufgabe gerichtet.

Wenn auch die sozialpädagogische Lösung von Vertretern der Hilfsschule (W. Hofmann 1959, Wegener 1962) als adäquat für schwer schwachsinnige Kinder angesehen wurde, so konnte sie doch die schulpädagogische Lösung nicht ersetzen. Längst lagen Vorbilder aus dem Ausland vor. Es ging im Übrigen prinzipiell um die Sicherung eines ungeteilten Bildungsrechtes für alle Kinder.

Da sich die Hilfsschule aus ihrer eigenen Tradition und Position als „Leistungsschule" heraus – aus damaliger Sicht mit Recht – dagegen wehrte, die von ihr als „bildungsunfähig" ausgeschulten Kinder wieder aufzunehmen, und damit den eigenen Bildungsauftrag zu gefährden, kam nur eine gesetzliche Neuregelung in Betracht: Es musste eine eigene „Sonderschule für Geistigbehinderte" zusätzlich zur Hilfsschule (Sonderschule für Lernbehinderte) geschaffen werden. Zu dieser wichtigen bildungspolitischen Neuschöpfung kam es durch den Erlass von Sonderschulgesetzen in den Bundesländern um die Mitte der sechziger Jahre. Die Verankerung des Schulrechts der geistig behinderten Kinder bedeutete:

a) die Bestätigung des allgemeinen, durch Verfassungen gesicherten Bildungsanspruches, damit
b) die Bestätigung der Zugehörigkeit zum Gesamt der Schulen besuchenden Kinder und Jugendlichen,
c) die Sicherung der Vermittlung aller dem geistig behinderten Kinde zugänglichen Bildungsgüter einschließlich derer, die zu den so genannten Kulturtechniken gehören, und
d) den Einbau dieser Bildungsarbeit in die umfassende Organisation der Schule.

Der Weg zur ordentlichen „Schule für Geistigbehinderte", wie er in München verlief, kann als Beispiel für ähnliche Vorgänge an anderen Orten dienen (Speck 1964). Er ist mit dem Namen der Münchner Oberschulrätin M. Eller eng verknüpft. – Schon als Hilfsschullehrerin hatte sie sich in den fünfzi-

ger Jahren aus eigenen Stücken außerhalb der Schule im Einzel- und Gruppenunterricht derjenigen Kinder angenommen, die von der Schule abgewiesen worden waren. Zusammen mit den Eltern, die jeweils an einem solchen Abendunterricht teilnahmen, hatte sich ein Arbeitskreis gebildet.

Im Jahre 1959 wurde dieser Abendkurs mit Genehmigung des Stadtschulamtes in eine Versuchsklasse der Hilfsschule umgewandelt. Sie musste von M. Eller neben ihrer Hilfsschulklasse geführt werden. Der Erfolg dieser Arbeit führte 1960 zur ordentlichen Errichtung von zwei Sonderklassen für Geistigbehinderte an der Hilfsschule an der Klenzestraße. Es waren dies die ersten öffentlichen „Sonderklassen für Geistigbehinderte" in Bayern. Das Münchner Beispiel fand in anderen Städten des Landes, wo sich Lehrer dazu bereitfanden, Nachahmung.

Nach dem Erlass des Sonderschulgesetzes (1965) konnten die ersten selbstständigen Schulen für geistig behinderte Kinder geschaffen werden. Auch in fast allen anderen Bundesländern vollzog sich zur gleichen Zeit dieser Vorgang; in die Schulgesetze wurden die „Schulen für Geistigbehinderte" – in Baden-Württemberg: für „Bildungsschwache" – aufgenommen.

In den siebziger Jahren ist die „Schule für Geistigbehinderte (Sonderschule)" ein festverankerter Bestandteil des Schulwesens. Ausgebaut wurden auch die Einrichtungen für die Frühförderung, der Kindergarten (als schulvorbereitende Einrichtung), die Tagesstätten, die Heime, die Werkstufe und die Werkstätten für Behinderte (Speck 1979a).

6 Integrative Tendenzen

Seit den achtziger Jahren wird als Folge integrativer Einstellungsänderungen in der Gesellschaft die Schule für geistig Behinderte als einzig adäquate Bildungseinrichtung für diese Kinder in Frage gestellt und als Sonderschule zu überwinden versucht. In zahlreichen Modellen werden Formen gemeinsamen Lernens von geistig behinderten und nicht behinderten Schülern erprobt. Die Zahl der Eltern wächst, die ihr geistig behindertes Kind in einer Grundschule unterrichten lassen wollen. Vielerorts können Sonderschulen für diese Kinder nicht mehr gebildet werden, weil diese Grundschulen besuchen. Beispielhaft sei der Hamburger Schulversuch genannt, der insbesondere geistig behinderte Kinder berücksichtigt (Wocken, Antor 1987). Während hier und in den meisten anderen Modellen *bestimmte* geistig behinderte Schüler ausgewählt werden, zielt der Schulversuch in Bremen auf die schulische Eingliederung aller geistig behinderten Kinder, auch der schwerstbehinderten, ab (Feuser, Meyer 1987).

Mit diesen Ansätzen soll die Gefahr der sozialen Isolierung gebannt und eine bessere pädagogische Grundlage für eine spätere wirkliche soziale Eingliederung im Sinne des Normalisierungsprinzips geschaffen werden. Die Probleme, die sich aber gerade im Falle einer geistigen Behinderung schulisch-unterrichtlich stellen, sind erhebliche (Speck 1988). Es ist eine völlig offene Frage, ob die Grundschule generell bereit ist, diese Aufgabe zu übernehmen, ob der Staat in der Lage ist, die Personalschlüssel für Lehrer zu verbessern, ob die Eltern der nicht behinderten Kinder wirklich und auf Dauer zur Kooperation bereit sind, und ob die Lehrer generell und beständig die erschwerte unterrichtliche Aufgabe übernehmen können. Eine entscheidende Frage richtet sich darauf, ob etwa ein Teil der geistig behinderten Kinder integrativ unterrichtet wird und der andere Teil in einer Restschule verbleibt, deren Bildungsauftrag wiederum in Frage gestellt wird, und die dann zur Pflegeeinrichtung abgestuft werden könnte.

Die Integrationsdiskussion wird mit starkem sozialem und politischem Engagement geführt. Die sich stellenden Fragen lassen sich deshalb noch nicht bündig beantworten (Mühl 1987). Auf jeden Fall sind in der geistigbehindertenpädagogischen Szenerie Ansätze eines grundlegenden Wandels mit gegenwärtig noch nicht absehbaren Folgen und eine beträchtliche Verunsicherung unter Eltern und Sonderpädagogen eingetreten. Die zutage getretenen Kontroversen beziehen sich dabei nicht auf das *Ziel* „soziale Integration", sondern auf den *Weg* dorthin. Die bisher eigeninstanzlich kompetente Sonderpädagogik (Geistigbehindertenpädagogik) sieht sich in ein substanzielles Spannungsverhältnis mit allgemeinpädagogischen und sozialpädagogischen Kompetenzen einbezogen. Sie geht nicht mehr von einer institutionell fixierenden Sonderschulbedürftigkeit aus, sondern von einer offenen Position, die vom individuellen Erziehungsbedarf des Kindes unter der Maßgabe dienlicher integrativer Lernbedingungen bestimmt wird (KMK-Empfehlungen 1994).

7 Zur Entwicklung der Geistigbehindertenpädagogik

Die Wissenschaft von den Bildungs- und Eingliederungsmöglichkeiten für Menschen mit einer geistigen Behinderung ist relativ jung. Sie ist hervorgegangen aus medizinisch-naturwissenschaftlichen Ansätzen zur Erklärung des Entstehens und zur Vorbeugung von geistigen Behinderungen, aus christlichen und humanitären Impulsen zur Linderung menschlichen Leidens und aus pädagogischen Versuchen, Einsichten und Methoden zur Bildung auch der Schwächsten im Lernen. Diese Vorgeschichte war ein reichlich langer und mühsamer Weg durch Aberglauben, Ignoranz und Ablehnung einerseits und durch tiefes Elend andererseits. Das gesellschaftliche Schicksal der Ausgestoßenen und Nur-Geduldeten teilten Menschen mit geistigen Behinderungen in allen vergleichbaren „zivilisierten" Ländern.

Die Geistigbehindertenpädagogik als pädagogisches (heilpädagogisches) Fach hierzulande konstituierte sich etwa 20 Jahre nach dem Zweiten Weltkrieg. Sie hatte nahezu vom Punkt Null auszugehen. Die Nazi-Barbarei hatte alle Ansätze der vorausgegangenen „Hilfsschulpädagogik" zerschlagen.

„Lebensunwertes Leben" war vernichtet worden. Während beispielsweise in den USA, in den Niederlanden oder in Skandinavien die Entwicklung der wissenschaftlichen Erforschung und der pädagogischen Methoden weiterschreiten konnte, entstand in Deutschland eine Lücke von etwa 30 Jahren. Sie konnte nicht so einfach aufgefüllt werden. Die Kontakte zum Ausland waren unterbrochen und belastet. Der Anschluss an die Entwicklung wurde auf zweierlei Weise gesucht:

- Man versuchte, an der alten Hilfsschulpädagogik anzuknüpfen. Sie hatte eine 1933 abgebrochene beachtliche Tradition. Diese bezog sich vor allem auf die schulische Förderung „schwachsinniger" Kinder (Fuchs 1922). Ein anderer Anküpfungspunkt waren die „Anstalten", die im 19. Jahrhundert Verdienstvolles zur Linderung von Not geleistet hatten (Hilscher 1930, Sengelmann 1885).
- Man orientierte sich am Ausland. Es war kein Zufall, dass gerade ein Ausländer (T. Mutters, Niederlande) in Deutschland aus der international fortgeschrittenen Entwicklung heraus entscheidende Anstöße für neue Modelle der Förderung und Eingliederung geistig behinderter Menschen gab.

Aus der Spannung dieser unterschiedlichen Ansätze ging das erste größere Kontroversthema hervor, an dem sich die junge Geistigbehindertenpädagogik profilieren konnte: der Streit um den pädagogischen Stellenwert der Kulturtechniken gegenüber einer mehr lebenspraktischen Bildung im Zusammenhang mit der Konstituierung der „Schule für geistig Behinderte" (Vetter 1966, Bach 1967). Auf jeden Fall konzentrierte sich der wissenschaftliche Ansatz zunächst auf die *Schule*. Es ging um die Begründung des Bildungsrechtes für geistig behinderte Kinder und Jugendliche und um die Wiedererrichtung spezieller schulischer Einrichtungen. Spezielle pädagogische Methoden zur vollen Ausschöpfung der Lernkapazität dieser Schüler galt es zu entwickeln. Mit einem Elan sondergleichen ging man an die Konstruktion von Lehrpänen (Curricula) heran. Alle alles lehren zu können, hieß die optimistische Devise, die sich auf die Lern- und die Begabungstheorie stützen konnte, ursprünglich aber von J. A. Comenius stammte.

Die Konzentration auf die Verbesserung der Lernmöglichkeiten des einzelnen geistig behinderten Schülers bestimmte lange Zeit inhaltlich das Arbeitsgebiet der Geistigbehindertenpädagogik. Davon legt im Besonderen der von H. Bach 1979 herausgegebene Band 5 des „Handbuches der Sonderpädagogik" Zeugnis ab. Gebrochen wurde diese Entwicklung durch gesellschaftskritische und soziologisch orientierte Ansätze (Feuser 1981). Das „medizinische Modell", das sich vornehmlich an Schädigungen im Einzelnen und an entsprechenden individuum-bezogenen Therapie- und Förderungsansätzen orientierte, wurde als einseitig und deshalb unzulänglich verworfen. Gefragt und geforscht wurde nach sozialen, interaktionalen und kommunikativen Zusammenhängen. Unterstützt wurde dieser Ansatz durch die Propagierung von Normalisierung und gesellschaftlicher Eingliederung von Menschen mit geistigen Behinderungen (Thimm u. a. 1985). Die Geistigbehindertenpädagogik begann, sich aus dem Bereich der Schule (Sonderschule) heraus zu verlagern und zu erweitern.

Zum einen dehnte sich das Forschungsfeld der Förderungsmöglichkeiten auf alle Entwicklungsstufen aus, also von der Früherziehung bis zur Erwachsenenbildung; zum anderen verstärkte sich das Forschungsinteresse für Möglichkeiten der schulischen und sozialen Integration, d. h. also für Möglichkeiten gemeinsamen Lernens und Lebens geistig behinderter und nicht behinderter Menschen.

Die Integrationsdiskussion brachte die Geistigbehindertenpädagogik in eine erneute Kontroverse. An ihr lässt sich beispielhaft aufzeigen, was Wissenschaft vermag und wo ihre Grenzen liegen. Wissenschaft versucht Klärung in die Wirklichkeit zu bringen, damit diese besser bewältigt werden kann. Wie ist aber die Wirklichkeit, z. B. die Erziehung samt Erziehungszielen und -problemen, familiären und gesellschaftlichen Bedingungen zu sehen und zu bewerten? Wie kann man beispielsweise zur allseits gewünschten („objektiven") Klarheit darüber kommen, ob eine gemeinsame Unterrichtung geistig behinderter und nicht behinderter Kinder real die „bessere" ist? Von welchen Bedingungen hängt die insgesamt bessere Entwicklung ab? Was ist überhaupt „besser"? Wer kann und soll dies beurteilen? Ist dies nicht Sache, d. h. das Recht und die Freiheit, jedes einzelnen, insbesondere der unmittelbar betroffenen Menschen? Wieweit sind subjektive und partiell generalisierte Wertungen maßgebend und konstitutiv für pädagogische Maßnahmen?

Hier wird ein spezielles Problem der Geistigbehindertenpädagogik deutlich: Sie muss Aussagen *über* den geistig behinderten Menschen machen, da der Zugang zu seiner Selbstsicht und Weltsicht nur indirekt erschlossen werden kann und da seine Wirklichkeit eine extrem *abhängige* ist.

Jeder Versuch aber, etwas wissenschaftlich objektivierend festzustellen, ist vom Beobachter, von seinen Wahrnehmungsmustern, von seiner eigenen Selbst- und Weltsicht, von seinen Wertmaßstäben abhängig. Wenn er sich z. B. zur bedingungslosen Gemeinsamkeit des Lebens und Lernens aller Kinder bekennt, so ist seine Wahrnehmung im Speziellen von diesen Erwartungen geprägt. Die Folge ist, dass die Wirklichkeit in ihren Möglichkeiten verschieden gedeutet und beschrieben wird. Die Geistigbehindertenpädagogik kann deshalb letztlich kein geschlossenes, also auch kein „klares" Bild abgeben.

Sie kann als Wissenschaft auch kein Urteil darüber abgeben, ob bestimmte Werte für das Zusammenleben der Menschen und für ihre eigene Lebenserfüllung und Sinnfindung die „richtigen" sind. Für Werte, für das, was den Menschen gut und glücklich machen kann, hat sich der Einzelne zu entscheiden, selbstverständlich im Verbund mit anderen. Wissenschaft kann lediglich feststellen, welche Werte und Normen in bestimmten Gruppen von Menschen gültig und wirksam sind (Anstötz 1984 b). Damit soll angedeutet werden, dass das, was wissenschaftliche Analyse und Theoriebildung erfasst und erarbeitet (konstruiert), nur von begrenzter Gültigkeit ist und sein kann. Selbstverständlich sind diese Beiträge zum Verständnis des Menschen und zur Bewältigung seiner Probleme unverzichtbar wichtig. Die Geistigbehindertenpädagogik hat die Aufgabe, die Erziehungswirklichkeit für Menschen mit geistiger Behinderung in all ihren Facetten und Zusammenhängen zu erfassen, zu sondieren und transparent zu machen und zwar so, dass ihre Befunde nachprüfbar sind, nicht also reine subjektive Ansichten darstellen.

Man kann mit Recht in der deutschen Geistigbehindertenpädagogik ein gewisses Defizit an wissenschaftlich-empirischen Befunden zur Lern- und Lebenssituation von Menschen mit geistiger Behinderung beklagen. Es mag dies mit dem Rückschlag zusammenhängen, den diese Wissenschaft durch das o. g. historische Vakuum erlitten hat. Das ist aber nicht allein der Grund. Er ist auch und v. a. darin zu sehen, dass man hierzulande – insbesondere „nach Auschwitz", nach der Vernichtung „lebensunwerten Lebens" – besonders sensibel für Lebens- und Weltanschauungen, für Ideologien ist, und dass deshalb sehr wachsam der normative Zusammenhang zwischen geistig behindertem Leben und gesellschaftlichen Wertsystemen insgesamt beobachtet und diskutiert wird.

Die Wissenschaft von der Erziehung und Bildung von Menschen mit geistiger Behinderung kann – bei aller Verpflichtung zu möglichst objektiver, also rationaler, verallgemeinerbarer und kontrollierbarer Erkenntnis – auf die Einbeziehung der in der Gesellschaft wirkenden und für den Einzelnen gültigen Werte und Normen nicht verzichten; denn *Erziehung* ohne verbindliche Normen und Werte ist nicht denkbar. Damit aber wird zugleich das Kreuz sichtbar, das eine Erziehungswissenschaft auf sich zu nehmen hat, und das ihr immer wieder den Verdacht einbringt, keine echte, keine „reine" Wissenschaft zu sein.

Eine solche „reine" Wissenschaft würde den Menschen zum bloßen Objekt wertfreier Analyse und Befunde machen. Sie könnte keine Aussagen darüber machen, was durch Erziehung an Werten verwirklicht werden *„soll"*. Gerade eine Wissenschaft von der Erziehung geistig behinderter Menschen bedarf einer Diskussion des zugrunde zu legenden Menschenbildes und verstehender Teilhabe am Menschen. Sie wird dabei immer nur von einer Hypothese zur anderen fortschreiten können und ist dabei auf eine kritische Auseinandersetzung mit Gegenthesen angewiesen. Je offener, d. h. je weniger totalisierend und radikalisierend sie dabei verfährt, desto eher kommen Verständigungen, gegenseitige Ergänzungen und Annäherungen an das zustande, was Erziehung unter erschwerenden Lernbedingungen und bei speziellen Erziehungsbedürfnissen bedeutet.

Die Kritik (Anstötz 1984 a, 1985, 1987) an der Geistigbehindertenpädagogik hierzulande, sie ermangele einer hinreichenden wissenschaftlich positiven, also statistisch-empirischen Begründung, ist durchaus ernst zu nehmen. Jedes wissenschaftliche Fach, das es mit dem Befund und der Veränderung von Wirklichkeit zu tun hat, bedarf eines gesicherten Bestandes an Faktenwissen. Dieses wird durch Beobachten, Zählen und Messen von beobachtbarer, zählbarer und messbarer Realität erzeugt. Die Frage ist, wie der beklagte Mangel an erziehungswissenschaftlicher Faktenforschung im Bereich der Geistigbehindertenpädagogik zu erkären ist. Anstötz unterstellt seinen deutschen Kollegen eine Vorliebe für – offenbar „unwissenschaftliches" – „Ganzheitsdenken", also ein mangelndes Interesse an „harter" Empirie und hält ihnen zum Vergleich die imponierenden empirisch-wissenschaftlichen Arbeiten im anglo-amerikanischen Bereich vor.

Bei näherem Hinsehen aber lassen sich wichtige Differenzierungen ausmachen:

Die zitierten englischen und amerikanischen empirischen Arbeiten stammen nahezu ausnahmslos nicht von Pädagogen, sondern von *Psychologen*. Sie sind Bestandteil der (pädagogisch-)*psychologischen* Forschung, die an einigen wissenschaftlichen Instituten hervorragend ausgebaut ist. Die Psychologie hierzulande hält sich demgegenüber auffallend abstinent, was die Erforschung der geistigen Behinderung betrifft. Man kann m. E. davon ausgehen, dass im Ausland vergleichsweise ebenso wenige bzw. ebenso viele Pädagogen Forschung im Bereich der geistigen Behinderung betreiben wie hierzulande.

Ein Blick in die bekannten englischen oder amerikanischen Werke über „Mental Retardation" oder „Mental Deficiency" zeigt, dass hier „The *education* of the mentally retarded" nur ein einzelnes Kapitel darstellt. Alles Übrige ist im üblichen Schema Biologisches, Psychologisches und Soziologisches zur geistigen Behinderung. In dem umfassenden englischen Werk über „Mental Deficiency" von Clarke und Clarke (Hrsg.) mit 886 Seiten befindet sich unter den 18 Autoren nur ein einziger Pädagoge; die meisten sind Psychologen. Und das 15 Seiten umfassende Kapitel über „The education of the mentally handicapped child" stammt noch dazu aus der Feder eines (deutschstämmigen) Psychologen: H. C. Gunzburg! Auch für die USA gilt, dass die meisten wissenschaftlichen Publikationen zur „mental retardation" samt „special education" und „special teaching" von Psychologen geschrieben sind und sich auf spezielle psychologische Forschung stützen.

Demgemäß beziehen sich die meisten empirisch-wissenschaftlichen Untersuchungen zum Phänomen „geistige Behinderung" in Wirklichkeit auf *psychologische*, nicht auf *pädagogische* Inhalte. Verwiesen sei beispielsweise auf Fragen zur Verbreitung, zur Diagnostik, zur Klassifikation, zum Verhalten, zur Entwicklung etc. Ob beispielsweise eine Untersuchung zum „motorischen Transfer bei Geistigbehinderten" (Anstötz 1984 a) wirklich eine pädagogische oder nicht eher eine psychologische ist, bleibt durchaus eine offene Frage. Befunde zur Veränderung von Verhalten aufgrund pädagogischer Interventionen sind allemal ein Problem, wenn sich der Forscher der ganzen Variablenkomplexität solcher interaktionalen Prozesse wirklich stellt, und deshalb auch anderswo relativ rar. Wegen der notwendigen Variablenreduzierung sind derartige wissenschaftliche Ergebnisse auch im Allgemeinen für die pädagogische Praxis von reduziertem Wert. Dies gilt im Besonderen für experimentelle Untersuchungen. Die Euphorie, mit dem verhaltenswissenschaftlichen Interventions- und Forschungsansatz auch Erziehungsprozesse in den Griff bekommen zu können, ist längst verflogen. Erziehung ist eben kein Transportunternehmen, bei dem ein Kind von einem Lernzustand A durch eine Intervention B zu einem Lernziel C transferiert werden könnte (ter Horst 1983).

Es ist aufschlussreich, was K. J. Klauer in seinem Vorwort zur Geistigbehindertenpädagogik von Anstötz (1987) schreibt. Er beklagt pauschal die wissenschaftlichen Versäumnisse der deutschen Geistigbehindertenpädagogik und deren sehr „nachteilige" Auswirkungen. Dann heißt es, Wissenschaft habe es mit anderen Fragen als mit normativen zu tun. „Wissenschaft erforscht den ihr entsprechenden Ausschnitt der Wirklichkeit." Wenn Wissenschaft eine ihr *entsprechende* Wirklichkeit braucht, dann ist es eben nicht die *praktische* Wirklichkeit in ihrer Alltagskomplexität, eher eine präparierte. Von dieser Aussage her erklärt sich z. T. auch die im letzten Jahrzehnt so auffallend deutlich gewordene Distanz der pädagogischen *Praxis* gegenüber („psychologischen") Forschungsergebnissen. Sie wird umso größer werden, je eigener sich pädagogisch-psychologische Forschung ihre Untersuchungsfelder unter dem naturwissenschaftlichen Zwang der Variablenreduzierung und Messbarkeit präpariert, also verdünnt, d. h., je mehr sie „sich entsprechende Ausschnitte der Wirklichkeit" verschafft. Sie begibt sich damit in Gefahr, letztlich nur sich selbst zu dienen.

Was die Geistigbehindertenpädagogik hierzulande kennzeichnet, ist gerade ihr ausgeprägt *pädagogischer* Ansatz. Er beinhaltet zwingend die Normen- und Zielreflexion. Sie wäre sonst kein *pädagogisches* Fach. Sie bedient sich als Erfahrungswissenschaft, die sich der komplexen Alltagswirklichkeit von erschwerter und belasteter Erziehung zu stellen hat, der empirischen Befunde, die vor allem die Psychologie als Verhaltenswissenschaft erarbeitet, aber auch eigener Beobachtungen im konkreten, aber offenen pädagogischen Handlungsfeld (Handlungsforschung).

Es dient der pädagogischen Sache wenig, wenn dieser handlungsorientiert offene Ansatz, der sich der Subjektivität der Akteure und der Unberechenbarkeit ihres Verhaltens in der Zeit stellt, aus „streng wissenschaftlicher" Sicht weniger gilt als „exakte" Zahlenergebnisse. Solche Abwertung dürfte im umgekehrten Verhältnis zur Relevanz solcher Befunde für das pädagogische Handeln stehen. Eine Geistigbehindertenpädagogik, die sich als erklärend dienstbar für pädagogisches Handeln im hochkomplizierten Felde geistiger Behinderungen versteht, kann nur in der permanenten Wechselwirkung eines erfahrungswissenschaftlichen und eines interpretativ-reflexiven Ansatzes stehen.

Die anthropologische Frage „Was ist der Mensch?", „Was bedeutet eine geistige Behinderung für das Menschsein?" hat einen traditionell zentralen und legitimen Ort in der deutschsprachigen Heilpädagogik (Pädagogik), so wie anderswo die „Philosophy of Education" eine eher marginale Bedeutung für die „special education" hat. Es gibt keinen Grund, in diesem Unterschied eine Unzulänglichkeit der deutschsprachigen Geistigbehindertenpädagogik zu sehen, solange sie die Frage nach der Praxis der Erziehung und Bildung von Menschen mit einer geistigen Behinderung nicht nachweislich vernachlässigt. Davon aber kann generell nicht die Rede sein, wohl aber von der permanenten Notwendigkeit, Effektivität und Sinn heilpädagogischen Handelns zu rechtfertigen, zu überprüfen und der rationalen Kritik auszusetzen.

Wie begrenzt die Möglichkeiten einer „wertfreien" empirisch-statistischen Wissenschaft sind, Probleme der Erziehungswirklichkeit zu klären, zeigt deren Unzuständigkeit in der aktuellen und die ganze heilpädagogische Szene beherrschenden Frage eines gemeinsamen Lernens behinderter und nicht behinderter Schüler (Bleidick 1988, Eberwein 1988, Feuser 1995).

Die jüngste Entwicklung mit der Forcierung des ökonomischen Qualitätsprinzips lässt wiederum eine erneute Akzentverschiebung des Bildungs- und Förderungsaspektes bei geistiger Behinderung erkennen: Durch Gesetzesänderung (BSHG) werden über Qualitätskontrollen Nachweise der Effektivität und Rentabilität eingefordert. Menschen mit geistiger Behinderung werden verstärkt unter dem Aspekt eines Kostenfaktors gesehen (Jantzen u. a. 1999, Peterander, Speck 1999, Speck 1999).

II Geistige Behinderung – Begriff und Klassifikation

1 Allgemeines Begriffsverständnis – der Terminus „geistige Behinderung"

Der Terminus „geistige Behinderung" hat sich hierzulande durch die Gründung der Elternvereinigung „Lebenshilfe für geistig Behinderte (1958) eingebürgert. In einem allgemeinen Sinn ist er sicher schon früher verwendet worden, so von dem Hilfsschulrektor M. Breitbarth aus Halle a. d. Saale, der auf dem „XI. Verbandstag der Hilfsschulen Deutschlands zu München" (1926) von „geistig Behinderten" sprach, um diese von den „körperlich Geschädigten" zu unterscheiden (Bericht v. 1927, 51).

Was ist also eine so genannte „geistige Behinderung"? Wie unterscheiden sich diese Menschen von nicht-geistig behinderten? Muss man überhaupt unterscheiden? Ist es nicht eine Anmaßung, andere Menschen als eine Kategorie von Andersartigen zu begreifen? Sind sie dann nicht bloße Objekte, nicht aber sie selber in ihrem Eigenwert?

Wir haben es mit einer grundlegenden Schwierigkeit zu tun: Die Gemeinten können zu einer terminologischen Klärung wenig beitragen. Wir als Nicht-geistig-Behinderte können sie nicht so ohne weiteres definieren. Die Verantwortung für diese Menschen verlangt es, dass wir die eigene Sicht nicht verabsolutieren und Definitionsversuche nur auf der Basis der Achtung vor ihnen vornehmen.

1.1 Der Andere – ein Rätsel

Der Andere ist immer ein Anderer, den ich nie ganz „erfassen" oder erkennen kann. Es gibt keinen vollkommenen Zugang zu ihm, so dass ich sagen könnte, ich kenne ihn, ich weiß Bescheid über ihn! Dies gilt zumal gegenüber Menschen, die in spezifischer Weise anders sind, und die nicht über die gleichen Ausdrucksmittel verfügen wie diejenigen, die sie verstehen wollen.

Und doch ist ein Pädagoge daran interessiert, seinen Kindern näher zu kommen, und zu begreifen, was in ihnen vor sich geht. Eine gewisse Möglichkeit einer verstehenden Annäherung besteht dann, wenn es gelingt, sich von der Dominanz der eigenen Kategorien und geläufigen Begriffe zu lösen und sich dem Anderen zu öffnen. Die eigene *Intuition* spielt dabei eine wichtige Rolle.

Grundgedanken zum Sinn einer solchen Annäherung erschließen sich über eine *philosophisch-phänomenologische Sichtweise*. Sie hat sich besonders im

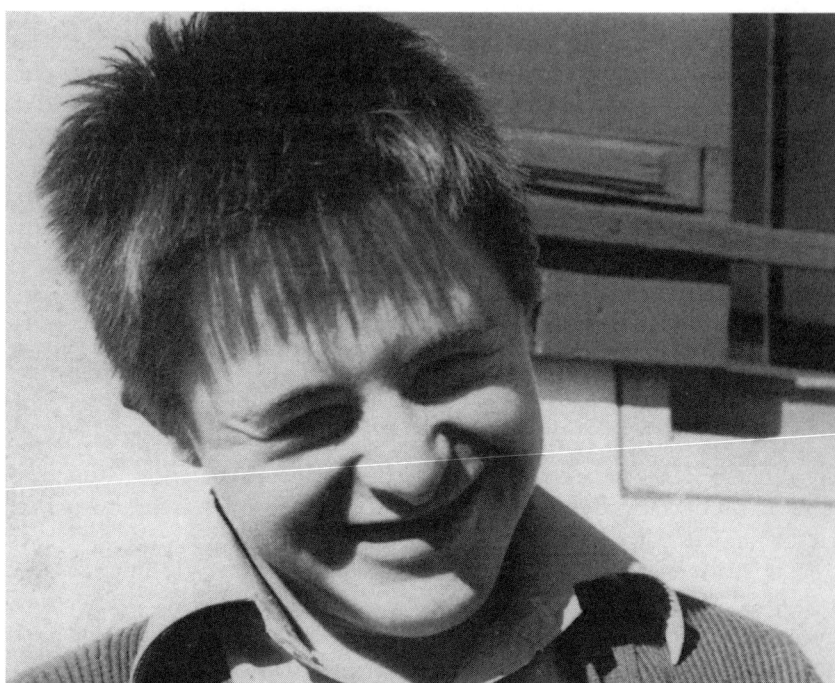

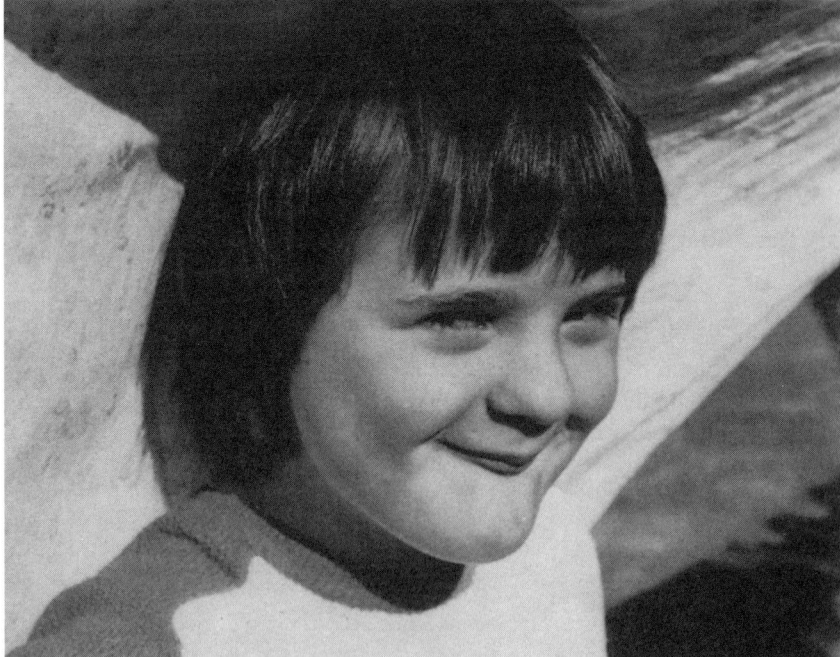

Bereich der Geistigbehindertenpädagogik ausgeprägt und ist u.a. in den Arbeiten von W. Pfeffer 1988, Fornefeld 1989, Stinkes 1993, auch von Kleinbach 1994 näher ausgearbeitet worden und zwar vor allem im Anschluss an die Philosophen E. Husserl, M. Merleau-Ponty und E. Lévinas.

Phänomenologie ist ganz allgemein die Lehre von den Erscheinungen der Dinge und Menschen, d.h. von dem Sinn, der aus ihnen herausgelesen werden kann (griech. Phainomenon = das Erscheinende, sinnlich Wahrnehmbare). Das Wesen, z.B. eines Menschen, das dabei „erscheint" oder sich erhellt, ist mehr als das, was an ihm objektiviert werden kann, z.B. durch Testungen. Ein tieferes Verstehen des Anderen und der Beziehungen zu ihm werden möglich.

Die Bedeutung der phänomenologischen Sichtweise im Falle einer geistigen Behinderung wird darin gesehen, dass Erkenntnisse über Menschen, die spezifisch anders sind, generell an eine Grenze stoßen, wenn sie primär vom eigenen Beobachten und Urteilen, also vom selbstgeprägten Wissen über den Anderen bestimmt werden, der an sich für mich ein Fremder ist, freilich ein Fremder, dem ich nahe sein will. Mein Wissen, das primär vom eigenen Subjekt bestimmt ist, kann ihn nicht entschlüsseln. Wenn ich es trotzdem versuche, wird der Andere zu meinem Objekt. Der „objektive" Beobachter ist verleitet, das Kind mit einer geistigen Behinderung aus seiner Sicht zu beurteilen, so dass dessen Eigenheit nicht hinreichend zur Geltung kommt. Das Kind wird zu einem Abbild der eigenen Vorstellungen des Beobachtenden.

Ein phänomenologisches Verstehen setzt voraus, dass ich mein eigenes geschlossenes Wissen zurückstelle und die Andersheit des Kindes primär setze, d.h. besonders beachte und achte. Sie ist das Primäre in der Begegnung mit einem mir Fremden, mit einem, der nicht ich ist, dessen Fremdheit aber anzuerkennen ist, und zwar noch bevor die eigene rational gesteuerte Wahrnehmung und Reflexion einsetzt. Der „phänomenologische Blick" auf den Anderen geht aller rationalen Erkenntnis und Reflexion voraus. Es geht um *präreflexive Wahrnehmungen* und Erfahrungen. Er richtet sich auf den Anderen als den Primären, auf den es jetzt ankommt, der ein ganz Eigener ist, und dessen „Wesen" mir nicht verfügbar ist. Er bleibt für mich letztlich ein Rätsel (Lévinas 1998).

Da bei einer geistigen Behinderung die *Sprache als Ausdrucksmittel* in aller Regel unzulänglich bleibt, bezieht sich der phänomenologische Blick, aber auch meine ganze Haltung in der Begegnung mit dem Anderen im Besonderen auf seine *Leiblichkeit.* Sie wird zum wesentlichen Ausdrucksmittel für mich.

Mein Zugang zum Anderen wird immer nur ein *Annäherungsversuch* sein können. Die damit geforderte apriorische Anerkennung der Andersheit reicht in die *ethische Dimension* hinein. Pädagogisch primär wichtig wird aus dieser Sicht die *menschliche Haltung* des Pädagogen gegenüber dem Anderen.

1.2 Begriffliche Schwierigkeiten

So wichtig eine solche philosophisch-phänomenologische Sichtweise für die Begegnung mit Menschen mit geistiger Behinderung auch ist, macht sie doch einen objektivierenden und rationalen Verstehensversuch nicht überflüssig. Zwischen beiden besteht auch kein Widerspruch. Kritisch würde es, wenn einer von beiden auf Kosten des anderen dominant würde, wenn z. B. das, was als geistige Behinderung verstanden werden soll, nur von außen her, von den Institutionen und ihren Standards, festgelegt würde und die betroffenen Menschen nur noch Abbilder und Opfer dieser Festlegungen und Objektivierungen würden. Da aber umgekehrt das Handeln für Menschen mit einer geistigen Behinderung nicht allein der subjektiven Sichtweise des Einzelnen und seinen Normen ausgeliefert sein soll, ist es nötig, das Phänomen „geistige Behinderung" in eine *Verstehensordnung* zu bringen, an der sich die pädagogische Praxis orientieren und überprüfen lassen kann, ohne über den Edukanden zu verfügen.

Beleg für die Schwierigkeit, einen allgemein akzeptablen Begriff zu finden, ist u. a. die kaum überschaubare Menge *verschiedener Bezeichnungen*, die im Laufe der Geschichte in allen Ländern in die Welt gesetzt und immer wieder ausgetauscht worden sind, ohne dass man je einen alle befriedigenden Terminus gefunden hätte. Die allseits entstandene und verwirrende Begriffsvielfalt ist vor allem darauf zurückzuführen, dass man auf besondernde und stigmatisierende Begriffe verzichten wollte.

So wünschenswert dies auch sei, werden faktisch doch Unterschiede wahrgenommen und praktiziert. Ungenauigkeiten und Vereinseitigungen werden dabei bewusst in Kauf genommen. Deren nähere Klärung wird zusätzlichen Erläuterungen überlassen.

In einem solchen allgemeinen Verständnis wird unter „geistiger Behinderung" gemeinhin eine Erscheinungsform oder Eigenart des Menschlichen verstanden, bei der lebenslang ein erheblicher Rückstand der mentalen (intellektuellen) Entwicklung zu beobachten ist, der sich in aller Regel in unangemessen wirkenden Verhaltensweisen und in vergleichsweise erheblich herabgesetzten Lernleistungen auf schulischem, sprachlichem, körperlichem und sozialem Gebiet manifestiert, so dass die eigene Lebensführung in erheblichem Maße auf Hilfe angewiesen ist.

Die Unzulänglichkeiten einer solchen vorläufigen und pragmatischen Umschreibung liegen auf der Hand, von der Ungenauigkeit der Maßangabe „erheblich" bis zu „unangemessen", bzw. was insgesamt die bloße Aufzählung von Defiziten betrifft.

1.3 Historische Belastungen

Die besondere Problematik jedes Begriffes, der das meint, was heute geistige Behinderung genannt wird, liegt darin, dass er nicht einfach *irgend-*

eine psycho-physische Beeinträchtigung der betroffenen Menschen zum Ausdruck bringt, wie z.B. die Unfähigkeit zu sehen oder zu hören. Die hier gemeinten Menschen wurden vielmehr zu allen Zeiten einer Gruppe zugerechnet, die in außerordentlichem Maße *belastenden Vorurteilen und Stigmatisierungen* in der Gesellschaft ausgesetzt war. Ihre negative Sonderstellung schlug sich in verschiedenen Bezeichnungen, wie *Blödsinn, Idiotie, Schwachsinn, Kretinismus* oder *Geistesschwäche,* nieder und hatte Exklusionen oder gar totale Eliminierungen aus der Gesellschaft zur Folge.

In früheren Zeiten hatte es, etwa unter christlich-caritativem Akzent, Versuche gegeben, diesen Menschen wenigstens am Rande der Gesellschaft einen Platz zum Leben einzuräumen. Der Begriff *Cretin* (franz. chrétien = christlich) spiegelt die damaligen Motivationen wider, die sich als *„Mildtätigkeit"* gegenüber sozial Ausgeschlossenen ausprägten.

Im 19. Jahrhundert beförderte die wissenschaftliche Medizin mit der Erforschung des „Schwachsinns" bzw. der „Geistesschwäche" als *Abnormitäten* die gesellschaftliche Abwertung dieser Menschen. Biologische Theorien zur Evolution des Menschen, wonach der Ausleseprozess in der Natur (J. Darwin) auch unter den Menschen zu einer Dominanz der Stärksten und zur Ausscheidung der Schwächsten führe, trugen zu einer Verminderung des Lebenssinnes der Letzteren bei *(Sozial-Darwinismus).* Die vor allem in den USA forcierte Vererbungslehre (Rifkin 1998) führte dort zu den ersten Sterilisationsgesetzen und zu den ersten Ansätzen einer *negativen Eugenik.* Die damalige genetisch-rassistisch geprägte Terminologie brachte u. a. auch den Begriff des „Mongolismus" hervor *(J. L. Down).* Schließlich wurde – auch aus volkswirtschaftlichen Gründen – „Geistesschwäche" als *„lebensunwertes Leben"* deklariert, das vernichtet werden sollte (Binding, Hoche 1922).

Den barbarischen Gipfel dieser Entwicklung bildete dann die nationalsozialistische Rassenlehre mit ihrer Konsequenz einer „Ausmerze erbkranken Nachwuchses". „Schwachsinnige" wurden als Kranke, als Abzusondernde, als „Parasiten", als Gefahr für das Volkswohl, als „moralische Krüppel", als Unzurechnungsfähige definiert. Entsprechend fielen die juridischen und administrativen Regelungen für sie aus: Internierung, Sterilisierung, Verlust von Rechten, Tötung.

1.4 Ein defizitorientierter Begriff

Das Wort geistige Behinderung drückt ein *Defizit,* etwas Negatives, ein Manko, ein Handicap aus, noch dazu eines, das gesellschaftlich erheblich stigmatisiert, nämlich eine *intellektuelle Unzulänglichkeit.* Es kann dadurch der Eindruck entstehen, alles, was einen Menschen mit geistiger Behinderung betrifft, sei defizitär. Das Unzulängliche tritt in den Vordergrund und wird bestimmend für den ganzen Menschen. In den Hintergrund rückt dagegen all das, worum es eigentlich geht, wenn Menschen zusammenleben sollen, das also, was den Menschen zum Menschen macht, was seine Entwicklungschancen, seine Bedürfnisse und Fähigkeiten, seine Lebensinteressen und seinen Wert und seine Würde als Mensch ausmacht.

Es war ein wichtiger Fortschritt, an Stelle der pauschalen Substantivierung „Geistigbehinderte" den Terminus *„Menschen mit geistiger Behinderung"* gewählt zu haben. Es sollte damit zum Ausdruck kommen: Die geistige Behinderung ist nur eine bestimmte Eigenart dieses Menschen, der ansonsten und primär Mensch ist wie du und ich. Kein Mensch mit einer geistigen Behinderung ist nur behindert. Der pädagogische Anknüpfungspunkt ist nicht seine Schädigung oder Behinderung, sondern sein zu verwirklichendes Entwicklungs- und Lernpotenzial.

1.5 Eine sozial veränderbare Größe

Was geistige Behinderung *ist,* kann nicht sicher, d. h. objektiv und definitiv fixiert, d. h. aus sich selbst und als gleichbleibend bestimmt werden. Es handelt sich vielmehr um einen Begriff, der auch in die *soziale Dimension* hineinreicht und damit auch *Veränderbares* beinhaltet und zwar in zweierlei Hinsicht:

– Zum einen treten *soziale Einstellungen* in Funktion und zwar in der Weise, dass, abhängig von bestimmten Einstellungen in der Umwelt, das, was unter geistiger Behinderung verstanden wird, mit Inhalten besetzt wird, die in diesen Umwelten bestimmend sind. Zu denken ist etwa an eine volkswirtschaftlich bestimmte Vorstellung von „sozialer Unbrauchbarkeit", etwa in der Nazizeit.

– Zum anderen ist das, was die individuelle Ausprägung einer geistigen Behinderung ausmacht, auch von sozialen Einflüssen abhängig, denen jemand ausgesetzt ist, z. B. von der *Qualität der sozialen Annahme* und der schulischen *Förderung*. Sie können das verändern, was geistige Behinderung ausmacht.

1.6 Ein komplexer Begriff

Geistige Behinderung ist ein komplexes Phänomen. Komplex heißt, vielfältig zusammengesetzt aus verschiedenen Bestandteilen und Komponenten, die noch dazu in jedem Individuum in eigener Weise miteinander verflochten sind. Jede individuelle Ausprägung einer geistigen Behinderung ist eine andere.

Dieses komplexe Phänomen wird von den verschiedenen *Wissenschaften* verschieden gesehen. Es werden jeweils verschiedenartige Ausprägungsaspekte beschrieben und zu erklären versucht. Das entstehende Bild spiegelt die *unterschiedlichen Sichtweisen, Deutungen und Einstellungen* wider. Nicht nur die verschiedenen Fachleute sehen ein Kind mit einer geistigen Behinderung verschieden, sondern auch dessen Eltern.

Es sind auch *verschiedene Wirkfaktoren* (individuelle, soziale), deren Zusammenwirken erst ein Gesamtbild dessen abgibt, was sich als eine geistige Behinderung in einer bestimmten individuellen Ausformung manifestiert. Es gibt nicht *die* geistige Behinderung und auch *kein einheitliches Bild* von ihr. Die Heterogenität dessen, was man unter geistiger Behinderung versteht, kann sehr groß sein. Abgesehen von der kausalen Bedingtheit gibt es z. B. Menschen mit einer geistigen Behinderung, die als solche kaum auffallen, und solche, denen ihre Behinderung auch optisch anzumerken ist.

1.7 Ein zu vermeidender Begriff?

Um die soziale Eingliederung von Menschen mit geistiger Behinderung zu unterstützen, ist man heute bestrebt, den Begriff „geistige Behinderung" wegen seiner *Defizitbezogenheit* und seiner *Stigmatisierungswirkung* abzuschaffen oder möglichst zu vermeiden. Auffallend ist immerhin, dass in der Geschichte die verschiedenen Bezeichnungen *(Blödsinn, Idiotie* oder *Schwachsinn)* fortgesetzt ausgetauscht wurden, da sie zu einer Abnutzung und zu einem Missbrauch mit Abwertungen der betroffenen Menschen geführt hatten. Auch im Ausland wird versucht, Termini, wie *mental retardation* oder *mental handicap,* möglichst aus dem Verkehr zu ziehen, und sie durch nicht belastende Umschreibungen zu ersetzen.

Thalhammer hatte (1974) alle negativen Definitionsversuche mit ihren Teilbedeutungen zurückgewiesen und versucht, die menschlich-existenzielle Komplexität des Begriffes geistige Behinderung auszuloten. Er sprach von „*kognitivem Anderssein*" als dem primären Konstitutivum dieser eigenen Seinsweise, die eine besondere „lebenslange mitmenschliche Hilfe zur Selbstverwirklichung in individuellen Dimensionen und kommunikativen Prozessen notwendig macht" (39). Damit sollte einerseits die üblicherweise ins Feld geführte Determinanz des psychometrisch fixierenden intellektuellen Rückstandes neutralisiert und andererseits eine existenziell positive Explikation des Andersseins durch die besondere Hilfebedürftigkeit markiert werden. Der pädagogische Akzent sollte demnach auf der *permanenten Hilfebedürftigkeit* liegen, die sich aus einer bestimmten Kognitionsweise (oder einer intellektuellen Eigenart) ergibt.

Der inhaltlich leere Begriff des „Anders-seins" provoziert naturgemäß die Frage, in welcher Weise „anders" jemand ist. Sie bleibt offen.

Radikaler ist der Versuch, wie er in letzter Zeit und in verschiedenen Ländern immer wieder unternommen wird, den Begriff „*geistige Behinderung*" *total zu tilgen* oder zumindest in der offiziellen Kommunikation zu vermeiden (Gröschke, Greving 2000).

So verständlich das immer wieder geäußerte soziale Bedürfnis ist, Stigmatisierungen über Begriffe zu vermeiden, so schwierig erweist sich die Umsetzung dieser gut gemeinten Absicht in eine Praxis, die immer auch mit Kennzeichnungen umzugehen hat, um das Gemeinte von anderem zu unterscheiden.

In Bayern ist beispielsweise per Gesetz (BayEUG v. 1994) die Bezeichnung „Schule für Geistigbehinderte" abgeschafft und durch eine neue ersetzt worden, die sich nicht auf eine Kategorisierung der Schüler, sondern auf den pädagogischen Auftrag der Schule bezieht; sie wurde (zunächst) in „Schule zur individuellen Lebensbewältigung" umbenannt. Dabei ging man wohl davon aus, dass jedermann wisse bzw. lernen würde, welche Kategorie von Kindern damit gemeint ist. Man wollte auch den Eltern entgegenkommen, die nach wie vor Probleme mit der Zugehörigkeit ihres Kindes zu dieser Gruppe behinderter Kinder haben.

Aber auch dieser Begriff wurde in kurzer Zeit wieder fallen gelassen. Die Kultusministerkonferenz hatte durch Beschluss vom 6.05.1994 („KMK-Empfehlungen zur sonderpädagogischen Förderung in den Schulen in der Bundesrepublik Deutschland") den Begriff des *sonderpädagogischen Förderbedarfs* als Leitbegriff eingeführt und u. a. eine Kategorisierung der schulischen Institutionen und Maßnahmen nach *„Förderschwerpunkten"* vorgenommen. Dass damit nicht alle Hemmnisse beseitigt werden konnten, geht aus der Formulierung hervor, die sich auf die „Förderung von Schülerinnen und Schülern mit geistiger Behinderung" bezieht. Es ist von *„Förderschwerpunkten im Bereich der geistigen Entwicklung, des Umgehen-Könnens mit geistiger Behinderung"* die Rede.

In dem 2003 entsprechend geänderten Bayerischen Gesetz über das Erziehungs- und Unterrichtswesen (EUG) wurde die erst kurz zuvor eingeführte Bezeichnung wieder ausgetauscht. Es enthält den Terminus „geistige Behinderung" überhaupt nicht mehr. Dafür wurde die Bezeichnung *„Förderschule mit dem Förderschwerpunkt geistige Entwicklung"* eingeführt. Der neue Begriff „Förderschwerpunkt geistige Entwicklung" lässt sich, so die Meinung der Schulverwaltung, auch auf die entsprechend gemeinten Kinder beziehen. Sie sind nun Schüler *„mit dem Förderschwerpunkt geistige Entwicklung".* – In den verschiedenen Bundesländern sind gegenwärtig unterschiedliche Bezeichnungen in Gebrauch. Nach neuen wird gesucht.

Diese Tatsache zusammen mit der nichts Spezifisches ausdrückenden Umschreibungsformel „geistige Entwicklung" macht die Vergeblichkeit von Versuchen deutlich, Stigmatisierungen durch Umbenennungen aus der Welt zu schaffen, und gleichzeitig einen hinreichend klaren Terminus zur Verfügung zu haben.

Geschichtlich gesehen sind alle Versuche, die gesellschaftliche Situation von Menschen mit einer geistigen Behinderung durch einen euphemistischen Namen zu verbessern, letztlich gescheitert. Sie sollen etwas verschleiern, was für die Eltern unleugbare Realität ist, und drücken deshalb eine sprachlich gefasste Unaufrichtigkeit aus, die für eine wirkliche soziale Integration kaum dienlich sein dürfte.

Im Bereich der heilpädagogischen Terminologie sind übrigens Begriffe, wie Blindheit oder Hörschädigung, nach wie vor üblich. Die Akzeptanz des Andersseins kann nicht von Namen abhängig sein. Es ist höchst unwahrscheinlich, dass die großen Fortschritte der letzten Jahrzehnte in Bezug auf die soziale Eingliederung von Menschen mit geistiger Behinderung in besonderem Maße der *Vermeidung des Namens* für die Eigenart dieser Menschen zu verdanken sind. Sie sind eher *trotz* des Namens möglich geworden. Die inhaltliche Ungenauigkeit eines Namens kann auch *Verwirrung* stiften. Wenn es eigene schulische Institutionen für einen bestimmten Personenkreis gibt, so muss auch nachvollziehbar sein, und zwar auch auf rechtlich-verbindlicher Basis, für welche Kinder diese gedacht sind, und wie diese von anderen zu unterscheiden sind. Schließlich beruhen die *Finanzierungsgesetze* auf einer hinreichend klaren Bestimmung der Personenkreise, für die Finanzmittel bereitzustellen sind. Dort finden sich nach wie vor definierte Termini für die verschiedenen Behinderungsarten.

Der Begriff „geistige Entwicklung" gibt diesbezüglich ebenso wenig Auskunft wie der Begriff des „Förderschwerpunktes". In der schulischen Praxis ist es z. B. möglich, dass die „Schule mit dem Förderschwerpunkt geistige Entwicklung" auch von Schülern besucht wird, die nicht geistig behindert sind, zumal es seit den KMK-Empfehlungen von 1994 keine Kategorie „Lernbehinderung" mehr gibt (Drave u. a. 2000).

Wenn die *sonderpädagogischen Fächer* an den Wissenschaftlichen Hochschulen die neuen Förderschwerpunkt-Bezeichnungen nicht übernehmen, so liegt dies u. a. daran, dass sie sich nicht lediglich auf die *Schule* zu beziehen haben und sich nicht nur als *schul*pädagogische Fächer verstehen. Außerhalb der Sonderpädagogik, die sich nun ganz offensichtlich als *Sonderschulpädagogik* versteht, sind diese neuen Namen nicht verwendbar.

Unklare Bezeichnungen wirken sich auch nachteilig bei *Vergleichen mit dem Ausland* aus. Man macht dort im Übrigen ähnliche Erfahrungen wie hier. *Sinason (1992)* hat aus der Erfahrung des renommierten Londoner Tavistock-Instituts, das die Bezeichnung seiner Aufgabenstellungen im Bereich von Mental Deficiency oder Mental Retardation wiederholt gewechselt hat, aufgezeigt, dass die verschiedenen neuen Namen im Grunde nichts gebracht hätten, etwa „learning disabilities", „developmental disabilities", „learning problems" oder „handicaps". Zitiert wird Orwell (1946), der einmal geschrieben hatte, der größte Feind der Sprache sei die Unaufrichtigkeit. Aufschlussreich ist auch die Aussage einer jungen Mutter angesichts der umständlichen Erklärungsversuche ihrer Betreuer. Sie erklärte mit einem müden Lächeln: „I've got Down's Syndrom, special needs, learning disability and a mental handicap" (Sinason 40). Die Eltern scheinen mehr Bezug zur Wirklichkeit zu haben als ihre (hilflosen) Helfer.

Im Bereich der *Wissenschaft* kann auf eine Kennzeichnung und Definition oder Umschreibung einer spezifisch gemeinten Personengruppe nicht verzichtet werden. Wissenschaftliche Klärungen sind ohne Termini nicht möglich (siehe S. 53f). „Terminus" bedeutet etymologisch „Grenze". Zur Unterscheidung von Etwas und einem anderen Etwas muss eine Grenze gezogen werden. Dass mit dieser Notwendigkeit auch Probleme entstehen können, und dass es nicht gleichgültig ist, welchen Terminus man in einem bestimmten Situationszusammenhang benutzt, ist eine andere Sache.

Zusammenfassend lässt sich sagen, dass aus wissenschaftlicher, rechtlicher und organisationaler Sicht es ein Erfordernis bleibt, für sinnvolle und begründete Zwecke hinreichend klare Begriffe zu verwenden und zwar auch international vergleichbare. Wie weit der Vorschlag von Bach (2001) sich umsetzen lässt, statt von „geistiger" von „*mentaler" Behinderung* zu sprechen, bleibt abzuwarten.

Eine andere und wichtigere Sache ist der *Umgang* mit Einteilungsbegriffen. Das menschliche Problem der Stigmatisierung lässt sich nicht dadurch lösen, dass man lediglich die Begriffe ausmerzt, die zu Diskriminierungen führen könnten. Stigma-Prozesse sind „ein allgemeiner Bestandteil von Gesellschaft" (Goffman 1974, 160). Sie treten da auf, wo Identitätsnormen wirksam sind. Dass der Begriff geistige Behinderung schlechthin nicht vermeidbar ist, zeigt im Übrigen die gesamte Literatur zu diesem Themenbereich.

1.8 Ein schwer definierbarer Begriff

Die Notwendigkeit, für bestimmte Zwecke auch über hinreichend klare Begriffe zu verfügen, schließt Probleme des Definierens ein. Es ist gar nicht so einfach, „klare", d. h. eindeutige und unmissverständliche Begriffe zu bilden, also Definitionen zu setzen. „Definitiv" bedeutet etwas *Endgültiges*. Trotzdem erweisen sich Definitionen letztlich als Hilfsetikette für eine nur halbwegs praktikable Verständigung. Für eine lückenlose Begriffserklärung wäre ein unendlicher Regress nötig: Bei jeder Definition muss man sich auf andere Begriffe beziehen, die wiederum zu definieren wären usw. Für den Fortschritt der Wissenschaften sind Definitionen, wie der Wissenschaftstheoretiker K. Popper meinte, nicht unbedingt nötig. „Alle Definitionen können ohne Verlust der gegebenen Information weglassen werden." Daraus folgert für Popper, dass „in der Wissenschaft alle wirklichen notwendigen Begriffe undefinierte Begriffe sein müssen" (1975, 26).

Es erscheint also nur begrenzt sinnvoll, „endlich" zu einer klaren Definition dessen gelangen zu wollen, was eine geistige Behinderung ist. Es sollte vielmehr versucht werden, nur so viel spezifisch zu umschreiben, was im Sinne einer hinreichenden Verständigung und Unterscheidung für einen bestimmten sinnvollen Zweck notwendig ist und zugleich die soziale Situation und die pädagogische Förderung am wenigsten belastet.

Fragt man nach der Zweckbestimmtheit einer solchen partiell benötigten Definition, besser gesagt: *Umschreibung* geistiger Behinderung vom pädagogischen Aspekt her, so lässt sich ganz allgemein sagen, dass *Erziehung und Bildung* in spezifischer Weise *beeinträchtigt* werden. Bleidick (1978) sprach von der „Behinderung der Erziehung". Das Spezifische dieser Beeinträchtigung bezieht sich auf das Lernen und das Verhalten aufgrund mentaler Eigenheiten.

Diese differenzierende Aussage ist ihrerseits das Ergebnis eines Vergleiches mit einer definierten Norm üblichen Lernens und Verhaltens. Eine sinnvolle Umschreibung muss sich aber nicht auf Defizite im Vergleich mit anderem beziehen. Aus pädagogischer Sicht kann sich eine nähere Kennzeichnung auf das beziehen, was diese Kinder im Besonderen *brauchen,* was ihr *besonderer Erziehungsbedarf* ist. Dafür aber gibt es bislang keine griffige Kurzformel. Aber vielleicht normalisiert sich der Umgang mit Begriffen in der Weise, dass in weiterer Zukunft „geistige" oder „mentale Behinderung" in ähnlicher Weise verwendet werden wie etwa Gehbehinderung oder Blindheit.

2   Fachwissenschaftliche Sichtweisen und Definitionsansätze

Geistige Behinderung als komplexes Phänomen ist Gegenstand verschiedener Wissenschaften. Jede verfolgt dabei ihre eigenen Erkenntnisinteressen. Erst die gegenseitige Kenntnisnahme der verschieden intendierten Befunde ermöglicht so etwas wie ein Gesamtbild. Waren es anfangs, d. h. vor mehr als 200 Jahren, vor allem *Mediziner,* die sich im Besonderen mit der „Geistesschwäche" oder dem „Kretinismus" beschäftigten, so kamen später physiologisch orientierte psychologische Theorien hinzu. *Soziologische Forschungen* deckten später die Einseitigkeit biologisch-genetischer Ansätze auf. Die *Erziehungswissenschaft,* die – abgesehen von einzelnen ihrer Vertreter – erst relativ spät eine eigene heilpädagogisch-wissenschaftliche Forschung entwickelte, hat die Erkenntnisse und Theorien der anderen Wissenschaften zur Kenntnis zu nehmen, und diese für den eigenen Ansatz zu berücksichtigen. Ihr geht es um die Frage der Möglichkeiten und der Ziele von Erziehung und Bildung.

2.1 Der medizinisch-genetische Aspekt

Jede geistige Behinderung hat ihre physische Basis. Die Fülle der zugrunde liegenden pathologischen Faktoren ist verwirrend groß. Von zentraler Bedeutung ist die *Schädigung des Gehirns.* Diese kann die verschiedensten psycho-physischen Funktionen in Mitleidenschaft ziehen.

Darüber hinaus hat inzwischen die neuere biogenetische Forschung detailliertere ätiologische Daten ermitteln können. So zitiert v. Gontard (2003, 28) eine norwegische Untersuchung von Stromme und Hagberg (2000), wonach bei einer Aufteilung von schwerer und leichter geistiger Behinderung für erstere eine Quote von 96 % *biologisch-organischer Ursachen* ermittelt wurde, während solche Ursachen bei der leichten geistigen Behinderung nur bei 68 % vorlagen.

Eine *genische oder erblich bedingte* geistige Behinderung, deren Bedeutung einst fälschlicherweise gefährlich hochgespielt wurde, kommt als Ursache nur in sehr geringem Maße in Betracht. *Zerbin-Rüdin* (1990) schätzt, dass nur etwa 5–7 % der auftretenden geistigen Behinderungen *erbbedingt sind*, zumeist durch Stoffwechseldefekte. Die immer wieder festgestellte „familiäre" Häufung von „Oligophrenien" (bei sozialer Deprivation) bezieht sich eindeutig auf leichtere Ausprägungsgrade, nicht also auf die geistige Behinderung im engeren Sinn.

Die Vielfalt der psycho-physischen Ausprägungen und der in Betracht kommenden Ursachen macht es schwer, diese zu ordnen und jeweils die näheren Entstehungsbedingungen zu bestimmen. Bei etwa der Hälfte der Kinder und Jugendlichen mit einer geistigen Behinderung liegen deshalb keine kausal klaren Diagnosen vor (Liepmann 1979, 101).

Es ist das Verdienst des 1990 erschienenen, von *Neuhäuser* und *Steinhausen*, zwei Kinder- und Jugendpsychiatern, herausgegebenen Werkes „*Geistige Behinderung*" (3. Aufl. 2003), die Einsicht herausgestellt zu haben, dass geistige Behinderung als komplexes Phänomen *keine bloße medizinische Kategorie* darstellt. Unter dem dabei vertretenen Aspekt der notwendigen *interdisziplinären Ergänzung* gewinnt der medizinisch-ärztliche Bestimmungsrahmen an Klarheit, jedenfalls gegenüber dem älteren Begriffsschema der „*Oligophrenien*" *(Debilität, Imbezillität, Idiotie)*, im Grunde *psychologischen* Leitbegriffen. Der Informationswert auch für Eltern ist größer, wenn ärztlicherseits spezifizierte Krankheits- und Störungsbilder ins Gespräch gebracht werden, wenn also geistige Behinderung als solche nicht mit „*Krankheit*" kurzgeschlossen wird. In diesem Sinne ist es auch abzulehnen, im Unterschied zu geistig behinderten Kindern von „gesunden" Kindern zu reden.

Wir folgen dem Einteilungsschema von *Neuhäuser* und *Steinhausen*, das auf *Klinische Syndrome* und *spezielle psychopathologische Störungen* ausgerichtet ist und sich zugleich an der Genese (Entwicklung) der verschiedenen Krankheits- und Störungsbilder orientiert. Neuhäuser gliedert die große Zahl der wiederum in komplizierenden Zusammenhängen zu sehenden *Klinischen Syndrome* (d. h. regelhafte Kombinationen bestimmter pathologischer Symptome) nach den *Entstehungsphasen,* also vor, während und nach der *Geburt.* Als eigene Kategorie werden dann noch *zusätzliche Störungen* aufgelistet: Zerebrale Anfälle, zerebrale Bewegungsstörungen, Perzeptionsstörungen und Demenz.

Die *Klinischen Syndrome*, die bei einer geistigen Behinderung vorliegen können, werden wie folgt eingeteilt:

1. Pränatal entstandene Formen:
– Fehlentwicklungen des Nervensystems (Fehlbildungen und Differenzierungsstörungen des Zentralnervensystems)
– Genmutationen, die vor allem zu Stoffwechselstörungen (Metabolismus) führen können, z. B. die Phenylketonurie
– Fehlbildungs-Retardierungssyndrome, bezogen auf das Körperwachstum, auf Körperformen und Neigungen zu bestimmten Krankheiten

- Fehlbildungen des Nervensystems, wie vor allem Makrozephalie und Mikrozephalie (vergrößerter bzw. verringerter Kopfumfang)
- Chromosomenanomalien, wie z.B. die Trisomien, von denen das Down-Syndrom als Trisomie 21 am häufigsten anzutreffen ist (1:600–900 Neugeborenen)
- exogen verursachte pränatale Entwicklungsstörungen, bedingt durch Infektionen (z.B. Virus-Infektionen), chemische Einwirkungen (Alkohol, Medikamente) und durch Strahlen- bzw. sonstige Umweltbelastungen
- idiopathische Form geistiger Behinderung (keine körperlichen Symptome bei zerebralen Funktionsstörungen, vermutlich erbbedingt)

2. Perinatale Komplikationen mit der Folge einer geistigen Behinderung:
- sog. Geburtstrauma (Verletzungen von Gehirnteilen)
- durch Sauerstoffmangel bedingte Enzephalopathie
- Frühgeburten
- Erkrankungen des Neugeborenen, z.B. die neonatale Meningitis (Hirnhautentzündung) oder eine Blutgruppenunverträglichkeit

3. Postnatale Ursachen geistiger Behinderung:
- entzündliche Erkrankungen des Zentralnervensystems: Meningitis (Hirnhautentzündung), Enzephalitis (Gehirnentzündung)
- Schädel-Hirn-Trauma, z.B. durch Unfälle oder Kindesmisshandlungen
- Hirntumore
- Hirnschädigungen durch Intoxikation (Vergiftungen), Sauerstoffmangel oder Stoffwechselkrisen.

Was insgesamt die *Häufigkeit des Auftretens* betrifft, so überwiegen deutlich die *pränatalen Ursachen*. Die entsprechenden Befunde differieren allerdings im Einzelnen erheblich. Nach der o. g. norwegischen Untersuchung von Stromme und Hagberg (zit. b. v. Gontard 2003, 28) liegen im Falle einer schweren geistigen Behinderung bei 70 % pränatale Ursachen vor; bei leichter geistiger Behinderung ist dies bei 68 % der Fall, in einer anderen Untersuchung allerdings nur bei 23 %. Allein genisch verursacht sind 48 % der schwerer Behinderten.

Zusätzlich mögliche und häufig auftretende Störungen, wie z.B. zerebrale Anfälle (Epilepsien) sind bereits oben genannt worden. Darüber hinaus können auch *psychiatrische Störungen* im engeren Sinn auftreten. Steinhausen nennt:

- Autismus
- Psychosen (psychische Desintegration mit emotionalen Störungen u.a.)
- Hyperaktivität und Aufmerksamkeitsstörungen
- Stereotypien und Automutilation (Autoaggressionen)
- Enuresis und Enkopresis (Einnässen und Einkoten)
- Essstörungen und sonstige

Nur kurz, weil selbstverständlich, sei abschließend angemerkt, dass die individuelle Form einer geistigen Behinderung nicht das direkte und bloße Ergebnis einer bestimmten körperlichen (neuronalen) Schädigung darstellt, sondern aus einem komplexen Wirkzusammenhang „endogener" und „exogener", somatischer und sozialer Faktoren hervorgeht, so hart und irreversibel die zugrunde liegende organische oder genische Schädigung auch sein mag.

2.2 Der psychologische Aspekt

Bei der psychologischen Begriffsbestimmung von geistiger Behinderung stand lange Zeit die Minderung der *Intelligenz* im Vordergrund. Geistige Behinderung wurde direkt als *intellektuelle Retardierung* definiert. Der Grad der geminderten Intelligenz wurde seit *Binet* und *Simon* (1905) über *Intelligenz-Testverfahren* gemessen, als deren Ergebnis ein Intelligenzalter und Intelligenzrückstand, später durch *W. Stern* ein *Intelligenzquotient (IQ)* errechnet wurde. Als dessen theoretische Basis wurde eine „*allgemeine Intelligenz*" als konstante Größe pro Individuum angenommen. Entsprechend verallgemeinernd fielen dann die Kategorisierungen aus, z. B. als Imbezillität unterhalb IQ 70.

Auch nach der neuen „*Internationalen Klassifikation psychischer Störungen*" (WHO 2000, ICD-10 Kapitel V (F)) wird die geistige Behinderung als „*Intelligenzminderung*" bzw. „Oligophrenie" (= „Schwachsinn") geführt. Als solche gilt „eine sich in der Entwicklung manifestierende, stehen gebliebene oder unvollständige Entwicklung der geistigen Fähigkeiten" (254). Sie wird gradmäßig gegliedert:

Tab. 1: Internationale Klassifikation psychischer Störungen (ICD-10 Kapitel V (F), WHO 2000)

Grade der Intelligenzminderung	dazugehörige Begriffe
leichte Intelligenzminderung (IQ 50–69)	leichte geistige Behinderung (leichte Oligophrenie)
mittelgradige Intelligenzmiderung (IQ 35–49)	mittelgradige geistige Behinderung (mittelgradige Oligophrenie)
schwere Intelligenzminderung (IQ 20–34)	schwere geistige Behinderung (schwere Oligophrenie)
schwerste Intelligenzminderung (IQ unter 20)	schwerste geistige Behinderung (schwerste Oligophrenie)

Eine solche auf statistischen Messungen beruhende Einteilung ist natürlich eine willkürliche. Sie hat nur orientierenden Wert und darf nicht starr angewendet werden. Im Übrigen stellt sich die Frage nach der Testbarkeit und nach dem Inhalt dessen, was unter dem pauschalen Begriff der *Intelligenz* verstanden werden soll.

Es geht aber nicht allein um diese Intelligenz. Nach der ICD-10 ist geistige Behinderung nicht schlechthin mit einer bestimmten Intelligenzminderung gleichzusetzen. Es kommen in der Regel *Verhaltensstörungen (psychische Störungen)* hinzu. Intelligenzgeminderte Personen weisen mindestens drei- bis viermal so viele *zusätzliche psychiatrische Störungen* auf wie in der Gesamtbevölkerung (254). Das Anpassungsverhalten ist stets beeinträchtigt.

Der individuell messbare Grad von Intelligenz ist *nicht schlechthin angeboren.* Für die Entwicklung der Intelligenz sind auch *soziale* und *kulturelle Bedingungen* maßgebend (Spreen 1978, 18). Allerdings gilt gleichzeitig eine gewisse *Konstanz des IQ* über die verschiedenen Entwicklungsstufen hinweg als erwiesen.

Als klassische Definition von mental retardation galt und gilt in den USA diejenige der *American Association on Mental Deficiency (AAMD)*. Sie umfasste ursprünglich vier Stufen und reichte damit bis zu einer Standardabweichung (von –5s bis –1s, Abb. 1). Diese Spanne wurde später bis zur zweiten Standardabweichung verkürzt, schloss also nicht mehr die Borderline-Stufe mit ein (Grossmann 1973). Seit der 1983 geänderten Fassung lautet die Definition: „Geistige Retardierung bezieht sich auf signifikant unterdurchschnittliche allgemeine Intelligenzfunktionen, die zu gleichzeitigen Beeinträchtigungen des Anpassungsverhaltens führen oder mit diesen assoziiert sind und während der Entwicklungsperiode andauern" (Patton u. a. 1990, 48).

Als eindeutig unterdurchschnittlich wurden solche *Intelligenzleistungen* angesehen, die zwei Standardabweichungen unterhalb des Mittelwertes liegen, was beim *Stanford-Binet-Test* einem IQ von 67 und beim *Wechsler-Test* einem IQ von 69 entspräche.

Es wurde ausdrücklich betont, dass das bloße Ermitteln eines niedrigen IQ in keinem Fall genügt, um eine geistige Retardierung zu diagnostizieren. Mitmaßgebend seien das Andauern bis zum vollendeten 18. Lebensjahr, insbesondere aber Ausfälle im Bereich des *adaptiven Verhaltens,* das sich in Standards persönlicher Unabhängigkeit und sozialer Verantwortlichkeit niederschlägt, soweit diese vom Alter und der kulturellen Gruppe her erwartet werden. Gestuft nach dem Lebensalter werden diese in folgende Bereiche eingeteilt:

Im Frühkindheits- und Vorschulalter:

1. *Sensomotorische Fertigkeiten,*
2. *Kommunikative Fertigkeiten (einschl. Sprechen und Sprache),*
3. *Fertigkeiten der Selbstversorgung und*
4. *Sozialverhalten (Interaktion mit anderen).*

In der Schul- und frühen Jugendzeit:

5. *Anwendung grundlegender Kulturtechniken im Alltag,*
6. *Anwendung angemessener Begründungen und Urteile in der Bewältigung der Umwelt,*
7. *Sozialfertigkeiten (Teilnahme an Gruppenfertigkeiten und interpersonale Beziehungen).*

Für Heranwachsende und Erwachsene:

8. *Berufliche und soziale Verantwortlichkeiten und Leistungen (12).*

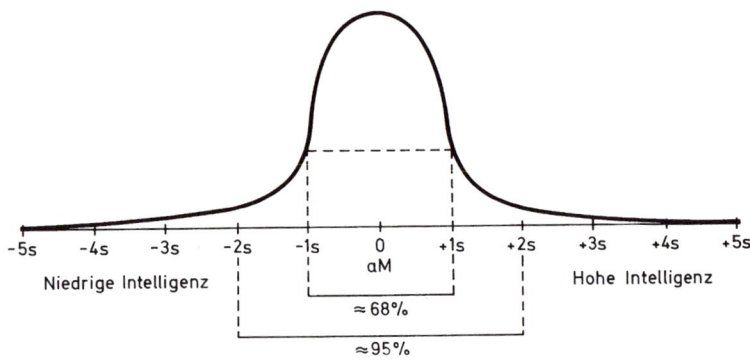

Abb. 1: Normalverteilung der Intelligenz mit Standardabweichungen (s)

Zur Beurteilung der *adaptiven Kompetenzen* gibt es in den USA verschiedene Testverfahren, so die Adaptive Behavior Scale von *Nihira, Foster, Shellhaas, Leland,* von der *AAMD* herausgegeben *1969, Revision 1975). Ein Teil der „Vineland Social Maturity Scale" war in die TBGB übernommen worden (Eggert 1974). Ein vielfach eingesetztes Hilfsmittel zur Erfassung der praktischen, kognitiven und sozialen Kompetenzen geistig behinderter Schulkinder ist das „Heidelberger Kompetenz-Inventar" (HKI) nach K. Holtz u. a. (1998). Da die Skalenwerte durch Befragungen von Eltern und Lehrern ermittelt werden und auf Normen beruhen, die ausschließlich an geistig behinderten Kindern erhoben wurden, ist der Aussagewert der Ergebnisse begrenzt. Sie sind aber auf jeden Fall geeignet, um Richtmarken für den individuellen Förderbedarf zu erkennen.*

Obwohl der Begriff der Intelligenz wissenschaftlich fragwürdig bzw. ungeeignet ist (Kagan 1987), obwohl das Messen einer „allgemeinen Intelligenz" mittels eines Durchschnittswertes für recht unterschiedliche Leistungen als unzulänglich gilt, und obwohl die für Durchschnittsintelligenzen konstruierten I-Tests bei Personen mit einer *geistigen,* zumal mit einer *schweren* geistigen Behinderung nicht adäquat verwendbar bzw. untauglich sind, werden I-Testverfahren nach wie vor praktiziert. Es scheint sich die pragmatische Einsicht durchzusetzen, dass es – bei allen Mängeln – kein geeigneteres Instrument zur Grobeinschätzung intellektueller Leistungs-fähigkeit gibt. Sowohl wenn es um – z. B. schulrechtlich zu belegende – Platzierungsentscheidungen oder um wissenschaftliche Forschung geht, bei der man vergleichbare Zahlenwerte braucht, sieht man sich genötigt, I-Tests durchzuführen.

Tab. 2: AAMD – Klassifikation nach IQ-Werten

Stufe der geistigen Behinderung	Standard-abweichungen	Stanford-Binet-IQ	Hamburg-Wechsler-IQ
leicht (mild)	-2 bis -3	67–52	69–55
mäßig (moderate)	-3 bis -4	51–36	54–40
schwer (severe)	-4 bis -5	35–20	–
schwerst (profound)	-5 und darunter	<20	–

Es waren auch schulische „Objektivierungserfordernisse", wie z. B. die Unterscheidung von Lernbehinderung und geistiger Behinderung, die es nötig machten, IQ-Werte bzw. Standardabweichungen als Klassifizierungsmarken einzuführen. So nannte Bach (1979a) zur Kennzeichnung von geistiger Behinderung einen IQ unterhalb 55/60, während der real praktizierte Grenzwert zwischen *Lernbehinderung und geistiger Behinderung* bei 60/65 lag (Liepmann 1979). In den Empfehlungen des Deutschen Bildungsrates (1973) war geistige Behinderung mit mindestens drei Standardabweichungen vom Mittelwert angegeben, was noch unter dem von Bach genannten Wert liegt (s. Tabelle 2). Es handelt sich bei den angesprochenen Grenzwerten eindeutig um grobe Orientierungsmarken. Das Klassifikationsschema der Standardabweichungen hat ohnehin im Wesentlichen nur statistischen Wert, abgesehen davon, dass kein Test perfekt reliabel ist (Patton u. a. 1990, 49).

Nachdem der schulrechtliche Begriff der Sonderschulbedürftigkeit mit seiner klassifizierenden Wirkung seine frühere Bedeutung eingebüßt hat, ist sonderpädagogischerseits ein verringertes Interesse an der Durchführung von I-Tests zu verzeichnen. An Bedeutung dürften dagegen psychologische Forschungsergebnisse gewinnen, wie sie u. a. von Gardner (1991, amerik. 1985 „Frames of Mind") aus komplexer kognitionswissenschaftlicher Sicht vorgelegt worden sind.

Gardner verabschiedet den IQ mitsamt der ihm zugrunde liegenden „allgemeinen Intelligenz" und legt stattdessen eine *Theorie der multiplen Intelligenzen* vor. Aus den verschiedenen Wissenschaften, die Erkenntnisse zur Klärung des Komplexes kognitiver Kompetenzen beitragen können, u. a. der Neurobiologie oder der Ethnologie, werden Indizien zusammengetragen, die für die Existenz mehrerer, relativ autonomer Intelligenzen sprechen.

Gardner geht von mindestens sieben solcher getrennt fungierender Intelligenzen aus, Ornstein (1990) von 120 und mehr. Gardner nennt

- eine linguistische Intelligenz,
- eine musikalische Intelligenz,
- eine logisch-mathematische Intelligenz,
- eine räumliche Intelligenz,
- eine körperlich-kinästhetische Intelligenz und
- zwei personale Intelligenzen als
  - intrapersonales Wissen (um sich selbst) und als
  - interpersonales Wissen (um den anderen).

Es ist aufschlussreich, dass Gardners Theorie sich auch auf Beobachtungen an *retardierten* und *autistischen* Kindern stützt, bei denen immer wieder auffallend intakte Teilkompetenzen festgestellt wurden. Damit werden auch praktische pädagogische Erfahrungen mit Personen mit einer geistigen Behinderung bestätigt, die z. B. ungewöhnliche musikalische, künstlerische oder körpertechnische Talente, aber auch einen differenziert ausgeprägten Sinn für sich selbst und für andere aufweisen.

Pädagogisch ergiebiger als das relativ statische Intelligenz-Modell sind psychologische Theorien, die geistige Behinderung nicht als eine bloße Abweichung von Normen menschlicher Entwicklung erklären, sondern als individuelles Ergebnis einer spezifischen *mehrdimensionalen Informationsverarbeitung*. Dieses Modell führt die kognitiven Funktionen nicht auf bloße gegebene Defizite zurück, sondern erklärt sie als Ergebnisse der individuellen Wechselwirkung mit der Umwelt (Sarimski 2003 a, 42 f). Die Entwicklung der kognitiven Funktionen wird damit in Abhängigkeit von *Umwelteinwirkungen* gesehen, vor allem der pädagogischen Förderung und der sozialen Interaktion. Sie unterstützen den komplexen Prozess der Informationsverarbeitung (Wissenserwerb und Umsetzung in Tätigkeiten und in neue Handlungsstrategien). Die Fähigkeit zur komplexen Informationsverarbeitung wächst mit zunehmendem Alter. Individuelle Unterschiede sind u. a. von der Anlage des neuralen Verarbeitungssystems abhängig.

2.3 Der soziologische Aspekt

Geistige Behinderung ist bei aller neurophysischen oder genischen Bedingtheit stets auch Ausprägungsform der Sozialisation. Dies wurde bereits deutlich bei der definitorischen Verklammerung von Intelligenz mit adaptivem Verhalten sowie bei der Betonung der Sozialabhängigkeit (Potenzialität) der Intelligenzentwicklung. Darüber hinaus gibt es auch eine primäre soziale Kausalität für die Entstehung einer geistigen Behinderung. Dies kann der Fall sein bei schweren sozialen (sensomotorischen) Deprivationen, bei denen die neurale Entwicklung massiv behindert wird und deshalb zurückbleibt (*„Kas-*

par-Hauser-Syndrom"). Weithin bekannt sind die retardierenden Bedingungen einer sozial anregungsarmen Umwelt für die Entstehung leichterer Formen geistiger Behinderungen bzw. der Lernbehinderung (Cloerkes 2001).

Die Bedeutung des soziologischen Aspektes wurde insbesondere am Verhältnis von *Sozialschicht und geistiger Behinderung* expliziert. In einer Untersuchung hatte Eggert (1969a) erstmals eine relativ hohe Quote geistig behinderter Kinder ermittelt, die aus der sozialen Schicht der „sozial Verachteten" stammten, nämlich 22,4 % gegenüber 2 % repräsentativ erwarteten. Eggert vermerkte ausdrücklich, dass es sich um eine „relativ zufällige" Population, um eine nicht repräsentative Stichprobe gehandelt habe, und schränkte damit die Gültigkeit der gefundenen Werte ein. „Der Unterschied zwischen den Lernbehinderten und den Geistigbehinderten liegt also darin, daß die Lernbehinderten massiert aus den unteren sozialen Schichten stammen, während die Geistigbehinderten aus allen sozialen Schichten stammen" *(35)*.

Untersuchungsbefunde anderer Forscher bezogen sich i. A. auf die Gesamtpopulation der mentally retarded, unter denen der „subkulturelle Typ" nach der damaligen Definition am stärksten vertreten war, so dass für den hier angesprochenen Personenkreis geistig behinderter Menschen noch keine bündigen Aussagen abzuleiten waren bzw. zur Verfügung standen.

Differenziertere Daten wurden von *Kushlick* und *Blunden* 1974 bekannt, die epidemiologische Erhebungen in England (Wessex) durchgeführt hatten. Ihre Feststellungen lauteten: In Industriegesellschaften verteilen sich die Eltern geistig behinderter (severely subnormal) Kinder gleichmäßig über alle sozialen Schichten der Gesellschaft, während Eltern leichter behinderter (mildly subnormal), also lernbehinderter Kinder, vorherrschend aus den unteren sozialen Schichten stammen (50).

Zum gleichen Befund kam J. Carr (1974). Sie unterschied dabei Down-Kinder von anderweitig geistig behinderten Kindern. Das Ergebnis ihrer Studien: „Im Gegensatz zu Familien der leicht Retardierten, die vorwiegend in Arbeiter-Klassen-Populationen gefunden worden sind, sind Familien der Geistigbehinderten gleichmäßig verteilt über alle Sozialschichten der Gesellschaft." Darüber hinaus fand *Carr* Hinweise für eine Bestätigung der Annahme von *Penrose* (1938), dass Kinder mit einem Down-Syndrom häufiger in Familien der beiden oberen Sozialschichten anzutreffen sind. Geistig behinderte Kinder ohne Down-Syndrom fanden sich dagegen häufiger in der untersten sozialen Schicht (808, s. Tabelle 3).

Tabelle 3 zeigt neben der o. g. gleichmäßigen Verteilung doch eine bemerkenswerte Auffälligkeit, die an das Untersuchungsergebnis von Eggert (1969a) erinnert: Die vergleichsweise hohe Quote geistig behinderter Kinder ohne Down-Syndrom, also zumeist neurologisch geschädigter Kinder, in der untersten Sozialschicht: 22 % gegenüber 13 % in der Gesamtpopulation. Carr sprach selber von einer „möglichen Annahme", die sie aber nicht näher interpretierte.

Tab. 3: Sozialschichtzugehörigkeit von Familien mit geistig behinderten Kindern mit und ohne Down-Syndrom (Carr 1974, 809)

| Sozialschicht | Geistig behinderte Kinder | | | | Population des Untersuchungsgebietes (Camberwell) |
| | mit Down-Syndrom | | ohne Down-Syndrom | | |
	n	%	n	%	%
I und II	4	9	12	8	10
III	24	53	82	52	59,7
IV	10	22	29	18	17,3
V	7	16	34	22	13
	45	100	157	100	100

Deutlichere Hinweise auf eine stärkere Belastung der Unterschichtfamilien mit geistig behinderten Kindern brachte die epidemiologische Studie von *Liepmann* (1979), die im Bereich Mannheim durchgeführt worden war. Sie ergab, dass „geistig behinderte Kinder überzufällig häufiger der unteren Sozialschicht bzw. der Arbeiterklasse" angehören (71). Die Verteilung im Einzelnen geht aus Tabelle 4 hervor.

Liepmann betrachtete diese Ergebnisse als unerwartet und sah sie im Widerspruch zu den meisten Befunden dieser Art. Sie versuchte selber keine schlüssige Erklärung zu finden, verwies auf übliche Schwächen bei der Bestimmung des Personenkreises für derartige Untersuchungen und empfahl weitere Überprüfungen.

Kushlick und Blunden (1974) sahen es als wahrscheinlich an, dass das Auftreten (incidence) schwerer geistiger Behinderungen in den unteren sozialen Schichten häufiger sei als in den oberen Schichten, wenn auch die Dif-

Tab. 4: Sozialschichtverteilung geistig behinderter Kinder nach Liepmann (1979, 72)

| Soziale Schicht | Bevölkerung der BRD | Stichprobe Gb Mannheim | |
	%	n	%
I (Oberschicht, obere u. mittl. Mittelschicht)	19,5	10	3,3
II (untere Mittelschicht)	40,3	58	19,0
III (Unterschicht)	40,2	238	77,7
	100,0	306	100,0

ferenz nicht so groß angesetzt wird wie für die leichte geistige Behinderung (mildly subnormal). Der Unterschied zwischen einer höheren Quote für das Auftreten (incidence) einer Behinderung und einer niedrigeren für die Verbreitung (prevalence) wurde mit einer höheren Frühsterblichkeit in den unteren Schichten begründet; die Autoren bestätigten ansonsten höhere Prävalenzraten bei Unterschichtfamilien und zwar in Verbindung mit häufigeren Geburtskomplikationen (ärztliche Versorgung, niedrigeres Geburtsgewicht) und resümierten, dass zwar die Kondition für schwere geistige Behinderungen über alle sozialen Schichten verteilt sei, dass aber alle Studien eine größere Verbreitung unter den unteren Schichten zeigten (58).

Man kann nicht umhin, hierin einen gewissen Widerspruch zur gleichzeitigen Behauptung zu sehen, dass die Verteilung über die sozialen Schichten eine gleichmäßige sei („evenly distributed", 50).

Wir fanden in einer Erhebung in einem bayerischen Landkreis eine deutliche Bestätigung für die Hypothese, dass geistige Behinderungen in der unteren Sozialschicht wesentlich häufiger auftreten. Die Untersuchung bezog sich auf sämtliche Kinder der zuständigen Sonderschule für geistig Behinderte (n = 133) und erbrachte, dass 75 % von ihnen aus Familien stammten, die der Unterschicht zuzurechnen sind. Im Vergleich dazu ist die Unterschicht in der Population des betreffenden Landkreises (vor der Gebietsreform) mit 58,4 % vertreten (Fäth 1979).

Der soziologische Aspekt der geistigen Behinderung erstreckt sich in seiner Bedeutung im Besonderen auf das Projekt *Integration,* also die Eingliederung von Menschen mit geistiger Behinderung in die Gesellschaft. Dabei kommt den *Einstellungen* gegenüber Menschen mit Behinderungen besondere Bedeutung zu (Cloerkes 1985, 2001, Clauß 1996, Mattner 2000).

Soziologische Begriffe sind auch die von *Inklusion* und *Exklusion,* also von sozialer *Eingeschlossenheit* (lat. includere = einschließen) in gesellschaftliche Teilsysteme und *Ausgeschlossenheit* aus ihnen (lat. excludere = ausschließen). Für die Umsetzung des heute im Behindertenbereich favorisierten Begriffs der *Inklusion* ist der soziologische Hintergrund insofern von Interesse, als er zeigt, dass in einer Gesellschaft stets *beides* praktiziert wird: Jeder hat es mit Inklusionen und Exklusionen zu tun; niemand kann *allen* Teilsystemen zugehören. Vor allem: Er ist darauf angewiesen, dass ihn eine Gruppe aufnimmt. Die Regulierung von Inklusionen ist Sache der einzelnen Gruppensysteme. Inklusionsversuche vom Gesamtsystem her, etwa von einer gesellschaftlichen Idee oder äußeren Appellen her, haben weniger Chancen (Luhmann 1997, 1025). Inklusion kann nicht von externen Instanzen vergeben oder erzwungen werden (Walzer 1994).

Die hier referierten soziologischen Befunde zeigen die hohe Bedeutung sozialer Komponenten für das Zustandekommen einer geistigen Behinderung bzw. für die Erklärung dessen auf, was komplex darunter zu verstehen ist. Hinzugefügt werden könnten noch Daten zur sozialen Versorgung geistig behinderter Personen. Die soziale Situation prägt maßgeblich das Bild dieser Behinderung: das System und die Qualität sozialer Hilfen, die Einstellungen der Umwelt, die familiäre Situation (v. Bracken 1976, Carr 1974, 1978, Liepmann 1979, Thomas 1978, Gastager 1973, Boswell, Wingrove 1974, Cloerkes 2001).

2.4 Weitere epidemiologische Befunde – Mehrfachbehinderungen

Die Kenntnis der *Zahl geistig behinderter* Personen innerhalb einer Gesellschaft ist von Bedeutung für den Ansatz sozialer Maßnahmen. Sie erlaubt auch gewisse Rückschlüsse auf die Wirksamkeit von Prävention und Förderung oder negativer Einflussfaktoren. Die Epidemiologie untersucht die *Verbreitung* und Aufteilung von Schädigungen und ihren Bedingungen. Dabei werden vor allem zwei Grundbegriffe verwendet, die im Englischen „incidence" und „prevalence" lauten und übersetzt werden können mit *Auftretens-* und *Verbreitungshäufigkeit*. Beide sind in hohem Maß von sozialen Bedingungen abhängig.

Es gibt gegenwärtig keine Methoden, um die Auftretenshäufigkeit von geistiger Behinderung genau zu bestimmen. Dies hängt u. a. mit den definitorischen Schwierigkeiten, aber auch mit der faktischen Erkennbarkeit zusammen. Ähnliches gilt für die Feststellung der Verbreitungshäufigkeit (Thimm 1990).

Für die Bundesrepublik kann ein Anteil von 0,6 % der Kinder im schulpflichtigen Alter als geistig behindert eingeschätzt werden (Sander 1973, Liepmann 1979). Thimm (1990) geht von 0,5 % aus.

Die geschätzte Prävalenzrate von 6,0 pro 1000 liegt höher als die für andere Länder angegebene Verbreitungshäufigkeit, mit Ausnahme Hollands mit über 0,7 % (vgl. den Überblick bei Liepmann, 35).

Der Unterschied zur deutschen Prävalenzrate ist im Wesentlichen darauf zurückzuführen, dass geistige Behinderung nach hiesiger Klassifikation über den IQ 50 hinausreicht bis in den Bereich von 60/65. Dies zeigt sich deutlich in den Ergebnissen von Liepmann (1979), wonach der Anteil der geistig behinderten Kinder in Mannheim mit IQ-Werten < 50 bei 4,2 und mit IQ-Werten: ≤ 60 bei 7,6 pro 1000 liegt (66).

Die Gesamtprävalenz, d. h. die Verbreitungshäufigkeit geistiger Behinderung über alle Altersstufen hinweg, liegt niedriger als die für das Schulalter. Nach fortlaufenden Untersuchungen in Dänemark und Schweden lag sie konstant bei 0,43 bzw. 0,41 % (nach Thimm 1990, 13). Bemerkenswert ist auch die Feststellung aus schwedischen Untersuchungen von Wallner (1985), dass sich die relativ hohe Quote bei den Schulpflichtigen abflacht und dass die Zahl der *älteren Menschen* mit einer geistigen Behinderung *zunimmt*.

Wie schwierig es ist, die Frage der Prävalenzraten abzuklären, zeigte die länderübergreifende, in bestimmten Regionen Deutschlands und Dänemarks durchgeführte Untersuchung von Thimm, v. Ferber u. a. (1985). Die ermittelten Quoten werden dadurch relativiert, dass sie in *Institutionen* gewonnen wurden, und dass die dort erfassten Personen nicht in jedem Fall aus der zugehörigen Region stammten.

Die Geschlechterverteilung unter den geistig behinderten Schülern in der Untersuchung von Liepmann (1979) verhielt sich bei Mädchen und Jungen wie 1,5 : 1 (69). Zu übereinstimmenden Ergebnissen war Eggert (1969a) gekommen. im gleichen Sample fanden sich 16,4 % unehelich geborene Kinder gegenüber der Gesamtquote von 8,7 % für Mannheim.

Über das Anwachsen und Abnehmen der Verbreitungshäufigkeit finden sich bei Kushlick und Blunden (1974) divergierende Angaben. Beide folgerten jedenfalls für die nächsten Jahre eine Zunahme der Zahl der geistig behinderten Personen, insbesondere der Erwachsenen, die kontinent (toilettenfähig) und gehfähig sind und keine schweren Verhaltensstörungen aufweisen. Die Zahl der schwerer behinderten und nicht gehfähigen würde dagegen konstant bleiben (62).

Diese Voraussagen sind, wie bereits oben angeführt, im Ganzen gesehen so eingetreten. Eine deutliche Veränderung gab es freilich im Bereich der frühen Auftretenshäufigkeit. Hier ist eine hochsignifikante Verringerung festzustellen. Sie wird neben Fortschritten im Bereich der perinatalen Medizin (Geburtshilfe) vor allem auf Präventionsmaßnahmen der pränatalen Diagnostik und genetischen Beratung zurückgeführt. Ein prompter Rückgang der Geburten von Down-Kindern war u. a. für den Staat New York 1978 ermittelt worden.

Nach einer Untersuchung von Hansen (1978) ging die Zahl der Geburten von Kindern mit einem Down-Syndrom dort nach der Freigabe der Abtreibung 1970 in den Jahren 1971–1975 um ca. 20 % zurück. Die ethische Problematik des Schwangerschaftsabbruchs nach medizinischer Indikation wird in Kap. III angesprochen.

Die Sterblichkeitsraten bei geistig behinderten Personen liegen höher als bei nicht behinderten. Sie steigen mit dem Schweregrad der Behinderung und liegen nach Eyman und Miller (1978) in den USA bei schwerstbehinderten um 50 % höher als bei schwerbehinderten Personen.

Die Verbreitung zusätzlicher Schädigungen bei geistig behinderten Kindern hatten u. a. Sondersorge, Barth (1963) und Hill (1971) untersucht. Die Ergebnisse ließen den Schluss zu, dass geistige Behinderung in der Regel als Mehrfachbehinderung zu gelten habe. Die Ergebnisse von Liepmann (1979) schienen die bisherigen Befunde zu bestätigen. Danach fanden sich

zusätzlich 1 Behinderung bei 26,11 %
zusätzlich 2 Behinderungen bei 39,3 %
zusätzlich 3 Behinderungen bei 19,8 %
zusätzlich 4 Behinderungen bei 2,6 %
keine zusätzlichen Behinderungen bei 11,9 % (100).

Am häufigsten wurden Sprachauffälligkeiten (77,3 %) registriert, an 2. Stelle Sehschädigungen (49,5 %) und an 3. Stelle Verhaltensstörungen (29,1 %). Zusätzliche motorische Störungen waren bei 16,9 %, Anfälle bei 14,2 % und Hörschädigungen bei 7,5 % diagnostiziert (99).

Diese Befunde erscheinen aus einer differenzierten Sicht als missverständlich und klärungsbedürftig. Man hat sich zu fragen, was man unter geistiger Behinderung zu verstehen hat. Wenn man von einer *komplexen* Beeinträchtigung ausgeht, wie allgemein anerkannt, so kann man nicht bestimmte Funktionen, wie z. B. die Sprachkompetenz, als „zusätzliche", quasi neben der intellektuellen Schädigung, definieren. Ähnliches gilt z. B. auch für „Verhaltensstörungen". Wenn das Feststellen einer „Mehrfachbehinderung" pädagogisch einen Sinn haben soll, so muss dieses Mehrfache sich auf zusätzliche heilpädagogische Maßnahmen beziehen lassen, die schulisch zu organisieren wären.

Ein Versuch, unter dieser Prämisse die Verbreitung von „*Mehrfachschädigungen*" bei Kindern mit einer geistigen Behinderung zu ermitteln, stammt von E. Fischer (1992). Die Erhebung wurde an 41 Schulen für Geistigbehinderte in Rheinland-Pfalz durchgeführt. Von den insgesamt 1891 Schülerinnen und Schülern wurden lediglich 11,5 % als „mehrfachgeschädigt" eingestuft, wobei nur definierte Körper- und Sinnesschädigungen als „zusätzlich" in Betracht kamen. Diese verteilten sich

mit 76 % auf eine Körperbehinderung,
mit 23 % auf eine Sehschädigung und
mit 12,8 % auf eine Hörschädigung.

Aufschlussreich sind auch Daten zur Unterbringung in Familie oder Heim. In dem Sample von Liepmann befanden sich von insgesamt 323 geistig behinderten Schulkindern 71 in Heimen, d. s. nahezu 25 %. In den von Eyman und Miller (1978) berichteten Untersuchungen in den USA liegt diese Quote wesentlich höher. Sie steigt wiederum mit der Zunahme des Schweregrades. Die höchstgenannte Quote liegt bei 92 % (76 % in Anstalten, 16 % in Kliniken). Resümierend wurde festgestellt, dass beim Ausbau sozialer Dienste die Mehrheit der geistig behinderten (nicht schwerstbehinderten) Personen fähig wäre, gesellschaftlich integriert zu leben (10). Neuere Prävalenzdaten, die sich auf die Altersverteilung und die Platzierung beziehen, liegen aus der Vergleichsuntersuchung von Thimm, v. Ferber u. a. (1985) vor.

Interessant ist in diesem Zusammenhang die erhöhte Quote von Kindern mit mehreren zusätzlichen Behinderungen, insbesondere Anfallsleiden und Verhaltensstörungen in Heimen (118). Bei den Heimkindern überwiegen auch die Kinder aus „auffälligen" Familien mit 66,7 % gegenüber 28,9 % bei den zu Hause wohnenden geistig behinderten Kindern (120). Für die USA fanden Eyman und Miller (1978) ebenfalls eine wesentlich höhere Quote geistig behinderter Personen mit fehlangepasstem Verhalten in den Anstalten im Gegensatz zu Personen mit geistiger Behinderung, die gesellschaftlich integriert leben (siehe Kap. X). Ähnliche Untersuchungsergebnisse (Tizard, Grad 1961) referierte für England Carr (1974, 811f). Sozial störendes und moralisch abgewertetes Verhalten differenziert am deutlichsten Heimbewohner von solchen Menschen mit geistiger Behinderung, die offen in der Gesellschaft wohnen.

Die meisten dieser Untersuchungsergebnisse sind relativ älteren Datums. Mit dem Ausbau der sozialen Dienste außerhalb der Anstalten und mit der Zunahme der sozialen Toleranz in der Bevölkerung hat sich inzwischen das Bild deutlich verändert, und sozialbegründete Heimeinweisungen haben längst abgenommen. Es kann aber nicht davon die Rede sein, dass schwerer behinderte Menschen *generell* in offenen Wohnformen leben. Die Heime melden eine verstärkte Nachfrage nach Plätzen für solche Menschen, vor allem für solche, die schwerer und mehrfach behindert sind.

2.5   Der pädagogische Aspekt

Für die Pädagogik ist eine geistige Behinderung sowohl ein Phänomen vorgefundener und komplex und differenziert zu erfassender Wirklichkeit als auch eine Aufgabe, die darauf gerichtet ist, *trotz der Behinderung Erziehung und Bildung zu ermöglichen.* Der pädagogische Aspekt bezieht sich im Falle einer geistigen Behinderung vor allem darauf, die *Lernmöglichkeiten des Kindes auszuloten u*nd durch eine entsprechende *Gestaltung seiner Lernumwelt* sein Lernen zu fördern.

Dabei sind die individuell verschiedenen *Lernbedingungen* jeweils in Beziehung zu möglichen und individuell adäquaten Erziehungs- und Bildungszielen und Methoden zu setzen. Die pädagogische Orientierung ist also von zwei Seiten her bestimmt, einerseits *vom Kinde und seinen speziellen Erziehungsbedürfnissen her* und andererseits von *den speziellen Erfordernissen,* wie sie sich aus der pädagogischen Aufgabenstellung ergeben.

2.5.1 Sonderpädagogischer Förderbedarf

Für den schulischen Bereich hat die Kultusminister-Konferenz (KMK) 1994 den Begriff des *„sonderpädagogischen Förderbedarfs"* eingeführt. Er beinhaltet im Wesentlichen die Entscheidung darüber, dass ein behindertes Kind den Unterricht in der allgemeinen Schule nicht ohne sonderpädagogische Unterstützung besuchen kann, und in welcher Schulform es am besten gefördert werden kann. Dabei kommen zwei *Lernorte* in Betracht: entweder die *allgemeine Schule,* wenn dort die entsprechend *förderlichen Bedingungen* gegeben sind, oder die *Förderschule.*

Es handelt sich also um ein Paket sonderpädagogischer Erfordernisse, die einerseits im Sinne einer dem Kind entsprechenden Förderung notwendig, aber auch von der Schule her bereitzustellen sind. Dabei stellt sich die Frage, wonach sich dieser „Förderbedarf" bemisst, und wer ihn definiert. In den KMK-Empfehlungen wird zwar hervorgehoben, dass er sich einerseits auf eine Kind-Umfeld-Analyse zu beziehen hat, es wird aber andererseits betont, dass dieser sonderpädagogische Förderbedarf auch abhängig von den *Fördermöglichkeiten der jeweiligen Schule* ist.

Damit wird im Grunde der Inhalt des sonderpädagogischen Förderbedarfs, den die Schule bereitzustellen hat, *relativiert*. Der primäre Zweck dieses Begriffes und seiner amtlichen Feststellung liegt offensichtlich darin, dass über diagnostische Erhebungen das *„Profil der Fördermaßnahmen"* ermittelt wird, dieses aber im Wesentlichen dazu dient, eine Entscheidung über den passenden *„Förderort"* zu fällen, d. h. entweder sonderpädagogisch begleiteter Unterricht an einer allgemeinen Schule oder eine Förderschule.

Die KMK-Empfehlungen machen keine Aussage darüber, welchem dieser beiden Förderorte *im Prinzip* eine *pädagogische Priorität* zukäme. Das Recht der Eltern, diesen Förderort zu bestimmen, ist verfassungsrechtlich begrenzt (siehe Kap. IX, 3.3); erfahrungsgemäß wird es aber von der Schulbehörde auch berücksichtigt.

Unbestimmt bleibt auch der *heilpädagogische Inhalt* dessen, was als Förderbedarf von der Schule her bereitzustellen und zu gewährleisten ist: Personalaufwand, fachliche Qualifikationen, bestimmte unterrichtliche Bedingungen (Methoden), Gelegenheiten zu gemeinsamem Lernen etc. Mit dem bloßen Adjektiv „sonderpädagogisch" ist noch nicht alles qualitativ Nötige gesagt. Offen bleibt auch bezüglich des Förderortes „allgemeine Schule", wie hier die Schul- und Unterrichtsorganisation eingerichtet und geändert werden müsste, um zu einem sinnvollen Förderort für ein behindertes Kind avancieren zu können, z. B. durch die Angliederung von *Sonderklassen* oder die Einführung von *Sonderunterricht* (nach skandinavischem Vorbild).

2.5.2 Heilpädagogischer Hilfebedarf

Was als sonderpädagogischer Förderbedarf für den Bereich der *Schule* gilt, ist für die anderen pädagogischen Wirkfelder, wie *Familie, Frühförderung, Kindertagesstätte oder Heim*, der *heilpädagogische Hilfebedarf*. Im Falle einer geistigen Behinderung liegen besondere Erziehungsbedürfnisse vor, auf die die Erziehung eine passende Antwort zu finden hat. Dabei sind die gegebenen Erziehungs- und Lernhindernisse ebenso spezifisch zu beachten wie die individuellen und sozialen Entwicklungsmöglichkeiten und Chancen für eine sinnvolle eigene Lebensgestaltung. Der pädagogische Ansatz (Erziehungsziele, Methoden, Gestaltung von Spielen und Lernen, Erziehungsorganisation etc.) ist so zu modifizieren und die Umwelt des geistig behinderten Kindes oder Jugendlichen so zu gestalten, dass sie den vorliegenden besonderen Erziehungs- und Bildungsbedürfnissen entsprechen (Speck 2003).

Die Priorisierung der *besonderen Erziehungserfordernisse* bedeutet, dass *nicht* die *(geistige) Behinderung der heilpädagogische Leitbegriff* ist. Im Vordergrund steht vielmehr das, was erzieherisch nötig und möglich ist. Dies ist in erster Linie der allgemeine Erziehungsauftrag, der für alle Kinder und Jugendlichen gilt, aber auch die Beachtung der speziellen pädagogischen Erfordernisse. Das bedeutet: Was pädagogisch zu gestalten ist, bestimmt sich nicht primär oder allein von der Behinderungsart her, der ein Kind zugeordnet wird, und von Normen einer Behinderungs- oder Defizitorientierung, sondern hat sich umgekehrt daran zu orientieren, was ein Kind pädagogisch *braucht*, um trotz seiner Lernhindernisse die ihm möglichen Persönlichkeits- und Sozialkompetenzen (Fertigkeiten, Einstellungen) zu erlangen, die ihm eine sinnvolle soziale Teilhabe an seiner Lebenswelt ermöglichen. Der heilpädagogische Hilfebedarf ist eine komplexe Größe, von der die Qualität der heilpädagogischen Arbeit abhängt. Welche Qualitätsindikatoren dabei im Einzelnen maßgebend sind bzw. sein sollen, hat u. a. der Verband Kath. Einrichtungen für Lern- und Geistigbehinderte zusammengestellt (Pohl 1995). Aus diesem pädagogisch komplexen Ansatz lassen sich folgende pädagogische *Leitthesen* ableiten:

– *Geistige Behinderung* gilt als normale (übliche) Variante menschlicher Daseinsformen und erfordert eine individualisierende und spezifizierte Erziehung im Sinne einer Hilfe zum Lernen und zur Identitätsbildung.
– Die *Erziehung* von Menschen mit geistiger Behinderung orientiert sich primär an den *allgemeinen* edukativen Erfordernissen, Werten und Normen.
– Die *Spezifizierung* des Pädagogischen orientiert sich an den besonderen individuellen Bedürfnissen und Möglichkeiten ebenso wie an den sozialen Bedingungen und Erfordernissen für eine wirksame Unterstützung des Lernens und der sozialen Teilhabe.

Was Erziehung dabei zu leisten hat, kann als *Hilfe zu einem Menschlichleben-können* unter erschwerten Bedingungen verstanden werden (Kron 2001, 200f, D. Fischer 1992). Schon J. H. Pestalozzi hat einen solchen Ansatz aus seiner Idee der reinen Menschenerziehung als Rettung der im größten Elend vergessenen Kinder begründet. Helfen, um menschlich leben zu können, heißt dann, soziale Isolierung zu vermeiden oder abzubauen und Umwelt zu erschließen, damit sich der Mensch mit geistiger Behinderung darin entwickeln und zum Träger und Teilhaber gemeinsamer Kultur werden kann. Was er als Mensch werden kann, wird er allein durch Erziehung. „Er ist nichts, als was die Erziehung aus ihm macht" (Kant 1803 / 1977, 699).

2.5.3 Veränderung geistiger Behinderung durch den pädagogischen Prozess

Der durch Erziehung in Gang gebrachte Prozess wird durch verschiedene Faktoren bestimmt (Art und Grad der physischen Schädigung, Persönlichkeitseigentümlichkeiten und soziale Bedingungen), ist also prinzipiell offen. Geistige Behinderung ist *kein fixierter Zustand,* der sich einlinear aus einer Hirnschädigung ergäbe, sondern sie entwickelt und verändert sich vielmehr in einer dynamischen Wechselwirkung mit der Umwelt. Man kann es auch umgekehrt formulieren: Die gesellschaftliche Realität einschließlich der Erziehung steht unter dem wechselwirkenden Einfluss der Realität geistiger Behinderung. Sie steht deshalb unter dem verbindenden humanen Anspruch, ihre Normen- und Handlungssysteme nicht am geistig behinderten Menschen vorbei zu konstituieren.

Dieser komplexe Prozess- und Wechselwirkungscharakter geistiger Behinderung lässt sich an folgendem interaktionalen Modell verdeutlichen (Abb. 2). Er fasst gleichzeitig die verschiedenen Bestimmungsgrößen zusammen, die oben von den verschiedenen wissenschaftlichen Befunden her dargestellt worden sind:

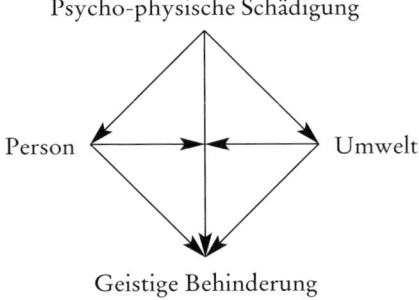

Psycho-physische Schädigung

Person   Umwelt

Geistige Behinderung

Abb. 2: Interaktionales Modell der Genese und des Prozesses geistiger Behinderung

Die *psycho-physische Schädigung* ist die Ausgangsbedingung oder der *Auslöser* für eine geistige Behinderung. Sie bezieht sich in aller Regel auf das neurale Funktionssystem, im Speziellen auf eine *Schädigung des Gehirns,* die genisch oder organisch bedingt sein kann. Sie beeinträchtigt einerseits mit permanenter Wirkung die Funktionabilität des Organismus und führt so zu unmittelbaren Lebenserschwerungen. Andererseits aber gilt sie auch als soziale Abweichung, von den Normen der Sozietät her gesehen. Gerade die geistige Behinderung ist angesichts ihrer *„Visibilität"* spezifischen sozialen Abwehrmechanismen in Form von Stigmatisierungen und Sanktionen ausgesetzt. Umgekehrt können diese ausbleiben, wenn die Erkennbarkeit einer tatsächlichen neuralen Schädigung nicht gegeben ist. Die Erziehung zu und das Interesse an Unauffälligkeit resultieren aus diesem Mechanismus. Das Kind-Schema des kleinen geistig behinderten Kindes gewährt z.B. einen vielfach deutlichen Schutz vor sozialer Ablehnung.

Wichtig erscheint uns auch die Einsicht, dass nicht die organisch-genische Schädigung selber bereits die geistige Behinderung ausmacht, sondern dass diese psycho-physische Abweichung lediglich den Auslöser eines personal-sozialen Prozesses darstellt, der zu einer bestimmten Ausprägung von geistiger Behinderung führt.

Dies lässt sich am Beispiel des *Down-Syndroms* zeigen, wo zwar eine spezifische Schädigung, nämlich eine Chromosomen-Aberration, vorliegt, die ganz bestimmte (typische) Veränderungen des äußeren Erscheinungsbildes, der Entwicklung und des Verhaltens bedingt, deren Auswirkungen auf das Lernen und die Entwicklung der Persönlichkeit, also die Ausprägung der individuellen (geistigen) Behinderung, aber im Wesentlichen von den angelegten Persönlichkeitseigentümlichkeiten und von der Qualität der Förderung (Umwelt) abhängen (Dittmann 1982, 1992, Murken, Reichart 1990, Speck 1990, Pueschel 1995, Wendeler 1996, Wilken 1997).

Die *Umwelt* mit ihren Normen- und Sanktionssystemen hat eine unübersehbare Bedeutsamkeit für Menschen, die im o. g. Sinn psychophysisch vom Üblichen abweichen. Historisch gesehen reichen die Reaktionsweisen von integrierender Toleranz bis zu physischer Vernichtung. Dazwischen liegt eine ganze Skala der verschiedensten Einwirkungen, wie z. B. degradierendes Mitleid, Achtlosigkeit, soziale Distanz, Vernachlässigung, Feindseligkeit. Sie finden ihren objektiven Ausdruck in den institutionellen Systemen, mit denen eine Gesellschaft auf das Faktum einer so elementaren Beeinträchtigung und Abweichung reagiert. Das Schulsystem spiegelt in seiner Geschichte deutlich die verschiedenen Positionen wider: von der „Absonderung" über die „Schulbefreiung" und „Bildungsunfähigkeit" zur Schulpflicht und schließlich zur Integration.

Es gibt auch das Phänomen der *Behinderung durch die Umwelt* (Cloerkes 2003). Man wird von außen her behindert. Die Entstehung oder individuelle Konstruktion einer Behinderung geht auch auf „Behinderer" zurück. Sie wird vom Einzelnen sozial konstruiert.

Der Mensch mit einer geistigen Behinderung ist *Person,* d. h. Eigeninstanz für sein Werten und Handeln. Er ist Selbst und erfährt sich damit auch in Abgehobenheit von seiner Umwelt als „autonomes System". Als Person erlebt er eigene Bedürfnisse, kann er seine Beeinträchtigung erkennen und bewerten, auf Einstellungen und Handlungen der anderen von seinem Selbstkonzept her antworten. Das Selbst konstituiert sich in der sozialen Interaktion. Es wird umso stärker, je mehr es gestützt, geachtet und aktiviert wird. Es wird gefährdet, Selbstentfremdung und unbegrenzte Manipulierbarkeit können die Folgen sein, wenn die anderen sich nicht auf ihn, seine Bedürfnisse, seine Subjektivität und damit auf seine Autonomie (Speck 1991) einstellen und seinen Lebenswert in Frage stellen.

Erst aus der Wechselwirkung der drei genannten Faktoren ergibt sich die Komplexität dessen, was sich als individuelle *geistige Behinderung* darstellt und in den pädagogischen Prozess eingeht bzw. durch ihn verändert, d. h. gefördert wird. Sie ist interaktionales Ergebnis und interaktionaler Prozess zugleich. Die pädagogische Aufgabenstellung kann sich so gesehen nicht nur auf das einzelne Kind mit einer geistigen Behinderung und sein Lernen beziehen, sondern muss als dreidimensioniert gesehen werden: Sie ist bezogen auf das sich selbst aufbauende Subjekt, auf die zu berücksichtigende physische (materiale) Schädigung und auf die Umwelt zugleich.

III Ethische Grundlagen –
unbedingte Achtung der Menschenwürde

1 Geistige Behinderung und Menschenwürde

Das Recht auf Bildung für Menschen mit geistiger Behinderung ist zu allen Zeiten ungesichert gewesen und in aller Regel verneint worden. Dieses Faktum korrespondiert mit dem ungesicherten Lebensrecht dieser Menschen (Antor, Bleidick 1995). Zu einer Wende, d. h. zu einer offiziellen Anerkennung des Bildungs- und Lebensrechtes, kam es erst in den sechziger Jahren des 20. Jahrhunderts.

Inzwischen hat sich die Situation erneut geändert. Das Lebensrecht von Menschen mit geistiger Behinderung steht wiederum auf dem Prüfstand. Ausgelöst wurde die neue Diskussion mit der „Praktischen Ethik" von Peter Singer (1984). Der in Australien und nun in den USA lehrende Moralphilosoph provozierte – im Besonderen in Deutschland – die soziale Szene mit einem Tabubruch: Nicht jedes menschliche Leben sei schützenswert. Leben sei nicht „heilig". Im Falle eines schwer geschädigten Organismus könne es sich auch um „elendes Leben" handeln, das als „lebensunwert" einzustufen sei. Die jeweiligen Interessen der betroffenen Menschen bezüglich der zu erwartenden Lebensqualität seien abzuwägen. Gegebenenfalls seien solche Kinder zu töten, wenn deren Leben utilitaristisch, d. h. vom einzuschätzenden Nutzen her gesehen als lebensunwert zu beurteilen sei.

In der weiterhin anhaltenden Diskussion sieht sich jeder, der für den *unbedingten* Wert und die Würde geistig behinderten Lebens eintritt, genötigt, sich zu rechtfertigen und zu begründen, worin er den Wert dieses Lebens sehe, und warum – „auch" – diese Menschen Menschen sind und ein Recht auf Bildung und gesellschaftliche Teilhabe haben. Er muss damit rechnen, dass ihm widersprochen wird. Eine „Heiligkeit" oder Unantastbarkeit jeglichen Lebens, wie sie z. B. A. Schweitzer vertreten hatte, gilt in der pluralistischen Gesellschaft nicht mehr allgemein und unbedingt, d. h. *ohne Bedingungen,* verbindlich. Er begründete seine Ehrfurcht vor allem Leben lapidar: „Ich bin Leben, das leben will, inmitten von Leben, das leben will."

2 Menschenbild und Ethos – heilpädagogische Grundbedingungen

Erziehung und Bildung von Menschen mit geistiger Behinderung bedürfen einer *ethischen Grundlegung.* Diese ist vor allem in den geltenden und durch Tradition kulturell verankerten Wertesystemen zu sehen. Sie finden ihren

Niederschlag im Menschenbild einer Gesellschaft bzw. in deren *Ethos*. Gemeint sind allgemeine Grundüberzeugungen von dem, was gut und recht ist für das menschliche Zusammenleben.

Da Menschenbilder und ethische Auffassungen in der heutigen pluralen Gesellschaft in erheblichem Maße divergieren, hat sich speziell die Heilpädagogik der aktuellen Wertediskussion und damit im Speziellen der ethischen Frage nach dem *Lebenswert und Lebensrecht* behinderter Menschen zu stellen (Antor, Bleidick 2000).

Für die Pädagogik war die Frage nach dem *Menschenbild* seit je virulent und umstritten. Zum einen kann es keine Erziehung ohne normative Orientierungen geben, und zum anderen finden sich in jeder Gesellschaft unterschiedliche Menschenbilder vor, etwa der Mensch als Ebenbild Gottes, der Mensch als gutes Naturwesen, als Ensemble der gesellschaftlichen Verhältnisse, als homo oeconomicus oder als biologisch vorprogrammiertes Wesen. Je mehr derartige Menschenbilder – es lassen sich unendlich viele finden – in der Gesellschaft divergieren, umso schwieriger wird es für die Pädagogik, sich normativ zu fundieren.

Eine Heilpädagogik, die das Bildungsrecht aller Menschen vertritt, wird sich an einem Menschenbild orientieren, das das *Lebensrecht* und den *Lebenssinn* auch der geistig Schwachen anerkennt, jedem Menschen also über vordergründige Nützlichkeits- und Rentabilitätskriterien hinaus und unabhängig von der individuellen Begrenztheit des individuellen Funktionssystems *Menschenwürde* und *Zugehörigkeit* zur Menschengemeinschaft zuspricht.

Als Beispiel für ein solches Menschenbild seien die folgenden Thesen zum „Lebensrecht und Lebenssinn der Schwachen" wiedergegeben, die der Hamburger Pastor J. Jensen in den sechziger Jahren (ohne Jahresangabe) in einem unveröffentlichten Manuskript niedergelegt hat:

1. *Die Schwachen gehören zu uns und wir zu ihnen; sie sind lebendige Glieder der menschlichen Gemeinschaft, in die hinein sie geboren wurden: Familie, Volk, Staat, Gesellschaft, Kirche und Gemeinde.*
2. *Als Illusion erkennen wir das Bild und Ziel einer je auf Erden zu verwirklichenden vollkommenen Daseinsform der Menschheit, in der es nur Gesunde, Starke und Tüchtige geben soll.*
3. *Die Schwachen haben wichtige und notwendige Teilfunktionen im Gefüge und Zusammenwirken des Ganzen zu erfüllen.*
4. *Wir schließen aber auch die zu keiner Leistung Fähigen mit in unsere Lebensgemeinschaft ein; auch sie gehören zu uns und wir zu ihnen. Die damit gestellten Aufgaben der Pflege und Fürsorge nehmen wir bewusst auf uns.*

Es handelt sich letztlich um *Bekenntnisse*, die ein bestimmtes Menschenbild ausdrücken, hier ein *christliches*. Es weist aber auch Ähnlichkeiten mit anderen humanistischen Menschenbildern auf, wie sie heute vermehrt im Namen der *Menschenrechte* und der *Menschenwürde* jedes Menschen vertreten werden.

Die Geschichte der Heilpädagogik ist im Besonderen von einem Menschenbild geprägt, das auf christlichen Grundannahmen beruht (Haeberlin 1985, Gröschke 1993). Die Bedeutung von Menschenbild und Ethos bezieht sich auch auf grundlegende *Haltungen* im *heilpädagogischen Handeln* und damit auf eine *heilpädagogische Berufsethik, wie sie u. a. Haeberlin (1985) und Gröschke (1993) entworfen haben*. Für sie sind *heilpädagogische Tugenden*, ein wieder entdeckter Begriff, ebenso wichtig wie die Fähigkeit zur *Auseinandersetzung mit neuen ethischen Argumentationen*. Als solche Tugenden wären u. a. zu nennen: die vorbehaltlose Annahme des Kindes, die pädagogische Achtsamkeit für das Kind (*care*, Conradi 2001), das Vertrauen in seine Selbstentfaltungskräfte und die Echtheit der eigenen Zuwendung. Die ethische Grundlage für derartige Tugenden wäre die *Achtung* vor der Menschenwürde (Speck 1996 a, Antor, Bleidick 1995).

Ihren kompakten und pädagogisch wichtigen Ausdruck finden derartige heilpädagogische Einstellungen und Tugenden im *Ethos*, z. B. einer ganzen Schule oder eines Heimes, aber auch der engeren Umwelt (Verbände, Freundeskreise, Interessensgruppen). Unter einem Ethos lassen sich relativ stabile und Sicherheit gebende *moralische Gepflogenheiten* (Sitten) gegenseitiger Achtung und Unterstützung verstehen, wie sie als kulturspezifische Richtmaße in einer Gruppe von Menschen sich ausgeprägt und bewährt haben.

Das Ethos verkörpert die normativen Werte und Lebensmuster, auf die eine Kulturgemeinschaft Wert legt. Was als sittlich gut gilt, braucht nicht in jedem Einzelfall eigens begründet zu werden. Das kulturell tradierte Ethos (Moral oder Sitte) reicht aber nicht aus, wenn grundlegende normative Konflikte entstehen. Das Tradierte oder Gewohnte kann dann in Frage gestellt werden, z. B. der Wert behinderten Lebens.

Das systematische Reflektieren der Gültigkeit von Werten und Normen wird als *Ethik* bezeichnet. Ethik als philosophische Disziplin (Moralphilosophie) ist die Lehre vom rechten und guten Handeln, man kann auch sagen, vom *moralischen* Handeln. Unter *Moral* wird die *Praxis* der Ethik verstanden, wie sie sich in Institutionen und Personen als Grundrahmen für die mitmenschlichen Verhältnisse und Handlungsweisen ausprägt. Die Ethik bildet die Reflexionsbasis für die Moral. Sie hat mit philosophischen Methoden zu klären, welche moralischen Normen mit welcher Begründung Gültigkeit haben sollen.

In diesem Sinne befasst sich die Ethik auch mit Fragen des Lebensrechtes von Menschen, die nicht oder nur beschränkt in der Lage sind, ihre Lebensangelegenheiten selber (autonom) zu regeln, und die deshalb in besonderem Maße auf *Hilfe* angewiesen sind, oder denen ein *Lebensrecht* abgesprochen wird, weil in ihm kein Sinn und Nutzen gesehen wird. Eine *Geistigbehindertenpädagogik* ist auf eine Ethik angewiesen, die den Lebenswert und das Lebensrecht aller Menschen ausnahmslos bejaht, gleichgültig, in welchem Maße ihr reales Menschsein behindert ist (Antor, Bleidick 2000). Sie muss sich auf eine Ethik stützen, die *alle Menschen als zu-*

gehörig betrachtet und die Zugehörigkeit einzelner Mitglieder nicht davon abhängig macht, dass sie bestimmte Kriterien erfüllen, die von außen an sie angelegt werden, z. B. das Vorhandensein von Rationalität und Willensautonomie. Die Geistigbehindertenpädagogik muss sich dabei bewusst sein, dass eine derartige Ethik nicht von allen Gruppen der Gesellschaft geteilt wird, sondern in Widerstreit zu anderen ethischen Auffassungen tritt.

3   Umstrittener Lebenswert – früher und heute

3.1 Geschichtliche Positionen

Fragen wir nach dem geschichtlich tradierten Lebenswert geistig behinderter Menschen, so stößt man auf unsicheren Grund. Trotz „Ebenbildlichkeit" und „Nächstenliebe" als tief verankerter christlicher Werte war dieser Wert auch umstritten oder verneint (Bachmann 1985). Diese Diskrepanz ließe sich damit erklären, dass die Umsetzung der *religiös begründeten Hochwerte* in die soziale Praxis auf generelle und konkrete Lebenshindernisse stieß (Armut, soziale Hilflosigkeit u. a.). Sie waren auch offensichtlich so „hoch" und allgemein formuliert, dass sie nicht ohne weiteres in die differenzierte soziale Praxis umgesetzt werden konnten. Es kann auch nicht übersehen werden, dass stets zugleich auch andere Werte („heidnische", „materielle") konkurrierten. Den Infantizid aus sozialer Not oder bewusster Verneinung des Überlebenswertes hat es wahrscheinlich in allen Kulturen und zu allen Zeiten gegeben.

An zwei Beispielen lässt sich die gegensätzliche Bewertung geistiger Behinderung in der Geschichte aufzeigen:

Bei H. Sengelmann (1885) findet sich das Zitat eines Arztes:

„Der Mensch erkennt hier schwer oder gar nicht den Menschen … Er wendet sich eher mit Scheu, Ekel und Schande von ihm weg, als daß er Achtung und selbstverleugnende Liebe, welche Menschenwürde und Menschenelend einflößen und fördern, empfände. Denn nichts durchzieht die elende Gestalt, was an Schönheit und Harmonie der höheren Handlung des Schöpfers erinnert. Es ist wohl der Stoff, aus dem wir geformt sind, es sind die einzelnen Teile und Glieder, aus denen unser Leib zusammengesetzt ist, aber auf einer niederen Stufe der Entwicklung geblieben, verkümmert, entartet, entstellt, ohne Ebenmaß, ohne richtiges Verhältnis zueinander, wie durch Zufall zusammengeworfen, mechanisch aneinandergekettet" (63).

Vor mehr als 200 Jahren schrieb J. H. Pestalozzi als „tröstende Wahrheit":

„Auch der Allerelendeste ist fast unter allen Umständen fähig, zu einem alle Bedürfnisse der Menschheit befriedigenden Lebenswert zu gelangen. Keine körperliche Schwäche, kein Blödsinn allein gibt Ursach genug, solche mit Beraubung ihrer Freiheit in Spitälern und Gefängnissen zu versorgen; sie gehören

ohne anders in Auferziehungshäuser, wo ihre Bestimmung ihren Kräften und ihrem Blödsinn angemessen, gewählt und leicht und einförmig genug ist. So wird ihr Leben der Menschheit gerettet, für sie nicht zur Qual, sondern beruhigte Freude, für den Staat nicht lange kostbare Ausgabe, sondern Gewinn werden. Und ich fühle die Wichtigkeit dieser Wahrheit so sehr, daß ich der Bestätigung derselben durch mehrere Erfahrung mit Sehnsucht entgegensehe" (Pestalozzi, S.W., 1. Bd., 1927, 179).

Auf den gegen das Lebensrecht der Schwachen Ende des 19. Jahrhunderts gerichteten *Sozialdarwinismus* ist bereits hingewiesen worden. F. Nietzsche verfasste in seiner Schrift „Zur Genealogie der Moral" (1887) eine ethische Begründung für eine notwendige Auslese. Darin bezeichnete er die Krankheiten als des Menschen große Gefahr und die Schwächsten als „Unheil für die Starken" (121). Er verwarf jegliches Mitleid und negierte jeglichen Sinn des Leidens. Den christlichen Altruismus interpretierte er als Massenegoismus der Schwachen, der gegen das aufsteigende Leben, gegen die Höherentwicklung des Menschen durch Selektion, gerichtet sei.

3.2 Aktuelle ethische Herausforderungen

Die gegenwärtige sozialethische Situation ist bestimmt von einer neubelebten Spannung zwischen maximenorientierten Wertsystemen einerseits und zweckrational-utilitaristischen andererseits. Nachdem es zunächst etwa 30 Jahre lang nach dem Ende des Krieges so ausgesehen hatte, als seien die Schatten einer sozialdarwinistischen Selektion „lebensunwerten Lebens" vorbei, wird inzwischen wiederum menschliches Leben mit geistiger Behinderung bezüglich seines Lebenswertes auf den Prüfstand gestellt. Manche Argumente der neuen „Bioethik" erinnern an die zwanziger Jahre des 20. Jahrhunderts (Dederich 2003).

Das Erscheinen des Buches von Binding und Hoche (1920) hatte seinerzeit eine intensive moraltheologische und medizinethische Auseinandersetzung hervorgerufen (Meltzer 1925, Klevinghaus 1972).

Der Wert schwergeschädigten Lebens ist in jüngerer Zeit auch durch die Regelungen zur Straffreiheit des Schwangerschaftsabbruchs und der Früheuthanasie in Frage gestellt worden (Speck 2003).

Die Straffreiheit des *Schwangerschaftsabbruches* bei der *„sozial-medizinischen Indikation"* hat zu einer Praxis der „genetischen Beratung" geführt, die bei einer schwerwiegenden Schädigung der Leibesfrucht seine Tötung („Abtreibung") nahelegt. Das deutsche Recht stellt zwar auf die mit der Schädigung verbundene „Gefahr einer schwerwiegenden Beeinträchtigung des körperlichen oder seelischen Gesundheitszustandes der Schwangeren" (§ 218a StrGB) ab, impliziert aber de facto eine Minderung des Lebenswertes geistig behinderter Kinder. Dies wird besonders deutlich beim gegenwärtig ohne zeitliche Begrenzung zulässigen straffreien Schwangerschaftsabbruch bei der „sozial-medizinischen Indikation", der auch „Spätabtreibungen" gegen Ende der Schwangerschaft zulässt, so dass man u. U. auch von einer *Früheuthanasie* sprechen könnte.

Im engeren Sinn handelt es sich bei der *Früheuthanasie* um Praktiken in Entbindungskliniken, wie sie immer wieder aus verschiedenen Ländern berichtet werden (Stolk 1988): Man „lässt" Neugeborene mit schwerwiegenden organischen Schädigungen „sterben". Soweit es zu Gerichtsprozessen kommt, werden z. T. sich widersprechende Rechtsnormen geltend gemacht. Die Begründungen werden auf drei Ebenen geführt, auf der lebenspraktischen, auf der ökonomischen und auf der ethischen Ebene.

3.3 Bioethische Begründungen: Keine Lebensqualität?

Es wird argumentiert, im Falle einer massiven geistigen Behinderung sei beim Kind und der Mutter die *Lebensqualität* gefährdet bzw. nicht mehr gegeben. Alle pädagogischen und sozialen Bemühungen hätten zu keiner voll befriedigenden, idealen Lösung der vielfältigen Lebensprobleme dieser Menschen geführt. Wenn jemand behaupte, Mongoloide könnten auch ein glückliches Leben führen, so liege fehlende eigene Erfahrung, offenbar aber auch mangelnde Phantasie vor (Rett 1983).

Es wird geltend gemacht, dass in solchen Fällen der Arzt richtig und verantwortungsbewusst handle. Es sei hergebrachte Praxis, beim Vorliegen schwerer, die Lebensqualität zerstörender Schädigungen, mit Zustimmung der Eltern „der Natur freien Lauf zu lassen". Es heißt auch, dem Kinde sollten die Qualen eines behinderten Lebens und den Eltern sollte ein solches Kind erspart werden; sie seien der schweren Belastung nicht gewachsen. Es bestünde keine Aussicht auf ein sinnvolles Menschwerden.

Dem ist entgegenzuhalten, dass das Recht auf Leben untergraben wird, wenn es von einer einzuschätzenden „Lebensqualität" abhängig gemacht wird, und dass in diesen Fällen der Arzt zum Richter wird. Zugleich wird der Weg zur aktiven Euthanasie mit deren unabsehbaren Folgen geebnet.

3.4 Ökonomische Argumentationen: Rentabilität

In den letzten Jahren, d. h. im Zusammenhang mit der Verschärfung der wirtschaftlichen Situation, werden in zunehmendem Maße *ökonomische Normen und Maßgaben* bei der Pflege und Bildung behinderter Menschen geltend gemacht (Speck 2003). So wird die Geburt eines behinderten Kindes als „vermeidbarer Schaden" angesehen, für den man die *Eltern haftbar* machen könne, also zur Schadenersatzpflicht heranziehen sollte. Die Gemeinschaft der Versicherten lehne es ab, zusätzliche Belastungen durch schwerbehinderte Kinder auf die Dauer hinzunehmen, obwohl es pränatale Diagnosemöglichkeiten und die gesetzliche Straffreiheit des Schwangerschaftsabbruchs gebe. Es gibt offizielle Überlegungen, das geltende Sozialrecht so zu nutzen, dass über eine Genomanalyse ein „gesundheitsgerechtes Verhalten" der

Eltern im Namen der Mitversicherten und ihrer Kostenbelastung auch erzwungen werden könne (vgl. Tolmein 1993, 25).

Schon 1970 hatte der Genetiker Bentley Glass gefordert: „Kein Elternpaar wird (künftig) das Recht haben, die Gesellschaft mit einem mißgestalteten und geistig unfähigen Kind zu belasten" (zit. b. Rösler 1997, 67).

In den USA werden vermehrt Schadensersatzprozesse mit den Klagegründen *wrongful life* und *wrongful birth* geführt (Rifkin 1998, 210). Ärzte und Kliniken werden zur Rechenschaft gezogen, weil sie die Geburt eines behinderten Kindes nicht verhindert hätten.

In einem spektakulären Prozess wurde schon in den achtziger Jahren die Rentabilität von Förderungsprogrammen für geistig schwer behinderte Personen in den USA auf den *ökonomischen Prüfstand* gestellt (König 1984). Die Diskussion war durch eine Kritik am „right of habilitation" ausgelöst worden, die darauf abzielte, Trainingsprogramme für geistig schwerbehinderte Personen in Anstalten, die mehrere Jahre lang *keine „signifikanten Fortschritte"* in der Entwicklung gemacht hatten, durch „enriched living programs", also durch reduzierten Aufwand zu ersetzen. Die Begründung lautete: Wenn messbare Erfolge nicht vorlägen, seien die entsprechenden Kosten gegenüber dem Steuerzahler nicht zu verantworten. Abgelehnt wurde ein „Kult der Erziehbarkeit", der weder aus philosophischen Gründen zu verteidigen noch sozialpolitisch wünschenswert sei, und der als moralische Forderung fragwürdig sei (Kaufman, Krouse, zit. b. König 1984).

3.5 Verringerter Achtungsanspruch?

Unter verschiedenen utilitaristischen Gesichtspunkten wird schwerer behindertem menschlichem Leben kein voller Achtungsanspruch der Menschenwürde zugestanden und zwar einerseits von verfassungsrechtlichen und andererseits von geltenden ethischen Normen her.

So wurde vom Verfassungsrechtler Quambusch (1989) auf einen *rechtlich reduzierten Anspruch auf Achtung der Menschenwürde* bei geistiger Behinderung hingewiesen. Es wurde argumentiert, dass diesen Menschen ein „schutzwürdiger Achtungsanspruch regelmäßig nicht von der gleichen Art" und gleichen Ausmaßes zustehen könne wie nicht geistig behinderten. Diese Auffassung sei *faktisch* begründet und zwar damit, dass die geistige Behinderung in aller Regel Eingriffe in das Selbstverfügungsrecht und in die Intimsphäre rechtlich nach sich ziehe. Der Achtungsanspruch wird in Abhängigkeit vom gesellschaftlichen Umfeld und dem jeweiligen Sozialethos gesehen. Der Schutz der *Menschenwürde* gelte hier nicht im Sinne Kants als ein absoluter Wert, sondern als „sittlicher Wert" mit der Konsequenz, dass „der Begriff der Würde sich deshalb ... nach den Wertmaßstäben, wie sie durch die Gesamtheit der gesellschaftlichen Kräfte gebildet werden", richte. In diesem Sinne habe der Würde-Begriff notwendig Anteil an der „Relativität sozialethischer Wertungen, so dass sich der Umfang der Würde nach den aktuellen Werthaltungen bemesse, die in der Gesellschaft jeweils für bestimmte Persönlichkeitsmerkmale anzutreffen seien (14).

Das Sozialethos, das sich in unserem Lande in der Weise ausgebildet habe, dass generell gleicher Achtungsanspruch auch für Menschen mit einer geistigen Behinderung generell geltend gemacht werde, sei u. a. vom Einfluss der „zeitlichen Nähe zu den Grausamkeiten des Dritten Reiches" begünstigt worden, aber auch von der Verbesserung der materiellen Lebenssituation, die karitative Einstellungen leichter realisieren ließ.

Es sei die Verminderung der intellektuellen Fähigkeiten mit der damit verbundenen verminderten Fähigkeit zur Selbstbestimmung und zum selbstverantwortlichen Handeln, die in der Gesellschaft faktisch weniger Achtung einbringe. Jedem Menschen stünde zwar ein Anspruch auf „Achtung der elementarsten Interessen ohne Einschränkung" zu, aber das Grundrecht im Sinne Art. 1 (3) GG ginge über diese elementarsten Daseinsbedingungen hinaus. „Demnach kann den Geistigbehinderten jedenfalls regelmäßig nur eine geringere Würde zukommen als nichtbehinderten Menschen" (16). Belegt wird diese Folgerung mit Daten aus der Einstellungsforschung (u. a. v. Bracken 1976).

„Nivellierungsbestrebungen", also Tendenzen und Forderungen nach gleicher Würde für alle, würden u. a. mit den Einflüssen der christlichen Religion zusammenhängen, aber auch mit einer idealistischen Mentalität, die beide zwar noch in die gegenwärtige säkularisierte Gesellschaft hineinwirkten, aber deren begrenzte Lernfähigkeit überforderten. Im Übrigen kenne auch diese Gesellschaft ihre *finanziellen Grenzen,* und diese würden erreicht, wenn von ihr „materielle Solidarität zugunsten derjenigen abverlangt wird, die an der Erstellung des Sozialproduktes nicht nennenswert mitwirken" (18); und dies sei „plausibel, wenn man sich etwa die Kosten für den Heimpflegeplatz eines geistigbehinderten Menschen vor Augen führt, die mit jährlich 30–60 000 DM leicht das Einkommen einer Arbeiterfamilie übersteigen können" (18). Was hier als verfassungsrechtliche Analyse und Bewertung vorliegt, stellt eine ernste pädagogische, soziale, ethische und religiöse Herausforderung dar und zwar aus zweierlei Gründen:

– Zum einen wird der substanzielle Unterschied zwischen der Menschenwürde als unbedingtem Wert, wie er im Art. 1 GG verankert ist, und einer faktischen, von gängigen gesellschaftlichen Bewertungen abhängigen und damit bedingten Würde, z. B. im Sinne einer mehr oder weniger würdigen Person, verwischt.

– Zum anderen wird das Ethos, das sich sich im Besonderen auf die Unantastbarkeit der Menschenwürde beruft, als antiquiert diskreditiert.

Die Menschenwürde, wie sie durch Art. 1 des Grundgesetzes als „unantastbar" geschützt wird, kann nicht gemindert werden. Sie ist unmittelbar geltendes Recht und gilt in gleicher Weise für jegliches menschliche Leben, ob vorgeburtliches oder sterbendes (Starck 1987).

Die Relativierung „der Menschenwürde" führt mit rationaler Folgerichtigkeit vor Augen, wie schwach die Wertposition geistig behinderter Menschen gegenüber den „vollwertigen" Menschen ist, und wie wenig Achtung sie zu erwarten haben, wenn ihre Wertigkeit vornehmlich oder ausschließlich von den jeweils herrschenden gesellschaftlichen Wertesystemen, zumal ökonomisch dominierten, abhängig wird.

Es bedarf speziell in Deutschland keiner besonderen Phantasie, um sich vorzustellen, was gegebenenfalls als „elementarste Interessen" im Unterschied zum vollen Achtungsanspruch auf Würde in einer Gesellschaft übrig bleiben könnte. Man kann sich auch fragen, aus welchen Motiven heraus sich Menschen künftig bereit finden sollten, für geistig behinderte Menschen zu sorgen, wenn sie nicht zutiefst von der Achtung einer unbedingten Menschenwürde überzeugt wären.

3.6 Mindestkriterien für „vollwertiges" Menschsein?

Es stellt einen Willkürakt der Verfügung über andere Menschen mit unabsehbaren Folgen dar, wenn bestimmten Menschen ihr (volles) Menschsein abgesprochen wird. Eine Aufspaltung der Kategorie „Mensch" wird u. a. dadurch vorgenommen, dass Menschen mit einer geistigen Behinderung nicht mehr als „Persönlichkeit" oder „Person" angesehen werden, da sie nicht über bestimmte *Minimalkriterien* des vollen Menschseins verfügten. So hatte bereits 1975 eine „Medizinisch-ethische Kommission" des niederländischen Gesundheitsrates eine Erklärung veröffentlicht, wonach es „moralisch falsch" sei, „bio-somatisches Leben" als „menschlich" zu verabsolutieren (Stolk 1988). Dieses Prädikat setze vielmehr gewisse menschliche Mindesteigenschaften voraus. Wenn diese fehlten, könne nicht von einem vollwertigen Menschen geredet werden.

Roscam Abbing (1972, zit. b. Stolk, 119) konkretisierte diese Position mit der Feststellung, dass bei einem Ausfall des Bewusstseins infolge von Hirnschädigungen nur „körperliches Leben" übrig bleibe. Gegen dessen Beenden durch äußere Eingriffe bestünden daher keine Einwände, im Gegenteil, es sei Ausdruck „verantwortungsvollen Handelns" (Stolk, 120). Ähnlich argumentierte Fletcher (1973, zit. b. Stolk, 120): Lediglich *biologisches* Leben sei in sich sinnlos. „A Down's is not a person." Zu den Kriterien, die ein Menschsein konstituierten, gehöre das Intelligenzniveau. Ein Individuum der Species Homo sapiens mit einem IQ unterhalb 40 sei fraglich eine Person, unterhalb 20 keine Person. – Es ist erstaunlich, mit welcher Sicherheit nachweislich unsichere Messstandards verwendet werden, um über den Lebenswert von Menschen zu richten.

Kuhse, Singer (1985) gingen sogar so weit zu behaupten, dass man bei hoch entwickelten Tieren eher menschliche Eigenschaften feststellen könne als bei geistig schwer Behinderten. „Pigs and cows and chickens have a greater capacity to relate to others, betters ability to communicate and far more curiosity than the most severely retarded humans" (zit. b. Stolk, 120).

P. Singer (1984) hatte in seiner „präferenzutilitaristischen Ethik" lapidar festgestellt, dass „die Zugehörigkeit eines menschlichen Wesens zur Spezies Mensch allein keine Bedeutung dafür hat, ob es verwerflich ist, es zu töten"; entscheidend seien vielmehr bestimmte Eigenschaften, wie Rationalität, Autonomie und Selbstbewusstsein. „Missgebildete Säuglinge", und zwar nicht nur irreversibel geistig zurückgebliebene, hätten diese Eigenschaften nicht. „Die Tötung eines behinderten Säuglings" sei demnach „nicht moralisch gleichbedeutend mit der Tötung einer Person", also „sehr oft … überhaupt kein Unrecht" (188). Die hier aus utilitaristischen Prinzipien vorgenommene Unterscheidung wird mit den Einstellungen der Eltern begründet: Die Geburt eines unerwartet behinderten Kindes bedrohe das Glück der Familie. Die Eltern hätten deshalb „guten Grund", diese Geburt zu beklagen und daher auch das Kind zu töten (180).

Derartige Feststellungen reißen speziell hier in Deutschland „nach Auschwitz" moralische Abgründe auf. Bestimmten Menschen wird der Lebenssinn und das Lebensrecht abgesprochen. Ihr Schicksal wird der subjektiven Einschätzung der Verfügenden überstellt. Zugleich wird der „Lebensunwert" dieser Menschen sanktioniert, womit alle die getroffen und moralisch belastet werden, die im Leben eines geistig behinderten Menschen Lebenssinn sehen. Die unmenschlichen Konsequenzen, die sich etwa für die Altenpflege ergeben, werden heute sichtbar (Speck 1999). Es ist zu befürchten, dass verbreitete Euthanasietendenzen die Folge sein werden.

Was von einer utilitaristisch sezierenden Begriffsanalyse in der menschlichen Wirklichkeit übrig bleibt, zeigt der Brief einer Mutter eines geistig und mehrfach, also schwerst behinderten jungen Mannes (A. M. v. Lossow, Südd. Zeitung vom 22. / 23. 4. 1989), in dem es hieß: „Zwischen den Ritzen seiner Behinderung … leuchtet überall seine Persönlichkeit hindurch. Constantin ist ein gutaussehender junger Mann, zu seiner jüngeren Schwester und seinen Eltern von hingebungsvoller Zärtlichkeit, gutmütig, hilfsbereit, auch musikalisch, und er besitzt die schönste aller menschlichen Fähigkeiten: Er kann sich so von Herzen freuen. Mit seinem warmen Wesen macht er unser Leben tief und reich, allerdings leicht ist dennoch nichts."

Die Frage nach dem unbedingten oder bedingten Wert menschlichen Lebens gewinnt heute besondere Aktualität durch die Fortschritte der *Biotechnologie* (Speck 2004). *Eugenische Tendenzen* entwickeln sich (Rifkin 1998). Dabei geht es nicht so sehr wie einst um eine negative Eugenik, die der Vermeidung behinderten Lebens über pränatale Diagnostik diente, sondern um eine *positive*: Es sollten *Menschen nach Maß* zur Welt gebracht werden. Es taucht das Menschenbild des perfekten Menschen auf. Es wird durch enorme *kommerzielle Interessen* besonders gefördert.

Was eine solche Entwicklung für die Wahrung oder Gefährdung der Menschenwürde bedeutet, hat E. Benda, der frühere Präsident des Bundesverfassungsgerichtes, in seiner Antrittsvorlesung 1984 in Freiburg dargelegt: „Bisher gilt der Schutz der Schwachen und Behinderten als besonderes Gebot der Menschenwürde. Wenn es nicht mehr unvermeidbares Schicksal, sondern Verantwortung, ja Schuld ist, ob behinderte Menschen zur Welt kommen, könnte sich das Wertesystem geradezu umkehren. So würden nicht die bestehenden Wertvorstellungen den Inhalt der Menschenwürde bestimmen. Indem Eltern an ihre Verantwortung gegenüber der Gesellschaft erinnert würden, würden sich diese Vorstellungen verändern und schließlich zu einer Lage führen, der das bisherige Verständnis des Artikels 1 GG geradezu entgegengesetzt wäre. Dies wäre … die Zerstörung der Menschenwürde unter der Fahne der Humanität."

Die hier aufgezeigten Positionen zur Fraglichkeit oder Verneinung des Lebenswertes und Lebensrechtes geistig behinderter Menschen sind als Gefährdungen der Humanität einzuschätzen. Ethische Konzeptionen, wie Utilitarismus, Konsequenzialismus, Verantwortungsethik oder „teleologische Ethik", sind darauf gerichtet, die Wirklichkeit zu optimieren und Hinderliches aus dem Wege zu räumen, wobei in Kauf genommen wird, dass eine Minorität der Menschen den Preis für „das größtmögliche Glück der größtmöglichen Zahl" (Bentham, Mill) bzw. für die Beseitigung von Glückshindernissen zahlt. In Funktion träte dabei eine Optimierungsskala, die von den biotechnologischen Fortschritten und der wirtschaftlichen Prosperität abhängig gemacht würde (Speck 2004).

Hinter der vermeintlich „guten" Begründung einer „Leidbefreiung" oder einer Beendigung „sinnlos gewordenen Lebens" können sich eigene Hilflosigkeit oder eigene Vorteilsinteressen verbergen; sie können aber auch Existenzängste bei den behindert Lebenden hervorrufen. Ein weiteres Problem läge in der Frage, wie die Konsequenzen tatsächlich vorauszusehen und zu rechtfertigen sind, die für ein Handeln maßgebend sind, und wer darüber befindet, bzw. wie ein Optimierungshindernis, z. B. eine Behinderung, von einem Nicht-Hindernis unterschieden werden soll. Soll eine Präferenz, z. B. für eine Beendigung von Leben, durch Diskurs und Konsens gefunden werden? Eine Klärung dieser ethischen Frage, die für sich „Verantwortung" reklamiert, ist aus pädagogischen Gründen unerlässlich: Erziehung und Bildung der hier angesprochenen Menschen verlieren ihren Sinn und Wert, für heilpädagogisches Handeln wird die Motivation unterlaufen, die Behandlungs- und Pflegemethoden degenerieren, wenn das Leben mit einer geistigen Behinderung generell abgewertet wird. Der daraus entstehende Teufelskreis bewirkt mit reduzierten Förderungsinvestitionen eine Verkürzung der Persönlichkeitsentwicklung und eine größere Belastung von Normalisierungsbemühungen, die wiederum die Ausgangshypothese der Sinnlosigkeit bestätigen müsste. Das Recht des schwachen Lebens verlöre an Schutz.

4 Eine Ethik der Achtung vor jeglichem menschlichen Leben

Aus der Sicht der Heilpädagogik ist eine Ethik gefragt, die den Lebenswert und das Bildungsrecht aller Menschen, seien sie behindert oder nicht, ausdrücklich bejaht. Leitprinzip einer solchen universalen Lebensethik muss die unbedingte Achtung vor dem Gut des Lebens und seiner Unverfügbarkeit sein. Das als gut und gerecht Geltende darf nicht von irgendwelchen Bedingungen und Wirkungen abhängig und durch sie relativierbar sein; es darf also keinen Ausschluss, keine Selektion, implizieren.

Der Begriff „Leben" hat am Ende eines Jahrhunderts, das durch geradezu unbegrenzte technische und zivilisatorische Fortschritte bestimmt war, aber auch ganze Hekatomben von Menschenleben als Folge ungeheuerlicher ideologischer Perversionen und einer massenweisen Missachtung von Menschenleben gefordert hat, besonderen Rang erhalten. Eine Lebensethik, die von der unbedingten Achtung vor dem Leben bestimmt ist, wird darauf gründen müssen, dass sie allgemeine Zustimmung findet, also unabhängig von philosophischen oder theologischen Prämissen Gültigkeit beanspruchen kann. Eine solche Grundlage ist im *Prinzip der Achtung der Menschenwürde und des Tötungsverbotes* zu sehen (Schockenhoff 1993, 22). Seine ethische Allgemeinverbindlichkeit hat ihr Fundament in der moralischen Selbsterfahrung, dass alle moralischen Subjekte gleichen Ursprungs und auf gegenseitige Akzeptanz angewiesen sind.

Eine Lebensethik, die derart elemantar und umfassend begründet ist, wird ihren besonderen Aspekt in der Achtung vor dem *schwachen Leben* haben. Die aus ihr hervorgehende Achtung vor allem Leben lässt keinerlei Reduktionen des Lebenswertes bestimmter Menschen zu. Sie macht in ihrem kategorischen Anspruch auf Achtung keine Unterschiede. Dieser Aspekt ist im Zeitalter eines allgemeinen Machbarkeits- und Perfektionswahns und einer um sich greifenden *Ökonomisierung der Werte* besonders wichtig, da dieser Kontext dominanter Geldwerte den ärmeren Teil der Gesellschaft abwertet und in Bedrängnis bringt, ihn geradezu überflüssig macht (Speck 1999). Eine Spaltung der Moral droht und zwar nicht nur zu Ungunsten des schwächeren Teils, sondern des Ganzen.

Eine Lebensethik, die auf der Achtung vor allem Leben (Bios) gründet, verpflichtet kategorisch, d.h. in jedem Falle. Die geforderte Achtung geht aus dem durch nichts erworbenen, sondern ursprünglich (a priori) gegebenen Eigenwert und der Unverfügbarkeit jedes Menschen hervor. Er ist Wert an sich, und in der gegenseitigen Anerkennung dieses Wertes liegt der Grund für das Gut- und Glücklich-Sein der Menschen. Sie sind von der Natur her als soziale Wesen konstituiert. Es handelt sich um eine Ethik des gegenseitigen Wohlwollens (Spaemann 1989 a), man könnte auch sagen, um eine Ethik der Liebe, d.h. des gegenseitigen Helfens und Mittragens von Leid, auf der persönlichen Basis von Freiheit, Autonomie und Vernunft.

Die Begründung einer Lebensethik bezieht sich damit auf unverlierbare Fundamente jeglichen Menschseins.

Für die Frage, wie stark und überzeugend diese Begründung ist, erscheint es wichtig zu *erkennen,* dass deren Wurzeln bis in die biotische Konstitution des Menschen hineinreichen. Maturana spricht gar von einer „Biologie der Liebe" (1997). Damit meint er das emotionale, also vor aller Ratio wirkende Fundament des Menschlichen. Ethisches Denken beginne, wenn wir uns um die Auswirkungen unseres Tuns für das Wohlergehen anderer sorgen (218). Dies aber setze voraus, dass der Andere wahrgenommen und als „legitimer Anderer im eigenen Leben angenommen" werde, damit eine Koexistenz mit ihm möglich werde. Ethisches Denken entstehe also primär aus der *Emotion* der Liebe, nicht aus Vernunft. Deren Aufgabe sei es vielmehr, die aus der Sorge füreinander entstehenden Pflichten und Verbindlichkeiten zu rechtfertigen.

Ein Ethik-Ansatz, der von einem spontanen, aller Reflexion und legitimierenden Ratio vorausgehenden und unbedingten Sorgeimpuls ausgeht, findet sich auch im Denken des französischen Philosophen Emmanuel Lévinas (1995). Seine Ethik kann als „Ethik vom Anderen her" bezeichnet werden (Speck 1996 a). Was sie radikal von anderen Ethik-Ansätzen unterscheidet, ist ihr Bezugspunkt. Dieser ist kein Abstraktum eines „Wertes" oder einer philosophischen Konstruktion, sondern es ist der konkrete Mensch, der als Anderer mir gegenüber die moralischen Impulse und Imperative setzt; es ist nicht das Ich, das „Ich denke" oder ein „Ich entscheide", von dem aus eine moralische Handlung ausgeht, sondern es ist der Andere, der mir in seiner Hilfebedürftigkeit und seiner Verletzlichkeit begegnet. Lévinas betonte die Bedeutung des *Antlitzes* des Anderen, das mich anspricht und zwar gleichgültig, wer und wie auch immer dieser Andere beschaffen sei, und aus dem unverkennbar die Bitte spricht: *Verletze mich nicht! Töte mich nicht! Hilf mir!* Wer seine Augen wirklich auf den Anderen richtet, kann dieses Ansprechen des Anderen *nicht nicht wahrnehmen.* Der moralische Imperativ ist eindeutig, und dieser geht von ihm aus. Das heißt: Der Andere ist der Erste! Von ihm geht der Impuls aus, der mich trifft und auf die Erhaltung und den Schutz seines Lebens zielt. Dies bedeutet auch: Der Andere hat den Vortritt!

Ein solcher Ethik-Ansatz ist das Gegenstück einer *egologischen* Orientierung, bei der das Ich die moralisch bestimmende Größe ist. Sie birgt in sich die Gefahr, dass der Andere nicht nach dem von allen zu achtenden Eigenwert als Mensch behandelt wird, sondern nach externen Interessen und subjektiven Güterabwägungen. Er wäre dann der Ausgelieferte und total Abhängige, nicht mehr also *Selbstzweck,* wie ihn jeder Mensch darstellt und wie er unbedingt zu achten ist, etwa im Sinne des kategorischen Imperativs von I. Kant: *Handle so, dass du die Menschheit, sowohl in deiner Person, als in der Person eines jeden andern, jederzeit zugleich als Zweck, niemals bloß als Mittel brauchest* (Grundlegung zur Metaphysik der Sitten, Weischedel-Ausg. 1974, Bd. VII, 61).

Im Begriff des Anderen sieht Lévinas eine absolute Qualität, die meinem Verfügungsbegehren widerspricht. Der Andere verfügt über einen Sinn, noch bevor ich ihm diesen gebe (Lévinas 1998, 281). Ich kann also keine Gewalt über ihn beanspruchen, auch keine definierende. Ich kann ihn nicht „in den Griff bekommen" oder besitzen, um über ihn zu verfügen. Er hebt meinen Primatsanspruch auf.

Einem derartigen ethischen Ansatz vom Anderen her kommt in Anbetracht schlimmster Missachtung anderer im letzten Jahrhundert pervertierter Macht über andere nicht nur *allgemeine* Bedeutung heute zu. Er ist auch der konsequenteste Ansatz, um den *schwachen* Menschen vor dem Menschen zu schützen und ihn in seine Rechte einzusetzen. Er ist zugleich ein Ansatz, der auch die *Bedeutung des Leiblichen* miteinbezieht. Kleinbach (1994) hat diesen Aspekt nicht nur für seine ethische Begründung einer Praxis der Geistigbehindertenpädagogik verwendet, sondern zugleich aufgezeigt, wie gerade über die Achtung vor dem Anderen, der ein absolut anderer für mich ist, und über die sich in seiner *Leiblichkeit* äußernde Eigenheit der Zugang zu ihm möglich wird. Pfeffers phänomenologischer Ansatz ist in gleicher Richtung zu sehen (1988).

Als Urbild des ethischen Verpflichtetwerdens sieht Lévinas das Angesprochensein durch das *Antlitz* des Anderen. Lévinas meint damit kein stilisiertes Bild, sondern die Unmittelbarkeit des Anderen, die phänomenologisch erkannt werden kann und die zugleich *Gemeinschaftlichkeit* stiftet, wenn ich ihm wirklich in die Augen sehe. Das Antlitz bedeutet etwas, u. a. den Widerstand gegenüber der Macht, die ihm entgegentritt. Es deutet aber auch die Herkunft an, aus der sich seine Unverfügbarkeit ableitet, den Bereich der Unendlichkeit, in dessen „Spur" es ist (Stinkes 1993). Diese weist aber zugleich über ihn hinaus in ein „Jenseits des Seins" (Lévinas 1998, 229). Der Andere ist damit nicht ein isoliertes Etwas, sondern ein transzendent Geborgener, und er ist mehr als ein von außen her zu taxierendes und zu definierendes Produkt von Natur und Zufall.

Ein solches unmittelbares Angesprochenwerden durch den Anderen, das mich – vor aller Reflexion – verpflichtet, ist auch phänomenologisch nachvollziehbar. Eine Mutter, die ihr neugeborenes Kind – immer wieder – ansieht, steht zu ihm auf einer anderen Basis als jemand, der mit diesem Kinde sonst wie zu tun bekommt, z. B. als Wissenschaftler oder Statistiker. Die unmittelbare Begegnung mit ihm – von Angesicht zu Angesicht – bewirkt eine andere soziale Qualität. Das Neugeborene ist das Primäre. Von ihm gehen die Impulse aus, die die Mutter verpflichten und bewegen, es zu umsorgen, und dies ist gerade auch bei behindert geborenen Kindern zu beobachten.

So ist es zu verstehen, dass geistig behinderte Menschen von denjenigen, die mit ihnen ihr Leben teilen und sie – ohne nach Gegenseitigkeit zu fragen – umsorgen, anders bewertet werden als von Menschen, die in einem distanten Verhältnis zu ihnen stehen. So wird erklärbar, dass in einer genetischen Beratung – ungetroffen vom Blick des gemeinten Kindes – gesagt und geglaubt werden kann, dass dieses Leben ein „elendes" sein werde, ein „nicht zuzumutendes". Und aus einer distanten Position von Rechnungsbeamten und sonstigen „Entscheidungsträgern" wäre es auch möglich, die Auffassung zu vertreten, dass es zu viel koste, was an Sorge und Bildung für diese Menschen aufgebracht werde.

Auf der Basis einer Ethik der unbedingten Menschenwürde stellt sich das Leben mit einer Behinderung, sei sie noch so schwer, grundlegend anders dar. Der Lebenswert dieser Menschen, die „anders sind" als wir, stellt sich nicht mehr als eine eigene Frage. Die eigene Vernunft rückt an die zweite Stelle. Das Primäre aller moralischen Verhältnisse vernünftiger Wesen sind „Liebe und Achtung" (Kant, 629). Spaemann (1989a) spricht von einer „Ethik des Wohlwollens". Sie beruhe auf der Achtung der Person und gegenüber allem Leben, das „auf das Erwachen der Vernunft hingeordnet" ist. Achtung bedeute unbedingte Zustimmung zu diesem Anderen, der – wie ich – auf das gerichtet ist, was ihm zuträglich ist (129). Ohne solches *unbedingtes Wohlwollen* lässt sich kein heilpädagogisches Handeln begründen und auch keine Bewertung geistig behinderten Lebens legitimieren. Auf dieser ethischen Basis gründen auch die weiteren Fragen, die sich für das Mitleben von Menschen mit einer geistigen Behinderung ergeben.

Eine *Lebensethik* als ethische Position, die von der Ehrfurcht vor allem Leben ausgeht und die Leben an sich verteidigt (Altner 1991, Rest 1992), kann sich auf keinerlei Reduktionen des Lebenswertes von Menschen einlassen. Leben geht dem Menschen voraus. Jedes menschliche Leben ist konstitutiv anderen anvertrautes Leben. Diese soziale Abhängigkeit wird durch individuell beeinträchtigende Umstände oder durch partielle Nützlichkeitserwägungen oder die utilitaristische Maßgabe eines leidfreien Lebens und einer bilateralen Interessensabsprache nicht aufgehoben. Eine Ethik mit unbedingter Achtung allen Lebens steht und fällt mit der *praktischen* Einbeziehung des *Leidens* in den Zusammenhang allen Lebens. Leben ist immer auch *Mit-Leiden*. Da Leiden im allgemeinen Sinn einen Grundbestandteil menschlicher Existenz darstellt (Doerner 1988, 90), kann es zur Erhaltung der Humanität nur um die „möglichst weitgehende Minimierung von Schmerz, Zerstörung und Tod unter Einschluß aller an der Überlebenskonkurrenz beteiligten Partner" gehen (Altner 1991, 191), und der evangelische Moraltheologe fährt fort: *„Es gibt dabei kein lebensunwertes Leben."* Gerade Menschen mit einer Behinderung, Kranke, Sterbende und auch Ungeborene seien als „Hoffnungszeichen und eine unaufhebbare Garantie für die Menschlichkeit im Zeitalter des biotechnischen Machbarkeitswahns" anzusehen (288).

Der Position einer unbedingten Lebensethik wird widersprochen. Sie wird in diesem *Widerstreit* bleiben. Das aber heißt zugleich, dass die Divergenz in der gegenwärtigen Diskussion nicht einseitig außer Kraft gesetzt werden kann, und dass deshalb unter einem tutioristischen Aspekt (tutior = sicherer) die anerkannte allgemeine Verpflichtung zur Sicherung von Leben (auch von *meinem* Leben) Vorrang zu beanspruchen hat. Im Übrigen: Wenn es heißt, dass der rationale Diskurs sich auch an den Folgen zu orientieren hat, so kann er nicht darüber hinweggehen, dass jede Aufweichung der Maxime des unteilbaren Lebensrechtes von destruktiver Wirkung auf das Ethos des Helfens sein dürfte.

Das Lebensrecht als ein Grundrecht bedarf des *rechtlichen Schutzes.* Das *Grundgesetz* sichert in seinem Eingangsartikel ausdrücklich die „Unantastbarkeit der Würde des Menschen" als ein „unverletzliches und unveräußerliches Menschenrecht" und als „Grundlage jeder menschlichen Gemeinschaft" ab. So wichtig diese Verankerung ist und so sehr man auf die Absicherung des Lebensrechts aller vertraute, ist inzwischen deutlich geworden, dass ein solches Rechtsgut auch relativiert werden kann, zumal in einer wertepluralen Gesellschaft.

Dass der rechtliche Schutz des Lebensrechtes kein absoluter ist, geht aus der Tatsache hervor, dass Grundrechte eingeschränkt werden können, z. B. durch die Rechte anderer, und dass der gebotene Schutz (Hilfe zum Leben) faktisch außer Kraft gesetzt werden kann, z. B. durch wirtschaftliche Not, etwa in Notstandssituationen. Die gegenwärtige Diskussion macht deutlich, dass zwar ein *Recht auf Leben* („Ich darf nicht getötet werden") besteht, dass aber das damit verbundene Recht auf entsprechende *Hilfe* zum Leben durch Kosten-Nutzen-Kriterien ausgehebelt werden kann.

Verfasste Grundrechte schützen also nicht eo ipso das Lebensrecht. Sie müssen vielmehr als ethische Postulate gesehen werden, als Ausdruck von *Grundwerten* und als Grundlage für eine entsprechend auszugestaltende Rechtsordnung. Vor diesem Hintergrund erscheinen utilitaristische Lebenswertungen als Herausforderungen. Das bedeutet umgekehrt, dass der Grundwert des unantastbaren Lebenswertes aller entschieden verteidigt werden muss. Die Wertepluralität der Gesellschaft und die sich daraus ergebende Konkurrenz verschiedener Wertesysteme ist die eine Realität, durch die aber die andere, nämlich das Festhalten am Geltungsanspruch des eigenen Wertesystems, ganz und gar nicht aufgehoben wird (Habermas 1991, 207). Der sich daraus ergebende *Widerstreit* ist nicht abwendbar. Er muss ausgehalten und „bezeugt" werden (Lyotard 1989, 12).

5 Heilpädagogische Achtsamkeit

Das heilpädagogische Handeln bedarf ethischer Orientierungen und Gehalte. Insbesondere im erzieherischen Verhältnis drücken sich Grundeinstellungen zu den Werten aus, die erzieherisch wirksam sind. Angesprochen wird damit eine heilpädagogische *Berufsethik* (Haeberlin 1996, Gröschke 1993). Sie stellt ein Geflecht ethischer Prinzipien und Tugenden dar, auf das hier nicht im Einzelnen eingegangen werden kann. Stattdessen soll versucht werden, die ethischen Gehalte des erzieherischen Verhältnisses, der erzieherisch wirksamen Interaktion zwischen Pädagogen und Kind, aufzuzeigen, im Besonderen in Bezug auf die Erziehung von Menschen mit geistiger Behinderung. Als grundlegender Begriff soll dafür die *heilpädagogische Achtsamkeit* verwendet werden.

Dieser Begriff bezieht sich (im Anschluss an E. Conradi 2001) zum einen auf den ethischen Grundbegriff der *Achtung* vor dem Anderen und drückt zum anderen bei einer Care-Interaktion wie der heilpädagogischen die Bedeutung dessen aus, was hier im Besonderen notwendig ist: „Sich anderen Menschen zuwenden, sie ernst nehmen, auf sie eingehen, für sie sorgen", aber auch das Zulassen dieser Zuwendung und Sorge auf der anderen Seite (55). Achtsamkeit ist zwar durch die grundlegende Angewiesenheit aufeinander begründet, ist aber in der Regel nicht an Gegenseitigkeit gebunden. Sie wird dem Anderen geschenkt (56). Es handelt sich also um ein *asymmetrisches Verhältnis*.

Pädagogische Achtsamkeit in der helfenden Beziehung, also in Care-Interaktionen, kann sich kommunikativ verschieden ausdrücken, als Face-to-face-Interaktion ebenso wie als körperliche Berührung; sie weist emotional-intuitive Anteile ebenso auf wie kognitive. Man könnte von einer Integration von Hand, Herz und Kopf reden.

Die Bedeutung heilpädagogischer Achtsamkeit bezieht sich auf grundlegende pädagogische Prozesse, wie die Anbahnung von Vertrauen, Selbstbewusstsein, die Bildung von Autonomie, das Finden einer sinnvollen Balance zwischen Selbstbestimmung und Abhängigkeit, zwischen personaler und sozialer Integration oder zwischen Helfen und Helfen-lassen.

6 Autonomie – Selbstbestimmung

Biologisch und auch *psychologisch* gesehen kommt der Mensch in völliger Angewiesenheit auf fremde Hilfe zur Welt und bleibt im Falle einer geistigen Behinderung sein Leben lang auf externe Hilfe oder Pflege angewiesen. Trotz dieser Abhängigkeit ist er von Anfang an auch ein autonomes System (Maturana 1997). Er ist von Natur aus so angelegt, dass er sich wie jedes Lebewesen selbst organisiert und reguliert, um sich zu erhalten. Bei Störungen organisiert er selber die entsprechende Abwehr. Autonomie beinhaltet *Kontrolle über sich selbst*. In welchem Ausmaß und in welcher Qualität sich Autonomie ausbildet, hängt von der Erziehung ab. Diese wird zunächst als Fremderziehung wirksam, hat aber das Ziel, dass sich Selbstbestimmung ausbildet (Speck 1996 b).

Auf dem Wege dahin baut jeder Mensch seine eigene psychische und geistige Wirklichkeit auf. Was er in sie hineinnimmt, ist jeweils von seinen Vorerfahrungen und seiner eigenen Sichtweise abhängig. Die Umwelt kann also das Wahrzunehmende nicht diktieren bzw. festlegen. Was der andere als Information absendet, kommt nicht in der gleichen Weise im Empfänger an. Der Mensch ist kein bloßer Empfänger von Input-Daten, die er wie ein Telefax entgegennimmt. Er wählt vielmehr aus. Er *wertet* unablässig, was er aufnehmen oder ablehnen soll. Er selber bewirkt also Veränderungen, die von außen nur angestoßen werden. Wenn es anders wäre, wäre er nichts anderes als das Ergebnis oder Abziehbild seiner Umwelt, der gesellschaftlichen Verhältnisse – jenseits von Freiheit. Aufgrund seiner – wie auch immer gewordenen – Eigenheit hört und sieht er, was er hört und sieht, und baut es in sein eigenes System ein. Der Psychologe J. Piaget sagte vom Kinde, dass es seine Welt *konstruiere*, also nicht einfach abbilde.

Die besondere Bedeutung dieser Einsicht für Menschen mit einer geistigen Behinderung und ihre Erziehung liegt auf der Hand. Wer über entsprechende Erfahrung verfügt, weiß, wie eigen jeder Einzelne von ihnen ist, wie sehr in der Erziehung individualisiert werden muss. Kein Kind ist einfach Produkt seiner Umwelt, seiner Erzieher. Jegliche Standardisierung wird suspekt!

Wie auch immer Umwelt einwirkt, die Selbststeuerung wird dadurch psychologisch nie ausgeschaltet. Sie bildet sich vielmehr gerade in der Auseinandersetzung mit ihr. Nur im Netzwerk sozialer Verbindungen bzw. im Versuch der Lebenserhaltung und Selbstbehauptung in der gegebenen Lebenswelt kann sie sich entwickeln. Auch geistig behinderte Menschen orientieren sich an Vorbildern, wenn diese ihnen integer und glaubwürdig erscheinen. Letztlich mündet die Autonomieentwicklung und -bildung in die ethische Dimension. In diesem Sinne meint Autonomie auch *moralische* Selbstbestimmung. Sind Menschen mit geistiger Behinderung dazu fähig? Verfügen sie überhaupt über eine „Autonomie des Willens", die Kant als das oberste Prinzip der Sittlichkeit ansah? Können sie ihr Handeln so steuern, dass dabei gut oder böse unterschieden wird? Können sie ihr Leben in der Weise nach Prinzipien führen, dass es „gelingt" und „glückt"?

Selbstverständlich und zwar jeder auf seine Weise! So jedenfalls können wir es sehen, wenn wir ihnen nahe kommen und sie in unsere sittliche Gemeinsamkeit einbeziehen. Alles Moralisch-werden geschieht im Orientierung und Halt gebenden Rahmen einer entsprechenden *Kultur und sinnvoller zwischenmenschlicher Beziehungen und Bindungen*. Den total autonomen Menschen für sich kann es also nicht geben. Jeder steht immer nur in Interdependenz und ist deshalb immer nur *relativ* autonom.

Zu beachten ist auch, dass moralisches Werten und Handeln nicht nur über die Ratio gesteuert wird, sondern urtümlich auch oder im Besonderen über *moralische Gefühle*. Aus der Erfahrung wissen wir, wie intuitiv sicher geistig behinderte Menschen sich moralisch verhalten können. Aus der Geschichte ist u. a. auf E. Seguin, den Altvater der Geistigbehindertenpädagogik (1812–1880), zu verweisen, der in seinem „traitment moral" das „Herzstück" seiner Erziehungsmethode sah (Hänsel 1974). Er beobachtete bei geistig behinderten Kindern, dass diese über primäre Ansätze von Willen, Bewusstsein und Spontaneität ein moralisches Verhalten entwickeln könnten, wenn ihnen mit Einfühlsamkeit und Liebe begegnet werden würde, man könnte auch sagen, mit pädagogischer Achtsamkeit. Sie nimmt das Kind in seinen noch so unscheinbaren Ansätzen einer Selbststeuerung und seiner Identitätsbildung wahr und unterstützt diese. Sie meidet dabei das Dominantsetzen des fremden Willens.

7 Abhängigkeit – Bindung

Menschen mit einer geistigen Behinderung galten seit je als schlechthin abhängig. Eine Fähigkeit zur Selbstkontrolle und Selbststeuerung wurde ihnen ebenso abgesprochen wie die eines moralischen Lebens. Es war ein Bild bloßer Marionettenhaftigkeit entstanden. Entsprechend war auch die Erziehung in erster Linie auf Anleitung und Anpassung angelegt.

Dieses Bild hat sich inzwischen grundlegend geändert. Jeder, der mit mental behinderten Menschen zusammenkommt, kann erleben, dass dieses einseitige Angewiesensein auf Anleitung und Fremdsteuerung weithin eine Fiktion ist. Sie sind nicht schlechthin abhängig und und ihr partielles Abhängigsein ist nicht alles, was sie kennzeichnet.

Andererseits ist Abhängigkeit keine schlechthin negativ zu bewertende Größe. Sie ist vielmehr für alles Leben unabdingbar wichtig. Jeder ist auch abhängig. Jeder ist auf Bindungen angewiesen, in denen er Halt und Glück finden kann. Wenn Autonomie *Selbsteinbindung* in das Gute und Rechte bedeutet, so beinhaltet sie als Achtung vor dem guten und rechten Leben auch Bindung (Speck 1991, 1997). Wir sprechen deshalb von gegenseitiger Abhängigkeit oder *Interdependenz.*

M. Hahn hat (1981) herausgearbeitet, in welch vielfältiger Weise Menschen mit geistiger Behinderung einem „Mehr an sozialer Abhängigkeit" ausgesetzt sind, wie selbstverständlich diese in den verschiedenen Lebensbereichen und Institutionen praktiziert wird, und welche negativen Folgen dies in der Praxis für die betroffenen Menschen haben kann. Es erschien unstrittig, dass allein aus der Tatsache einer Schädigung, die wir als *geistige Behinderung* bezeichnen, bestimmte Abhängigkeiten hervorgehen, mit ihr sogar gleichzusetzen sind, nämlich:

Weniger eigene Bedürfnisse, ausgeprägte Passivität, durchgängige funktionelle Abhängigkeit von Anleitung und fremder Hilfe, mehr reproduktives Denken und Nachmachen in der Erziehung, Dominanz der helfenden oder pflegenden Person, mehr Objekt von Institutionen, Notwendigkeit der Einschränkung des persönlichen Freiheitsraumes, Ausschluss aus bestimmten sozialen Gruppen und Institutionen des öffentlichen Lebens, nur fähig zu nachvollziehender Arbeit.

Je mehr sich die pädagogische Achtsamkeit auf die tatsächlichen Entwicklungschancen der Kinder mit einer geistigen Behinderung richtete, umso deutlicher wurde, dass das „Mehr" an Abhängigkeit bei ihnen vor allem ein *soziales* Phänomen ist, das sich vielfach nur auf bestimmte Funktionen bezieht. Wer eine Situation verstandesmäßig nicht beherrschen kann, ist auf entsprechende Hilfen oder auf Schutz durch andere angewiesen. Diese Angewiesenheit auf Hilfe ist also kein Spezifikum bei geistiger Behinderung.

Soziale Abhängigkeit wird allerdings zu einer kritischen Größe, wenn sie übermäßig stark wird, so dass ein Mensch nicht sein Selbst aufbauen und erproben kann, d. h. die ihm mögliche Autonomie nicht ausbilden kann, und wenn die äußere Abhängigkeit sich durch das Nichtvorhandensein von Hilfe und Hilfsmitteln, durch die Distanzierung von außen her oder durch entmündigende Hilfeversuche verstärkt wird. Im letzteren Fall kann es zu einer „erlernten Hilflosigkeit" kommen, wenn z. B. ein zum Selbstzweck gewordenes, durchorganisiertes und perfektioniertes Hilfesystem dem Selbst kaum eine Chance lässt; es gibt das, was man auch als „Herrschaft der Experten" bezeichnet hat. In einer Überbetonung organisierter Hilfe liegt eine erhöhte Gefahr für depersonalisierende Entwicklungsprozesse (Hospitalisierung).

Bei aller Bedeutung, die heute dem Prinzip der *Selbstbestimmung* gerade in Bezug auf Menschen mit geistiger Behinderung gemeinhin zugesprochen wird, wäre es fatal, wenn dieses überzogen würde. Eine Negierung von Abhängigkeit müsste dazu führen, dass deren unleugbare menschliche Berechtigung vernachlässigt würde, so dass der Einzelne überfordert und die Verantwortung im Umgehen mit abhängigen Menschen reduziert würde. Aus dem Faktum und dem Sinn gegenseitiger sozialer Angewiesenheit (Interdependenz) folgert zwingend die Achtung und Verantwortung des Einzelnen gegenüber dem Anderen und die Achtsamkeit für ihn, *weil* er ein abhängiger ist. Wenn sich der amerikanische Ethiker Alasdair MacIntyre in seinem Buch für die „Anerkennung der Abhängigkeit" (2001) einsetzt, so ist damit nicht ein von außen gesetzter Anspruch gemeint, demzufolge für Menschen mit einer Behinderung das Prinzip der Abhängigkeit (etwa im Gegensatz zum Prinzip der Selbstbestimmung) besonders betont werden sollte. Wenn es, wie bei MacIntyre, um eine *Tugend* geht, so kann dies nur bedeuten, dass jeder Einzelne von sich aus das Faktum und den Sinn seiner Abhängigkeit vom Anderen zu achten hat, weil diese auch für ihn lebensbedeutsam ist. Menschen mit einer geistigen Behinderung haben – man könnte sagen „natürlicherweise" – vermutlich am wenigsten Schwierigkeiten, diese Tugend zu leben, es sei denn, sie müssen deren Missachtung durch Andere erleben.

8 Mitmenschliches Helfen

Hilfe im allgemeinsten Sinne ist ein urmenschliches Phänomen und beinhaltet die gegenseitige Angewiesenheit und Ergänzung der Menschen untereinander. Der Mensch ist ein unvollkommenes und fehleranfälliges Wesen, nicht nur durch seine Natur bedingt, sondern auch durch seine Freiheit. Zugleich ist er ein *Gemeinschaftswesen,* d. h. er kann nur Mensch in dem Maße werden, wie er mit anderen zusammen sein Leben lebt. Menschen brauchen einander, und „einer trage des anderen Last!". Das Ausmaß des Hilfebedarfs, das z. B. bei einer schweren Behinderung sehr groß sein kann, ist für die Gültigkeit des Hilfe-Prinzips ohne Belang. Hilfe zu brauchen, ist normal und bedeutet prinzipiell keine eigene Entwertung des „autonomen" Menschen; Hilfe zu geben ist ebenso normal oder menschlich, also an sich keine außergewöhnliche Leistung.

Not und Hilfe sind aufeinander bezogen. Hilfe ist darauf gerichtet, dass sich der Einzelne selbst weiterhelfen kann. Ihr Wert ist daran zu messen, was der Andere braucht. Hilfe soll *Hilfe zur Selbsthilfe* sein. Wenn sie zum Selbstzweck würde und den Anderen zu ihrem Mittel machte, verlöre sie ihre ethische Legitimation.

Menschliches Helfen geht aus der Achtsamkeit für den Anderen hervor, im Besonderen dann, wenn diese von Angesicht zu Angesicht wirksam wird. Eine stützende Funktion kommt dem *Ethos des Helfens* zu, das in einer Gemeinschaft oder Gesellschaft ausgeprägt ist. Aus ihm schöpfen die Helfenden einen Großteil der Kraft, die sie brauchen, um für den Anderen da zu sein, ohne „auszubrennen".

Die Schopenhauer'sche Ethik beruhte auf zwei von altersher tradierten Grundsätzen:

– *Verletze niemanden!*
– *Hilf jedem, soweit du kannst!*

Was hier in Imperative gefasst ist, stellt keine von außen oder vom eigenen Ich her gesetzten Aufforderungen dar, die womöglich erst über rationales Denken und moralisches Räsonieren wirksam würden, sondern kann einer natürlichen Veranlagung des Menschen zugeschrieben werden. Vom Menschen, der Hilfe braucht, geht unmittelbar und direkt der Appell aus: *Hilf mir!* Und die Achtsamkeit für ihn setzt das eigene Helfen in Gang. Die Not eines Anderen wird unwillkürlich als Impuls zum Helfen erlebt.

Die biologische Verankerung des Hilfeimpulses, wie sie u. a. Maturana (1997) sieht, bedeutet in der sozialen Wirklichkeit aber keine Sicherheit. Menschen können auch Hilfe unterlassen; sie können aber auch Hilfe missbrauchen. Ihr Helfen ist, wie überhaupt ihr Handeln, von ihrer Entscheidung abhängig, aber auch von den kulturellen Bedingungen, unter denen sie aufwachsen und leben. Das Helfen ist auch von Lernprozessen abhängig. Sie kommen vor allem in einer Kultur des Helfens zustande, die zum einen von überlieferten und bewährten Solidaritätsmustern und zum anderen von einer lebendigen Achtsamkeit für die aktuellen Bedrängnisse und Nöte der Menschen gestützt wird.

Die Gefahr, dass Hilfe-Impulse zu wenig beachtet oder im Sinne eigener Interessen fehlgedeutet werden, ist umso größer, je mehr sich das Helfen auf Distanz abspielt und auf organisierte Großsysteme der Hilfe konzentriert.

Umgekehrt wird das Helfen umso mehr als unmittelbare und adäquate Antwort auf erlebte Hilfebedürftigkeit erfahren, je *näher* der Einzelne dem Anderen ist. In der Nähe bedarf das Helfen im Allgemeinen keiner komplizierten Überlegungen. Diese *Nähe* aber muss zugleich auch auf Distanz beruhen; sie bezeugt die nötige Achtung, ist aber zugleich Nähe (Lévinas).

Obwohl das Helfen eigenen Einsatz erfordert, bringt es doch persönlichen Gewinn und auch Sinn. Helfendes Tun lässt sich durchaus auch mit eigenen Interessen in Einklang bringen. Man kann auch als „Individualist" *altruistisch* handeln. Umgekehrt kann es eine Anmaßung bedeuten, von anderen zu verlangen, sie sollten in ihrer sozialen Aufgabe völlig aufgehen bzw. sich total aufopfern. Das Einfordern von Selbstlosigkeit ist insofern irreführend, als es kein Helfen ohne den Einsatz des Selbst geben kann. Auch der helfende Akt ist auf Selbstachtung angewiesen.

Helfen in diesem Sinne setzt eine positive Beziehung zwischen Helfer und dem, dem geholfen werden soll, voraus und ist keine bloße Technik. „Man kann den Menschen nicht helfen, wenn man sie nicht liebt" (C. E. v. Weizsäcker, 1977, 111). Oder: „Keine Kompetenz ohne Liebe!" (Dennison 1971, 246).

Die Realität des Helfens bleibt nicht ohne Probleme. Helfen kann zu einem Mechanismus werden, der den Menschen noch abhängiger macht und seine Identität bedroht. Eine *Dienstleistungsgesellschaft,* deren System in der möglichst effektiven, d. h. objektivierten, versachlichten Organisation von Hilfe besteht, damit sie auch verwaltet werden kann, ist zugleich dazu angetan, den „Hilfenehmer" (analog zum „Arbeitnehmer") zu entmündigen. Der Helfer selber kann in eigene Probleme geraten. Schmidbauer (1977) hatte in seiner Untersuchung über das *Helfer-Syndrom* („Die hilflosen Helfer") charakteristische Merkmale herausgestellt, die sich beim Helfer ausprägen und damit das Hilfe-Verhältnis belasten können, z. B. eine fehlende Gegenseitigkeit in den Beziehungen, eine latente narzisstische Bedürftigkeit und indirekte Aggressionen.

Diese Gefahr ist am größten gegenüber Menschen, die sich am wenigsten wehren und behaupten können, z. B. gegenüber Menschen mit geistigen Behinderungen, aber auch gegenüber deren Angehörigen. Aus der Erfahrung der Eigenmächtigkeit von Helfern ist dann der Widerstand erwachsen, der sich unter dem Begriff „Empowerment" gesammelt hat (Theunissen, Plaute 1995, Weiß 1999). Diesen aus dem Amerikanischen stammenden Begriff kann man am ehesten mit „Sich-selbst-Macht-geben" übersetzen. Macht bedeutet hier den legitimen Anspruch auf Selbstbestimmung im Sinne moralischer Autonomie und Eigenverantwortlichkeit. Die Empowerment-Bewegung setzt sich allerdings in Widerspruch zu sich selbst, wenn sie im Wesentlichen von dritten Personen, nämlich von Fachleuten, mobilisiert wird, wenn gewissermaßen die Eltern von außen her „empowert werden".

Mitmenschliches Helfen auf Augenhöhe wird gefährdet, wenn die organisierte Hilfe zur bloßen „Dienstleistung" und fortschreitend ökonomischen

Maßgaben unterworfen wird (Speck 1999). Den vorläufigen Gipfel eines entmenschlichten Hilfesystems der „Dienstleistung" stellt die Regelung in der *Altenpflege* dar, nach der nur die allernötigsten Verrichtungen finanziert werden, zu denen allerdings nicht die persönliche Zuwendung gerechnet wird. Es wird damit eine Praxis programmiert, die einen Widerspruch zur Achtsamkeit im ethischen Sinne darstellt und zur Abstumpfung menschlicher Beziehungen führt. Hier wird deutlich, dass die Qualität des Helfens und der Achtsamkeit auch von entsprechenden rechtlichen Regelungen abhängig ist. Wenn diese auch inhumane Praktiken nicht verhindern können, so können sie doch als Richtmarke dienen, um gegen Verstöße vorgehen zu können. In diesem Sinne ist die Europäische Sozial-Charta zu verstehen, in der in § 15 das „Recht der körperlich oder geistig Behinderten auf Berufsausbildung, Rehabilitation und gesellschaftliche Wiedereingliederung" zum Ausdruck gebracht wird, und wo es heißt:

„Um die wirksame Ausübung des Rechtes der körperlich oder geistig Behinderten auf Berufsausübung, Eingliederung und Wiedereingliederung zu gewährleisten, verpflichten sich die Vertragsparteien", u. a. „geeignete Maßnahmen für die Bereitstellung von Ausbildungsmöglichkeiten, erforderlichenfalls einschließlich von öffentlichen oder privaten Sondereinrichtungen zu ergreifen."

Schon 1959 hatte die Generalversammlung der Vereinten Nationen eine Erklärung über die Rechte des Kindes verabschiedet, deren Grundsatz 5 den behinderten Kindern gilt: „Das Kind, das körperlich, geistig und sozial behindert ist, erhält diejenige besondere Behandlung, Erziehung und Fürsorge, die sein Zustand und seine Lage erfordern."

In der Bundesrepublik Deutschland wurde 1994 das Grundgesetz geändert und in Art. 3 (3), wo es um die Grundrechte geht, der Zusatz eingefügt: *„Niemand darf wegen seiner Behinderung benachteiligt werden."*

9 Soziale Zugehörigkeit und Eingliederung

Eine Ethik, die vom unbedingten Wert jeglichen Lebens und der unbedingten Achtung vor dem Anderen ausgeht, impliziert die ebenso unbedingte *Zugehörigkeit* jedes Anderen und die damit verbundene konkrete Verpflichtung, diesen sozial einzugliedern, d. h. als ein Mitglied der Gemeinschaft mit gleichen Grundrechten zu behandeln. Das Gelingen einer solchen Eingliederung hängt von einer Vielzahl äußerer Rahmenbedingungen, aber vor allem auch vom Wirksamwerden persönlicher Achtsamkeit ab.

Die Geschichte der Menschen mit einer geistigen Behinderung ist weithin von einer allgemeinen Missachtung dieser ethischen Forderung gekennzeichnet. Sie sind die längste Zeit ausgegliedert und ausgegrenzt worden. Die Gesellschaft duldete deren Dasein zumeist nur in sozial ausschließenden Einrichtungen, also in weitestgehender Exklusion.

Es gibt aber auch Einzelbeispiele einer bewussten und persönlichen Eingliederung, sogar in einen realen Familienverband und eine ganze Gemeinde. Einen außerordentlichen Beleg für die Realisierbarkeit eines echten Miteinander von Behinderten und Nichtbehinderten stellt die belgische Stadt *Geel* dar. Über Jahrhunderte hinweg wurden hier behinderte Menschen, geistig behinderte und geisteskranke, in Pflegefamilien aufgenommen. Man spräche heute von familiärer Inklusion. Das Bedeutsame an diesem Beispiel ist die Tradierung einer sozialintegrativen Einstellung der Bewohner einer ganzen Gemeinde gegenüber ansonsten ausgegliederten Menschen.

Das Pflegefamilienwesen von Geel, wohl das älteste Europas, war ursprünglich aus einem religiösen Brauch entstanden; es waren aber auch ökonomische Motive im Spiel, was dem Unternehmen keineswegs ethischen Abbruch tut. Es hat dem Ort einen allgemeinen wirtschaftlichen Aufschwung gebracht. In 1200 Pflegefamilien wurden etwa 1700 Pfleglinge betreut (Keller 1969). Zwischen Familie und Pflegling bestand ein enges Verhältnis, das sich vielfach auch auf die herangewachsenen Kinder der Pflegeeltern fortsetzte und dadurch den Pfleglingen eine über Jahrzehnte hinweg kontinuierliche und stabile Lebensumwelt ermöglichte. Sie nahmen am gesamten Familienleben teil, wurden von den Nachbarn und der Gemeinde, auch den Jugendlichen, akzeptiert und konnten öffentliche Lokale und Veranstaltungen frei besuchen.

Seit einigen Jahren zeichnet sich als Folge der Industrialisierung eine Strukturveränderung der Behindertenpflege in Geel ab. Der Übergang von der häuslichen Arbeit und Mithilfe in Landwirtschaft und Handwerksbetrieb zur außerhäuslichen Erwerbsarbeit hat zusammen mit dem allgemeinen Anheben des Lebensstandards zu neuen Überlegungen über die künftige Gestaltung der Pflegearbeit geführt.

Das sicherlich außerordentliche Beispiel Geel zeigt jedenfalls, dass eine Neutralisierung von Abweichungen und eine wirkliche soziale Integration von geistig behinderten Menschen in einen Sozialverband unter bestimmten Bedingungen möglich ist. Als solche waren und sind es im Falle von Geel vor allem eine tief greifende und fest verankerte normative Idee, die hier religiös verwurzelt ist und von der Tradition getragen wurde, und eine Einbettung in eine gemeinsame Verpflichtung und Praxis einer ganzen Gemeinde.

Die Begriffe „soziale Zugehörigkeit" und „soziale Eingliederung" lassen sich in der Weise unterscheiden, dass der erstere eine ethische Grundkategorie beinhaltet und der zweite deren praktische Umsetzung im konkreten sozialen Leben (Speck 1995).

Zugehörigkeit stellt ein naturhaft gegebenes und ethisch unabdingbares Grundverhältnis dar, in das jeder Mensch hineingeboren wird. Er geht, wie Maturana (1997) es ausdrückt, aus der „Koexistenz in der Emotion der Liebe" (220) hervor und ist damit Mitglied einer menschlichen Gemeinschaft. Seine soziale Existenz ist damit begründet. Er kann sich nicht erst bemühen,

Mitglied dieser Gemeinsamkeit zu werden; er wurde in die Mitgliedschaft durch menschliche Gemeinsamkeit gesetzt. Er ist damit eo ipso ein Zugehöriger. Er braucht sich nicht erst zu legitimieren, um als Zugehöriger zu gelten. Menschliches Leben ist nur möglich in der Gemeinschaft. Was ihm aber widerfahren kann, ist eine Verneinung dieser Zugehörigkeit durch die Gruppe, in die hinein er geboren wurde. Erst diese Verneinung tangiert das ethische Gut der Zugehörigkeit.

Soziale Eingliederung beinhaltet die konkrete Aufgabe, das vorab gegebene ethische Gut der Zugehörigkeit im praktischen Leben umzusetzen. Dabei ist es wichtig zu erkennen, dass *nicht das Kind als künftiges Mitglied einer Gemeinschaft auf dem Prüfstand steht, sondern die Gruppe, die es in die Welt gesetzt hat, und deren zugehöriges Mitglied es bereits ist.* Die Nicht-Annahme seiner Existenz kann also ethisch gesehen nicht dem Kinde angelastet werden, etwa mit der Begründung, dass es nicht den konkreten Vorstellungen seiner Eltern entspricht, oder sie vermuten, es werde ein unerträgliches oder unzumutbares Leben für alle Mitglieder der Gemeinschaft bedeuten. Soziale Integration beinhaltet die volle emotionale Zustimmung zur Mitexistenz eines Menschen und deren konsequente soziale Praxis in den verschiedenen sozialen Feldern, soweit diese für die existenzielle Verwirklichung dieses von Desintegration bedrohten Lebens bedeutsam sind.

Die Praxis der sozialen Eingliederung stößt in der Regel auch auf *Schwierigkeiten* und *Hindernisse*. Diese können durch verschiedene individuelle und soziale Umstände bedingt sein, z. B. durch erhebliche Anpassungsschwierigkeiten, durch physische oder kognitive Überforderung, aber auch durch Unwissenheit, Vorurteile, Angst, emotionale Abwehr, fehlende Unterstützung von außen oder mangelhafte Bildungsmöglichkeiten. Umgekehrt gibt es genügend Beispiele dafür, dass soziale Eingliederung gelingt, wenn die entsprechenden sozialen und emotionalen Bedingungen gegeben sind.

Für „soziale Eingliederung" von Menschen mit Behinderungen wird heute bevorzugt der Begriff der „Inklusion" verwendet. Sein Gegenstück wäre in der soziologischen Terminologie „Exklusion". (Zur sonderpädagogischen Diskussion um Inklusion und Inclusive Education siehe Hinz 2002.)

Das Gelingen sozialer Eingliederung (Inklusion) hängt von wichtigen Bedingungen ab (Speck 1998 a):

Soziale Eingliederung ist ein *Prozess,* bei dem sich Individuen, die sich als andersartig begegnen, aufeinander zu begeben und sich dabei im Sinne einer Annäherung verändern. Soziale Integration ist also keine einseitige Veränderungszumutung und bedeutet nicht, dass sich ein zu integrierendes neues Mitglied als integrationswürdig im Sinne der gegebenen sozialen Umwelt zu erweisen, sich also an das sozial Gegebene lediglich anzupassen hätte. Eine Familie, in die hinein ein Kind mit einer geistigen Behinderung geboren wird, oder für die sich die soziale Situation durch eine schwere Erkrankung oder einen Unfall eines Kindes wesentlich verändert, wird sich insgesamt umstellen müssen und zwar in Richtung einer neu zu ermöglichenden Gemeinsamkeit. Auch das betroffene Kind steht vor der Aufgabe, sich auf die neue Situation der Gemeinsamkeit einzustellen. Das Annehmen dieser Aufgabe entspricht der Angelegtheit des Menschen auf ein zu verwirklichendes Zusammenleben. Soziale Integration ist ein stets neu und wechselseitig in Gang kommender und in Gang zu bringender Annäherungsprozess.

Soziale Eingliederung setzt die *Achtung der Selbstbestimmung* voraus. Für den Prozess der wechselseitigen sozialen Annäherung ist es wichtig, dass individuell wesentliche Eigenheiten und persönliche Wertsetzungen eines Mitglieds im Sinne seiner eigenen Selbstverwirklichung beachtet werden und sie ihre Chance behalten. Soziale Eingliederung kann auch nicht darin bestehen, dass sich alle Unterschiede aufhöben, und dass nun gewissermaßen aus „Schwarz" und „Weiß" eine Art „Grau" werden sollte. Eine (relative) Einheitlichkeit der Lernziele im Unterricht darf nicht auf Kosten der persönlichen Lernbedürfnisse und -fähigkeiten Einzelner gehen. Soziale Eingliederung beruht auf der Respektierung von Verschiedenheit, auch der Verschiedenheit der Einstellungen und Normen.

Soziale Eingliederung bezieht sich stets nur auf *bestimmte soziale Felder.* Niemand ist an allen sozialen Gruppen interessiert oder sucht überall Aufnahme. Jeder wählt sich vielmehr seine Umwelt als die ihm passende aus. Nicht jede Gruppe, in die ein Mensch mit einer Behinderung hineinversetzt wird, ist eine integrierende Gruppe. Die raum-zeitliche Gemeinsamkeit, auch wenn sie eine organisierte ist, bietet keine Gewähr, dass jemand auch emotional angenommen wird und sich die Gruppe auf ihn hin verändert. Eingliederung ist auch eine pädagogische Aufgabe, wobei freilich zu beachten wäre, wann ein Kind Schaden nimmt, wenn es nicht die nötige Gemeinsamkeit findet.

Soziale Eingliederung gilt als verpflichtende Aufgabe für *alle* Einrichtungen, in denen Menschen mit einer (geistigen) Behinderung leben und lernen. Eine Einschränkung dieses Gebots lediglich auf die allerorts totale institutionelle Gemeinsamkeit mit Nicht-Behinderten müsste eine Preisgabe dieser sozialen Verpflichtung in den Fällen bedeuten, in denen es – aus welchen Gründen auch immer – nicht zu einer solchen Gemeinsamkeit kommt. Dies gilt nach wie vor für die Mehrheit der Menschen mit einer geistigen Behinderung. Auch die speziellen Einrichtungen, in denen sie Aufnahme finden, sind verpflichtet, Möglichkeiten der Gemeinsamkeit mit ihrem Umfeld zu finden und umzusetzen. Ein Heim, das diese Aufgabe vernachlässigte, sich also nicht um Kontakte, Austausch und Einbeziehung der Umwelt bemühte, verlöre seine Legitimation als Ort zum Leben.

Soziale Eingliederung in bestimmten sozialen Einheiten sollte sich auf ein *soziales Netzwerk* stützen können. Sie bliebe Stückwerk, wenn sie lediglich in vereinzelten sozialen Gruppen arrangiert würde, die ansonsten über keinen Rückhalt in anderen und größeren sozialen Einheiten verfügten. Eine Familie, die ihr geistig behindertes Kind bei sich integriert, kann dies auf

Dauer nur, wenn sie dabei durch andere unterstützt wird. Eine schulische Gemeinsamkeit in einer sog. Integrationsklasse verliert an Wert, wenn die eingegliederten Kinder ansonsten innerhalb der Schule und nach ihrem Schulbesuch keinerlei Gemeinsamkeit erleben.

Die Mitgliedschaft in einer menschlichen Gemeinschaft ist „das erste und wichtigste Gut, das wir aneinander zu vergeben und zu verteilen haben" (Walzer 1994, 65). Durch diese primäre Mitgliedschaft werden alle weiteren Entscheidungen, die sich für eine gerechte Verteilung sozialer Güter im Einzelnen ergeben, vorstrukturiert. Dieses hohe soziale Gut bedarf mit Sicherheit entsprechender Rahmenbedingungen; es wird aber in erster Linie dann Wirklichkeit für den Menschen, wenn es von persönlichem Engagement und pädagogischer Achtsamkeit für Eingliederungschancen und deren Unterstützung getragen wird.

10 Religiöse Sinnorientierung

Der Rückhalt in einer die physische, psychische und soziale Realität transzendierenden religiösen Sinnorientierung hat Jahrhunderte hindurch eine wichtige Rolle gerade für Menschen gespielt, die mit Schicksalsschlägen und existenzieller Angst konfrontiert waren; das Gleiche gilt für das Bereitstellen von Hilfe zur Überwindung von Not und Sinnleere. Auch heute bildet die in den Religionen verankerte Sinndimension für einen großen Teil der von Lebensbehinderungen und Verzweiflung betroffenen Menschen und für eine große Zahl von Hilfeeinrichtungen eine zentrale geistige Grundlage. Eltern eines behinderten Kindes werden direkt mit der Frage nach dem Unbegreiflichen und dem Sinn ihres Schicksals tangiert. Es gibt zahlreiche persönliche Zeugnisse von der helfenden (heilenden) Funktion des religiösen Glaubens gerade bei der Meisterung behinderten Lebens. Unzählige Eltern geistig behinderter Kinder suchen in ihrer Religion Sinn, Trost und Halt.

Verwiesen sei beispielhaft auf die Gedanken und Gebete, die Franziska Meier, eine geistig behinderte junge Frau, zusammen mit ihrer Mutter unter dem Titel „Heute hat es nicht geregnet" (Meier, F. u. S. 1986) vorgelegt hat. Ein eindrucksvolles Zeugnis legen auch die Zeichnungen und Texte von Gabriele Bender (1986) ab.

Erste wissenschaftliche Befunde zur positiven Bedeutung des religiösen Halts bei Eltern mental retardierter Kinder hatte Zuk 1959 (b. Ross 1967, 128) vorgelegt. In jüngster Zeit wird die Wirkung religiöser Spiritualität auf die körperliche und seelische Gesundheit in den USA intensiv wissenschaftlich untersucht. Das National Institute for Healthcare Research hat seit 1993 eine vierbändige Bibliografie zu diesem Thema vorgelegt (Ch. Schneider-Harprecht, Die Zeit, 1998, Nr. 42, 57). Eine Vielzahl von Studien belegt den gesundheitsfördernden Einfluss der Religion.

Worin die Wirkung im Einzelnen liegt, ist ungeklärt, wohl auch nicht ergründbar, aber die Fakten sind unleugbar. Sie zeigen u. a., dass bei Menschen, die sich einer religiösen Gemeinschaft zurechnen, geringere Stresswirkungen zu beobachten sind und die Heilungsprozesse unterstützt werden. Der Harvard-Mediziner Herbert Benson vermutet, dass religiöse Praktiken Hormone freisetzen, die den Körper in seiner Abwehr von Stressfaktoren unterstützen und einen Entspannungsmechanismus (relaxation response) in Gang setzen. Stress reduzierende bzw. heilende Wirkungen gingen allein von der regelmäßigen Wiederholung religiöser Rituale (Gebete, Meditation) aus (Schneider-Harprecht 1998).

Die Frage nach der Heilungswirkung religiösen Glaubens kann nicht ignoriert werden, wenn es um die Grundlagen der Hilfe für Menschen mit Behinderungen geht. Die nordamerikanische Gesellschaft mit ihrer ausgeprägteren Religiosität kann sicherlich nicht direkt mit der hiesigen gleichgesetzt werden, aber auch in unserer „postsäkularen" Gesellschaft hat das Religiöse seine Bedeutung und Realität nicht verloren. Manche Anzeichen sprechen sogar dafür, dass diese Bedeutung wieder wächst (v. Brück 2002).

Ein wesentlicher Grund dafür kann in der Universalisierung des Leides in der Welt gesehen werden, wie sie über die Medien stärker als je zuvor an den Einzelnen herangebracht wird. Es scheint dabei die Achtsamkeit für fremdes Leid zu wachsen. Als ein christliches Schlüsselwort für diese Universalität und die „unbedingte Wahrnehmungspflicht für fremdes Leid" prägte der Theologe J. B. Metz (2000) den Begriff der „Compassion". Deren Bedeutung wachse mit der kalten Veränderung der Weltgesellschaft zu „menschenleeren Systemen der Ökonomie, der Technik und ihrer Kultur- und Informationsindustrie". Gefragt sei eine „Koalition der Religionen und Kulturen zur Rettung und Beförderung der sozialen und politischen Compassion in unserer Welt" (16).

Gemeint ist eine universelle Sensibilität, man könnte auch sagen Achtsamkeit, für fremdes Leid. Diese nähre sich nicht aus einem globalen Konsensethos, sondern aus dem urtümlichen Verwurzeltsein des Menschen in der „unbedingten Autorität der Leidenden". – Man sieht sich auf E. Lévinas verwiesen.

Trotz Aufklärung und einer bis ins geradezu Unermessliche gehenden wissenschaftlichen Analyse aller Facetten des Lebens auf der Welt ist das Unbegreifliche für den einzelnen Menschen nicht geringer und unbedeutender geworden. Die Frage nach dem Sinn wird vor allem dann gestellt, wenn der auf Perfektion ausgerichtete Mensch sich in Leid und innerer Leere vorfindet, wenn er sich vom „Ozean des Nichts" (Rahner) bedroht sieht.

Religion kann als eine menschliche Urdimension angesehen werden, durch die der Mensch aus seiner kontingenten Existenz heraus sich in der Welt zu orientieren und sich auf sie einzustellen versucht. Sie wird zur gemeinsamen Basis für Sinnsuche und soll Hoffnung und Errettung (Heil), Hingabe an andere und Einsatz für die Gesellschaft ermöglichen (Stachel, 1973, 22).

Was dem Menschen in der religiösen Dimension begegnet, erlebt er als das Unbedingte schlechthin, in welchem er verlässlicheren Halt finden kann, z. B. wenn ihn die Kontingenz seiner Existenz verunsichert und aus dem Gleichgewicht bringt.

Die normative Pluralität in der Gesellschaft zusammen mit der stärker gewordenen Macht der Märkte und der administrativen Regelungen bedrohe die gesellschaftliche Solidarität, also eine Handlungskoordinierung über Werte und Normen, stellte J. Habermas in einem Vortrag vor der Kath. Akademie in Bayern (19. 01. 2004) fest. Die gegenwärtige Diskussion um eine neue Gen-Medizin zusammen mit eugenischen Tendenzen und dominanten Kosten-Nutzen-Kalkülen zeige, dass menschliches Leben verdinglicht und die Unantastbarkeit der Person und die Unverfügbarkeit ihrer leiblichen Verkörperung bedroht ist (Habermas 2001, 41). Sie könnte praktisch reduziert werden auf das Minimum utilitaristischer Zugeständnisse, das die Gesellschaft zu gewähren bereit ist.

Das Sich-Verlassen auf eine gesellschaftlich abhängige Solidarität wäre ein bedingter Akt mit bedingtem Ausgang. Wenn Solidarität heute lebendig wird, so sollte man nicht übersehen, dass diese Impulse zu einem nicht unwesentlichen Teil aus Quellen stammen, die der säkularisierten Gesellschaft nicht mehr verfügbar sind. Heil oder Glück unterlägen der gesellschaftlichen Definition und dem Diskurs, d. h. sie wären zur Disposition der Diskursteilnehmer gestellt. Wenn dem Menschen keine universal gültige Instanz, kein „a priori entworfenes System" (Kant) zur Verfügung stünde, an der sich das, was gut und recht ist, festmachen ließe, gäbe es für ihn kein verlässliches Kriteriensystem, nach welchem er zwischen Humanität und Barbarei unterscheiden könnte.

Die sozialisationsorientierte Erziehungswissenschaft, wie sie sich seit der wissenschaftlichen Wende etabliert und eine normative Pädagogik weithin ausgeklammert hat, lässt den Edukanden mit seinen kontingenten Grenzerfahrungen letztlich allein, wenn er sich der weit verbreiteten und verunsichernden Orientierungslosigkeit und Kontingenz gegenübersieht. Wenn gerade das Erleben einer geistigen Behinderung die Sinnfrage in besonderer Weise herausfordert, so wird die Frage der Erziehung nicht hinreichend und für alle befriedigend beantwortet, wenn sie ohne Bezug zur Transzendenz bleibt.

Im transzendierenden Bezug erfährt der Mensch eine Kraft, die die Schwäche im Sinne der aktuellen und zufälligen (gesellschaftlichen) Wertungsmaßstäbe überwinden und überleben kann. Kontingente Abhängigkeit (erfahren z. B. durch Leiden, Krankheit, Verlust) kann aufgehoben werden; Furcht kann gebannt werden, Hilflosigkeit kann Trost finden, wo sich der Einzelne rückgebunden weiß an eine Instanz unbedingt gültigen Sinns.

Wichtig für den Einzelnen ist dabei die Eingebundenheit in eine Glaubensgemeinschaft, das Erleben glaubwürdiger Personen und das von gleichen Sinngestalten getragene Zusammenleben in relativ kleinen Lebenseinheiten (Familie, Kindergarten, Schulklasse, Gemeindegruppe), die für ihn wegen der persönlichen Nähe verlässliche und überzeugende Stützpunkte für die Begründung von Vertrauen werden können. Gerade im Gemeindeleben der Religionsgemeinschaften könne etwas intakt bleiben, was andernorts verloren gegangen sei und mit dem professionellen Wissen von Experten allein nicht wiederhergestellt werden könne, meint u. a. J. Habermas (2004). Das selbstverständliche Getragensein von der Gemeinde und das fraglose Einbezogensein in sie können einen Menschen mit einer geistigen Behinderung und seine Angehörigen erleben lassen, dass sie es mit einer „guten Botschaft" für die Menschen zu tun haben.

IV Psychologische Grundlagen –
Entwicklung und Lernen

Die Erziehung von Kindern und Jugendlichen mit geistiger Behinderung stellt eine spezielle pädagogische Aufgabe dar. Ihre Lösung setzt eine hinreichende Kenntnis der Bedingungen voraus, unter denen sie erschwert und bewältigt werden kann. Was durch Erziehung ermöglicht werden soll, muss im Bezug zum individualen und sozialen Kontext gesehen werden, in dem Entwicklung abläuft.

1 Entwicklung bei geistiger Behinderung

Im Gegensatz zur allgemeinen Entwicklungspsychologie, die über eine außergewöhnliche Fülle von Einzelbeobachtungen und Untersuchungsergebnissen verfügt, liegen über die *seelische Entwicklung des Kindes und Jugendlichen mit einer geistigen Behinderung* relativ wenige zuverlässige Befunde vor. Diese beziehen sich in der Mehrzahl auf Kinder mit dem Down-Syndrom (Schamberger 1978, Rauh und Rudinger 1987, Rauh, Berry 1989/90) oder auf Kinder mit geringeren Graden geistiger Retardierung (Wendeler 1976, 30). Zudem führten unterschiedliche theoretische Ansätze des Verständnisses von Entwicklung zu z.T. verschiedenen Entwicklungskonzepten und damit zu divergenten Aussagen über die Eigenart der Entwicklung bei einer geistigen Behinderung.

Es lassen sich unter pädagogischem Aspekt im Wesentlichen zwei Erklärungsansätze unterscheiden:

– defektorientierte und
– interaktional-strukturale Erklärungsansätze.

1.1 Defektorientierte Erklärungsansätze

Defektorientierte Erklärungsmodelle stellen die dauerhafte Schädigung der Intelligenz in den Vordergrund. Der gegebene *genische* oder *neurale Defekt* wird als generell bestimmend für eine andersartig verlaufende Entwicklung angesehen. Dabei wird unter dem Aspekt der Entwicklung vor allem das „Disharmonische" und die Retardierung und unter finalem Aspekt die fixierte Begrenzung der Entwicklung betont. Lutz (1961) sprach als Kinderpsychiater vom Vorliegen „einer bestimmt gearteten, pathologischen Persönlichkeitsentwicklung", von „einer im einzelnen beeinflussbaren, im ganzen endgültigen Entwicklungsbeschränkung" (156). Sie verunmögliche u. a. das Erreichen des normalen Zieles der Persönlichkeitsentwicklung, womit Lutz „das abstrakte Denken in der Welt der Ideen, die entfaltete sichere und adäquate Selbstempfindung, die Selbstbestimmung, Selbstbeherrschung und Selbstverantwortung und die freie Entscheidungsfähigkeit" meinte (157). – Zweifellos ein hohes Ziel, das auch viele Menschen ohne geistige Behinderung nicht erreichen.

Zu den defektorientierten Ansätzen rechnete der amerikanische Psychologe Zigler (1975) alle theoretischen Konzepte geistiger Behinderung, die deren wesentliche Merkmale nicht nur in der unterschiedlichen Allgemeinintelligenz, sondern in spezifischen kognitiven Eigenarten sahen, die für unveränderlich gehalten werden und deshalb als typisch interpretiert werden könnten. Zigler sprach von Defekt- bzw. Differenztheorien und rechnete zu ihnen insbesondere die Theorie einer Schwerbeweglichkeit der seelischen Systeme von Lewin (1936, 1967), die Theorie einer durch subcortical-corticale Fehlbildungen bedingten Rigidität (nach Goldstein 1943), geschädigter Mechanismen zur Richtung der Aufmerksamkeit (nach Zeaman), die Theorie der Fehlentwicklung verbaler Systeme als Folge einer Dissoziation verbaler und motorischer Systeme (nach Luria 1956). Referierungen dieser Theorien finden sich bei H. Meyer (1977) und Wendeler (1976).

Ziglers pointierte Kritik an den Defekt- und Differenztheorien zur geistigen Behinderung hatte seinerzeit in den USA und England zahlreiche Diskussionen und Missverständnisse ausgelöst. Allzu sehr waren frühere Darstellungen der Merkmale geistiger Behinderung darauf beschränkt gewesen, lediglich die *negativ abweichenden Unterschiedlichkeiten* verallgemeinernd hervorzuheben und diese als unveränderbar darzustellen. Die Gemeinsamkeiten mit nicht behinderten Kindern im Entwicklungsprozess dagegen waren dabei aus dem Blickfeld geraten. Eine mögliche Fehlinterpretation der Zigler'schen Hypothesen könnte darauf zurückgeführt werden, dass Zigler vor allem die leichteren Formen der familial-kulturellen Retardierung im Auge hatte (Clarke, Clarke 1974). Jedenfalls gibt es Retardierungen, die im Sinne Ziglers im Wesentlichen durch ein langsameres Tempo der geistigen Entwicklung gekennzeichnet sind. Diese Auffassung ist insofern irreführend, als sie suggerieren könnte, man brauche sich pädagogisch unabhängig vom Lebensalter nur auf das Intelligenzalter einzustellen und könnte sogar, wenn man genügend lange wartet, ein Einholen des normalen Entwicklungsniveaus erhoffen. Davon kann in aller Regel nicht die Rede sein.

1.2 Interaktional-strukturale Erklärungsansätze

Mit einem deterministischen Defekt- oder Differenzansatz ist eine hinreichende Erklärung der Entwicklung des geistig behinderten Kindes nicht möglich. Die Festschreibung relativ unveränderlicher Retardierungsmerkmale verstellt den Blick für interaktionale (dynamische) Entwicklungsbedingungen, die auch die Gemeinsamkeiten mit üblichen Entwicklungsverläufen erkennen lassen könnten. Auf diese käme es aber unter einem pädagogisch-integrativen Aspekt besonders an. Dabei dürften manche Unterschiedlichkeiten zutage treten, wie sie sich auch als Entwicklungs- und Persönlichkeitsunterschiede bei Kindern beobachten lassen, die nicht geistig behindert sind.

Für einen solchen, auf den Gesamtkomplex menschlicher Entwicklung bezogenen Ansatz gibt die von J. Piaget konzipierte *strukturale Entwicklungstheorie* eine geeignete Bezugsbasis ab (Piaget 1975, Bd. 2). Sie ermöglicht eine Sichtweise von Entwicklung, die auf durchgängiger Interaktion (Wechselwirkung) zwischen Organismus und Umwelt beruht, die von biotisch funktionellen Gegebenheiten ausgeht, zugleich aber auf dem Wege über Handeln und Erfahrung permanent neue Strukturen der Wirklichkeit ausbildet, und bei der der Aufbau der Wirklichkeit, die „Elaboration der Außenwelt", Hand in Hand geht mit der Entfaltung der Subjektivität, des subjektiven Pols dieses Doppelprozesses (12).

Von dieser Sichtweise eines nicht aufspaltbaren Wechselwirkungsprozesses aus lässt sich ein organischer Defekt im neuralen System nicht mehr über isolierbare spezifische Auswirkungen für Entwicklung und Verhalten herausfiltern. Immer ist zugleich die Umwelt, also die Erfahrung beteiligt. Lernprozesse kommen in dem Maße in Gang, in dem der Organismus Gelegenheit erhält, aktiv zu werden, sich mit der Umwelt auseinander zu setzen. Das, was die Neurologie als Kompensationsfähigkeit des frühkindlichen Gehirns im Falle einer Hirnschädigung unter der Einwirkung von äußeren Lern- und Anregungsbedingungen beschreibt, belegt die Bedeutung dieses interaktionalen Prozesses. In ihn gehen auch die individuellen Erbfaktoren (persönliches Tempo, Temperament, Introversion/Extraversion) mit ein. Nur auf dem Wege über „operative Konstruktion" der Wirklichkeit (Handeln und Denken) setzen sich die von der Erbausstattung und vom Nervensystem angebotenen Möglichkeiten in geistige Strukturen um. Umgekehrt gesehen ist damit alles Verhalten auch physiologisch begründet.

Jantzen (1988) hat (im Anschluss an Wygotski, Luria und Leontjew) Entwicklung als integralen psycho-physischen Prozess der *Aneignung von Welt* beschrieben, der durch Tätigkeit zustande kommt und abläuft, wobei über die Funktion des Gehirns sich die inneren Prozesse nach dem Muster der äußeren Tätigkeit aufbauen (124) und auch die Prozesse des *Denkens als Tätigkeit* zu verstehen sind. Eine geistige Behinderung führt demnach unter isolierenden gesellschaftlichen Bedingungen zu einer Minderung der „Aneignung des sozialen Erbes", anders ausgedrückt: zu einer psycho-physischen Einschränkung der Entwicklungsmöglichkeiten, sowohl auf der biologischen als auch auf der psychologischen und der sozialen Ebene menschlicher Entwicklung.

Der unmittelbare neurobiologische Zusammenhang zwischen Ontogenese und Ko-Ontogenese, also von Hirnprozessen und Interaktion mit der Umwelt (sozialer Koppelung), wurde aus systemtheoretischer Sicht von Maturana und Varela (1987) herausgestellt. Individuelle Entwicklung (Ontogenese) wird durch *Interaktionen des autonomen Organismus mit seinem Milieu* bestimmt. Das Nervensystem bewirkt dabei eine ständige Erweiterung des möglichen Verhaltensrepertoirs in Anpassung an die Umwelt. Das kindliche Gehirn ist ein *plastisches System oder ein „soziales System"* (Spitzer 2002), das sich in ständiger Strukturveränderung befindet, gleichzeitig aber auch bestimmte Aktivitätsrelationen invariant hält. Von der Vielfältigkeit und der Verträglichkeit (Adäquatheit) dieser Interaktionen auf der Basis der gegebenen physischen Organisation (Schädigung) des Nervensystems hängt es ab, wieweit es zu einer Ausdifferenzierung in der Entwicklung kommt.

Entscheidend für die individuelle Strukturveränderung des Verhaltens aber ist eine Instanz, die Maturana und Varela den „Beobachter" nannten; man könnte auch von Selbstbewusstsein sprechen. Dieser „Beobachter", der aus der Befähigung des Menschen zur Sprache und damit zu sprachlichen Unterscheidungen in der Deutung seiner selbst und der erfahrenen Welt (Objekte) hervorgeht, ist es, durch den eine äußere Sicht dieser Interaktionen zustande kommt, die wir auch als *Verhalten* bezeichnen. Entwicklung ist also weder ein direktes Resultat bloßer (defekter) Hirnorganisation noch bloßer Umwelteinwirkung. Das autonome System wählt vielmehr selber aus, was in ihm zu Strukturveränderungen führt. Dabei ist es abhängig davon, wieweit es zu sozialer Koppelung kommt, d. h. z. B. im Falle einer geistigen Behinderung, welche kulturelle Welt durch Erziehung zugänglich gemacht werden kann.

Für das Kind mit einer geistigen Behinderung kann gefolgert werden, dass seine Entwicklung vor allem durch eine Behinderung der *Aktivität* beeinträchtigt wird. Sie kann aus physischen und sozialen Blockierungen hervorgehen. Es verbleibt deshalb offensichtlich länger im Zustand „chaotischer Undifferenziertheit" (Piaget). In dem Maße, in dem es in bloße und primitive Assimilation der Umwelt gegenüber gebannt bleibt, entwickelt es weniger Akkomodationstechniken zur Veränderung und Neuentdeckung seiner Umwelt, bleibt es an Neuem uninteressiert, differenziert es weniger neue Verhaltensschemata aus (Piaget 1975, Bd. 2, 340). Damit wird gleichzeitig das „Bekanntwerden mit sich selbst", die Abhebung des Subjekts von der Objektwelt behindert, zugleich aber auch das Ausdifferenzieren neuer Assimilationen. Das Kind wird in einen zirkulären Hemmungsprozess gebannt, durch den ihm Chancen seiner Entwicklung verloren gehen können.

Forschungsbefunde, wie sie u. a. Glenn und Cunningham (1984) referierten, legen es nahe, grundsätzlich davon auszugehen, dass das geistig behinderte Kind nicht passiv Stimulationen von außen her aufnimmt, sondern dass es seine Entwicklungsfortschritte durch *aktives Lernen* zustande bringt, bei dem es auf bestimmte, ihm entsprechende Anregungen antwortet. Für eine diesbezügliche Potenz geistig behinderter Kinder sprechen u. a. die immer wieder bestätigten Befunde bei Down-Kindern, die in der frühesten Entwicklung geringere oder z. T. keine Unterschiede im Vergleich zu nicht behinderten Kindern aufweisen (Schamberger 1978, Michaelis 1978).

Andererseits bestätigen Erfahrungen in der Frühförderung, wie wichtig es für die Entwicklung geistig behinderter Kinder ist, wenn sie frühzeitig hinreichend Gelegenheiten erhalten, sich mit ihrer Umgebung *aktiv* auseinander zu setzen (Glenn und Cunningham 1984), d. h. auch selber wirksame Reize auf die Umwelt auszuüben. Wenn ein geistig behindertes Kind dagegen in seiner frühesten Entwicklung diese Gelegenheiten nicht in ausreichendem Maße erhält, lässt seine Lernmotivation nach, sodass wiederum weniger Aktivität in ein exploratives Verhalten investiert wird und deshalb weniger Erfahrungen und Fortschritte zustandekommen.

Der dadurch *abgebremste Entwicklungsprozess* ist insbesondere an einer *Verzögerung* bestimmter Entwicklungsabläufe beobachtbar, aber auch an geringer differenzierten Verhaltensschemata, an einem einfacher strukturierten Bild von der Welt und von sich selbst. Begriffe wie geringer differenziert oder einfacher strukturiert bedeuten in diesem Zusammenhang nicht primär menschlich Qualitatives, sondern primär Quantitatives, was man sich etwa mit Verzweigtheit der funktionalen Systeme verdeutlichen könnte. Man könnte auch sagen: das menschlich (existenziell) Wesentliche wird internalisiert, soweit es sich in weniger komplizierten Strukturen erkennen und abbilden lässt. Die Vergleichbarkeit der Entwicklung ist vor allem darin gegeben, dass die Abfolge der einzelnen Entwicklungsschritte, wie sie Piaget beschrieben hat, im Wesentlichen die gleiche bei geistig behinderten und nicht behinderten Kindern ist. Unterschiedlichkeiten sind primär solche der individuellen Genese und Interaktion, nicht dagegen direkt fixierbare Auswirkungen spezifischer Defekte.

Was im Sinne Piagets bei einer geistigen Behinderung passiert, ist ein Hängenbleiben auf einer früheren Entwicklungsstufe. Geistige Behinderung ist demnach das Ergebnis eines, wie auch immer, bedingten Unvermögens des Kindes, über die unteren Stufen seiner psychischen Integration hinauszugelangen. Je schwerer der Grad der Retardation, desto niedriger liege das Niveau der kognitiven Organisation, an die das Individuum fixiert ist (Robinson, Robinson 1976, 255).

Von B. Inhelder, einer engen Mitarbeiterin von Piaget, liegt ein Zuordnungsschema von Entwicklungs- und Retardierungsstufen vor (1968), das sie aufgrund von Untersuchungen an geistig behinderten Erwachsenen entworfen hatte. Demnach können geistig schwer und schwerst behinderte (severely and profoundly mentally retarded) Personen als auf die *Stufe der sensomotorischen Intelligenz fixiert* gesehen werden, mäßig (moderately) geistig behinderte als unfähig, die präoperational intuitive Stufe zu übersteigen, während leicht (mildly) geistig behinderte Erwachsene die Stufe der konkreten Operationen nicht überschreiten können (b. Robinson, Robinson 1976, Inhelder 1978).

Im Zusammenhang mit der Verzögerung der Entwicklungsfortschritte nannte Inhelder als weitere Auffälligkeit die *Zähflüssigkeit* des Fortschreitens (viscosity). Sie verursache ein Verhaftetbleiben in alten Schemata, die eigentlich zugunsten neuer Koordinationen hätten abgelegt sein sollen. Sie zeigen sich z. B. in einem längeren Verharren im Zustand des Übergangs von einer Stufe zur nächsten (b. Robinson, Robinson 1976, 256).

Wenn von Verzögerung (delay) der Entwicklung im Falle einer geistigen Behinderung gesprochen wird, so ist dabei Folgendes zu beachten: Es handelt sich nicht um eine bloße Verlangsamung einer ansonsten vollständig ablaufenden Entwicklung. Das geistig behinderte Kind ist *kein Spätentwickler,* bei dem man nur länger zu warten braucht, bis sich alle Einzelfunktionen entwickeln. Vielmehr löst die mehr Zeit beanspruchende Funktionsreifung gewissermaßen eine Kettenreaktion aus, die im Endeffekt zu einer quantitativen und qualitativen Veränderung der Gesamtentwicklung führt. Hieran sind somatische und soziale Komponenten beteiligt. Sie bedingen einander in ständiger Wechselwirkung, sodass es schwierig ist, Ursache und Wirkung zu unterscheiden.

Offenbar aber ist die Abhängigkeit der Entwicklung von neuralen, also biotischen Prozessen umso größer, je *jünger* das Kind ist. Dadurch, dass die ersten Verhaltensschemata länger beibehalten werden, tritt eine relativ frühe Verfestigung und Kanalisierung des Verhaltens ein. Damit wird die weitere Differenzierung der Entwicklung behindert und eingeschränkt. Wenn ein geistig behinderter Säugling verspätet das Stehen und Gehen erlernt, also länger im bloßen Liegen oder Sitzen verharren muss, so gehen ihm bestimmte angelegte Reifungsmöglichkeiten dieser Phase verloren.

Der anthroposophische Heilpädagoge K. König (1959) hatte zur Veranschaulichung dieser verpassten Möglichkeiten einen Vergleich mit dem verspäteten Erreichen eines Bahnhofs gebraucht: Man habe zwar räumlich sein Ziel erreicht, aber der Zug sei eben abgefahren. Das will sagen, dass der geistig behinderte Säugling zwar zu einem neuen Entwicklungsziel gekommen ist, etwa zum Sitzen oder Gehen, jedoch die Ausschöpfung aller Entfaltungsmöglichkeiten dieses Lebensabschnittes versäumt hat. Die Verlangsamung der Entwicklung zieht also eine Begrenzung der Entwicklungsmöglichkeiten nach sich. „Da er zu spät gehen lernt, ist die Sprachentstehung so verzögert, daß die Zeit vom Ende des dritten Jahres bis zum Eintritt des ersten Gestaltwandels ungenützt verstreicht. In diesen drei Jahren lernen die anderen Kinder, die erworbene Denkfähigkeit zu praktizieren" (180). König bezeichnete deshalb die Entwicklung des „mongoloiden" Menschen als eine „Folge von versäumten Gelegenheiten" (180). Diese Beobachtungen können nicht in der Weise verallgemeinert werden, dass die Gesamtentwicklung in einen immer größeren, gar exponenziellen Abstand zu den Durchschnittsfähigkeiten nicht behinderter Personen geriete. Pueschel

(1987) konnte aufgrund seiner Erfahrungen mit Kindern mit einem Down-Syndrom vielmehr feststellen, dass diese insgesamt stetig Fortschritte machten, und wenn es zeitweilig zu einem Stillstand komme, so seien vielfach später doch wieder Fortschritte zu beobachten gewesen, die Fachleute vorher nicht für möglich gehalten hätten (48).

Die Auffassung von der Endgültigkeit nicht genutzter Entwicklungschancen musste inzwischen abgeschwächt werden. Es konnte nachgewiesen werden, dass geistig behinderte Menschen im ersten Erwachsenenalter besonders lernfähig sind und vieles nachholen können (Günzburg 1974).

Einige Vergleichsdaten können die wachsende Diskrepanz der Entwicklungsverläufe bereits in den ersten Lebensjahren verdeutlichen: So zeigten die von Carr (1975, 1978) an Down-Kindern in den ersten zwei Lebensjahren ermittelten Werte (Entwicklungs-Intelligenz-Quotienten DIQ) im Vergleich mit einer Kontrollgruppe nicht behinderter Kinder gleichen Alters ein frühes Absinken (Abb. 3 aus Carr 1978, 30).

Die Aufspaltung der Gruppe der Down-Kinder lässt überdies noch ein stärkeres Abfallen der Entwicklungskurve bei jenen Kindern erkennen, die nicht zu Hause, sondern auswärts (in Pflegefamilien oder Anstalten) aufwuchsen. Das Absinken der Intelligenzwerte mit zunehmendem Alter ist bereits in mehreren Untersuchungen bestätigt worden. Auch die Untersuchung von Schamberger (1978) an Down-Kindern im frühen Lebensalter ergab eine Vergrößerung des Entwicklungsrückstandes mit wachsendem Alter gegenüber der Norm (119). Eine weitere Eigentümlichkeit der Entwicklung geistig behinderter Kinder und Jugendlicher ist deren „*Unregelhaftigkeit*". Während die normale Entwicklung im Allgemeinen als ein natürlicherweise kontinuierlicher Prozess beschrieben wird (Oerter 1968), lassen sich im Falle einer geistigen Behinderung auffallende Abweichungen hier-

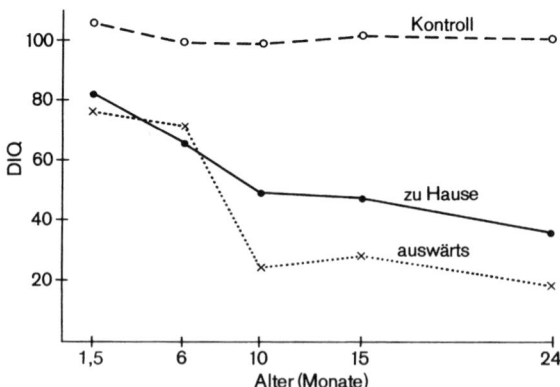

Abb. 3: DIQs der zu Hause und auswärts aufgewachsenen Kinder mit Down-Syndrom und der Kontrollkinder von 1,5 bis 24 Monaten (nach Carr 1978)

von beobachten, so etwa ein längeres Verharren auf einem bestimmten Entwicklungsstand, geradezu ein Stillstehen der Entwicklung, dann wiederum deutliche Entwicklungsschübe, wenn nicht sogar -sprünge. Carr (1978) beschrieb das Phänomen, dass Kinder mit dem Down-Syndrom sich länger auf einem bestimmten Leistungsplateau aufhalten, um dann plötzlich einen deutlichen Fortschritt zu machen. Eine Mutter drückte es so aus, dass man zunächst meint, das Kind werde eine bestimmte Sache nie schaffen. „Dann plötzlich tut er es, und zwar überraschend schnell" (32).

Eine weitere Unregelhaftigkeit kann darin gesehen werden, dass häufig nur partielle Stagnationen oder Fortschritte der Entwicklung registriert werden. Bestimmte Funktionen, wie z. B. das Sprechen oder die Körpermotorik, können sich besser ausprägen als andere. Bekannt ist u. a. die auffallend differenziert ausgebildete Gestik bei Kindern mit dem Down-Syndrom, deren Ausdruckssicherheit von der übrigen Motorik deutlich abweicht und eine Geschicklichkeitsspitze darstellt (Lutz, ibid., 203). Auch besondere Begabungen im Bereich von Rhythmik und Musikalität sind hier zu nennen (Gibson 1978, 194f, siehe auch Wendeler 1996).

Eine auffallende Variationsbreite der Entwicklungsdaten bei einzelnen Down-Kindern bis in den Normbereich zeigte sich u. a. bei der von Carr (1978) untersuchten Population. Gegenüber der Kontrollgruppe, deren Werte gleichmäßig um 100 Punkte lagen, wiesen im Alter von 1; 5 Monaten 68 % der Down-Kinder Werte von 80 und mehr Punkten auf; im Alter von 6 Monaten waren es noch 34 % und nach 10 Monaten nur mehr 4 % (30). Carr vermerkte, dass diese Kinder aufgrund dieser Testwerte allein wohl nie als geistig Behinderte eingeschätzt worden wären.

Ähnliche partielle Annäherungswerte an die Altersnorm erbrachte auch die Untersuchung von Schamberger (1978) an Down-Kindern im frühen Lebensalter. So waren nach der Messung durch die „Münchner Funktionelle Entwicklungsdiagnostik" 11 von 105 Down-Kindern im Krabbelalter altersentsprechend entwickelt, im Sitzalter waren es 10 von 105, im Laufalter 11 von 181, im Greifalter 12 von 182, im Sprechalter 21 von 184 Kindern (Wendeler 1996).

In der Entwicklung der Motorik zeigen sich bei Kindern mit einer geistigen Behinderung deutliche Unterschiede im Vergleich zu nicht behinderten Kindern (Steppacher 1987). Zugleich stellt die Motorik einen grundlegenden Funktionsbereich dar, nämlich für die Entwicklung der Intelligenz (Piaget).

Ihre Bedeutung für das Erlernen lebensbedeutsamer Fertigkeiten liegt auf der Hand, da gerade der geistig behinderte Mensch seine Erfahrungen durch tätigen Umgang mit den Dingen macht. Von seinen motorischen Fähigkeiten hängen u. a. die Besorgung der täglichen Bedürfnisse, die Fortbewegung, seine helfenden Tätigkeiten, sein darstellendes Tun, das Schreiben oder seine Sprechtüchtigkeit ab.

Art und Stärke der motorischen Störungen sind in hohem Maß abhängig von der Art und dem Grad der Schädigung des Zentralnervensystems (Geisler, Förster 1960). Immer aber handelt es sich um eine Störung der Gesamtmotorik, der es an der altersgemäßen Koordination und Integration fehlt (Göllnitz 1957). So fallen z. B. im Gesamtbild der Down-Kinder tolpatschige Bewegungen, der unsichere, breitbeinige Gang, aber auch die schon zitierte grazile Gestik auf. Das motorische Bild des hirngeschädigten, speziell des postencephalitischen Kindes ist dagegen oft durch eine übermäßige dranghafte Unruhe gekennzeichnet. Seebandt (1964, 56) sprach von einer „unrationalen, planlosen Überschußmotorik", bei der sich mit einer dranghaften, zappeligen, eigenrhythmischen Iterationsmotorik auch Perseverationen und Handlungsiterationen verbinden. Auf Schrift- und Zeichenstörungen bei motorischem Rückstand hatten Göllnitz u. a. (1957) hingewiesen. Die Andersartigkeit der Motorik wird vielfach in Erregungs- und Belastungssituationen besonders deutlich.

> Aus eigener Erfahrung kann von einem neunjährigen hirngeschädigten Jungen berichtet werden, der jedes Mal, wenn er eine Tätigkeit ausführen sollte, bei der er sich unsicher fühlte, die körperliche Bewegungskoordination völlig verlor: Sollte er einen bestimmten Gegenstand in die Hand nehmen, so setzte er dazu nur an, um schon im nächsten Augenblick nach einem anderen und weiteren ziellos zu greifen. Sollte er an die Tafel heraus, so konnte er nicht gehen, sondern stürzte und polterte durchs Zimmer und fiel zu Boden.
>
> Bei einem achtjährigen, ebenfalls hirngeschädigten Jungen steigerte sich die körperliche Unruhe jedesmal ganz auffällig, wenn sich Furcht vor Versagen und Tadel durch die Mutter einstellten, die zusammen mit den anderen Müttern einmal in der Woche am Unterricht teilnahmen. Ähnlich reagierte er, wenn sein Bewegungsüberschuss eingedämmt werden musste: Den Körper überfiel ein Zucken; Arme, Hände und Beine verkrampften sich, er stellte sich auf die Zehenspitzen und konnte keinen Gegenstand festhalten; einen Bleistift z. B. nahm er in die Hand, um ihn gleich wieder wegzulegen. Freudige Erregung verwehrte ihm beim rhythmischen Klatschen das Mitmachen. Zorn ließ ihn wild mit den Füßen stampfen, mit den Händen auf die Bank oder an die Wand trommeln und andere grundlos und wahllos schlagen.
>
> Ein dreizehnjähriger Junge (Down-Syndrom) fiel beim Ostereier-Suchen im Zimmer durch eine einmalige Reaktion auf: Die übrigen Schüler hatten bereits etwas gefunden und gaben ihrer Freude laut Ausdruck. Dies steigerte seine Unruhe derart, dass er höchst erregt durchs Zimmer stürzte und plötzlich wild mit den Beinen springend und stampfend und mit den Händen auf einen Tisch geradezu rhythmisch schlagend laute Schreie ausstieß.

Das motorische Erscheinungsbild bei geistiger Behinderung kann entweder von *Hypomotorik* mit der Tendenz zur Bewegungsstarrheit oder von *Hypermotorik* mit der Tendenz zum Bewegungschaos gekennzeichnet sein.
   Die motorischen Störungen können einen solchen Schweregrad aufweisen, dass man von einer Körperbehinderung im behindertenpädagogischen

Sinn und damit von einer Mehrfachbehinderung sprechen kann. Die vorliegende Hirnschädigung bedingt vielfach auch Lähmungen. Nach einer Untersuchung von *Sondersorge* (1967) waren 50 % der erfassten Kinder mit geistiger Behinderung als bewegungsgestört und von diesen etwa die Hälfte als körperbehindert anzusehen und zwar aufgrund irreparabler Lähmungen, Verkümmerungen und Missbildungen.

Auf eine weitere Diskontinuität ist bereits hingewiesen worden, nämlich auf die zunehmende Diskrepanz zwischen körperlicher und seelischer Entwicklung, die wohl in besonderer Weise in der Pubertät zum Ausdruck kommt: Der geschlechtlichen Reifung seines Körpers steht der Heranwachsende mit einer geistigen Behinderung mental hilflos gegenüber.

Überblickt man die Besonderheiten der Entwicklung, die hier nur angedeutet werden sollten, und stellt man sich die Frage nach der menschlichen Eigentümlichkeit dieser Entwicklung, so lässt sich Folgendes feststellen:

Die Entwicklung des Menschen mit einer geistigen Behinderung verläuft zwar im Vergleich mit der Entwicklung der überwiegenden Mehrzahl der Menschen langsamer und unregelhaft und weist eingeschränktere Möglichkeiten auf; sie ist aber weithin von zentralen Gemeinsamkeiten bestimmt: Zu nennen wären die anthropologisch konstitutive Armut an Instinkten im Vergleich zum Tier, die offene Verhaltensstruktur, d. h. die geringere Abhängigkeit von genisch vorgeformten Verhaltensmustern anstelle einer größeren Beeinflussbarkeit durch die Umwelt. Für das behinderte wie für das nicht behinderte Kind gilt, dass die meisten entwicklungspsychologischen Veränderungen auf *Lernvorgängen* beruhen (Irblich, Stahl 2003). Hierin liegt die *Chance der Erziehung.* Diese ist auch dann gegeben, wenn infolge der geringeren spontanen Lernaktivität die Abhängigkeit von äußeren Lernanreizen eine größere ist.

2 Relationen zur Entwicklung des nichtbehinderten Kleinkindes

Um Kinder und Jugendliche mit einer geistigen Behinderung besser verstehen zu können, ist gelegentlich vorgeschlagen worden, Ähnlichkeiten mit nicht behinderten Kleinkindern zu sehen, also von einer *Kleinkindhaftigkeit* zu sprechen. Bach (1984) hatte es für sinnvoll gehalten, geistig behinderten Kindern und Jugendlichen eine Anderthalb-, Zwei- oder Dreijährigkeit zuzuschreiben. Der pädagogische Wert einer solchen Analogiebildung läge darin, insbesondere Eltern und noch nicht genügend erfahrenen Erziehern durch die Erinnerung und die Kenntnis frühkindlicher Erlebnisweisen einen besseren Zugang zum behinderten Kinde zu ermöglichen, und damit auch positive Möglichkeiten der Förderung zu erschließen. Für Pädagogen ermögliche der Vergleich einen Rückgriff auf einen wohlausgebauten pädagogischen Bereich, der erzieherisch nutzbar gemacht werden könne, nämlich auf die Kleinkinder- und Kindergartenpädagogik.

Tab. 5

Das		wird erreicht bei		
		nichtbeh. Kindern	Down-Syndrom-Kindern	
Lächeln	durchschnittl.			
	bis zum	1.	2.	Lebens-
	Variationsbreite	½-3.	1¼-4.	Monat
Umdrehen		5.	8.	
		2.-10.	4.-22.	
Sitzen		7.	10.	
		5.-9.	6.-28	
Krabbeln		10.	15.	
		7.-13.	9.-27	
Stehen		11.	20.	
		8.-16.	11.-42	
Laufen		13.	24.	
		8.-18.	12.-65.	
Sprechen (Wörter)		10.	16.	
		6.-14.	9.-31.	
Sprechen (Sätze)		21.	28.	
		14.-32.	18.-96.	

Unter empirischem Aspekt ist darauf hinzuweisen, dass Intelligenz- und Entwicklungstests, insbesondere für das Kleinkindalter, generell auch für Kinder mit einer geistigen Behinderung anwendbar sind. Die erreichten Teilleistungen liegen mehr oder weniger deutlich unter den Normwerten, aber es sind in sich gleichartige Kompetenzen (Tab. 5): Das errechnete Intelligenz- und Entwicklungsalter liegt im Allgemeinen innerhalb der ersten sechs Lebensjahre. In welchem Maße sich die Durchschnittswerte für das Erreichen bestimmter Entwicklungsstufen (Fähigkeiten) zwischen Kindern mit einem Down-Syndrom und nicht behinderten Kindern in der frühen Entwicklung unterscheiden, zeigt Tabelle 5 (Pueschel 1987, 45).

Was aber bedeuten solche statistischen Vergleichsdaten zur Entwicklung geistig behinderter und nicht behinderter Kinder unter pädagogischem Aspekt? Es gibt offensichtlich Unterschiede und Ähnlichkeiten mit jeweils verschiedenen Bedeutsamkeiten. Wenn z. B. die Körpergröße im Allgemeinen altersgemäß entwickelt ist, so folgert daraus nicht, dass von einem solchen Kind ein Anpassungsverhalten zu erwarten ist, das seinem Lebensalter, d. h. dem Normalverhalten Gleichaltriger (ohne geistige Behinderung) entspricht. Umgekehrt gibt es bedeutsame Unterschiedlichkeiten. Sie beziehen sich u. a. auf den Differenzierungsgrad bei der Bewältigung von Entwicklungsaufgaben.

Das pauschale Gleichsetzen von geistiger Behinderung mit Kleinkind-haftigkeit könnte dazu führen, unabhängig vom Alter von „Kindgebliebe-nen", von den „auf dem Wege Stehengebliebenen" zu sprechen. Eine diffe-renzierte Erfahrung lehrt freilich, dass damit nicht das Wesentliche, das menschlich und damit pädagogisch Bedeutsame der Entwicklungs- und Le-bensmöglichkeiten getroffen und ausgesagt wird. Es wäre schlechthin irre-führend, einen 20-Jährigen mit einer geistigen Behinderung einem 3-jähri-gen Normalkind gleichzusetzen.

Die Unterschiedlichkeiten sind evident, allein schon im körperlichen Er-scheinungsbild. *Erwachsene* mit einer geistigen Behinderung sind eindeutig *Erwachsene*. Sie durchleben eine Pubertät, wenn auch deren seelische Prob-lematik vermutlich nicht bewusst verarbeitet werden kann. Sie verändert den Jugendlichen so sehr, dass man nicht mehr von Kindern sprechen kann, auch wenn er ansonsten viele Verhaltensweisen zeigt, die an Kinder erinnern.

Unterschiedlichkeiten des Verhaltens und Erlebens zeigen sich auch bei Kindern mit angenähertem Entwicklungsalter. Bach (1984) wies selbst auf die *große Streubreite* bei geistig behinderten Menschen hin, die *von einer so genannten Anderthalbjährigkeit* bis zu einer *Achtjährigkeit* reichen könne. Man kann also nicht einfach von der „Kleinkindhaftigkeit" geistig behin-derter Kinder reden.

Unterschiedlichkeiten sind bei ihnen in aller Regel auch individuell ge-geben. So kann dasselbe Kind teils frühkindliche und teils großkindliche Funktionsfertigkeiten aufweisen. Besonders bei Hirnschädigungen kann man derartige auffallende Kombinationen von partiellen Rückständen und partiellen Begabungsspitzen antreffen.

So konnten zum Beispiel bei einem 12-jährigen Kind, das eine Meningi-tis überstanden hatte, eine schwere Schädigung des Leistungsverhaltens, so der Auffassungs- und Merkfähigkeit, des Sprechens und der Sprache, da-gegen eine altersgemäße Ausprägung der affektiven Haltungskomponenten beobachtet werden: ein zurückhaltend heiterer, freundlicher, im Sozialver-halten aufmerksamer, gut angepasster Schüler, der durchaus nicht klein-kindhaft wirkte.

Weiterhin wäre die *temporäre* Verschiedenheit des Verhaltens zu nennen, die durch organische Funktionsunregelmäßigkeiten bedingt ist. Ein Kind, das sich in der einen Stunde oder an einem Tag lebendig, konzentriert und angepasst verhält, kann in der darauf folgenden Stunde, am folgenden Tag so apathisch oder so unruhig und unkonzentriert sein, dass man den Ein-druck eines wesentlich jüngeren Kindes haben könnte. Insgesamt gesehen sind die Unterschiedlichkeiten so groß, dass ein Vergleich mit frühkindli-chen Verhaltensformen nur partielle oder temporäre Übereinstimmungen und Verstehenshilfen ergibt.

Auf die generelle Verschiedenheit der *Dynamik und Struktur* geistig be-hinderter Menschen und nicht behinderter Kleinkinder hatte K. Lewin (1967*) hingewiesen. In seiner „dynamischen Theorie des Schwachsinnigen" hatte er aufgezeigt, dass dieser zwar seinem Differenzierungsgrade nach einem jüngeren normalen Kinde entsprechen kann, dass aber ein dynamischer Unterschied zwischen beiden zu beachten sei. Er sah diesen in der „geringen dynamischen Verschiebbarkeit der seelischen Systeme" (391). Von dieser Grundannahme aus leitete Lewin dann „die wesentlichsten Charakteristika" geistig behinderter Menschen ab: So zeige sich bei ihnen eine größere Sprödigkeit, Starrheit und Schwerbeweglichkeit und eine „Pedanterie und Fixiertheit" der Zielsetzungen des Verhaltens. Geistig behinderte Menschen pflegten an bestimmten Gewohnheiten mit besonderer „Ausdauer" festzuhalten. Sie seien nicht in der Lage, die Gesamtheit der gegebenen Situation zu überblicken und zu durchschauen. „Die allgemeine Sprödigkeit des seelischen Materials" (Lewin) führe in komplexen dynamischen Situationen dazu, dass eine „Entweder-oder-Struktur" entsteht. Das bedeute, dass der geistig behinderte Mensch Teil-Systeme einer dynamisch zusammenhängenden Einheit nicht in Zusammenhang bringen könne, dass er entweder in der einen oder der anderen Situation verharre und in der Regel unfähig sei, eine Situation, die für ihn etwa bedrohlich sein kann, umzustrukturieren. Er sei an die jeweilige Situation ausgeliefert, was u. a. seine leichte Verführbarkeit, aber auch seine hohe Empfindlichkeit gegenüber Störungen, d. h. Veränderungen seiner gewohnten Situation, erklärt.

Als weitere Eigentümlichkeit in der Aufbaustruktur des „Schwachsinnigen" hatte Lewin die „Konkretheit" des Denkens und damit zusammenhängend die „Phantasielosigkeit" im Gesamtverhalten beobachtet. Sie komme dadurch zum Ausdruck, dass „jedes Ding und Ereignis seine Bedeutung in besonders hohem Grade aus der jeweiligen Situation heraus empfängt, daß es nicht herauslösbarer Bestandteil dieser Situation" sei (399). Damit werde ein Abstrahieren von der jeweiligen Einzelsituation erschwert.

Die hier kurz dargestellte *Rigiditätstheorie* Lewins, von ihm 1935 entwickelt und von seinem Mitarbeiter Kounin 1941 weitergeführt, hat sich als empirisch nicht genügend haltbar erwiesen. Untersuchungen von E. Zigler (1961) und Mitarbeitern hatten ergeben, dass die von Lewin angenommene geringere Differenziertheit des psychischen Systems bei Personen mit einer geistigen Behinderung nicht nachweisbar ist, und dass die von Lewin und Kounin beobachteten Phänomene der relativen Starrheit (Rigidität) nicht schlechthin auf die geistige Behinderung zurückgeführt werden könnten, sondern auch auf die Lebensumstände, unter denen die damals untersuchten Personen in Anstalten lebten. Das als starr bezeichnete längere Verweilen bei einer Aufgabe konnte mit der speziellen Motivationslage der Anstaltsprobanden erklärt werden (Wendeler 1976, Meyer 1977).

Bei dieser Kritik am Lewin-Kounin-Modell braucht man aber doch das Konstrukt der verringerten psychischen Differenziertheit und seiner Flexibilität in Anpassung an den Wechsel der Situation nicht gänzlich zu verwerfen. Beobachtungen können seinen sicherlich eingeschränkten heuristischen Erklärungswert bestätigen. Dafür ein Beispiel aus eigener Erfahrung:

Die gewohnte Ganzheit „Lehrer" ging plötzlich verloren und zerfiel in Teilsysteme, als ich mein Aussehen durch eine Augenklappe verändert hatte. Mehrere Kinder reagierten mit gesteigerter Unruhe und auffallender Distanzierung. Sie waren offensichtlich nicht in der Lage, beides dynamisch in Einklang zu bringen.

Ein anderes Beispiel: Ein neunjähriges Mädchen mit dem Down-Syndrom erlebt den Abschied von einer vertrauten Person, einer langjährigen Hausgehilfin, die nun heiratet und Bäuerin wird. Das Mädchen sieht die geliebte „Leni" im Hochzeitsschmuck und hat deren Bauernhof in Augenschein genommen. Am nächsten Tag konstatiert sie: „Die andere Leni hat eine Haube aufgesetzt und hat einen Stadel, und meine Leni kommt morgen."

Auch Schwierigkeiten beim *Rollenspiel* können Ausdruck der „Entweder-oder-Struktur" sein. Dem Kind mit einer geistigen Behinderung fällt es schwer oder ist es unmöglich, sich zugleich eine andere Rolle zuzulegen. Es spielt eigentlich immer nur seine gewohnte Rolle und benutzt die eingeübten Verhaltensmuster. Es kann sich i. A. nicht verstellen, was dem normalen Kleinkind durchaus möglich ist.

M. Egg (1966) berichtete von einer jungen geistig behinderten Erwachsenen, einer Bauerstochter, der ein Knecht mit sexuellen Absichten nachstellte. Zunächst fühlte sie sich geschmeichelt und ließ sich die anfänglichen Zärtlichkeiten gefallen. Als er jedoch handgreiflich wurde, reagierte sie abwehrend und energisch, wobei sie die lapidaren Anweisungen der Mutter zitierte: „Nein, das macht man nicht. Das Röcklein hebt man nicht auf, nur auf der Toilette!" (29). Die Frau hätte eine feste Gewohnheit durchbrechen müssen, was ihr nicht möglich war. Man könnte auch von einer „imponierenden moralischen Gradlinigkeit" reden.

Ein Beispiel aus dem Unterricht, das zeigt, wie schwer es fällt, aus einer komplexen Situation einen flexiblen Ausweg zu finden. Thema: Wir kochen ein Ei. Der elektrische Kocher steht in der Mitte des Schulzimmers, das Kabel erweist sich als zu kurz. Auf die Frage der Lehrerin „Was machen wir nun?" kommt zunächst lange Zeit keine Antwort. Dann meint ein achtjähriges Mädchen: „Singen wir halt!" Nur mit Mühe können die Kinder dazu gebracht werden, sich an einer Lösung des differenzierten technischen Kleinproblems zu beteiligen.

Auf die Unterschiedlichkeit im *Spielverhalten* zwischen geistig behinderten und normalen Kleinkindern hatte auch Hildegard Hetzer hingewiesen (1967). Der Mangel an gestaltenden Kräften, an Spontaneität im Spiel zeige sich bei Kindern mit einer geistigen Behinderung in der „Einförmigkeit ihrer einfallsarmen Spiele". Sie könnten einfache Spielabläufe lange Zeit unverändert wiederholen, z. B. „wochen- und monatelang jeden Tag einige Stunden mit der Puppenwiege" spielen, wobei nichts anderes geschieht, als dass die Puppe aus der Wiege herausgenommen und wieder in sie hineingelegt wird (4).

Als weitere Unterschiedlichkeiten im Spiel nannte Hetzer das allgemein geringere Bedürfnis des geistig behinderten Kindes, überhaupt zu spielen, sein passives Spielverhalten oder die völlige Uninteressiertheit an einem Spiel, das sich etwa in unmittelbarer Nähe vollzieht, sein dranghaftes Abreagieren innerer Spannungen. In diesem Zusammenhang berichtet Hetzer von einem erethischen „Schwachsinnigen", der fünf Stunden in dranghafter Unruhe zubrachte, aber nur zwölf Minuten, „in denen man vielleicht von Spiel reden konnte" (2). Es fehle dem geistig behinderten Kind an steuernder Aktivität.

Solche Feststellungen muss man sicherlich relativieren; denn sie stammen noch aus einer Zeit, als das System der pädagogischen Förderung dieser Kinder noch nicht ausgebaut war.

Sie bevorzugen auch andere Spiele als nicht behinderte Kinder. Da die Form der Spiele jeweils vom Entwicklungsstand des Kindes abhängt, und da die Komplexität der Spiele mit dem Intelligenzniveau nach Hetzer eindeutig korrelieren, wählen geistig behinderte Kinder einfachere Spiele als nicht behinderte Kinder mit gleichem Entwicklungsniveau. „Die Phantasie reicht oft nicht aus, um Dinge dem Spielinhalt entsprechend umzuschaffen oder sich selbst der geforderten Rolle gemäß zu benehmen" (3).

Wir können zusammenfassend den Vergleich des Verhaltens geistig behinderter Kinder mit normalen Kleinkindern mit einer Feststellung Hetzers abschließen: „Es ist daher nicht zulässig, wenn ein geistig behindertes Kind so behandelt wird wie ein bedeutend jüngeres Kind mit annähernd gleichem intellektuellem Niveau. Es handelt sich um zwei Persönlichkeiten, die sehr verschieden strukturiert sind" (1).

Diese Verschiedenheit ist nicht so zu verstehen, als weise das Verhalten bei geistiger Behinderung nicht auch viele Ähnlichkeiten mit der Kleinkindhaftigkeit auf. Diese lebenslange „Kindlichkeit" aber ist eine anders strukturierte. Sie erscheint einerseits weniger differenziert als die des normalen Kleinkindes, andererseits weist sie qualitative Eigenheiten auf, die über die Entwicklungsstufe des Kindseins hinausreichen, die den geistig behinderten Menschen nicht als einen bloßen Steckengebliebenen, Unfertigen kennzeichnen, sondern als einen, der seine Lebensaufgaben als Erwachsener erfüllen kann.

3 Soziales In-Beziehung-Treten

Erziehung beginnt mit dem Ansprechen, mit der mitmenschlichen Zuwendung und Antwort. Sie weckt und erschließt in einem immer differenzierter werdenden Wechselspiel Motivation, Aktivität und Kommunikation des Kindes und bringt es damit auf den Weg zu seiner *Selbstverwirklichung in sozialer Integration*. Wie das soziale In-Beziehung-Treten des geistig behinderten Menschen zu verstehen ist, soll mit Hilfe grundlegender sozial-

psychologischer Einsichten zu klären versucht werden. Dabei sollen insbesondere die beiden Phänomene der zwischenmenschlichen Interaktion und
der Kommunikation untersucht werden.

3.1 Soziale Interaktion

Mitmenschliches Leben ist immer auch Zusammenleben mit anderen. Die
leibliche Geburt entlässt den menschlichen Säugling in seiner Hilflosigkeit
in den „Mutterschoß der Sozietät" (Portmann), sein Leben beginnt mit der
völligen Angewiesenheit auf seine Mitmenschen. Die Art und Dauer ihrer
Hilfe passt sich der jeweiligen Art und Dauer der Hilfebedürftigkeit an. Zu
den Menschen, die einer besonderen und langen, ja lebenslangen sozialen
Eingliederungshilfe bedürfen, gehört der geistig behinderte.
    Die Erforschung der sozialen Entwicklung und des sozialen Verhaltens
einschließlich spezifischer Probleme geistig behinderter Menschen steht noch
am Anfang. Die bisher vorliegenden sozialpsychologischen Forschungsergebnisse beziehen sich insbesondere auf mehr makrosoziale Phänomene,
wie etwa Einstellungen in der Gesellschaft (v. Bracken 1976, Gastager 1973,
v. Ferber 1972, Thomas 1980, Cloerkes 1985) und soziale Organisationen
(Institutionalisierung), wie z.B. Unterschiede zwischen Kindern, die in
Heimen und in der Familie aufwachsen (Spreen 1978, 108ff, Kugel, Wolfensberger 1974, Carr 1974). Von unmittelbar pädagogischem Interesse
wären Forschungsarbeiten über den Verlauf und die Bedingungen interpersonaler (Zweier-)Beziehungen und mikrosozialer Gruppenprozesse
(Holtz 1994).
    Eine psychoanalytische Studie über die Beziehungen der Mutter zum geis-
tig zurückgebliebenen Kind liegt von Mannoni (1972) vor. Als sehr auf-
schlussreiche Pionierarbeit gilt der frühe Versuch von Skeels und Dye
(1939), als geistig retardiert diagnostizierte Kleinkinder einer Anstalt in die
persönliche Obhut und Pflege mütterlicher (ebenfalls retardierter, im Heim
wohnender) Personen gegeben zu haben, was einen wesentlichen Anstieg
der Testwerte der intellektuellen Leistungsfähigkeit gegenüber einer Kontrollgruppe zur Folge hatte. Noch überzeugender fiel die Nachuntersuchung
von Skodak (1967) aus: Es wurde ermittelt, dass von den 13 Kindern der
Experimentalgruppe 11 die High-School absolviert hatten, während die
Überlebenden der Kontrollgruppe nach wie vor retardiert in Anstalten lebten und z.T. verstorben waren.
    Wenn es sich auch bei diesen Kindern offensichtlich nicht um neuro-
physiologisch geschädigte Kinder im Sinne einer irreversiblen Behinderung
gehandelt haben mag, so zeigt sie doch die elementare Bedeutung früher interpersonaler Beziehungen für die Entwicklung der Lernmotivation auf. Gra-
vierende negative Belege für gegenteilige Entwicklungen liegen aus dem Bereich der Deprivationsforschung vor (Spitz 1957, Bowlby 1975, Rutter
1978), für die der Begriff „Hospitalismus" lange Zeit bestimmend war.

R. Spitz sprach von „Gefühlsmangelkrankheit", die einst für die hohe Sterblichkeit in den Säuglingsheimen maßgebend war. Pechstein (1974) konnte nachweisen, dass die „zentralnervöse Entwicklung" von Kindern, die vom 1. Lebensjahr an in Heimen der Massenpflege aufwachsen, Schaden nimmt, dass also soziale Bedingungen zu erkennbaren physischen (neuralen) Beeinträchtigungen führen können.

Die *Qualität* der interpersonalen Bezüge ist offensichtlich von einer grundlegenden Bedeutung für die Entwicklung von Kindern, die eine geistige Behinderung aufweisen. Pädagogisch-therapeutisch gesehen muss das Schwergewicht der Überlegungen und Forschungen im Bereich der sozialen Interaktionen liegen, zumal im neurophysiologischen Bereich in der Regel irreparable Schädigungen vorliegen. Soziale Probleme des geistig behinderten Menschen sind Entwicklungsprobleme unter dem Aspekt des „sozialen Lernens" (Oerter 1968). Sie können letztlich auf einen Verlust von Interaktion und Kommunikation und damit auf soziale Isolierung hinauslaufen.

Diese Gefahr wurde lange Zeit durch die irrige, aus einer sich betont distanzierenden Gesellschaft stammende Auffassung verstärkt, der „Schwachsinnige" sei im Wesentlichen „pflegebedürftig". Aus dieser verhängnisvollen historischen Belastung heraus ist am Postulat festzuhalten, dass kein Mensch nur pflegebedürftig sein kann. Jeder schaut erkannt oder nicht „heimlich und scheu nach einem Ja des Seindürfens aus, das ihm nur von menschlicher Person zu menschlicher Person werden kann" (Buber 1951, 44). Nach wie vor stehen Menschen mit geistiger Behinderung in Gefahr, sozial an den Rand gedrängt zu werden oder am Rande stehen zu bleiben. Das für den einzelnen Menschen mit einer geistigen Behinderung schwerer wiegende Problem ist sicherlich nicht seine neural-physische Schädigung, sondern seine sozial-psychische Befindlichkeit und Situation.

Die erste und elementare interaktionale Erfahrung macht das Kind mit Mutter und Vater als den primären Bezugspersonen. Deren Zuwendung und Agieren ist in geradezu dramatischer Weise von den *Gefühlen* und *Einstellungen* bestimmt, die durch die Entdeckung der geistigen Behinderung hervorgerufen werden (Tizard, Grad 1962, Vliegenthart, v. d. Dunk 1968, Ross 1967, Clemens 1979, Carr 1978, Schuchardt 1985). Der beginnende soziale Wechselwirkungsprozess wird durch den Schock, den die Eltern erleben, zunächst schwer belastet: In emotionaler Hinsicht wird die spontane affektive Zuwendung blockiert oder erschwert und damit Kommunikation verdünnt, bezieht sich doch die frühe Kommunikation im Wesentlichen auf Gefühltes und Erlebtes. Eine weitere (zirkuläre) kommunikative Hemmung tritt dadurch ein, dass das Kind nicht in der erwarteten Lebendigkeit reagiert, mit der die Mutter normalerweise in ihrer Zuwendung verstärkt wird. Umgekehrt kann sich durch eine verdünnte Zuwendung für das Kind keine hinreichende Motivation zum Kommunizieren ausbilden. Das Erlernen der Sprache wird fundamental behindert (Michaelis 1978, 348).

Das Ausbleiben der erwarteten kindlichen Aktivierung, das Zurückbleiben der Entwicklung und die vermeintliche totale Schwäche des Kindes können dazu führen, dass es übermäßig umsorgt und damit in seinem Selbstständigwerden behindert wird. Es erhält dadurch weniger Gelegenheiten, in seiner Umwelt aktivierende Erfahrungen zu sammeln, mit ihr in Interaktion zu treten.

In jedem Falle wäre das geistig behinderte Kind auf mindestens das gleiche Maß an sozial-warmer Zuwendung und Lernanregung angewiesen wie das nicht behinderte Kind, um seine behinderten kommunikativen Fähigkeiten ausbilden zu können.

Das wichtigste Feld sozialer Interaktion ist für das geistig behinderte Kind zunächst die „Face-to-face-Gruppe", die Kleingruppe im Sinne einer Primärgruppe. Im sozialen System der Familie erfährt es die Grundmuster sozialen Verhaltens, wird es vertraut mit emotionalen Beziehungen, mit Abhängigkeiten und Möglichkeiten eigenen Agierens, findet es Identifikationsmuster, lernt es Normen, Werte und Regeln in permanenter Unmittelbarkeit.

Von wesentlicher sozialer Bedeutung ist über die eigene Familiengruppe hinaus das Einbezogensein in eine Gruppe mit Altersgenossen: Kleinst-Spielgruppe, Kindergartengruppe, Schulklasse. Dabei handelt es sich nicht nur um die Erweiterung seines sozialen Aktionsradius' und seines Orientierungsfeldes, sondern auch um die Möglichkeit, sich im Umgang mit anderen und deren Reaktion selbst zu erfahren und damit das eigene Selbst zu profilieren. Als akzeptiertem Mitglied einer Gruppe wird es ihm eher möglich, sein Selbstwertgefühl zu stabilisieren, nach außen hin aktiv zu werden und sich mehr zuzutrauen. Gerade das geistig behinderte Kind in der Gefährdung seines Angenommenseins braucht die Sicherheit einer Bezugsgruppe, in der seine sozialen Bedürfnisse nicht täglich auf Unverständnis und Ablehnung stoßen, sondern erwidert werden. Die spezifischen individuellen Erschwerungen der kommunikativen Verständigung machen soziale und erzieherische Hilfen notwendig.

Das Bedürfnis nach sozialer Teilhabe reicht mit fortschreitendem Alter vielfach über die täglich vertraute Gruppe hinaus in die verschiedensten Sozialbereiche hinein, die ihm im Schutze vertrauter Institutionen und Gewohnheiten zugänglich werden. Dazu können der öffentliche Spielplatz, das Restaurant oder der Urlaubsort ebenso gehören wie die sonntägliche Kirchengemeinde. Derartige Erweiterungen der sozialen Integration sind im Wesentlichen von der sozialen Toleranz und Eingliederungsbereitschaft der anderen abhängig (Speck 1977 b), aber auch von einer bereits in der Frühphase der Entwicklung beginnenden Förderung der Selbstständigkeit und des Sozialverhaltens.

Das zwischenmenschlich agierende Verhalten des Kindes mit einer geistigen Behinderung ist biogen und soziogen geprägt. In der Praxis werden im Allgemeinen die sozietären Bedingtheiten und Möglichkeiten unterschätzt. Man hält ein kommunikationsarm anmutendes Kind allzu leicht „von Natur aus", d. h. irreversibel, beeinträchtigt.

Je nach der Individualgenese fallen im aktiv-reaktiven Verhalten mehr oder weniger große Unterschiede auf. Es gibt geistig behinderte Kinder mit einem unermüdlichen und wahllosen Gesellungsdrang und solche, die in die Isoliertheit des Für-sich-Seins versunken scheinen. Entsprechend mannigfaltig sind die Gesellungsformen. Aus dem anfänglichen Nebeneinander etwa in einer Schulklasse vermag ein Miteinander zu werden, unter Umständen auch ansatzweise ein Füreinander, aber auch ein Gegeneinander. Durch vermehrtes Zusammensein und Miteinandertun lässt sich das Zueinander, das gegenseitige Sich-Mögen, steigern, was für die Erziehung von großer Bedeutung ist.

Das Erlernen sozialer Fertigkeiten hängt zu einem erheblichen Teil von der Umwelt, speziell von der Erziehung ab. Schwierigkeiten im sozialen Umgang sind demnach nicht einfach unabänderliche Resultanten der organisch fixierten intellektuellen Schädigung. Erzieherische Hilflosigkeit der Eltern, unangemessene Erziehung in den ersten Lebensjahren und weitestgehende Isolierung des Kindes tragen stärker zur sozialen Unbeholfenheit bei als gemeinhin angenommen. Eine annähernde Abklärung im Einzelfall, wieweit Veränderbarkeit und wieweit Irreversiblität vorliegen, gestattet nur ein längerer systematischer Erziehungsversuch in der Gruppe.

Die Unterschiedlichkeit in der Beherrschung sozialer Kompetenzen kann von völliger Hilflosigkeit und Unselbstständigkeit bis zur weitest gehenden Unabhängigkeit und Umgangsgeschicklichkeit, von Beziehungslosigkeit bis zu ausgesprochener Kontaktfreudigkeit, von Widerspenstigkeit und Aggressivität bis zur sozialen Beliebtheit und Vertrauenswürdigkeit (Holtz 1987, Burkart, Krech 1985) reichen.

Die eigenen Beobachtungen als Lehrer einer Knaben- und einer Mädchen-Schulanfängergruppe im Alter von 7 bis 13 Jahren ließ folgende Eigentümlichkeiten der Soziabilität erkennen:

– *Aus dem anfänglichen Nebeneinander entwickeln sich in der Regel Zweier-Kontakte.*
– *Geknüpfte Kontakte werden relativ leicht und konfliktlos wieder gelöst. Dauerkontakte sind relativ selten.*
– *Bestimmte Kinder werden stark umworben, vor allem Down-Kinder, offensichtlich wegen ihrer natürlichen Freundlichkeit. Andere Kinder werden allgemein abgelehnt, offensichtlich wegen ihrer geringen sozialen Umgänglichkeit und ihrer Unberechenbarkeit.*
– *Die Kontaktfähigkeit ist von der aktuellen körperlichen Befindlichkeit sehr stark abhängig.*
– *Kontaktversuche können als ausgesprochen aufdringlich und lästig empfunden werden; es mangelt am Vermögen, sich in den anderen hineinzuversetzen und seine Reaktionen zu beachten.*
– *Es können sich sehr hartnäckige gegenseitige Ablehnungen und Aggressivitäten herausbilden, die nur schwer auflösbar sind.*

- *Schwierigkeiten im gegenseitigen Kontakt entstehen sehr leicht aus Missdeutungen des Annäherungsverhaltens.*
- *Gegenüber Mitschülern scheue und unsichere Kinder suchen stärkeren Kontakt zum Erzieher.*

Mit fortschreitendem Alter stabilisieren sich die Sozialbezüge innerhalb einer Gruppe und weisen bei Jugendlichen eine relativ große Konstanz auf. Zuneigungen und Ablehnungen sind im Wesentlichen von emotional-persönlichen Motiven bestimmt, weitaus weniger durch das Leistungsniveau eines Schülers. Da die Sozialbezüge der Schüler für den gesamten Lernvorgang von erheblicher Bedeutung sind, wird der Erzieher bemüht sein, die soziale Struktur und Dynamik in seiner Gruppe genauer kennen zu lernen und auch sozial schwierige Kinder einzugliedern. Er wird sich dabei auf eine relativ lange Zeit einstellen müssen.

Die Fähigkeit geistig behinderter Kinder, durch Anleitung und Übung besseres soziales Verhalten zu erlernen, ist nach den Berichten von Williams u. a. (1966) und Gunzburg (1974) beachtlich groß. Schamberger (1978) konnte feststellen, dass Down-Kinder im Sozialalter die höchsten Testwerte erzielten. Nihira (1976) konnte nachweisen, dass die Entwicklungsfähigkeit der sozialen Kompetenz bei allen Schweregraden der geistigen Behinderung besonders groß ist.

Menschliche Genese vollzieht sich zugleich als Ko-Ontogenese. Durch die soziale Koppelung (Maturana und Varela 1987) werden im einzelnen menschlichen System strukturelle Veränderungen ausgelöst und zwar im Sinne einer Verbesserung der Handlungsstruktur im sozialen Feld, also eines ständigen Werdens. Dabei ist es wichtig zu beachten, dass die Interaktion mit der Umwelt ihre Effekte nicht vorschreibt, dass also das eigene Reagieren nicht das direkte Resultat von sozialen Einwirkungen ist, sondern dass jeweils das eigene System aufgrund seiner gewordenen Struktur selbst auswählt, zu welchen Veränderungen es in ihm kommt, d. h. wie es reagiert und agiert, wie es sein Verhalten koordiniert (106). Es ist also nicht entscheidend, was interaktional (von außen) vermittelt wird, sondern was und wie es wahrgenommen wird und was dieses Wahrgenommene im eigenen System auslöst und umsetzt. Der Mensch sieht und hört, was er sieht und hört, nicht also einfach das, was vom anderen als Information „abgesendet" wird. Es gibt keine interaktionale Rohrpost!

Wichtige frühe Anpassungsleistungen als strukturelle soziale Koppelungen kommen über den Prozess der *Nachahmung* zustande. Diese ist nun nicht so zu verstehen, dass das von außen her gezeigte Verhalten reproduziert wird, sondern dass vielmehr das reproduziert wird, was für den eigenen Organismus von Interesse ist bzw. Bedeutung hat. Die Nachahmung unterstützt das Lernen. Für die Sprachentwicklung ist sie zwingend notwendig (Dmitriev 1987, 212f). Nachahmung vollzieht sich an sich während des ganzen Lebens, hat aber während der frühen Kindheit besondere Bedeutung als Voraussetzung für das Erlernen wichtiger Fertigkeiten, so der Aufmerksamkeit, der Bewusstheit, der Beobachtung oder der Zuwendung zu anderen.

Es ist irrig anzunehmen, Kinder mit geistiger Behinderung seien besonders gute *Nachahmer*. Sie sind vielmehr häufig nicht in der Lage, spontan zu imitieren. Ein auffälliges Imitieren wird eher bei älteren Personen mit einer geistigen Behinderung beobachtet, die in sozialer Deprivation aufwachsen mussten und zu wenig Gelegenheit hatten, aus Imitiertem durch Aktivität und Verstärkung von außen eigene Handlungsstrukturen zu entwickeln. Auf diese Weise entstand früher das Bild des sich stereotyp angeglichen verhaltenden Menschen mit einer geistigen Behinderung. Ein Beispiel, wie sehr Nachahmung vom gegebenen sozialen Kontext her abhängig ist, sind die Beobachtungen mit dem bengalischen „Wolfsmädchen", von dem MacLean (1977, zit. b. Maturana, Varela 1987, 141) berichtete. Es war bei Wölfen aufgewachsen und hatte das Laufen und das Trinken nach Wolfsart gelernt und war später nie ganz in der Lage, diese erlernten wolfsartigen Verhaltensweisen abzulegen.

Welche Verhaltensweisen nachgeahmt werden, hängt einerseits von der Häufigkeit, Realität, Anschaulichkeit und dem Imponiergrad einer wahrgenommenen Verhaltensweise ab, andererseits von bestimmten individuellen Bedürfnissen. Diese aber lassen sich nicht ausschließlich im Sinne von Bedeutsamkeiten für den eigenen Lebenszusammenhang verstehen. Am extremen Beispiel der *Echolalie und Echopraxie* lässt sich aufzeigen, dass auch rein echoartig Verhaltensweisen wiederholt werden, bei denen ein Sinn für den Nachahmer nicht ausgemacht werden kann, es sei denn der biogene Selbstzweck des Nachahmens selber. Man hat bei solchen Kindern den Eindruck, als ob an ihnen ein zwanghafter Mechanismus abrollt, dem sie wehrlos ausgeliefert sind. Dazu ein Beispiel aus eigener Erfahrung:

Ein zwölfjähriges geistig schwer behindertes, leicht spastisch gelähmtes Mädchen ahmte, während es zu einem Zielpunkt durch die Turnhalle lief, die ausgelassenen Bewegungen einer seitlich sitzenden Mitschülerin nach, obwohl diese Bewegungen sich nicht in Einklang mit der eigenen Laufbewegung bringen und das Mädchen fast stürzen ließen: rasch aufeinander folgendes bzw. gleichzeitiges Händeklatschen, Bücken und Strecken, Wackeln mit dem Kopf.

3.2 Kommunikation

Unter Kommunikation lässt sich „das gegenseitige Auslösen von koordinierten Verhaltensweisen unter den Mitgliedern einer sozialen Einheit" verstehen (Maturana, Varela 1987, 210). Dabei geht es über Zeichen, vor allem über die Sprache, um Verständigung über Bedeutungen, Erwartungen, Intentionen, Normen etc., jedoch nicht in der Weise, dass Informationen quasi über eine Röhre hinüber- und herübertransportiert würden. Jeder Kommunikationsteilhaber sagt und hört das Seine gemäß seiner eigenen Strukturdeterminiertheit. Das bedeutet, dass Kommunikation immer *Mehrdeutigkeit* einschließt. Durch Kommunikation wird der umfassendere Prozess der sozialen Interaktion, das wechselseitig aufeinander bezogene Handeln von Individuen ermöglicht, in Gang gesetzt und beeinflusst. Existenz ist fundamental an Kommunikation gebunden. „Man kann nicht nicht kommunizieren", lautet das bekannte Axiom Watzlawicks u. a. (1974), die den Begriff übergreifend verstehen und Kommunikation und Verhalten gleichsetzen. Kommunikation ermöglicht Teilhabe an anderen und ist auf bessere Verständigung untereinander gerichtet. Umgekehrt führt eine Verdünnung und Komplizierung der kommunikativen Verständigung, z. B. im Falle einer sozial-kognitiven Behinderung, zu psychischen Störungen und Kümmerformen des Daseins.

Das wichtigste Zeichensystem des Menschen ist seine *Sprache.* Der größte Teil der interpersonalen Kommunikation aber dürfte über nichtverbale Kommunikationssysteme und -mittel ablaufen. Der Mensch tritt allein schon durch das in Beziehung zum anderen, was er *ist,* d. h. was er darstellt, ohne sich bewusster Akte des Redens und sozialen Agierens zu bedienen.

3.2.1 Kommunikation durch Sprache

Als einziges Lebewesen besitzt der Mensch die Fähigkeit, mit Hilfe der Sprache zu kommunizieren. Pawlow nannte sie das „zweite Signalsystem". Es ermöglicht eine symbolische Bedeutung von Reizen. Für das menschliche Sozialverhalten spielt der sprachliche Informationsaustausch eine entscheidende Rolle. Mit eingeschlossen sind hier die begleitenden nichtverbalen Signale.

Die Fähigkeit, Sprache zu erwerben, ist in neurophysiologischen Eigenheiten der inneren Organisation des Menschen begründet. Die Sprechfähigkeit hängt von der Ausbildung der anatomischen und physiologischen Voraussetzungen des Sprechens und des Hörens, z. T. von der allgemeinen Intelligenz und von den Lernbedingungen in der Umwelt ab, z. B. von der Art und dem Ausmaß des Kontaktes mit Erwachsenen.

Sprache lässt sich als ein System von Rollen und Prinzipien verstehen, durch das die symbolischen Repräsentationen und Bedeutungen von Dingen, Beziehungen, Ereignissen etc. in Beziehung gebracht werden. Das System der Sprache lässt sich im Anschluss an Carroll (1967) in *vier linguistischen Teilsystemen* beschreiben. Es sind dies:

- *das Phonologische, bei dem es um die Spezifizierung von Phonemen (Lauten) in Verbindung mit Wörtern oder Zeichen geht (r und 1),*
- *das Morphologische, das sich auf die Verwendung von Wörtern und andere basale Bedeutungsformen bezieht sowie auf die Art und Weise, wie diese in einem bestimmten Kontext modifiziert werden („Ball"),*

- *das Syntaktische, bei dem es um die Spezifizierung der Sprachmuster (Grammatik, Satzbau), geht („Der Ball rollt") und*
- *das Semantische, das sich auf die jeweilige Bedeutung der Zeichen (der Sprache) in einem bestimmten Kontext bezieht.*

Aufgrund verschiedener Untersuchungen an geistig behinderten Kindern und Jugendlichen ist bekannt, dass sie in aller Regel in einem oder in mehreren der genannten Bereiche z. T. erhebliche Störungen und Rückständigkeiten aufweisen (Atzesberger 1978, Fawcus, Fawcus 1974, Wilken 1985). Es gibt aber auch Ausnahmen, die die Regel bestätigen, so etwa die erstaunlichen und originellen Sprachleistungen von Nigel Hunt (2000) und Georg Paulmichl (2001).

In der Untersuchung von Atzesberger (1967) fand sich unter 31 Kindern nicht ein einziges, dessen Artikulation unauffällig gewesen wäre. Bemerkenswert hoch lag auch die Zahl der Stotterer; sie machte 26 % aus. Das Ausmaß von Sprachstörungen bei Kindern mit dem Down-Syndrom untersuchte u. a. E. Wilken (2003).

Unter den 20 Kindern, die der Verfasser beobachtete, waren nur drei, die lediglich leichte Beeinträchtigungen in der Satzbildung aufwiesen. Die Übrigen zeigten ausnahmslos zum Teil schweres Stammeln, und ein Schüler stotterte. Nach der Erhebung von Sondersorge (1967) waren 78 % in irgendeiner Weise sprachgestört. Unter ihnen befanden sich auch solche, die sich einer kaum verständlichen „Eigensprache" bedienten. Sie machten 40 % aller untersuchten Kinder aus.

Sämtliche Sprachstörungen, die es gibt, finden sich auch bei geistiger Behinderung. Ihre außerordentliche Häufung ist einerseits auf die vorliegende Intelligenzschwäche und andererseits auf die große Zahl von Hirnschädigungen zurückzuführen, die auch unmittelbare Sprachschädigungen auslösen. Relativ häufig werden auch periphere sprechorganische Behinderungen beobachtet.

Die Tatsache des *Stotterns* gibt auch einen Hinweis auf das Wirksamwerden neurotisierender Einflüsse. Es setzt sich immer stärker die Auffassung durch, dass das Stottern bei geistiger Behinderung nicht einseitig als organische Störung anzusehen ist, nachdem festgestellt werden konnte, unter welch schwierigen Kontaktbedingungen geistig behinderte Kinder aufwachsen.

Ein Beispiel mag die Wahrscheinlichkeit neurotischer Bedingtheit des Stotterns verdeutlichen. Es handelt sich um einen achtjährigen geistig behinderten Knaben, der sporadisch und mit unterschiedlicher Intensität stotterte. Im Bericht einer Erziehungsberatungsstelle ist von starken Hemmungen des Gefühlsausdrucks und inneren Spannungen die Rede. Die gefühlsmäßige Hinwendung zur Umwelt wurde in der frühen Kindheit wahrscheinlich einem starren Reglement unterworfen. Die übermäßig besorgte Mutter lässt dem Kind kaum eigenen Spielraum und unterwirft es unablässig ihren Anweisungen, wobei sie sehr heftig werden kann. Vom Vater berichtet sie, dass er ein Gro-

bian sei und das Kind häufig schlage. Auffallend ist nun das unterschiedliche Stottern. Nach Aussage der Mutter, die einmal wöchentlich auch dem Unterricht beiwohnt, stottert das Kind daheim mehr als in der Schule. In der Schule selbst gibt es Tage und Situationen, wo das Kind gar nicht oder nur wenig stottert. Es wirkt dann stets entspannter, oft sogar lustig. An einem solchen Tage berichtet die Mutter einmal, der Bub habe, da er sonst so schlecht schlafe, heute bei ihr im Bett gelegen und gut geschlafen. Bei einer solch eindeutigen Abhängigkeit des Verhaltens von belastenden Umwelteinwirkungen dürfte eine Neurotisierung nicht ausgeschlossen werden können (Lempp 1964).

Eine Anmerkung sei hier in Bezug auf das sprachlich-kommunikative Verhalten von *Down-Kindern* angebracht. Sie weisen bekanntlich in ihrem Entwicklungsprofil eine besonders auffallende Retardierung im sprachlichen Bereich auf. Fawcus, Fawcus (1974, 594) referierten eine Untersuchung von Schlanger und Gottsleben (1957), in deren Population geistig retardierter Heimbewohner die Gruppe der Down-Geschädigten die höchsten Quoten an Sprachstörungen aufwiesen: 95 % Artikulationsstörungen, 72 % Stimmstörungen und 45 % Stottern. Carr konnte dagegen in ihrer Längsschnittuntersuchung an Down-Kindern, die zu Hause aufwuchsen, nachweisen, dass deren „motorische" Entwicklung im Profil der „mentalen" Entwicklung am besten ausgebildet war.

Bekanntlich imponieren Down-Kinder immer wieder mit ihrer relativ differenzierten *Gestik.* Ihre Kommunikationsleistungen sind in auditiv-vokaler Hinsicht dürftig, dagegen relativ besser auf dem visuell-motorischen Kommunikationskanal. Im Ganzen gesehen verläuft ihre Sprachentwicklung deutlich verlangsamt im Vergleich zu anderen Entwicklungsbereichen. Wieweit eine planmäßige frühe Sprachförderung bei den an sich kommunikationsfreudigen Down-Kindern eine Steigerung der sprachlichen Leistungen bewirken kann, zeigen Erfahrungen in der Frühförderung (Dmitriev 1987).

Die Wissenschaft und die sonderpädagogische Praxis hatten sich lange Zeit im Wesentlichen mit dem Sprechen und den Sprechanomalien von Menschen mit geistiger Behinderung befasst. Erst in den letzten Jahren ist auch der *kommunikative Aspekt* der Sprache in den Vordergrund getreten.

Bedingungen für das Funktionieren der sprachlichen Kommunikation sind nach Eisenson (1966, b. Mittler 1974, 528):

- *die Fähigkeit, Reize aufzunehmen, und zwar jeweils in der Abfolgeordnung, in der sie auftreten,*
- *einen Abfolgeeindruck der Information so zu behalten, dass seine Komponenten in ein Muster integriert werden können,*
- *das Muster von innen rasch zu überblicken, um die Daten zu kategorisieren, und sie mit bereits vorhandenen zu vergleichen und differenziert auf den aufgenommenen Eindruck einzugehen.*

Man ist einigermaßen beeindruckt, wenn man gewahr wird, welch differenzierte Leistungen unser Nervensystem wie selbstverständlich in un-
übersehbarer Zahl ständig vollbringt. Es wird aber auch gleichzeitig deutlich, wie vielfältig die Probleme sind, die geistig behinderte Menschen bei
der adäquaten Aufnahme und Verarbeitung einer Information haben können. Diese beginnen bereits damit, dass es an der nötigen Aufmerksamkeit
fehlt, um kommunikative Reize und ihre jeweilige Anordnung genau auszumachen. Hinzu kommen Perzeptionsstörungen hinsichtlich auditiver
ebenso wie visueller Eindrücke.

Es ist schwierig, die verschiedenen Defizite, die in großer Zahl die Aufnahme von sprachlicher Information erschweren, im Einzelnen zu unterscheiden; dazu reicht das gegenwärtig zur Verfügung stehende diagnostische
Instrumentarium nicht immer aus (Mittler 1974, 528). Oft wird bei geistig
behinderten Kindern ein Seh- oder ein Hörschaden oder eine hirnorganisch
bedingte Perzeptionsstörung übersehen.

In *kognitiver* Hinsicht sind die für eine kompetente sprachliche Kommunikation entscheidenden *Diskriminationsleistungen* zu sehen. Das Kind
muss (im Anschluss an Premack 1976, b. Haring und Schiefelbusch 1976 b,
271) vier wichtige *Unterscheidungen erlernen* und vornehmen können:

– *Erfassen, dass ein Symbol (Wort) überhaupt für ein bestimmtes Objekt steht
bzw. dieses repräsentiert, z. B. einen Gegenstand oder eine Handlung;*
– *Unterscheiden zwischen verschiedenen Gegebenheiten in der jeweiligen
Umwelt, die von einander abgehoben und durch das eigene Sprachsystem
identifiziert und kategorisiert werden, zwischen Dingen und Vorgängen,
zwischen Akteuren und Empfängern;*
– *Unterscheiden zwischen verschiedenen Sprachsymbolen; gemeint ist z. B.
die feine Unterscheidung ähnlich klingender Symbole, wie „Stift" oder
„Schiff", aber auch ein grober Unterschied, wie zwischen „Kuh" und „Sche-
ren",*
– *Unterschiede ausmachen zwischen verschiedenen Abfolgen von Symbolen, also in der Wortfolge im Satz; es ist schließlich nicht gleichgültig, ob
ich sage „Die Tür ist zu" oder „Ist die Tür zu", bzw. „Hans führt Mariechen"
oder „Mariechen führt Hans".*

Es ist einleuchtend, wie leicht Menschen mit einer geistigen Behinderung
bei diesen differenzierten *Diskriminationserfordernissen* Schwierigkeiten bekommen und in Verwirrung geraten können, vor allem wenn ihre Umwelt
zu komplex, zu unübersichtlich und allzu veränderlich ist. Ihr Kommu-
nikationsverhalten wird deshalb im Allgemeinen dürftig, sie können nicht
effektiv handeln, wenn sie sprechen oder verstehen sollen. Die Folge
können sekundäre sprachliche Retardierungen einerseits und Kommu-
nikationsstörungen andererseits sein, die sich in Ängstlichkeit, Scheu,
Motivationsschwäche, Aggressivität und Isolierungsbedürfnissen äußern
können.

Schließlich werden dem Kind sprachliche *Generalisationsleistungen* abverlangt: Es muss den Transfer erlernen, dass alle verschiedenen Katzen eben doch Katzen sind, dass hochdeutsche und mundartliche Formen wie z. B. „spielen" und „spuin" (bayerisch) das Gleiche bedeuten. Gleichzeitig muss es falsche Generalisierungen überwinden lernen: Nicht alle Männer sind „Papa", nicht alles, was Räder hat, ist „Auto", nicht jede Kopfbedeckung ist „Hut". Das Kind muss auch lernen, dass Generalisierungen nicht einfach aus oberflächlichen Merkmalen ableitbar sind: Ein Fünfmark-Stück gehört nicht zur Kategorie der „Vögel", nur weil auf einer Seite ein Adler abgebildet ist. Hier wird deutlich, dass es sich um Diskriminationsleistungen handelt.

Beim *entwicklungsgemäßen Erwerb von Sprache* sind unter kommunikativem Aspekt (im Anschluss an Herriot 1970, b. Mittler 1974, 529) folgende Komponenten wirksam bzw. bei Menschen mit geistiger Behinderung weniger ausgebildet:

1. Die hierarchische Organisation der Sprache: Sprache ist hierarchisch organisiert und zwar in sich und innerhalb der einzelnen Fertigkeiten. So sind einige davon Voraussetzungen für die Entwicklung und für den Gebrauch anderer, z. B. sind gewisse minimale Artikulationsfähigkeiten Voraussetzungen für syntaktische und grammatikalische Fertigkeiten. Freilich weist gerade die Entwicklung bei geistiger Behinderung mehr oder weniger deutliche individuelle Unterschiede auf. Es geht zwar im Allgemeinen das Sprachverständnis dem aktiven Sprechen voraus, es kann aber auch gelegentlich umgekehrt sein. Diese Hierarchie des Sprachaufbaues ist in mehrfacher Weise pädagogisch zu beachten und zwar unter Berücksichtigung individueller Sprechanomalien.

2. Der Rückkoppelungseffekt: Sprache wird durch Rückkoppelung gesichert. Der Sprechende ist genötigt und muss fähig sein, sein Sprechen in Relation zu seiner Sprechabsicht zu überprüfen, um es gegebenenfalls zu modifizieren. Selbst ein normalintelligenter Mensch, der plötzlich ertaubt, kommt in Schwierigkeiten, weil er sich selbst nicht mehr hört, d. h. nicht mehr rückkoppeln kann. Der geistig behinderte Mensch erlebt u. U., dass infolge seiner Artikulationsschwäche und seiner mangelnden Syntax oder seiner semantischen Schwäche seine Sprachleistung nicht seinem Gedanken und seinen kommunikativen Absichten entspricht. Er kann aber auch unfähig sein, seine Sprachleistung zu beurteilen. Andererseits muss er erfahren, dass er von anderen keine adäquate Rückkoppelung erhält. Er muss vielmehr oft Verständnislosigkeit, Uninteressiertheit, Verlegenheit oder Spott hinnehmen. Derartige Ausdrucksformen kann ein intelligenter Zuhörer geschickt oder gut gemeint gegenüber dem geistig behinderten Partner unterdrücken und um höfliches Interesse für ihn bemüht sein, um ihn nicht zu entmutigen. Wenn aber auf diese Weise die korrektive Rückkoppelung ausbleibt, so gehen den Menschen mit einer geistigen Behinderung wichtige Hinweise und Hilfen für eine bessere sprachliche Anpassung verloren. Problematisch ist in diesem Zusammenhang für jeden neuen Erzieher die Anfangsphase in einer Gruppe, in der er manche Kinder mit ihrer „Privatsprache" noch nicht verstehen kann.

3. Die Automatisation: Die beim normalen Spracherwerb nötige Automatisation bei der Abfolge der einzelnen Sprach- und Sprechelemente beruht auf einem raschen Erlernen dieser Sequenzen mit Hilfe des Kurzzeitgedächtnisses. Dieses aber ist beim geistig behinderten Menschen ebenso wie seine Fähigkeit, Empfangenes koordinierend zu verarbeiten, schwächer ausgebildet. Er lernt, sich die richtigen Wortfolgen anzueignen.

4. Die Antizipation: Normalerweise nimmt ein Empfänger einen Teil dessen, was der Sprechende ausdrücken will (verbal oder nichtverbal) durch kognitive Kombinationen *vorweg*. Dabei benutzt er die verschiedenen Begleiterscheinungen der Äußerung seines Gesprächspartners. Auf diese Weise ist ihm ein differenzierteres Aufnehmen möglich, gleichzeitig unterstützt dieses erkennbare Vorausverstehen die Äußerungsabsicht des Sprechenden. Hier sind geistig behinderte Menschen sicherlich sehr benachteiligt, da ihrem Partner diese Antizipation erschwert ist, und das gibt er auch zu verstehen. Nur lange erzieherische Erfahrung im unmittelbaren vertrauten Umgang macht sie möglich und damit eine bessere Kommunikation. Vor allem aber fällt die mangelnde Antizipationsfähigkeit selbst ins Gewicht. Sie ist von der Intelligenz abhängig und steht ihm deshalb für das kommunikative Verstehen nur unzulänglich zur Verfügung.

3.2.2 Allgemeine Sprachfähigkeit und aktuale Sprechfertigkeit

Die Linguistik sieht eine wesentliche Unterscheidung in den beiden Begriffen „Kompetenz" und „Performanz", die hier mit „Fähigkeit" und „Fertigkeit" verdeutlicht werden. „Kompetenz" bezieht sich auf das Wissen in sprachlicher Hinsicht, welches das Kind befähigt, Sprache zu verstehen und sich Urteile zu bilden. „Performanz" dagegen beinhaltet den aktualen Gebrauch von Sprache, der aus dem Wissen hervorgeht. Diese Unterscheidung, die insbesondere von Chomsky (1970) entwickelt worden ist, hat für die Sprache geistig behinderter Menschen erhebliche Bedeutung, zumal in kommunikativer Hinsicht.

Was ein geistig behindertes Kind an Sprache tatsächlich besitzt, ist nicht völlig erfassbar und kann auch nicht hinlänglich aus den Sprachäußerungen erschlossen werden. Auffallend ist für uns im Wesentlichen seine mangelnde aktuale Sprechfertigkeit. Diese aber ist wiederum für die Ausbildung der Sprache als „Kompetenz" sehr wichtig.

Sucht man nach Gründen für die geringe Sprechfertigkeit, so muss man sicherlich zunächst die grundlegende intellektuelle Retardierung, die Schwäche des geistigen Repräsentationssystems in Betracht ziehen. Dieses aber steht in unauflöslicher Abhängigkeit von Lernbedingungen und Situationsvariablen. Entwicklungshemmend wirkt sich für den Menschen mit einer geistigen Behinderung die vielfach belastende Beziehung zu seinen Kommunikationspartnern aus. Gerade für ihn in seiner Unsicherheit ist der soziale Bezug, in welchem sich sein Sprechen vollziehen soll, wichtig.

Umgekehrt ist es angesichts der Dürftigkeit seiner sprachlichen Äußerungen notwendig, über deren nähere Begleitumstände Bescheid zu wissen, um das Gemeinte richtig interpretieren zu können. Bekanntlich versteht ein vertrauter Erzieher seine geistig behinderten Kinder sehr viel besser, als es ein Außenstehender für möglich hält. Andererseits ist es notwendig, Anregungsbedingungen zu schaffen, die geeignet sind, bestimmte Äußerungen, Verbalisierungen in bestimmten Formen, hervorzulocken. Dazu gehören z. B. geeignete Lernmaterialien (konkrete, motivational stark ansprechende Gegenstände) und ein ansprechendes Gruppenklima.

Die Unterscheidung von *Sprachverständnis* und *Sprechvermögen* ist in der Geistigbehindertenarbeit geläufiger. Es gibt Kinder, die zwar über die Sprache Kontakt aufnehmen können, also über Sprachverständnis verfügen, jedoch nicht selbst sprechen können. Es ist auch bekannt, dass Kinder mit einer geistigen Behinderung wesentlich mehr verstehen, als sie selbst sprechen können. Manche äußern sich überhaupt nicht. Die dafür maßgebenden Gründe können organische, aber auch solche der mangelnden Sprachanregung in den ersten Lebensjahren sein. Das Sprachverständnis ist dagegen im Wesentlichen von kognitiven Komponenten abhängig. Es geht in der kindlichen Entwicklung dem Sprechen-Können voraus und beruht – das wird oft weniger beachtet – mehr oder weniger stark auf nonverbalen, also mimischen und gestischen Bedeutungsstützen.

Für den Außenstehenden ist es oft überraschend, wie viel ein geistig behindertes Kind, auch ein schwerbehindertes, „versteht". Dies ist allerdings kein Grund, die Schwierigkeiten des Sprachverständnisses dieser Kinder gering einzuschätzen. Vorsichtig sollte man mit Aussagen wie: „Es versteht alles, was man sagt", umgehen. Es ist vielmehr zu beachten, dass das Verstehen u. a. vom Gebrauch zahlreicher nichtverbaler, situativer Signale mitabhängig ist, und dass deshalb das Verstehen in gewohnter Umgebung, beim gewohnten Erzieher, besser gelingt, als wenn etwa eine fremde Person das Gleiche sagt.

Nach Friedlander (1970, b. Mittler, 535) ist grundsätzlich festzustellen, dass es schwieriger ist, Gesprochenes zu verstehen, als Sprachliches zu formulieren und zwar insofern, als das Verstehen eines anderen *rekonstruktiv* erfolgt und den Hörenden zwingt, sich an das Sprechen des anderen anzupassen, es genau zu beachten. Der Sprechende dagegen ist in seinen Möglichkeiten offener und freier. Er kann u. U. drauflosreden, ohne sich um das

Verstehen durch den anderen zu kümmern. Die Benachteiligung des Kindes mit einer geistigen Behinderung liegt auch darin, dass es vielfach nicht über die nötigen Verhaltensweisen verfügt, um dem Sprechenden anzuzeigen, dass es etwas nicht verstanden hat.

Das normale Kind erlernt üblicherweise solche Gewohnheiten mehr oder weniger von selber, vor allem dann, wenn es sie nicht häufig benutzen muss, weil es sich sonst dem Verdacht aussetzt, „schwer von Begriff zu sein". Kinder mit geistiger Behinderung dagegen, die vom so genannten Nebenbei-Lernen (incidental learning) wenig profitieren können, müssten durch systematische Anleitung solche Fertigkeiten erst erlernen und dazu ermutigt werden, sie auch zu benützen. Freilich sollten auch sie diese nicht zu häufig gebrauchen müssen, z. B. aus dem Grund, weil sie immer wieder neuen Situationen ausgesetzt werden. Auch sie können es leid werden, immer wieder die Rolle des Nichtverstehenden zu spielen.

Es wurde bereits ausgeführt, dass das Sprachverständnis durch verschiedene nichtverbale Bedeutungsstützen erleichtert wird. Es ist für geistig behinderte Kinder schwieriger, Gesprochenes ohne situativen Kontext zu verstehen, etwa die reine Sprechstimme vom Tonband her. Eine kommunikativ orientierte Sprachbildung wird deshalb darauf Wert legen, dass das Kind mit einer ausreichenden Zahl nichtverbaler Bedeutungsstützen (bestimmten Gesten, Zäsuren, Augenkontakt und anderen redundanten Begleitinformationen) vertraut gemacht wird. Ähnlich wie bei den gehörlosen Kindern sollte die sprachliche Kommunikation soweit als nötig auch durch Gebärden unterstützt werden. Die Verwendung von Lautmerkzeichen beim Sprechen- und Lesenlernen ist durchaus sinnvoll (Minski, Shepperd 1970, 95, vgl. auch Kap. 6.3.9.).

3.2.3 Nonverbale Kommunikation

Der größte Teil unseres kommunikativen Verhaltens verläuft nichtverbal. Nach einer Untersuchung von Mehrebian (1968, b. Heinemann 1976, 39) wurden innerhalb eines Kommunikationsabschnittes insgesamt 7 % der beobachteten Mitteilungen verbal, 38 % vokal und 55 % durch den Gesichtsausdruck übermittelt. Auch im Bereich der Erziehung spielt sich viel mehr Kommunikation nonverbal ab, als man oft meint. Die Kommunikationswissenschaft unterscheidet sechs verschiedene Kommunikationskanäle,

- *den auditiven*
- *den visuellen,*
- *den taktilen,*
- *den olfaktorischen (Geruchssinn) und*
- *den thermalen.*

Wir wollen auf die ersten drei näher eingehen, da sie für unsere Überlegungen im Vordergrund stehen (Heinemann 1976).

Mit dem *auditiven* Kanal wird in erster Linie die gesprochene Sprache wahrgenommen. In nonverbaler Hinsicht sind für uns die *Stimmqualität* und Sprechweise wichtig. Es handelt sich um Qualitäten, die bestimmten Persönlichkeitsmerkmalen zugeordnet werden können. Das Kind, auch das geistig behinderte, ist in der Lage, aus der lauten, durchdringenden, schrillen Stimme auf persönliche Dominanz oder aus der warmen, weichen Stimme auf Freundlichkeit des Lehrers zu schließen. Ebenso werden durch die Sprechweise (die Varianz der Stimmhöhe, der Geschwindigkeit und der Kontinuität) Emotionen ausgedrückt, so etwa Unsicherheit, Angst und andere Emotionen und Stimmungen; aber auch Einstellungen wie Zuneigung oder Ablehnung, Hohn und Spott, können mitklingen, vielfach unentdeckt vom Sprecher.

Der *visuelle* Kommunikationskanal wird eigentlich permanent benutzt. Er lässt sich im Anschluss an Argyle (1972) in fünf Bereiche aufgliedern:

– *Gesichtsausdruck (Mimik), durch welchen Einstellungen ausgedrückt, Kommentare, Illustrationen und Modifikationen des Gesprochenen mitgeliefert werden, und der eine kontinuierliche Rückkoppelung für den Gesprächspartner ermöglicht;*
– *Der Blickaustausch, der einen spezifischen Bezug zur Intimität, Intensität und Affektivität der Beziehungen hat;*
– *Gestik und Körperbewegung, vor allem Hand- und Kopfbewegungen, die das Gesprochene kommentieren wie auch Affektzustände ausdrücken können;*
– *interpersonale (räumliche) Distanz und*
– *äußere Erscheinung (Körperformen, Kosmetik, Haar etc.) (Heinemann 1976, 45ff).*

Im *taktilen* Kommunikationskanal werden Körperberührungen wahrgenommen. Ihre besondere Bedeutung ist u. a. in der kompensatorischen Unterweisung gehörloser und blinder Kinder bekannt. Es lassen sich im Anschluss an Argyle (1972, 91f) unterscheiden:

– *Berühren als Ritual, z. B. beim Begrüßen,*
– *Streicheln, Liebkosen oder Festhalten als Ausdruck von Emotionen,*
– *Schlagen, Zwicken, Kneifen oder Beißen als aggressive Akte,*
– *umfangendes Festhalten, etwa als Ausdruck von Angst oder von Zuneigungsbedürfnissen,*
– *motorisch unterstützendes Berühren, z. B. das Mitführen der Hand beim Schreiben.*

Man könnte auch das Berühren als Aufmerksammachen hinzufügen.

Ganz allgemein lässt sich sagen, dass die nichtverbale Kommunikation eine besondere Bedeutung für den emotionalen Bereich der Sozialisation hat. Sie vollzieht sich weithin unbewusst und vermittelt vornehmlich die Gefühlsqualitäten der interpersonalen Beziehungen. Ihre Bedeutung für die Erziehung ist evident. Sie wird spürbar z. B., wenn ein Erzieher wie es heißt

„rasch Kontakt mit den Kindern bekommt" oder, ohne viel zu reden, eine Gruppe pädagogisch angemessen steuern und beleben kann, während andere sich vergeblich abmühen, die Reserviertheit, Unbeteiligtheit oder Ablehnung ihrer Kinder zu überwinden. Da der Erzieher im Einzelnen seine nichtverbalen Kommunikationsweisen nur ungenügend selbst kennt, wäre es für ihn zu empfehlen, sich gelegentlich über Video-Recorder zu beobachten und zu kontrollieren. Auch das Team-Teaching kann hier gute Dienste leisten. Andererseits braucht auch das geistig behinderte Kind Hilfen, um das nichtverbale Verhalten anderer adäquat zu interpretieren, z. B. über Bilder oder Rollenspiele. Die Bedeutung der nonverbalen Kommunikation für die Erziehung bei geistiger Behinderung hat u. a. Wohlfahrt aufgezeigt (1985). (Siehe auch Kap. 6.3.9).

3.2.4 Autistische Kommunikationssperren

Die wohl augenfälligste Kommunikationsstörung bei geistiger Behinderung ist das *Autismus-Syndrom* in seinen verschiedenen Ausprägungsformen. Autistische Kinder galten auch als „noncommunicating children" (Minski und Shepperd, 1970), Kinder, die keinen oder keinen adäquaten Zugang zur Realität finden und an Kommunikation mit anderen, selbst mit ihren Eltern, nicht interessiert bzw. blockiert erscheinen. Sie scheinen nicht bereit oder in der Lage zu sein, Sprache als Kommunikationsmittel zu verwenden, selbst wenn sie sprechen können. Sie fallen vielmehr dadurch auf, dass sie ihr Sprechen ziellos, nichtkommunikativ verwenden, so etwa mit einzelnen Wörtern oder Sätzen sinnlos manipulieren (sprachliche Stereotypien, Echolalien).

Typisch ist u. a. das deutlich zu beobachtende *Vermeiden des Blickkontaktes.* Autistische Kinder haben Schwierigkeiten, bei der minimalen Verwendung von Sprache die richtige Reihenfolge einzuhalten, und die verschiedenen Bedeutungsgehalte einzelner Wörter zu unterscheiden, sodass es häufig zu Verwechslungen kommt, z. B. von „Schuh" und „Bürste", zwei semantisch benachbarten Bezeichnungen. Innerhofer und Klicpera (1988) sehen in der gestörten Sprache des autistischen Kindes eine sekundäre Folge seiner gestörten Vorstellungswelt und sprechen deshalb von einer „akontextualen Sprache" (76).

Auch im Sprachverständnis sind Probleme zu beobachten, die bereits damit beginnen, dass diese Kinder kaum Aufmerksamkeit für Gesprochenes zeigen, dieses ignorieren, selbst ihren Namen. Sie scheinen Sprache nicht als Vehikel von Bedeutung zu erkennen (Wing 1973, 24), reagieren auch auf Warnungen und Schelten nicht. Ihre kommunikativen Störungen beziehen sich auch auf das adäquate Verstehen von nonverbalen Äußerungen, so etwa von Gesten und Körperbewegungen. Selbst der traurige Gesichtsausdruck der Mutter „lässt sie kalt". Nach Innerhofer und Klicpera (104) handelt es sich um einen Kontextmangel. Sie haben „kein Bild vom Anderen" (Wendeler 1984).

Dem Autismus, der nicht immer mit einer geistigen Behinderung einhergehen muss, wird vielfach eine elementare endogene komplexe Wahrnehmungsstörung zugrunde gelegt (Weber 1970). Diese Kinder seien deshalb in ihrer Kommunikation blockiert, weil sie ihren Kommunikationspartner als solchen gar nicht entsprechend wahrnehmen können. Bezeichnenderweise steigern sich ihre Schwierigkeiten, wenn sich ihre Umgebung ändert, oder wenn diese zu komplex und damit für die sensorische Aufnahme und Verarbeitung zu kompliziert wird. Umfassender und treffender erscheint uns die Erklärung von Innerhofer und Klicpera, wonach der Autismus auf eine Störung der Vorstellung zurückgeht. Es entstehe dadurch ein zusammenhangloses Denken. – Eine differenzierte Übersicht über die Entwicklung autistischer Störungen legten u. a. Kusch und Petermann (1990) und Remschmidt (2002) vor.

Es wird pädagogisch u. a. darauf ankommen, dass die Umwelt dieser Kinder relativ übersichtlich, vertraut und strukturiert gestaltet wird einschließlich der Förderungsprogramme, dass situative Komplikationen vermieden werden, dass sie möglichst frühzeitig zum Sprechen ermutigt werden und auch mit anderen Kindern, die nicht autistisch sind, in motivierenden Kontakt treten können. Die Prognose für die spätere Entwicklung ist umso günstiger, je mehr das Kind in den ersten vier bis fünf Jahren zu sprechen gelernt hat.

Wie breit der Zusammenhang zwischen Autismus und geistiger Behinderung einzuschätzen ist, geht aus folgender Aufstellung (nach DeMyer u. a. 1974, zit. b. Innerhofer, Klicpera 1988, 41) hervor. Danach verteilt sich die testmäßig erfasste Intelligenz bei autistischen Kindern wie folgt:

IQ	>86	85–68	67–52	51–36	35–20	<20
	2,8 %	3,5 %	20 %	26,1 %	40 %	7,8 %

3.2.5 Erziehung und Kommunikation

Das Verhältnis von Erziehung und Kommunikation ist einerseits so zu sehen, dass Erziehung einen kommunikativen Prozess darstellt; andererseits hat Erziehung die Aufgabe, kommunikative Fähigkeiten zu vermitteln. Die erzieherische Arbeit wird demnach dann erfolgreich sein, wenn sie sich an den Gesetzmäßigkeiten kommunikativer Prozesse orientiert und wenn sie zu einer höchstmöglichen kommunikativen Verständigung führt. Dabei geht es um die Bereicherung des gemeinsamen Besitzes und Verfügenkönnens von Zeichen für Begriffe und identische Bedeutungen und damit um die Erschließung von Sinnverständnis für die gemeinsame Realität mit ihren Gegenständen, Beziehungen, Ereignissen, Problemen, Normen und Werten.

Menschen mit einer geistigen Behinderung befinden sich in einer spezifischen Angewiesenheit auf kommunikative Hilfe und Stütze. Sie haben

Schwierigkeiten, das zu verstehen, was sie umgibt, und zwar vielfach deshalb, weil wir Nicht-Geistigbehinderten Schwierigkeiten haben, sie zu verstehen. Weil sie die schwächeren Kommunikationspartner sind, liegt *ihre* existenzielle Gefährdung darin, dass sie sich entweder aus jeglichem Kontakt zurückziehen, in einen kommunikativen Negativismus verfallen, dessen äußersten Ausdruck man in der Autoaggression sehen könnte, oder dass sie in ihren Verhaltensproblemen in einer Mischung von Angst, Unruhe und Aggression verhaftet bleiben; in Verkennung dieser Prozesse ist dann allzu leicht die Rede davon, geistig behinderte Menschen seien nicht kommunikationsfähig.

Erziehung als Kommunikationsprozess bedeutet bei Menschen mit geistiger Behinderung im Besonderen auch, dass alles, was um sie und mit ihnen durch andere geschieht, in seiner interaktionalen Wertigkeit für sie gesehen wird. Es ist nicht gleichgültig, ob mit ihnen und was über sie gesprochen wird, ob und wie man sich ihnen zuwendet, ob und wie man sich daran macht, sie zu verstehen, ob man meint, sie lediglich als unbelehrbare und lernunfähige Objekte versorgen und manipulieren zu können, oder ob sie als Interaktionspartner trotz aller Kommunikationsschwierigkeiten ernst genommen und geachtet werden, und in welchem emotionalen Klima sich die gegenseitige Annäherung, Teilhabe und Wertung abspielen.

Sie können die Äußerungen anderer über Sachen und innere Vorgänge nur so weit entschlüsseln und erkennen, als ihnen die dahinterstehenden Inhalte durch Erfahrung bekannt sind. Je gegliederter und differenzierter die eigene Erfahrung ist, umso klarer und reicher wird die Verständigung mit anderen. Anleitung und Hilfe zu geben bei der Gestaltgliederung des eigenen Erlebens, und damit die Begriffsbildung zu fördern, stellt sich so gesehen als eine zentrale Aufgabe der Erziehung neben der gleichzeitig erforderlichen Sprachbildung in operationaler Hinsicht. Ihre Bedeutung liegt u. a. darin, dass „der Mensch mit der Verfügbarkeit des Wortes im Ansprechen der Welt und ihrer Erscheinungen in gewissem Sinne die Verfügungsmacht über die Dinge erhält, sie in den Griff bekommt" (Lersch 1965, 58).

Der Erziehung obliegt es weiterhin, für gleiche Bedeutsamkeiten und Wertigkeiten semantischer Äußerungen und Zeichen zu sorgen. Infolge der enormen Differenziertheit, Nuanciertheit und Vieldeutigkeit der Äußerungsformen unseres hochkultivierten Lebens besteht für den in weniger differenzierten Strukturen denkenden Menschen mit einer geistigen Behinderung die Gefahr des Missverstehens und des Nicht-Verstehens. Er muss die Zuordnung von Zeichen und Bedeutungsinhalt je und je durch Anleitung erlernen. Das gemeinsame Bezugssystem für die sprachliche Verständigung lässt sich nur auf dem Boden des gemeinsamen Erfahrungszusammenhanges gewinnen. Die Verständigung gelingt demnach am besten innerhalb des gewohnten, vertrauten Lebensbereiches. Das trifft insbesondere für die Primärgruppe der Familie zu, aber auch für die Schulklasse oder die Arbeitsplatzgruppe. Das jeweils nötige Umlernen und Dazulernen von Zeichen und dazugehörigen Bedeutungsinhalten erfordert viel Mühe und konkret bezogene Anleitung, da der adäquaten Verarbeitung von Lernangeboten Grenzen gesetzt sind.

Unüberwindbar wird die Verständnislosigkeit, wenn die Äußerungen des Anderen Erfahrungsinhalte meinen, die dem eigenen Erleben stets unzugänglich sind und bleiben werden, weil er sich in die Andersartigkeit des Erlebens anderer Personen nicht einfühlen kann. Dazu müsste er sich von den gewohnten eigenen Erlebnismustern ablösen können, müsste er über die Fähigkeit verfügen, „sich auch in andere Erlebnisse als die im eigenen Erleben schon realisierten einzufühlen" (Lersch, 70).

Während das Erlernen des Verstehens semantischer Äußerungen im Wesentlichen rationales Vermögen erfordert, verläuft das Verstehen spontanen Ausdrucksverhaltens weitgehend subrational. Zustände der Freude oder der Traurigkeit, die sich in körperlichen Phänomenen äußern, sind unmittelbar, d. h. „von Natur aus", verständlich. Sie werden nicht eigentlich erkannt oder erschlossen, sondern gemerkt, gespürt, gefühlt. So kommt es, dass das Kleinkind wie auch das geistig behinderte Kind, ohne dass sie über die Wortbedeutungen der Sprache verfügen, bestimmte Ausdrucksformen der Erwachsenen adäquat beantworten können. Als Beispiel sei ein ständig bettlägeriges, taubblindes Mädchen mit einer schweren geistigen Behinderung genannt, das auf das zärtliche Streicheln seiner Betreuerin deutlich erkennbar freundlich reagiert.

Das Ausdrucksverhalten bei geistiger Behinderung wiederum gibt vielfach Anlass zu Fehldeutungen durch die Anderen. Einerseits ist es beiden nie möglich, sich ganz in das Anderssein einzufühlen, andererseits gelingt dem geistig behinderten Partner vielfach der adäquate Ausdruck für einen bestimmten inneren Zustand nicht. Furcht oder Abneigung gegenüber einer bestimmten Person kann zu einer solchen Verwirrung führen, dass sich das Kind gerade dieser Person in die Arme wirft. Dass somatisch entstellte Gesichtszüge insbesondere bei cerebral gelähmten Kindern den Ausdruck verformen und das Verstehen blockieren können, sei abschließend bemerkt.

Eine umfassende monografische Untersuchung zur Kommunikation geistig behinderter Schüler unter primär didaktischem Aspekt legte Klöpfer (1978) vor. Im Unterschied zu den meisten Forschungsarbeiten, die jeweils Kommunikationsweisen des einzelnen geistig behinderten Kindes zum Gegenstand haben, wurde hier die Kommunikationssituation in der *Gruppe* (Schulklasse) beobachtet. Dabei fiel u. a. in der Unterstufe deutlich auf, wie wenig die Schüler kommunizieren, und wie gering die kommunikative Kompetenz noch für die Jugendlichen der Werkstufe einzuschätzen ist, wie sehr aber auch das Erlernen kommunikativen Verhaltens vom didaktischen Ansatz abhängig ist (297). Es konnte gleichzeitig auch die hohe Bedeutung nonverbaler Kommunikation für den Unterricht bei geistig behinderten Schülern bestätigt werden (379). Was die Art der kommunikativen Beziehungen betrifft, so ergab sich ein Vorherrschen komplementärer Beziehungen zum dominanten Lehrer auf Kosten mehr symmetrischer Kommunikationsweisen, was Klöpfer wohl zu Recht darauf zurückführt, dass die Kinder bei Schulbeginn noch nicht genügend Gelegenheit hatten, derart reversibles kommunikatives Verhalten zu erlernen. Die Bedeutung entsprechender Unterrichtsformen zur Ausbildung kommunikativer Kompetenz liegt auf der Hand.

3.3 Rollenverhalten und Identität

Der Prozess der Eingliederung vollzieht sich über das soziale „*Rollenspiel*". Welche Rolle einer spielt, hängt wesentlich ab von der Position oder dem Status, den er in einer Gruppe einnimmt, und von den Rollenerwartungen, die von den anderen an ihn gerichtet werden. Menschen mit geistiger Behinderung sind eindeutig in der Lage, sich rollenkonform zu verhalten, sich bestimmten Rollenerwartungen zu fügen und Rollen zu übernehmen. Wie situationsspezifisch und variabel sie unter Umständen Rollen zu spielen vermögen, geht aus der häufig zu beobachtenden Rollenverschiedenheit hervor, bei der sich die Schulrolle deutlich von der Familienrolle unterscheiden kann. Eltern, die am Unterricht ihrer Kinder regelmäßig teilnehmen, berichten immer wieder ganz überrascht, wie anders sich ihr Kind in der Schule verhalte.

Wir können hierin einen Beleg für die Ich-Identität sehen. Sie ist klar zu beobachten. Ohne jeden Zweifel vermögen sich Menschen mit einer geistigen Behinderung abzuheben von dem Geschehen und den Einflüssen um sie herum. Dass ihr Verhalten quasi mechanisch sozialisierbar erscheint, sollte nicht zu dem voreiligen Schluss verleiten, sie vermöchten nicht ihre Rolle und den von den Anderen ihnen zudiktierten Status als solchen, d. h. in Abgehobenheit vom eigenen Ich, zu erleben (Miessler u. a. 1984). Wir wissen wenig von dem, was im Innern dieser Menschen eigentlich vor sich geht. Wir können jedenfalls immer wieder auch eine gewisse Resistenz gegenüber bestimmten äußeren Rollenerwartungen beobachten, und vermuten, dass die ebenfalls zu beobachtende Schwäche der „sozialen Resistenz", die eigene „Ich- Schwäche", im Grunde eine Machtlosigkeit des Ichs gegenüber Anderen darstellt und Ausdruck der Wehrlosigkeit und des Ausgeliefertseins ist.

Die bei Menschen mit geistiger Behinderung zu beobachtenden, sogar schweren psycho-sozialen *(neurotischen) Störungen* können durch die Annahme eines sicherlich mehr oder weniger diffus wirkenden Ichs erklärt werden. Nach Dreitzel (1968) ist die Ich-Identität die notwendige Basis jedes Rollenverhaltens. Sie leiste die „vorgängige Vermittlung zwischen Individuum und Gesellschaft, die es dem Menschen ermöglicht, sich mit seinen gesellschaftlichen Rollen zu identifizieren, ... ja selbst unter ihnen zu leiden" (124). Ein solches Leiden-Können an den eigenen, zu spielenden Rollen, am eigenen Dasein, kann geistig behinderten Menschen nicht abgesprochen werden. Freilich ist es oft schwer, es eindeutig nachzuweisen.

Alles Rollenverhalten wird gelernt, erfordert also ein bestimmtes Lern-milieu. Es bildet sich zunächst vor allem am Spiel des Kindes, und zwar beim geistig behinderten im Besonderen ohne ein Bewusstwerden der Rollen-haftigkeit des Verhaltens. Es werden aber auch Rollen aus bewusster Furcht vor Sanktionen, vor Strafe, übernommen. Das Erlernen einer Rolle, z. B. des freundlich unauffälligen Kindes im Verkehr mit anderen, des vorsichtigen Verkehrsteilnehmers, des hilfsbereiten Mitschülers, wird von der *Konkret-heit* der Rollenerwartungen wesentlich abhängen. Diese müssen gerade dem geistig behinderten Kinde so klar erkennbar sein, dass es genau weiß, was es tun darf, und was es zu lassen hat. Vage oder verschwommen dargestell-te und formulierte Normen können das Kind ebenso überfordern wie ein engmaschiges Netz von Regeln. Seine Rollenorientierung wird im Beson-deren beeinträchtigt durch die Enge und Einschichtigkeit seines Wahrneh-mungsfeldes.

Die Entwicklung des Rollenverhaltens wird von der Entwicklung der *Ich-Identität* einerseits und der *Affektkontrolle* andererseits determiniert (Dreit-zel). Die *Identitätsbildung* wird fundiert durch den Vorgang der Triebre-gulierung, den man auch als primäre Sozialisationsphase bezeichnen kann. Auf dem Wege der Erziehung zum Triebverzicht lernt das Kind, Ego und Alter zu unterscheiden. Zusammen mit einer maßvollen Triebbefriedigung strukturiert sich allmählich ein Bedürfnisfeld, das von den Rollenerwar-tungen der Bezugsperson begrenzt und mitbestimmt wird. Die weitere Entwicklung führt zur Identifikation mit diesen und durch diese zur Inter-nalisierung allgemeiner kultureller Normen und Werte (258). Die auf diese Weise erworbenen Rollenidentifikationen behalten Menschen mit einer geistigen Behinderung i. A. ihr Leben lang bei.

Die zweite Determinante des Rollenspiels ist die *Affektkontrolle*. Alles Rollenverhalten hängt einerseits von einem gewissen Gehalt an Affektivität ab; das Kind muss sich von seiner Rolle angesprochen und angeregt fühlen. Andererseits bedarf es der Affektbindung. Im Sinne eines Gleichgewichts im Rollenhaushalt muss dafür gesorgt sein, dass ein ausgewogenes Verhält-nis zwischen normierten und affektbindenden Rollen einerseits besteht, die als Erwartungen von der Gruppe an das Kind herangetragen werden, und andererseits person- oder affektfreimachenden Rollen, die dem Kind un-mittelbare Bedürfnisbefriedigung bedeuten. So muss beispielsweise ein He-ranwachsender mit einer geistigen Behinderung auch noch mit kleinen Au-tos spielen dürfen. Infolge der unaufhebbaren Gebundenheit an die Identi-fikationspersonen wird die Affektkontrolle im Wesentlichen von diesen Bezugspersonen ausgeübt werden müssen. Es besteht heute angesichts der ungeheuren Vervielfältigung und Differenzierung der sozialen Rollen und damit der gesteigerten gesellschaftlichen Anforderungen an den Einzelnen die Gefahr, dass dem Menschen mit einer geistigen Behinderung zu viele und zu schwierige Rollen auferlegt werden. Wenn es Zeiten gegeben hat, in denen es kein öffentliches Problem der geistigen Behinderung gegeben hat, so hat dies sicherlich seinen Grund auch in der Tatsache, dass die damaligen Lebensbedingungen in gewisser Hinsicht, z. B. auf dem Dorfe, für diesen Personenkreis angemessener, d. h. weniger anspruchsvoll waren. Der Grad der Abweichung vom „Normalverhalten" wurde offenbar nicht als so gravierend empfunden.

4 Entwicklung der Persönlichkeit

Es liegt nach wie vor relativ wenig gesichertes Wissen über die Besonderheiten der Persönlichkeitsentwicklung bei geistiger Behinderung vor (Hutt, Gibby 1976, 125). Grundsätzlich lassen sich die allgemeinen persönlichkeitspsychologischen Einsichten auch auf Menschen mit geistiger Behinderung anwenden, individuell aber sind spezifische Eigenheiten und Erschwerungen zu beobachten. Sie ergeben sich insbesondere aus der starken Abhängigkeit und der damit gebundenen Selbstorganisation (Autonomie). Es kommt beim Einzelnen zu der wenn auch diffusen Einsicht und Erfahrung, dass er in mancher Beziehung anders ist als die anderen: Dass er langsamer versteht und lernt, dass er mehr bemitleidet und distanziert und weniger verstärkt (belohnt) wird. Derartige Erfahrungen macht das Kind mit einer geistigen Behinderung u. a. schon in seiner Familie, wie aus den zahlreichen Biografien hervorgeht.

Derartige Erfahrungen des einzelnen geistig behinderten Menschen mit seiner Umwelt bestimmen das individuelle Verhalten und Erleben stärker als der intellektuelle Status. Die vorliegenden Untersuchungsergebnisse zeigen übereinstimmend, dass für die Sozialisation Persönlichkeitsfaktoren (emotionale und motivationale Faktoren) offensichtlich einen stärkeren Einfluss haben als das, was man als Intelligenz misst (siehe Zigler 1975, 381). Die Sozialisationsprobleme sind demnach eher Persönlichkeitsprobleme als solche einer unzureichenden kognitiven Kapazität an sich.

Dies geht u. a. aus der Tatsache hervor, dass emotionale Störungen bei geistig behinderten Personen wesentlich häufiger auftreten als bei normalen Kindern. Die geschätzten Anteile reichen, wie Robinson, Robinson 1976 berichteten, von 100 % bis 25 %. Die Isle-of-Wight-Studie (Rutter, Tizard, Whitmore 1970) hatte bei 30,4 % (nach dem Urteil der Eltern) bzw. bei 41,8 % (nach dem Urteil der Lehrer) der geistig retardierten Kinder psychiatrische Störungen ermittelt.

Es ist letztlich unmöglich, soziale und kognitive Determinanten klar auseinander zu halten. Es kann aber auch kein Zweifel bestehen, dass gerade unter pädagogischem Aspekt die Abklärung und Beachtung der emotionalen und motivationalen Faktoren und ihre soziale Beeinflussung von mindestens ebenso großer Bedeutung sind wie die der kognitiven Funktionen. Dies bedeutet, dass Menschen mit geistiger Behinderung primär als ganze Personen zu sehen sind (Hutt, Gibby 1976, 126ff u. Zigler 1975), nicht aber als eine aufteilbare Summe von Einzelfunktionen, und dass beispielsweise bei jeglicher Testung einer Einzelfunktion immer die ganze Persönlichkeit mitbeteiligt ist. Einzelaussagen werden demnach erst dann psychologisch-pädagogisch relevant, wenn die Gesamtperson miteinbezogen wird.

Die intellektuelle Retardierung kann daher auch nicht für das Ganze der Persönlichkeit gelten. Es wird sonst der Teil der Persönlichkeit verstellt, der ihre menschlich wertvollen Qualitäten ausmacht. Im Übrigen ist mit einer unendlichen Vielfalt von verschiedenen Persönlichkeiten zu rechnen. „Die Persönlichkeit der Geistigbehinderten" gibt es nicht. Selbst bei dem chromosomal einheitlichen Typus der Kinder mit dem Down-Syndrom gibt es keine psychologische Einheitlichkeit, vielmehr eine nahezu gleiche Variationsbreite wie in der Normalpopulation Gleichaltriger (Rauh, Berry 1989/90).

4.1 Psychodynamischer Entwicklungsansatz

Die Entwicklung der Persönlichkeit bei Kindern mit geistiger Behinderung ist grundsätzlich von den gleichen bio-sozialen Faktoren bestimmt wie jegliche menschliche Entwicklung. Nach Allport (1961) ist Persönlichkeit „die dynamische Organisation derjenigen psychophysischen Systeme im Individuum, die sein charakteristisches Verhalten und Denken bestimmen" (b. Hutt, Gibby 1976, 129). Von maßgebendem Einfluss sind alle psychophysischen Reifungsprozesse in Interaktion mit den gegebenen psycho-physischen Einwirkungen von außen. Die frühe Phase der ersten Lebensjahre ist dabei von besonderer Bedeutung. Hutt und Gibby (1976), die eine psychodynamische Entwicklungstheorie im Anschluss an Freud zugrunde legten, zeigten die außergewöhnlichen Komplikationen und Probleme auf, die ein geistig behindertes Kind erlebt, und mit denen es aufgrund seiner Schädigung weitaus weniger fertig werden kann als ein nicht behindertes Kind.

Besonders die Mutter-Kind-Beziehung kann empfindlich gestört werden. Geistig behinderte Kinder brauchten mindestens die gleiche warme Zuwendung wie andere Kinder und mehr Zeit und Hilfe, sich auf ihre soziale Umwelt und ihre Anforderungen einzustellen, seien diese auch ganz einfache Anpassungsleistungen. Andernfalls bilden sich hemmende initiale Tendenzen aus, z. B. sich wegen fortgesetzter Frustrationen zurückzuziehen und sich auf einem primitiven Entwicklungsplateau festzuklammern, Anforderungen auszuweichen, passiv zu werden, soziale Kontakte zu meiden. Dabei werden sicherlich auch ererbte Dispositionen eine allgemein mitbestimmende Rolle spielen, z. B. das individuelle Tempo oder Temperament. Entscheidend dürften in diesem interaktionalen Prozess die Erfolge oder Misserfolge sein, die das Kind bei der Bewältigung seiner Probleme erfährt. Generell führt der frühzeitige Ausfall von Verstärkungen zu einer Belastung des gesamten Sozialisationsprozesses.

Hutt und Gibby (1976) arbeiteten aus ihrer psychodynamischen Sicht heraus vor allem die persönlichkeitsbestimmende Rolle der *Angst* bei geistig behinderten Kindern heraus, die sich als Folge fortgesetzter Konflikte einstellt und verfestigt. Es sei anzunehmen, dass sie im Allgemeinen mehr dazu neigen, intensive Ängste zu entwickeln, wenn diese auch nicht immer deutlich erkennbar seien. Sie sind jedoch aus gewissen typischen Verhaltensweisen zu schließen, die man gerade bei diesen Kindern vorfinden kann: aus einer auffallenden Einbuße an Aufmerksamkeit und Interesse für kognitives Geschehen, aus geringem Interesse für viele Formen der sozialen Interaktion, aus dem schwindenden Gebrauch intellektueller Fähigkeiten für abstraktes Denken und Kreativität, aus der abnehmenden Bereitschaft, verbale Mittel zur interpersonalen Kommunikation zu verwenden, aber auch aus dem häufigen Gebrauch motorischer Fertigkeiten und einer mehr passiv-oppositionellen Orientierung an der Welt (1976, 173).

Anders als nicht behinderte Kinder, die sich auch aktiv (kämpfend) mit einem Konflikt auseinander setzen können, neigen geistig behinderte Kinder mehr dazu, mit defensiven Mechanismen zu reagieren. Der Konflikt wird dadurch nicht gelöst, sondern nur gemildert. Die *Defensivität* äußert sich u. a. darin, dass Bedürfnisse (Wünsche) unterdrückt, jedenfalls nicht direkt oder der Situation angemessen zum Ausdruck gebracht werden. Wenn defensive Mechanismen gebraucht werden, so fallen sie vielfach eher primitiv und als Sofort- oder Kurzschlussreaktionen aus. Sie gleichen den Reaktionen eines wesentlich jüngeren Kindes, werden aber von den anderen nicht so toleriert, wie dies etwa bei einem normalen Kind in den ersten Lebensjahren der Fall ist.

Weiterhin fällt die minimale Variabilität des Defensivverhaltens auf, seine Rigidität, die geringe Angepasstheit an die jeweilige Situation. Derartiges Defensivverhalten erweist sich letztlich als nicht erfolgreich. Es verfestigen sich deshalb Neigungen zur Regression, zur Verneinung, zur Unterdrückung, zur Isolation, zum Rückzug von der Welt. Die Orientierung wird zunehmend von Vermeidungstendenzen bestimmt.

Ein weiteres Ergebnis der eigenen Unsicherheit und der Erfahrung der Inadäquatheit des eigenen Verhaltens ist die stärkere Identifikation mit Anderen. Menschen mit geistiger Behinderung tendieren stärker dazu, sich von außen steuern zu lassen (outer-directed), als von inneren Werten oder eigenen Motivationen (Hutt, Gibby, 185).

Dass sich die dominante Angst auf das *Lernen* hemmend auswirkt, liegt auf der Hand: Beobachten lassen sich eine herabgesetzte Fähigkeit zur Konzentration und zur Diskrimination in der Wahrnehmung. Weil sie außerdem wesentlich mehr Zeit und Übung brauchen, verzögert sich bereits der Beginn von Lernprozessen. Auf diese Weise wird das Kind letztlich daran gehindert, das Lernen zu erlernen. Durch den Ausfall dieser grundlegenden Erfahrungen differenziert sich das Hirnsystem weniger aus. Es bilden sich keine neuen *Schemata* (Piaget) oder *„funktionalen Hirnsysteme"* (Leontjew) aus, sodass auch für eine Weiterentwicklung die nötige neurale Voraussetzung nicht vorhanden ist. Das betrifft vor allem die frühe Entwicklungsphase.

Wieweit und in welcher Weise durch all diese Vermeidungs-, Misserfolgs- und Ausfallprozesse das *Selbstkonzept* des einzelnen Menschen verändert und beeinträchtigt wird, ist kaum von außen her zu beurteilen. Es konnte jedenfalls allgemein ermittelt werden, dass, je niedriger der kognitive Entwicklungsstand des Kindes ist, desto geringer seine Akzeptanz durch andere und desto niedriger die Stufe seines Selbstkonzeptes ist, das sich etwa in einem niedrigeren Anspruchsniveau niederschlägt (Hutt, Gibby, 222).

4.2 Emotionale Störungen

Geistige Behinderung ist in einigen Fällen assoziiert mit schweren emotionalen (psychiatrischen) Störungen. Wie hoch deren Häufigkeit angesetzt wird, geht u. a. aus einer Untersuchung von Webster (1970, b. Robinson, Robinson 1976, 197) hervor, der in einer Population von 159 Vorschulkindern 35 % als leicht gestört, 48 % als mäßig gestört und 17 % als schwer gestört bezeichnete. Unter letzteren befanden sich zur Hälfte Kinder mit Psychosen ohne neurologische Befunde (Lingg, Theunissen 1993). Generell können bei Menschen mit einer geistigen Behinderung die verschiedensten *psychiatrischen Störungen* auftreten.

Eine markante psychotische Störung des Verhaltens ist der frühe *infantile Autismus* (Kusch, Petermann 1990, Neuhäuser, Steinhausen 2003, Theunissen 2003, Wilker 1989). Er ist insbesondere gekennzeichnet durch eine extreme Selbstisolierung, durch den Ausfall von sozialen Beziehungen, etwa zu den Eltern, durch sprachliche Auffälligkeiten vor allem in kommunikativer Hinsicht und durch krampfhaftes Beharren auf der Nichtveränderung der Umwelt. Er äußert sich auch in zwanghaften *Stereotypien und Auto-Aggressionen* (Selbstverletzungen) (Feuser 1979, Klein 1979, Burkart, Krech 1985).

Eine klare Unterscheidung der verschiedenen Formen psychopathologischen Verhaltens ist nur schwer möglich. Psychotische Abweichungen werden bei institutionalisierten geistig behinderten Kindern häufiger angetroffen als bei solchen, die zu Hause aufwachsen (Robinson, Robinson 1976, 202).

Die Phänomene geistige Behinderung und Psychose sind so eng miteinander verflochten, dass es nahezu unmöglich ist, sie diagnostisch klar zu unterscheiden (Speck 1979 a). Auch die Versuche, die primäre Schädigung von einer sekundären abzuheben, sind letztlich unergiebig. Robinson, Robinson empfahlen deshalb, eher das Ausmaß und das Wesen sowohl des intellektuellen Defizits als auch der emotionalen Störungen näher zu bestimmen. Generell kann aufgrund vorliegender Untersuchungen gesagt werden, dass der frühe infantile Autismus und andere Formen psychotischer Störungen mit großer Wahrscheinlichkeit auf die gleichen *Ursachen* zurückzuführen sind wie die intellektuellen Defizite, die diese Störungen gewöhnlich begleiten (Robinson, Robinson 1976, 208). Es gilt als sicher, dass *Hirnanomalien,* die für intellektuelle Retardierung maßgeblich sind, auch für schwere psychische Störungen als Entstehungsgründe in Betracht kommen. Auch zwischen Kindheitspsychosen und organischen Faktoren konnten Zusammenhänge ermittelt werden. Als Beleg führen Robinson, Robinson vor allem die Befunde über Kinder mit dem *Rubella-Syndrom* an, welches extrem hohe Raten an autistischen Reaktionen aufweist. Derartige neurologisch-psychiatrische Befunde können freilich nicht insgesamt die verschiedenen Formen von Persönlichkeitsstörungen erklären, wie sie in Verbindung mit geistiger Behinderung angetroffen werden. Immer wirkt auch die Entwicklungsgeschichte und die soziale Umwelt eines Kindes mit. Über psychotherapeutische Möglichkeiten als Hilfe bei emotionalen Störungen berichteten Görres, Hansen (1991) und Wüllenweber (2000).

5 Entwicklung und Lerntheorien

Entwicklung des Menschen vollzieht sich nicht nur als biotisch angelegter Reifungsprozess (Maturation), sondern zugleich auch als Lernvorgang. Lernen heißt auch Erfahrungen machen. Erst durch den interaktionalen Prozess des In-Verbindung-Tretens mit der Außenwelt, der Assimilation und Akkomodation (Piaget), bilden sich im Organismus Bilder von der Wirklichkeit und Verhaltensschemata aus, genauer gesagt, baut sich die Wirklichkeit auf. Als Lernen ließen sich also jene Akte verstehen, durch die das Individuum die Welt in sich aufbaut, und durch die es sich handelnd auf die Welt und die eigene Situation einstellt.

Die Lernpsychologie untersucht die Lernprozesse im Einzelnen. Überblickt man ihre Forschungsansätze, so lassen sich insbesondere zwei unterscheiden:

– elementaristische Lerntheorien und
– komplexe Lerntheorien (Rauh 1979).

5.1 Elementaristische Lerntheorien

Lineare bzw. eindimensionale Ansätze hat insbesondere der *Behaviorismus* entwickelt. In Anschluss an Tierversuche wurden elementare Lernprinzipien ermittelt, die im Wesentlichen auf linearen Reiz-Reaktionsfolgen beruhen. So erklärt sich das klassische Konditionieren (Pawlow) als eine autonome Reflexkette (Fleisch – Speichelfluss beim Hund), die zur Ausbildung „bedingter Reflexe" führt, während beim „operanten" oder „instrumentellen Konditionieren" der Lernerfolg, die Konsequenzen einer einzelnen Verhaltensweise, auch Verstärker (Belohnungen, Bestrafungen) genannt, maßgebend werden (Gottwald, Redlin 1972).

Elementaristische Lerntheorien sind insbesondere in der *Verhaltensthe-rapie* nutzbar geworden (Kuhlen 1974), und diese wiederum insbesondere bei schweren Verhaltensstörungen in Verbindung mit geistiger Behinderung (Adriaans, Duker 1975, Huber, Striebel 1978).

Die mit dem „Lernen am Erfolg" und mit dem Begriff „*Verstärkung*" verbundenen Inhalte sind dem Erzieher an sich vertraut, denkt man an die Methode der Belohnung. Jeder Lehrer weiß aber auch, dass er nur einen Teil seiner Lehrziele über das Belohnen erreichen kann. Der Ansatz des klassischen und instrumentellen Konditionierens ist auf relativ simple Lernvorgänge begrenzt. Die wichtigsten Lernprozesse aber sind komplexer Art, so dass sich die notwendige Isolierung einzelner Lernziele nicht durchhalten lässt. Lernen kommt nicht einfach durch äußere Einflüsse und nur durch elementenhafte Additionen im Sinne von Reiz-Reaktionsketten (linear) zustande.

5.2 Komplexe Lerntheorien

Zu den schärfsten Kritikern elementaristischer Lerntheorien gehörten u. a. Piaget und Bandura. Piaget vertrat eine *strukturalistische Entwicklungstheorie,* nach der die Genese der Intelligenz (im weitesten Sinn) über Erfahrungen von Struktur zu neuer Struktur fortschreitet. Entwicklung als interaktionaler Lernprozess durchläuft bestimmte Stufen, die aufeinander aufbauen. Lernen ist demnach ein Integrationsvorgang, bei dem durch tätiges Umgehen mit den Objekten sich im Kinde „Schemata" als Verhaltensmuster per Assimilation und Akkomodation ausbilden, jedoch nur so weit, als ihnen bereits vorhandene Schemata entsprechen. Piaget hatte ausdrücklich betont, dass die sich vollziehenden psychischen (kognitiven) Verbindungen „keine einfachen mechanischen Assoziationen zwischen Wahrnehmungen oder Bildern und keine Stimulus-Response-Assoziationen" darstellen, sondern „Integrationen der äußeren Gegebenheiten in Strukturen, die vom Subjekt ausgebildet werden" (1974, 4). Ein rein instrumentelles Antrainieren müsste demnach scheitern, wenn für die zu erwerbenden Verhaltensweisen im Kind noch keine entsprechenden Schemata vorhanden wären, z. B. im Bereich der Sprache, deren Erlernen sich bekanntlich einem verhaltensmodifikatorischen Antrainieren weithin entzieht.

Lernen als Stufenfolge beinhaltet die Bildung immer komplexerer Strukturen, wobei die symbolische Repräsentierung der Wirklichkeit durch Vorstellungen, abstrahierende Begriffe und Sprache, aber auch das Tätigsein eine zunehmende Rolle spielt (Pitsch 2002).

Bandura (1979) stellte in seiner „*sozial-kognitiven Lerntheorie*" insbesondere die Funktion der *Motivationen* und der *Kognition* heraus, d. h. innerpsychischer Prozesse als *innerer* Determinanten des Lernprozesses gegenüber einem Behaviorismus, der Lernen lediglich als Resultat *äußerer* Einwirkungen (operanter Konditionierung) ansieht. Der Mensch sei keine

„Lernmarionette" im Sinne eines bloßen Reiz-Reaktionslernens. „Menschen reagieren nicht einfach auf äußere Einflüsse", vielmehr werde menschliches Verhalten und Lernen erst als „ständige Wechselwirkung zwischen kognitiven Determinanten, Verhaltensdeterminanten und Umweltdeterminanten" sinnvoll erklärbar (10). Neue Verhaltensmuster als Lernergebnisse kommen entweder durch unmittelbare Erfahrung oder durch Beobachtung, wenn nötig unterstützt durch *Modellierung und Übung,* zustande; *Nachahmungen* sind wie im Sinne Piagets erst möglich, wenn ihnen bereits vorhandene kognitive Schemata entsprechen. Der Mensch ist nicht einfach den Stimuli ausgeliefert, sondern er kann sie auch interpretieren, d. h. gedanklich verarbeiten, bevor er reagiert.

Banduras komplexer Ansatz ist insofern ein integraler, als er auch Begriffe der behavioristischen Theorien aufnimmt, z. B. den der Verstärkung. Sie erhalten freilich einen anderen Stellenwert. So wird „Bekräftigung" nicht als mechanische Reaktionsstärkung verstanden, sondern als durchaus „wirksames Mittel zur Regulierung von Verhaltensweisen und zwar von solchen, die bereits erlernt wurden" (31). Jeder Lehrer weiß, dass er mit Verstärkung allein nicht lehren kann.

Wenn auch die genannten komplexen Lerntheorien nicht für geistig behinderte Kinder expliziert geworden sind, so besteht doch aus ihrem Ansatz heraus kein hinreichender Grund, sie hier nicht anzuwenden. Wir machten sonst den geistig behinderten Menschen zur *„Lernmarionette".* Die Erfahrung lehrt vielmehr, dass sein Lernen durchaus nicht als einfache Reaktion auf äußere Einflüsse (Dressur) erfolgt, sondern auf intrapsychischen, kognitiven Prozessen beruht.

Freilich bedingt die Verlangsamung ein vorzeitiges Beenden der Entwicklung auf einem niedrigeren Plateau, z. B. bei den schwerer Geschädigten auf der Stufe der sensomotorischen Operationen. Rauh (1979, 369) sprach von einer *„Entwicklungs-Sackgasse".* Zentral wichtig erscheint die Einsicht, dass das Lernen geistig behinderter Kinder nicht einfach durch das intellektuelle Defizit oder den neuropathologischen Defekt determiniert wird, sondern als Funktion der verschiedensten Bedingungen verstanden werden muss, die auch sonst für einen menschlichen Organismus wirksam werden: Anregungen, Erziehung, Milieu, organisch-genische Faktoren, Selbstkonzept. Sie sind bei der Vielfalt der möglichen Konstellationen jeweils individuell abzuklären. Pauschalierende Aussagen über „das Lernverhalten Geistigbehinderter" erweisen sich daher als konkret wenig hilfreich. Sie können höchstens allgemeine Orientierungsgrößen im Sinne von abstrakten Mittelwerten abgeben.

Es ist bereits davon die Rede gewesen, dass bei geistig behinderten Kindern schon der *Beginn* des Lernens gefährdet ist, und zwar einerseits bedingt durch physiologische Hemmungen und andererseits durch den Ausfall von Lernanregungen und Lernhilfen. Die Effektivität der ersten Lernansätze und damit der weiteren Lernfortschritte wird dadurch in wachsendem Maße herabgesetzt. Lernen ist ein fundamental wichtiger Wirkfaktor für weiteres Lernen und kann als Aktivierungsvorgang angesehen werden gemäß einem Aphorismus von Piaget: Je mehr ein Kind gesehen und gehört hat, desto mehr will es sehen und hören. Erfolgreiche Lernaktivität löst neues Lerninteresse aus.

5.3 Motivationslernen

Bei der Frage, wie und wodurch das Menschwerden in Gang kommt, auf welche Weise die Bewegung „nach vorn" lebendig bleibt, stoßen wir zunächst auf den Wirkzusammenhang der *Motive*. Sie werden auch als Bedürfnisse und Antriebe bezeichnet, von denen die *Aktivität* eines Organismus abhängt. Es lässt sich ein primäres Motivationssystem, d. h. die angeborenen oder organischen Bedürfnisse (Tätigkeits-, Wissens- und Erlebnisdrang), und ein sekundäres Motivationssystem, d. h. die erworbenen Motive (Streben nach Geltung, Belohnung) unterscheiden. Beide Systeme verändern sich unter dem Einfluss des Person-Umwelt-Bezugs.

Motivationen werden von Erwartungen bestimmt. Je nachdem, ob es sich um ein positives oder negatives Erwartungsgefälle handelt, lassen sich Hoffnungs- und Furchterwartungen unterscheiden. Sie weisen eine bestimmte Gefühlsvalenz auf, sind aber von kognitivem Verhalten stark mitbestimmt. Damit sind bereits die Schwierigkeiten angedeutet, denen Menschen mit geistiger Behinderung bei der Steuerung ihres Verhaltens ausgesetzt sind. Die kognitive Selbstkontrolle ist ihr Problem.

Man hat Menschen mit geistiger Behinderung früher als „reine Triebwesen", manchmal als nahezu antriebslos, bezeichnet. Im Bild des „Geistesschwachen" überwog die Schwäche und „Mattigkeit" der Antriebe und damit verbunden die geringe affektive Ansprechbarkeit. Von diesem Extrem psychischer Spannungslosigkeit reichte die Skala des Bewegtheitsgrades bis zum anderen Extrem des rastlosen Angetriebenseins, d. h. bis zum Bewegungschaos („Torpidität").

Die genannten Extreme kommen relativ selten vor, zumal seit sich die Erziehungsumwelt grundlegend gewandelt hat. Im Allgemeinen trifft man abgeschwächte Grade an, mitunter auch den phasischen oder situationsabhängigen Wechsel beider Tendenzen. Berichtet sei von einem hirngeschädigten Mädchen, das während des Unterrichts zumeist teilnahmslos dasaß und kaum ansprechbar im wörtlichen Sinne erschien. Hatte aber der Reiz der Aktivierung einen bestimmten Grad erreicht, so ging die Spannungslosigkeit relativ rasch in ein Übermaß an Bewegtheit über: Das Kind plapperte mit erhobener, freudig bewegter, geradezu jauchzender Stimme drauflos, gestikulierte lebhaft, sprang und hüpfte, um schon nach wenigen Sekunden wieder in die Ohnmacht der Apathie zurückzusinken. Seine von außen angeregte Aktivität reichte in der Regel nicht einmal für die Zeit des Weges von seinem Sitzplatz bis zur Tafel, wo es etwas zeigen sollte.

Aus diesem Beispiel wird u. a. deutlich, wie stark Kinder mit geistiger Behinderung psychophysisch-energetischen Prozessen ausgeliefert sind. Es stellt sich aber auch gleichzeitig die Frage nach den Möglichkeiten der Aktivierung durch äußere Reize und damit nach Möglichkeiten des Erlernens von Motiven und Einstellungen.

Einen grundlegenden Anteil an dieser Aktivierung hat das Vermitteln und Erleben von Wohlergehen und Freude im Lebens- und Schulalltag. Darüber hinaus hat die Erziehung dafür zu sorgen, dass Bedürfnisse und Aktivitäten geweckt werden, durch die das Interesse für Neues und der Sinn eigener Aktivität gefördert werden. Motive werden im Wesentlichen auf dem Wege erfolgreicher Nachahmung, des Erfolgs und der Verstärkung gelernt, aber auch durch Neugier und exploratives Verhalten. Reizmonotonie lähmt, Reizveränderung aktiviert. Ein Wechsel der Umweltbedingungen, z. B. neues Spiel- und Arbeitsmaterial, bewirkt „Interesse", d. h. Neugierverhalten, und dieses regt vielfach zur Nachahmung an. Nachgeahmt werden z. B. Bewegungen und Lautbildungen, Verhaltensmuster und Gewohnheiten.

Eine nicht unwesentliche Rolle spielt dabei auch der *Ausdruck*, den das Kind an der handelnden Person wahrnimmt, und der zugleich nachgeahmt wird, z. B. Freude oder Furcht. So imitiert es den zornig schimpfenden Vater oder die zärtlich helfende Mutter. Es ist jedoch wahrscheinlich kaum in der Lage, die Beweggründe in ihrer Differenziertheit wahrzunehmen, die zu dem Verhalten des Anderen geführt haben. Dazu reicht offenbar seine kognitive Kompetenz nicht aus. Es lernt nicht so sehr von Prinzipien her, z. B. „Ordnungsliebe" an sich, als vielmehr vom erlebten Alltag her, z. B. das Aufräumen von Spielzeug oder das Sauberhalten der Kleidung. Das kann freilich am Ende zur Ordnungsliebe als Gewohnheit und Grundhaltung führen.

Die nachahmende Aktivität wird angeregt und gesteigert durch „Verstärkungen" in Form von Belohnung, Erfolgsbestätigung oder Zärtlichkeit oder auch durch materielle Verstärker, wie Süßigkeiten, Obst usw. Es entsteht dadurch eine sekundäre Motivation: Das Lob für eine gelungene Leistung, z. B. für einen gemalten Reifen, erregt und erhält das Bedürfnis, diese Leistung noch einmal zu wiederholen. Aus der Praxis ist bekannt, wie intensiv sich geistig behinderte Kinder der Bestätigung ihrer kleinen Leistungen durch den Erzieher zu vergewissern suchen.

Sie sind auf soziale Bestätigung sehr angewiesen, können aber, vor allem bei besserer kognitiver Ausstattung auch sich selbst motivieren. Sie können ihren Erfolg als solchen selbst wahrnehmen und erfahren dadurch eine weitere Aktivierung.

Die Leistungsmotivation steht in engem Zusammenhang mit der Erziehung zur *Selbstständigkeit*. Gordon (1959, zit. b. Oerter 1968, 134) konnte durch Beobachtungen bei geistig retardierten Kindern feststellen, dass die soziale Reife bei denjenigen wesentlich höher war, deren Eltern sich von früh an um eine möglichste Unabhängigkeit des Kindes bemüht hatten.

Durch frühes Selbstständigwerden, u. U. auch durch Selbstständigkeitstrainings, lässt sich demnach die Leistungsmotivation beeinflussen. Wenn auch Reizmonotonie in der Umgebung zur Lähmung der Bedürfnisse führt, so wäre es doch verfehlt zu meinen, geistig behinderte Menschen brauchten ständige Abwechslung im Alltag. Sie können auch mit Befriedigung relativ lange Zeit bei einer monotonen Tätigkeit verweilen, ohne dass die Lernmotivation generell Schaden nehmen müsste.

Bedürfnisse und Motive müssen auch kontrolliert und gesteuert werden. Die *Selbstkontrolle gelingt in der Regel durch Gewöhnung und vor allem dann, wenn* der Mensch mit einer geistigen Behinderung sich in unbelasteten vertrauten Situationen befindet. Diese Fixiertheit aber wird zum Problem und zur Hilflosigkeit, wenn ungewohnte Situationen in Form von Regelabweichungen, Bedrohungen, Konflikten oder sonstigen Überraschungen eintreten.

Ich erinnere mich an einen jungen Mann, der auf dem Wege zur Werkstatt plötzlich die gewohnte Straßenbahn verlassen musste, weil sie unerwartet endete, und nun seine Orientierung völlig verlor und hilflos durch die ganze Stadt irrte. Er wurde am nächsten Tag außerhalb der Stadt tot aufgefunden.

Geistig behinderte Menschen können ihr Leben sicherlich nicht selbstverantwortlich führen, aber in einem sozial abgesicherten Rahmen ist ihnen eine relativ selbstständige Lebensführung möglich. Sie brauchen adäquate und verlässliche Bedingungen gewissermaßen als *Leitplanken* für ihr Alltagsverhalten.

5.4 Moralische Entwicklung

Erziehung verfehlte ihren Sinn, wenn ihr Ziel nicht auch darin bestünde, dem Menschen zu einem menschlich geordneten, einem moralischen Leben zu verhelfen. *Moralisch leben* heißt, ein gutes, ein sinnvolles Leben führen, einander zu achten und zu helfen, damit das Zusammenleben Sinn bekommt und gelingt. In der Moralität eines Menschen drückt sich „die uneingeschränkte Verbindlichkeit (aus), unter der der Mensch in seinem Verhalten zu den Mitmenschen, aber auch zur Natur und zu sich selbst steht" (Höffe 1997, 269f). Der sich aus dieser Verbindlichkeit ergebende Anspruch ist an den einzelnen Menschen als *moralisches Subjekt* gerichtet (Herzog 1991).

Es könnte gefragt werden, ob oder wie weit Menschen mit geistiger Behinderung moralischen Ansprüchen gewachsen sind. Ganz allgemein lässt sich darauf verweisen, dass schon in E. Séguins „Erziehung der Schwachsinnigen" von 1846 das „*traitement moral*" eine zentrale Rolle gespielt hat (Hänsel 1974, 83f). Man könnte darunter so etwas wie eine moralische Erziehung verstehen, die die Gesellschaftsfähigkeit zum Ziel hatte. Diese Menschen galten bis dahin als unerziehbar und deshalb auch als nicht moralfähig („Moralischer Schwachsinn").

In der alten Heilpädagogik war der Begriff der „Wertsinnsminderung" geprägt worden, um geradezu das Wesen jeglicher Behinderung zu charakterisieren (L. Bopp 1930). Der *Wertbegriff* hatte in der Pädagogik des vorigen Jahrhunderts eine bedeutende Rolle gespielt. Sie sah in der Weckung und Kultivierung von „Wertfähigkeit" und „Wertwilligkeit" eine wesentliche pädagogische Aufgabe.

Der Begriff der *Werte,* der aus der Philosophie stammt, ist ein relativ abstrakter Begriff, der von einer hohen philosophischen Warte aus ansetzt, sich aber für eine Beschreibung des Prozesses, wie eine Werteverwirklichung zustande kommt, weniger eignet. Die psychologische Forschung verwendet den Begriff der *„moralischen* Entwicklung". Moralität wird als praktische Umsetzung ethischer Prinzipien und Tugenden verstanden.

Da Moralität sich stets auf ein moralisches Subjekt oder Selbst bezieht, das das eigene Handeln steuert und auch bewerten kann, ist die Frage, ob Menschen mit einer geistigen Behinderung moralische Subjekte sein können, nicht einfach zu beantworten. Schwierigkeiten bereitet der immer auch bewusste und *kognitive Akt der moralischen Reflexion und der Begründung* moralischen Handelns in einer gegebenen Situation. Geistig behinderte Menschen sind im rechtlichen Sinne weniger verantwortlich für ihr Handeln. Sie gelten in aller Regel als „nicht zurechnungsfähig". Hier geht es aber nicht um rechtliche Aspekte des Themas. Es kann kein Zweifel bestehen, dass Kinder und Jugendliche mit einer geistigen Behinderung sich auch moralisch verhalten können.

Eine Erklärungshilfe bieten die Befunde der psychologischen Erforschung moralischer Entwicklung und moralischen Verhaltens (Herzog 1991). Es geht aus der Beziehungsstruktur hervor, in der das *Selbst* sich befindet, und beruht im Wesentlichen auf der *Achtung,* die das Kind von außen her erfährt, und die wiederum zur Grundlage für die eigene *Selbstachtung* und damit für die Bildung moralischen Verhaltens wird.

Moralisches Verhalten entwickelt sich in *Stufen.* Diese unterscheiden sich im Wesentlichen nach dem Gewicht der jeweils wirkenden moralischen Autoritäten. Für die Abfolge der moralischen Entwicklung von Kindern und Jugendlichen mit geistiger Behinderung lassen sich im Anschluss an die Forschungen von L. Kohlberg und R. Kegan (1986) grob skizzierend folgende Stufen ableiten:

– Aus der Ausgangsstufe rein *egozentrischer* Bedürfnisse entwickelt sich zunächst eine *fremd- oder autoritätsbestimmte Moral.* Sie wird vor allem durch die Autorität der Eltern und täglichen Erzieher geprägt. Sie geht aus Belehrungen und Anweisungen hervor, deren Befolgung gegebenenfalls durch Strafen erzwungen wird. Das Kind handelt moralisch, weil es Strafen vermeiden will. Das „Traitement moral" von Seguin bestand in der systematischen Einwirkung der Erzieher mit der Absicht, den Zögling zu bessern. Ihren Maßnahmen hatte er sich zu unterwerfen.

Diese Art pädagogischer Erzwingung konnte die Form von Abrichtung annehmen.

– Eine zweite Stufe der moralischen Entwicklung wird durch die zunehmende Einwirkung von *Altersgenossen* erreicht. Die Anpassung des Verhaltens wird durch das Bedürfnis bestimmt, sich an seine peer group und deren *Regeln* und Praktiken anzupassen. Dabei kommen auch Nützlichkeitserwägungen ins Spiel. Das Kind oder der Jugendliche ist auch daran interessiert, bei Anderen etwas zu gelten und dazuzugehören.

– Auf einer dritten Stufe orientiert sich das moralische Verhalten an *gegenseitigen Erwartungen und Konventionen*. Man will etwas tun, was der Gemeinschaft dient. Dazu gehören gute Beziehungen zu Anderen und gegenseitiges Vertrauen und Achten. Man möchte vor sich selbst und vor den Anderen ein guter Mensch sein.

– Auf einer vierten Stufe orientiert sich der junge Mensch an den für das Zusammenleben als wichtig geltenden *sozialen und beruflichen Verpflichtungen* und an den *Gesetzen*. Das *Gewissen* gebietet, dass jeder seine Pflichten erfüllt, damit das soziale Ganze, etwa eine Werkstatt für Behinderte, seine Aufgaben erfüllen kann.

– Ob darüber hinaus gehende Stufen erreicht werden, auf denen es um die Anerkennung von Prinzipien *um ihrer selbst willen* geht, und das *autonome Selbst* seine volle Bedeutung erhält, also eine *post-konventionelle Ebene* der moralischen Entwicklung (nach Kohlberg) erreicht wird, ist bei Menschen mit einer geistigen Behinderung mehr als fraglich. Ihr Selbst orientiert sich vermutlich auf Dauer an *moralischer Fremdbestimmung*.

Zentral bestimmt wird die moralische Entwicklung durch das *Selbst* und zwar *kognitiv und emotional* (Herzog 331). Die Bedeutung der *moralischen Gefühle* ist vielfach übersehen worden, dürfte aber gerade bei Kindern mit geistiger Behinderung besonders wichtig sein. Es gibt deutliche Hinweise darauf, dass der Mensch von Natur aus über moralische Gefühle verfügt. Diese melden sich z. B. bei der Erfahrung von Leid und Schmerz, vor allem als moralische Empörung (Mitleid) schon im frühesten Lebensalter an. Man spricht von einer natürlichen *Empathie* des Menschen. Es entwickelt sich daraus eine „Autorität der moralischen Erfahrung", wenn das Kind in seiner moralischen Sensibilität unterstützt wird. Die moralische Entwicklung ist wesentlich abhängig von der Liebe und Achtung, die es von außen her erfährt. Das moralische Subjekt ist also nicht nur kognitiv bestimmt, sondern wesentlich auch emotional.

So empfindet und bewertet das Kind auch gefühlsmäßig z. B. „ordentliches" Verhalten bei Tisch oder in der Schule als „lieb" und lobenswert und das Gegenteil als „bös" und tadelnswert. Das trifft für eigenes und fremdes Verhalten zu. Das geistig behinderte Kind kann Sauberkeit so sehr schätzen, dass es sich geradezu erregt, wenn es bei sich oder einem anderen Kind einen Schmutzfleck entdeckt. Diese emotionalen Neigungen, um der Achtung der Eltern wegen das Gewünschte zu tun und das Unerwünschte zu meiden, sind zwar natürlich gegeben, müssen aber gestützt und gefördert, also eingeübt werden, um auch erlernt zu werden.

Man kann es recht deutlich daran beobachten, dass das Kind im Sinne des *Modell-Lernens* genau diejenigen Verhaltensnormen schätzt oder verabscheut, die auch in seiner unmittelbaren Umgebung in dieser Weise besonders bewertet werden. Daraus folgert die besondere Bedeutung der Gewohnheiten und Einstellungen, die das Kind in seiner *Lebenswelt* erlebt, z. B. Rücksichtnahme, Hilfsbereitschaft, Ausdauer, Fleiß, Sorgfalt, Vorsicht, „gesittetes Benehmen". Was die *kognitive* Komponente im moralischen Selbst betrifft, so könnte man nun geneigt sein, ihr Wirksamwerden im Fall einer geistigen Behinderung zu verneinen. Damit aber würde man diesen Menschen das Vermögen absprechen, generell moralisch handeln zu können, da im Allgemeinen dieser Komponente die entscheidende Rolle beim moralischen Handeln zugesprochen wird. Ein Beispiel soll das Gegenteil belegen:

> Ein geistig behindertes Mädchen aus einer bäuerlichen Familie, das nur wenig sprechen konnte, überraschte eines Tages durch ein verändertes Verhalten: Der Vater hatte ins Krankenhaus gebracht werden müssen; die Mutter musste allein den Hof versorgen. Das Mädchen stand ohne Aufforderung, also spontan (?) eine Stunde früher auf, um noch vor Schulbeginn der Mutter helfen zu können.

Zweifellos sind die kognitiven Prozesse, die in geistig behinderten Menschen ablaufen, anders strukturiert, nämlich einfacher, weniger differenziert, weniger durch rationale Einsicht bestimmt und nicht eindeutig „autonom" im üblichen Sinne. Dies trifft aber in Relation auch für das nicht behinderte Kind und vielfach auch für Erwachsene zu, die ihr Handeln nicht immer rational zu begründen vermögen. Die Isolierung einer kognitiven Variable ist nicht immer eindeutig möglich. Es ist auch bekannt, wie wenig moralisches Wissen und moralisches Tun miteinander korrelieren (Herzog 1991).

Im Falle einer geistigen Behinderung kann man also die Beteiligung einer kognitiven Komponente am moralischen Verhalten nicht einfach ausschließen. Es ist offensichtlich ein ganzheitlicher Prozess, der zu moralischen Reaktionen führt. Das Kind kann auf verschiedene Weise, sein Wissen um richtig oder falsch, gut oder böse, zuträglich oder bedrohlich, zur Entscheidung bringen bzw. ausdrücken, etwa durch Mimik, Gesten, Zeichen, durch die Sprache oder durch spontanes Tun: „Ich helf' dir!"

> Ich habe dies in meiner Schulklasse bei einem schwerbehinderten Kind beobachten können: Es handelte sich um einen zehnjährigen schwerbehinderten Jungen. Er hatte in der rhythmischen Erziehung die Partnerübung „Führen und Folgen" gelernt: Ein Schüler führt einen anderen durch die Reihen der Schulbänke und achtet darauf, dass der Andere sich nicht wehtut.

Eines Tages trug ich als sein Lehrer infolge einer Verletzung eine schwarze Augenklappe. Es fiel den Kindern schwer, sich an den ungewohnten Anblick zu gewöhnen. Als wir uns zur Pause an der Tür aufstellten, stand der genannte Bub, einen unsicheren, fragenden Blick auf mich gerichtet, neben mir, überlegte, ergriff plötzlich meine Hand und rief: „Ich führ'!" Es war ihm irgendwie bewusst geworden, dass mir etwas fehlte, und dass ich Hilfe brauchte.

Die Fähigkeit, Impulse von außen oder von innen zu bewerten, ist im menschlichen *Gehirn* angelegt, nämlich im Frontalhirn (Spitzer 2002). Ohne Bewertung wäre Information sinnlos, also eine sinnvolle Lebensführung nicht möglich. Aus der langen Folge von Einzelbewertungen, z. B. einer Speise, eines Gegenstandes oder einer bestimmten Person, bilden sich relativ feste innere Bilder, die zu Mustern für die Bewertung – z. B. als angenehm oder unangenehm, schön oder hässlich, gut oder böse – werden. Alles Einwirkende wird vom Organismus in einem ganzheitlichen Sinne bewertet, d. h. es wird zum *Wert für mich* oder es wird nicht zum Wert für mich. Es entstehen Wertungsmuster für Einstellungen, Zielorientierungen oder Vermeidungsverhalten. Diese Bewertungsfähigkeit gerät in Schwierigkeiten bei Schädigungen des zuständigen Kortex. Das Handeln kann dann hemmungslos, ziellos oder haltlos werden.

Ist bei Kindern und Erwachsenen mit geistiger Behinderung eine *Gewissensbildung* möglich? Es lässt sich auf jeden Fall beobachten, dass sie ein „schlechtes Gewissen" als unbehaglich und ängstigend zu empfinden vermögen. Die wertende Unterscheidung von gut und böse, recht und unrecht, orientiert sich mehr an Erfahrungsmustern und Gewohnheiten.

Dies bedeutet, dass das Gewissen, die Instanz zur Bewertung einer moralischen Situation, weitgehend heteronom, d. h. von einer äußeren Autorität abhängig ist. Es bleibt gebunden an Belohnung und Entzug, an die Bestätigung durch die dem geistig Behinderten nahestehenden Erwachsenen und durch die Angst vor Liebesentzug. Das in ihm ausgebildete Gewissen bleibt im Wesentlichen die Stimme seiner Autoritätspersonen, soweit es diese vernehmen und sich mit ihnen identifizieren konnte. Dies bedeutet jedoch keine totale Absage an ein Vermögen, komplex Gutes als Gutes zu erkennen und danach zu handeln.

Wieweit eine solche Identifikation möglich ist, hängt von zahlreichen individuellen und sozialen Determinanten ab. Die Unterschiede sind sehr groß. So glaubte K. König (1959) feststellen zu können, dass das „mongoloide" Kind keine Möglichkeit habe, Fundamente eines Gewissens auszubilden. Es bleibe gewissenlos (213). Wir meinen, dass König den Begriff „Gewissen" hier in einem sehr anspruchsvollen Sinne verwendet hat. Dies geht u. a. aus dem Nachsatz hervor, wo es heißt, es sei „daher verantwortungslos. Kaum jemals ist ein solches Kind fähig zu begreifen, *warum* es notwendig ist, etwas zu lernen, etwas zu erwerben, etwas zu tun". König betonte eigens, dass dies keineswegs allein mit der fehlenden rationalen Einsicht zusammenhängen könne; vielmehr seien auch die emotionalen Voraussetzungen nicht vorhanden. Damit ist offenbar vor allem jene „Seelenfähigkeit" gemeint, „die das Erfaßte im Inneren verankert und alle weiteren Eindrücke damit verknüpft" (212). Dass auch mit diesem Begriff König eine differenziertere Form der Haltung meint, geht daraus hervor, dass recht extreme Ausfälle als Folge der fehlenden „Einsicht" angegeben wurden: keine „moralischen Pfeiler", keine „eindeutige Richtung", „weder Selbstsicherheit noch Entscheidungsfähigkeit" (212).

Sicherlich gelangen geistig behinderte Menschen, aber auch viele nicht behinderte Erwachsene, nicht zu einer solchen Ausdifferenzierung einer moralischen Autonomie, zu einem *selbstverantwortlichen Gewissen*. Aber Down-Kinder können eben auch einfache und wichtige moralische Wertungen und die Bereitschaft erlernen, ihr Verhalten entsprechend sozial bedeutsamen Normen, seien es auch noch so wenige, zu steuern. Es würde ansonsten das Bild vom relativ angepassten Down-Kind, wie es die Schule kennt, ad absurdum geführt.

Darüber, was im Inneren dieser Kinder vorgeht, wenn sie vor einer moralischen Situation stehen, wissen wir wenig. Wir tun also gut daran, in ihnen ganze Menschen zu sehen und zu respektieren, die uns Unwissende auch belehren können, dass sie unter sozialen Bedingungen, die ihnen adäquat und vertraut sind, und für die wir verantwortlich sind, sich normgerecht steuern können und moralisch handeln können.

V Pädagogisch-psychologische Beurteilung

1 Aufgabe der pädagogisch-psychologischen Diagnostik

Erziehung wird erst dann wirksam, wenn sie das Kind da erreicht, wo es steht. Pestalozzi sprach davon, dass der Erzieher das Kind da abzuholen habe, wo es sich befinde. Gemeint ist hier, dass sich die Erziehung geistig behinderter Kinder an deren jeweiligem Entwicklungsstand, an deren sozialer Situation, an deren allgemeinen und speziellen Bedürfnissen zu orientieren hat.

Maßgebend ist das *ganze* Kind, einschließlich seiner sozialen Situation. Der Erzieher, die Lehrerin, wird sich daher an allen Fakten zu orientieren versuchen, die die Gesamtpersönlichkeit des Kindes bestimmen. Fatalerweise wird er dabei häufig durch seine Spezialisten-Vorsatzlinse in seinem Blick verengt auf das Vordergründige, das Besondere, das Andersartige, das *Defizitäre;* gilt doch hierfür seine Spezial-Qualifikation, die er zu vertreten hat. In den Hintergrund der Beurteilung tritt vielfach all das, was das Kind mit einer geistigen Behinderung mit allen anderen Kindern an Bedürfnissen, Kompetenzen und Problemen *gemeinsam* hat.

Für den Pädagogen ist nicht so sehr das Defizitäre oder Fehlende wichtig als vielmehr das menschliche Ganze in seinen Entwicklungs- und Gestaltungsmöglichkeiten. Um dieser pädagogischen Aufgabe entsprechen zu können, ist eine differenzierte individuelle Beurteilung des Kindes und seiner Situation erforderlich. Beurteilung (assessment) bedeutet pädagogisch, das Kind in der Komplexität seines Ist-Zustandes wahrnehmen, erkennen, verstehen, heißt, seine Entwicklungs- und Förderchancen ausmachen, heißt, seine Lernfähigkeit differenziert einschätzen, damit adäquate pädagogische Maßnahmen geplant und eingeleitet werden können (Bundschuh 1985). Pädagogische Beurteilung versteht sich demnach nicht im Sinne einer normorientierten, Standard-Abweichungen messenden und Defekte fixierenden, klassifizierenden Diagnostik, sondern als Ermittlung von Ansatzstellen für pädagogische Förderung („Förderdiagnostik"). *Pädagogisch-psychologische Diagnostik* in diesem Sinne gilt jeweils dem einzelnen Kind, der hinreichenden Charakterisierung seiner *Persönlichkeit,* seiner *Lern- und Leistungsfähigkeiten* im Sinne von Begabungen, seiner Stärken und Schwächen, seiner Chancen und seiner spezifischen Gefährdungen. Jeder generalisierende Klassifizierungsversuch scheitert an der Vielzahl, Vielfalt und unterschiedlichen individuellen Verflochtenheit der Variablen, die für den Einzelmenschen wirksam sind. „Erbe und Umwelt, Leistungsdefekte und persönliche Lebenserfahrungen, psychische Widerstandsfähigkeit gegenüber den unvermeidlichen schweren seelischen Belastungen des geistig Behinderten, Beistand der Familie und Erziehungshilfen führen mit vielen anderen Faktoren zu einem scheinbar unentwirrbaren Mosaik von Individualitäten" (Spreen 1978, 69). Daher führt die Suche nach „typischen" Entwicklungsverläufen kaum zu Ergebnissen, die für die Erziehung im Einzelnen relevant wären. Eine isolierte Psychodiagnostik ohne einen erkennbaren und direkten Zusammenhang mit der Anwendung ihrer Ergebnisse auf das erzieherisch-therapeutische Handeln kann deshalb als pädagogisch wertlos angesehen werden.

Das bedeutet freilich, dass eine handlungsorientierte Individual-Diagnostik am ehesten dann ihrem Zweck dienen kann, wenn der diagnostizierende Fachmann gleichzeitig auch *kompetent für pädagogisch-therapeutisches Handeln* ist. Eine Analogie zur therapieorientierten Diagnostik des behandelnden Arztes liegt nahe. Konsequenterweise entwickelte sich im schulischen Handlungsfeld eine durch Sonderschullehrer praktizierte pädagogische Diagnostik (Lerndiagnostik). Ihre Qualifikation hierfür erhalten sie in ihrer Ausbildung (Bundschuh 1999).

Unter den komplexen Ansprüchen der Realität des primär lehrenden und erziehenden *Sonderschullehrers* aber kommt diese permanente diagnostische Funktion erfahrungsgemäß zu kurz. Sie wird oft mehr implizit zu bewältigen versucht. Eine Ergänzung und Unterstützung durch einen schulisch kompetenten *Psychologen* wäre wünschenswert. Dabei käme es darauf an, dass Erziehung und Lehren nicht zu einem Epiphänomen der Psychodiagnostik werden. Die Primärverantwortung des Pädagogen in der komplexen pädagogischen Situation ist nicht aufhebbar. Er muss auch da handeln, wo ihm die professionelle Diagnostik nichts liefert. Der pädagogisch-psychologischen Diagnostik kann daher im Prinzip nur eine unterstützende Funktion zukommen.

Eine psychologisch-therapeutisch orientierte Beurteilung bedient sich im Wesentlichen zweier *diagnostischer Modelle*. Eggert (1979) sprach von einem *traditionellen* diagnostischen Modell gegenüber einem *verhaltensdiagnostischen Modell* (394ff). Die Unterschiede lassen sich stichwortartig wie folgt gegenüberstellen:

Psychometrische Diagnostik	Verhaltensdiagnostik
Standardisierte Testaufgaben, Antworten „richtig" oder „falsch" Standardisierte Testwerte (Zahlenwerte) als Abweichungen vom Mittelwert einer Bezugsgruppe, an Selektion und Fixierung von Unterschieden orientiert	Direkt am individualen Verhalten, nicht an Persönlichkeitskonstrukten orientiert Normative Beurteilung „erwünschtes" oder „unerwünschtes Verhalten" mittels Beobachtung auf die mögliche Veränderung des individuellen Verhaltens gerichtet

Diese typisierende Unterscheidung zweier Modelle vereinfacht allerdings die Realität erheblich. Auf der einen Seite hat die pädagogische, psychometrische Diagnostik inzwischen informelle, kriteriumsorientierte Messverfahren zur stärkeren Berücksichtigung des individuellen Leistungsstandes entwickelt, auf der anderen Seite bedient sich die Verhaltensanalyse im System der „*Entwicklungsdiagnostik*" statischer, biologisch-psychologisch orientierter Normwerte, um das individuale, funktionsbezogene Verhalten entsprechend der „normalen" Entwicklungssequenz beeinflussen zu können.

Die Unterscheidung von „erwünschtem" und „unerwünschtem Verhalten" wird in ihrer normativen Problematik in der Regel weithin unterschätzt, nicht so sehr in kognitiven oder sprachlichen Funktionsbereichen als vielmehr in emotionalen und sozialen Lernbereichen (Eggert 1979, 396). Die Unbeschwertheit, mit der psychologischerseits die *Normenproblematik* allen Verhaltens über eine funktionale Analyse „entlastet" wird, dürfte einer der Hauptgründe dafür gewesen sein, warum der persönlichkeits- und ganzheitsorientierte, stets in der komplexen Normenthematik stehende Pädagoge trotz umfangreicher diagnostischer Detailwerte vielfach unbefriedigt bleibt, vor allem, wenn er in der Gruppe steht.

Das verhaltensdiagnostische Modell ließ am ehesten eine unmittelbare Umsetzung in entsprechende Interventionen da finden, wo rein verhaltenstherapeutisch mit dem einzelnen Kind gearbeitet wurde und wo Diagnostiker und Therapeut dieselbe Person waren. Ansonsten, d.h. im Regelfall pädagogischen Handelns in Gruppen, bedarf jegliche Diagnostik einer pädagogischen Intention, Interpretation und Umsetzung (Kobi 1983).

Es muss Wert darauf gelegt werden, dass das diagnostische Vorgehen ein *offenes* ist, d.h. ein auch von außen, z.B. von den Eltern, einsehbares und korrigierbares. Da Entwicklung sich als Veränderung in der Zeit vollzieht, ist jede diagnostische Feststellung eine überholbare, was bedeutet, dass heilpädagogische Diagnostik ein permanenter, immer zu wiederholender Versuch ist, erreichte Entwicklungspositionen auszumachen, um neue Entwicklungsschritte pädagogisch vorbereiten und begleiten zu können.

Die Beurteilung von Menschen kann unter *heilpädagogischem* Aspekt nicht über eine *distanzierende* Beobachtung zustande kommen, bei der der Beurteiler sich aus der intersubjektiven Teilhabe ausschaltet. Dem Pädagogen müsse es um eine *verstehende* Beobachtung gehen, bei der er nicht weniger, sondern mehr engagiert und stärker beteiligt ist, hatte bereits P. Moor (1965, 282) gefordert. Nur dadurch werde eine Sichtweise für die „Tatsachen" einer Beobachtung möglich, die zum *Verstehen* führt, vor allem auch da noch, wo dieses Verstehen am schwierigsten wird. „Dazu müssen wir uns in den anderen Menschen hineinversetzen, müssen verspüren, wie es ihm in seiner Haut zumute ist, müssen in uns noch einmal erleben, vor was für Schwierigkeiten er steht und *wie* er vor seinen Schwierigkeiten steht. Dann erst, wenn wir das können, vermögen wir wirklich zu helfen... Wenn das Beobachten unseren erzieherischen Absichten dienen soll, dann muß es ein Teilnehmen sein am Leben des Andern, so wie wenn es um unser eigenes Leben ginge." Zur nötigen Sachlichkeit käme man nur dadurch, daß man sich unablässig bemüht, sich zu einem sachlichen Menschen zu erziehen.

2 Diagnostische Bereiche und Verfahren

Pädagogen brauchen für die Planung, Durchführung und Überprüfung ihrer Fördermaßnahmen ein möglichst umfassendes und mehrdimensionales Bild vom Entwicklungs- und Leistungsstand, von den Persönlichkeitseigentümlichkeiten und von deren Bedingtheiten. Die verschiedenen Details, die zusammenzutragen sind, müssen so geordnet und interpretiert werden, dass sich einerseits differenzierte Fördermaßnahmen einleiten lassen, andererseits aber die ganzheitliche personale und soziale Situation des Kindes transparent bleibt. Eine funktionelle Analyse, die lediglich Stücke und Teile produzierte, wäre pädagogisch wenig brauchbar.

2.1 Physische Entwicklungsbedingungen

Die Kenntnis der *physischen Bedingungen* für Lernen und Sozialisation ist seit je als wichtige Voraussetzung heilpädagogischen Handelns betont worden, früher wohl noch stärker als heute, obwohl heute weitaus differenziertere fachärztliche Diagnose-Instrumentarien zur Verfügung stehen. Wer Kinder mit einer geistigen Behinderung zu fördern hat, wünscht sich im Allgemeinen mehr *ärztliche Informationen* über das, was als organisch-genische Bedingtheit für den vorgefundenen Zustand des Kindes in Betracht kommen kann, und welche Funktionsschädigungen (Hören, Sehen, Herzfunktion u. a.) vorliegen. Er wünscht sich, mehr über physiologische Zusammenhänge in Erfahrung zu bringen, damit er sich in seinem Förderansatz auf derart begründbare Blockierungen und Veränderungsmöglichkeiten einstellen kann.

In der Realität erfährt der praktizierende Pädagoge relativ wenig von solchen Fakten. Das liegt nicht nur am Mangel an Fachärzten, auch nicht allein an den Hindernissen, die durch die *ärztliche Schweigepflicht* gegeben sind, sondern z. T. auch an einer Überforderung der Ärzte aus der Sicht eines Pädagogen. Was Pädagoginnen sich an Informationen über den Organismus eines Kindes wünschen, kann vielfach erst als Ergebnis ärztlicher Diagnose *und* pädagogischer Beobachtung im Erziehungsprozess zustande kommen. Es ist offensichtlich viel weniger, was als eindeutige physische Bedingung der Entwicklung eines Organismus auszumachen ist. Das individuell Entscheidende wird erst aus der Interaktion mit Umwelt bestimmbar, d. h. eigentlich erst dann, wenn man seine Beobachtungen fortlaufend austauscht.

Der dem Lehrer zugängliche *Gesundheitsbogen* enthält im Allgemeinen nur diagnostische Kurzformeln, wie etwa „*Down-Syndrom*" oder „*frühkindliche Hirnschädigung*", u. U. auch nur stichwortartige Angaben über die Art der Schädigung oder über den allgemeinen Entwicklungsrückstand. Das heilpädagogische Erfordernis, den potenziellen Begabungs- und Verhaltensspielraum eines behinderten Kindes zu erkunden, geht über den Versuch einer Klärung der Kausalfaktoren hinaus. Über die pauschale Diagnostizierung eines „frühkindlichen Hirnschadens" oder „des Mongolismus" hinaus bedarf es einer Spezifizierung des *individuellen Entwicklungsstandes* und der „Zone der nächsten Entwicklung" (Wygotski 1974). Hierzu sind psychologisch fundierte Beobachtungen und auch Messungen nötig.

Das *Hör- und Sehvermögen* geistig behinderter Kinder weist relativ häufig Beeinträchtigungen auf. Es ist damit zu rechnen, dass der Anteil hörgeschädigter Kinder unter den geistig behinderten größer ist als gemeinhin angenommen (Wilken 2003). Sorgfältige audiometrische Untersuchungen als Routineüberprüfungen sind notwendig.

Ähnlich dürfte es sich mit der Häufigkeit von *Sehschäden* verhalten. Nach Sondersorge (1967) litten 18 % aller untersuchten Kinder unter ärztlich festgestellten Sehfehlern. Die meisten von ihnen waren Down-Kinder. 14,2 % wurden als Brillenträger und 15 % als Schielende registriert. Spreen (1978) berichtet von Untersuchungen, nach denen die visuellen Schwächen vor allem auch in den Bereichen der Figur-Hintergrund-Wahrnehmung, im Formenerkennen, im Tiefensehen, in der Größenkonstanz oder bei Umkehrbildern liegen (87).

Zur Feststellung des individuellen *motorischen Rückstandes* wurde vielfach die von Göllnitz modifizierte „metrische Skala für die Untersuchung der Motorik bei Kindern" von Oseretzky verwendet (Göllnitz, Lenz, Winterling 1957). Inzwischen hat sich zur Messung des psychomotorischen Entwicklungsstandes die *Hamburger Version* der *Lincoln Oseretzky Scala* (LOS) bewährt, ein Subtest der TBGB. Erfolgreich erprobt ist auch der *Körper-Koordinationstest* (KTK) von Kiphard und Schilling (1974), ein motorischer Test zur Erfassung frühkindlicher Hirnschädigungen.

Ein geeignetes Verfahren, den individuellen Entwicklungsstand der verschiedenen (physisch begründeten) Funktionen (Krabbeln, Sitzen, Laufen, Greifen, Wahrnehmen, Sprechen, Sprachverständnis, Sozialentwicklung) in einem ersten Überblick zu erfassen, stellt die „*Münchener Funktionelle Entwicklungsdiagnostik*" (Hellbrügge, Pechstein) dar. Schamberger hat ihre Verwendbarkeit bei Kindern mit dem Down-Syndrom nachgewiesen (1978). Der Test – wie auch zahlreiche andere Entwicklungstests, z. B. die *Denver-Entwicklungsskalen* (Fleming 1973) – erbringt ein Entwicklungsprofil, das Aufschlüsse darüber gibt, in welchen Funktionsbereichen ein Kind Stärken oder Schwächen im Vergleich zur Altersnorm aufweist, so dass daraus in Verbindung mit einer intensiven Verhaltensbeobachtung Schlüsse für den „entwicklungstherapeutischen" bzw. heilpädagogischen Ansatz gezogen werden können (Mühl 1984, 59f).

Ein spezielles Instrument zur Erfassung der Sinnes- und Bewegungsfunktionen stellte das „*Sensomotorische Entwicklungsgitter*" nach Kiphard (1980) dar. Für die pädagogisch-therapeutische Einschätzung des Entwicklungsstandes schwerstbehinderter Kinder ist die Förderdiagnostik von Fröhlich, Haupt (1983) geeignet, auch die TARC-Methode von W. Sailor und B.J. Mix (Niedermann, Müller, Simmen 1986).

2.2 Der soziale Kontext

Eine Gesamtbeurteilung des Kindes bliebe unzulänglich, enthielte sie nicht auch Angaben zur sozialen Vorgeschichte und gegenwärtigen sozialen Situation des Kindes, seien es begünstigende oder benachteiligende Umstände und Zusammenhänge. Es geht um Fragen wie:

- Beziehungen des Kindes zu den übrigen Familienmitgliedern
- soziale Position der Familie in ihrer Umgebung
- Beziehungen der Familie zur Schule
- sonstige außerfamiliäre Kontakte, Spielgefährten
- sozialer Status der Familie
- soziale Verhaltensweisen des Kindes in den verschiedenen sozialen Gruppierungen u. Ä.

Angaben dieser Art kann vor allem ein Sozialarbeiter, aber auch jeder andere beitragen, der in Kontakt mit der sozialen Situation eines behinderten Menschen steht. Die Auskünfte der Eltern dürften besonders wichtig sein, aber u. U. auch diejenigen der geistig behinderten Personen selber, soweit sie dazu fähig sind bzw. ihnen Gelegenheit gegeben wird, sich ihrer sozialen Bedingungen bewusst zu werden, und diese zu artikulieren.

2.3 Die intellektuelle Kapazität

Die Ermittlung der intellektuellen Leistungsfähigkeit erfolgt in herkömmlicher Weise mittels Intelligenztestverfahren. Mit Hilfe von Intelligenzalter und Intelligenzquotient können Klassifizierungen bezüglich der Abweichung von der Norm vorgenommen werden. Sie haben bisher pädagogisch nicht voll befriedigt. Das mag daran liegen, dass die verwendeten Tests nicht originär für Probanden mit einer geistigen Behinderung konzipiert waren.

Ein aufgrund von nur wenigen gelösten Testaufgaben eines herkömmlichen Testverfahrens ermittelter IQ hat keine ausreichende Aussagekraft. Eggert hatte (1979) die Problematik der Intelligenztestung bei geistig behinderten Kindern im Einzelnen aufgezeigt, insbesondere in klassifikatorischer Hinsicht, und resümiert: „Das Intelligenz-Niveau ergibt zwar durchaus eine globale Niveau-Bestimmung, ist aber als alleiniger Klassifikationsansatz mit Sicherheit nicht ausreichend" (402).

Auf die Unzulänglichkeit von Klassifizierungsversuchen mittels IQ-Werten ist bereits in Kapitel II hingewiesen worden. Pädagogischerseits stellt sich die Frage, was derartige Klassifizierungen eigentlich einbringen. Seit je fällt auf, dass die Klassifizierungsschemata mit der Realität von Einteilungen in pädagogische Institutionen nicht übereinstimmen.

Im Anschluss an die *Empfehlungen des Deutschen Bildungsrates* (1973) kann im Sinne einer Groborientierung der gemessene Intelligenzwert als zusätzlicher Anhaltspunkt gelten. Danach läge der Bereich *geistiger Behinderung* in der Regel bei *drei Standardabweichungen* des gemessenen Intelligenzwertes unterhalb des Mittelwertes, was ungefähr einem IQ um 55 entspricht – dies mit allem Vorbehalt hinsichtlich der Messbarkeit von „Intelligenz" bei Personen mit einer geistigen Behinderung. Damit ist auch die Problematik angesprochen, die in der Person des Diagnostikers liegt, der in einer Fremdsituation testet, worauf u. a. Eggert (1979, 399) hingewiesen hat. Als standardisierte Intelligenztestverfahren wurden genannt:

– der *Kramer-Test* (KT) (Kramer 1972)
– der HAWIVA *(Hannover-Wechsler-Intelligenztest für das Vorschulalter)* (Eggert, Schuck 1975) und
– der *Psychologische Entwicklungstest* (PET), eine deutsche Bearbeitung des *Illinois Test of Psycholinguistic Abilities* (ITPA, Kirk, Kirk) von Angermeier (1974).

Über eine rein quantitative Pauschalaussage hinaus interessiert den Pädagogen mehr eine differenzierte Feststellung der verschiedenen Leistungsmöglichkeiten, ein individuelles Verhaltensprofil also, das auch gewisse prognostische Schlüsse zulässt *(Profildiagnostik).* Den genannten pädagogischen Bedürfnissen am nächsten kommen dürfte die 1969 erschienene *Testbatterie für geistig behinderte Kinder* (TBGB) (Bondy, Cohen, Eggert, Lüer 1969). Sie fasst sechs Leistungs- und Intelligenztests zusammen. Diese können in verschiedenen Kombinationen und auch einzeln verwendet werden. Sie gestatten eine frühe Diagnose des Grades der geistigen Behinderung und eine differenzierte Einstufung des Kindes hinsichtlich seiner Leistungsfähigkeit. Im Einzelnen geprüft werden allgemeine Intelligenz, Sprache, Merkfähigkeit und Motorik.

Es wird kein Intelligenzquotient ermittelt, jedoch ein *Testprofil,* das ein Bild der relativen *Stärken und Schwächen* des Kindes ergibt. Die errechneten Abweichungswerte und Prozentrangwerte beziehen sich auf die Altersgruppe der sieben- bis zwölfjährigen geistig behinderten Kinder. Ein Vergleich mit nicht behinderten Kindern ist also nicht möglich, jedoch mit Lernbehinderten. Bei keinem Test ist ein differenziertes Sprechvermögen des Kindes erforderlich. Es können also auch Kinder untersucht werden, die gerade noch in der Lage sind, einfachste verbal oder pantomimisch gegebene Anweisungen zu verstehen und auszuführen. Da es notwendig war, auch Tests aufzunehmen, bei denen keine zeitbegrenzten Aufgaben gestellt werden, kann die Gesamttestzeit bis zu vier Stunden in Anspruch nehmen; in der Regel sind drei Sitzungen nötig.

Aufschlussreich für das Leistungsverhalten und seine Entwicklung bei Kindern und Jugendlichen mit einer geistigen Behinderung sind zwei Anmerkungen am Schluss des Anleitungsheftes:

– Der Test lässt keine Aussage über Bildungsfähigkeit und Bildungsunfähigkeit des untersuchten Kindes zu, auch wenn es keine einzige Aufgabe lösen kann. Es ist dann lediglich als testunfähig zu bezeichnen.

– Die Brauchbarkeit der Testbatterie zur Vorhersage von Bildungsmöglichkeiten und zur Planung pädagogischer Fördermaßnahmen konnte von Eggert (1974) nachgewiesen werden.

2.4 Die Sozialentwicklung

Es ist bereits in Kapitel IV auf die definitorische Koppelung von Intelligenz- und Sozialentwicklungsdaten aufmerksam gemacht worden. Geistige Behinderung wird nicht allein über den IQ, sondern auch über entsprechende Rückstände oder Störungen in der *sozialen Anpassung* bestimmt.

Als ein Instrument zur vergleichenden Feststellung sozialer Fertigkeiten und der Möglichkeiten ihres Erwerbs hat sich vor allem in den USA die *Vineland Social Maturity Scale* von Doll (1953) bewährt (Specht 1963, Lüer, Cohen und Nauck 1966). Die durch Befragung der Eltern ermittelten, in einem Sozialquotienten (SQ) quantifizierbaren Ergebnisse geben Aufschluss über sechs Kategorien sozialer Umgänglichkeit: Selbsthilfe, Fortbewegung, Beschäftigung, Kommunikation, Selbstbestimmung und Soziabilität. – Eine Kurzform dieses Sozialreifetests ist in die *Testbatterie für geistig behinderte Kinder* (TBGB) aufgenommen worden.

Die in den USA von Nihira und Mitarbeitern entwickelte *Adaptive Behavior Scale* (AAMD-Revision 1975) ist ein differenziertes und erweitertes Verfahren zur Messung des Anpassungsverhaltens. Sie gliedert sich in zwei Teile: *Teil 1* orientiert sich an der *Entwicklungssequenz* und ist in *zehn Funktionsbereiche* untergliedert, die für die *persönliche Unabhängigkeit* im täglichen Leben wichtig sind:

– *Selbsthilfe (Essen, Waschen, Kleider, Toilettenbenutzung u. Ä.)*
– *physische Entwicklung (Sensomotorik)*
– *ökonomische Aktivität (Umgehen mit Geld, Einkaufen)*
– *Sprachentwicklung*
– *Zahlen und Zeiten*
– *häusliche Aktivität (Wäsche, Küche etc.)*
– *berufliche Aktivität*
– *Selbstbestimmung (Initiation, Beständigkeit, Freizeit)*
– *Verantwortlichkeit*
– *Sozialisation.*

Im *Teil 2* werden Formen des Fehlverhaltens als *Persönlichkeits- und Verhaltensstörungen* erfasst:

- *Verletzendes und destruktives Verhalten*
- *antisoziales Verhalten*
- *auflehnendes Verhalten*
- *unzuverlässiges Verhalten*
- *Zurückgezogenheit*
- *Stereotypien*
- *unangemessene interpersonelle Angewohnheiten*
- *nicht akzeptierbare stimmliche Gewohnheiten*
- *exzentrische Gewohnheiten*
- *selbstverletzendes Verhalten*
- *hyperaktive Neigungen*
- *sexuell abweichendes Verhalten*
- *psychologische Störungen*
- *Gebrauch von Medikamenten.*

Es handelt sich jeweils um *Schätz-Skalen*. Für jeden Teil werden Zahlenwerte ermittelt, die differenziert und umfassend Aufschluss über das individuelle Niveau des Adaptionsverhaltens und seine Störungen geben.

Weite Verbreitung hat hierzulande ein anderes Messverfahren für soziale Kompetenz gefunden, die *PAC-Methode* (Progress Assessment Chart) von Günzburg (1978). Sie stellt eine pädagogische Analyse und zugleich ein Curriculum der Sozialentwicklung dar. In Diagrammform werden aufgelistete Fertigkeiten per Beobachtung registriert und zwar in vier Bereichen:

- *Selbsthilfe (Essen, Bewegung, Toilette, Waschen, Anziehen)*
- *Verständigungsvermögen (Sprache, Zahlenbegriffe)*
- *Sozialanpassung (häusliche Tätigkeiten, Spielen)*
- *Beschäftigung (Wendigkeit, Fingerfertigkeit).*

Es sind jeweils pro Altersstufe eigene Verfahren entwickelt worden. Der Vorteil dieser sequenziell angeordneten Fertigkeiten liegt darin, den jeweils nächsten Entwicklungsschritt ausmachen und die Effektivität der entsprechenden Fördermaßnahme kontrollieren zu können. Das *PAC-System* ist mit seinen Vergleichswerten unmittelbar an den Durchschnittsleistungen geistig behinderter Kinder und Jugendlicher orientiert. (Beziehbar deutsch über Bundesvereinigung Lebenshilfe, Marburg / Lahn.)

Eine praktisch orientierte Kombination von Einschätzungen von Kompetenzen in den Bereichen Motorik, Wahrnehmung, Selbstversorgung, Umweltorientierung, Kulturtechniken, Lernverhalten, Sprache, Sozialverhalten und Verhaltensstörungen stellt das *Heidelberger Kompetenz-Inventar für geistig Behinderte* nach Holtz u. a. dar (Holtz 1998).

2.5 Persönlichkeitseigentümlichkeiten

Die pädagogisch-psychologische Beurteilung eines geistig behinderten Kindes wird sich auch auf charakteristische Eigenheiten seiner Persönlichkeit beziehen müssen, wenn ein *Gesamtbild seines Verhaltens und Erlebens* vorliegen soll. Durch implizite Beobachtungen und Einschätzungen kennt ein Lehrer an sich recht gut solche Charakteristika in Bereichen der Emotionen, Motivationen, Stimmungen, Handlungsstile, Ausdrucksweisen, Kommunikationsstile u. a. Hutt, Gibby (1976) halten es für notwendig, Näheres zu wissen über das Entwicklungsniveau der Persönlichkeit, über den Stand der Ich-Entwicklung, über die Art und Stärke innerer Konflikte, über bevorzugte Abwehrmechanismen und über psychopathologische Reaktionsweisen. Klinische Psychologen, Psychiater und Lehrer müssten zusammenwirken, um ein differenziertes Bild der Persönlichkeit einschließlich seiner Dynamik erhalten zu können.

Die *diagnostischen Schwierigkeiten* beim geistig behinderten Kind liegen auf der Hand: Es ist nur begrenzt fähig auszusagen, wie es sich fühlt und was es denkt. Übliche Persönlichkeitstests eignen sich daher nur sehr bedingt, meist gar nicht (Hutt, Gibby, 278, Spreen 1978, 74). Von Hofer-Krauss und Eggert (1972) ist ein eigener Persönlichkeitsfragebogen für geistig behinderte Kinder entwickelt worden, der über Beobachtung Geltungsbedürfnis, Wunsch nach Zuwendung, Ordnungsbedürfnis, Trotzverhalten, Unruhe und Einordnen in die Gruppe erfasst (b. Eggert 1979, 412).

Auch die bereits genannte *AAMD-Adaptive Behavior Scale* ist geeignet, Persönlichkeitseigentümlichkeiten zu registrieren, insbesondere Störungen.

VI Erziehung und Bildung: Grundbegriffe

1 Erziehungsbedürftigkeit und Bildbarkeit

„Der Mensch kann nur Mensch werden durch Erziehung. Er ist nichts, als was die Erziehung aus ihm macht" (I. Kant, Über Pädagogik 1803, 1977, 699). Und doch ist die Anerkennung der *Bildbarkeit* und der Notwendigkeit von Erziehung des Menschen mit einer geistigen Behinderung kein gesichertes Kulturgut. Es gab Zeiten und Kulturen, die dem „Geistesschwachen" Wert und Sinn seiner Bildung absprachen. Im vorigen Jahrhundert entstand der Begriff der so genannten *Bildungsunfähigkeit*. Er führte dazu, die Notwendigkeit von schulischer Bildung für diese Gruppe von Menschen zu verneinen.

Angesprochen wird damit ein zwar pädagogisch umstrittener Sachverhalt, der aber zugleich auch einen zentralen und heilpädagogisch wichtigen Fragenkomplex darstellt. Er hat seinen Kern im Begriff der „*Bildung*". Dieser wird in der gegenwärtigen „Bildungsdiskussion" bevorzugt gebraucht und bezieht sich im Besonderen auf die *Schule*, das „*Bildungswesen*". An sich wäre „Erziehung" der Grundbegriff für eine „Erziehungswissenschaft". Diese kann aber offensichtlich in Deutschland auf den klassischen Begriff der Bildung nicht verzichten („Bildungswissenschaften").

Da es geschichtlich gesehen immer wieder den Versuch gegeben hat, geistig behinderte Kinder zwar als erziehungsfähig (trainierbar) anzusehen, nicht aber als fähig, „Bildung" im klassischen Sinne zu erwerben, so dass sie von der Schule („Schulbildung") ausgeschlossen wurden, soll hier ganz bewusst der Begriff „*Bildung*" mitverwendet werden.

Die im Begriffspaar „Erziehung und Bildung" potenziell enthaltene Doppelung des Inhalts wird hier bewusst in Kauf genommen. Es wird aber auch die heute favorisierte Unterscheidung beider Begriffe im Auge behalten. Der Begriff „Bildung" erscheint daher unter heilpädagogischem Aspekt für den Ansatz von Erziehung (in einem umfassenden Sinn) bei geistiger Behinderung als nicht verzichtbar, jedenfalls im Deutschen.

Wie groß der Unterschied zwischen einem „Gebildeten", d. h. einem „Studierten", und einem Nicht-Gebildeten, einem Laien, früher war, geht aus einer Schrift von Nikolaus von Cues (1401–1464) hervor („Idiota de mente"), in der er einem Philosophen einen Löffelschnitzer gegenüberstellt, einen „Idiota", einen unkundigen Laien, der dem „Gebildeten" klarmacht, dass sie durchaus beide über den „Geist" diskutieren können, allerdings jeder auf seine Art.

Die Frage nach der Erziehung (und Bildung) bei geistiger Behinderung hat mehrere Facetten. Eine bezieht sich auf die Frage, ob und wie weit für geistig behinderte Menschen nicht das genügte, was man unter „Pflege" versteht, die zusätzlich einige Minimalia von Erziehung (Training) enthielte. Um derartige Reduktionen zu verhindern, ist eine Unterscheidung beider Begriffe wichtig. Würde die Notwendigkeit von *Erziehung und Bildung* verneint, so bestünde die Gefahr, dass Menschen mit einer geistigen Behinderung der bloßen Pflege überlassen würden.

Für einen Klärungsversuch ist das Verhältnis von *genereller* und *individueller Erziehungsbedürftigkeit* (oder *Bildbarkeit*) wichtig (Brezinka 1974). Während eine *allgemeine* Erziehungsbedürftigkeit sich einer empirischen Überprüfung entzieht und im Wesentlichen ein pädagogisch-anthroplogisches *Postulat* darstellt, lässt sich die *individuelle* „Erziehungsbedürftigkeit" auch objektivieren.

1.1 Generelle Erziehungsbedürftigkeit

Die Frage, ob der Mensch als ein naturnotwendig erziehungsbedürftiges Wesen anzusehen ist, ob er nur durch Erziehung wirklich Mensch werden kann, ist eine Frage der pädagogischen Anthropologie oder Erziehungsphilosophie. Nachdem sie allgemein bejaht wird, gilt sie auch für geistig behinderte Menschen. Es lässt sich im Sinne der Analyse von Brezinka feststellen, dass es „das Merkmal einer Person ist, der Erziehung bedürftig zu sein" (160); das bedeutet, der Mensch hat generell Erziehung nötig, um Mensch werden zu können, um lebensfähig zu sein, um als vollwertiger Mensch anerkannt zu werden. Erziehung ist damit konstitutiv für das Menschsein. Der Mensch ist educandus, ein zu erziehender, ein zu bildender.

Diese allgemeine These setzt reale *Erziehbarkeit* (educability) oder *Bildbarkeit* voraus. Gemeint ist beim geistig behinderten Menschen seine Zugänglichkeit oder Empfänglichkeit für erzieherische Einwirkungen. Es dürfte schwierig sein, diese in jedem Falle empirisch nachzuweisen, zumal auch der Begriff der Erziehung sich einer operationalen Klärung entzieht. Dies aber wäre noch kein Grund, eine generelle Bildbarkeit selbst im Falle einer schweren Behinderung und einer in hohem Maße gegebenen Pflegebedürftigkeit auszuschließen.

Die These, dass „alle, die als Menschen geboren worden sind, der Unterweisung bedürfen, weil sie Menschen sein sollen" – Comenius (Große Didaktik, 1985, 49) meinte dabei auch „stumpfe Geister" (70) – wird pädagogischerseits nicht unwidersprochen hingenommen, und zwar dann, wenn man in der gegebenen *Erziehungswirklichkeit* bei schwergeschädigten Kindern meint, an die Grenzen des pädagogisch Möglichen gelangt zu sein, wenn man den Eindruck gewinnt, als habe man es bei einem solchen geistig kaum anregbaren Menschen nicht mit einem begegnenden Du, sondern mit einem

kommunikationslos vegetierenden Es zu tun, dem jegliche Bildbarkeit ermangele. So sah u. a. Derbolav den „homo patiens" als einen erst auf dem
Wege zu seiner Bildsamkeit befindlichen Menschen an. Ihm sei die den
„homo educandus" konstituierende Bildsamkeit abzusprechen (Derbolav
1959). Damit könnte auch der Begriff des „lebensunwerten Lebens" und
der „Euthanasie" eine Rechtfertigung erfahren.

Löwisch sah „massive Inhumanität" als Folge eines Absprechens von Bildsamkeit an (1969, 153). In seiner „erziehungsphilosophischen Grundlegung
der Heilpädagogik" ging er hinsichtlich der Frage der Bildsamkeit davon
aus, dass Geistigkeit, Aktivität und Psyche unabdingbare Konstituenten des
Menschseins darstellten, die also prinzipiell nicht geleugnet werden könnten, und dass die Notwendigkeit pädagogischer Mühewaltung nicht aufhebbar sei. Vielmehr erweise sich bei „Zugrundelegung des Prinzips der Aktivität des Subjekts" auch noch die schwerste geistige Behinderung als
pädagogische Aufgabe (156). „Die prinzipielle Bildsamkeit des behinderten
Menschen" aber lasse sich – wie jedes Prinzip – „durch Erfahrungsbeweise
nicht widerlegen oder aus der Welt schaffen".

Wenn von Bildbarkeit bei schwer geschädigten Menschen die Rede ist, so
kann es sich nicht um eine materiell zu messende Größe, auch nicht um ein
„gewisses Minimum" handeln, sondern um ein *Postulat der conditio humana*,
das man mit der gebotenen prinzipiellen Offenheit so fassen könnte: *Bildbarkeit ist die Verwirklichungspotenzialität für menschliches Leben unter
der Voraussetzung von Erziehung und Bildung*, wobei menschliches Leben
als *Menschsein in sozialer Teilhabe* zu begreifen ist.

Zusammenfassend lässt sich postulativ feststellen:

Jedes geistig behinderte Kind ist als Mensch unter Menschen der Erziehung bedürftig. Es geht von ihm – für den Menschen erkennbar – „der Appell (aus), erzogen zu werden" (Vliegenthart 1968). Wir können ihn allgemein als den „Wunsch, mitmachen zu dürfen in den Dingen der Menschen",
sich zugehörig zu erleben, definieren. Er bedarf dazu einer seiner Besonderung entsprechenden Hilfe. Sie ist darauf gerichtet, „diejenige Form des
Menschseins in seinem Leben zu verwirklichen, die ihm möglich ist" (Vliegenthart, 33, Speck 1998 b).

Der Bildungsanspruch des geistig behinderten Kindes ist eine pädago-
gisch-anthropologische These, der widersprochen wird. Sie ist nicht etwas
naturhaft Selbstverständliches, sondern ein kulturelles Phänomen. Wie jedes Kulturgut muss es immer wieder verteidigt werden (Vliegenthart). Die
Aufgabe der Verteidigung der Rechte der Schwachen wird immer nur von
einer kleinen Gruppe oder Einzelnen als Anruf vernommen. Der Begriff
„Bildungsunfähigkeit" ist pädagogisch-anthropologisch untragbar. Er ist in
sich gleichbedeutend mit dem Absprechen des Wertes als Mensch, ist historisch außerordentlich belastet und als anzuwendende Bestimmung praktisch nicht vollziehbar (Hanselmann 1958, 111).

Auch der Begriff der *schulischen* Bildbarkeit als Abgrenzungskriterium zu einer „Schulbildungsunfähigkeit" löst nicht das pädagogische Problem der schwerbehinderten Kinder und Jugendlichen. Da er nicht operationabel und von der jeweiligen Definition von Schule abhängig ist, ist er eher dazu angetan, das Unrecht der amtlichen pädagogischen (schulischen) Vernachlässigung von einst zu perpetuieren. Die Schule kann sich von ihrem gesellschaftlichen Auftrag als Bildungsorganisation für alle hier nicht von ihrer Verpflichtung für *alle* geistig behinderten Kinder entbinden.

1.2 Individuelle Bildbarkeit

Wie ist für das einzelne Kind mit seiner geistigen Behinderung dessen spezielle Erziehungsbedürftigkeit und damit auch seine Bildbarkeit zu sehen, möglicherweise auch empirisch aufzuweisen und zu bewerten? Konkret gefragt: Woran erkennt man beim individuellen Kind dessen positive Beeinflussbarkeit durch Erziehung und Bildung im Falle einer geistigen Behinderung? Erziehung ist ein sozialer Vorgang. Beobachtungen lehren eindeutig, dass eine Zugänglichkeit für soziale Einwirkungen und damit *Lernfähigkeit generell besteht.* Selbstverständlich sind diese Interaktionen von der Wirkweise des *Gehirns* abhängig. Dieses ist ein „soziales System" (Spitzer 2002). Es kann derart geschädigt sein, dass beim zu beobachtenden Verhalten nicht unterschieden werden kann, ob es angeborenes oder erlerntes Verhalten ist (Maturana, Varela, 188). Da es diese Unterscheidungsmöglichkeit durch Beobachtung nicht gibt, wäre es generell unzulässig, soziale Beeinflussbarkeit auszuschließen. Wir haben vielmehr von einer plastischen Struktur des Organismus auszugehen, d. h. von einer Entwicklungsfähigkeit im Sinne von Veränderbarkeit durch Interaktionen. Was dabei abläuft, ist Lernen „als Ausdruck einer Strukturkoppelung ..., in der die Verträglichkeit zwischen der Arbeitsweise des Organismus und des Milieus aufrechterhalten wird" (a. a. O.).

Erziehbarkeit oder Bildbarkeit stellt einen speziellen Aspekt der hier allgemein bestätigten *Lernfähigkeit* dar. Nicht jedes Lernen beruht auf Erziehungseinwirkungen. Jedenfalls wird unter Erziehung und Bildung gemeinhin eine *spezielle* Klasse von sozialen Einwirkungen verstanden, nämlich *intentionale* und *zielgerichtete.* Es ginge nun darum, diese von einem so genannten naturhaften Lernen und von einem allgemeinen sozialen Einfluss zu unterscheiden. Erst dann kann von einer Erziehbarkeit bzw. Bildbarkeit geredet werden. Ohne hier schon auf den Inhalt von Erziehung und Bildung einzugehen, kann vermerkt werden, dass es sich um ein *qualitativ anderes Niveau* handelt als um bloße Anpassung durch naturhaftes Lernen, vor allem um andere als rein biotische Prozesse.

Mühl (1969) definierte „Bildsamkeit" als „Ansprechbarkeit auf Dinge und Menschen". Was heißt „Ansprechbarkeit"? könnte gefragt werden. Der Begriff erscheint für die pädagogische Praxis allzu unbestimmt. Man ist geneigt, ihn näher bestimmen zu müssen. Dies könnte aber dazu führen, nach so genannten Minimalkriterien zu suchen, von denen eine Persönlichkeits-entwicklung und Bildung als Ergebnis abhingen, ist doch Erziehung stets auf Persönlichkeitsbildung bezogen. Sind solche *Minimalkriterien* empirisch bestimmbar?

Die alte *Psychiatrie* hatte immer wieder versucht, eine entsprechende Grenzziehung vorzunehmen. Ihre Grundauffassung in Bezug auf Bildbar-keit lautete: Idiotie ist Bildungsunfähigkeit. Auch einzelne Heilpädagogen schlossen sich früher derartigen medizinischen Einlassungen an. So glaub-te Egenberger (1926), die Bildungsfähigkeit abnormer Kinder sei von einem „inneren geistigen Organ" abhängig. Erziehbar und bildbar seien nur „jene Abnormen, deren Gebrechen, Krankheiten, Störungen und Hemmungen das geistige Individuum an sich nicht zerstört haben" (39). Darüber aber, was darunter zu verstehen sei, seien wissenschaftlich bestimmte Antworten nicht möglich. Sie seien auch nicht in Definitionen zu fassen.

Wenn es keine Messbarkeit für Nicht-Bildsamkeit gibt, dann sollte man einen Begriff wie Bildungsunfähigkeit auch nicht praktizieren.

Auch in neuerer Zeit sind immer wieder Versuche gemacht worden, im Menschen gegebene Minimalkriterien für Bildbarkeit zu bestimmen. Fletcher (1972) beispielsweise nannte solche *Minimaleigenschaften* als Kriterien von Leben als menschlichem Leben: minimale Intelligenz, Explorationsdrang, Selbstbewusstsein, Zeitgefühl, Kommunikationsfähigkeit u. a. (zit. b. Stolk 1988, 120). Nach Chirrek u. a. (1985), die bei geistig schwer Behinderten den Status einer Persönlichkeit in Frage stellten, sollte als Minimalkriterium die Fähigkeit vorhanden sein, „soziale Beziehungen zu realisieren", die Fähig-keit eines Ich-Bewusstseins und eines Personenerlebens, das Bedürfnis nach aktiver Zuwendung zu anderen Menschen und die Fähigkeit, sich in eine verständnisvolle Gemeinschaft einzuordnen" (1004). Bei schwerster Oli-gophrenie (Idiotie) könne man nicht mehr sinnvoll von Persönlichkeiten sprechen. – Das kann nichts anderes bedeuten, als dass Bildung (einer Per-sönlichkeit) nicht möglich sei, also lediglich „Pflege" angezeigt sei.

Eine ähnliche Unterscheidung ist in der amerikanischen Terminologie ver-wendet worden, nämlich die zwischen „educability" und „trainability" (Jordan 1966, 372). Abgesehen von der Unmöglichkeit, diese globale Un-terscheidung von Fähigkeitsstufen empirisch zu praktizieren (über einen IQ 50), interessiert hier der semantische Hintergrund: „Erziehbarkeit" (Bildbarkeit) wird „nach unten" begrenzt. Was darunter liegt, wird als bloße „Trainierbarkeit" angesehen.

In der deutschen schulorganisatorischen Terminologie kannte man lan-ge Zeit eine analoge Mindestgrenze von „Bildbarkeit". Sie wurde über die Begriffe „Schulfähigkeit" oder „schulische Bildbarkeit" praktiziert. Wer als „schulisch nicht bildbar" diagnostiziert wurde, brauchte eine Schule nicht zu besuchen bzw. wurde vom Schulbesuch ausgeschlossen. Diese Grenze wird heute nicht mehr praktiziert. Auch die geistig schwerer behinderten

Kinder können die Schulen für geistig Behinderte besuchen. Dieser Umstand ist einer rechtswirksamen Neu-Definition von „Schule" zu verdanken. Nach der bayer. Schulstatistik von 1992 hatte sich die Zahl der „nicht bildungsfähigen", also der „von der Schulpflicht befreiten" Kinder, von etwa 200 in den siebziger Jahren auf fünf pro Jahr verringert. Dabei dürfte es sich um bettlägerige Kinder mit schwersten Hirnschädigungen und einer nur spurenhaften Interaktionalität gehandelt haben (Speck 1993).

Bei ihrer Entscheidung bezüglich einer „Schulbefreiung" stützte sich die Schulbehörde im Wesentlichen auf ärztliche Stellungnahmen. Diese lauteten in aller Regel lapidar, wie ein Beispiel aus dem Jahre 1986 zeigt: „Ärztliche Bescheinigung: Bei K. besteht wegen Idiotie völlige Bildungsunfähigkeit. Die Teilnahme am Schulunterricht ist daher völlig sinnlos."

Bei aller Notwendigkeit, dass bei einer so schwierigen Entscheidung auch fachärztlicherseits eine Stellungnahme vorliegen muss, die im Wesentlichen einen Krankheitsbefund wiedergibt, kann eine apodiktische Aussage wie die obige als Entscheidungsbasis nicht ausreichen, zumal sie sich auf Begriffe, wie Bildung und Unterricht bezieht, die eindeutig nur *pädagogisch* definiert werden können, nicht aber medizinisch.

Wie unterschiedlich Bildungsniveaus festgelegt wurden, zeigte die Situation in der ehemaligen DDR: Hier galten diese Kinder und Jugendlichen generell als „schulbildungsunfähig" (Ministerium für Gesundheitswesen der DDR 1987, 19). Sie wurden abgehoben von den *„schulbildungsfähigen Intelligenzgeschädigten"*, galten jedoch als *„förderungsfähige Intelligenzgeschädigte"*, und wurden kurz als „Förderungsfähige" bezeichnet. Ihre Förderung erfolgte in „Rehabilitationspädagogischen Förderungseinrichtungen". Diese gehörten nicht zum Schulwesen, unterstanden also nicht dem für Schulen zuständigen Ministerium, sondern dem für das Gesundheitswesen.

Wichtig ist wiederum eine zusätzliche Abgrenzung „nach unten": Von den „Förderungsfähigen" wurden die „im Sinne der Zielsetzung Rehabilitationspädagogischer Förderungseinrichtungen nicht mehr bildbaren, jedoch noch individuell elementar rehabilitativ förderungsfähigen Intelligenzgeschädigten" unterschieden. Es handelte sich um den Personenkreis der geistig schwerst Behinderten, die auch als „förderpflegebedürftig" bezeichnet wurden (Trogisch, Trogisch 1977), und die im Wesentlichen in Anstalten leben.

Analoge aber nicht begrifflich deckungsgleiche Gradabstufungen dürften in allen vergleichbaren Ländern existieren. Der Fortschritt gegenüber der einstigen pauschalen „Bildungsunfähigkeit" bei schwer „schwachsinnigen" Kindern, die schon Hanselmann (1958) als theoretisch falsch und praktisch gefährlich verworfen hatte, besteht darin, dass eine generelle Bildbarkeit angenommen wird und pädagogische Förderung (auch in Verbindung mit Pflege) in jedem Fall indiziert ist. Hinsichtlich der prinzipiellen Notwendigkeit von Erziehung für alle geistig behinderten Personen besteht heute international weitgehende Übereinstimmung, auch wenn bei den am schwersten geschädigten von ihnen *Pflege* dominant werden kann (Gunzburg 1974, 654). Als Problem bleibt die empirische Überprüfbarkeit des im Einzelfall gegebenen Grades der Bildbarkeit.

Selbst die eigens für geistig behinderte Kinder entwickelte Testbatterie TBGB lässt ausdrücklich keine derartige Aussage hinsichtlich einer zu unterscheidenden Bildbarkeit zu. Dieser Begriff erweist sich in der Wirklichkeit als letztlich nicht operationabel. Schulische Bildbarkeit aber bleibt inhaltlich davon abhängig, *wie sich Schule definiert.* Sie wird im Falle einer schweren geistigen Behinderung zum Schulproblem (Spreng 1979).

2 Erziehung und Bildung – eine Einheit

Bildbarkeit ist davon abhängig, was unter Bildung und Erziehung verstanden wird. Es gibt sie real überhaupt nur dann, wenn Erziehung wirksam ist. Negativ gesehen kann Bildsamkeit durch unzulängliche Erziehung, durch soziokulturelle Benachteiligung wie durch organische Defekte derart behindert sein, dass es gemeinhin schwer fällt, Ansätze für eine sinnvolle pädagogische Mühewaltung, für eine spurenhafte Bildbarkeit, ausfindig zu machen. Vielfach wurde generell Bildbarkeit als Voraussetzung für Erziehung angesehen, nicht jedoch als etwas, das erst aus Erziehungsversuchen hervorgeht.

Die frühere Position war vor allem dadurch bestimmt, dass sie „Bildung" auf Ziele fixiert hatte, die in abstrakten geistigen Höhen angesiedelt waren. Damit wurde der Abstand zwischen Ideal und behinderter Wirklichkeit so sehr erweitert, dass der extrem bildungsschwache Zögling fast völlig aus dem Gesichtsfeld der Pädagogik entrückt und als nicht bildbar gekennzeichnet werden konnte. Gar zu lange ging die pädagogische Theorie von einem Idealtyp des Zöglings aus, für den höchste Ziele als allgemeinverbindlich und realisierbar gedacht wurden, wie z.B. die Ausprägung des Bildes „edler menschlicher Vollkommenheit", „die Charakterstärke der Sittlichkeit", das „autonome Glied der historischen Kulturgemeinschaft", „die machtvolle und liebevolle Persönlichkeit", die „Fähigkeit, im Gespräch der Gesellschaft mündig mitzusprechen" oder die „geistige Auseinandersetzung des Menschen mit der Welt, das wesentliche und willentliche Selbst- und Weltverhältnis des menschlichen Daseins" (sämtl. zit. b. Erlinghagen 1960).

An solchen Hochzielen von Bildung und Menschenbildern gemessen, blieben Menschen mit geistiger Behinderung so weit zurück, dass ein Erziehungs- und Bildungsversuch von vornherein als unangebracht erschien. Unzulässig ist es jedenfalls, Bildbarkeit allein als Merkmal des Zöglings zu bewerten, und nicht auch die Unzulänglichkeit der gewährten Hilfe durch Erziehung und Bildungsinstitutionen in Rechnung zu stellen. Manches Kind, das einst oder wo auch immer als „hoffnungslos" aufgegeben worden war, kann heute adäquate Hilfe finden und seine Bildbarkeit entfalten. Angesichts der *Relativität der Hilfe* und der manchmal kaum erkennbaren Bildbarkeit ließe sich in den Bereichen extrem verminderter bzw. kaum wahrnehmbarer Bildsamkeit von *spurenhafter Bildbarkeit* reden (Speck 1964).

Entscheidend ist die Frage nach dem *Inhalt* der gerade bei geistig schwerer behinderten Kindern angezeigten speziellen Erziehung und Bildung. Ihr liegen „spezielle Erziehungsbedürfnisse" zugrunde. Der Begriff „Erziehung" ist ein recht allgemeiner. Eine Begriffsanalyse, wie sie beispielsweise Brezinka (1974) um der wissenschaftlichen Klarheit wegen vorgelegt hat, kann hier nicht vorgenommen werden. Wir müssen uns vielmehr auf diejenigen Begriffspunkte beschränken, die unter dem o. g. heilpädagogischen Aspekt wichtig sind. Dass dabei vieles *im Unklaren* bleiben wird, muss in Kauf genommen werden. (Die Wahrheit liegt nicht unbedingt im Klaren!) Dies liegt in erster Linie am Begriff Erziehung selber.

Brezinka (1974) verwies selber auf Aristoteles, der in seiner Nikomachischen Ethik schrieb, dass es den Gebildeten kennzeichne, „in jedem einzelnen Gebiet nur so viel Genauigkeit zu verlangen, wie es die Natur des Gegenstandes zuläßt" (11). Mit Sicherheit lässt der Begriff Erziehung keine genaue, d. h. eindeutige Bestimmung seines Inhalts zu. Das zeigt u. a. die ausgiebige und kontroverse Diskussion. Er ist und bleibt – wie alle existenziell zentralen Begriffe – unscharf. Es sind nur Annäherungen an ihn möglich.

Das soll nicht heißen, dass wir den Begriff der Erziehung, hier der speziellen Erziehung beim Vorliegen einer geistigen Behinderung, der totalen Beliebigkeit der Interpretation aussetzen. Im Gegenteil, es geht auch darum zu verhindern, dass unter Erziehung alles Mögliche verstanden wird, Beschäftigung mit dem Kind, Pflege o. Ä. Ein solcher Klärungsversuch ist nicht zuletzt für die heilpädagogische Praxis wichtig. Erziehung, hier spezielle Erziehung, muss sich auch bewähren, und das kann sie nur, wenn man näher bestimmen kann, worauf man hinaus will.

Unter diesem Aspekt einer angenäherten (begrenzten) Objektivierung läge es nahe, in Analogie zum verhaltensmodifikatorischen Modell unter Erziehung ein „absichtliches Eingreifen eines menschlichen Wesens in den Ablauf des natürlichen Geschehens" zu sehen (Körner 1970, zit. b. Brezinka, 70f). Solches „Eingreifen" wäre überprüfbar, wenn dabei das Kind X von einem Entwicklungsstand A zu einem Zielzustand B gebracht würde. Die Praxis der Verhaltensmodifikation hat gelehrt, dass die hier notwendige Variablenisolierung und damit eine entsprechende Veränderungsmessung generell nicht ohne weiteres möglich ist.

Nichtsdestoweniger gibt es zahlreiche Ansätze dieser Art vermeintlich überprüfbaren Vorgehens gerade bei geistig behinderten Kindern. Verwiesen sei beispielhaft auf Haring, Brown (1976a), ebenso auf das hierzulande immer wieder zitierte Experiment eines Schulreifetrainings von Klauer

(1967). Zu fragen ist, ob es sich dabei wirklich um Erziehung (auch im Sinne von Brezinka 1974) handelt oder lediglich um bloße Verhaltensänderung. „Auf diese Weise wird die Pädagogik zur Transportkunde und die Orthopädagogik zur Lehre von den problematischen Transporten" (ter Horst 1983, 104).

Auch Brezinka verwirft an sich einen solchen Ansatz, der den erreichten Erfolg einschließt, da das beobachtete Lernergebnis nicht kausal zwingend auf das pädagogische Eingreifen zurückführbar ist. Begrifflich bedeutsam sei vielmehr der *Versuch*scharakter von Erziehung.

Dieser Aspekt erscheint uns wichtig, wenn es darum geht, heilpädagogische Maßnahmen zu rechtfertigen. Dass Erziehung ein immer wieder neu anzusetzender Versuch mit ungewisser Wirkung ist oder sein kann, wird gerade bei schwerer behinderten Kindern evident. Andererseits kann aber auch nicht bezweifelt werden, dass diese Versuche auf mögliche Erfolge hin ausgerichtet sind. Brezinka sprach in der eigenen Definition ausdrücklich vom *Versuch*, etwas beim Kind, nämlich seine psychischen Dispositionen, zu verbessern.

Um das begriffliche Problem zu verdeutlichen, das uns gerade bei schwerer behinderten, d. h. schwerer zugänglichen Kindern begegnet, sei Brezinkas Definition hier wiedergegeben: „Unter Erziehung werden soziale Handlungen verstanden, durch die Menschen versuchen, das Gefüge der psychischen Dispositionen anderer Menschen in irgendeiner Hinsicht dauerhaft zu verbessern oder seine als wertvoll beurteilten Komponenten zu erhalten" (95).

Abgesehen davon, dass mit bloßen „psychischen Dispositionen" die gerade bei schwerer behinderten Kindern so wichtigen motorischen Funktionen (Selbstbesorgung etc.) unberücksichtigt blieben, sehen wir vor allem zwei kritische Punkte:

- Einerseits wird die interaktionale Komplexität eindimensional reduziert durch die Bewegung, die vom Subjekt (Erzieher) ausgehend das Kind (Objekt) zum bloßen Empfänger deklariert.
- Andererseits wird in einem aktionistischen Verständnis Erziehen nur als direktes Handeln (am Kind) bestimmt.

Zum einen ist zu sagen, dass – z. B. neurobiologisch gesehen (Maturana, Varela 1987) – die interaktionale Wechselwirkung in der sozialen Koppelung gar nicht aufhebbar ist, dass es eine rein transitiv erzeugte Verhaltensänderung nicht geben kann. Zum anderen ist aus der (durchaus „vorwissenschaftlichen") Erfahrung das oft zentral wichtige Phänomen einer erzieherischen Wirksamkeit durch ein zwar gerichtetes, aber inhaltlich unbestimmtes In-Beziehung-Treten bekannt, das trotz des Nicht-tätig-Seins doch zu einer erkennbaren Stützung (oder „Verbesserung") der Persönlichkeit des Kindes führt. Man könnte dabei von einer förderlichen oder stützenden Bezogenheit reden, die auch vom Kind bestätigt bestätigt werden kann.

P. Moor (1969, 129) nannte dieses Phänomen „pädagogische Zurückhaltung", d. h. eine Verhaltenheit des direkten erzieherischen Zugriffs. Es gibt Phasen im – selbstverständlich menschlich gestalteten – Erziehungsgeschehen, in denen gerade durch das Zurücktreten aller Aktivität erzieherische, z. B. ästhetische, kreative, religiöse, Wirkungen erst möglich würden. Wenn Moor in diesem Zusammenhang den „Erfahrungsansatz" anspricht, dass „das für die Erziehung Wichtigste da geschieht, wo es nichts zu erziehen gibt", so ist damit auch der Tatsache Rechnung getragen, dass das Ergebnis von Erziehung jeweils vom einzelnen Kinde selbst abhängig ist.

Bloßes, noch so sehr objektiviertes erzieherisch-therapeutisches Tätigsein kann als *Aktionismus* auch ins Leere laufen oder schaden, gerade bei Kindern, die erzieherischen Absichten wegen der Schwere ihrer Behinderung kaum zugänglich sind. Zu denken ist hier etwa an eine „Stimulationspädagogik", deren systematischen „Interventionsstrategien" solche Kinder wehrlos ausgesetzt sind. Sie werden z. B. „gezwungenermaßen in ein Bad mit Plastikbällen gelegt", müssen „Ansichtskarten aus Ferienländern anschauen", werden „mit Pertra-Sätzen betreut und gefördert", kurz ihnen wird nicht selten eine ‚Realität' aufgedrängt und aufgezwungen, die nicht ihre Wirklichkeit ist und auch nicht werden kann" (Thalhammer 1986, 132f).

Es ist nicht unwesentlich, dass jeder „Zugriff" aus einer Distanzierung heraus geschieht, aus einer dem Kind fremden Absicht. „Erst das Aufhören jeder eigenen Absicht des Verstehens kann es empfänglich machen für das unentstellte Sein des Anderen" (Moor 1969, 131).

Solche Umschreibungen mögen wissenschaftlichen Prüfkriterien nicht genügen, mögen als „vorwissenschaftlich" abgetan werden, erhalten aber doch unmittelbare Bedeutung in der erlebten Erziehungswirklichkeit. Sie erfordert offensichtlich einen komplexen Erziehungsbegriff, der nicht ausschließlich Objektivitäts- und Operationabilitätsgesichtspunkten entspricht, so partiell wichtig diese auch sein mögen, um etwa den Akt des professionellen, d. h. wissenschaftlich begründbaren erzieherischen Handelns auch rechtfertigen zu können.

Praktisch nicht verzichtbar sind auch Begriffsinhalte, die mehr implizit und jenseits von direktem Tätigsein sich als erzieherisch bedeutsam erweisen. Betont sei ausdrücklich, dass auch das, was man unter „pädagogischer Zurückhaltung" verstehen kann, sich im Rahmen pädagogischer Verantwortung legitimieren muss, welche grundsätzlich Planmäßigkeit und Fachlichkeit einschließt. Insgesamt kann sich die Absicht des Stützens und Förderns nur in Annäherung an die speziellen Erziehungsbedürfnisse des behinderten Kindes bestimmen lassen.

Zusammenfassend lässt sich *Erziehung* als spezielle Erziehung (und Bildung) bei geistiger Behinderung als *gerichtete soziale Interaktion* umschreiben, *der die Intention zugrunde liegt, einen anderen Menschen in sei-*

ner Entwicklung und in seiner Verwirklichung rechten Lebens zu fördern und zu stützen. Mit gerichteter sozialer Interaktion und mit der Formulierung *„in seiner…"* soll zum Ausdruck kommen, dass sich „erzieherische Maßnahmen" an die potenziellen Verwirklichungsansätze und -möglichkeiten im Educanden anzunähern haben, dass der Zugang zu ihnen erst – durch soziale Interaktion – gefunden werden muss, dass es nicht um ein extern begründetes „Behandeln" gehen kann. Der Bezug auf *„Entwicklung"* ist nötig, um die physiologisch (neuropathologisch) begründeten Prozesse in ihrer Differenziertheit in den Blick zu bekommen (Speck 1988).

In der Formel des *„Menschlich-Lebens"* soll die ethische Orientierung allen Erziehens an einem wertvollen, einem menschenwürdigen Leben zum Ausdruck kommen. Erziehung ist nicht bloße Verhaltensänderung. Auch in „Fördern" liegt die Intention des *besseren* Zustandes, z. B. des fortgeschrittenen Entwicklungsstandes. Mit *„stützen"* wird einerseits die Verhaltenheit der erzieherischen Aktion zum Ausdruck gebracht, die dem Eigenaufbau der Persönlichkeit dienlich werden soll, andererseits die sichernde Begleitung einer erreichten wertvollen Persönlichkeitsstruktur. Diese Begleitung kann sich letztlich auch auf einen organisch bedingten Verfallsprozess einer Persönlichkeit beziehen, bei dem es gilt, Menschlichkeit zu wahren (Theunissen 2000).

3 Lebenswelt-Orientierung – Heilpädagogisch-ökologischer Ansatz

Erziehung und Bildung beziehen sich weder allein auf das einzelne Individuum noch vollziehen sie sich in abgeschlossenen eigenen Bereichen nach ausschließlich facheigenen Maßgaben, weder allein auf den privaten Bereich einer Familie noch auf eine sich ausschließlich selbst bestimmende Bildungsinstitution. Erziehung und Bildung sind vielmehr soziale Prozesse, die sich stets in *ökologischen Bezügen* abspielen. Kein Teilsystem, z. B. die Schule, kann für sich allein agieren, ohne in Kommunikation mit den anderen Teilsystemen zu treten, die ebenfalls für das Kind Umwelt, *Lebenswelt,* sind, z. B. mit den Eltern und der Alltagsumwelt, aber auch dem Gesundheitssystem, der Kinder- und Jugendhilfe oder dem Rechtssystem.

Erziehung und Bildung sind zwar primär für die eigene fachliche Funktionabilität und Qualität verantwortlich; ihr Erfolg aber hängt wesentlich vom Mitwirken der anderen Teilsysteme ab, an denen das Kind partizipiert, vor allem aber vom Eigensystem, also der *Autonomie-Gerichtetheit* des Kindes selber. Fachliche Methoden, die einlinear als Behandlungs-, Therapie- oder Förderungsansätze von außen ansetzten („Arbeit *am Kind"*!), gingen an der Eigenaktivität des Kindes vorbei; sie vernachlässigen die komplex bedingte Alltags- und Lernsituation.

3.1 Ökologische Orientierung

Die Orientierung an der *Lebenswelt* des Kindes ist nötiger denn je geworden, da diese in einem kaum mehr überschaubaren Maße an Vielfalt und Flexibilität und an Einfluss auf den Einzelnen zugenommen hat. Die einstige normativ relativ einheitliche Umwelt der Kinder hat sich in Pluralität aufgelöst. Jedes Kind lebt heute in einer ganzen Reihe verschiedener Lebenswelten mit je eigenen Normen und Werten. Zu nennen wären vor allem

- *die Familie,*
- *die Nachbarschaft, die Verwandtschaft,*
- *der Kindergarten,*
- *die Schule,*
- *das Heim,*
- *Freizeitgruppen und*
- *der Arbeitsplatz.*

Die Orientierung an den verschiedenen *Teilumwelten* und das Bemühen um eine sinnvolle Abstimmung der pluralen Einwirkungen lässt sich als *ökologische* bezeichnen. In einem *heilpädagogisch-ökologischen Ansatz* (Speck 2003) geht es demnach nicht allein um Behinderungen oder Benachteiligungen und zuzuordnende Therapien, Erziehungsmethoden und Bildungsinstitutionen, sondern um *Menschen mit besonderen Erziehungserfordernissen in ihrer Lebenswelt.* Man könnte auch von einem „systemischen" Ansatz sprechen, wobei mit *systemisch* die Tatsache und die Beachtung der Vielzahl von Systemen oder Teileinheiten gemeint sind, in denen ein Kind agiert.

Sowohl Personen als auch soziale Gruppen oder Organisationen können als *Systeme* gesehen werden. Jedes hat für sich zu sorgen (Selbstreferenz), zugleich aber auch seine *Umwelt zu beachten,* ohne die es nicht existieren könnte. *System und Umwelt* gehören jeweils zusammen und haben miteinander zu kommunizieren. Das eine ist ohne das andere nicht sinnvoll denkbar. Für den *pädagogischen* Handlungsansatz hat die *Verbindung beider Aspekte* große Bedeutung. Dies drückt sich u.a. in terminologischen Verbindungen, wie „Ökosystemen", „öko-systemisch" oder „systemisch-ökologisch" aus (Speck 2003).

Der Begriff „*ökologisch*" ist unter pädagogischem Aspekt auch als *normativer Orientierungsbegriff* zu sehen. In der Erziehung geht es immer auch um den Aspekt *des Menschlichen,* um das, was durch Erziehung in einem *ethischen Sinne* erreicht werden soll. Der in „ökologisch" steckende Wert ist das „Behaust-sein" oder das „*Heimisch-werden*" des Menschen, etwas Urmenschliches. „Ökologisch" meint also etwas Programmatisches; es ist auf eine *bergende* und *bessere Wirklichkeit* gerichtet. Diese wäre dann unter pädagogischem Aspekt mit entsprechenden Inhalten zu füllen.

Ein ökologischer Denkansatz ist auf *Ganzheitlichkeit* gerichtet. *Das ganze Kind ist mehr als sein behinderter Teil.* Ein auf Ganzheit zielender bzw. ökologischer Begriff ist u. a. *Integration.* Er drückt den Wert der Zusammengehörigkeit und der Überwindung von Getrenntheit und Isolation von Teilen aus.

3.2 Normalisierung der Lebenswelt – eine ökologische Idee

Ein komplexes normatives Orientierungsprinzip für eine sinnvolle Gestaltung von Erziehung und Bildung von Menschen mit geistigen Behinderungen stellt das *Normalisierungsprinzip* dar. Es stammt aus Skandinavien (Bank-Mikkelsen 1972, Nirje 1974) und fand in den USA einen besonders starken Nachhall (Wolfensberger 1972, Flynn, Nitsch 1980). Eine Analyse der realen Wirklichkeit dieses Prinzips, seiner Ausbreitung und Akzeptanz in der Bundesrepublik und in Dänemark legten in einer Vergleichsuntersuchung Thimm, v. Ferber u. a. 1985 vor (Wendeler 1992, Beck u. a. 1996).

Den wesentlichen Inhalt des Normalisierungsprinzips hatte Bank-Mikkelsen im Zusammenhang mit dem 1959 in Dänemark erlassenen „Gesetz über die Fürsorge für geistig Behinderte und andere besonders Schwachbegabte" lapidar so formuliert, dass diese Menschen ein Leben führen können sollten, „das so normal wie möglich" ist. Es lag darin die Forderung nach Abkehr von den tradierten isolierenden Massenunterbringungsformen in separierten „Institutionen" (Anstalten). Einen Schwerpunkt bildete dann auch das spezielle Programm der „*Deinstitutionalization*" in den USA (Blatt 1974).

Der sehr allgemeine Terminus „Normalisierung", angewandt auf Menschen mit Behinderungen, bot in verschiedener Hinsicht Anlass zu *Fehldeutungen und Missverständnissen.* Bank-Mikkelsen sah sich immer wieder veranlasst, sich gegen diese zu wenden (1976). So betonte er u. a., dass Normalisierung kein neues Dogma, keine neue und spezielle Theorie sei, sondern ein Anti-Dogma. Der Inhalt von Normalisierung dürfe keine eigene, also spezielle Existenz bekommen, da er dadurch seine ursprüngliche allgemein gültige Idee aufhebe. Weiterhin ginge es dabei nicht um das Herstellen von Normalität, so als sollte man geistig behinderte Menschen „normal machen".

Rechtlich gesehen geht es bei der Normalisierung um die Sicherung *gleicher Rechte für alle Bürger,* so dass auch für geistig behinderte Bürger grundsätzlich gleiche (normale) Lebensbedingungen existieren können. Was geistig behinderte Personen an Hilfe und Diensten brauchen, hat als normal zu gelten, als selbstverständlich, so wie es auch für jeden Bürger als normal gilt, dass für ihn die Dienste zur Verfügung stehen, die er braucht: passende Schulen, Arbeits- und Freizeitmöglichkeiten, ärztliche und andere Dienste. Damit soll vor allem die für alle gleiche Menschenwürde respektiert werden. Letztlich sollen behinderte Menschen ein „kulturell geachtetes Leben führen können" (Wolfensberger 1980, 80).

Was dies konkret für die *verschiedenen Lebensbereiche* beinhaltet, hatte B. Nirje zusammengestellt (1974). Ausdifferenzierungen, die sich auch auf die zur Geltung zu bringenden Normen- und Wertsysteme, aber auch auf das konkrete Handeln innerhalb der Gesellschaft bezogen, hatte Wolfensberger (1972) vorgenommen. Demnach wären, bezogen auf die verschiedenen Adressaten, anzustreben:

- *für die einzelne Person mit geistiger Behinderung eine Annäherung seines Äußeren und seiner Umgangsformen an das allgemein Übliche;*
- *für die Institutionen: entsprechende Elternberatung und -mitwirkung, möglichst integriertes Wohnen, Unterstützung behindertenfreundlicher Einstellungen, Abbau unangemessener Abhängigkeiten, aber auch unrealistischer Erwartungen;*
- *für die Gesellschaft: Veränderung im Schulsystem, entsprechende Verbesserung der Gesetze und der Finanzierung, Förderung von mehr Toleranz und Integrationsbereitschaft.*

Im Gegensatz zu Bank-Mikkelsen setzte Wolfensberger Normalisierung prinzipiell gleich mit physischer und sozialer Integration und zwar im Sinne eines schrittweisen *Einführens in normale Lebenszusammenhänge und -bedingungen.* Als Beispiele nannte er die gemeinsame Benutzung öffentlicher Einrichtungen anstelle von Sonderschwimmbädern oder Sonderveranstaltungen, die Benutzung öffentlicher Verkehrsmittel anstelle von Sonderfahrzeugen, möglichst integriertes Wohnen und Arbeiten.

Die Untersuchung von Thimm, v. Ferber u. a. (1985) bezüglich der inzwischen erreichten realen Wirksamkeit des Normalisierungsprinzips fiel relativ ernüchternd aus: Sowohl in der Bundesrepublik als auch in Dänemark konnte erst von einer Phase der Konzeptbildung und einer ersten, d. h. insgesamt mehr unverbindlichen Akzeptierung die Rede sein. Für eine Weiterentwicklung hätten zunächst die erforderlichen rechtlichen und finanziellen Rahmenbedingungen geschaffen werden müssen; erst dann hätte an eine verbreitete Realisierung gedacht werden können (225).

Man musste feststellen, dass nur von einer eingeschränkten „Rückverlagerung der Hilfeleistungen in familiäre, verwandtschaftliche und nachbarschaftliche Strukturen" die Rede sein könne; die bisherigen Normalisierungsbestrebungen sowohl in der Bundesrepublik als auch in Dänemark hätten sich primär auf die institutionalisierten professionellen Dienstleistungen bezogen, wie sie im Wesentlichen in *speziellen Einrichtungen* vermittelt werden. Eine eher ernüchternde Bilanz zogen auch Eisenberger u. a. (1998).

Es wäre sicherlich verfehlt, die positiven Veränderungen zugunsten geistig behinderter Menschen als gering und weniger wichtig einzuschätzen. Im Gegenteil: Die konzeptuellen Anstöße zur konkreten Verbesserung der Lebensbedingungen für geistig behinderte Menschen durch das Normalisierungsprinzip waren unübersehbar, zumal in sozialpolitischer Hinsicht.

Das Gleiche gilt für die Bedeutung im *pädagogischen* Bereich. Das Normalisierungsprinzip hat sich als Begründungs- und Legitimationsrahmen für pädagogisches Handeln *bewährt* (Antor 1987). Es stellt den lebensgeschichtlichen Bezug (alle Lebensphasen) in den Vordergrund und betont zugleich auch die horizontalen lebensweltlichen Zusammenhänge anstelle bisheriger Partikularisierungen und isolierter Sichtweisen, u.a. bedingt durch die professionelle Spezialisierung und Zersplitterung des Personals im Bereich der Behindertenhilfe.

Die *pädagogische* Relevanz des Normalisierungsprinzips bezieht sich auf die Beachtung der allgemeinen und der besonderen Erziehungsbedürfnisse der Menschen mit geistigen Behinderungen – in Abkehr von einer vordergründigen Sichtweise der Absonderung; zum anderen auf den integrativen Aspekt. Er erhielt durch das in den „Empfehlungen für den Unterricht in den Schulen für Geistigbehinderte" (1980) der Kultusminister-Konferenz (KMK) propagierte Leitziel „Selbstverwirklichung in sozialer Integration" profilierten Ausdruck. Auf der Basis des Normalisierungsprinzips als Leitprinzip ließen sich schulische Bedingungen schaffen, die es „dem Schüler ermöglichen, die Einstellungen, Fertigkeiten, Fähigkeiten und Kenntnisse zu erwerben, die er braucht, um sich weitgehend normal zu bewegen, zu denken und zu leben" (Adam 1977, 56).

Es stellt sich die Frage, wie weit ein so allgemeines Prinzip wie das der Normalisierung tatsächlich und im Einzelnen für unterrichtliches Planen und Handeln wirksam sein kann bzw. wie weit die Einhaltung solcher Maßgaben kontrollierbar ist. Ohne Zweifel ist der Bezugsrahmen dieses Prinzips sehr weit, so dass Skepsis angebracht ist, wenn allerorten mit dem Normalisierungsprinzip als Legitimation argumentiert wird. Die große Interpretationsbreite hat bereits dazu geführt, dass Wolfensberger diesen Begriff aufgegeben und durch einen rollentheoretischen ersetzt hat, nämlich durch „social role valorization" (Thimm u.a. 1985, 13).

Jantzen hält in seinem radikalen gesellschaftskritischen Ansatz das Normalisierungsprinzip für unzureichend, um Isolation aufzuheben (1980). Es zwinge den Pädagogen dazu, „eine Analyse der Realität vorzunehmen, die den Behinderten isoliert". Die bestehenden Vorurteile seien nicht aufhebbar, wenn man lediglich ethisch postuliere, der geistig Behinderte sei Mensch wie jeder andere. „Das so genannte Normalisierungsprinzip" müsse „im Einzelnen aufgelöst werden, um Praxis zu verwirklichen" (74). Es müsse der gesamte Bedingungskomplex für Vorurteile und Isolation ins Auge gefasst werden. – Es bleibt dabei offen, wie real durch ein solches globalisierendes Postulat, das direkt auf das gesellschaftliche Ganze gerichtet ist, eine Humanisierung der Lebensbedingungen eher und wirksamer erreicht werden kann.

Es geht in jedem Fall um Postulate zur Veränderung von Wirklichkeit. Mag auch das Normalisierungsprinzip in vielem und im Einzelnen unklar und unzureichend sein, es lässt sich als ein moralischer, politischer und pädagogischer Imperativ und als ein Ordnungsprinzip verstehen, die beide reflexionsleitend und pragmatisch der Verbesserung der Lebensbedingungen geistig behinderter Menschen in der Gesellschaft dienen können. Seine Grenze zeigt sich da, wo seine zweifellos wichtige *spezielle* Intention auf keine Resonanz in der gesellschaftlichen Allgemeinheit stößt, auf die es eigentlich gerichtet ist.

VII Ziele für Erziehung und Bildung

Wenn Erziehung und Bildung von Kindern und Jugendlichen mit geistiger Behinderung sinnvoll sein sollen, müssen Vorstellungen darüber vorhanden sein, was dabei pädagogisch erreicht werden soll und kann. Was damit inhaltlich intendiert ist, wird in Erziehungs- oder Bildungszielen auch als Zweck oder Aufgabe von Erziehung und Bildung beschrieben.

Aus der besonderen Erziehungsbedürftigkeit des Kindes mit einer geistigen Behinderung leitet sich eine *Besonderung der Erziehungsaufgabe oder des Bildungsauftrags* ab. Diese bezieht sich einerseits auf den einzelnen Menschen mit einer geistigen Behinderung und andererseits auf den sozialen Kontext als seine und die gemeinsame Lebenswelt (ökologischer Aspekt). Beide sind nur zwei Seiten ein und desselben Auftrags.

Die Geschichte lehrt, wie sehr die Setzung und Begründung von Erziehungszielen und Bildungsinhalten für diese Menschen von den herrschenden gesellschaftlichen Rahmenbedingungen abhängig ist, und wie leicht diese reduziert werden können auf dürftigste Daseinsgewährung oder auf bloße Anpassung an die Majorität.

Je nachdem, wie der Mensch mit einer geistigen Behinderung in seinem Lebenswert eingeschätzt und geachtet wird, werden Maß und Ziel der Hilfe festgesetzt. Demgegenüber ist vom originären Auftrag der Erziehung her, wie er für alle gilt, daran festzuhalten, dass die Ziele nicht allein von der jeweiligen öffentlichen Meinung her zu definieren sind, sondern dass Menschlichkeit nur dann verwirklicht werden kann, wenn Menschen mit einer geistigen Behinderung als voll akzeptierte Mitglieder gelten und nicht nach irgendeinem Leistungswert im Sinne ökonomischer Brauchbarkeit gemessen werden, ihr Dasein also als eine gemeinsame Aufgabe wahrgenommen wird, und wenn man sich die Mühe macht, die Eigenart dieser Menschen zu verstehen und zu achten, um ihr menschlich gerecht zu werden.

Deren potenzielle Möglichkeiten setzen das Maß; und das ist dasjenige, was für ihr Leben bedeutsam und deshalb notwendig ist. Groß ist die Gefahr, dass ihnen Unangemessenes zugemutet wird, oder dass das an ihr Leben angelegte Maß zu gering ausfällt. Die Folgen wären im einen Falle Verwirrtsein und Belastetsein, im anderen Falle Verkümmert- und Leersein.

So plausibel die generelle Notwendigkeit von Zielvorstellungen für ein verantwortbares pädagogisches Handeln auch ist, so stellen sich doch in der Realität verschiedene Schwierigkeiten und Fragen:

- Wer formuliert, bestimmt und legitimiert Erziehungsziele: Die Eltern? Die Schule? Der Staat? Die Gesellschaft?
- Gelten diese Ziele für alle Kinder in gleicher Weise oder müssen sie nicht von allen erreicht werden, da doch jedes Kind anders ist?
- Was geschieht, wenn ein Kind ein bestimmtes Ziel nicht erreicht? Wird es z. B. „ausgeschult"? Werden die betreffenden Pädagogen zur Rechenschaft gezogen? Werden die öffentlichen Mittel gekürzt?
- Ist es nicht pädagogisch sinnvoller, auf die Festlegung von bindenden Zielen zu verzichten, um sich offenhalten zu können für die individuellen Dispositionen, Möglichkeiten und Situationen des einzelnen Kindes?

Die nähere Bestimmung dessen, was pädagogisch zu planen und anzustreben ist, ist nicht ohne weiteres von irgendeiner amtlichen Instanz her möglich. Allzu verschieden sind die normativen Auffassungen innerhalb der Gesellschaft, und nicht alle sozio-kulturellen Normen sind in der pädagogischen Praxis relevant bzw. akzeptabel und umsetzbar. Das aktuelle Beispiel der normativen Kontroverse um eine *integrative Erziehung* geistig behinderter Kinder macht deutlich, wie verschränkt Erziehung, Gesellschaft und Politik sind, und wie schwierig es ist, einen normativen Konsens zu finden.

Da es keine allgemein anerkannten normensetzenden Instanzen mehr gibt, und da in der pluralen Gesellschaft sich nicht einfach ein normatives Teilsystem gegen ein anderes durchsetzen kann, ist die Normenfindung auf Verständigung und Bewährung angewiesen. Die Wissenschaft scheidet als Normengeber aus. Die Pädagogik erweist sich zwar in normativer Hinsicht als abhängig von den anderen Instanzen, hat sich aber der normativen Auseinandersetzung zu stellen, wenn sie darangeht, Erziehungsziele aufzustellen bzw. ihnen Geltung zu verschaffen. Bei der *Aufstellung von Erziehungs- und Bildungszielen* sind verschiedene Gesichtspunkte zu beachten:

Pädagogische Aufgaben und Intentionen müssen **mehrdimensional begründet** sein:

- *ethisch* im Sinne der Achtung der Menschenwürde und der sonstigen verfassten Grundrechte und sittlichen Normen,
- *pädagogisch-normativ* im Sinne allgemein anerkannter und verfasster Erziehungsziele,
- *fachlich-differenziell* im Sinne der Beachtung der individuellen (speziellen) Erziehungs- und Förderungsbedürfnisse,
- *pragmatisch* im Sinne der Praktizierbarkeit unter den gegebenen Entwicklungs- und Lebensbedingungen.

Als **Legitimationsinstanzen** kommen insbesondere in Betracht:

- der einzelne Mensch mit einer geistigen Behinderung,
- die Eltern bzw. Erziehungsberechtigten,

– die Schule im staatlichen Auftrag, das Bildungsrecht zu sichern,
– die professionellen Helfer als verantwortlich handelnde Personen und
– makro-soziale Gruppen, wie z. B. Kirchen, soziale Vereinigungen oder
  politische Parteien u. Ä.

Rechtliche Grundlagen bilden die im Grundgesetz und in den Länderverfassungen konstituierten Grundrechte, das primäre Erziehungsrecht der Eltern (gem. Art. 6 GG) und das Schulrecht (gem. Art. 7 GG und auf der
Basis der entsprechenden Ländergesetze). Hinzu kam 1994 ein Zusatz
zum Grundgesetz-Artikel 3, Abs. 3, wonach „niemand wegen seiner Behinderung benachteiligt werden" darf. Er bezieht sich auch auf das Bildungsrecht.

Derartige allgemeine Rechtsnormen können in der normativ pluralen demokratischen Gesellschaft freilich nur einen allgemeinen Orientierungsrahmen abgeben. In der gesellschaftlichen Wirklichkeit zeigt sich eine Komplexität, die von erheblichen Gegensätzen bestimmt wird. So musste 1997
das Bundesverfassungsgericht die Klage eines Elternpaares auf integrativen
Unterricht für ihr behindertes Kind verwerfen, obwohl die Einweisung in
eine Sonderschule im Prinzip als Benachteiligung bewertet worden war (Details siehe Kap. IX). Maßgebend war die Begrenztheit der verfügbaren öffentlichen Mittel für das Schulsystem, das nicht in der Lage sei, alle Formen
integrativer Beschulung bereitzuhalten.

Hinzu kommt gegenwärtig, gesellschaftlich und politisch gesehen, eine
ökonomische Komponente: Unter dem Druck des globalen *marktwirt-
schaftlichen Wettbewerbs* werden *Bildungsinvestitionen* verstärkt von *wirtschaftlichen* Maßgaben bestimmt. Damit ist die Gefahr gegeben, dass Bildungsziele für die weniger Produktiven herabgesetzt werden (Speck 1999).

Angesichts der hier nur angedeuteten Komplexität dieses Begriffsfeldes
hat man sich zu fragen, welche Funktion Erziehungs- und Bildungsziele eigentlich haben (Bach 1999, 66f). Kurz zusammengefasst ließe sich sagen,
dass sie ihren Zweck am ehesten dann erfüllen, wenn sie als *allgemeine Orientierungsmarken* verstanden werden, um das pädagogische Handeln mit
Sinn füllen und entsprechend strukturieren zu können. Unter dem aktuellen *Ökonomisierungsdruck* mit den damit verbundenen *utilitaristischen
Leistungsnormen* ist es wichtig, dass diese die pädagogische Förderung von
Kindern mit geistiger Behinderung nicht dominieren, sondern dass auch die
Verwirklichung von Menschlichkeit im schwächsten Menschen als pädago-
gische Aufgabe gilt.

Reale Probleme ergeben sich daraus, dass das, was pädagogisch sinnvoll
ist, sich weder als Ziel immer und genau voraussehen noch sich immer als
erreicht belegen lässt. Der Wirklichkeitsgehalt von Zielangaben ist ein ungewisser, im Besonderen bei einer geistigen Behinderung.

In Konsequenz dieser Unwägbarkeiten und auch im Interesse des einzelnen, nicht festlegbaren Kindes mit seinen offenen Möglichkeiten werden

allgemeine Zielsetzungen relativ *weit gefasst* sein müssen, um jedem Kinde gerecht werden zu können. Diese weitgefassten Ziele wären dann im Sinne der *Individualisierung* im Einzelnen auszudifferenzieren und näher zu bestimmen.

In der Heilpädagogik sind derartige allgemeine Zielvorstellungen immer wieder formuliert worden. So benutzte Bach die Formel *„Lebenserfülltheit und Lebenstüchtigkeit"* (1967). Als Teilinhalte von Lebenserfülltheit bei geistiger Behinderung wurden u. a. das Miterleben, das Angesprochensein von Dingen, das Gefühl, anderen etwas zu bedeuten, das Vertrauen auf die Verlässlichkeit des Nächsten, das Sich-angenommen-Fühlen, das Zuhausesein in der Welt, die Teilhabe an Freude und Kummer u. a. genannt.
    Als anzustrebende Bestandteile von Lebenstüchtigkeit wurden u. a. aufgeführt: die Umgänglichkeit, weitmögliche Selbstständigkeit, Anstelligkeit, Körperbeherrschung und Geschicklichkeit, Wahrnehmungstüchtigkeit, Darstellungstüchtigkeit und Handfertigkeit, Sprachtüchtigkeit und die Anbahnung einfachster Denkvollzüge.
    Aus jeder dieser ausdifferenzierten Zielangaben lassen sich detaillierte und konkrete Einzelziele ableiten, die durch Lernen erreicht werden sollen, etwa

Grüßen, beim Gähnen die Hand vor den Mund halten, Platz anbieten, Toilette allein benutzen einschließlich sich säubern, Nase putzen, Haare kämmen, für Ordnung sorgen am eigenen Platz und im Raum, Treppe steigen, Flecken entfernen, Staub wischen.

Erziehungs- oder Bildungsziele zu setzen und zu begründen, ist nicht nur Aufgabe jedes Pädagogen, sondern diese werden auch über *gesetzliche Bestimmungen* vorgegeben. Sie finden sich in allgemeinster Form in den Länderverfassungen oder auch in ministeriellen Bestimmungen. So wurde in den *Empfehlungen der Kultusministerkonferenz für den Unterricht in der Schule für Geistigbehinderte* von 1979 die *„Selbstverwirklichung in sozialer Eingliederung"* als Haupt- oder Richtziel genannt. Daraus wurden Zielaspekte der Mündigkeit, der Erfülltheit, der Tüchtigkeit, der Lernfähigkeit und der Integrationsfähigkeit abgeleitet.
    Die Zielvorgaben in den „Empfehlungen für den Unterricht in der Schule für Geistigbehinderte" (1979) waren ausdrücklich auf „Fähigkeiten", also *Kompetenzen*, abgestellt. Hier könnte eingewandt werden, dass es sicherlich einseitig wäre, die pädagogische Aufgabenstellung lediglich über den Leistungs- oder Könnens-Aspekt zu bestimmen. Wenn sich dieser auch leichter in Teilziele für unterrichtliche Zwecke fassen lässt, so darf der *Erlebnisaspekt* nicht vernachlässigt werden. Mühl (1984, 66) spricht deshalb von „Handlungsfähigkeit und Erlebnisfähigkeit als allgemeinem Erziehungsziel. „Erlebnisfähigkeit" kann freilich nicht als bloße Fähigkeit ohne Inhalt verstanden werden. Was das Erleben eigentlich ausmacht, sind gerade die *Inhalte;* sie anzubieten und zu füllen, ist pädagogische Aufgabe.

In einem ökologisch-strukturalen und ganzheitlichen pädagogischen Handlungskonzept erhalten alle Einzelmaßnahmen über Richtziele für Erziehung und Bildung einen Gesamtrahmen, auf den sie beziehbar werden. Zentraler Orientierungsrahmen ist *der Mensch mit einer geistigen Behinderung in seiner Lebenswelt,* nicht also als eine Elementensumme, die sich aus zufälligen Einzelgrößen ergibt. Dazu ist es nötig, dass Erzieher und Betreuer selber die größeren Zusammenhänge ausloten und reflektieren, um daraus Sinn für Erziehung und Bildung abzuleiten. Einige dieser Strukturen und Teilsysteme sollen näher verdeutlicht werden.

1 Richtziel: Menschlich-leben können – Personal-soziale Integration

Als zentrale und aktuelle Zielvorstellung für die pädagogische Förderung von Kindern und Jugendlichen mit geistiger Behinderung wurde zu Beginn der siebziger Jahre der Begriff der *„Integration"* favorisiert (Deutscher Bildungsrat 1973). Er wurde aber einseitig nur in *sozialer* Hinsicht verstanden. Zu kurz kam dabei die ebenso zentrale Bedeutung des *Selbst,* die *personale Komponente von Integriertsein.* Es erschien mir daher wichtig, die soziale Integration mit der personalen zu koppeln. Erst beide zusammen ergeben ein menschlich sinnvolles Ganzes als Ziel (Speck 1975).

Der Begriff der *Integration* wird in seiner formalen Bedeutung in verschiedenen Humanwissenschaften verwendet, z. B. in Bezug auf das physische Gesamtsystem des Organismus, auf das psychische System der Persönlichkeit oder auf das System der sozialen Eingliederung. Gemeint ist jeweils ein Zustand sinnvoll geordneter Zusammenhänge, die dem Individuum Halt, Energien und Orientierung geben. Menschen mit geistiger Behinderung sind im Besonderen von einer depersonalisierenden Vereinzelung bedroht.

Wollte man den *Inhalt* eines Richtzieles für Erziehung und Bildung bei geistiger Behinderung auf eine kurze Formel bringen, so könnte sie lauten: *Menschlich-leben-können.* Der Akzent liegt dabei auf *„menschlich leben".* Im Unterschied zu Bildungszielen, wie sie heute vor allem auf mehr *Kompetenzen* im Sinne einer „Ökonomisierung der Bildung" (Vereinigung der Bayerischen Wirtschaft 2003) abgestellt sind, wird es bei Menschen mit einer geistigen Behinderung darum gehen, dass sie einerseits ihr Kompetenzpotenzial entfalten können, andererseits aber trotz ihres relativ geringen Beitrags zur Erhöhung der Produktivität anerkannte Mitglieder der Gesellschaft sind und ein Leben führen können, das seinen Sinn aus erlebter und verwirklichter *Menschlichkeit* schöpft.

Eine Zielangabe, wie Menschlich-leben-können, bezieht sich nicht allein auf den einzelnen Edukanden, sondern auch auf diejenigen, die für dieses Menschlich-leben-können mitverantwortlich sind, also auf die Umwelt.

Das Richtziel Menschlich-leben-können lässt sich von den folgenden zwei Aspekten her (1.1 und 1.2) mit Inhalten füllen.

1.1 Persönlichkeitsbildung durch personale Integration

Menschlich-leben-Lernen ist als ein sinnvolles Ganzwerden mit sich und seiner Lebenswelt zu verstehen. Ein Aspekt hiervon ist die Persönlichkeitsbildung. Sie kommt durch eine personale Integration zustande, d. h. durch ein sinnvolles Zusammenwirken der psycho-physischen Einzelprozesse des Individuums und ist u. a. auf Tüchtigkeit, *innere Ordnung, Identitätsbildung und gelingendes persönliches Leben* gerichtet.

Für K. Lewin war Integration gestaltpsychologisch gesehen eine organisierte Wechselwirkung, die darauf gerichtet ist, die *Einheitlichkeit* und *Ganzheitlichkeit* der menschlichen *Persönlichkeit* herzustellen und aufrechtzuerhalten. In der Persönlichkeitspsychologie Allports war der substanzielle Kern der Persönlichkeit, das spezifisch Menschliche, das Selbst, eine integrierende Instanz, die Selbst-Identität ein stabilisierender Integrator.

Nach Bertalanffy (1970) ließ sich der Mensch als das integrierte oder zur Integration bestimmte Wesen verstehen. Rogers (1976) interpretierte den personalen Impuls zur Integration als Tendenz zur Vorwärtsentwicklung in Richtung wachsender Vollkommenheit, als Streben nach Selbstvervollkommnung, nach „Einswerden mit seinem eigenen Organismus" (110). Auch Maslow (1973), Mitbegründer der *Humanistischen Psychologie,* betonte ausdrücklich die Rolle der Integration (Selbstkonsistenz, Einheit, Ganzheit) der Persönlichkeit angesichts sozialer Anpassungszwänge, die immer mehr innere Spaltung heraufbeschwören. „Wir müssen mehr holistisch als atomistisch denken lernen … und eines der Ziele der Therapie" – wir fügen hinzu: auch der Erziehung – „ist es, vom Dichotomisieren und Aufspalten zur Integration anscheinend unversöhnlicher Gegensätze zu gelangen" (175).

Beim Menschen mit einer geistigen Behinderung ist in spezifischer Weise – individuell verschieden – das Zusammenwirken der Teile des psychophysischen Organismus erschwert und gefährdet: Physische Schädigungen müssen kompensatorisch bewältigt werden, die unzulängliche Wahrnehmung der Wirklichkeit erschwert deren Strukturierung und Erkenntnis, Kognitionsschwächen behindern die innere Verarbeitung und Einarbeitung in die vorhandenen Schemata (Piaget), eine sich distanzierende, nicht-akzeptierende Umwelt ließe die Entfaltung eines Selbst, den Aufbau einer Eigen-Instanz (Autonomie) u. U. schon im Ansatz verkümmern. Personale Integration zielt letztlich auf die Gewinnung von (relativer) *Autonomie und Selbstbestimmung* ab.

Eine entsprechende *pädagogische Integrationshilfe* müsste unter dem Aspekt der Persönlichkeitsbildung insbesondere darauf gerichtet sein,

- *die physischen Funktionen zu unterstützen und zu üben, ggf. Kompensationstechniken zu entwickeln (physische Funktionalität, funktionelle Integration),*
- *elementare Fertigkeiten zur Bewältigung des Lebensalltags auszubilden und zu üben,*

- *Einsicht in die nähere Welt der Menschen und Dinge zu vermitteln,*
- *Emotionalität zu bereichern und zu stabilisieren,*
- *Ich-Funktionen zu stärken, ein tragfähiges Selbstkonzept zu erschließen, Identität zu ermöglichen,*
- *einen Lebensstil und Einstellungen zu vermitteln, die die eigene Existenz bejahen und beglücken können (Speck 1975).*

1.2 Sozialbildung durch soziale Integration

Menschlich-leben ist nur durch *Gemeinschaften* möglich. Jegliche Persönlichkeitsbildung steht in Wechselwirkung mit dem Erleben und Eingebundensein in *soziale Gruppen*. Soziale Integration ist die wechselwirkende Ergänzung zur personalen Integration. Gemeint ist das Finden und Aufbauen sinnvoller Koppelungen des Individuums mit der *sozialen Umwelt*, die Eingliederung in soziale Rollensysteme; es geht um die Eingliederung in soziale Bezüge, um Status- und Kompetenzerweiterung, um Konfliktreduktion, um den Abbau sozialer Blockierungen, um soziale Zugehörigkeit und soziale Identität oder soziale Distanz im Falle einer Bedrohung.

Im Bereich der Behindertenarbeit wurde der Begriff soziale Integration im Besonderen im Sinne gemeinsamer *Gruppenzugehörigkeit* behinderter und nicht behinderter Kinder verstanden (Mühl 1987, Bleidick 1988), aber auch im Sinne einer *makrosozialen Akzeptierung und Eingliederung* in das soziale Bewusstsein (Speck 1974). Damit wird deutlich, dass soziale Integration nicht mehr allein auf den behinderten Menschen bezogen werden kann, sondern zugleich auch auf die Sozietät. Soziale Integration erweist sich als ein Wechselwirkungsprozess. Die Bereitschaft des behinderten Menschen, sich sozial anzupassen, erscheint dabei stärker als das Entgegenkommen der allgemeinen sozialen Umwelt, wie es sich in Ergebnissen der Einstellungsforschungen (Cloerkes 1985) darstellt. Von daher gesehen kann es sich bei einer pädagogischen Hilfe zur sozialen Integration nicht einfach um eine Anpassung an die geltenden Normen handeln, sondern auch um eine Annäherung der allgemeinen Normen an die Bedürfnisse und Möglichkeiten geistig behinderter Menschen (Normalisierung).

Wenn von ihrer sozialen Eingliederung die Rede ist, so sind damit im Wesentlichen *soziale Teilsysteme* gemeint, auf die sich diese Menschen einstellen können, und die es ihnen ermöglichen, sich einer größeren sozialen Ganzheit zugehörig fühlen zu können, seien es Familie, Spielgruppe, Schulklasse, Werkstatt, Freizeitgruppe oder öffentliche Veranstaltungen.

In jedem Fall wird eine soziale Eingliederung in eine Gruppe nur so weit vertretbar und erstrebenswert sein, als sie auch der *personalen* Integration eines Menschen *dienlich* ist, also ihr nicht schadet, sie nicht behindert. Er muss auch das Recht haben, für ein Eigenleben in eigenen Gruppen zu optieren, wenn er ein Bedürfnis danach hat (Gibson 1978). Eine pädagogische Integrationshilfe unter dem Aspekt der Sozialisationsförderung wird im Besonderen darauf gerichtet sein,

- *Kommunikationsfertigkeiten und -möglichkeiten zu entwickeln und zu erschließen,*
- *soziale Verhaltensweisen auszubilden und soziale Interaktionen zu unterstützen und zu erweitern,*
- *die Übernahme, das Erlernen sozialer Rollen zu ermöglichen,*
- *die Teilhabe an Gruppenerfahrungen und -aktivitäten auszubauen und das Zugehörigkeitsgefühl zu verstärken,*
- *die konkrete Eingliederung in Spielgruppen, Lerngruppen, Arbeitsgruppen und Freizeitgruppen zu begleiten und zu stabilisieren,*
- *die berufliche Eingliederung in eine Werkstatt sicherzustellen und lebensdienlich zu gestalten.*

Soziale Integration kann auch als Weitergabe des „sozialen Erbes" bzw. als Verhinderung oder Aufhebung „sozialer Isolation" gesehen werden, wie Feuser (1981) und Jantzen (1980) immer wieder betont haben.

2 Teilziele für Erziehung und Bildung

Pädagogische Teilziele für Kinder und Jugendliche mit geistiger Behinderung sind so auszudifferenzieren, dass die wesentlichen Intentionen für deren Erziehung Geltung erhalten. Sie müssen ein gerichtetes, strukturiertes Beziehungsgefüge darstellen, das sich an den individualen Bedürfnissen und Möglichkeiten des Kindes und an seiner Lebenswelt orientiert. Im Sinne eines koordinierten Systems von Teilzielen lassen sich benennen

- das Erschließen von Lebenszutrauen,
- das Ausbilden von Lebensfertigkeiten,
- das Vermitteln von Lebensorientierung und
- die Bildung von Lebenshaltungen.

Der jeweilige Wortteil „Leben" soll den bei aller notwendigen Teilsicht unauflöslichen ganzheitlichen Zielrahmen verdeutlichen: *Menschlich leben können!*

Eine ähnliche Aufteilung der pädagogischen Aufgabenstellung war in den *„Empfehlungen" der Kultusminister-Konferenz* von 1979 vorgenommen worden. Danach soll durch die Schule für Geistigbehinderte „Selbstverwirklichung in sozialer Integration" in folgenden „Lebensbereichen" ermöglicht werden:

- *Erfahren der eigenen Person und Aufbau eines Lebenszutrauens,*
- *Selbstversorgen und Beitragen zur eigenen Existenzsicherung,*
- *Zurechtfinden und angemessenes Erleben in der Umwelt,*
- *Orientieren in sozialen Bezügen und Mitwirken bei ihrer Gestaltung,*
- *Erkennen und Gestalten der Sachumwelt (7).*

Was ist im Einzelnen unter den genannten pädagogischen vier Teilzielbe-
reichen zu verstehen?

2.1 Erschließen von Lebenszutrauen

Es wurde bereits ausgeführt, dass das geistig behinderte Kind in besonderem Maße darauf angewiesen ist, dass seine Lebenskräfte und Lernantriebe
von außen geweckt und ständig lebendig erhalten werden. Seine Aktivität
droht allzu leicht zu erlahmen und zu verlöschen, wenn sie überhaupt geweckt worden ist. Die Erziehung wird von Anfang an und unablässig darauf bedacht sein, das Kind „anzusprechen", seine „Anregbarkeit" und emotionale Teilhabe zu wecken und zu steigern. Ein solches „Angesprochensein" (Moor 1960) wird erschlossen durch die *emotionale Zuwendung* des
Erziehers, durch seine Nähe, seine Wärme und seine Zuversicht. Das Angesprochensein ist nur da möglich, wo das Kind sich angenommen, getragen, geborgen, beheimatet, zugehörig fühlen, und wo es sich – kurz gesagt
– seines Lebens freuen darf, wo es das „Ja des Sein-Dürfens" (Buber) ver-
nimmt. Mit der Ansprechbarkeit beginnt jegliche Erziehung.

Die Spannweite von Freude und Hoffnung ist bei geistiger Behinderung
möglicherweise eine kurze. Über die Eigenart, wie beide erlebt werden, wissen wir wenig. Es ist aber unabweisbar, dass sie jenes Zutrauen zum Leben
vermitteln, das der Mensch braucht, wenn er es nicht lediglich dahinfristen
soll.

Erziehung vermittelt Lebensfreude und Lebenszutrauen in erster Linie
durch seine Erzieher selber, durch ihr eigenes Getragensein von Lebenszuversicht. Sie steckt das Kind an. Aus ihr erwächst all das, was seine Phantasie und Überlegung ständig an Motivationen finden lässt, was er sich aus-
denkt, um dem Kind Freude zu schenken, und es freudig mittun und lernen zu lassen. Er empfindet und zeigt dem Kind auch Freude über jeden
kleinsten Fortschritt, über sein Können und sein Spielen, über sein Dasein.
Die Erziehung muss bewusst der Gefahr zu begegnen suchen, in Stereoty-
pie und Spannungslosigkeit abzugleiten. Das Kind müsste sie wehrlos hinnehmen und in Stumpfheit und „Seelenlosigkeit" verfallen.

Freude und Lebenszutrauen sind dynamische Bedingungen des Tätigseins,
aber auch lebentragende Gestimmtheiten. Sie kommen in allen pädagogischen Teilaufgaben zur Geltung.

Dass sich Lebenszutrauen nicht machen und organisieren lässt, dass Erzieherinnen und Erzieher lediglich die Voraussetzungen dafür schaffen
können, dass es sich einstellt, sei am Rande vermerkt. Dass es für Eltern
etwas vom Schwersten sein kann, Zutrauen zum Sinn eines behinderten
Lebens zu empfinden und dem eigenen Kind zu vermitteln, sei hier ebenso
nur angemerkt. Es ist in aller Regel ein langer und divergenter Prozess, bei
dem der Einzelne wesentlich auch Unterstützung (Vertrauen) von außen
braucht.

Die pädagogische Aufgabenstellung der Vermittlung von Lebensantrieb und Lebenszuversicht ist nicht nur als Freisetzen von psychischer Energie zu verstehen, sondern auch im Sinne ihrer Eindämmung oder Kanalisierung. Auch das geistig behinderte Kind ist auf Verzichte und Überwindungen angewiesen. Auch es muss lernen, dass es nicht alles erhält, wonach und sooft es begehrt. Die mitleiderregende Behinderung verleitet viele Eltern dazu, ihrem Kind das Leben dadurch schön machen zu wollen, dass sie ihm alles gewähren und ihm alle Anstrengungen abnehmen. Sie behindern damit die Ausbildung der Lebenstüchtigkeit des Kindes und verwehren ihm überdies die Freude an vermehrtem Können.

Die konkreten Möglichkeiten, im Alltag von Familie und Schule Lebenszutrauen zu erschließen und zu stabilisieren, sind unendlich vielfältig. Weil sie sich in aller Regel aus Situationen ergeben, wie sie sich ereignen, bleibt jegliche Auflistung vorab unzulänglich und nahezu künstlich. Das schließt nicht aus, dass sie im Bewusstsein des Erziehers (der Eltern) präsent sein müssen, um im Augenblick genutzt werden zu können. Auf der anderen Seite sind immer wieder pädagogisch geeignete Gelegenheiten bereitzustellen, damit sich Erlebnisse dieser Qualität einstellen können. Worauf es dabei ankommt und worauf die erzieherische Aufmerksamkeit gerichtet sein sollte, sei hier nur kurz und mehr beispielhaft als *Zielrichtungen* im Detail angedeutet:

- *Den eigenen Körper in seiner Lebendigkeit und seiner Verfügbarkeit wahrnehmen*
- *sich körperlich wohlfühlen*
- *Befriedigung elementarer Bedürfnisse erleben*
- *den Erfolg eigener Aktivität erfahren*
- *psycho-physische Spannungen (Angst) durchleben können*
- *Menschen und Dinge emotional als wertvoll erfahren*
- *Bestätigung des eigenen Daseins durch hinreichend stabile Zuwendung erleben*
- *Zumutungen an Verzicht letztlich als Bereicherung erleben.*

2.2 Ausbilden von Lebensfertigkeiten

Gemeint ist die pragmatische Komponente der pädagogischen Aufgabenstellung: das Erlernen von Fertigkeiten (Kompetenzen), die für das einzelne geistig behinderte Kind lebensbedeutsam und seiner sozialen Eingliederung dienlich sind. Die nachfolgende Aufreihung von Teilaufgaben weist eine gewisse Stufung auf. Sie beginnt mit dem körperunmittelbaren Bereich und reicht bis zu berufsartigen Fertigkeiten, darf aber nicht so verstanden sein, als folgere jeder der genannten Teilbereiche aus dem vorhergenannten. Vielmehr erfolgte die Aufgliederung aus methodologischen Rücksichten. Es sei auch vorweggenommen, dass die hier aufgeführten Lebensfertigkeiten in der erzieherischen Realität nicht von der im nächsten Kapitel abzuhandelnden Lebensorientierung abzutrennen sind.

Kinder und Jugendliche mit geistiger Behinderung sollen für folgende Lebensbereiche Fertigkeiten erlernen, soweit sie ihnen individuell zugänglich sind:

- *Persönliche Pflege*
- *Häusliches Tun*
- *Soziale Umgänglichkeit*
- *Körperliche Geschicklichkeit*
- *Musisches Tun und Handfertigkeit*
- *Sprechen*
- *Kognitive Techniken*
- *Arbeit und Berufsvorbereitung.*

Was unter den genannten Teilzielen verstanden wird, soll kursorisch aufgezählt werden. Ausführliche und bis ins einzelne differenzierte Aufgabensammlungen enthalten u. a. die Arbeiten von Bach (1967, 1979 a), Adam (1978) und die *KMK-Empfehlungen* von 1979, Dittmann u. a. (1983). Beispielhaft zu nennen wären:

Persönliche Pflege: *An- und Auskleiden, Sauberkeitspflege, Essenshygiene, Pflege des Körpers und der äußeren Erscheinung, Erhaltung der Gesundheit (Dank 1990).*

Häusliches Tun: *Alltagsverrichtungen zur Pflege der Ordnung und Sauberkeit im Raum, Mithilfe in Küche und Haushalt (Wäsche, Mahlzeiten, Blumen, Haustiere, Garten), Bedienen von Haushaltsgeräten und bestimmten technischen Einrichtungen (Telefon), außerhäusl. Besorgungen (Walburg 1974).*

Soziale Umgänglichkeit: *Umgangsformen, Verhaltensweisen des Anstandes, der Rücksichtnahme, Hilfsbereitschaft, Kontaktaufnahme, einfache, gute Manieren und die Anerkennung des anderen, die Rechte des anderen achten, Gruppenübungen (Holtz 1987). Spielerziehung (Straßmeier 1982).*

Körperliche Geschicklichkeit: *Leibesübungen (gehen, laufen, hüpfen, steigen, werfen, fangen), einfache Übungen an Turngeräten, Spielen, Schwimmen, Psychomotorik (Rieder u. a. 1981, Theile 1976, Irmischer 1981, Höss, Wolf 1982, Sandvoß 1983, Sander-Beuermann 1985, Haas 1987, Steppacher 1987, Faltermeier[3] 1987).*

Musisches Tun und Handfertigkeit: *Spielen mit Material, Bauen, Formen, Malen, Werken, Darstellendes Spiel, Musizieren, Singen, rhythmische Erziehung, Tanzen (Seeboth 1973, Kornbrink 1986, v. Dobeneck 1983, Damm 1984).*

Sprache: *Laut- und Stimmbildung, Benennen von Dingen, Tätigkeiten und Eigenschaften, einfache Aussagen und Mitteilungen, Erweiterung des Wort-*

schatzes, Erlernen von Versen, Gedichten und Liedern, Mitteilungsbereit-schaft, Sprachverständnis, Überwindung von Sprachstörungen (Atzesberger 1978, Schultze 1972, Wilken 2003, Baun 1981).

Kognitive Techniken: *Wahrnehmen und Unterscheiden (sehen, hören, tasten, riechen, schmecken) von Gegenständen und Personen, Erlernen von einfachen Mengen-, Raum- und Zeitbegriffen, praktischer Umgang mit einfachen Mengen und Zahlen, Erfassen von Zeichen (Abbildungen, Symbolen, Ziffern, Zahlen, Buchstaben und Worten), Lesen und Schreiben, Lösen einfacher anschaulich-praktischer Denkaufgaben, Unterscheiden von richtig und falsch (Miessler, Bauer 1978, Haug, Keuchel 1984, Jansen 1985, Fischer, E. 1998).*

Arbeit und Berufsvorbereitung: *Fortführen des Werkens bis zu berufsähnlichen Tätigkeiten, Arbeiten mit leicht zu gebrauchenden Materialien und Werkzeugen, Arbeitskontrolle, Vorbereitung auf den Besuch der Werkstatt und den Übergang in das Berufsleben (Staatsinstitut o. J., Stuffer 1975).*

2.3 Vermitteln von Lebensorientierung

Mit der Ausbildung von Fertigkeiten ist der Erwerb des für die Lebensorientierung notwendigen Wissens aufs engste verknüpft. Es wird in der Regel nur im tätigen Umgang mit den Wissensinhalten, den Gegenständen und Zusammenhängen, erworben. Die hier vorgenommene Trennung dient lediglich einer Verdeutlichung der Aufgabenstellung. Einerseits ist es vom Unterricht her erforderlich, den realen Lebensbereich und Weltausschnitt, in dem sich der geistig behinderte Mensch bewegen und sich zurechtfinden soll, auszumachen und zu gliedern. Andererseits soll mit dem Begriff der Lebensorientierung, der nur im Rahmen von wirklicher Lebensbedeutsamkeit interpretiert werden kann, vermieden werden, dass ein Unterricht mit vordergründiger und inadäquater Wissensvermittlung im Sinne einer verdünnten Ausgabe konventioneller „Schulbildung" in der Schule für Geistigbehinderte aufgezogen wird. Der basale oder elementare Sachunterricht muss es mit Lerngegenständen und Lerninhalten zu tun haben, die für die Erschließung der individuellen Lebenswirklichkeit wichtig sind.

Das In-der-Welt- und In-der-Zeit-Sein gilt als ein wesentliches Charakteristikum des Menschen. Er lebt aus der fortwährenden Kommunikation mit der Welt und ist gleichzeitig selbst Welt. Ihr Sinn und damit sein Sinn in der Welt erschließen sich ihm dadurch, dass er sie deutet. Er ist ein deutendes Wesen. Dadurch, dass er gleichzeitig zwischen sich selbst und der Welt Distanz zu schaffen vermag, wird er selbstständig, und in dem Maße, in dem ihm seine Umwelt vertraut wird, und seine Lebenswelt und seine Zugehörigkeit eine selbstverständliche wird, kann er in der Welt heimisch werden.

Die pädagogische Aufgabenstellung zielt darauf, dass Kinder und Jugendliche mit geistiger Behinderung ihre Welt finden, gliedern und gestalten können. Ihr geistiges Leben ist bedroht, wenn ihnen Umwelt zur Kulissenwelt der Beziehungs- und Bedeutungslosigkeit wird, d.h. zu einem fremden, unheimlichen Etwas, das die *Angst* verstärkt.

Auf die Frage, wovor sich geistig behinderte Kinder *fürchten*, erhielt D. Fischer (1969) u.a. folgende Antworten von befragten Eltern:

- *vor Geräuschen, die es nicht kennt*
- *vor Lärm auf der Straße, vor großem Lärm (!)*
- *vor der Nacht*
- *vor großen Brücken, auch vor Tunnels*
- *vor Hundegebell, wenn es den Hund nicht sieht*
- *vor Tieren, die es nicht kennt, auch im Fernsehen*
- *vor großem Wasser, Meeresschwimmbad*
- *beim Bergsteigen vor dem hohen Berg*
- *vor fremder Umgebung überhaupt*
- *vor fremden Menschen*
- *vor Gewitter und Sturm*
- *vor dem Arzt.*

Die Erziehung muss die nötigen Hilfen dazu anbieten, dass jedes Kind seine Welt, d.h. den ihm zugänglichen und bedeutsamen Weltausschnitt, kennen und deuten lernt, damit es sich in ihm zurechtfindet und sich geborgen fühlen kann. Die unmittelbare Umwelt wird ihm zur eigenen Welt, wenn sie ihm „geöffnet, gezeigt, verlebendigt wird, wenn man (es) an sie heran- und in sie hineinführt…ihm Wohnung, Straße, Geschäfte nicht versperrt, sondern vielmehr Schritt für Schritt aufschließt" (Bach 1967, 26).

Unsere Welt ist inzwischen eine recht komplizierte und abstrakte geworden. Sie ist für viele nicht mehr die Welt der Wiesen, Felder und Wälder, der stillen Wege und der einfachen, überschaubaren Ordnungen. Der Erziehung stellen sich damit differenziertere Aufgaben zur Gewinnung von Lebensorientierung bei geistiger Behinderung. Dass sie zu meistern sind, lehren die Erfahrungen in der Großstadtarbeit. In jedem Fall wichtige Orientierungseinheiten sind:

- *Personen der täglichen Umgebung (Eltern, Geschwister, Verwandte)*
- *die Wohnung (Räume, Einrichtung, Blumen, Haustiere)*
- *der eigene Körper (Vertrautsein mit den Körperfunktionen und ihrer Beherrschung)*
- *Nahrung und Kleidung*
- *Haus, Hof, Garten, Nachbarschaft*
- *Straße, Geschäfte, Handwerker und Arbeiter, Post*
- *Wetter und Naturgewalten*

– *Sicherheit (gefährliche Gegenstände und Chemikalien, Gifte, Verkehr, Verkehrszeichen, Polizei, Feuerwehr)*
– *zeitliche Einheiten (Tages-, Wochen-, Jahres- und Jahreszeitenlauf, Feste und Feiern)*
– *der erweiterte Wohn- und Betätigungsbereich (Straßen, Fahrmöglichkeiten, Schule, Stadt, nahe gelegene Orte)*
– *Kirche und religiöses Leben*
– *individuell verschiedene Sonderinteressen (Hobbys): spezielle Spieldinge, Schallplatten, Bildersammlungen u. a.*

Der einzelne Mensch mit einer geistigen Behinderung braucht diejenige Orientierung, die für sein Leben und seine Welt wichtig ist. Das wird individuell und kulturregional verschieden sein. So kann z. B. für einen jungen Mann seine umfangreiche Diskothek und sein außerordentliches Wissen im Bereich der Musikliteratur „seine Welt" bedeuten, für andere kann es der Club, die Werkstatt oder der Sport sein. Seine eigene Lebenswelt reicht über das eigene häusliche Lebensfeld hinaus in die nahe liegende Umwelt, in die Natur und in die Gemeinde mit lebensbedeutsam werdenden Menschen, kulturellen Einrichtungen und sozialen Gruppen, aber auch darüber hinaus in fernere Landschaften, Länder und Geschehnisse und damit in eine Zugehörigkeit zur Gemeinsamkeit aller Menschen.

Das Kind ist vor Überforderung, d. h. vor Ballast und Verwirrung, ebenso zu bewahren wie vor einer Einengung seiner Weltorientierung. Sie tritt vor allem dann ein, wenn Eltern ihr Kind von der Umwelt weitestgehend abschließen, manchmal buchstäblich einsperren, um es vor Feindseligkeiten, Spott und sonstigen Schwierigkeiten zu bewahren. Letztlich wird der Mensch mit einer geistigen Behinderung seine optimale Lebensorientierung nur dann finden, wenn ihm die Umwelt entgegenkommt, wenn sie es ihm leichter macht, sich in ihrer Vielfalt von Formen, Regeln, Namen und Zeichen auszukennen und darin heimisch zu werden.

Selbsterkenntnis ist eine indirekte Aufgabe bei der Gewinnung von Lebensorientierung. Je deutlicher sich die Umwelt für den geistig behinderten Menschen gliedert, um so erkennbarer wird für ihn sein Verhältnis zur Umwelt und damit auch seine eigene Position mit bestimmten Begrenzungen. „Die Kinder sollen ihre abhängige oder halbabhängige Rolle in der Gemeinschaft bejahen und erkennen, daß ihnen im Vergleich zu anderen Kindern Grenzen gesetzt sind und sie sich doch nicht als Ausgestoßene betrachten" (Williams u. a. 1966, 28).

Dieses realistische Verständnis der eigenen Grenzen ist aber nur eine Seite der hier gemeinten Selbsterkenntnis. Sie soll darüber hinaus auch ein positives Verständnis der eigenen Möglichkeiten und die Wertung der eigenen Person im sozialen Beziehungsgefüge umfassen. Es ist dies zugleich ein Beitrag zur Förderung der eigenen Autonomie (Speck 1985, 1997).

2.4 Bildung von Lebenshaltungen

Lebenshaltungen sind in gewissem Sinn das komplexe Ergebnis der Erschließung des Lebenszutrauens, der Ausbildung von Lebensfertigkeiten und der Gewinnung von Lebens- und Weltorientierung. Am Zustandekommen von *Haltungen* sind eine *emotionale*, eine *pragmatische* und eine *kognitive* Komponente beteiligt. Die Resultante ist eine stabilisierende Normorientiertheit des Verhaltens und der Lebensführung. Sie bedeutet eine moralische Grundlegung, eine Orientierung an einem „Wertkonzept", das für das Denken und Handeln maßgebend wird, auch wenn es sich im Wesentlichen um *Gewohnheiten* handelt. Auch diese sind für das aufzubauende Ethos wichtig. Dabei ist es eine sekundäre Frage, wie weit daran auch die kognitive Komponente, also Einsicht und ein eigenes Selbst- und Wertkonzept, tatsächlich beteiligt sind.

Als *Werthaltungen*, welche die Erziehung bei geistiger Behinderung anstrebt, wären beispielhaft zu nennen:

- *Arbeitshaltungen, z.B. Wertschätzung gelungener Arbeit,*
- *Einstellungen zu anderen, z.B. Kontaktfreundlichkeit, Hilfsbereitschaft und Rücksichtnahme, Achtung vor dem Eigentum anderer, Bereitschaft zu teilen, Zurückhaltung gegenüber Fremden, Selbstbehauptung gegen unberechtigte Ansprüche anderer,*
- *Einstellungen zu den Dingen, z.B. Achtung vor Pflanzen und Tieren, Schonung von Gegenständen, Vorsicht vor unbekannten und gefährlichen Dingen.*

Es bedarf keiner näheren Erklärung, dass die genannten Haltungen nicht das erzieherische Ergebnis bloßer Unterweisungen und Belehrungen sein können, sondern dass sie im Wesentlichen durch *„Einübung"* gewonnen werden. Diese aber wird sich auf der *emotionalen* Grundlage von *Bindung* zum Erzieher vollziehen. Das, was sich als Werthaltungen oder als *moralische Grundeinstellungen* beim Kinde oder Jugendlichen ausbildet, wird tragender Bestandteil der Persönlichkeit – in ihrer Eigentümlichkeit.

Die individuellen Unterschiedlichkeiten sind groß. Sie erfordern ein hohes Maß an pädagogischer Individualisierung. Dabei wird die Erziehung weniger mit programmierten Lernschritten vorgehen können als vielmehr darauf bedacht sein, dass sich bietende Gelegenheiten genutzt werden, um dem Kind oder Jugendlichen die Möglichkeit zu geben, Erfahrungen mit guten Modellen zu machen, sie auszuwerten und umzusetzen. Vor allem durch den regelmäßig erlebten Umgangsstil oder die erlebte „Atmosphäre" in einer Gruppe können moralische Haltungen erlernt werden. Große Bedeutung kommt der *ethischen Qualität* des *erzieherischen Verhältnisses* zu (siehe Kap. IX).

2.5 Teilziele als Koordinatensystem

Die dargestellten pädagogischen Teilziele lassen sich im Sinne eines Koordinatensystems zusammenstellen und einander zuordnen. Die Waagerechte bilden *Wissen und Können* als *materiale Kompetenzen* oder Fertigkeiten. Die Senkrechte wird von weniger äußerlich fassbaren, *emotionalen und ethischen Gehalten* bestimmt. Deren Bedeutung ist mehr energetischer Art.

In der Zuordnung zueinander lassen sich Vereinseitigungen erkennen und kontrollieren, lässt sich aber auch eine mögliche Zumutung abweisen, nur erlernbare skills (Techniken) zu Lerngegenständen oder Zielen zu machen. Die Inhalte des Emotionalen und Ethischen bilden eine Grundlage für alles Erlernen von Kompetenzen. Umgekehrt wird das Emotionale und Ethische durch entsprechendes Können, Wissen und kommunikatives Agieren gestützt. Das nachfolgende Schema (Abb. 4) soll die koordinierende Zuordnung verdeutlichen.

Abb. 4: Komplexität der pädagogischen Aufgabenstellung

VIII Bildung und Lernen

Kinder und Jugendliche mit einer geistigen Behinderung bedürfen einer modifizierten Erziehung und Förderung, um die eigenen Möglichkeiten zum Erwerb von Kompetenzen und die eigenen Chancen zur Persönlichkeitsbildung und zur sozialen Teilhabe entfalten zu können. Diese *speziellen Erziehungserfordernisse* sind im Grunde nichts anderes als eine Spezifizierung des allgemeinen, für alle Kinder und Jugendlichen geltenden Erziehungs- und Bildungsprogramms, das den beim einzelnen Kinde vorliegenden Bedürfnissen und Möglichkeiten anzupassen ist.

Als pragmatischer Terminus für diesen spezialisierten Erziehungsansatz hat sich in letzter Zeit in Deutschland die Bezeichnung „pädagogische Förderung" durchgesetzt. Sie war erstmals in den „Empfehlungen" des Deutschen Bildungsrates (1973) verwendet worden und ist dann 1994 in den „Empfehlungen zur sonderpädagogischen Förderung in den Schulen in der Bundesrepublik Deutschland" von der Kultusministerkonferenz, also offiziell, in das Schulwesen eingeführt worden, allerdings in der Abwandlung auf „*sonderpädagogische*" Förderung.

An sich bedeutet „*Förderung*" etwas ganz Allgemeines oder Formales. Jegliche Erziehung oder Bildung ist auf Förderung des Kindes, also auf die Besserung seines Zustandes, gerichtet. Dadurch aber, dass das sonderpädagogische Schulwesen diesen Begriff mit einem spezifisch eigenen Inhalt besetzt und okkupiert hat, ist er zu einem gemeinhin *sonderpädagogischen* Begriff geworden.

Als solcher bezieht sich *Förderung* auf den jeweiligen „*sonderpädagogischen Förderbedarf*" des einzelnen Schülers. Inhaltlich wird dieser – relativ undifferenziert – praktisch als Oberbegriff für Erziehung, Bildung und Unterricht verwendet. Er ist zu einem *schul*pädagogischen Begriff geworden. Traditionelle Begriffe, wie Erziehung oder Bildung, sind in den Hintergrund getreten, was u. a. dazu geführt hat, dass die mühseligen Begriffserklärungen obsolet wurden. Unter „Förderung" lässt sich offensichtlich mühelos jegliche spezielle sonderpädagogische Programmatik subsumieren.

Genau besehen impliziert das Wort „Förderung" semantisch eine *pädagogische Einseitigkeit:* Im Gegensatz zu „Erziehung" und „Bildung", die beide *intrinsisch* verwendet werden können und auch auf das beteiligte *Selbst* beziehbar sind (Selbsterziehung, Selbstbildung), ist Förderung nur transitiv zu gebrauchen: Der Lehrer fördert das Kind. Das Kind *wird gefördert.*

Eine „Selbstförderung" ist ungebräuchlich. Durch diese Akzentuierung der *pädagogischen Intentionalität* („Intervention", „Eingriff") könnte das für das Lernen *entscheidende Selbst* zu kurz kommen.

Eine weitere kritische Anmerkung bezieht sich auf das im Wort „Förderung" enthaltene Element des *Bewegens nach vorn* (promoting) und das damit implizierte Maß an *Effektivität*. Im Falle einer geistigen Behinderung ist es nicht immer leicht, Entwicklungs- und Lernfortschritte zu markieren, die auf pädagogische Förderung zurückgeführt werden können. Unter ökonomischen Gesichtspunkten könnte man dann mit der Frage konfrontiert werden, ob denn bestimmte Fördermaßnahmen einen Sinn hätten, wenn sich doch am Kinde nichts bewege.

Es ist pädagogisch wichtig, daran festzuhalten, dass es in der Erziehung nicht allein um ein „*Fördern*" im Sinne von erkennbaren Fortschritten gehen kann, dass Förderung auch nicht einfach als *Bewegung auf einer Messstrecke* zu verstehen ist, sondern dass es immer auch darum geht, menschlich Wertvolles durch eine erzieherische Gestaltung des Zusammenseins zu beleben bzw. erworbene Fertigkeiten und Einstellungen zu erhalten, also vor einem personalen Verfallen durch Nicht-Aktivierung und Nicht-Beachtung zu bewahren.

1 Bildendes Lernen als praktisches Lernen

Bildung geht aus Lernen hervor, wird von Lernen begleitet, bestimmt aber auch, was gelernt wird. Mit dem Begriff „bildendes Lernen" soll der pädagogisch unaufhebbare Zusammenhang von Lernen und Bildung im Unterschied zu einer aus der Geschichte der Menschen mit geistigen Behinderungen bekannten Gleichsetzung ihres Lernens mit bloßem Reagieren und Nachmachen, mit Formen des Abrichtens oder der Dressur, hervorgehoben werden.

In diesem Sinn einer bildungstheoretischen Position kann das geistig behinderten Menschen verfügbare Lernen im Besonderen als *praktisches Lernen* gekennzeichnet werden. Wir lehnen uns bei diesem Begriff u. a. an Fauser, Fintelmann, Flitner 1983 an. In den von ihnen unter dem Titel „Lernen mit Kopf und Hand" vorgelegten Berichten und Anstößen zum praktischen Lernen in der Schule wird die Bedeutung eines Lernbegriffes herausgestellt, der gerade jene Lernbereiche und Lernprozesse anspricht, die bei der heutigen Überbeanspruchung des theoretisch-verbalisierten Lernens zu kurz kommt, eben das praktische Lernen. Dieser Begriff will darauf verweisen, dass alles Lernen auf (Eigen-)Aktivität beruht, dass Lernen nicht einseitig auf Rationalität beruht, dass Lernen nicht einseitig Aneignung zielvorgegebener Kompetenzen bedeutet, sondern eine selbstbestimmte Leistung darstellt, an der eigene Interessen auf Grund biografischer Rückbindung beteiligt sind.

Praktisches Lernen ist nicht abgehoben und schlechthin geringerwertig gegenüber *theoretischem Lernen* zu sehen. Es hat vielmehr eine pädagogisch unverzichtbare Grundlagenfunktion, ist also „nach oben" offen. Es ist damit zugleich ein umfassender Begriff, der nicht nur auf Schule und Unterricht begrenzt wird, sondern auch den Lebenswelt-Aspekt einschließt.

Zugleich lässt er sich auch auf die *moralische* Dimension beziehen, die sich wesentlich im sozialen Handeln darstellt und bewährt. Durch Lernen in der gesellschaftlichen *Praxis* lässt sich vor allem auch eigene *Orientierung* finden in Anbetracht der verwirrenden, verbalisierten und medienabgebildeten (Schein-) Wirklichkeit.

Praktisches Lernen bezieht sich sowohl auf das Tätigsein der Kinder als auch auf soziale Teilhabe. Durch eine Öffnung der Schule nach außen sollen Schule und Leben verbunden werden. Das Außen erhält Lernqualität. Gegenüber den zugleich verfremdenden Einflüssen dieses Außenraumes kann die Schule auch eine eigene, die Sinn-Orientierung sichernde Bedeutung (als pädagogischer Eigenraum) erhalten.

2 Lernen durch Erfahrung

Integration im allgemeinen Sinn ist ein Prozess, der auf ein Zusammenwachsen und ein Ganz-Werden gerichtet ist. Einer ganzheitlich orientierten Bildung wird es um ein Doppeltes gehen: einerseits darum, dass das Kind die Wirklichkeit, in der es lebt, kennen lernt, veränderbar oder unveränderbar, andererseits darum, dass es die „Eigenständigkeit biographischer Wirklichkeit" (A. M. K. Müller 1978) erfährt, ein unauswechselbares und unplanbares Selbst werden kann. Beides macht Erfahrung aus, reale und offene Erfahrung, für die die Erziehung zu sorgen hat. Erfahrung wird damit in eine polare Wechselwirkung zwischen Objektivieren, Planen, Definieren und Handeln einerseits und Betroffensein, Offensein, Selbstsein, Subjektsein, Unkontrolliertsein und Erleiden andererseits gespannt.

Müller sah in seiner kritischen Auseinandersetzung mit den die „Bildungskatastrophe" bedingenden „definierten Verhältnissen in der Pädagogik" die primäre Aufgabe der Erziehung im Wesentlichen „auf die Bewältigung eines Ganzen gerichtet, das sich im dialektischen Umschlag zwischen offener und definierter Erfahrung manifestiert", wenn das Ganze des Lebens ausgelotet werden soll (43). Der Mensch mit einer geistigen Behinderung wäre von jeder *Vereinseitigung* des erzieherischen Ansatzes besonders bedroht. Insbesondere könne er nicht allein unter dem Aspekt von Tätigsein, Leistung und Rentabilität gesehen werden und nur durch objektivierte Lernprogramme gefördert werden. Die Wirklichkeit geistig schwer behinderter Kinder und Jugendlicher entzieht sich weitgehend einer Objektivierung. Die Erziehung wird ihnen nur gerecht werden können, wenn sie sie auch sein lässt, wer sie sind.

Erziehung steht in der Spannung zwischen sozialem Handeln als pädagogischem Handeln und pädagogischer Zurückhaltung und emotionaler Teilhabe. Beide Aspekte haben füreinander Komplementärfunktion. So bedeutet Erziehung als geplantes Handeln, dem Kind in strukturierten Lernsituationen Gelegenheit zu geben, sich mit sich und der Umwelt aktiv und verändernd auseinander zu setzen; dies aber bedeutet gleichzeitig Erfahrungen machen und umsetzen. Der Erziehung geistig behinderter Kinder kommt dabei die Aufgabe zu, ihnen lernadäquate Gelegenheiten zu aktivem Erfahrungsammeln zu verschaffen, und ihnen bei der Bewertung und Umsetzung dieser Erfahrungen behilflich zu sein. Der didaktische Hauptakzent liegt auf der *Initiierung* handelnden Lernens, durch welches sich das Bewusstsein ausbildet und ausdifferenziert und durch das sich eine konstruktive Aneignung der Wirklichkeit als eines Feldes für eigenes Handeln und Denken vollzieht.

Erziehung als impliziter biografischer Prozess ereignet sich zugleich ungeplant, unkontrolliert, undefiniert, ist in einen zeitlich weiteren Bogen gespannt und lebt aus dem Mitsein des Erziehers, aus seinem Mitfühlen, seiner Achtung, aus dem Zurücktreten seiner Intentionen. Das didaktische „Machen" tritt zugunsten von Schauen-, Staunen-, Spielen- und Sein-Lassen zurück, wird zum Hintergrund (D. Fischer 1992).

3 Ganzheitliches Lernen durch Handeln

Wenn anthropologisch gesehen der Mensch das erziehungsbedürftige Wesen ist, dessen Leben nicht instinktmäßig festgelegt, also lediglich gegeben, sondern im eigentlichen *aufgegeben* ist, d. h. ein variables und personal zu ordnendes Leben ist, so muss sein Lernen ganzheitlich orientiert sein. Das bedeutet, dass ihm die Variabilität der ihm zugänglichen Welt erfahrbar gemacht werden muss, damit er in einer *aktiven* Auseinandersetzung mit ihr lernt, *sein* Leben zu leben, *seinen* Platz unter den Menschen zu finden und *seine* Identität aufzubauen. Das Lernen hat nur dann wirklichen Erfolg, wenn das *ganze* Kind lernt, und wenn das eigentliche Ergebnis des Lernens „eine Änderung im Menschen selbst, in seinem Wissen und Können, in seiner Haltung und seinen Interessen" ist (Roth 1966, 184). Sein Leben würde verkürzt, müsste es sich ausschließlich passiv nach *schablonenhaften Mustern* richten, an die es von außen mittels bedingter Reaktion fixiert würde, müsste es darauf verzichten, selbst in den einfachen Kategorien *denken* zu lernen, die ihm zugänglich sind.

Ganzheitliches Lernen ist *sinnorientiertes* Lernen. Es ist darauf gerichtet, wann auch immer und soweit als möglich auch den Sinn dessen, was man wahrnimmt und was man tut, zu erfassen oder zu erahnen, Beziehungen (Strukturen) zu sehen, Einsichten zu gewinnen. Dass es dem Kinde mit einer geistigen Behinderung nur in geringem, in einzelnen Fällen nur in kaum erkennbarem Maße möglich ist, Sinnzusammenhänge zu erkennen, bedeutet nicht, entsprechende didaktische Bemühungen generell einzustellen.

Das Vermögen *einsichtigen* Lernens bei Kindern mit einer geistigen Behinderung wurde früher in Frage gestellt. Es hieß, sie lernten nicht, was sie eingesehen hätten, sondern was ihnen vorgemacht und was mit ihnen mechanisch geübt worden sei, ohne zu fragen und zu warten, ob sie es einsähen oder nicht. Beispielsweise sei es hoffnungslos, ihnen einsichtig machen zu wollen, warum man die Blumen gießen solle und woher der Wind und die Kälte kämen.

Gestaltpsychologisch gesehen vollzieht sich *Lernen durch Einsicht* in einer Umstrukturierung des Erlebnisfeldes im Sinne einer überschaubaren Neuordnung der Beziehungen und Ganzheiten. Nach Lewin besteht der Akt der Einsicht „im Wesentlichen in einem Wandel der Ganzheitsverhältnisse im Felde" (1967, 396). Von dem – wenn auch eingeschränkten – Vermögen geistig behinderter Menschen zu solcher Umstrukturierung war bereits die Rede.

Die *denkpsychologische* Deutung des pädagogischen Lernens als einsichtigen oder sinnvollen Lernens will die assoziationstheoretische Auffassung von der bloßen und dauerhaften Verlängerung der Reiz-Reaktionsketten und damit die Deutung menschlichen Lernens im Sinne von *mechanischem Lernen*, also Dressur, überwinden. Für eine Pädagogik der Geistigbehinderten stellt der Begriff des dressurhaften Lernens gemeinhin einen ausgesprochen neuralgischen dar. Er rückt die geistige Behinderung ideologisch in die Nähe des Tieres und gefährdet den Bildungsauftrag. Andererseits aber kann nicht bestritten werden, dass über weite Strecken offensichtlich weithin „mechanisch", also „ohne Einsicht", gelernt wird, freilich nicht nur im Falle einer geistigen Behinderung.

Das Begriffspaar *einsichtiges* und *mechanisches* Lernen hatte für das Lernen geistig behinderter Kinder und damit für ein entsprechendes Lehrkonzept eine durchaus wichtige und grundlegende Bedeutung, wenn auch in der Polarisierung eine gewisse Vereinfachung lag. Folgt man diesem doppelten Erklärungsmodell, so ließen sich für das Lernen geistig behinderter Kinder folgende allgemeine Aussagen machen:

a) Kinder mit einer geistigen Behinderung können nachweislich auch mit Hilfe von Einsicht lernen. Beispiel:

In einer Schulklasse soll ein Flügel einer Wandflügeltafel gewendet werden. Die in der Höhe verschiebbare Tafel befindet sich in der untersten Position, vor dem zu wendenden Flügel steht das Lehrerpult und verhindert damit das Vorhaben. Ein Schüler und danach noch andere versuchen („Versuch und Irrtum"), den Tafelflügel trotz des Widerstandes zu wenden. Sie schlagen ihn immer wieder an den Schreibtisch und versuchen auch, diesen fortzubewegen. Als Versuch und Irrtum nicht zur Lösung führen, meldet sich plötzlich

ein Schüler, der bis dahin von seinem Platz aus nur zugeschaut und nachge-
dacht hatte, ruft freudig „Aha!", geht an die Tafel, schiebt diese mit einem
Griff nach oben und wendet den Tafelflügel. – Es handelte sich um einen der
intelligenteren Schüler dieser Gruppe geistig behinderter Schüler im Alter von
zehn Jahren.

b) Das Vermögen zu einsichtigem Lernen ist allgemein geringer. Es dürfte
bis zu einem gewissen Grad vergleichbar sein dem Lernen des Kleinkindes.
Nach Piaget (1946) verfügt das Kind normalerweise erst nach dem sechsten
Lebensjahr über einen geregelten Gebrauch der Einsicht, also über eigent-
liches einsichtiges Lernen.

c) Das Lernen bei geistiger Behinderung erscheint in der Regel als ein mechanisches und nachahmendes. Dabei aber kann eine rudimentäre oder spurenhafte Beteiligung von Einsicht nicht ohne weiteres ausgeschlossen werden. Vieles lernt der Mensch auch „intuitiv" oder nur *zunächst* ohne Einsicht.

d) Vom Lehr-Lern-Prozess soll einsichtiges Lernen angestrebt werden, soweit es dem Kind möglich ist. Grenzen werden durch die Struktur des Lerngegenstandes und durch die Intelligenz des Kindes gesetzt.

Das Lernen des geistig behinderten Kindes muss vor allem *handelndes* oder
operatives Lernen sein, wenn es *bildendes* Lernen sein soll. Es ist vergleichbar
dem, was Correll (1969) „Denklernen" genannt hat. Denken wird hier als
„verinnerlichtes Handeln" verstanden und kann sowohl nach dem Prinzip
von „Versuch und Irrtum" als auch nach dem der Einsicht aufgefasst werden. Es handelt sich um ein aktives Lernen, das ein operatives, nicht bloß
reaktives Verhalten bewirkt (Miessler, Bauer 1978). In der *Montessori-*
Pädagogik steht seit je die *Selbsttätigkeit* des Kindes, unterstützt durch eine
„vorbereitete Umgebung", im Zentrum (Biewer 1992).
   Für ein *handlungsorientiertes Lernen und Lehren* liegen heute weithin
übereinstimmende *Theorien* vor:
   Bei den russischen Lernpsychologen (Leontjew, Wygotski) spielte zur
Erklärung der psychischen und geistigen Entwicklung der Begriff der
„Tätigkeit" und der durch sie bedingten „Aneignung" eine zentrale Rolle.
Für Leontjew (1975) verläuft Aneignung als ein *aktiver Prozess,* durch den
das Individuum die historisch gebildeten Fähigkeiten und Funktionen (Kultur, Sozialisation) reproduziert und zwar im Sinne eigener psychischer Um-
bildungen, wie sie für seine Existenz bedeutsam sind. Dabei ist es die Tätigkeit, mit Hilfe derer der Mensch diesen Prozess vermittelt, reguliert und
kontrolliert (235). „Die für den Vollzug dieser Tätigkeit erforderlichen Mittel, Fähigkeiten und Fertigkeiten findet er in der Gesellschaft vor. Um sie
zu *seinen* Mitteln, *seinen* Fähigkeiten und seinen Fertigkeiten zu machen,

muß er mit den Menschen, mit der objektiven Realität in Beziehung treten. Mit der Entwicklung dieser Beziehungen vollzieht sich auch seine Ontogenese" (236).

In der polnischen *Tätigkeitspsychologie*, wie sie Tomaszewski (1978) vertrat, wurde das Wesen des Verhaltens in der Regulation der wechselseitigen Beziehungen zwischen Mensch und Umwelt gesehen, wobei sich hierarchisch reaktives (S-R) Verhalten und Zielverhalten (als gerichtete Tätigkeiten oder Handlungen) unterscheiden ließen (17/18). Dabei wird ein Persönlichkeitsmodell vertreten, bei dem das Verhalten nicht durch ein Bündel von „habits" gesteuert wird, sondern durch ein autonomes Subjekt. Grundlage dieser Regulierungsorganisation bilden die „integrativen Funktionen" des Gehirns, seine „funktionalen Systeme" (im Anschluss an die sowjetische Neurophysiologie) (20). Unter Bewusstsein als dem System der Höchstform der Tätigkeiten wird die innere Repräsentation der Wirklichkeit verstanden und zwar nicht als deren mechanische Kopie, sondern als aktiver Prozess des Entdeckens immer neuer Aspekte in der Realität (96).

In Piagets genetischer und interaktionaler Theorie der Entwicklung der kognitiven Strukturen liegen seit langem derartige Grundannahmen vor (1975). Die „Konstruktion der Wirklichkeit" im Kinde wird als Ergebnis einer *aktiven Auseinandersetzung mit der Umwelt* gesehen, die über die Zwillingsprozesse der *Assimilation* (als Integration der äußeren Gegebenheiten in Strukturen, die vom Subjekt gebildet werden) und der *Akkomodation* (als dem Anpassungs- und Modifizierungsvorgang gegenüber der Umwelt) ablaufen. Die sich auf dem Wege über sensomotorische Operationen ausbildenden Schemata werden per Erfahrung zur Basis neuer Handlungspläne und Erfahrungen. Die sich dabei entwickelnde Gesamtorganisation des Denkens stellt keine bloße Ansammlung von Reaktionen und Verhaltensschemata dar, die etwa durch bloße Reiz-Reaktionsfolgen zustande kommen, auch keine assoziativen Verknüpfungen neuer Reize mit alten Reaktionen, sondern eine wirkliche Tätigkeit, bei der die vorhandenen Strukturen (Schemata) zur Gewinnung neuer aktiv benutzt werden.

Nach Piaget (1969) ist das *Denken* vor allem eine Form des *Tuns*. Die tatsächlichen Handlungen bilden die Basis für vorgestellte Handlungen, die Piaget und Aebli als *Operationen* bezeichnen. „Statt zur wirklichen Ausführung jeder Handlung gezwungen zu sein, erlangt das Kind die Fähigkeit, sie *innerlich* und ohne sichtbare Bewegungen auszuführen" (Aebli, ³1968, 57). Das Kind im obigen Beispiel war in der Lage, die notwendige Handlung sich vorzustellen, vorwegzunehmen, innerlich zu vollziehen, operativ zu denken. Um dies zu erreichen, muss die Erziehungs- und Bildungsarbeit vor allem darauf gerichtet sein, dem Kind möglichst viel Gelegenheit zum tätigen Umgang mit den Dingen, zum Erfahrungsammeln zu geben. Das Spiel bietet besondere Möglichkeiten hierzu.

Der amerikanische Psychologe Bandura schloss sich mit seiner *„sozial-kognitiven Lerntheorie"* Piaget weithin an. Auch für ihn stand die Entwicklung von Handlungsplänen im Mittelpunkt der Überlegungen. Es ging dabei im Besonderen um die Entwicklung der Fähigkeit im Kinde, das, was es wahrnimmt, in entsprechende Handlungen umzusetzen, und so das Denken in organisierte Handlungsfolgen umzuformen (1979, 41). In Abhebung von Piaget sah jedoch Bandura in motivationaler Hinsicht die Selbstentdeckung durch spontane Handlungsversuche nicht als die einzige Informationsquelle an. Neue Verhaltensmuster ließen sich vielmehr auch über die Beobachtung modellierter Vorbilder und über Konsequenzen des eigenen Verhaltens gewinnen. –

Man muss hierin nicht unbedingt einen Widerspruch zu Piaget sehen. Wichtig erscheint Banduras detaillierende Explikation in motivationaler und didaktischer Hinsicht, zumal bei Kindern mit einer geistigen Behinderung, deren Schwierigkeiten in der Nachahmung nicht nur mit unzureichend differenzierten Schemata zu erklären wären, sondern auch mit Unzulänglichkeiten der Aufmerksamkeit, der Merkfähigkeit, der motorischen Nachvollziehbarkeit, aber auch der dargebotenen Modelle (41) für das Lernen. Die Frage nach der Art der Modellierung ist unmittelbar die Frage nach dem adäquaten Lehren. Verstärkungen gelten in der sozial-kognitiven Lerntheorie als förderliche Faktoren, jedoch nicht – wie in der mechanischen Reiz-Reaktionstheorie – als notwendige Bedingungen (46).

Aus den kurz skizzierten Lerntheorien lassen sich folgende Maßgaben für ein handlungsorientiertes Lehren und Lernen herausfiltern:

- *Die „Aneignung" oder „Konstruktion" der Wirklichkeit im Kinde erfolgt über einen aktiven Prozess, nicht also über ein passives Ansammeln von Reaktionsmustern. Erziehung hat die entsprechende Aktivität freizusetzen und zu fördern.*
- *Aus der fundamentalen Bedeutung des (sensomotorischen, kognitiven, sprachlichen, sozialen) Tätigseins, das auf Interaktionen eines Subjekts mit der Umwelt beruht, folgert die didaktische Notwendigkeit einer intensiven Interaktionsförderung.*
- *Die Entwicklung und Ausdifferenzierung von Handlungsplänen ist nicht nur von spontanen Selbstentdeckungen abhängig, sondern vielfach auch von der Art der Modellierung der Informationen, die auf dem Wege über das Beobachtungslernen internalisiert werden sollen.*

Eine wesentliche Bedingung dafür, dass das Lernen operativ erfolgt, ist die *didaktische Strukturierung eines Lehrinhalts,* d.h. seine adäquate Zubereitung im Hinblick auf die individuelle Lernfähigkeit, die „fruchtbare Begegnung zwischen Kind und Jugendlichem und einem ausgewählten Ausschnitt der geistig erkannten oder gestalteten Welt, dem Kulturgut" (Roth, 1966, 109). Soweit es dem Lehrgeschick des Lehrers gelingt, einen „nach seinem eigentlichen Wesensgehalt aufgeschlossenen Gegenstand mit der spezifischen Verstehensfähigkeit eines nach seiner Entwicklungsphase und geistigen Reife bekannten Kindes" (Roth) in Beziehung zu setzen, vollzieht sich bildendes Lernen.

Auf das geistig behinderte Kind bezogen heißt das, dass der Erzieher und Lehrer ihm nur solche Bildungsgüter oder Lerngegenstände vermitteln kann, die dem Kind auch wirklich zugänglich sind, und dass er den Wechselprozess des Inbeziehungtretens mit dem Gegenstand so vorbereiten, lenken und gestalten muss, dass er das ganze Kind erfasst und bildend anspricht. Dem Kind muss der Gegenstand in seiner sachlichen Beschaffenheit, aber auch in seiner menschlichen Bedeutung erschlossen werden. Dazu gehört der handelnde Umgang mit den Dingen, das affektive Angesprochensein und – soweit möglich – das kognitive Erfassen des Sachverhaltes (Einsicht). Das Gemeinte soll am Beispiel „*Tischdecken*" verdeutlicht werden:

> Das Thema ist dem Erfahrungsbereich des Kindes entnommen und weist einen Bedeutungsgehalt für das Kind auf. Die sachliche und aktive Begegnung erstreckt sich etwa auf das Erfassen des Vorhabens (Was wir tun wollen), auf das Gliedern der Aufgabe (Was wir brauchen, wie wir es anordnen), auf das tätige Kennenlernen der Umgangsqualitäten der Einzeldinge, auf das Erfassen von Begriffen und Zusammenhängen (Mein Platz – dein Platz, Teller – Tasse – Besteck), die sprachliche Formulierung des Erfassten und Gedeuteten, unter Umständen die bildhafte und zeichenhafte Fixierung u. Ä. Als menschliche und emotionale Seite des Sachbereichs wird das Bedürfnis, den Tisch fein herrichten zu wollen, also das Schöne und Gesittete, angesprochen. Gleichzeitig ergibt sich aus der Sachbezogenheit in Verbindung mit der emotionalen Angeregtheit die Notwendigkeit, Verpflichtungen zu übernehmen, z. B. vorsichtig und sorgfältig mit den Dingen umzugehen, auf die richtige Anordnung und die schmückende Gestaltung zu achten, dem Anderen beizustehen und Freude zu machen.

Das Ergebnis einer solchen „originalen Begegnung" (Roth 1966) dürfte sich im ganzen Kinde widerspiegeln: In einer Bereicherung an Wissen und Können, an Aktivität, Interessen und Haltungen.

Mühl (1979, 1997) hat den *handlungsbezogenen* Unterricht als konstitutiv für den Unterricht bei Schülern mit geistiger Behinderung herausgearbeitet. Als allgemeines Ziel gilt Handlungsfähigkeit. Der Unterricht hat selbstständiges Handeln anzuregen und zu fördern. Mühl führt hierfür zahlreiche praktische Beispiele aus. Diese sind freilich mehr für leichter geistig behinderte Schüler gedacht und geeignet. Das heißt aber nicht, dass nicht auch schwerer behinderte Kinder in soziales Handeln „verwickelt" werden könnten. Vielmehr sind Handlungsansätze immer dann vorhanden, wenn ein aus Erfahrung resultierendes gerichtetes Verhalten vorliegt, um Dinge zu identifizieren und zu manipulieren (vgl. auch Pfeffer 1988).

4 Lernen durch Üben

Aus der unterschiedlichen Struktur der Lerngegenstände folgert eine unterschiedliche Art des Lehrens und Lernens. So kann der Schwerpunkt mehr auf dem nachahmenden und probierenden Erlernen motorischer, sensorischer und kognitiver Fertigkeiten liegen oder auf dem Lernen, bei dem durch Denken und Einsicht Aufgabenlösungen zu suchen sind. Das Lernziel kann das Behalten und Bereichern des Wissens oder das Erwerben von Werthaltungen und Einstellungen sein.

Beim Lernen des geistig behinderten Kindes nimmt das *Üben*, das *Automatisieren von Funktionen*, einen breiten Raum ein. In Anbetracht der bereits genannten Gefahr der Verabsolutierung des Funktionstrainings bei geistiger Behinderung haben wir zunächst die Möglichkeiten operativen Lernens aufgezeigt. Das Einschleifen von Fertigkeiten und Wissen bis zur sicheren Beherrschung ist hier dem operativen und einsichtigen Erfassen prinzipiell nachgeordnet. Aebli (1968) nannte diese Art der Übung eine „operatorische". Verfrühtes Mechanisieren setzt den Lernerfolg herab.

Das Üben spielt bei der Erziehung und Bildung geistig behinderter Kinder noch eine andere und besondere Rolle, und zwar da, wo denkendes oder einsichtiges Erfassen nicht abgewartet werden kann oder nicht möglich ist. Dies gilt vor allem für das Lernen in den ersten Lebensjahren. Die in dieser Zeit durch sensomotorisches Funktionstraining aufgebauten Verhaltens- und Lernschemata sind die Voraussetzung und Bedingung für späteres operatives Lernen, für „operative Beweglichkeit" (Aebli).

Beim gering strukturierten geistig behinderten Kind werden der Entwicklung angepasste Funktionsübungsprogramme zunächst das Lernfeld beherrschen. In der Familie, in der schulvorbereitenden Einrichtung (Kindergarten) wie auch noch in den ersten Schuljahren muss das Kind auf vielfältige und meist spielerische Weise Gelegenheit erhalten, grundlegende sensomotorische, später auch kognitive Fertigkeiten zu erwerben, insbesondere hinsichtlich der Körper- und Handgeschicklichkeit, der Aufmerksamkeit, der Wahrnehmung, des Behaltens, des Unterscheidens, Vergleichens, Sortierens und Zuordnens von Formen, Farben, Räumen, Mengen und sonstigen Materialien sowie des einfachen Bauens mit verschiedenen Elementen. Es handelt sich dabei zunächst vornehmlich um nachahmendes Üben. Das geistig behinderte Kind braucht zum Erlernen derartiger elementarer Techniken viel mehr Übung und Zeit als das nicht behinderte Kind.

Für dieses meist hantierende Üben müssen geeignete Materialien und Spiele in ausreichender Zahl zur Verfügung stehen und müssen passende Familien- und Schulalltagssituationen zu Übungsaufträgen ausgenutzt werden. Das Kind dieser Stufe soll mit diesen Funktionsübungen letztlich das Lernen erlernen (Basales Lernen). Zahlreiche praktische Hinweise auf entsprechende Materialien und Beispiele zur unterrichtlichen Handhabung finden sich u.a. bei Liljeroth, Nimeus 1973, Walburg 1974, Oy, Sagi 2002, Jung,

Krenzer, Lotz 1976, Rieder, Buttendorf, Höss 1981, Dittmann, Hahn, Ruoff, Sauter 1983, und Staatsinstitut für Schulpädagogik München o.J.

Differenziert ausgearbeitete Programme enthielt das vom Ministerium für Gesundheitswesen der ehemaligen DDR herausgegebene „Grundlagenmaterial zur Gestaltung der rehabilitativen Bildung und Erziehung" (1987), dessen Grundkonzeption auf Sigmar Eßbach zurückging.

Zur *didaktischen Handhabung der Übung* ist Folgendes zu bemerken: Der Übungseffekt kommt durch *Wiederholungen* zustande. Die Zahl der erforderlichen Wiederholungen ist bei geistig behinderten Kindern wesentlich größer als bei nicht behinderten Kindern. Der Erzieher und Lehrer muss sich von vornherein auf eine relativ lange Übungszeit einstellen und sich mit viel Geduld und Ausdauer rüsten.

Der *Übungserfolg*, z.B. das selbstständige An- und Auskleiden, das Gehen auf einem Schwebebalken, das Malen eines Reifens, das richtige Sprechen, hängt unter anderem von folgenden Faktoren ab:

1. *Die Übung muss der kindlichen Fähigkeit so angemessen sein, dass sie annähernd richtig ausgeführt werden kann und zu möglichst wenig Fehlern führt.*

2. *Die Übung bedarf beständiger Motivierung, wozu vor allem die möglichst sofortige Erfolgsbestätigung gehört. „Erfolgreiche, zu einem befriedigenden Ergebnis führende Reaktionen werden beibehalten und verstärkt" (Aebli 1968a, 169).*

3. *Wiederholungen sollen nicht gehäuft, sondern verteilt vorgenommen werden. „Verteilte Übung führt zu rascherer Erlernung und besserem Behalten von Gedächtnisstoffen und Bewegungsabläufen als gehäufte Übung" (Aebli, 166). Kurz, aber oft üben!*

4. *Das Üben bei geistiger Behinderung bedarf genauer Anleitung und ständiger individueller Kontrolle. Das Kind soll nach Möglichkeit auch zur Selbstkontrolle und -beurteilung angehalten werden.*

5. *Soweit erforderlich müssen größere Übungseinheiten in Teilhandlungen zerlegt (programmiert) und isoliert vorgenommen werden, z.B. Artikulationsübungen. Dabei soll aber die Eingliederung in das Ganze immer wieder mitgeübt und angebahnt werden.*

6. *Rhythmisierte Übungen, z.B. rhythmisiertes Sprechen, erhöhen in der Regel den Übungseffekt.*

Ein weit verbreitetes Konzept „heilpädagogischer Übungsbehandlung" war von v. Oy und Sagi (1975) vorgelegt worden (2002). Es fußt u. a. auf der traditionellen *Spielpädagogik* und betont die persönliche Bindung als Voraussetzung für den methodischen Einstieg ebenso wie die Orientierung am gegenwärtigen Entwicklungsstand des Kindes, die systematische individuelle Planung und die Kontrolle des Übungserfolgs. Die Methode dieses integralen Funktionstrainings bezieht sich auf die zeitliche begrenzte Förderung einzelner Kinder.

Wenn die Funktionsübungsprogramme dem Entwicklungsstand des Kindes entsprechen, dann dienen sie auch der Entwicklung der Leistungsmotivation im Sinne einer „intrinsischen Motivierung", wie sie unter anderem durch die Montessori-Pädagogik gefördert wird. Darüber hinaus wird durch diese sensomotorischen Übungen die Entwicklung der Sachstrukturen und der Sachbezogenheit und damit des aktiven und produktiven Lernens und Handelns angebahnt. Das Kind sammelt Grunderfahrungen und erlernt Verhaltensgewohnheiten, die ihm für künftiges komplexeres und differenzierteres Denken und Tun zur Verfügung stehen sollen.

5 Verhaltensmodifikation – spezielle Lehrtechniken

Dem Aufbau neuer Verhaltensweisen im Sinne sozialadäquater Fertigkeiten sind beim geistig behinderten Kinde gewisse Grenzen gesetzt bzw. stehen Hindernisse im Wege. Sie beziehen sich u. a.:

- *auf den Mangel an spontaner Aktivität*
- *auf sensorische, motorische und kognitive Unzulänglichkeiten*
- *auf die nicht ohne weiteres zu reduzierende Informationsfülle*
- *auf inadäquate Lernmodelle*
- *auf ausgeprägte schwere Verhaltensstörungen*
- *auf die Inkonsistenz der Erziehungsmethoden*
- *auf interpersonal-affektive Probleme.*

Derartige Faktoren bedingen u. U. eine Ineffektivität der pädagogischen Förderung. Sie kann Anlass werden, ein Kind aufzugeben, seine Förderung einzustellen, und sich nur noch auf Pflege zu beschränken.

Unter diesen Vorzeichen hatte sich – insbesondere in den USA und England – ein Methodensystem etabliert, das als *verhaltensmodifikatorische Technologie* verstanden werden kann. Speziell für das Lehren und Therapieren geistig behinderter Kinder wurden zahlreiche Untersuchungsbefunde vorgelegt (Florin, Tunner 1970, Gottwald, Redlin 1972, Schmitz 1976, Kuhlen 1972, Adriaans, Duker 1975, Thompson, Grabowski 1976, Kane, Kane 1976, Huber, Striebel 1978). Einen Überblick über Konzeptionen und Anwendungen im anglo-amerikanischen Bereich gibt das Sammelreferat von Kiernan (in: Clarke, Clarke 1974).

Auf das Grundkonzept, das *operante Konditionieren,* braucht hier nicht näher eingegangen zu werden. Es ist bereits darauf hingewiesen worden, dass ein Erklärungsansatz über bloßes Reiz-Reaktionslernen oder „Lernen am Erfolg" nicht ausreicht, um ein Lehrkonzept allein bestimmen zu können. Es kann kein Zweifel bestehen, dass die Erfolgsbestätigung eine hohe Bedeutung – gerade bei schwachmotivierten Kindern – für die Lernmotivation hat. Geht man aber von einem umfassenden Erklärungsansatz aus, wie er in der interaktionalen und strukturalen Entwicklungstheorie von Piaget, im Konzept der Aneignungstheorie (Leontjew) oder der sozial-kognitiven Lerntheorie von Bandura vorliegt, so erhält der Ansatz des operanten Konditionierens den Stellenwert eines abhängigen *nachgeordneten Methodensystems.* Es wäre in der hierarchischen Unterscheidung, wie sie Tomaszewski (1978) vornahm, dem niederen (elementaren) Bereiche des *reaktiven Verhaltens* zuzuordnen, das bei allen lebenden Organismen zu beachten ist, im Gegensatz zum (kognitiv) hochorganisierten „Zielverhalten" (Handlungssystem) des Menschen.

Auch Bandura (1979) hatte sich entschieden gegen die zentralen Glaubenssätze eines extremen Behaviorismus gewandt, wonach das Verhalten durch seine unmittelbaren Konsequenzen bestimmt werde und operantes Konditionieren zu einer mechanischen Reaktionsstärkung führe. Nach seiner Beobachtung werde Bekräftigung grundsätzlich nur als „informative und motivationale Kraft" – also zusätzlich – wirksam, und zwar bei der Regulierung von Verhaltensweisen, die i. A. bereits erlernt wurden, nämlich auf dem Wege der Beobachtung an Modellen (31), auch wenn dieses Lernen zunächst nur diffus (ungefähr) erfolgte.

Das allgemein als Verhaltensmodifikation verstandene Methodenkonzept hat sich im Wesentlichen in zwei *Teilsystemen* organisiert:

– als therapeutisches Methodensystem und
– als spezielles Lehrsystem.

Die mehr implizite Bedeutung der verhaltensmodifikatorischen Prinzipien für die Erziehung (Konsequenz, Belohnung etc.) bedarf keiner besonderen Würdigung: es sind alte pädagogische „Weisheiten", die z. B. schon die Philanthropen herausgestellt hatten.

5.1 Verhaltenstherapeutische Methoden

fanden im Besonderen in zwei Verhaltens- oder Problembereichen Anwendung:

– für den Aufbau sozialer Verhaltensweisen (Diskrimationslernen) und
– für den Abbau störender Verhaltensweisen (Sprau-Kuhlen 1979).

Gerade bei geistig behinderten Kindern waren spezielle Probleme beim *Erlernen elementarer* Anpassungsleistungen beobachtet worden, so dass übliche Erziehungspraktiken wirkungslos blieben. Aus der Forschung gewonnene und erprobte Programme bezogen sich jeweils auf die Behandlung einzelner Kinder und auf das systematische Erlernen bestimmter, eng umschriebener *lebenspraktischer Fertigkeiten,* wie z. B. des selbstständigen Essens und Trinkens, des An- und Ausziehens, der Toilettenbenutzung, der Körperpflege, der Lenkbarkeit u. a. Der methodische Ansatz beruht im Besonderen auf einer sehr genauen Verhaltensanalyse, auf der Reduktion der therapeutischen Aufmerksamkeit auf eine eng begrenzte Einzelverhaltensweise und auf der systematischen Verlaufs- und Ergebniskontrolle.

In ähnlicher Weise wurde das Methodensystem der Verhaltensmodifikation zum *Abbau störender Verhaltensweisen* angewendet, zu denen insbesondere so schwerwiegende, bisher therapeutisch kaum zugängliche Verhaltensstörungen wie Aggressivität, Autoaggressionen (Selbstschädigungen) und Stereotypien (ständig wiederholte störende motorische oder verbale Verhaltensweisen) gehören. In deutscher Sprache liegen u. a. Arbeiten von Adriaans, Duker (1975) und von Huber, Striebel (1978) vor. Sie lassen erkennen, dass man die methodologischen Verstiegenheiten und ethischen Rücksichtslosigkeiten, wie sie noch die ersten Versuche (Lovaas) aufwiesen (Gottwald, Redlin 1972), inzwischen überwunden hat.

Zusammenfassend kann das Konzept der Verhaltensmodifikation zum therapeutischen Aufbau sozialer Fertigkeiten und zum therapeutischen Abbau störender Verhaltensweisen vom pädagogischen Gesamtrahmen her wie folgt beurteilt werden (Speck 1979 b):

- *Die verhaltenstherapeutische Intervention muss die Gesamtsituation des Kindes berücksichtigen und sich in das pädagogische Förderkonzept einfügen lassen.*
- *Die Verhaltenstherapie kann nicht die Ziele der Erziehung bestimmen. Sie ist lediglich ein Methodensystem zur Veränderung von Verhalten. Sie ist daher in der Festlegung, welches Verhalten (als „erwünscht" oder „unerwünscht") geändert werden soll, von pädagogisch verantwortlichen Instanzen abhängig.*
- *Bei der hohen interpersonalen Abhängigkeit geistig behinderter Personen ist es erforderlich, dass durch eine sorgfältige Verhaltens- und Situationsanalyse und über eine Team-Verantwortung der Fehlansatz therapeutischen Drucks vermieden wird.*
- *Die Auswahl der Verstärker richtet sich nicht einfach nach deren Praktikabilität, sondern muss auch das reale Bedürfnis des Kindes nach sozialer Zuwendung beachten. (Nicht über die Gefühle des Kindes hinwegtherapieren!)*
- *Die Eltern sind bei der Planung und Durchführung grundsätzlich miteinzubeziehen, jedoch nicht einfach als abhängige „Ko-Therapeuten".*
- *Jegliche verhaltenstherapeutische Intervention muss den geltenden sozialen, ethischen und religiösen Werten und Normen entsprechen.*

Auf die rechtliche Problematik der Verhaltenstherapie unter dem Aspekt des in den USA verbrieften „Rechtes auf Behandlung" und des impliziten Rechtes auf Ablehnung hat Kane (1979) hingewiesen.

5.2 Verhaltenspsychologische Lehrtechnologie

Aus der Verhaltensmodifikation heraus hatten sich – insbesondere in den USA – *Lehr-Technologien* entwickelt, die speziell auch für den *Unterricht* bei geistig behinderten Kindern angewendet wurden. Es waren insbesondere die Arbeiten von Haring und Schiefelbusch (1976b) und Haring, Brown (1976a), die einen rapiden Wandel in den *Klassenzimmertechniken* hervorriefen. Das neue lernpsychologische Lehrsystem kam durch eine Kombination verschiedener Methoden zustande, u. a. des *programmierten Lernens, des individualisierten Curriculums*, des *Klassenzimmer-Managements*, des *Präzisionslehrens* (precision teaching) und der technisierten Instruktion (engineered teaching).

Einen starken Schub erhielt die Entwicklung dieser Unterrichtstechnologie damals durch die Erweiterung des *Rechtes auf öffentliche Erziehung* für alle Kinder, also auch die schwer behinderten. Programmatische Ziele wurden Normalisierung, mainstreaming (schulische Integration, Opp 1993) und Deinstitutionalisierung, die über diese Lehrtechnologien (special teaching) zu erreichen seien.

Als *Grundprinzipien* dieses technologisierten Lehrsystems für behinderte Kinder wurden folgende vertreten:

– *Individualisiertes Lehren, Orientieren an den individuellen Bedürfnissen*
– *Realisierung von Selbstständigkeit im Lernen*
– *curriculare Systematik in der Auswahl und Abfolge der Lehrinhalte und -ziele in systematisierten handlichen Verfahren*
– *vorsorgliche Techniken zur Modifizierung des Lehrprogramms im Falle ernsthafter individueller Lernprobleme eines Kindes*
– *tägliches Überprüfen (Messen) der Lernfortschritte*
– *Techniken zur Überwindung von Verhaltensstörungen.*

Dass dieses Höchstmaß an Lehrsystematik eine Fülle entsprechenden *Lehr- und Lernmaterials* voraussetzt und erforderlich macht, liegt ebenso auf der Hand wie die strenge Gebundenheit des Lehrers an das *vornormierte System*, in welchem er mit einem Höchstmaß von Sicherheit individuell variieren muss. Seine „Verantwortlichkeit" wurde deshalb auch zum Schlüsselwort für dieses System (Lent, McLean 1976, 228).

Eine besondere Rolle spielte der Aufbau der notwendigen Alltagsfertigkeiten einschließlich des Abbaus hinderlicher und störender Verhaltensweisen. Hier wurde im Sinne des operanten Konditionierens systematisch mit differenzierten *Verhaltensanalysen* und *Checklisten* zur Registrierung der Verhaltensänderungen, der Wirksamkeit von Verstärkern (kontrollierender Konsequenzen) und mit Techniken zur sorgfältigen Stimulus-Kontrolle gearbeitet. Spradlin, Spradlin (1976) betonten ausdrücklich, dass es sich um das Erlernen von individualisierten Grundfertigkeiten als spezifischen Verhaltensweisen handelt, bei denen das Kind lernt, einfachen Weisungen zu folgen, um in Situationen, die ein abgewandeltes neues Verhalten erfordern, adäquat reagieren, also Reize besser unterscheiden zu können.

Damit soll gegenüber einer kognitiven Lerntheorie zum Ausdruck gebracht werden, dass es sich lediglich um das Erlernen grundlegender und reizdiskriminierenden Reaktionsverhaltens handelt, als Voraussetzung für generalisierendes Lernen, d. h. für die Anwendung auf neue, differenziertere Situationen. Es sind dies vor allem Grundfertigkeiten der Selbsthilfe, des sozialen Verhaltens, der Sensomotorik und des Sprechens, die als bedeutsame Zielbereiche für geistig behinderte Kinder gelten und systematisch geübt werden sollen.

Ein solcherart *volltechnisiertes* Curriculum, das individualisierend das direkte Erlernen genau (vor-)definierter Verhaltensprodukte steuert, imponierte durch seine Konsistenz und „wissenschaftliche" Begründbarkeit und seine Umsetzbarkeit in einem auch organisatorisch geschlossenen Lehrsystem. Es war von einem großen pädagogischen Optimismus und von starken Erfolgserlebnissen in der psychologischen Forschung getragen. Es sollte den Lehrern dienen, damit sie „aus dramatischen Artisten zu Managern der Gesamtmöglichkeiten verfügbarer Lehrmethoden" werden könnten (Haring 1972, 43).

An der „*Effektivität"* eines so technologisierten Lehrsystems wollte man lange Zeit nicht zweifeln, insbesondere im Hinblick auf so schwere Lernprobleme, wie sie bei geistig behinderten Kindern in der Regel auftreten können. Inzwischen ist klar geworden, dass *die bloße Orientierung an Effektivität* nicht ausreicht. Es ist eben nicht von nebensächlicher Bedeutung, wie stark die Kinder an direkte Systeme gebunden werden, ob die Freiräume für individuelle, kreative Gestaltungen des eigenen Lebens gewahrt werden, und wie sich eine solche Voll-Technisierung auf das begegnende Verhalten der Lehrerin oder des Lehrers ihren Kindern gegenüber auswirkt.

IX Erziehungssystem und Bildungsinstitutionen

Die für Menschen mit einer geistigen Behinderung nötige Hilfe bedarf ordnender Formen und funktionierender Institutionen. Diese haben viel mit *Organisation* zu tun, reichen aber auch in das hinein, was man als Formen zwischenmenschlicher Ordnung bezeichnen kann. Die *sozialen Systeme* mit ihren Institutionen geben Auskunft darüber, wie man es in einer Gesellschaft mit bestimmten Mitgliedern hält.

In einem umfassenden und sozial-ethisch begründeten Begriff von *Institution* lassen sich verschiedene Formen unterscheiden, die von relativ *offenen* sozialen Einheiten, wie der Familie, bis zu *fachlich geregelten* Förder- und Therapiesystemen reichen. Dazwischen liegen Abstufungen und Unterschiedlichkeiten, die sich auf ein Mehr oder Weniger an Organisiertheit des fachlichen Planens und Handelns beziehen.

Die zahlreichen und verschiedenen *Institutionen,* die im letzten Viertel des vorigen Jahrhunderts entstanden sind, entwickelten sich aus den verschiedenen Bereichen der Behindertenhilfe, so aus der Pädagogik, der Medizin, der Sozialen Arbeit, der Rechtsordnung und dem Arbeitswesen.

In vieler Hinsicht haben sich die einzelnen Institutionen allmählich immer mehr verselbstständigt und nebeneinander etabliert. Durch die *Spezialisierung* wurde der Kontakt mit den anderen *Teilsystemen* (z. B. zwischen schulpädagogischen und sozialen Einrichtungen) erschwert. Die immer größer und organisatorisch differenzierter werdenden Teilsysteme mit ihren immer zahlreicher gewordenen Experten prägten immer speziellere *Eigenstrukturen* aus. Sie reichen beispielsweise von der auf das eigene System bezogenen Definition von Behinderung über diagnostische Feststellungen nach eigenen Kriterien bis zu eigenen Therapiesystemen.

Auf der anderen Seite sehen sich die verschiedenen Institutionen und Professionen immer mehr genötigt, innerhalb der gleichen Institution aber auch im Außenbereich interdisziplinär zusammenzuarbeiten. Das Knüpfen von *Netzwerken* im Dienste einer besseren Koordination der verschiedenen Dienste bildet eine wichtige Aufgabe. In jüngerer Zeit sind die Institutionen vor allem unter Ökonomisierungsdruck geraten (Speck 1999). Um Kosten zu sparen, sollen, so wird von der Kostenträgerseite her gefordert, die „Überorganisation" abgebaut und die Dienstleistungen rationalisiert (budgetiert) werden. Die damit verbundene Verknappung der sachlichen und personellen Ressourcen führt zu substanziellen Veränderungen der *Qualität* der Arbeit.

Sozialpolitisch wird geltend gemacht, dass in der hochentwickelten *Wohl-fahrtsgesellschaft* die Institutionen der Hilfe sich verselbstständigt und zu einer sozialen Entfremdung an der Basis geführt hätten. Im totalen *Versor-gungsstaat* fühle sich der einzelne Bürger weniger zu *selbsttätiger Solidari-tät* aufgerufen. Hinzu kommt das mit den Organisationssystemen gewach-sene Ausmaß an *Verrechtlichung,* das zunehmend persönliches Engagement abbremst. Vom behinderten Menschen her gesehen können die Institutionen als organisatorische, normative und technologische Rahmenbedingungen für ihn *Sinn* nur unter der Voraussetzung finden, dass sich die Menschen darin auch als *geachtete Mitmenschen* erfahren und Beziehungen zueinander fin-den können, die über *bloße Funktionalität* hinausreichen in das, was man mit Begriffen wie Unmittelbarkeit, persönliche Verantwortlichkeit, Dialog, Vertrauen oder Wagnis kennzeichnen kann. *Institutionen haben eine die-nende Funktion.* Diese ist die ursprüngliche Begründung und daher auch die eigentliche Legitimation für organisiertes Helfen. Der dialogische Be-zug, die Verwirklichung von Menschlichkeit im Miteinander und Fürein-ander, bleibt inhaltlicher Dreh- und Angelpunkt aller Institutionalität.

Die sich den Institutionen stellenden Aufgaben sind *reale Aufgaben.* Sie haben sich *auch* an der vorgefundenen Wirklichkeit zu orientieren, nicht vornehmlich an normativen Ideen oder Idealtypen, gegenüber denen sonst jegliches soziales System als unzureichend zu deklarieren wäre. Wichtig ist freilich eine über das soziale Teilsystem der Hilfe hinausreichende Sinnge-bundenheit an größere normative und *sinntragende Zusammenhänge.*

Institutionelle Hilfe für geistig behinderte Menschen ist aus den großen *Teilsystemen der Gesellschaft entwickelt worden, vor allem aus*

- dem Erziehungssystem, das heute hauptsächlich als Schulsystem ver-standen wird,
- dem Gesundheitssystem,
- dem Rechtssystem,
- dem Arbeitssystem,
- dem Sozialhilfesystem und
- dem Gemeindesystem u. a. (vgl. Abb. 5).

Abb. 5: Soziale Teilsysteme der Behindertenarbeit

Abb. 5 macht zweierlei deutlich: Einmal kommen für die Behindertenhilfe Teilsektoren der *verschiedenen Sozialsysteme* in Betracht, z.B. die Schule für Geistigbehinderte als Teil des Schulsystems, zum anderen ein *Verbundsystem* der Teilsektoren, die sich im Besonderen auf die Geistigbehindertenarbeit beziehen. Zwischen beiden Bezugsgrößen besteht ein *Spannungsverhältnis*, das den Ausschlag dafür gibt, wie sich eine konkrete Institution orientiert: entweder mehr am eigenen Teilsystem, z.B. dem ärztlichen, oder mehr an einer umfassenden, interdisziplinären Orientierung. Letztere dürfte die anspruchsvollere, aber als ganzheitliche die für den einzelnen Menschen ergiebigere sein, wenn sie gelingt.

In interdisziplinär organisierten Institutionen, z.B. *Zentren*, kann auf die Wahrung der jeweiligen Fachautonomie, z.B. für den Bereich der Erziehung und Schule, nicht verzichtet werden. Der Erziehungsbereich innerhalb einer ärztlich-klinischen Einrichtung (Klinik) verlöre seine fachliche Orientierungsbasis, wenn er im klinischen System aufginge. Interdisziplinarität setzt Wahrung des facheigenen Systemanteils, und offene Eigenständigkeit jeder Disziplin im *Verbundsystem* voraus. Sie lebt von der *Kooperation* mit anderen Fachkompetenzen. Es genügt nicht die bloße Orientierung am eigenen Fachansatz.

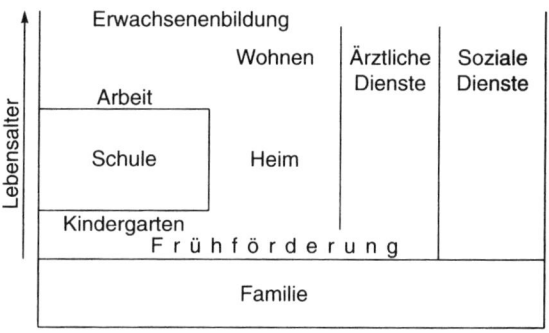

Abb. 6: Institutionen der Geistigbehindertenarbeit

Die *Aufgaben der pädagogischen Institutionen* (Abb. 6) lassen sich im Wesentlichen auf die *Förderung der Lernfähigkeit,* die *Unterstützung des Bildungsprozesses* und auf die *soziale Eingliederung* beziehen. Diese Aufgabenkomplexe hängen miteinander zusammen. Die verschiedenen *Erziehungsinstitutionen* lassen sich lebenslauforientiert wie folgt gliedern:

– pädagogische Frühförderung (Früherziehung),
– Elementarerziehung im Kindergarten,
– Schule.

In *familienersetzender* oder *familienergänzender* sozialpädagogischer Funktion tritt in bestimmten Fällen

- das Heim dazu.

Einrichtungen für Erwachsene mit partiellen pädagogischen Aufgaben:

- Erwachsenenbildung,
- Freizeit,
- Arbeitsbereich,
- Wohnbereich.

Schließlich kommen noch Institutionen in Betracht, die zwar auch zur Unterstützung der Erziehung dienen können, aber originär *anderen sozialen Systemen* zuzurechnen sind:

- klinische Einrichtungen, ärztliche Dienste
- Beratung, Sozialhilfe, Gemeinwesenarbeit
- Die *Familie* als eigenes soziales System ist in ihrer zentralen und umfassenden Aufgabe bereits dargestellt worden.

Die Abbildung 6 soll die Gliederung und Zuordnung der verschiedenen Institutionen im Überblick wiedergeben.

1 Frühförderung

Die institutionelle Konsequenz aus der wissenschaftlich abgesicherten Erkenntnis von der *fundamentalen Bedeutung der frühen Entwicklung* war die Errichtung von Frühförderstellen für behinderte Kinder (Speck 1973, 1977 c, Bundesvereinigung Lebenshilfe 1975). Von Anfang an bestand Klarheit darüber, dass diese mehrdimensionale Aufgabenstellung von *verschiedenen Teilsystemen* der Behindertenarbeit anzugehen war, insbesondere vom Funktionsbereich der Erziehung und von dem der ärztlichen Dienste her. Die *Bildungskommission des Deutschen Bildungsrates* hatte deshalb die Errichtung von *Zentren für pädagogische Frühförderung* und von *Klinischen Einrichtungen für Frühdiagnostik und Frühtherapie empfohlen* (1973). Die Notwendigkeit der *interdisziplinären Kooperation* zwischen beiden Organisationstypen ist ebenso unverzichtbar wie die interdisziplinare Arbeit innerhalb der Frühförderstellen. Das 2001 vom Deutschen Bundestag erlassene Sozialgesetzbuch (SGB IX) „Rehabilitation und Teilhabe behinderter Menschen" hat den Gesichtspunkt der interdisziplinären Frühförderung unterstrichen und die Leistungen der „interdisziplinären Frühförderstellen" als „Komplexleistungen" ausgewiesen (§ 30).

Pädagogische Frühförderung geistig behinderter Kinder versteht sich als ein integraler Bestandteil des fachübergreifenden Systems der Frühförderung. Sie setzt primär in der Familie an und versteht sich deshalb von Anfang an als *Haus-Früherziehung* (Speck 1975, F. Klein 1979). Bei der notwendigen Zusammenarbeit mit den Eltern (Speck, Warnke 1989) kommt es sehr darauf an, dass die *Eltern* nicht zu abhängigen Ko-Therapeuten gemacht werden; sie sollen vielmehr *Primärerzieher* bleiben können. Die *Familienzentriertheit* macht die Frühförderung zu einem weithin *mobilen* Dienst und bedingt damit ein *flächendeckendes Netz regional agierender Frühförderstellen.*

Diese sind in einigen Bundesländern mehr oder weniger vom Erziehungs- oder Schulsystem her organisiert, umfassen aber jeweils auch andere fachliche Dienste, wie die von Sozialpädagogen, Psychologen, Beschäftigungstherapeuten, Krankengymnasten oder Logopäden. Die Einbeziehung eines *Arztes* ist in jedem Falle unverzichtbar.

Der konzeptionelle Ansatz der Frühförderung war zunächst ein *kindorientierter*. Es ging um das diagnostische Erfassen des kindlichen Entwicklungsstandes und der Entwicklungsbedingungen (Becker u. a. 1978, Schamberger 1978). Im Sinne einer „Entwicklungstherapie" orientierten sich die therapeutischen und pädagogischen Fördermaßnahmen an der generellen Abfolge der einzelnen Entwicklungsschritte. Die pädagogischen Anregungen waren darauf gerichtet, das Lernen in allen Funktionsbereichen Schritt für Schritt voranzubringen (Johnson, Werner 1975, Straßmeier 2002).

Die frühe Lernanregung und gezielte Förderung der Lernfähigkeit soll eine *Stimulierung* der Hirntätigkeit in der Phase bewirken, in der das kindliche Gehirn noch am Beginn seiner Ausdifferenzierung steht und im Falle einer vorausgegangenen Schädigung noch weithin kompensationsfähig ist. Geistig behinderte Kinder können daher durch eine zum frühestmöglichen Zeitpunkt – also schon im ersten Lebensjahr – einsetzende Förderung eine ungleich stärkere Aktivierung und Differenzierung ihrer Entwicklung erfahren, als sie sonst möglich wäre. Die frühen Chancen sind wahrscheinlich ihre wichtigsten Chancen.

Die Förderung der *Motorik* und der *Sensorik* steht im Vordergrund für früheste Anregungen, Übungen und Spiele mit dem Kind (I. Thomae 1976, Bach u. a. 1974, Cunningham, Sloper 1980). Die Stabilisierung der *Emotionalität* und die Belebung der Kommunikation (Sprechen zum Kind) bildet eine ebenso grundlegende Voraussetzung für alle Förderung wie die Integrierung der einzelnen Maßnahmen in den Alltag der Familie, wobei es zentral wichtig ist, dass das Kind genügend Gelegenheit erhält, *durch Tätigsein Erfahrungen zu machen.* In diesem komplexen Sinne – gegenüber einer punktuellen, bloßen Funktionstherapie – ist Früherziehung eine *ganzheitlich* zu lösende Aufgabe (Grond 1977, Thurmair, Naggl 2003).

Im Lauf des Aufbaues der Frühförderung hatte sich bald gezeigt, dass mit einer bloßen Beratung und Anleitung der *Eltern* wenig für das Kind und seine Familie bewirkt ist, dass vielmehr die Eltern direkt in eine unmittelbare *Zusammenarbeit mit den Fachleuten einzubeziehen sind* (Speck, Warnke 1989, Speck, Thurmair 1989). Eine bloße Ko-Therapeuten-Rolle hatte sie zu abhängigen Größen reduziert. Es galt vielmehr, sie in ihrer primären Bedeutung für ihr Kind zu stärken (Weiß 1989), und auch die Lebenswelt des Kindes miteinzubeziehen. In gewisser Beziehung wandelte sich die Funktion der Frühförderung zu einer *assistierenden, die darauf gerichtet war,* den Eltern zu helfen, ihre Aufgabe gegenüber Kind und Familie selber in die Hand zu nehmen (Empowerment: Weiß 1992). Die Bedeutung der professionellen Frühförderung reduzierte sich damit nicht. Wie sehr die Eltern an einer guten Zusammenarbeit mit den Fachleuten interessiert sind, und wie sehr diese zu einer guten Frühförderung führt, zeigen u. a. landesweite Untersuchungen in Bayern (Speck, Peterander 1994).

2 Kindergarten

Institution der *Elementarerziehung* ist der Kindergarten als Kindertagesstätte. Während ursprünglich eigene *heilpädagogische Einrichtungen* (Sonderkindergärten, Schulvorbereitende Einrichtungen) für geistig behinderte Kleinkinder (3–6 Jahre) errichtet werden mussten, damit sie überhaupt einer institutionalisierten Elementarerziehung zugeführt werden konnten, erklären sich heute immer mehr *Regelkindergärten* bereit und kompetent, auch geistig behinderte Kinder aufzunehmen und gemeinsam mit nicht behinderten Kindern zu erziehen.

Die *Geschichte* des heilpädagogischen Kindergartens reicht weit zurück: Hanselmann hatte schon 1930 von der Notwendigkeit gesprochen, öffentliche Sonderkindergärten und an sämtlichen Anstalten für bildungsfähige Geistesschwache „Vorbereitungsklassen" einzurichten. Heilpädagogische Hilfe müsse so früh wie möglich einsetzen. Material und Methoden einer Frühentwicklungsförderung für Geistesschwache hatten u. a. Weise (1820, 1966), Montessori (1913), Corte und Corwinus (1926), Decroly (1932) und Descoeudres (1921) erarbeitet.

Aufgabe *heilpädagogischer Kindergärten* ist die entwicklungsgemäße Förderung der motorischen, sprachlichen, kognitiven und sozialen Fähigkeiten und der sozio-emotionalen Entwicklung. Sie beinhaltet häufig einen Nachholbedarf, also Nacherziehung, vielfach aber auch Umerziehung infolge bisheriger Fehlerziehung im Elternhaus. I. Thomae (1964) nannte als *Lernziele:* Gemeinschaftsfähigkeit, eine bescheidenes Maß an Konzentration und Ausdauer, Form- und Farberfassung, Freude am Nachahmen, Verständnis für Aufgaben und ihre Erfüllung, das Wecken und Üben der Spielfähigkeit. Es sind grundlegende Fertigkeiten und Kenntnisse, die für die Ausdifferenzierung des weiteren Lernens wichtig sind. Als *Schwerpunkte der Bildungsarbeit* sind anzusehen:

- *das Erlernen einfachster Gewohnheiten der Selbstversorgung und Hygiene (an- und ausziehen, essen, sich waschen, die Toilette benutzen, auf Sauberkeit achten u. Ä.),*
- *das Erlernen einfachster sozialer Umgangsformen (grüßen, danke und bitte sagen, aufeinander Rücksicht nehmen u. Ä.),*
- *Bewegungsschulung (Übungen für Groß- und Kleinmotorik, Turnspiele, Gymnastik),*
- *rhythmisch-musische Erziehung (Umgang mit Reifen und Bällen, einfachste Reaktionsübungen, Formenlegen, Greif-, Tast- und Horchübungen, Singen, Spielen mit Instrumenten, Singspiele, Fingermalen u. Ä.),*
- *elementare Sprachbildung (Sprechlust wecken durch Verse, Sprüche und Lieder, Tierlaute nachahmen, Lippen- und Zungenübungen, Gegenstände benennen, einfachste Aussagen),*
- *Erlernen einfachster kognitiver Fertigkeiten (Unterscheiden und Inbeziehungsetzen von Farben, Formen, Größen, Zeichen, Bildbetrachtungen, Erzählen und Spielen von Geschichten u. a. (I. Thomae 1979).*

Derartige Aufgabenstellungen aber bedeuten nicht, dass sich der Heilpädagogische Kindergarten in eine schulartige Einrichtung mit Verplanungstendenzen verwandeln sollte, wo das Spielen mit seinen Lernwirkungen und der offene soziale Umgang miteinander zu kurz kommen, und wo die Kinder durch allzu viel verschiedenes Personal und allzu viele Lernziele überfordert werden. – Das Zusammenwirken mit den *Eltern* ist wichtig, aber auch eine heilpädagogische Zusatzausbildung des Personals.

Die Differenzierung und personelle Ausstattung eines heilpädagogischen Kindergartens ist von großer pädagogischer Bedeutung. Das betrifft sowohl die Größe der Gruppen als auch die Zahl der Erzieher. Pädagogisch wünschenswert wären möglichst kleine Gruppen. Sie sollten nicht mehr als sechs Kinder umfassen. Maßgeblich für die Größe der Gruppe ist der durch Verhaltenseigentümlichkeiten der Kinder gesetzte Schwierigkeitsgrad der Aufgabe, aber auch die Zahl der zur Verfügung stehenden Erzieherinnen. An sich müsste in Anbetracht der vielen Schwierigkeiten, die mit einzelnen Kindern auftreten können, für jede Gruppe eine Helferin (z. B. eine Praktikantin oder eine geeignete Mutter) zusätzlich zur Verfügung stehen, ganz gleichgültig, wie klein eine Gruppe ist.

Unter dem Aspekt der sozialen Eingliederung behinderter Kinder wird heute für geistig behinderte Kinder der *gemeinsame* Besuch des *Regel-Kindergartens* angestrebt und auch schon weithin praktiziert. Die gemeinsame Erziehung von geistig behinderten und nicht behinderten Kindern ist mit Sicherheit ein wichtiges Unternehmen, das aber auch sorgfältig geplant und als bewusste Zielsetzung realisiert werden muss, das also *nicht en passant* im üblichen Rahmen ablaufen kann, wenn es dem behinderten Kinde dienlich sein soll. Es kann nicht nur vom persönlichen Engagement leben. Das Beispiel des häufig zitierten Münchener Montessori-Kindergartens zeigte, dass selbst für solche speziell eingerichteten Kindergärten nur bestimmte, also ausgesuchte geistig behinderte Kleinkinder als „geeignet" in Betracht kamen.

Die Entwicklung ist inzwischen dahingehend weitergeschritten, dass immer mehr Regelkindergärten *integrative Gruppen* einrichten, in die auch einzelne geistig behinderte Kinder aufgenommen werden. Die Gemeinsamkeit des Spielens und Lernens, also eine sozialpädagogische Zielsetzung, tritt damit in den Vordergrund. Dabei bleibt die Mitberücksichtigung behinderungsspezifischer Erfordernisse für das einzelne Kind weiterhin notwendig und macht den Einsatz von *Fachberatern* und auch von Fachleuten zur direkten heilpädagogisch-therapeutischen Förderung erforderlich. Ebenso kann auf eine entsprechende „integrationspädagogische" und *heilpädagogische Weiterbildung der Erzieher* nicht verzichtet werden.

Über erste und allgemeine Erfahrungen mit „integrativen Kindergärten" berichteten u. a. Hundertmarck 1981, Kniel, Kniel 1986, Miedaner 1987, Klein u. a. 1987, ohne freilich die spezielle Frage nach den Kindern mit einer geistigen Behinderung befriedigend zu beantworten (Kaplan 1992, Kniel 1992 u. Projektberichte des Deutschen Jugendinstituts, München, speziell 3/90).

3   Schule

Die allgemeinbildenden Schulen sind *Bildungseinrichtungen für alle Kinder*. Die allgemeine Schulpflicht hat die Einrichtung „Schule" zu einem Bestandteil des gesellschaftlichen Lebens gemacht, durch den gesellschaftliche Zugehörigkeit für alle konstituiert wird. Dass in Deutschland tatsächlich alle Kinder, also auch diejenigen mit einer geistigen Behinderung, auf gesetzlicher Grundlage „die Schule" besuchen dürfen, ist erst seit wenigen Jahrzehnten möglich.

3.1 Das Recht auf schulische Bildung

Mit der Einführung des Rechtsbegriffes der *„Bildungsunfähigkeit"* wurde geistig behinderten Kindern bis in die sechziger Jahre hinein das Recht auf schulische Bildung verwehrt. Sie wurden *„schulbefreit"*. Praktiziert wurde dabei ein tradiertes *Junktim* zwischen *Schule* und *„Kulturtechniken"* (Lesen, Schreiben und Rechnen). Geistig behinderte Kinder und Jugendliche galten generell als „unbelehrbare Analphabeten", die nicht fähig waren, „in den Kulturtechniken des Lesens, Schreibens und Rechnens noch Leistungen, wenn auch nur in ganz bescheidenem Umfang, hervorzubringen" (1. Durchführungsverordnung zum Sonderschulgesetz in Bayern 1966).

Noch in dem 1965 erschienenen „Enzyklopädischen Handbuch der Sonderpädagogik" war zur „Bildungsfähigkeit und Bildungsunfähigkeit" zu lesen : „Im schulischen Sinne ist Bildungsfähigkeit an das Erlernen der Kulturtechniken gebunden" (Philipps, Sp. 377–379). Unter Berufung auf das *Preußische Allgemeine Landrecht*, das immerhin aus dem Jahre 1794 stammt, und das in § 1, Teil II, Tit. 12 den Schulen die Unterrichtung in „nützlichen Kenntnissen und Wissenschaften" zur Aufgabe stellte, wurde der Bildungsauftrag des öffentlichen Schulwesens dort als beendet angesehen, wo die Vermittlung der sog. Kulturtechniken auch in bescheidenem Umfang nicht möglich war.

Auf die Problematik einer näheren Abgrenzung dessen, was man unter „bescheidenem Umfang" zu verstehen hat, soll später eingegangen werden. Bemerkt sei hier nur, dass das Junktim von Schulbildung und „Kulturtechniken" offenbar in keinem Schulgesetz fixiert ist, also eine *usuelle Praxis* darstellte. Sie hielt einer differenzierten pädagogischen Erfahrung nicht stand, hatte aber immerhin dazu geführt, dass mancher Lehrer geradezu hilflos werden konnte, wenn er seine Schüler nicht auch Lesen, Schreiben und Rechnen lehren konnte.

Die Notwendigkeit schulischer Bildung für Kinder und Jugendliche mit geistiger Behinderung ist im Prinzip die gleiche wie die für Schulen überhaupt: Ort und Institution der Erziehung und Bildung zu sein, wie sie der Staat aus seinen kulturellen, gesellschaftlichen und politischen Verantwortlichkeiten heraus, aber zugleich zum Wohle des Einzelnen herleitet, und wie sie von den Eltern im Allgemeinen nicht geboten werden können. Darüber hinaus bedarf das *behinderte Kind* in besonderem Maße einer ihm angemessenen Bildung und einer entsprechenden Schulorganisation (Mühl 1997, Speck 1998 b).

Es hätte eine Verkürzung dieses Bildungsrechtes bedeutet, wenn, wie in der Gründerzeit der sechziger Jahre mancherorts geschehen, statt der Schule lediglich *soziale Einrichtungen* für geistig behinderte Kinder geschaffen worden wären. Manche Eltern wären damals mit dieser Lösung zufrieden gewesen, weil sich anfangs das Schulsystem als recht schwerfällig und allzu leistungsorientiert erwies.

Der Ort einer allgemeinbildenden Schule für Kinder und Jugendliche mit geistiger Behinderung kann entweder die „allgemeine Schule" sein, vor allem die *Grundschule,* oder eine spezielle Schule, eine *Förderschule* (früher „Sonderschule"). In vielen Ländern sind an den allgemeinen Schulen *Sonderklassen* eingerichtet oder es besuchen einzelne behinderte Kinder dort einen *Sonderunterricht.*

3.2 Gemeinsamer Unterricht

Während noch bis zum Ende der siebziger Jahre die „Schule für Geistigbehinderte" unbestritten als die adäquate Institution für die schulische Bildung von Kindern und Jugendlichen mit einer geistigen Behinderung galt, wurden inzwischen immer häufiger und auch erfolgreich Versuche unternommen, solche Schüler gemeinsam mit nicht behinderten an der allgemeinen Schule, insbesondere an den Grundschulen, zu unterrichten.

Die dabei gemachten unterschiedlichen Erfahrungen lösten Kontroversen aus, die lange Zeit – auch international – anhielten (Bleidick 1988, Speck 1998 a). Der Diskussionsstand lässt sich folgendermaßen zusammenfassen, soweit er sich auf ein schulisch gemeinsames Lernen mit geistig behinderten Kindern bezieht:

1. Aus den Berichten und Analysen (Mühl 1987, Feuser, Meyer 1987, Wocken, Antor 1987) geht hervor, dass es *unter bestimmten günstigen Bedingungen* pädagogisch möglich und sinnvoll ist, auch *geistig* behinderte Kinder in Grundschulen einzugliedern, und ihre Lernentwicklung zu fördern, vor allem dann, wenn sich die Lehrer für diese besondere Aufgabe engagieren, und auch die Eltern der nicht behinderten Mitschüler hinter dieser schulischen Gemeinsamkeit stehen. Der pädagogische Ertrag bezieht sich auch auf die *nicht behinderten Schülerinnen und Schüler,* die auf diese Weise lernen können, soziale Verfremdungen gegenüber diesen Kindern abzubauen und sich ihnen sozial anzupassen.

2. Die Berichte über Möglichkeiten eines gemeinsamen Unterrichts stützen sich auf Schulversuche bzw. besondere Integrationsklassen, für die strukturelle und personelle Ausstattungen zur Verfügung standen, die über die

Gemeinsamer Unterricht

für allgemeine Schulen geltenden Verhältnisse hinausgingen. Es ist also frag-lich, diese Bedingungen (z. B. 2–3 Lehrer pro Klasse, wie in Hamburg, vgl. Wocken, Antor 1987) auf das gesamte Schulsystem zu übertragen. – Die ge-forderte Norm eines zusätzlichen *Sonderschullehrers* erscheint überdies un-sicher, wenn man in der Realität der Schulversuche feststellt, dass dieses Er-fordernis im zeitlichen Umfang pro Klasse bis auf ein Minimum ausgedünnt werden kann. Es mangelt im Übrigen an Sonderschullehrern. Sie werden beispielsweise in Italien nicht als erforderlich, sondern eher als störend an-gesehen, da jegliche „Sonderpädagogik" dem italienischen Integrations-konzept widerspricht.

3. Einige der erforderlichen Bedingungen für das Gelingen gemeinsamen Unterrichts sind von hohem persönlichem Engagement und komplexen Ziel-vorstellungen bestimmt, so dass es schwierig wird, diese überall in der je-weils pluralen, vielseitig bestimmten Schulwirklichkeit organisatorisch und didaktisch umzusetzen. Das Gelingen solcher Initiativen hängt weithin von der Kompetenz der Initiatoren und deren Idealismus ab, seien es Lehrer und Eltern. Bei Letzteren gibt es zudem unterschiedliche Auffassungen, sowohl bei den Eltern mit behinderten als auch bei denjenigen mit nicht behinder-ten Kindern. Die Verallgemeinerbarkeit der Ergebisse von Einzelversuchen ist damit eingeschränkt.

4. In der Praxis wurden vielfach bestimmte passende Schüler mit einer geis-tigen Behinderung *ausgewählt*, d. h. vor allem Kinder mit leichteren geisti-gen Behinderungen („selektive Integration"). In *Italien*, wo offiziell die Son-derschulen abgeschafft worden sind, brauchen *geistig schwerbehinderte Kinder nicht in die allgemeine Schule aufgenommen* zu werden. Sie werden der Pflege in (privaten) Heimen überantwortet; Ähnliches gilt auch für die skandinavischen Länder.

5. Mit der Übernahme bestimmter geistig behinderter Kinder in die allge-meine Schule wird das *Weiterexistieren der Schule für geistig Behinderte in Frage gestellt*. Wenn nur noch die schwerer behinderten Kinder für sie übrig blieben, müsste die Schule für geistig behinderte Kinder zu einer *Restschu-le* für diese werden, was dann dazu führen könnte, dass der Schulcharakter aufgehoben würde und die Kinder dem *Pflegebereich* zugeteilt werden könnten. Die Eltern, die aber ihr geistig behindertes Kind ausdrücklich in eine spezielle Schule schicken wollten, könnten von ihrem Recht darauf nicht mehr Gebrauch machen.

6. Die Erfahrung lehrt, dass neue Schulkonzepte wesentlich von dem *aktu-ellen Innovationsgeist* getragen werden, der in seinen Trägern wirksam wird, dass sich dieser aber nach einer gewissen Erprobung in der Gesamtrealität im Allgemeinen abschwächt. Es ist daher möglich, dass das Interesse an ei-nem schulisch gemeinsamen Lernen, das aus ökonomischen Gründen höhe-

re Leistungsansprüche stellt, wieder abnehmen könnte, etwa gegenwärtig unter dem Druck der aktuell geforderten höheren Schulleistungen. Die allgemeine Schule hält sich ohnehin in der bisherigen Integrationsdiskussion zurück, da sie sich jetzt schon mit eigenen Aufgaben überfordert sieht.

Inzwischen dürfte die Phase der Versuche beendet sein. Deren Ergebnisse, die jeweils unter besonders arrangierten Bedingungen zustandekamen, sind nicht in jedem Fall auf das übliche Schulsystem übertragbar. Immerhin aber ist die Zahl der geistig behinderten Schülerinnen und Schüler, die in irgendeiner Form die Chance haben, zusammen mit nicht behinderten Altersgenossen die allgemeine Schule zu besuchen, gestiegen. Die Regel ist es aber nicht.

Welche kritischen Folgen eintreten können, wenn eine bloße Umplatzierung in allgemeine Schulen vorgenommen wird, lehrten schon vor Jahren in den USA gemachte Erfahrungen, wo gemeinsamer Unterricht (mainstreaming) schon früher als hierzulande eingeführt worden war. So berichtete bereits 1979 Childs in der Zeitschrift „mental retardation", wie durch die Praxis von „mainstreaming" ein drastischer Wandel im Curriculum für geistig behinderte Schüler eingetreten sei: Nicht die besonderen Lernbedürfnisse dieser Kinder seien unterrichtlich bestimmend, sondern das übliche Schulpensum. Bisherige Untersuchungen ließen erkennen, dass ca. 90 % des Schulalltags dieser „integriert" beschulten Kinder mit einer geistigen Behinderung (> IQ 40) mit Kulturtechniken (academic skills) verbracht würden. „Nicht lebenspraktische Fertigkeiten für ein unabhängiges Leben, sondern Lesen, Schreiben und Rechnen! Bloßes und simples Normalklassen-Curriculum!" (306) Childs betonte ausdrücklich, dass er schulische Integration (mainstreaming) an sich mit ganzem Herzen unterstütze, aber nicht zustimmen könne, wenn dabei geistig behinderte Kinder nicht das lernen könnten, was ihren besonderen Lernbedürfnissen entspricht. – Eine differenzierte Analyse neuerer Befunde aus den USA liegt von Opp (1993) vor.

Es gibt mit Sicherheit auch positive Erfahrungen; diese aber sind auf bestimmte, z. T. lokale und personelle Rahmenbedingungen angewiesen, die offensichtlich nicht überall herstellbar sind. Über Möglichkeiten einer Weiterentwicklung zu einer „inklusiven Pädagogik" berichtet der von Schnell und Sander (2004) herausgegebene Sammelband.

Der didaktische Schlüssel für einen erfolgreichen gemeinsamen Unterricht in der Grundschule wurde von Feuser, Meyer (1987) im „gemeinsamen Gegenstand" (Lerninhalt, Vorhaben, Sachverhalt) gesehen, der für eine heteronome Schülergruppe derart ausgewählt ist, dass „Kooperation", also soziales Lernen und Handeln der Schüler, möglich wird, nicht aber von jedem Schüler erwartet wird, dass er das gleiche Lernziel wie alle übrigen Schüler erreicht. Ein solches Modell unterrichtlicher Individualisierung und innerer Differenzierung lag bereits den Empfehlungen des Deutschen Bildungsrates (1973) zugrunde (69/70), bezog sich hier aber nicht auf eine beliebige Heterogenität der Schülerschaft, also nicht – wie bei Feuser, Meyer – auch auf geistig (schwerst)behinderte Schüler.

Für sie im Alltag jeweils einen passenden gemeinsamen Lerngegenstand zu finden und zu praktizieren, sodass Kooperation und Individualisierung zustande kommen, also soziale Diskriminierungen als Fixierungen minderer Schülerrollen und Leerlauf vermieden werden, dürfte in aller Regel einen hohen Anspruch an Lehrer und Schüler bedeuten, sodass mit Überforderungen zu rechnen ist und eine Übertragung auf das übliche Schulsystem mit „ganz normalen" Lehrern zumindest fraglich erscheint. Die Heterogenität der Schüler kann auch dadurch an Grenzen stoßen, dass *Eltern* der nicht behinderten Schüler geltend machen, die Lernfortschritte ihrer Kinder würden beeinträchtigt (BGH-Urteil v. 1997).

Gemeinsamer Lerngegenstand

Zweifel sind auch gegenüber einem didaktischen Integrationsmodell angebracht, das – wie in Italien – unter primär *sozialen* Normen praktiziert wird. Maßgebend für den Unterricht in einer Klasse, die uns vorgestellt wurde, und in der sich ein (leicht) geistig behindertes Kind befindet, war das *gemeinsame Lernniveau,* das dadurch zustande kommen sollte, dass es dem Lernniveau des behinderten Kindes angenähert wird. Es wurde uns in einem anderen Fall auch berichtet, dass in einer Klasse, in die ein schwer behindertes Kind aufgenommen worden war, innerhalb weniger Monate nahezu die Hälfte der Eltern ihr Kind in andere Schulen abmeldete. – Dass es in Einzelfällen und bei einem außerordentlichen persönlichen und didaktischen Aufwand möglich ist, auch schwerer behinderte Kinder in eine gemeinsame Klasse einzugliedern, zeigen die ausgewählten Beispiele von Cuomo (1988); aber sie dürften Einzelfälle sein.

Es kann – auch international gesehen (Kasztantowicz 1982, Klauer, Mitter 1987, Bürli 1985, Mühl 1987, Kreuzer 1999) – ganz und gar nicht davon ausgegangen werden, dass eigene Klassen oder Schulen für geistig Behinderte völlig überflüssig geworden wären. Sie bestehen durchaus überall da, wo auch schon vorher ein differenziertes Sonderschulsystem ausgebaut war, z. B. in den USA, in Japan, in Großbritannien, in Holland, in der Schweiz, in Österreich, in Osteuropa und auch in Skandinavien. Hier aber besuchen geistig behinderte Kinder in der überwiegenden Mehrzahl *Sonderklassen* oder einen *Sonderunterricht* im Rahmen der allgemeinen Schulen, also nicht primär *Sonderschulen.*

Mühl (1987) kam nach seiner differenzierten Analyse von Integrationskonzepten zum Fazit, „dass die schulische Integration der Schüler mit geistiger Behinderung ein komplexes und schwieriges Unterfangen darstellt, das kaum lösbar erscheint" (93). Seiner Auffassung, dass Bestehendes nicht aufzugeben sei, ohne dass etwas Besseres zur Verfügung steht, ist zuzustimmen. Diese Position schließt das zielstrebige Bemühen um schrittweise Annäherung der allzu gegliederten schulischen Teilsysteme und um möglichst gemeinsames Lernen mit ein. Dies wird in der Bundesrepublik in verschiedenen Formen angestrebt, sei es in *Integrationsklassen,* in *Einzelintegration* oder in *Kooperationsklassen* (Klein, Nestle 1992, Sucharowski 1993, Mühl u. a. 1997). Bei letzterem Modell handelt es sich um eine schulische Zuordnung einer Klasse für geistig Behinderte zu einer Grundschulklasse mit zeitweilig gemeinsamem Unterricht bzw. um gemeinsam gestaltetes Schulleben.

Dies trifft auch für ein Beispiel in München-Pasing zu, wo an einer Grundschule (a. d. Oselstraße) eine Klasse mit fünf Kindern mit dem Förderschwerpunkt geistige Entwicklung als *Außenklasse* einer Förderschule angeschlossen wurde, die aber beide (bis auf 3 – 5 Stunden Sonderunterricht für die Kinder mit geistiger Behinderung) als eine Klasse gemeinsam unterrichtet werden und zwar von einer Grundschullehrerin, einer Sonderschullehrerin und einer Helferin (Krankenschwester). Die organisatorische Kompliziertheit geht u. a. aus der offiziellen Bezeichnung hervor; sie lautet „*Inte-*

Individualisierung im gemeinsamen Unterricht

grative Kooperationsklasse als Außenklasse". Sie besteht gegenwärtig im zweiten Schuljahr und wird als Erfolg gewertet. Aus dieser Klasse stammen auch die Fotos, die in diesem Buch auf den Seiten 220–226 abgebildet sind.

Wenn auch in diesem Falle die Mehrzahl der Eltern der Grundschulkinder dem gemeinsamen Unterricht klar zustimmte, so bestehen doch nach wie vor im Allgemeinen auch distanzierte Einstellungen gegenüber geistig behinderten Personen in der Bevölkerung (Cloerkes 1985, Clauß 1996, Mattner 2000). Zudem wachsen unter dem gegenwärtig gesteigerten Leistungsdruck die Besorgnisse mancher Eltern nicht behinderter Kinder, wenn es um die Chancen für den Übertritt auf das Gymnasium geht und die Eltern durch den gemeinsamen Unterricht mit behinderten Schülern die Lernkarriere ihrer Kinder gefährdet sehen. Kriwet (1996) berichtete von derartigen „Grenzen der Integrationsbewegung in Schweden". Eigene Klassen (und Schulen) für geistig Behinderte als festverankerte Bildungseinrichtungen sind daher auch weiterhin notwendig.

Sie bilden faktisch die *Regel* für die schulische Bildung geistig behinderter Kinder und Jugendlicher. Nur ein kleiner Teil von ihnen (3–5 %) besucht bislang einen gemeinsamen Unterricht in der Grundschule. Es käme einem Vabanquespiel gleich, wollte man aus bloßer Hoffnung auf eine mögliche Ausbreitung der bisher nur in Ansätzen vorhandenen Integrationsbereitschaft und -kompetenz der allgemeinen Schule die gerade erst erkämpften und aufgebauten schulischen Einrichtungen für geistig Behinderte in Frage stellen. Diese können ihren Beitrag zur sozialen Integration ihrer Schüler leisten, nämlich die dazu erforderlichen identitätsfördernden Fähigkeiten zu stärken (Cloerkes, 495), soweit sie nicht von außen diskriminiert und stigmatisiert werden. Spezielle Klassen oder Schulen diskreditieren ihre Schüler nicht eo ipso. Eine Diskreditierung tritt vielmehr erst dann ein, wenn diese Einrichtungen von außen her diskreditiert werden, gegebenenfalls um sie letztlich abzuschaffen.

Umgekehrt erbringt schulische Gemeinsamkeit nicht schlechthin bessere soziale Eingliederungsergebnisse für die geistig behinderten Kinder. Wie Wocken und Antor (1987) in ihrem Bericht über die Hamburger Integrationsklassen feststellten, in denen von den integriert unterrichteten behinderten Schülern immerhin 31 *geistig* behindert waren, muss die Frage, „ob die soziale Integration behinderter und nichtbehinderter Kinder im Sinne gleichgewichtiger sozio-emotionaler Beziehungen gelungen ist, als *offen* beantwortet werden. Aus den Untersuchungsergebnissen war weder ein voller Erfolg noch ein voller Misserfolg abzulesen (255).

Wenn auch durch die KMK-Empfehlungen von 1994 die *allgemeine Schule* offiziell als ein möglicher *Lernort* auch für geistig behinderte Schülerinnen und Schüler erklärt worden ist, so stagniert insgesamt gesehen der Aus-

Lernhilfe durch Mitschüler

bau des gemeinsamen Unterrichts geistig behinderter Kinder in allgemeinen Schulen. Ein Grund dürfte im Mangel an den nötigen personellen Ressourcen liegen; gemeinsamer Unterricht erfordert zwingend mehr Personal. Die ökonomische Entwicklung dagegen priorisiert Kosten sparende Modelle bzw. höhere Investitionen unter dem Gesichtspunkt der Überwindung der vielbeklagten allgemeinen „Bildungsmisere" und der Leistungssteigerung.

3.3 Rechtsanspruch auf gemeinsamen Unterricht?

Eltern und Elterngruppen haben immer wieder ein Wahlrecht für die Schulart ihres behinderten Kindes gefordert und sich gegen ein alleiniges Recht des Staates gewehrt, behinderte Kinder nach systemeigenen Maßgaben in eine Sonder- oder Förderschule einzuweisen. Sie stützten sich dabei zuletzt auf die seit 1994 im Grundgesetz der Bundesrepublik neu verankerte Bestimmung, dass „niemand wegen seiner Behinderung benachteiligt werden" darf.

Aufgrund einer Verfassungsklage eines Elternpaares hat das Bundesverfassungsgericht (BVG) am 8. Oktober 1997 einen Entscheid getroffen, der eine grundsätzliche Klärung brachte:

1. Die Bestimmungsmacht des Staates in Bezug auf eine schulische Platzierung eines behinderten Kindes wurde eingeschränkt. *Das Mitbestimmungsrecht der Eltern ist nachprüfbar zu beachten, und es sind einvernehmliche Lösungen anzustreben.* Der Staat muss zwar alle dem Wohl des Kindes aus seiner Sicht dienlichen Möglichkeiten ausschöpfen, muss aber zugleich den Willen der Erziehungsberechtigten beachten; das heißt, er muss sich „verstärkt (um) realisierungswürdige Alternativen zur Erziehung und Unterrichtung in Sonder- und Förderschule" bemühen. Wenn sich die Eltern „im aus ihrer Sicht so gewürdigten Interesse ihres Kindes für eine Beschulung gemeinsam mit nichtbehinderten Schülern" entscheiden, so dürfe sich die Schulbehörde darüber nicht einfach hinwegsetzen.

Letztlich aber kann eine Einweisung eines behinderten Kindes auch *gegen den Willen des Behinderten oder seiner Erziehungsberechtigten* angeordnet werden und zwar dann, wenn der Staat diese Notwendigkeit zum Schutz des Kindes und im Sinne seiner erhöhten Verantwortung für behinderte Kinder zwingend begründet. Was er nicht darf, das wäre eine bloße „Überweisungsverfügung" ohne eine ausreichende Würdigung der im Einzelfall gegebenen Verhältnisse.

2. Nicht die einzelne Schülerin oder der einzelne Schüler hat den Nachweis zu führen, dass sie oder er in der Lage ist, „dem allgemeinen Bildungsweg zu folgen", wie es früher galt, sondern der Staat (die Schule) hat nachzuweisen, dass er / sie über keine Möglichkeit verfügt, einen gemeinsamen Unterricht an der allgemeinen Schule einzurichten. Der Staat unterliegt damit einer *erhöhten Begründungspflicht.*

3. Die Realisierung integrativen Unterrichts unterliegt dem „Vorbehalt des Möglichen". In allen bisherigen Integrationsverordnungen der Länder war bereits herausgestellt worden, dass für die Einführung gemeinsamen Unterrichts *bestimmte Voraussetzungen* gegeben sein müssen. Das BVG unterstrich an mehreren Stellen, dass „staatliche Maßnahmen zum Ausgleich einer Behinderung nur nach Maßgabe des finanziell, personell, sachlich und organisatorisch Möglichen verlangt und gewährt werden können". Der Staat könne seine Aufgabe, ein „begabungsgerechtes Schulsystem bereitzustellen", nur im Rahmen seiner „begrenzt verfügbaren öffentlichen Mittel" realisieren; er habe auch andere Belange zu beachten, und deshalb könne er verfassungsrechtlich nicht gehindert werden, die Verwirklichung integrativer Schulformen „von einschränkenden Voraussetzungen abhängig zu machen". Der Vorbehalt des Machbaren und finanziell Vertretbaren beziehe sich auch auf die gesetzlich zu regelnden Schulkonzepte. Der Staat sei „nicht verpflichtet, für das jeweilige Land alle Formen integrativer Beschulung bereitzuhalten".

Zusätzlich heißt es im BVG-Entscheid: Für ein behindertes Kind müsse in einer Integrationsklasse nicht nur begründete Aussicht auf eigenen Erfolg bestehen, sondern es müsse außerdem geprüft werden, wieweit sich „auch denkbare Belastungen für Mitschüler und Lehrpersonal" ergeben, also „schutzwürdige Belange Dritter, insbesondere anderer Schüler", entgegenstehen.

Der für einen integrativen Unterricht an allgemeinen Schulen notwendige Aufwand dürfe „nicht zu Lasten solcher Kinder gehen, deren Teilnahme an einem gemeinsamen Unterricht aufgrund der Art oder des Grades ihrer Behinderung ausgeschlossen ist oder pädagogisch nicht wünschenswert erscheint", und die deshalb auf entsprechende Sonder- und Förderschulen mit einer entsprechenden personellen und sächlichen Ausstattung angewiesen sind. Das bedeutet: Es gibt kein Vorrecht für integrative Maßnahmen *auf Kosten der schwerer Behinderten* und derjenigen Eltern, die ihr Kind eine Sonderschule besuchen lassen wollen.

Das BVG hat mit seinem Urteil das Dilemma einer Entscheidungsfindung deutlich gemacht, die im Einzelfall von recht verschiedenen Interessen und Bedingungen abhängig gemacht werden soll. Eine plurale Kontingenz ist auf dem Rechtswege kaum klärbar. Der BVG-Entscheid hat aber auch erkennen lassen, dass letztlich der Staat über seine politisch gesteuerte Investitionsmacht die Weichen dafür stellt, wie weit ein in der Verfassung begründetes Benachteiligungsverbot real umgesetzt wird. Eine Folgerung aus dieser ernüchternden Feststellung wäre die, dass man sich nicht allein oder primär des Staates als Hebel für mehr soziale Gemeinsamkeit bedienen sollte. Er hat im Wesentlichen die nötigen Rahmenbedingungen dafür zu schaffen, dass mehr Gemeinsamkeit praktiziert werden kann; diese aber ist wesentlich von der Weiterentwicklung der integrativen Einstellungen an der Basis abhängig.

3.4 Spezielle Schulen und Klassen

Sie sind in allen vergleichbaren Ländern der Welt die Regeleinrichtungen zur schulischen Bildung geistig behinderter Kinder und Jugendlicher. Die Bedeutung einer Unterscheidung von *Klassen und Schulen* ist erst im Zusammenhang mit der Integrationsdiskussion besonders relevant geworden. Während man hierzulande strikt dem Organisationsprinzip der *eigenständigen* Schule (mit eigenem Schulleiter) folgte und konsequent *Sonderschulen* von allgemeinen Schulen in jeder Hinsicht und auch jede Sonderschulart von jeder anderen schied, erhielten oder vermehrten sich in anderen Ländern eigene *Sonderklassen*, die allgemeinen Schulen angegliedert sind. In zahlreichen Ländern haben sie sogar zahlenmäßig eindeutig das Übergewicht, wie z. B. in den USA und in Japan.

Angegliederte *Sonderklassen* können sich als integrierter Bestandteil einer Schule verstehen. Sie werden auch als „*Außenklassen*" bezeichnet und zwar insofern, als sie organisatorisch einer Sonder- oder Förderschule angehören. Dadurch aber, dass sie auch Teil einer gemeinsamen Umwelt mit einer allgemeinen Schule sind, erwachsen für beide Seiten wichtige Chancen. Diese Klassen verfügen einerseits über die heilpädagogisch erforderliche spezielle Ausstattung, können also den besonderen Erziehungs- und Förderungsbedürfnissen entsprechen, haben aber andererseits auch besondere Möglichkeiten, in ein *Miteinander mit der allgemeinen Schule* zu treten. Das Ausschöpfen aller Möglichkeiten einer Kooperation wird zur pädagogischen Aufgabe der Schule. Man kann vom kooperativen Modell der schulischen Gemeinsamkeit sprechen.

Für die im Lande bestehenden Schulen für geistig Behinderte bieten sich *teilintegrative Möglichkeiten* über den Weg einer *Kooperation* mit *allgemeinen Schulen*. Gemeint sind partielle und zeitlich begrenzte Gemeinsamkeiten, die sich auf den Unterricht und auf das Schulleben beziehen, also gemeinsamer Unterricht von Klassen einer allgemeinen Schule mit Klassen einer Schule für geistig Behinderte und gemeinsame sonstige Unternehmungen, wie Feiern, Schulfahrten u. Ä. In Baden-Württemberg und in Bayern waren entsprechende Modell-Projekte erfolgreich durchgeführt worden (Klein, Nestle 1992, Berges 1995). Das Staatsinstitut für Schulpädagogik und Bildungsforschung in München hat ein ganzes „Medienpaket Kooperation" herausgegeben (1998). Es enthält Materialien und Unterrichtshilfen.

Die „*Schulen für geistig Behinderte*" sind eigenständige Sonderschulen. *Auch sie unterliegen dem Anspruch sozialer Integration.* Sie dienen der besonderen pädagogischen Förderung, wenn die Voraussetzungen für den Besuch der allgemeinen Bildungsgänge fehlen. Sie sind Einrichtungen zur *Erfüllung der Schulpflicht*. Diese erstreckt sich – auch als Sonderschulpflicht – auf die Zeit der neunjährigen Volksschulpflicht und der dreijährigen Berufsschulpflicht. Sonderschulen können als *öffentliche* oder als *private* Schulen errichtet werden.

Im organisatorischen Rahmen der Pflichtschulen wie auch im engeren Rahmen der Sonderschulen sind die Schulen für geistig Behinderte Schulen eigener Art. Ihnen stehen einerseits die Organisationsgrundlagen und -formen des Schulwesens zur Verfügung (Schulrecht, Schulpflicht, Finanzierung, Bereitstellung, Ausbildung und Fortbildung der Lehrer, Schulaufsicht). Andererseits erlaubt die spezielle Schulkonzeption Sonderregelungen und -formen, z. B. bezüglich der Schulgliederung, der Klassenstärke, der Lehrerschaft oder des Lehrplanes. Beide Aspekte sind lernadäquat aufeinander abzustimmen, und nur dann, wenn es gelingt, unter Berücksichtigung und Ausnutzung des großen Organisationsrahmens eine eigene Konzeption auszuprägen, kann die Schule für geistig Behinderte mit einem dauerhaften Erfolg rechnen. Sie würde ihrer Aufgabe nicht gerecht werden können, wenn sie etwa allzu unkritisch bestehenden Schulformen, z. B. der Sonderschule für Lernbehinderte, angeglichen würde, oder wenn sie sich allzu sehr durch besondere Formen vom Ganzen distanzierte und isolierte, z. B. auf speziell ausgebildete Lehrer verzichtete.

3.5 Schule für *alle* Kinder mit geistiger Behinderung

In der Aufbauphase der Schule für geistig Behinderte spielte die Frage nach den *Aufnahmekriterien* und damit der Schulfähigkeit bzw. der Schulunfähigkeit noch eine kritische Rolle. Da die damals entstehenden Schulen – zumal wegen ihrer strukturellen Abhängigkeit vom übrigen Schulsystem – sich außerstande sahen, unter den gegebenen Bedingungen alle gemeldeten Kinder adäquat zu fördern, wurde seitens der Schulverwaltung nach wie vor eine Abgrenzung „nach unten" praktiziert. Der höchst belastete Begriff der „Bildungsunfähigkeit" wurde zwar in seinem tradierten Inhalt getilgt, jedoch gleichzeitig ersetzt durch den der „Schulunfähigkeit". Diese Rechtsposition war zunächst nichts anderes als die *Widerspiegelung einer schulischen Praxis* auf der Grundlage eines historischen Schule-Begriffes, wie ihn der Staat definieren *kann*.

Es gibt mehrere Gründe, die diese Selektionskonsequenz als pädagogisch nicht gerechtfertigt ausweisen:

– *Eine Gesellschaft, die die Förderung der Begabteren auf Kosten der weniger Begabten oder weniger Produktiven priorisierte, setzte ihr Humanitätsideal aufs Spiel. – Eine hinreichende Diagnostizierung von Schulunfähigkeit ist instrumentell nicht praktizierbar. Untersuchungen zur Feststellung von Schulunfähigkeit (Spreng 1979) haben höchst widersprüchliche Praktiken und pädagogisch nicht zu verantwortende Entscheidungen zutage gebracht.*

– *In der Realität gibt es zahlreiche Schulen für geistig Behinderte, die nachweislich auch lernschwächste Kinder zu fördern vermögen. Der Staat sanktioniert derartige Praktiken und bestätigt sie damit. Er finanziert a. a. auch das in diesen Schulen nötige Pflegepersonal.*

Der hier angesprochene Sachverhalt erweist sich damit als ein *definitorischer*: Schule – als *pädagogisches System zur planmäßigen Förderung der Lernfähigkeit* – bezieht sich verfassungsgemäß auf *alle* Kinder. Das in ihm angewandte Selektionsprinzip konstituiert die Schule für geistig Behinderte und findet zugleich hier sein Ende. Demnach kann und muss sich die Schule für geistig Behinderte als spezielle pädagogische Institution, die das Recht auf Bildung und Erziehung gerade der besonders behinderten Kinder zu sichern hat, auf *alle* diese Kinder einstellen und sich so konstituieren, dass sie *allen* entsprechen kann (D. Fischer 1976, Feuser 1978, Hagemeister 1977). Auf eine Schulfähigkeitsschwelle muss sie verzichten, weil sich deren Kriterien letztlich als Lehrziele erweisen, die sie zunächst einmal erst zu praktizieren hätte.

Mit einer derartigen *Ausweitung des Begriffes von Schule* ist im Wesentlichen die Sicherstellung eines Rechtes, des Rechtes auf adäquate Förderung des Lernens über ein spezielles Förderungssystem im Rahmen des allgemeinen Bildungssystems, intendiert. Es geht um die Einbeziehung in ein größeres Systemganzes, weil Ausschließungskriterien nicht praktikabel sind. Dies setzt freilich eine Differenzierung des Bildungssystems voraus.

Bedenken richten sich gegen eine *mögliche Verschulung* eines Arbeits- und Förderungsbereiches, der relativ wenig mit dem üblichen Schulsystem gemeinsam hat. Die Übertragung von Strukturen und Regelungen, wie sie für das Schulsystem angemessen sein mögen, könnten hier eher hemmend und blockierend wirken, z. B. wenn man an Begriffe wie Benotung, Unterrichtsstunden, Leistungsmessung, Lehrplanerfüllung, Lehrnachweis u. Ä. denkt. Es kann bei diesen Kindern sicherlich nicht nur um permanentes, aktives „Fördern" gehen, sondern auch und über weite Strecken um ein *pädagogisch verhaltenes Miteinandersein*. Es käme also wesentlich darauf an, dass mit dem Kind individuell angemessene Regelungen und Formen „sinnvoller Tätigkeit" und sozialer Teilhabe praktiziert werden können, nicht aber solche dominant werden, die das herrschende Schulsystem diktiert.

Ein Blick in *andere Länder* zeigt Parallelen zur hier angesprochenen Systemzuordnung der am schwersten geschädigten Kinder, aber auch eindeutig *nichtschulische Konzepte*. Bei der Durchsicht der Literatur findet man auffallend wenig Berichte darüber, wie und wo diese Kinder betreut werden.

In *Dänemark* wurde ursprünglich die gesamte Geistigbehindertenarbeit, also auch die Schule, vom *Sozialministerium* her organisiert. Die Einbeziehung der am schwersten behinderten Kinder und Jugendlichen in ein gestuftes und einheitliches Fördersystem brachte daher keine formalen Schwierigkeiten. Seit 1980 ist dieses in den Amtsbereich des *Unterrichtsministeriums* übergegangen. Die schwerer geistig behinderten Kinder werden in „*Spezialunterrichtszentren*" betreut, aber z. T. auch in Schulheimen, Behandlungsheimen oder psychiatrischen Hospitälern (Miedaner 1982, 123). Es fragt sich, ob und wieweit in den „Spezialunterrichtszentren" als Ballungsinstitutionen für schwerstgeschädigte Kinder eine befriedigende Lösung zu sehen ist. Was die Lehrer für behinderte Kinder betrifft, so brauchen diese keine Sonderqualifikation (126). Ein neuerer Bericht (Kreuzer 1999) zeigt, wie ernüchtert heute in Dänemark die Chancen einer schulischen Integration gesehen werden. Man sei „keinen Schritt weiter gekommen" (270).

In *Schweden* werden „psychisch entwicklungsgestörte" (geistig behinderte) Kinder schwereren Grades in besonderen Kindergruppen *(Tagesstätten)* betreut. Ein Aufenthalt in normalen Gruppen sei ihnen „zu ihrem eigenen Schutz nicht ratsam" (Hössl 1982, 67). Eine volle Integration komme für sie nicht in Frage.

In *Italien,* wo offiziell nur ein integratives Schulsystem besteht, müssen geistig schwerer behinderte Kinder *nicht in die Schule aufgenommen* werden. Integration könne nur dann geschehen, wenn adäquate und erfolgversprechende Bedingungen vorhanden seien (Galliani 1982, 200). Solche schulisch ausgeschlossenen Kinder werden nach wie vor in privaten (kirchlichen) Einrichtungen betreut.

Insgesamt lässt sich in den integrationsorientierten Ländern eindeutig ein *Zusammenhang zwischen Sicherung des gemeinsamen Unterrichts und Aussonderung der schwerer behinderten Kinder* feststellen.

Wieweit sich in den Ländern *Osteuropas* die Situation der schwerer geistig behinderten Kinder, die früher durchwegs als „schulbildungsunfähig" eingestuft und in *Pflegeheimen* (Tagesstätten) der Sozialfürsorge überlassen waren (Theiner u. a. 1977), geändert hat, ist zu wenig bekannt. Auf jeden Fall geht deren Entwicklung in eine mehr schulintegrative Richtung.

In *England* und in den *USA* war – unter dem Einfluss von Veröffentlichungen über skandalöse Zustände in Massenpflegeanstalten (Blatt 1974) und von Reformbestrebungen in Skandinavien (Kugel, Wolfensberger 1974) ein entschiedener Wandel eingetreten, der zu einem rapiden Anwachsen der pädagogischen Bemühungen um profoundly mentally retarded geführt hatte (Robinson, Robinson 1976). Die finanzielle und verwaltungsmäßige Grundlage in den USA bildete damals das Gesetz von 1975 *(Right to Education for all Handicapped Children),* das allen behinderten Kindern im Alter zwischen 2 und 21 Jahren angemessene öffentliche Erziehung oder Training sicherte.

Eine Korrektur erfuhr die auf diesem Gesetz fußende Praxis durch eine sozialpolitische Diskussion, die zu einem gerichtlichen Entscheid darüber führte, ob für *alle Personen* mit einer *geistigen Behinderung* der *gleiche Anspruch* auf pädagogische Förderung gelte. Das Gericht bestätigte zwar die prinzipielle Gültigkeit der gesetzlichen Norm, konnte aber gewisse Unterscheidungen nicht verhindern (König 1984). So ist nun davon die Rede, dass für Personen, die über pädagogische Förderprogramme keine signifikanten Fortschritte machen, sog. „programs of enriched living" ausreichen, d. h. Programme, die auch weniger aufwendig sind. Den Ausgangspunkt der Diskussion hatten diejenigen Personen gebildet, die beim *De-institutionaliza-tion-program* wegen des Schweregrads ihrer Behinderung in den „Institu-tionen" verblieben waren. Diese Anstalten sind jetzt wieder als Stätten ei-ner angemessenen Versorgung anerkannt. Für die betroffenen Personen wird der Begriff „subtrainable" verwendet.

An dieser Stelle wäre anzumerken, dass die Schulformen, die sich auf Kin-der mit geistiger Behinderung beziehen, sich in vielerlei Hinsicht nach den *Ausprägungsgraden* geistiger Behinderung unterscheiden, um den Unter-richt adäquater auf den einzelnen Schüler einrichten zu können. Bei einem internationalen Vergleich lassen sich im Wesentlichen *drei Niveaustufen* un-terscheiden:

- *Leichte geistige Behinderungen (moderate mental retardation) als Über-gangsformen zur Lernbehinderung oder Grenzfälle; das sind Kinder, die u. a. eine Befähigung zum instrumentellen Gebrauch einfachen Lesens und Schreibens, u. U. auffallende Teilbegabungen aufweisen und in sozialer Hin-sicht im gewohnten – auch außerhäuslichen – Situationsfeld relativ selbst-ständig werden können.*

- *Durchschnittliche oder mittelgradige geistige Behinderungen (severe men-tal retardation) bei Kindern und Jugendlichen mit einem Lernfeld, das sich vornehmlich auf Primärgruppen und weitestgehend absichernde Sozial-systeme bezieht (Familie, Sonderschulklassen, Heimgruppen, Werkstatt für Behinderte); die Lernfähigkeit in Gruppen ist gegeben. Über die gewohn-ten Gruppen hinaus besteht in sozialer Hinsicht eine deutliche Führungs-bedürftigkeit.*

- *Intensive oder schwere geistige Behinderungen (profound mental re-tardation), auch als schwere oder schwerste geistige Behinderungen be-zeichnet. Es handelt sich um Kinder und Jugendliche mit einem auf die näch-ste Umgebung eingeengten Lernfeld, mit einer im Wesentlichen basalen Lernfähigkeit und einer extremen und umfassenden sozialen Abhängig-keit und mit erheblicher (zumeist dominanter) Pflegebedürftigkeit. Einzel-förderung als Intensivförderung ist nötig. Vielfach sind solche Kinder und Jugendliche bettlägerig.*

Diese Niveaustufung hat im Wesentlichen eine Bedeutung in *lernorganisa-torischer Hinsicht*. Sie bedeutet nicht unbedingt die Bildung entsprechen-der *Lerngruppen*. Diese können bei entsprechender innerer Differenzierung auch (zeitweilig) kombiniert werden (LOGESCH-Programm, Straßmeier u. a. 1990).

Zusammenfassend lässt sich feststellen, dass sich national und international gesehen ein deutlicher Trend zur *Ablösung bloßer Pflege* intensiv behin-derter Kinder durch *planmäßige Förderung* ihrer Lern- und Sozialanpas-sungsfähigkeit ausgeprägt hat. Die Konsequenz dieser Wende lag darin, die-se Möglichkeiten weiter auszubauen und in ein pädagogisches Fördersystem einzubeziehen, das sich in der Orientierung an den speziellen Lernbedürfnissen der Kinder zwar entsprechend differenziert, jedoch keine letzte Selektion betreibt. Andererseits zeichnen sich in den verschiedensten Ländern – deutlicher als bisher – eigene Maßnahmen und Institutionen (Heime) für die am schwersten geschädigten Kinder und Jugendlichen ab. Dabei werden vor allem pflegerische Gesichtspunkte im Sinne eines human „angereicherten" (enriched), d. h. verantwortbar menschenwürdigen Leben-Könnens wirksam.

Es ist ausdrücklich hervorzuheben, dass es sich hier nicht um die Gesamtgruppe der intensiv (schwer) behinderten Kinder und Jugendlichen handelt, sondern nur um einen relativ geringen Teil von ihnen, nämlich um diejenigen, deren Betreuung von der eigenen Familie nicht geleistet werden kann, und die deshalb in einem Heim untergebracht werden. Die Erfahrung lehrt, dass derartige Einrichtungen sich nicht selbst überlassen bleiben dürfen, sondern sich einer schulisch-heilpädagogischen Kontrolle öffnen müssen, um zu verhindern, dass Kinder, die durch differenzierte pädagogische Maßnahmen doch gefördert werden könnten, unterversorgt, also pädagogisch depriviert werden.

3.6 Qualitätsentwicklung

Ihren Wert für die Menschen erhält eine Institution erst aus der in ihr verwirklichten menschlichen und professionellen Qualität. Der Begriff Qualität war bis vor kurzem in der pädagogischen und sozialen Fachsprache nicht gebräuchlich. Er stammt aus der Wirtschaft. In den sozialen Bereich wurde er zuerst unter dem Begriff der *Lebensqualität* eingeführt. Unter beiden Aspekten, dem wirtschaftlichen und dem fachlich-professionellen Aspekt, wird heute Qualität eingefordert. Dabei werden beide Qualitätsebenen nicht immer klar voneinander unterschieden: Qualität unter wirtschaftlich-finanziellem Aspekt ist auf wirtschaftliche Rentabilität, Wettbewerbsfähigkeit und Kostenersparnis gerichtet. Sie ist eine reale Basis für eine fachlich-professionell zu verantwortende Qualität, die der Sicherung von Lebensqualität für den Menschen dient (Speck 1999).

Die gegenwärtige Diskussion wird eindeutig vom Wert des Ökonomischen dominiert. Dies gilt sowohl für den Bereich der Schule, wo im Bildungsbereich ein neues Denken gefordert und die bisherigen Bildungsziele und -inhalte gewissermaßen einer „schöpferischen Zerstörung" (ein Begriff aus der ökonomischen Terminologie) ausgesetzt werden (Vereinigung der bayerischen Wirtschaft 2003), sondern auch in den sozialen Einrichtungen hat sich weitgehend die neue Ideologie vom Nutzen einer wirtschaftlichen Umorientierung durchgesetzt. Die an sich wichtige Orientierung an mehr Qualität wird im Sinne einer Durchsetzung von mehr wirtschaftlicher Rationalität instrumentalisiert (Speck 1999), d. h. der Aufwand für das, was mehr Lebensqualität für den Menschen mit geringerer produktiver Verwertbarkeit erbringen könnte, wird auf den *Prüfstand ökonomischer Rationalität* gestellt. Am sichtbarsten wird diese Umorientierung an der Verkürzung der Zeit, die beispielsweise für therapeutische Gespräche mit Menschen in Notlagen eigentlich aufgewendet werden müsste. Im Sinne „qualitätsverbürgender Prozesse" müsse man sich vielmehr „vom Terror des Einzelfalles befreien", wurde unlängst auf einer Qualitätstagung gefordert. Dieser Rationalisierung entspricht in der Altenpflege die Regelung, dass keine Minute für Gespräche von den Kostenträgern entgolten wird.

Pädagogische und soziale *Qualität* ist eine zentral wichtige Orientierungsgröße. Man kann darunter *den Wert oder die Güte professionellen pädagogischen und sozialen Handelns im Sinne seiner Zweckbestimmung auf der Basis eines humanen Wertesystems* verstehen. Qualität in diesem Sinne ist in allen Einrichtungen der Hilfe für Menschen mit geistiger Behinderung unabdingbar. Durch eine *wirklich sinnvoll* gestaltete Bildung soll es dem Kind oder Jugendlichen mit einer Behinderung ermöglicht werden, all das zu erlernen, was für eine möglichst selbstbestimmte Daseinsgestaltung in sozialer Teilhabe wichtig ist. Damit ein solches Ziel erreicht werden kann, sind systematische Maßnahmen zur Evaluation der Schulen und des Unterrichts erforderlich (Brügelmann 1999, Schratz u. a. 2000).

Es gilt, die institutionelle Qualität systematisch zu überprüfen (evaluieren) und gegebenenfalls zu verbessern. Notwendig wird dafür ein eigenes Qualitätsmanagement (Peterander, Speck 2004). Es zielt auf eine verantwortbare Qualitätsentwicklung in jeder einzelnen Institution. In den sozialen Einrichtungen sind regelmäßige Qualitätsüberprüfungen gesetzlich vorgeschrieben. Die Einhaltung von Qualitätsverträgen ist die Voraussetzung dafür, dass die Kostenträger Kosten übernehmen. Überprüft werden vor allem organisationale Strukturen, fachliche Konzepte und formale professionelle Qualifikationen.

In die einschlägigen rechtlichen Regelungen ist eine Dreiteilung von *Struktur-, Konzept- und Ergebnisqualität* übernommen worden. Es liegt auf der Hand, dass dabei im Wesentlichen *quantifizierbare*, also äußere Kriterien oder Indikatoren erfasst werden, die u. U. wenig über die eigentliche Qualität von Hilfe aussagen, z. B. der professionelle Ausbildungsstatus – so wichtig er auch sei.

Ganzheitlich wirksam ist eine *interpersonale Qualität*. Sie stellt sich erst im unmittelbaren Umgang miteinander ein; sie ist also auch situations- und personenabhängig. Man kann sie als *In-vivo-Qualität* bezeichnen. Als interaktionale Qualität unterliegt sie der doppelten Kontingenz, der letztlich offenen Wechselwirkung autonomer Subjekte. Eine solche subjektiv bestimmte, aber real erfahrbare Qualität wäre u. U. auch unter widrigen Qualitätsbedingungen realisierbar; umgekehrt ist sie selbst bei vereinbarten oder zertifizierten Qualitätssystemen nicht unbedingt garantiert. Menschen sind weder Maschinen noch Warenprodukte.

Die Nichtverfügbarkeit von interpersonaler Qualität bedeutet nicht, dass sie sich von selber ereignete. Sie setzt vielmehr eigenen Einsatz, eigene professionelle Kompetenz und Verantwortlichkeit voraus, abgesehen von äußeren Bedingungen, z. B. ökonomischen. Sie geht aus der lebendigen und ganzheitlichen Umsetzung verschiedener Teil- oder Eckwerte hervor, denen man sich selber verpflichtet fühlt, und die auch für ganze Einrichtungen gelten. Zu nennen wären

– als persönlich zu verwirklichende Werte: Menschlichkeit, Professionalität, Autonomie, Kooperativität, und
– als institutionelle Werte: organisationale Funktionabilität und Wirtschaftlichkeit (Speck 1999).

Sie sind jeweils aufeinander bezogen. Jeder dieser Teilwerte kommt erst in einem konstruktiven Zusammenwirken mit den anderen zur vollen Geltung.

Die Bewertung von Qualität ist von den Wertmaßstäben abhängig, die aktuell gültig sind. Während für die sozialen Einrichtungen gegenwärtig die wirtschaftlichen Engpässe eine entscheidende Rolle spielen, ist die gegenwärtige *Bildungspolitik* vor allem an mehr *Spitzenqualität* interessiert. Die neu geforderten Investitionen in das Bildungswesen sollen vor allem der Förderung der höher Qualifizierbaren zugute kommen (Vereinigung der Bayerischen Wirtschaft 2003). Gefordert wird eine „Ökonomisierung der Bildung". Abgeblendet wird dabei die Konsequenz, dass sich damit der Selektionsdruck erhöht und die Qualität der schulischen Förderung der schwächsten Schüler gefährdet wird. Von deren Qualitätsschicksal ist in der gegenwärtigen Diskussion so gut wie nicht die Rede. Durch die seit Jahren praktizierte Reduzierung der sächlichen und personellen Ressourcen verschärft sich die Erziehungs- und Unterrichtssituation vor allem in Bezug auf die wachsende Zahl von Menschen mit „Verhaltensstörungen". Es ist zu befürchten, dass das Bildungsrecht der schwerer Behinderten in Frage gestellt und diese auf billigere Pflegeeinrichtungen verwiesen, d. h. wieder „ausgeschult" oder „schulbefreit" werden könnten.

Aus dieser Sicht der Dinge ist es wichtig, die Frage der *Qualitätsentwicklung* im schulischen Raum gerade bei behinderten Kindern als eine *eigene Aufgabe* ernst zu nehmen. Diese Notwendigkeit ergibt sich auch daraus, dass sich die Rahmenbedingungen grundlegend geändert haben. Es geht heute nicht mehr um die Frage, ob wir uns den neuen Aufgaben einer eigenen Qualitätsentwicklung stellen oder nicht, sondern nur noch darum, wie wir dabei vorgehen.

Aus fachlich-heilpädagogischer Sicht beinhaltet Qualitätsentwicklung ein System heilpädagogischer Bedingungen und Verantwortlichkeiten, das darauf gerichtet ist, für eine sinnvolle und wirksame Arbeit entsprechend dem Zweck einer Einrichtung Sorge zu tragen. Diese Aufgabe lässt sich am ehesten dann erfüllen, wenn sie als eine *Aufgabe eigener Verantwortlichkeit jeder Einrichtung,* also jeder einzelnen Schule, verstanden und primär von ihr selbst initiiert, durchgeführt, bewertet und kontrolliert wird.

Im Sinne eines Qualitätsbegriffs, der sich an den individuellen Erfordernissen der Adressaten und an fachlichen und ethischen Prinzipien (Leitbildern) orientiert, wird die Initiative für die Qualitätsentwicklung von den Fachleuten ausgehen müssen; und nur im Zusammenwirken aller Beteiligten wird sie erfolgreich sein können, d. h. wenn sie als eine gemeinsam zu bewältigende Aufgabe verstanden wird. Sie kommt als *organisationales Lernen* zu Stande und wird durch Supervision und Weiterbildung, gegebenenfalls auch durch externe Beratung ergänzt.

Im Unterschied zu den sozialen Einrichtungen, die schon seit längerem gesetzlich zu Qualitätssicherung verpflichtet sind, bezieht sich die Diskussion um eine schulische Qualitätsentwicklung bislang ausschließlich auf die *Allgemeinen Schulen,* genauer gesagt, auf die leistungsstärkeren Schüler, da an ihnen die Gesellschaft stärker interessiert ist. Die Sonder- oder Förderschulen werden sich beteiligen müssen, wenn sie sich behaupten wollen. Sie müssen selber aktiv werden. In dem o. g. „Zukunftsprojekt" der Vereinigung der Bayerischen Wirtschaft wird neben einer ausführlichen Analyse und Neubestimmung des Bildungswesens die Existenzberechtigung von „Sonderschulen für Schwerbehinderte", d. h. „für Kinder mit schweren und schwersten geistigen bzw. körperlichen Behinderungen (geistig Behinderte, Gehörlose, Blinde etc.)" ohne näheren Kommentar, lediglich in einem Nebenabschnitt erwähnt. Sie sollten, heißt es lapidar, soweit ihre Behinderungen innerhalb eines regulären Unterrichts nicht kompensierbar sind, Sonderschulen besuchen. Ganz offensichtlich bilden diese Schülerinnen und Schüler im Rahmen eines ökonomisch orientierten Konzeptes von Bildung lediglich einen Appendix.

Die pädagogische Förderung und die soziale Eingliederung von Menschen mit geistiger Behinderung wird wesentlich davon abhängen, wie überzeugend auch nach außen deutlich gemacht, also dokumentiert werden kann, dass eine gute Qualität im Sinne von Lebensqualität für die Menschen realisierbar und für das soziale Ganze wichtig ist. Auch die Wirtschaft kann von mehr Menschlichkeit profitieren (Habbel 2001). Indem die Behindertenhilfe den Sinn ihrer eigenen Arbeit transparent macht, leistet sie vor allem einen Dienst an den Menschen, die in Gefahr sind, an den Rand gedrängt zu werden, und damit an der Idee, dass der Wert von Menschen nicht auf deren ökonomische Verwertbarkeit reduziert werden darf. Erst auf diese Weise kann es insgesamt zu einer *Entwicklung mit menschlichem Antlitz* kommen.

Immerhin hat das Deutsche Institut für Demoskopie in Allensbach festgestellt, dass immer mehr Menschen den techno-ökonomischen Fortschritt, der auf der Basis von individueller Leistung mehr ökonomische Chancen für den Einzelnen eröffnet, akzeptieren und auch die sozialen Folgen der fortschreitenden Vermarktung der menschlichen Lebenswelten und die sich zunehmend öffnende Schere zwischen Reich und Arm vermehrt in Kauf nehmen (Die Zeit 4.01.01).

Es mag ein gewisser Fatalismus am Werk sein, mit dem die Frage verdrängt wird, was bei einer dominanten Orientierung am wirtschaftlichen Fortschritt aus menschlichen Werten und Tugenden, wie Empathie und sozialer Verantwortung, wird. Der amerikanische Sozialkritiker J. Rifkin (2000, 346) folgert, die soziale Kultur werde verkümmern, wenn der Nutzen auf dem Markt zum dominanten Referenzrahmen für menschliches Verhalten wird. Lebensqualität geht nicht automatisch aus dem Marktwettbewerb hervor, und nicht alle Dienstleistungen lassen sich vermarkten.

X Unterricht

Unterricht ist die geplante und zielgerichtete Gestaltung von Lehr-Lern-Prozessen. Im Unterschied zu Erziehungsmaßnahmen stützt sich Unterricht im Besonderen auf festgelegte Inhalte und Ziele. Diese sind in staatlichen Lehrplänen in Grundzügen vorgegeben. Sie orientieren sich zum einen an den Lerninteressen und Lernkapazitäten der Schülerinnen und Schüler und zum anderen an den Anforderungen des gesellschaftlichen Lebens. *Unterrichten und Erziehen* ergänzen sich, wenn auch die Vermittlung von Unterrichtsinhalten im Vordergrund steht. Beide Ansätze aber unterliegen der *Kontingenz pädagogischer Prozesse.* Unterricht lässt sich nicht in jedem Fall so durchführen und durchsetzen, wie er geplant wurde. Was und wie tatsächlich gelernt wird, bleibt ein offener Prozess. Auf jeden Fall ist Unterricht so zu gestalten, dass die Schüler zu entsprechenden Lernergebnissen kommen können.

Unterricht ist der *Kernbereich schulischer Arbeit.* Im sonderpädagogischen Bereich ist dieser Begriff in jüngster Zeit durch „*Förderung*" ersetzt worden. In den Empfehlungen der Kultusministerkonferenz (1994) gibt es zwar einen Abschnitt „Erziehung und Unterricht", aber sonst keine näheren Ausführungen, außer dem Vermerk, dass „sich eine sonderpädagogisch ausgerichtete … Unterrichtsgestaltung nicht prinzipiell von allgemein pädagogischer Arbeit" unterscheide.

Unterricht ist zwar Sache von Lehrerinnen und Lehrern, hat jedoch primär dem *Lernen zu dienen.* Der Akzent auf dem Lernen fordert ein tiefverwurzeltes Selbstverständnis der Lehrenden heraus, das darin besteht, Unterricht im Wesentlichen als eine von ihnen bestimmte Unternehmung anzusehen, der sich die Lernenden zu fügen hätten. Im Klären des Spannungsverhältnisses zwischen Lehren und Lernen liegt der Schlüssel zur Erklärung von gelingendem und mißlingendem Unterricht und von guten und schlechten Schulleistungen.

Mit dem Begriff des Lernens wird gewissermaßen der Gegenpol zum Lehren, d. h. zur Autorität der Lehrenden tangiert, nämlich die Autonomie und Eigenbedeutung (Autorität) der *Lernenden.* Sowohl Lehren als auch Lernen erfolgen autonom, sind also aufeinander abzustimmen: Das Kind will lernen; es will auch kompetent belehrt, d. h. angeleitet und unterstützt werden, wo sein elementares Selbstlernen nicht ausreicht oder fehllaufen könnte. Es käme also darauf an, dass das *Zu-Lehrende* auch als *lernenswert* erfahren wird. Lehren kann demnach nicht als bloße Instruktion oder als Beibringen verstanden werden, sondern als *Lernhilfe* oder Hilfe zum (Selbst-)Lernen.

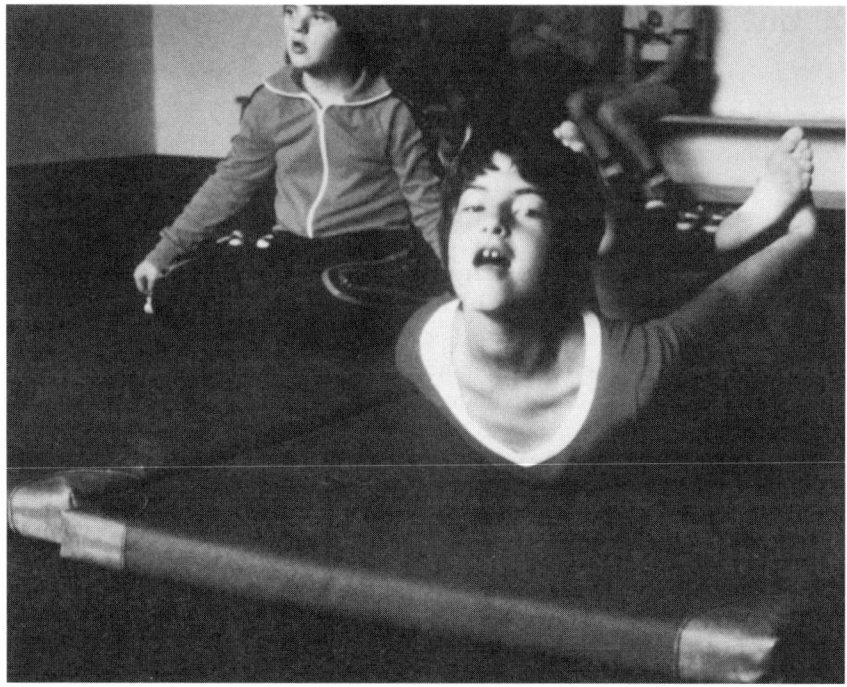

Wie unzulänglich ein einseitig von außen her angelegter Ansatz von Unterricht ist, konnte man wohl besonders deutlich im Unterricht bei geistig behinderten Kindern und Jugendlichen erfahren. Es konnte dazu kommen, dass sich auf ihrer Seite überhaupt nichts bewegte, was aber nicht heißen musste, es lägen keine Lerninteressen vor. Geistig behinderte Schüler schalten gewissermaßen ihren Organismus ab, wenn der Unterricht an ihnen vorbeigeht. Die Lehrenden sind in einem hohen Maße herausgefordert, sich an den oft *verdeckten Bedürfnissen* und Strukturen ihrer Schüler, aber auch an ihrer *Lebenssituation* zu orientieren. Der Zugang zu ihrer Eigenwelt, ohne den „Unterricht" eine leere Veranstaltung bliebe, erschließt sich nicht durch bloßes *unterrichtliches Machen.* Es muss vielmehr ein lebendiger und auch emotional verbindender Lehr-Lern-Zusammenhang entstehen. *Menschlichleben lehren* als unterrichtliches Ziel kann bei geistig behinderten Kindern nur bedeuten, Leben in sinnvollen Ausschnitten und in der Unmittelbarkeit einer emotionalen Zugehörigkeit, eines Miteinander-Agierens und eines Voneinander-Lernens für beide Seiten wirksam werden zu lassen. Dies aber bedeutet, dass der Ort, an dem Lehren und Lernen arrangiert werden, nämlich die *Schule,* selber *ein Stück Lebenswelt* sein muss (siehe auch D. Fischer 1992).

1 Schule als Lern- und Lebenswelt

Unterricht ist eine Funktion der Schule. Sie gilt geradezu als „Unterrichtsanstalt". Für das Kind aber ist sie mehr als nur ein unterrichtlich bestimmter *Lernort*. Sein Lernen ist wesentlich davon abhängig, dass es sich in der Schule auch wohlfühlt, sich angenommen weiß und eine Atmosphäre des vertrauensvollen Miteinander und des gegenseitigen Austausches erleben kann, ein Ort, in den die Schüler wirklich gern gehen. Dieses Bedürfniss kann man gerade in der Schule für geistig Behinderte gut beobachten – möglicherweise wie in keiner anderen Schule heute! Weil diese Schule nicht unmittelbar unter dem Druck des *Leistungsprinzips* steht, hat sie die Chance, sich Raum zu verschaffen für subjektive und soziale Dimensionen, die vom Kind und seinen Bedürfnissen her, ein integrierter Teil der Welt zu sein, bestimmt sind.

Unterricht für Kinder und Jugendliche mit geistiger Behinderung hat sich einer Aufgabenkomplexität zu stellen, die sich auf physische und auf psychische Belange, auf die ganz persönliche und auf die erweiterte soziale Umwelt, auf offenes Spielen und auf zielbestimmtes Lernen, auf kognitive Differenzierung und emotionale Beziehung, auf Handeln und auf Sein-Lassen erstreckt. Die Schule wird damit zu einem Ort des Leben-Lehrens und des Mitleben-Lassens, des wirklichkeitsnahen Erfahrens und Erlebens. Sie erreicht damit einen höheren Echtheitsgrad als die eher verfremdende Künstlichkeit bloßer „Lernorganisation". Sie wird zur *Lebenswelt* (Autorenteam 1987).

Eine derart *lebensunmittelbare Schulkonzeption* ist gebunden an ein gesellschaftliches Bezugsfeld, in welchem Menschen mit einer geistigen Behinderung allgemein soziale Akzeptanz ohne Leistungs- und Berechtigungsnachweis vorfinden, an eine Gesellschaft, die sich ihnen gegenüber in ihrer Abhängigkeit menschlich verpflichtet erweist, weil sie ihr zugehören. Da aber derartige Einstellungen und Verpflichtungen keine Naturprodukte sind, sondern Bewusstseinsakte, müssen sich die pädagogischen Bemühungen der Schule auch nach außen richten bzw. die *Außenwelt mit hereinholen* in ihren internen Raum.

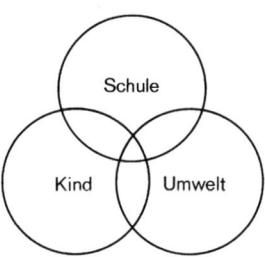

Abb. 7: Einbeziehung der Außenwelt

Das Modell „Schule als Lebenswelt", bezogen auf die Schule für geistig Behinderte, könnte als Widerspruch zu einem schulintegrativen Konzept gesehen werden. Es könnte entgegengehalten werden, dass eine besondere Schule gerade eine Eingliederung in „die Lebenswelt" verhindere, also eben keine Lebenswelt, sondern Isolierung vom Leben sei. Hierzu ist ganz allgemein festzustellen, dass Menschen generell in verschiedenen Lebenswelten leben und darin ihre Identität finden können, und dass die Qualität als Lebenswelt nicht schlechthin davon abhängig ist, dass sie für alle gleich ist. Lebenswelten sind generell Teilwelten. Ihre Lebensqualität wird jeweils davon bestimmt, wie sehr sie den zentralen Bedürfnissen des einzelnen entsprechen, so wie er diese wahrnimmt; man könnte auch sagen im Sinne seiner Identitätssicherung. Zum anderen kommt es darauf an, wie konstruktiv die kooperativen Verbindungen zu anderen Teilsystemen sind.

Wie entscheidend bei dieser Frage der Blickpunkt, d. h. das eigene Teilsystem ist, aus dem heraus geurteilt wird, geht aus zwei Untersuchungen hervor, die sich auf Elternvoten bezüglich eines gemeinsamen oder eines behinderungsorientierten Schulbesuchs bei geistiger Behinderung beziehen. So gaben bei einer Befragung in den Hamburger Integrationsklassen, in denen nahezu die Hälfte der gemeinsam unterrichteten behinderten Kinder *geistig* behindert sind, von den befragten 94 Eltern 44 % an, dass sie „alles in allem" mit dem Schulbesuch ihres Kindes „zufrieden" und 53 % sogar „sehr zufrieden" sind (Wocken u. Antor 1987, 184).

Pettinger (1989) führte eine Befragung bei Eltern geistig behinderter Kinder landesweit in Bayern durch. Von den insgesamt 1308 antwortenden Eltern, deren Kind einen speziellen Kindergarten („Schulvorbereitende Einrichtung") bzw. eine Schule für geistig Behinderte besucht, erklärten 90 %, dass sich ihr Kind in dieser Einrichtung „überwiegend wohlfühlt". Sie brachten diese Bewertung im Besonderen in Verbindung mit der Tatsache, dass ihre Kinder hier zum überwiegenden Teil Freunde finden.

Ohne hier auf unterschiedliche Details der Untersuchungen einzugehen, scheinen jedenfalls beide Befragungsergebnisse ein Paradoxon zu ergeben. Es lässt sich auflösen, wenn man sich klarmacht, dass es die gleiche Wirklichkeit für alle nicht gibt, dass vielmehr Wirklichkeitsbewertungen entscheidend von dem Lebensausschnitt mitbestimmt werden, der konkret wirksam und als Erfahrungsgrundlage maßgebend für den Einzelnen ist. Zu den Aufgaben der Schule gehört nicht nur das Unterrichten, sondern auch

- *eine pädagogisch-psychologische Diagnostik*
- *spezielle Therapien (Verhaltenstherapie, Spieltherapie u. a.)*
- *Freizeit- und Gruppenarbeit*
- *Elternarbeit als pädagogische Partnerschaft*
- *Pflege und Gesundheitsfürsorge (ärztliche Begleitung)*
- *Öffentlichkeitsarbeit*
- *Qualitätsentwicklung (siehe Kap. IX, 3.6).*

Nicht alle diese Bereiche sind unmittelbare oder ausschließliche Aufgaben der Schule. Einige beziehen sich auf *Vermittlungs- und Kooperationsdienste*, z. B. auf die Mitwirkung und Einbeziehung außerschulischer Fachleute und Einrichtungen (Ärzte, Psychologen, Kliniken, Soziale Dienste).

Entsprechend diesen differenzierten Aufgaben wird eine schulische Einrichtung für geistig Behinderte abweichend vom üblichen Schule-Schema in *personeller Hinsicht* deutliche Unterschiedlichkeiten aufweisen: *Sonderschullehrer* mit der speziellen Ausbildung in Geistigbehindertenpädagogik, Assistenzlehrer (Heilpädagogen im Sonderschuldienst, Fachlehrer an Sonderschulen), andere *Fachlehrer, Psychologen, Sozial- und Heilpädagogen, Logopäden, Beschäftigungstherapeuten, Pflegepersonal* u. a. Eine differenzierte Darstellung der verschiedenen Tätigkeitsbereiche und Ausbildungsqualifikationen gab Feuser (1973). Für eine künftig differenziertere pädagogische Arbeit in der Schulklasse erscheint der *gemeinsame Einsatz von zwei Lehrern* (Sonderschullehrer und Assistenzlehrer) im Unterricht notwendig, u. U. in einer flexiblen organisatorischen Kombination mit einer anderen Klasse.

Damit ist auch die *interdisziplinäre Kooperativität* des schulisch organisierten Fördersystems für geistig behinderte Kinder und Jugendliche angesprochen. Die Vorstellung, ein einzelner Spezialist, wie der Sonderschullehrer als Klassenlehrer, sei für die Durchführung aller Fördermaßnahmen in seiner Klasse (Gruppe) allein ausreichend, gehört der Vergangenheit an wie der Anspruch eines Einzelspezialisten, sei es ein Arzt, ein Psychologe, ein Sprachtherapeut oder ein anderer, mit den sich stellenden Problemen bei mehrfach und schwerbehinderten Kindern allein fertig werden zu können, zumal wenn es sich nicht um bloße punktuelle Interventionen (Therapien), sondern um eine komplexe, Leben erschließende Aufgabe handelt.

Die Schule wird damit zu einem *interdisziplinären Förder- und Hilfesystem* in dem Sinne, dass sie alle speziellen helfenden Dienste, derer die mehrfachbehinderten Kinder und Jugendlichen bedürfen, organisatorisch vermittelt und zwar auch in der Weise, dass ein Spezialist vom anderen lernt, z. B. der Lehrer – aber auch die Eltern – von einer Krankengymnastin, wie bestimmte Bewegungen geübt werden können. Es liegt auf der Hand, dass eine unterschiedliche Zusammensetzung der Mitarbeiterschaft innerhalb eines interdisziplinären Gesamtsystems auch zu eigenen Problemen führt. Kooperation ist auf Lernprozesse angewiesen. Es empfiehlt sich das regelmäßige Gespräch miteinander, und zwar organisiert auf Stufenebenen (*Stufen-Teams, Großgruppen-Teams*), so dass sich jeweils ein kleinerer Kreis beruflich unterschiedlicher Zusammensetzung trifft. Derartige *Gruppenbildungen mit informellem, persönlichem Charakter* können auch dazu beitragen, dass die ganze Schule nicht in einem Funktionsapparat erstarrt, in dem Schulmanagement und Routine dominant werden.

Es wird auch darauf ankommen, dass bei der Arbeitsteilung, der Aufteilung von Verantwortlichkeiten und Funktionen kein Kompetenzen-Wirr-
warr und auch kein Verantwortungsverlust für das Kind eintritt. Es kann
kein Zweifel bestehen, dass für jedes Team, für jedes Kind, für jede Gruppe letzte und koordinierende Verantwortlichkeiten wirksam sein müssen;
denn es geht nicht um spezielle Funktionen am Kind, sondern es geht um
das Kind und sein Menschwerden in einem ganzheitlichen Sinn. „Wer anders als der Erzieher wäre dann berufen, die Verantwortung zu übernehmen für das Kind und für alles, was mit ihm geschieht?" (Moor 1965, 14).

Im Erziehungssystem der Schule oder Klasse für Geistigbehinderte kommt
diese koordinierende Verantwortlichkeit dem Sonderschullehrer zu. Sie wird
u. a. auch darauf gerichtet sein, die Zahl und den Tätigkeitsumfang der verschiedenen Mitarbeiter je Kind so gering wie nötig zu halten, um Bezie-
hungsprobleme pro Kind möglichst zu reduzieren und um den Schulalltag
nicht zu zerstückeln.

2 Lehrinhalte – Lernbereiche

Unterricht als systematisches *Lehren* soll *Lernprozesse auslösen und unterstützen,* die für das Kind real wichtig sind. Es geht darum, dem Kind „den
Aufbau oder die Veränderung von relativ überdauernden Einstellungen bzw.
Haltungen, Fähigkeiten, Erkenntnissen und Kenntnissen zu ermöglichen,
und zwar unter Zielvorstellungen, die im Hinblick auf die Adressaten solcher Bemühungen für gültig bzw. für begründbar gehalten werden" (Klaf-
ki 1977, 12). Die Ergebnisse des Unterrichts sind Ergebnisse von Interaktionen, die ihrerseits bestimmter unterrichtlicher Bedingungen (Strukturen)
bedürfen.

Die *unterrichtliche Ausgangsfrage* ist eine inhaltliche: Was sollen geistig
behinderte Kinder lernen? Welche Lehrinhalte und Lernbereiche sind für
diese Schüler wichtig? Die Beantwortung dieser Frage erschließt ein weites
Spektrum von Möglichkeiten. Diese haben sich im Laufe des Auf- und Ausbaues der Schule für geistig Behinderte deutlich ausgeweitet. Dies dürfte im
Wesentlichen das Ergebnis des Vollausbaues der Bildungsmöglichkeiten für
Kinder und Jugendliche mit einer geistigen Behinderung sein, wie er sich in
den letzten Jahrzehnten vollzogen hat.

Als Beispiel für diesen Fortschritt sei hier der 2003 vom Bayer. Staatsministerium für Unterricht und Kultus herausgegebene „Lehrplan für den Förderschwerpunkt geistige Entwicklung" genannt. Er enthält eine Fülle unterrichtlich geordneter Lehrinhalte bzw. Lernbereiche. Sie lassen sich in zwei
Kategorien aufteilen, in *funktionsbezogene* und *inhaltsbezogene Lernbereiche.* Sie ergänzen sich in der Weise, dass letztere als Gliederung des *Fachun-
terrichts* verstanden werden können, während die ersteren sich auf lernbe-
deutsame *Funktionen* beziehen, die quer zum Fachunterricht laufen (Abb. 8).

Fachunterricht

Abb. 8: Lehrinhalte und Lernbereiche

Was in Abbildung 8 als „Fachunterricht" ausgewiesen ist, ist nicht den üblichen „Unterrichtsfächern „ gleichzusetzen, wenn es auch „Fachlehrerinnen" und „Fachlehrer" sind, die i. A. diesen Unterricht erteilen (Religion
usw.). Zur Unterstützung der Sonderschullehrerinnen und Sonderschullehrer, die für die Gesamtkonzeption des Unterrichts und im Besonderen
für den Haupt- oder Klassenunterricht verantwortlich sind, sind auch heilpädagogische Förderlehrerinnen und -lehrer, Therapeuten sowie Mitarbeiter im Pflegedienst tätig.

Der staatlicherseits vorgegebene Lehrplan ist als Materialsammlung und als Rahmenorientierung zu verstehen. Er enthält eine Fülle möglicher Lehrinhalte, an denen sich die Bildungspläne ausrichten können, die von jeder Schule und auch für jede Klasse vor Ort zu entwickeln sind. Schuleigene Modifikationen der amtlichen Bildungspläne sind nötig, um den unterschiedlichen Lernbedingungen gerecht zu werden, die durch die jeweiligen Schüler, ihre Lehrer und deren Umgebung (Eltern, Natur, kulturelles Leben etc.) vorgegeben sind.

3 Vom Entwicklungsmodell zum Handlungsmodell

Mit der Unterscheidung von *Entwicklungs- und Handlungsbezogenheit des Unterrichts* bei geistig behinderten Kindern und Jugendlichen sollen zwei Begriffe und zwei Modelle einander gegenübergestellt werden, die einerseits Einblick in die Genese der Unterrichtsmethodik geben und andererseits die inhaltliche Spannung zum Ausdruck bringen können, in der unterschiedliche Ansätze für geplantes Lehren und Lernen dieser Kinder und Jugendlichen standen oder z. T. noch stehen. Dabei sind beide Ansätze nicht eindeutig voneinander trennbar, und individuell gesehen wird jeweils der eine oder der andere Ansatz im Unterricht stärker zum Tragen kommen.

3.1 Entwicklungsbezogener Unterricht – normatives Entwicklungsmodell

Mit dem normativen Entwicklungsmodell ist ein Unterrichtsansatz gemeint, bei dem die *normalen Entwicklungsverläufe als Zielsetzungen* der pädagogischen Förderung maßgebend werden. Dieser Ansatz ist hierzulande unter sozialpädiatrischem Einfluss unter dem Begriff der *Entwicklungstherapie*, auch „Lerntherapie" genannt, bekannt geworden. Er wurde in den USA als „meistversprechende Methode" auch für den Unterricht für geistig retardierte Kinder propagiert (Haring, Brown 1976 a). Das normative Entwicklungsmodell stützt sich ausdrücklich auf wissenschaftliche Fundierung und Überprüfbarkeit. Es ist didaktisch dem *„lernzielorientierten"* Ansatz bzw. dem *Präzisionslehransatz* zuzuordnen.

Die implizite Orientierung an den Normverläufen der kindlichen Entwicklung ist an sich für die Pädagogik nichts Neues, eher etwas Selbstverständliches. Der *curriculare Entwicklungsansatz* steht jedoch unter der expliziten Determinanz *testpsychologisch ermittelter Normen* der Entwicklung, die allein ausschlaggebend sein sollten für die Lernzielbestimmung.

Das curriculare Entwicklungsmodell ist in der Hochphase des *Behaviorismus* entstanden und war im Wesentlichen von klinisch arbeitenden *Psychologen* entwickelt worden. Man hatte sich viel von ihm versprochen:

– Eine besondere Eignung für Kinder mit einer geistigen Behinderung (mental retardation),
– eine konstruktive *Verbindung von Diagnostik und Therapie,*
– eine Operationalisierbarkeit der Entwicklungs-, Lehr- und Therapieschritte,
– ein systematisches (Präzisions-)Lehren und damit eine Leistungssteigerung,
– einen überprüfbaren Nachweis der Effektivität des Lehrens und Therapierens,
– einen Beitrag zur Normalisierung (Integration),
– eine psychische Entlastung der Lehrer, die „aus dramatischen Artisten zu Managern der Gesamtmöglichkeiten verfügbarer Lehrmethoden werden" sollten (Haring 1972, 43).

In der praktischen Umsetzung haben sich derartige hohe Zielvorstellungen nicht verwirklichen lassen.

Hierzulande war das normative Entwicklungsmodell längere Zeit vor allem in *sozialpädiatrischen Zentren* als „Entwicklungs- oder Lerntherapie" eingesetzt worden (1968). R. Schamberger hatte in ihrer Dissertation (1977) „Frühtherapie bei geistig behinderten Säuglingen und Kleinkindern" (Down-Syndrom) aus ihrer praktischen klinisch-psychologischen Tätigkeit am Kinderzentrum München heraus Untersuchungsergebnisse zur Effektivität dieser Entwicklungsdiagnostik und -therapie vorgelegt, dabei aber auch die offenen Stellen im System aufgezeigt, wo eine Umsetzung der standardisierenden Diagnostik in individuelle Therapie letztlich doch über Intuition und Erfahrungswerte vorgenommen werden muss.

Straßmeier (2002) hatte „Frühförderprogramme für behinderte und entwicklungsverzögerte Kinder" in Anlehnung an nordamerikanische Entwicklungstabellen vorgelegt, die im Rahmen unseres von der Bund-Länder-Kommission für Bildungsplanung durchgeführten Forschungsprojektes „Frühförderung behinderter Kinder" in bayerischen Frühförderstellen erprobt worden waren. Sie bieten im Anschluss an einen Screening-Test die nötigen Hinweise für Fördermöglichkeiten (Materialien, Vorgehensweisen).

In den USA wurde das curriculare Entwicklungsmodell auch in den *Schulen* für severely/profoundly mentally retarded children verwendet, vor allem in Labor-Schulen. Zu den entschiedensten Verfechtern zählten Haring und Bricker (in Haring, Brown 1976a, Haring, Schiefelbusch 1976b). Es wurden Programme mit Tausenden einzelner „pinpoints" produziert, dazu im Forschungslabor erprobte Lehrmaterialien, Analysebögen und Kontrollsysteme.

Aus pädagogischer Sicht sind zunächst die Anstöße zu begrüßen, die von diesem entwicklungspsychologisch orientierten Modell ausgingen. Kritische Anmerkungen sind dahingehend anzubringen, dass dabei die Dimension der Interaktionalität in Verbindung mit dem Ansatz autonomen Lernens zu kurz kam. Eine primäre Orientierung an statistisch ermittelten Entwicklungsstandards hat nur begrenzten pädagogischen Wert.

Die Unterrichtstechnologie bemühte sich zwar, Erziehungs- und Lernprozesse durchschaubarer und damit planbarer und effektiver werden zu lassen, stößt aber an ihre Grenzen immer dann, wenn sie im Sinn ihres naturwissenschaftlich-technologischen Ansatzes nur noch das gelten lässt, was sich operationalisieren und brauchbar definieren lässt, wenn sie also alles das fortlassen muss, was sich auf Offenheit des Lernens und der Entwicklung und auf subjektives Werten und Entscheiden bezieht.

Die Vermittlung von *Grundfertigkeiten* ist pädagogisch an sich sehr wichtig. Die Kritik, die das Entwicklungscurriculum in ihrem praktischen Vollzug in den USA erfuhr, bezog sich vor allem darauf,

- *dass das ausgeklügelte technologische System eine Berücksichtigung der individuellen Variabilität vielfach nicht zulasse,*
- *dass die Entwicklungszielangaben rigide verfolgt werden,*
- *dass die Beziehung zu emotionalen Prozessen zu kurz komme, die Leistung im Vordergrund stehe – auch für die betroffenen Eltern,*
- *dass die Förderung sich funktionell zersplittere,*
- *dass einer Rezeptologie und Kochbuchmanier Vorschub geleistet werde,*

– *dass die pädagogischen Maßnahmen in einer „Gleichschrittmanier" ab-gewickelt würden,*
– *dass das Lernen eher von einer Labor-Atmosphäre bestimmt werde als von der natürlichen Umwelt (Switzki u. a. 1979).*

Abgesehen von einem von Adam (1977) ausgegangenen Vorschlag (in Anlehung an amerikanische Modelle) hat sich das normative Entwicklungsmodell in seiner curricularen Systematik an deutschen Schulen nicht durchsetzen können.

Es ist im Wesentlichen an ein Reiz-Reaktions-Lernen gebunden, läuft also im Prinzip auf ein additives Antrainieren hinaus. Damit steht es im Widerspruch zu Piagets strukturalgenetischem Entwicklungsansatz. Auf Piaget aber berufen sich die Vertreter des curricularen Entwicklungsansatzes merkwürdigerweise auch. Pädagogischerseits ist festzuhalten, dass sich Erziehung und Lernen nicht durchgängig an Standards orientieren können, sondern einen zwar intentionalen, aber letztlich offenen Prozess darstellen, der in einem interaktionalen Feld zwischen Subjekten in der Dimension der Zeit abläuft. Normierte Entwicklungsförderung kann daher nur begrenzten Wert beanspruchen, eben den, der sich auf Normierbares bezieht.

Von einer curricularen Umsetzung des normativen Entwicklungsmodells im engeren Sinn zu unterscheiden ist ein *entwicklungsbezogener Unterricht* (siehe Kap. X 3.1). Er orientiert sich nicht nur allgemein an den Entwicklungssequenzen des Kindes, sondern bezieht sich im Speziellen auf didaktische Einzelvorhaben, die *Übungen* umfassen, um das Erreichen der „nächsten Zone der Entwicklung" (Wygotski 1974) anzubahnen und zu unterstützen, also um die nächste „Entwicklungsaufgabe" meistern zu helfen. Zu denken ist z. B. an lernbasale Übungen oder an spezifische Trainings des Anziehens, des Essens und der sonstigen elementaren Selbstversorgung. Es sind Übungen (Lehrgänge) in „kleinsten Schritten", angepasst an die Entwicklungsansätze des einzelnen Kindes. Solche didaktischen Teileinheiten müssen eingepasst sein in ein didaktisches Gesamtkonzept, das seine Eigeninteressen ebenso umfasst wie seine Lebenswelt. Derart begrenzte Übungen werden sich in der Regel auf Einzelförderung beschränken.

3.2 Das Modell des handlungsbezogenen Unterrichts

Während der entwicklungsbezogene Lehransatz im Besonderen durch die Gebundenheit der Lernprozesse an Einzelziele gekennzeichnet ist, zielt der handlungsbezogene Ansatz auf *relativ offenes Agieren in realen Lebenssituationen*. Es geht um den Erwerb von *Handlungskompetenz* über eigene *Aktivität* und *Erfahrung*.

Handlung ist eine Eigentätigkeit des Selbst, d. h. sie ist gerichtete Tätigkeit. Zugleich ist sie eine *Antwort auf eine Situation,* aus der heraus sich eine *Aufgabe* stellt. Eine Handlung ist also keine bloße Reaktion auf einen Reiz, sondern ist als komplexer Akt auf eine bestimmte Situation bezogen. Der Verlauf der Handlung wird vom Subjekt bestimmt, wobei die *Antizipation* eine wesentliche Rolle spielt. Dabei werden Erfahrungen mittels Einsicht (Intelligenz) gemacht und verwertet. Dieser Vorgang ist nicht auf das Vollbewusstsein angewiesen, verläuft vielmehr weithin in Halbbewusstheit oder Unbewusstheit. In jedem Falle realisiert sich in der Handlung Selbstständigkeit, wird diese auch nur spurenhaft erlebt. Zugleich ist es eine Erfahrung innerhalb eines sozialen Feldes und damit eine *soziale Erfahrung*.

Es liegt pädagogisch nahe, *Handlungsfähigkeit* in diesem Sinne als *allgemeines Lehr- oder Erziehungsziel* für den Unterricht bei geistig behinderten Kindern und Jugendlichen zu verwenden (Mühl 1979). Gemeint ist eine komplexe Kompetenz, die über funktionale, isolierte Teilleistungen hinaus bzw. mit deren Hilfe den Menschen instand setzt, auf wechselnde Lebenssituationen adäquate Antworten zu finden, d. h. in der Welt bestehen zu können, sich als Teil eines Ganzen zu erfahren, und zwar gerade dadurch, dass man auch intentional darin tätig wird. Eine Handlung reicht also über bloßes entwicklungsbiologisch determiniertes und reaktives Tätigsein hinaus in den *offenen Raum* subjektiv zu bewältigender Situationen des Alltagslebens mit der Zielrichtung auf *realisierbare Selbstständigkeit* in der Lebenswirklichkeit.

Die *Bedeutung eines handlungsbezogenen Unterrichtskonzepts* kann darin gesehen werden, dass es in besonderem Maß

- *das Lernen in Sinnganzen (Situationen)*
- *das Tätigwerden in sozialen Bezügen*
- *das Erfahren von Sachzusammenhängen*
- *die Ausbildung von Subjektivität (Selbstbewusstsein)*
- *lebenspraktische Aufgabenbewältigungen und Orientierungen sowie*
- *Einsicht und Kreativität*

ermöglicht.

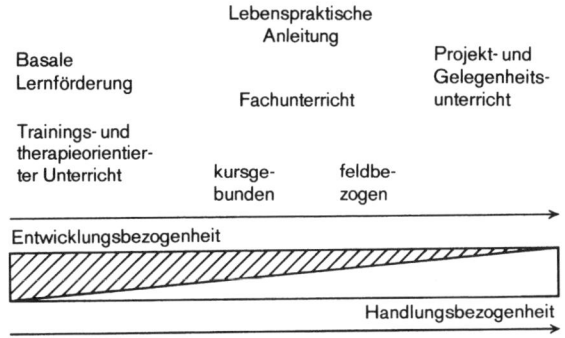

Abb. 9: Entwicklungs- und Handlungsbezogenheit des Unterrichts

Es ist ein Konzept, das gegenüber dem mehr gebundenen Entwicklungsansatz mehr *Offenheit bezüglich der Lernprozesse* und Lernergebnisse zu realisieren vermag und damit dem menschlichen Bedürfnis nach freiem Handeln, nach Kreativität und Selbstverwirklichung stärker entgegenkommt. Es bildet als sozial-orientiertes Konzept gewissermaßen den *Gegenpol* zum letztlich biologisch ansetzenden *Entwicklungsmodell*. Damit sollen freilich nur Extrempositionen markiert sein. In Wirklichkeit *greifen beide Ansätze ineinander* und zwar in der Weise, dass das Entwicklungsmodell entwicklungsmäßig früher ansetzt und eine für das Erlernen von Handlungskompetenz notwendige Vorbedingung und Unterstützung darstellt. Es kommt daher auch eher für die ersten Lebensjahre und für intensiv behinderte Kinder in Betracht, während das Handlungskonzept voll realisierbar wird bei kognitiv und kommunikativ fortgeschritteneren und selbstständigeren geistig behinderten Kindern und Jugendlichen. Gegenüber einem vollsystematisierten Entwicklungsmodell wirkt es strukturell eher vage und allgemein.

Eine genaue und fixierende Lernzielbestimmung ist kaum möglich. Das Lernergebnis ist prinzipiell offen. Es kommt eher für *Projektunterricht* in Betracht. Es erweist sich letztlich als *originär pädagogisch-ganzheitlicher Ansatz* – mit allen Möglichkeiten und Grenzen. Der Unterricht für geistig behinderte Schüler orientiert sich in seinen vielfältigen Formen zunächst mehr am Entwicklungs- und später mehr am Handlungsbezugsrahmen. Die verschiedenen Zuordnungen und Überlappungen lassen sich in einer schematischen Polarisierung wie in Abb. 9 verdeutlichen.

Eine didaktische Orientierung kann sich nach dem Grundsatz richten: *So viel basale und fundierende Entwicklungsorientierung als individuell nötig und so viel Handlungsoffenheit als sinnvollerweise möglich.* Letztere setzte jedoch die Öffnung der Schule in das reale Leben der Gesellschaft voraus, die Einbeziehung des Unterrichts in unmittelbare Handlungszusammenhänge, kurz gesagt: den *Lebensweltbezug*.

Das Bild, das *Schule* real bietet, zeigt jedoch sogleich die *Grenzen* einer konsequenten Realisierung des Handlungsmodells auf. Es ist das Bild eines Lernortes voller Künstlichkeit der Sachbezüge und nur mittelbarer Erfahrungen, ein Unterrichtssystem, das sich angesichts der wachsenden Komplexität der Realität in immer mehr Verbalität und Abstraktion steigert, eine Schule, die Wort und Gegenstand trennt und damit den verbalen Realismus zerstört, indem sie eine Situation schafft, „in der Wörter systematisch und kontinuierlich ,da' sind, ihre Entsprechungen aber nicht" (Bruner 1973, 77).

Wenn dies für die allgemeine Schule beklagt wird, so ist eine solche Realitäts- und Handlungsferne erst recht für die Geistigbehindertenschule eigentlich unverantwortbar (Mühl 1979). Schon Hanselmann hatte gefordert, dass eine Schulstube, in der Leben gelehrt werden soll, „gleichsam ihre vier Wände niederlegen" müsse, um Denken, „Fühlen" und Wollen im unmittelbaren Lebenszusammenhang erfahren und erleben zu können (1958, 156).

Im Sinne dieser alten heilpädagogischen Einsicht ist das Konzept eines realitätsnahen, erfahrungsbezogenen Unterrichts zu sehen, wie es u. a. Mühl (1979) vorgelegt hat.

4 Didaktische Prinzipien

Das *komplementäre Grundkonzept* eines entwicklungs- und handlungsbezogenen Unterrichts muss in der komplexen Realität des Unterrichts bei geistig behinderten Kindern so variabel und strukturiert zugleich gehandhabt werden, dass unter Berücksichtigung der individualen Lernvoraussetzungen mit ihrer enormen Varianz pro Klasse für alle Schüler ein Lernzuwachs, eine Verbesserung der Kommunikations- und Handlungskompetenz zu erwarten bzw. zu erzielen ist. Diese tägliche didaktische Aufgabe erfordert vom Lehrer ein hohes Maß an Sicherheit in der Einschätzung der gegebenen individuellen Lernbedingungen sowie an Variabilität, Situationsoffenheit und Souveränität in der Handhabung von Lehrzielen, Lehrinhalten und Methoden des Vorgehens.

Die dafür nötigen *Unterrichtsprinzipien* sind angesichts der Komplexität jeglichen Unterrichts mit einer Gruppe von Kindern mit individuell sehr verschiedenen Lernbedingungen als *übergreifende Handlungsorientierung* unverzichtbar nötig. Sie sind einerseits als Konsequenzen aus dem didaktischen Grundkonzept anzusehen; andererseits handelt es sich um Extraktionen aus Befunden verschiedener Wissenschaften. Sie fungieren als *Handlungsregulative* für jeglichen Unterricht, um dessen Zwecke erreichbar zu machen.

Es ist müßig, eine Systematik der Unterrichtsprinzipien erstellen zu wollen. Sie sind wie alle Prinzipien *Aufforderungen mit Grundsatzcharakter,* d. h. sie geben generelle Richtungen und Gültigkeiten an, deren Wirksamwerden letztlich individuell und situativ bestimmt werden. Da diese Verschiedenheiten unendliche sind und der Unterrichtsprozess prinzipiell ein offener und variabler ist, kommt es, dass Listen solcher Prinzipien verschieden differenziert sind.

Bach (1967) hatte 17 zusammengestellt. In dem für die ehemalige DDR erschienenen „Grundlagenmaterial zur Gestaltung der rehabilitativen Bildung und Erziehung" *(Ministerium für Gesundheitswesen der DDR 1987)* war von „didaktisch-methodischen und rehabilitationspädagogischen Grundsätzen" die Rede. Sie wurden als allgemeine Aufforderungen zur planmäßigen Gestaltung der Bildungs- und Erziehungsaufgabe verstanden und galten für alle Erziehungsinstitutionen.

Im Einzelnen handelte es sich um 13 derartige Grundsätze:

1. *Grundsatz der komplexen Zielgerichtetheit*
2. *Grundsatz der integrierenden Verknüpfung der Förderungsdisziplinen*
3. *Grundsatz der komplexen rehabilitativen Einwirkung auf alle Äußerungsbereiche*

4. *Grundsatz der Wissenschaftlichkeit der Gestaltung des rehabilitations-pädagogischen Förderungsprozesses*

5. *Grundsatz der unmittelbaren Verbindung des rehabilitationspädagogi-schen Förderungsprozesses mit dem Leben in der sozialistischen Gesell-schaft*

6. *Grundsatz der Anschaulichkeit im Förderungsprozess*

7. *Grundsatz der Systematik im rehabilitationspädagogischen Förde-rungsprozess*

8. *Grundsatz der Anpassung der Leistungsanforderungen an die Leistungs-voraussetzungen der förderungsfähigen Kinder (Grundsatz der Fass-lichkeit)*

9. *Grundsatz der Individualisierung*

10. *Grundsatz der konsequenten zielorientierten Führung des Förderungs-prozesses durch den Rehabilitationspädagogen*

11. *Grundsatz der häufigen Wiederholung und der ständigen Festigung der angeeigneten Kenntnisse, Fähigkeiten, Fertigkeiten und Verhaltens-weisen*

12. *Grundsatz der Koordinierung der Maßnahmen der rehabilitativen Bildung und Erziehung zwischen den verschiedenen Erziehungsträgern*

13. *Grundsatz der Lustbetontheit im Förderungsprozess.*

Da sich manche dieser Prinzipien auch überschneiden, erscheint es vertret-bar, mit einer geringen Zahl auskommen zu können. Sie bilden zugleich Schwerpunkte als spezifische Konsequenzen aus dem hier dargestellten didaktischen Grundkonzept. Als solche lassen sich folgende prinzipielle didaktische Regulative ableiten:

1) Der Unterricht sollte differenziert die Individualitäten der Schüler berücksichtigen *(Individualisierung)*,

2) eine aktive Auseinandersetzung mit den Lehrinhalten ermöglichen *(Ak-tivitätsprinzip)*,

3) möglichst ganzheitlich organisiert sein *(Ganzheitsprinzip)* und

4) die entsprechend nötigen Strukturierungshilfen bereitstellen *(Lehrziel-strukturierung)*.

5) Durch konkrete Erfahrung der Wirklichkeit und durch Anschaulichkeit sollte die Anwendung von Kenntnissen und Fertigkeiten auf ähnliche Lerngegenstände und Situationen vorbereitet und geübt werden *(An-schaulichkeit* und *Übertragung)*.

6) Die unterrichtliche Beanspruchung des Schülers sollte dem Stand und der Stufenfolge der geistigen Entwicklung entsprechen *(Entwicklungs-gemäßheit)*.

7) Das kognitive Erfassen im Handeln sollte durch begleitendes Sprechen gestützt werden *(Aktionsbegleitendes Sprechen)*. Alles Lernen wird im Besonderen durch soziale Motivationen gefördert *(Soziales Lernen)*.

Zu diesen didaktischen Orientierungsprinzipien wäre Folgendes zu bemerken:

4.1 Das Individualisierungsprinzip

Es ist bereits mehrfach in seiner besonderen Bedeutung angesprochen worden. Es verdient im Geistigbehinderten-Unterricht deshalb eine besondere Beachtung, weil dieser wegen der enormen *Unterschiedlichkeiten der individuellen Lernfähigkeiten* und wegen der sehr *begrenzten Selbst-Lernfähigkeit* (incidental learning) der Schüler sich nur in sehr begrenztem Maße generalisierend an die ganze Klasse richten kann, vielmehr die einzelnen Schüler nur dann erreicht, wenn er sie direkt und individuell angemessen anspricht. Er muss *jeden Schüler in seinem Lernen da abholen, wo er sich jeweils befindet.* Übliche Lehrer-Kontrollfragen wie: „Habt ihr das verstanden?" haben bei geistig behinderten Kindern höchstens karikaturistischen Wert. Es darf keine Stunde, keine Lehreinheit ablaufen, ohne dass sich die Lehrerin auch an jedes einzelne Kind seiner Klasse wendet.

4.2 Das Aktivitätsprinzip

Der Mensch lernt im Wesentlichen durch seine Handlungen, verwirklicht sich in seiner Aktivität. Der Organismus ist dauernd in *Aktion,* um seine Struktur zu erhalten (Piaget 1969, 410). Die durch die geistige Behinderung beeinträchtigte Aktivität bedarf in besonderem Maße der Weckung, Belebung und Anleitung. Aktivität ist die *Voraussetzung des Lernens.* Sie ist Ausdruck des Verlangens nach Überwindung eines gestörten Gleichgewichts (Piaget). Die Lern- und Veränderungsaktivität ist daher vom Wahrnehmen dieser Dissonanz und von Veränderungsreizen abhängig, die durch den Unterricht geschaffen werden müssen.

Lernen ist nicht als rein rezeptiv erfolgender Zuwachs an Wissen und Verhaltensregulation zu verstehen, sondern als progressiver Anreiz zur Differenzierung und Strukturierung. Nur durch *eigenes Tun* wird es möglich, sich die äußere Wirklichkeit einzuverleiben. Versuchen und Probieren wecken das Lerninteresse, verstärken die Lernmotivation. Nur wenn sich der von der Umwelt ausgehende Einfluss in ein *eigenes Bedürfnis* verwandelt, wird geistige Begegnung und Anpassung möglich.

Der Unterricht bei geistig behinderten Kindern sollte radikal Ernst machen mit dem *Aktivitätsprinzip.* Soll er ein dynamischer sein, so muss er dem Kind hinreichend *Gelegenheit geben,* durch *Handeln Erfahrungen zu sammeln.* Er sollte nichts vorwegnehmen, was das Kind durch seine eigene Aktivität finden könnte. Verbales Lehren, transferierende Belehrungen allein, bloßes Referieren und Demonstrieren können nur zu einer passiven Aufnahme führen, soweit diese bei der nur geringen Generalisierungsfähigkeit überhaupt möglich ist.

Das Aktivitätsprinzip gilt für *alle Stufen der geistigen Entwicklung*. Bereits im Stadium des sensomotorischen Lernens sind es Operationen des Reproduzierens, des Wiederkennens und Generalisierens, die die ersten erworbenen Verhaltensweisen hervorbringen. Im Bereich des anschaulichen Denkens sind es intentionale Handlungen, die, durch die Sprache unterstützt, zur weiteren Differenzierung und Koordinierung des Verhaltens beitragen. Für Piaget ist das Denken vor allem eine Form des Tuns.

Das Tätigkeitsprinzip deckt sich nicht einfach mit dem Prinzip *motorisch manueller Betätigung*, wenn diese auch beim geistig behinderten Kind – insbesondere für den elementaren Aufbau sensomotorischer Schemata – eine sehr wichtige Rolle spielt. Aktivität kann auch eine *geistige* sein. Aebli (1968) nannte sie „verinnerlichte Handlungen"; das sind Operationen, die das Kind bereits in seiner *Vorstellung* vollziehen kann, nachdem die tatsächliche Handlung vorausgegangen ist. Erst wenn das Kind eine vorgeführte Operation, z. B. ein Bild, die Darstellung eines Vorgangs, eine erzählte Geschichte, *innerlich nachvollziehen* kann, ist Anschauung vorhanden. Anschauung setzt Handlung voraus.

Aktivität in jeder Form lässt das Kind zu einem geistig Mitwirkenden werden, so dass es nicht als bloß rezeptiv Gesteuertes der abstumpfenden Passivität verfällt.

Zur Belebung und Steuerung der Aktivität sind *psychomotorische Übungen* (Pohl 1977/78, Walburg 1974, Miessler, Bauer 1978), der tätige und realitätsnahe Umgang mit didaktisch angemessenen Lehrinhalten (Walburg 1978, Jung, Krenzer, Lotz 1975) und besondere und geeignete *Lernmaterialien* erforderlich. Möglichkeiten des Einsatzes von *Medien* im Unterricht hat Th. Hofmann (1975) zusammengestellt. Erfahrungen und Empfehlungen zum Lernen mit dem Overhead-Projektor liegen von Bauer und Fischer (1978) vor.

4.3 Das Ganzheitsprinzip

Es entspricht der hier zugrunde gelegten *Erfahrungsorientiertheit und Situationsoffenheit*. Es betont das *Operieren im Sinnganzen*, die Einordnung detaillierter Lernziele in reale Zusammenhänge. Nach Piaget (1969) haben wir es bei den erworbenen Verhaltensweisen von Anfang an nicht mit einer „Summe von organisierten Elementen" zu tun, sondern viel eher mit einer „gesamtheitlichen und durchstrukturierten Organisation", „die aus einem System von interdependenten Operationen besteht" (1969, 411f). Damit wird die Eigenstrukturiertheit und Dynamik des geistigen Werdens zum Ausdruck gebracht. Sie ist nach Piaget „keine bloße *Ansammlung von Reaktionen*, die durch äußere Stimuli auf mechanische Weise determiniert worden sind" (412), wie man es gerade dem Lernen des geistig behinderten Kindes leicht unterstellen könnte. Geistige Organisation ist vielmehr „ein Zyklus von Operationen, der so gestaltet ist, daß jede der Operationen für die andere notwendig ist" (413).

Der Unterricht sollte nach Möglichkeit so gestaltet sein, dass er dem Kinde viel Gelegenheit gibt, in Sinn- und Sachganzen zu handeln. Der Sinn des eigenen Tuns, die einfache *Struktur eines Sachverhalts* müssen ihm erfahrbar sein. So dürfte es pädagogisch sinnlos sein, es in *irgendwelchen kognitiven Techniken* schematisch zu drillen, ihm bestimmte Verhaltensweisen – mögen sie noch so wünschenswert erscheinen – durch geschicktes „Verstärken" beizubringen, wenn diese sich nicht durch Operationen des Umstrukturierens in das psychische Gesamtfeld einfügen lassen. Wir stoßen damit noch einmal auf den Begriff des Handelns, aber auch auf den des *autonomen Systems.*

Die Handlung als gezielt wirkendes Verhalten des instinktarmen Menschen ist durch ihre Gerichtetheit auf die *Welt* gekennzeichnet und ist vom Gestaltganzen einer Situation, nicht von einzelnen Reizen bestimmt. Sie ist auch nicht Reaktion eines körperlichen Teilganzen, sondern Antwort einer leib-seelischen Ganzheit. Neben den Instinkthandlungen sind vor allem die Erfahrungshandlungen und das einsichtige Handeln von pädagogischer Relevanz.

Der Unterricht sollte gerade bei geistig behinderten Kindern erfahrungsgesteuertes und nach Möglichkeit auch *einsichtiges Handeln* ermöglichen, wenn er *Geistiges* bewirken soll. Er muss das Kind in und vor Situationen stellen, in denen es als Ganzheit sinnvoll agieren, das heißt sich handelnd bewähren und Einsichten gewinnen kann. Das erfordert Unterrichtssituationen, die das Kind als Sinnganze oder „Handlungseinheiten" erleben kann.

Dazu eignen sich lebensunmittelbare, dem täglichen Erfahrungsbereich des Kindes entnommene Lehr- und Lerneinheiten, wie z. B. Rabenstein und Haas (1969) für einen elementaren Sachunterricht erprobt und dargestellt haben. Unter „Handlungseinheit" verstanden die Autoren eine Unterrichtseinheit, der ein Handlungsablauf zugrunde liegt, der von Lehrer und Schülern gemeinsam ausgeführt wird und ein Vorhaben mit einem Minimum an Stoff beinhaltet. Vollzogen werden nur solche Tätigkeiten, die unbedingt nötig sind, um die didaktische Absicht zu erreichen. Diese Tätigkeiten aber werden mit großer unterrichtlicher Gründlichkeit ausgeführt. Es werden Gegenstände hergestellt, untersucht, verändert oder verwendet. Derartige Handlungseinheiten werden auch als *Unterrichtsprojekte* verstanden (Mühl 1979).

Lernpsychologisch gesehen vollzieht sich dabei eine innige Verflechtung des „Lernens durch Handeln und des Lernens durch Beobachten von Vorgängen". Die didaktische Absicht liegt in der „Bildung von Anschauungen, dem Erwerb grundlegender Erfahrungen und Einsichten und in der Gewinnung von Grundbegriffen". Bestimmte Ausschnitte der Umwelt werden als vereinfachte Sachverhalte in ein „Nacheinander von Handlungsschritten umgesetzt". Die meisten Handlungseinheiten verlaufen über den Weg von Versuch und Irrtum. Es handelt sich um gelenkte Selbstständigkeit im Sinne eines „Miteinanderhandelns von Lehrer und Kindern". Die Grundlage bildet das Tun, das psychodidaktisch Entscheidende aber ist „das Nachdenken über das Tun, der geistige Akt" (13 / 14).

Die *Normorientierung* des Verhaltens dürfte am sichersten gelingen, wenn sie innerhalb von *Sinnganzheiten* erfolgt. Eine Fächerung des Unterrichts kann erst mit der fortschreitenden Differenzierung und Entwicklung des Kindes zum Tragen kommen. Verfehlt wäre es, das Lernen als bloße Funktionsnahrung aufzufassen. Das Kind muss vielmehr auch erfahren, dass es *Umwelt durch sein Handeln auch verändern* kann.

4.4 Das Prinzip der Lehrziel-Strukturierung

Der Weg zum Erreichen eines bestimmten Lehrzieles verlangt ein weitestgehendes *Klarlegen der Lernroute*, d. h. der einzelnen Schritte auf ein bestimmtes Ziel, eine bestimmte Erfahrung hin, was gleichzeitig das Beiseiteräumen von lernhemmenden, momentan unwichtigen Details bedeutet. Hierzu muss der Lehrer bis ins Einzelne die wesentlichen Inhalte und Strukturen eines Begriffes oder einer Handlung, die erfasst werden sollen, z. B. einer Speise, die zubereitet werden soll, aufgliedern und in einzelnen, aufeinander aufbauenden Lehrschritten fassen, soweit solche Ziele als Orientierungspunkte vorhersehbar sind.

Das *Entwicklungsmodell* gibt vor allem für entwicklungsjüngere Kinder wichtige Orientierungspunkte ab, z. B. für den Einsatz der Handmotorik für eine bestimmte Tätigkeit. Mit fortschreitender Entwicklung und Verselbstständigung kommen sachimmanente Gesetzmäßigkeiten beim Lernen zum Tragen, die eine bestimmte Schrittfolge erfordern, um ein Lehrziel, wie z. B. den Umgang mit einem Werkzeug, erreichen zu können.

Die hier angesprochene Lehrziel-Strukturierung bezieht sich freilich nicht nur und unmittelbar auf bloße Abfolgen, sondern vor allem darauf, dass sachstrukturelle Zusammenhänge als gesamtheitliche geistige Strukturen lernwirksam werden.

Wenn es darum geht, Lernen als sukzessive und dynamische Erweiterung vorhandener „Schemata", nicht als bloße Reiz-Reaktions-Summationen, zu ermöglichen, und wenn beim geistig behinderten Kind die eigene Fähigkeit der Strukturierung der Realität, d. h. zur Reduktion der Umwelt auf Erfahrbares, z. T. erheblich begrenzt ist, so wird es didaktisch darauf ankommen, unterrichtliche Strukturierung als jeweils geringfügige Veränderung der Lernsituation zu handhaben, um Verwirrung zu vermeiden. Das Neue muss zwar klar *diskriminiert* werden können, muss sich aber auch auf *Entsprechungen* (Anknüpfungsmöglichkeiten) in den *bereits aufgebauten Lernsystemen* beziehen lassen können. Die Fremdheit des Neuen sollte nicht zu groß sein.

Das bedeutet für den Unterricht: Keine zu große Unterschiedlichkeit und Vielfalt in der Abfolge der Lehrgegenstände! Längeres Verweilen bei einem Lerngegenstand bei gleichzeitigem „Durcharbeiten der Operation" (Aebli

1961). Aebli nannte diese konkrete, sinnbezogene Übung an einem Lerninhalt auch „operatorische Übung". Nur in behutsamem Fortschreiten könne das Kind die Struktur und Varianz eines Lerngegenstandes erfahren und das Neue dem vorhandenen System einordnen.

Dieses Prinzip der kleinsten Schritte läuft letztlich darauf hinaus, dass die *Lehrziele individuell adäquat* gefasst werden, d. h. dass mehr *spezifisch* als *global* und *allgemein* geübt und unterrichtet wird. Geschieht dies nicht, so bleibt das Kind dem Dargebotenen gegenüber beziehungslos. Sein Verhalten wird lediglich mechanisiert, d. h. abgerichtet, oder das Kind wird überfordert. In jedem Falle ist das Ergebnis nicht geistige Klarheit, sondern Desorganisiertheit, d. h. Sinn- und Geistlosigkeit.

4.5 Das Prinzip der Anschaulichkeit und der Übertragung

Die Lerninhalte sind dann Bildungsinhalte, wenn sie der Lebensorientierung und Lebensbewältigung dienen. Das setzt voraus, dass sich das Kind die zu erlernenden Ausschnitte der Wirklichkeit (Menschen und Dinge) wirklich *zu Eigen macht,* was nur geschehen kann, wenn es diese sinnlich (mit allen Sinnen) wahrnehmen und sich mit Hilfe *innerer (kognitiver) Verknüpfung* vorstellen kann. Das bedeutet, dass sie sich im Unterricht bei geistig behinderten Kindern durch *Konkretheit* auszeichnen müssen. Der bloßen *Veranschaulichung* durch *Medien* (Beschreibung, Bilder, Modelle) sind enge Grenzen gesetzt.

Anschaulichkeit ist gegeben durch die unmittelbare oder mittelbare Begegnung und *Auseinandersetzung mit der Wirklichkeit.* Insgesamt sind beim geistig behinderten Kind relativ mehr konkrete Einzelkenntnisse und Einzelfertigkeiten zu vermitteln, da seine *Generalisierungs- und Übertragungsfähigkeit* (Transfer) geringer ist.

Es wäre zwar verfehlt, so etwas wie formale Bildung bei geistig behinderten Kindern zu betreiben. Ihr Lernfeld wird sich sinnvollerweise immer auf konkrete, wirklichkeitsunmittelbare Gegenstände und Tätigkeiten erstrecken müssen. Es darf aber auch nicht übersehen werden, dass Lernen, wenn es hilfreich sein soll, immer auch *auf neue Situationen anwendbar* sein muss, damit sich das Erlernte in der Variabilität und in langsam sich erweiternder Komplexität bewähren kann, und dass eine wachsende Unabhängigkeit von der unmittelbaren Instruktion und damit ein zunehmendes *Interesse für eigene neue Anwendungen* eintreten sollte, wenn Lehren kein bloßes Abrichten auf bestimmte Funktionen sein soll.

Das Kind mit einer geistigen Behinderung vermag durchaus, vom konkreten Gegenstand zu *abstrahieren,* also Begriffe zu bilden, z. B. verschiedenartige Stühle als „Stühle" und verschiedenartige Blumen als „Blumen" zu begreifen. Es ist fähig zur *Reizgeneralisierung;* es kann z. B. auf grünes oder rotes Ampellicht entsprechend reagieren, gleichgültig, wie viele verschiedene Ampeln in verschiedener Form und Umgebung ihm begegnen.

Es kann nach der sicheren Einübung des Essens schließlich auch in Restaurants speisen. Es kann im Urlaub mit den Eltern vielfache Gelegenheiten benutzen, erlernte Kenntnisse und Fertigkeiten variabel anzuwenden. Es kann seine Wertschätzungen (Normen), die es sich in seiner gewohnten Umgebung angeeignet hat, in neuen und komplexeren Situationen erproben und damit stabilisieren.

Ein solches *Übertragen* oder Anwenden setzt voraus, dass das Kind von dem zu vermittelnden *Gegenstand in seiner Grundstruktur,* d.h. in seiner Bedeutung, die er für einen geistig behinderten Menschen gewinnen kann und soll, *relativ klare Begriffe* hat, und dass es *Grundfertigkeiten* (basale Fertigkeiten) beherrscht. Ein solches exemplarisches Vorgehen und operatives Vertrautwerden mit einem Lehrinhalt, beispielsweise mit den Blumen im Schulzimmer, führt letztlich auch zu bestimmten *Einstellungen,* Wertschätzungen gegenüber Blumen, die auch über das Schulzimmer hinaus auf andere Blumen und andere Dinge übertragen werden können, die als schön empfunden werden, und mit denen man pfleglich umgeht (Blumen im Garten, in der Natur).

Es wird darauf ankommen, dass die ähnlichen Lerngegenstände und Situationen, auf die übertragen werden soll, *leicht überschaubar,* nicht allzu komplex und allzu verschieden sind, und dass nur behutsam, Stück für Stück ausgliedernd und wieder zusammenführend fortgeschritten wird. Indem das früher Gelernte in veränderten Situationen geübt, d.h. variierend wiederholt wird, werden künftige Anwendungen, auch relativ selbstständige, vorbereitet – und damit wird eigentlich auch mehr Autonomie erschlossen.

Die nötige Anwendungshilfe der Lehrerin bezieht sich einerseits darauf, dass sie den Kindern immer wieder *neue, passende Gelegenheiten* verschafft, einen *Transfer* vorzunehmen. Dies bedeutet, dass sich bestimmte Lehrinhalte und Lehrziele im Ablauf des Schullebens in sich *erweiternden Zyklen* wiederholen. Geht es schließlich um *Problem-Löse-Situationen,* so wird er sich dabei helfender Hinweise möglichst enthalten. Andererseits stellt sich das Problem, *außerschulische Situationen* in die Lehrplanung miteinzubeziehen. Hier ist der Lehrer auf die Zusammenarbeit mit den Eltern angewiesen, die er immer wieder auf die Bedeutung und auf die Gelegenheit der anzuwendenden Wiederholung hinweisen wird.

4.6 Das Prinzip der Entwicklungsgemäßheit

Das, was dem Kind als Lernleistung zugemutet wird, Lernziele und Lerninhalte, sollte dem Entwicklungsniveau des einzelnen Kindes angepasst sein. Negativ gesagt: Es sollte nicht *Überforderungen oder Unterforderungen* ausgesetzt sein. Diese erzeugen keine produktiven Lernmotivationen; es kommen keine Lernfortschritte zustande. Dem Entwicklungsstand des Kindes angepasst ist eine Lernanforderung dann, wenn sie eine positive, d.h. lernmotivierende Differenz zum Status quo erzeugt; anders gesagt, wenn sie als Lernherausforderung vom Kind gemeistert werden kann, d. h. wenn sie zu einem Lernerfolg und damit zu einem Entwicklungsfortschritt führt, auch wenn dabei Hindernisse zu überwinden und Anstrengungen zu erbringen sind.

Unterrichtsmethodisch bedeutet dieses Prinzip der Entwicklungs-gemäßheit, dass bei der Auswahl von Lehrzielen und Inhalten und beim un-terrichtlichen Vorgehen die individuellen und situativen physischen und psy-chischen Lernbedingungen berücksichtigt werden und dass deshalb diese pädagogisch-diagnostisch abgeklärt sein müssen. Es kommt darauf an, den Unterricht so zu gestalten, dass demotivierende Belastungen (Misserfolge) vermieden und lernmotivierende Spannungen (Interessen) angeregt werden.

Es ist bereits darauf hingewiesen worden, dass die Entwicklung des *Den-kens* auf das Tätigsein unter Verwendung aller Sinne angewiesen ist, dass sich das Kind die Welt durch sein Tätigsein in ihr aneignet. Diese *intellek-tuelle Entwicklung* vollzieht sich in bestimmten *Sequenzen*.

Als elementare Stufe nennt Piaget die „sensomotorische" und „*prakti-sche*" Intelligenz. Sie baut sich über folgende Einzelstadien auf:

1. *Betätigung und Übung der ererbten Reflexe*
2. *erste erworbene Gewohnheiten*
3. *Vorgehensweisen, die dazu dienen, interessante Erscheinungen andauern zu lassen*
4. *Anwendung bekannter Mittel auf neuartige Situationen*
5. *Entdeckung neuer Mittel durch aktives Ausprobieren*
6. *Erfindung neuer Mittel durch geistige Kombination (Piaget 1969).*

Die Untersuchungen Piagets machen deutlich, dass *bereits die ersten er-worbenen Verhaltensweisen* durch *Operationen* zustande kommen und zwar durch solche des *Reproduzierens,* des *Wiedererkennens* und des *Ge-neralisierens*. Alle Operationen dieser Intelligenzstufe verlaufen *ohne die Mitfunktion der Sprache*. Es handelt sich vielmehr um *vor-begriffliche Er-fahrungen,* um *vor-rationales Tun,* bei dem nur aufeinander folgende Wahr-nehmungen und ebenfalls aufeinander folgende wirkliche Bewegungen ko-ordiniert werden. Die Entfernung zwischen Individuum und Objekt muss zeitlich und räumlich sehr gering sein. Es stehen noch keine Vorstellungen zur Verfügung.

Kinder mit *geistiger Behinderung* verharren relativ *lange,* man kann sa-gen, mehr als doppelt so lange wie normalbegabte Kinder, ausschließlich im Bereich *sensomotorischer Verhaltenssysteme*. Die pädagogische Arbeit im Kindergarten hat sich im Wesentlichen auf Übungen zur Förderung solcher *vorverbaler, senso- oder psychomotorischer Fertigkeiten* oder Techniken ein-zustellen. Dazu sind *spezifische Spiel- und Lernmaterialien* unentbehrlich. Andererseits muss dafür Sorge getragen werden, dass solches *Funk-tionstraining nicht isoliert* betrieben wird, sondern sich in das Erlebnisfeld des Kindes einfügen lässt, z. B. aus Holz- oder Legobausteinen „für Vaters Auto eine Garage bauen".

Erfahrungsgemäß erstreckt sich der Aufbau der sensomotorischen Verhaltenssysteme und damit die Notwendigkeit ihrer Förderung beim geistig behinderten Kinde *bis weit in das Schulalter hinein.* Nur *allmählich* tritt diese zurück und zwar im Verhältnis zur Entwicklung des *Denkens,* das auf der *sensomotorischen Intelligenz* aufruht. Das *Denken* beginnt nach Piaget mit dem *Vorhandensein von Vorstellungen im weitesten Sinn.* Die erste Stufe wird als „*symbolisches*" und „*vor-begriffliches*" Denken bezeichnet (Piaget 1964). Das Unterscheidenkönnen von realem Objekt und Symbol zeigt sich u. a. im ersten Erwerb der *Sprache.*

Die nächste Stufe ist das „*anschauliche Denken*". Es bilden sich Begriffe aus, allerdings noch rein anschaulichen Charakters. Es ist ein *eingleisiges Denken.* Das Kind beschränkt sich darauf, nur eine Tätigkeit auszuüben, nicht zwei zugleich. Es folgt unmittelbar dem Ablauf der wirklichen Ereignisse. Sie lassen sich nicht rückläufig verfolgen. Das Denken ist daher *vordergründig, augenblicksgebunden* und stark *egozentrisch.*

Die beiden übrigen Stufen der Intelligenzentwicklung, die Piaget „*konkrete Denkoperationen*" und darauf folgend „*formale Denkoperationen*" nannte, sind bei geistiger Behinderung kaum erreichbar. Vermerkt sei, dass die genannten Stufen nicht scharf voneinander abgrenzbar verstanden werden dürfen.

Mit Hilfe der *Symbolfunktion* kann das Kind zwischen gemeintem *Gegenstand und Zeichen unterscheiden* und mit dem Zeichen umgehen, wie wenn es der gemeinte Gegenstand wäre. Dieses *vorbegriffliche Denken* wird unterrichtlich unterstützt durch den tätigen Umgang mit den Dingen und ihren *Abbildungen* und *akustischen Zeichen* (Wörtern) (Hartmann 1968).

Erst auf der Stufe des anschaulichen Denkens bilden sich aufruhend auf den sensomotorischen und vorbegrifflichen Erfahrungen eigentliche *Begriffe.* Sie sind inhaltlich an die *unmittelbar erlebte Wirklichkeit gebunden.* Der Unterricht hat daher dafür Sorge zu tragen, dass das Kind in *überschaubare Handlungssituationen* gestellt wird, in denen sich *Gegenstands-, Raum-, Zahl- und Zeitbegriffe* bilden können. *Spezielle Lern- und Arbeitsmittel* sind dazu unerlässlich notwendig, ebenso spezielle Trainingsprogramme. Von besonderer Bedeutung für die geistige Entwicklung ist die Förderung der *Sprachfunktion* als einer Symbolfunktion.

4.7 Das Prinzip des aktionsbegleitenden Sprechens

Die *Sprache* steht nicht nur im Dienste der zwischenmenschlichen *Kommunikation,* sondern auch des *Denkens.* Von ihrer Förderung hängt wesentlich auch das *geistige Werden* ab. Da das geistig behinderte Kind relativ lange Zeit über kein Sprechvermögen verfügt, ist der Laie geneigt, eine Spracherziehung in dieser Zeit für nutzlos anzusehen. Immerhin aber lässt es ein oft überraschend gutes Sprachverständnis erkennen.

Die Sprachpsychologie lehrt, dass sich bereits in der frühen *sprachfreien Entwicklungsphase die kognitiven Schemata* bilden. Ihr Aufbau beginnt mit den sensomotorischen Kombinationen. Allmählich erlernt das Kind daneben auf dem Wege der sozialen, linguistischen Kommunikation Wörter, mit denen es die Objekte etikettiert. Es entsteht eine „sprachliche Symbolorganisation" (Oevermann 1969), die sich nach Beendigung der Sprachentwicklung – normalerweise etwa nach dem vierten Lebensjahr – mit der operativen Intelligenz, d. h. der außersprachlichen Organisation der Erfahrungen, zusammenschließen muss, damit die Sprache zum *Instrument des Denkens* wird. Sie soll dem Menschen das Vorwegnehmen (Antizipieren) künftiger Ereignisse ermöglichen.

Oevermann (1969) nannte zwei didaktische Bedingungen, die für diesen Integrationsprozess besonders wichtig sind: „Es muß in der sozialen Kommunikation ein differenzierter und stabiler *linguistischer Kontext* auf dem Wege der differenzierten syntaktischen Organisation hergestellt werden, und es muß das Handeln des Kindes möglichst intensiv und differenziert begleitend *verbalisiert* werden, damit eine möglichst dichte Verknüpfung zwischen dem sprachlichen Zeichensystem und der Erfahrung hergestellt wird" (337 / 338).

Dies bedeutet, auf Kinder mit geistiger Behinderung bezogen und mit anderen Worten, dass ihre geistige Entwicklung vor allem dadurch gefördert werden kann, dass sie möglichst frühzeitig auf dem Wege der *sozialen Interaktionen Sprache* lernen und zwar in möglichst klaren und *gleichen Sprachmustern*, mit denen diese begleitet werden, und dass das Kind, soweit es ihm möglich ist, sein *Tun gleichzeitig auch sprachlich ausdrückt*, sei die Artikulation auch unvollkommen. Beispiele: „Ich rolle den Ball." „Ich setze mich hin." „Der Schnee ist kalt."

Man kann hier auch von einer Wechselwirkung sprechen: Das Tun wird vom Sprechen begleitet, das Sprechen kann aber auch eine regulierende Funktion auf das Handeln ausüben (Oerter 1968). Indem das Kind ein Vorhaben verbalisiert, provoziert und stützt es dessen Durchführung. Beispiel: Beim Überqueren der Straße auch sprechen: „Zuerst nach links schauen! Dann nach der anderen Seite!"

Josef und Böckmann (1969) hatten eine Reihe von Aufgaben und Übungen zur Spracherziehung zusammengestellt, von denen einige wichtige hier kurz wiedergegeben seien:

– *Bei jeder Tätigkeit mit dem Kinde und zu dem Kinde sprechen!*
– *Das Kind möglichst auch sehen lassen, worüber gesprochen wird!*
– *Möglichst die gleichen Wörter für die gleichen Gegenstände verwenden!*
– *Langsam und deutlich sprechen!*
– *Das Sprechen in Sätzen zügig anstreben!*
– *Motorisch-rhythmische Übungen in die Sprechübungen miteinbeziehen!*

Mit jedem Namen, den das Kind den Dingen geben kann, mit jedem Begriff, mit jeder Regelhaftigkeit, die es erkannt hat, mit jeder Erfahrung, die es mit seiner Umwelt und mit sich macht und zu verbalisieren vermag, wird ihm die Welt und sein Leben *vertrauter und reicher,* bildet sich seine Sachlichkeit, bleibt es *nicht einfach hineingebunden* in den Mechanismus des *Getriebenseins und Erleidens,* sondern wird es befähigt, auch vorauszuschauen, zu überlegen, zu planen, zu erproben, sei der Aktionsradius dafür auch noch so minimal.

4.8 Das Prinzip der sozialen Lernmotivierung

Das Lernen hängt zu einem hohen Grad von den sozialpsychologischen Bedingungen ab, unter denen ein Kind lernt. Ihre Bedeutung für das geistig behinderte Kind hat man früher oftmals unterschätzt.

Empirische Untersuchungen können die hohe Bedeutung der sozialen Bedingungen für die *Lernmotivation* gerade der geistig behinderten Kinder belegen. Skeels und Dye (1939, b. Gallagher 1968) hatten eine kleine Gruppe von *noch nicht drei Jahre alten geistig retardierten Kindern* aus einem *allgemeinen* Waisenhaus in ein *besonderes* Heim gebracht, wo ihnen sehr *viel Aufmerksamkeit* geschenkt wurde. Dabei stieg ihr *Intelligenzquotient* durchschnittlich *über 27 Punkte.* Die Kontrollgruppe, die im Waisenhaus

verblieben war, verzeichnete einen *Verlust* von *26 Punkten* im gleichen Zeitraum. Bedeutsam ist noch die Nachuntersuchung der Versuchsgruppe nach zweieinhalb Jahren. Sie ergab, dass sich die Kinder auch weiter günstig entwickelt hatten und der IQ im Durchschnitt um weitere vier Punkte gestiegen war. Elf von den dreizehn Kindern konnten aufgrund dieser erstaunlichen Fortschritte sogar adoptiert werden.

Es dürfte gerade für Kinder mit geistiger Behinderung sehr darauf ankommen, in welcher *Umgebung* sie lernen, wie die *Gruppenatmosphäre* beschaffen ist, wie es um die *Lehrer-Kind-Beziehung* steht. Im Wesentlichen ist es die eigene Einstellung zu den Kindern und zur eigenen Aufgabe, die dann auch die sozialen Einstellungen der Mitschüler mitbestimmt. Gegen Unfreundlichkeit, Ungerechtigkeit, Missachtung und Lieblosigkeit ist das geistig behinderte Kind wehrlos. Es reagiert mit Verlust der Lernspannung und Lernaktivität. Es hat ein Gespür dafür, wie man es mit ihm meint.

Aktuelle oder spezielle Relevanz erhält das Prinzip der sozialen Lernmotivierung im *gemeinsamen Lernen mit nicht behinderten Kindern.* Es kann als plausibel angesehen werden, wenn Eltern berichten, ihre (geistig behinderten) Kinder gingen gern in die koedukative Klasse und würden gerade durch diese Gemeinsamkeit in ihrem Lernen besonders angeregt. Es ist aber ebenso einsichtig, dass eine wirklich lernmotivierende Gemeinsamkeit gegeben sein muss. Dass dies nicht generell der Fall ist, belegt u. a. der Bericht von Wocken, Antor (1987, 255f).

5. Emotionalität im Unterricht

Unterricht ist intentionales, organisiertes Lehren und bezieht sich daher vom Ansatz und von der Verlaufsplanung stets auch auf Aktivität, Kognition und Fertigkeiten. Diese können derart in den Vordergrund treten, dass das *aktive Leisten* mit Unterricht und Lernen gleichgesetzt wird, dass damit das *Emotionale* in den Hintergrund tritt oder zum eigenen „Unterrichtsgegenstand" zu stilisieren versucht wird. Es bedarf keiner näheren Begründung, dass es keine Emotionalitätsfächer gibt.

Die Frage nach einem eigenen Ort der Emotionalität im Unterricht ist an sich überflüssig; denn sie ist immer mitgegeben *in jeglicher Unterrichtssituation.* Jedes Verhalten wird mitbestimmt von *Gefühlen. Die Trennung von Denken und Fühlen ist eine scheinbare.* Piaget (1972) betonte die konstante Parallele zwischen der Entwicklung des Gefühlslebens und des intellektuellen Lebens. „Jedes Verhalten setzt auch Motive und finale Werte (Wert der Ziele) voraus: ... Gefühlsleben und Intelligenz sind also untrennbar verbunden" (200). Mit der fortschreitenden Differenzierung der sensomotorischen Schemata differenzieren und vervielfachen sich auch die an die Eigenaktivität gebundenen *Gefühle* (201). Die interpersonalen Gefühle be-

ginnen damit, dass die elementaren Gefühle von Freude und Traurigkeit, Erfolg und Misserfolg usw. entsprechend der Objektivierung von Dingen und Personen empfunden werden (ibid.).

Emotionalität ist also *Bestandteil jeglichen Unterrichts,* wenn sie auch häufig nicht bewusst wird. Die Berücksichtigung, die *implizite Gültigkeit* des Emotionalen im Unterricht, das, was man auch als *emotionale Erziehung* bezeichnet („Gemütspflege"), kann daher keine eigene, isolierbare Aktion werden, sondern *begleitet* alle Unterrichtsplanung und Unterrichtsverläufe. Dabei kann es situationsweise Unterschiedlichkeiten hinsichtlich der Verdichtung von Gefühlserlebnissen geben. Beispielsweise kann beim Singen, Spielen oder Feiern die Emotionalität stärker zum Tragen kommen.

Vor allem ist es die unmittelbare Einbezogenheit der *Gefühle des Erziehers,* von denen die Entwicklung der Gefühle des Kindes abhängt. Jeder Lehrer geistig behinderter Kinder weiß, wie sehr sein Unterricht, seine Kommunikationsabsicht auf die emotionale Qualität der erlebten Beziehungen angewiesen ist. Darum sollte sich der Erzieher immer und überall offen halten für das, was „nebenbei" zwischen ihm und dem Kind sich emotional ereignet, was einen zu verwandeln vermag, was beide letztlich verbindet, trägt und erfüllt: Freude, Gehaltensein, Liebe, Auftrieb, Zuversicht, Vertrauen, Beglücktsein. Unsere Gefühle sind wahrscheinlich die empfindlichsten Bewusstseinsorgane für komplexe Sachverhalte und Situationen, und zugleich Sinnqualitäten, Inhalt und Ausdruck gelebter Lebensqualität.

Die Lehrerin wird bei ihrem Planen und Organisieren von Unterricht bedacht sein, Gelegenheiten zu schaffen, in denen sich positive Gefühle einstellen können. Dies gilt grundsätzlich für jeglichen Unterricht, sei er mehr basal funktionsbezogen und trainingsorientiert oder mehr situations- und handlungsbezogen.

6 Spezielle Formen des Unterrichts

Das übliche *Fächer-Schema* ist auf die Schule für geistig Behinderte *nicht übertragbar.* Planung und Ablauf eines Schultags müssen sich vielmehr nach Gesichtspunkten richten, die der *Lernfähigkeit* (Entwicklung) der Schüler und dem lebensnah organisierten *Lehrkonzept* entsprechen. Andererseits bedürfen bestimmte *Lehrbereiche* einer eigenen Struktur, z. B. Rhythmik, Sport, Hauswirtschaft oder Religion, und damit unter Umständen auch eigener Lehrpersonen. Zeitliche Gliederungen werden dann nötig. Eine vorgegebene Auflistung von *Lehrzielen,* wie z. B. die Rahmenrichtlinien der Kultusminister-Konferenz von 1979, bedarf einer Umsetzung in praktikable und schulsituationsbezogene Unterrichtseinheiten.

Es lassen sich im Wesentlichen drei Typen von *Unterrichtseinheiten* unterscheiden, und zwar gemäß ihrer Gewichtung im Ablauf der Entwicklung:

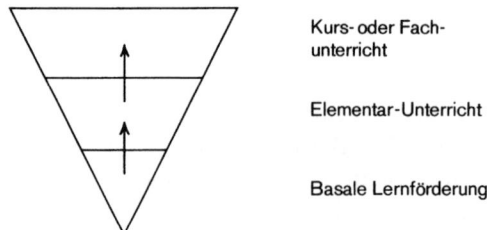

Abb. 10: Entwicklungsbezogene Verlagerung von Unterrichtsstrukturen

- Basale Lernförderung
- Elementarunterricht
- Kurs- oder Fachunterricht.

Die drei Unterrichtstypen lassen sich in einem Schema (Abb. 10) zusammenstellen. Es macht in der aufsteigenden Entwicklungsrichtung zugleich die wachsende Komplexität und die notwendige Differenzierung des Lernfeldes mit zunehmendem Lebensalter deutlich.

Diese Aufgliederung ist keine durchgängige oder starre. Die einzelnen Unterrichtstypen können und müssen auch ineinander greifen. Die *basale Lernförderung* orientiert sich im Wesentlichen am entwicklungsbezogenen Unterrichtsmodell, berücksichtigt aber auch Ansätze der Kognitionspsychologie (Piaget), der Neurophysiologie und -psychologie (Kephart, Ayres), der Motopädagogik (Kiphard, Irmischer). Pädagogische Pionierarbeit hatte Fröhlich geleistet („basale Stimulation"). Sie gilt dem Anregen, Aktivieren und Einüben grundlegender motorischer, sensorischer, sprachlicher und kognitiver Funktionen als Voraussetzung oder instrumentelle Fundierung komplexer Handlungskompetenz (Dittmann 1983, Fröhlich u. a. 2001). Da der individuelle Entwicklungsstand direkt berücksichtigt werden muss, steht die Einzelförderung im Vordergrund; es kann aber auch in kleinen Gruppen gearbeitet werden.

Unter dem Gesichtspunkt eines ganzheitlichen Lernens wird es darauf ankommen, dass *kein isoliertes Funktionstraining* betrieben wird, sondern dass die einzelnen Übungen in Sach- und Sozialzusammenhänge *eingebettet* sind, wie sie für das einzelne Kind erfahrbar sind und motivierend wirken können. Wichtig ist dabei das Einfühlungsvermögen des Lehrers auf der Basis einer anregenden Beziehung. Die sozial-emotionale Dimension ist stets mit angesprochen. Letztlich wird durch eine basale Lernförderung auch die Persönlichkeitsbildung (Selbstbewusstsein, psychische Stabilität) fundiert.

Praktische (curriculare und methodische) Anregungen enthält u. a. die vom *Staatsinstitut für Schulpädagogik München* herausgegebene Sammlung „Lehrplan und Materialien" (1982b). Im Einzelnen wären noch zu nennen

– für den *motorischen* Funktionsbereich: Kiphard 1979, 1983, Rieder u.a.
  1981,
– für den *sensorischen* Funktionsbereich: Frostig 1972, Reinartz u.a. 1979,
  Fröhlich 1977,
– für den *sprachlichen* Funktionsbereich: Josef, Böckmann 4/1978, Wilken
  1985
– für den *kognitiven* Funktionsbereich: Miessler, Bauer 1978, Pohl u.a. 1983.

Dass in der technologisch fortschreitenden Informationsgesellschaft auch
der *Computer* seine Bedeutung für das schulische Lernen bei geistiger Behinderung hat, zeigte ein Schulversuch in Bayern *(Staatsinstitut für Schulpädagogik 1997 b).*

Der *Elementar-Unterricht* bildet die zentrale Einheit. Er bezieht sich in
einer mehr komplexen, handlungs- und situationsbezogenen Gestaltung auf
Lehrziele im Bereich lebenspraktischer Fertigkeiten und Orientierungen,
aber auch auf freie Räume für offenes Spielen. Seine Inhalte erstrecken sich
auf lebendige, strukturierte Kleinausschnitte der Lebenswirklichkeit. Mühl
(1979) hat eine ganze Reihe von *Themen* für solche Vorhaben (Handlungseinheiten) zusammengestellt. Andere finden sich u.a. bei Mertes (1980),
Heits, John (1980), Straßmeier (1997) und Klöpfer (1997).

In den Elementarunterricht hineingebunden – und wenn möglich auch
sachlich verbunden – werden *Übungen* lebenspraktischer Fertigkeiten, wie
z.B. des An- und Auskleidens, des Essens, des sozialen Verhaltens, aber
auch der sprachlichen Kommunikation (Walburg 1971).

Kurs- oder Fachunterricht schließlich wird nötig für Lehrziele und Lehrinhalte, die einen *kursmäßigen Ablauf* von sachlich aufeinander aufbauenden Teilschritten erforderlich machen. Zu denken ist etwa an

– *Leibeserziehung, Schwimmen (Henke, Stöckmann 1974, Diederley 1977,
  Theile 1976, Größing 1981)*
– *Rhythmik (Hoellering 1966, Tauscher 1964)*
– *Musizieren (Josef 1974, Goebel 1978, Hirsch-Wernet 1979, Goll 1993)*
– *Werken, Handarbeit, Bildnerisches Gestalten (Kaminski, Spellenberg 1975,
  Mahlke 1979, Lindsay 1973)*
– *Kochen, Hauswirtschaft (Fischer u.a. 1979)*
– *Elementares Lesen, Schreiben, Rechnen (Pohl 1979, Haug, Schmitz 1977,
  Haug, Keuchel 1984, Jansen 1985, Leonhardt, Ruoff 1988)*
– *Computer-Einsatz (Staatsinstitut für Schulpädagogik 1997 b)*
– *Arbeitstechniken, Berufliche Bildung (Menning 1979, Stuffer 1975, Bern-
  hart 1977)*
– *Religion (K. Schilling 1974, Kaspar 1974, Buchka 1973, Deutscher Kateche-
  tenverein 1973, Katechetisches Amt Heilsbronn 1973).*

Teilinhalte der hier genannten möglichen Kurseinheiten können auch in den
Elementar-Unterricht einbezogen werden, wenn man etwa an das tägliche,
begleitende Singen und Musizieren, an Bewegungsübungen, an Bildnerisches

Gestalten oder an die religiöse Erziehung (Gebet) denkt. Auch nicht alles, was mit Kochen zusammenhängt, gehört nur in den Hauswirtschaftsunterricht. Im Besonderen dürfte das Prinzip der *musischen Erziehung* eine durchgängige Bedeutung für jegliche unterrichtliche Interaktion haben, eine Einsicht, die vor allem von der *anthroposophischen Heilpädagogik* vertreten wird (Goll 1993, Upton 1979).

7 Zur pädagogischen Förderung geistig intensiv behinderter Kinder und Jugendlicher

Die pädagogische Förderung geistig behinderter Kinder und Jugendlicher hat in den letzten Jahren gerade im Bereich intensiver (schwerer) geistiger Behinderung weitere Fortschritte gemacht (Fröhlich 1991). In Konsequenz der zugrunde gelegten generellen Bildungsfähigkeit, die auch durch eine systembedingte Reduktion auf „schulische Bildbarkeit" nicht aufgehoben wird, geht es pädagogisch darum, Möglichkeiten einer *basalen Bildung* zu erhellen, wenn schwerwiegende physische Blockaden der Entwicklung vorliegen.

Zugänge für einen „objektivierbaren" Bildungsansatz sind empirisch schwer zu finden. Dennoch ist das Interesse an ihnen auffallend groß, auch wenn sich die bisherigen Erklärungsansätze auf relativ vage Thesen stützen. Versuche, einen empirischen Nachweis von Kompetenzerweiterungen auf strikt lernpsychologischer Basis zu erbringen, haben zu unbefriedigenden Ergebnissen geführt. Offensichtlich erweist sich das übliche Grundschema von Input und Output, von Ursache und Wirkung, als ungeeignet. Was zu kurz kommt, sind Aspekte des Unberechenbaren, der Offenheit und der Ganzheitlichkeit der Interaktion sowie der individuellen Verkörpertheit des Handelns und des Mentalen auf der Basis von *Selbstorganisation*.

Erklärungs- und damit auch Konzeptionsfortschritte sind am ehesten auf *kognitionswissenschaftlichem* Hintergrund zu erwarten, der verschiedene wissenschaftliche Aspekte, u. a. philosophisch-anthropologische und neurobiologische umfasst (Varela, Thompson 1992). So gesehen lässt sich in einer schweren oder intensiven geistigen Behinderung eine Zuständlichkeit vermuten, die aus schwerwiegenden und komplexen *Handlungsblockaden* hervorgeht und bei der sich durch das weitgehende Ausgekoppeltsein aus allgemeiner *Erfahrung* neuronale und mentale Konzepte und Strukturen nur in Ansätzen ausbilden können. Diese beziehen sich im Wesentlichen auf die eigenen Körperprozesse. Die Ausdifferenzierung einer kategorisierten Umwelt und damit auch Innenwelt ist blockiert, soweit adäquate *Erfahrung* ausbleibt.

Im pädagogischen Ansatz muss es deshalb um die Ermöglichung und Erweiterung von *Erfahrung* gehen. Die in erster Linie ansprechbare Erfahrungsebene ist die *leibliche*. Folgerichtig konzentriert sich die Erörterung von Bildungsmöglichkeiten auf elementare, d. h. *körperbezogene Kommunikationsweisen*. Sie werden aus verschiedenen wissenschaftlichen Ansätzen abgeleitet:

– Ein *entwicklungspsychologischer* Ansatz über „*basale Stimulation*" (Fröhlich 1977) und dessen Erweiterung zu einer „aktivierenden Kommunikationsförderung" (Fröhlich 1989),
– ein *didaktisch-lebensweltlich* orientierter Ansatz von Breitinger und D. Fischer (1981), der auf dem Wege über „basale Aktivierung" und „körpernahes Lernen" auf „Leben lernen" ausgerichtet ist,
– ein *phänomenologischer* Ansatz, der sich unter besonderem Bezug auf M. Merleau-Ponty bei Pfeffer (1988) auf „*leibhaftes Lernen*" und bei Fornefeld (1989) auf das Wirksamwerden von „*elementarer Beziehung*" stützt,
– ein *phänomenologisch-kulturästhetischer* Ansatz von D. Fischer (1992) im Sinne einer „Schule für leiblich-sinnliche Kultur", der sich gegen eine Pädagogik der Machbarkeit zur Wehr setzt und sich auf die Eigenbedürfnisse des Einzelnen als eines Kulturträgers konzentriert, und
– ein *pragmatisch-intuitiver* Ansatz über „basale Kommunikation" bei Mall (1990).

Ähnlich intendiert sind die Modelle einer „integrativen Körpertherapie" nach Besems und van Vugt (1983) mit gestalttherapeutischen Elementen, eine „Streichelmassage" nach Leboyer (1984, vgl. auch Fikar 1987), ein Verstehensansatz von Schumacher (1985), aber auch das „Snoezelen" nach Hulsegge und Verheul (1989).

Eine Zusammenstellung der wichtigsten Ansätze zur Förderung bei schwerer und mehrfacher Behinderung enthält der von Fröhlich u. a. 2001 vorgelegte Sammelband (siehe dazu auch Dittmann, Klöpfer 1998 und Kane, Klöpfer 2003).

Pädagogische *Kommunikationsförderung* zielt darauf ab, elementare Austauschprozesse in Gang zu bringen, reicht aber über bloßes In-Kontakt-Gehen hinaus. Es handelt sich vielmehr darum, dass eine *sensitive Verbindung* zwischen Sinnen und Objekten hergestellt wird, z. B. durch eine warme Hand, dass damit *Empfindungen* (Gefühle) hervorgerufen werden, dass sich *Unterscheidungen* in der *Wahrnehmung* ausbilden und dadurch *Intentionen* (absichtsvolles Tun) und *Aufmerksamkeit* als gerichtetes Bewusstsein eintreten und aktiv werden.

Durch diese inhaltliche Kontaktaufnahme, die auch als *elementare Beziehung* oder als *Dialog* zu verstehen ist, und die auch präreflexiv ablaufen kann (Kognition ist nicht an Bewusstsein gebunden, Varela, Thompson 1992, 80), werden neuronale Spuren und Teilsysteme im Gehirn ausgeprägt. Es bildet sich ein elementares Konzept von Welt und damit von kategorisiertem Bezug zu ihr. Das sonst drohende sensorische Chaos oder eine motorische Blindheit und ein – u. U. tödliches – Verhaftetbleiben in bloßer Körperlichkeit (Isolation) können gebannt werden.

Wichtig für dieses *Initiieren von „Mentabilität"*, d. h. von Fähigkeit zum Verstehen und Hervorbringen von Wirklichkeit durch *Kognition,* d. h. zu *verkörpertem Handeln* (Varela, Thompson) ist die Beachtung des *autonomen Systems* des Kindes, das selber aktiv werden muss, um zu einem wahrnehmungsgeleiteten Handeln zu kommen. Gemäß seiner *Selbstorganisation* wählt es entsprechend der eigentümlichen Beschaffenheit seiner Empfangsorgane, seines Nervensystems und seiner Vorgeschichte aus der physischen Welt diejenigen Reize selber aus, für die es empfänglich ist. Das Kind ist, wie Merleau-Ponty sagt, keine „Klaviatur, auf der äußere Reize spielen und ihre eigentümliche Gestalt abzeichnen" (nach Varela, Thompson, 239). Es trägt vielmehr selbst zu seiner Erfahrung und Kognition bei. In sozialer und kultureller Koppelung *„inszeniert"* es selber seine Wirklichkeit. Diese kann also nicht von außen durch Ziele und Planvorgaben bestimmt werden. Der gangbare Weg zeichnet sich erst im Gehen ab, im gemeinsamen Gehen.

Der Gesamtprozess des sensomotorischen In-Kommunikation-Tretens bedarf wegen der erheblich behinderten Eigenaktivität der immer wiederholten, individuell passenden *Verstärkung* von außen: der *emotional warmen Zuwendung,* aber auch psychophysisch befriedigender Bedingungen. *Verhaltensmodifikatorische Methoden* können dabei u. U. auch dienlich sein. Bei diesen handelt es sich pädagogisch gesehen nicht um lediglich punktuell ansetzende Prozeduren. Vielmehr sollten in der gesamten Umwelt des Kindes lernanregende und bestätigende Bedingungen wirksam sein, im Verhalten aller ihm begegnenden Personen wie auch in der wohnlichen Atmosphäre seiner Lebenswelt. –

Differenzierte Möglichkeiten einer individualisierenden pädagogischen Förderung haben Breitinger, Fischer (1981), Dittmann u. a. (1984) und Dank (1987) zusammengestellt. Bonn (1985) hat einen arbeitspädagogischen Ansatz für die Werkstufe erprobt. – Für eine diagnostische Einschätzung eignet sich u. a. der „Entwicklungsbogen" der *Arbeitsgemeinschaft des Rehabilitationszentrums Mosbach* (1986). Probleme einer heilpädagogischen Diagnostik im Falle einer schweren geistigen Behinderung hat Müller (1982) dargestellt. Eine praktische Handreichung liegt vom *Staatsinstitut für Schulpädagogik* (München 1992) vor.

Spezifische *Lernräume* mit einem präsenten „passiven Lernangebot" (D. Fischer 1976), wie z. B. Räume mit (hygienisch präpariertem) Sand, Wasserbecken oder Plastikbällchen-Bäder, haben sich ebenso bewährt wie eine freundlich-ansprechende Zimmerausstattung mit spezifischen Spiel- und Lerngegenständen, die jederzeit zum Hantieren anregen bzw. Veränderungen wahrnehmen lassen. Ein bloßes Arsenal solcher Materialien ist aber noch keine Garantie für bildendes Lernen. Die Benutzung *rhythmisch-musikalischer Mittel* und Wege dürfte zu den wichtigsten Kommunikationshilfen gehören.

Intensiv geistig behinderte Kinder sind *mehrfachbehinderte Kinder*. Ihre spezielle Förderung wird sich daher auch nach den jeweiligen Wahrnehmungs-, Bewegungs- und Verhaltensstörungen richten. Da Letztere, insbesondere Aggressionen, aber auch Stereotypien, sich in aller Regel als Auswirkungen blockierter Interaktion erweisen, wird die Bedeutung der pädagogischen Zuwendung deutlich. Wie sich im Besonderen das Lehr-Lern-Problem bei autistischen Kindern darstellt, hat u. a. Pfeffer (1988) aufgezeigt.

Individualisierende *Intensivförderung* kann nicht ausschließlich punktuelle Einzelförderung sein. Das Kommunikationsbedürfnis des Kindes ist stets auch auf die *Teilhabe an anderen,* an einer *Gruppe,* gerichtet, mag es auch nicht oder kaum imstande sein, dies zu äußern oder direkt zu kommunizieren. Diese Gruppenzugehörigkeit ist nicht nur dann eine pädagogisch adäquate, wenn sich das schwerer behinderte Kind unter ebenfalls schwer behinderten Kindern aufhält, sondern auch dann, wenn es Gelegenheit erhält, *in Gruppen* mit weniger behinderten Kindern dabei zu sein, miteinbezogen zu sein.

Dieser schulischen Integration von Schülern mit schwerer geistiger Behinderung galt ein landesweit durchgeführtes Projekt (LOGESCH), das wir 1986–1990 durchführten (Abschlussbericht Straßmeier, Speck, Homan 1990). Als Ergebnis kann allgemein festgestellt werden, dass das *Einbeziehen der schwerer behinderten Schüler in unterrichtliche Einheiten* (temporäre Großgruppen) mit Schülern der Durchschnittsform geistiger Behinderung deutlich erkennbar besondere Entwicklungsanreize für die erstgenannten bringt. Als pädagogischer Gewinn ist auch die mit *kombinierten Lerngruppen* verbundene *Kooperation mehrerer Pädagogen* zu werten. Als Hindernis erwies sich dabei die an den Schulen für geistig Behinderte weitestgehend ausgebaute Spezialisierung des pädagogischen und therapeutischen Personals. Wenn jeder Spezialist „seine" Fachunterrichts- und Therapiestunden beansprucht, wird eine integrative Organisation schwierig, wenn nicht unmöglich.

Die pädagogische Förderung intensiv geistig behinderter Kinder ist ganz und gar nicht ausschließlich als ein Komplex von *Aktionen und* direkten Interventionen zu sehen, sondern auch und zwar über weite Strecken, als *Angebot des Mitseins.* Es kann bei diesen Kindern erst recht nicht um bloße Leistungsförderung gehen, sondern auch und vor allem um ein *Sein-Lassen in der Geborgenheit der Verantwortung des Stärkeren.* Unter dem Aspekt der Beziehung ist auch die Tätigkeit von *Pflegepersonen* zu sehen.

Die Aufgabe der *basalen Lernförderung* intensiv behinderter Kinder ist nicht eine bloße Angelegenheit einer bestimmten Disziplin, sondern eine von den verschiedenen Mitarbeitergruppen zu tragende Aufgabe (Fröhlich 1979). Ein wichtiger Part kommt dem *Arzt* zu (Trogisch 1979). Seine Mitwirkung gilt der Sorge für die gesundheitlichen Bedingungen, für eine angemessene, unterstützende Medikamentierung und für die begleitende Diagnostik und Therapie der motorischen und perzeptorischen Körperfunktionen.

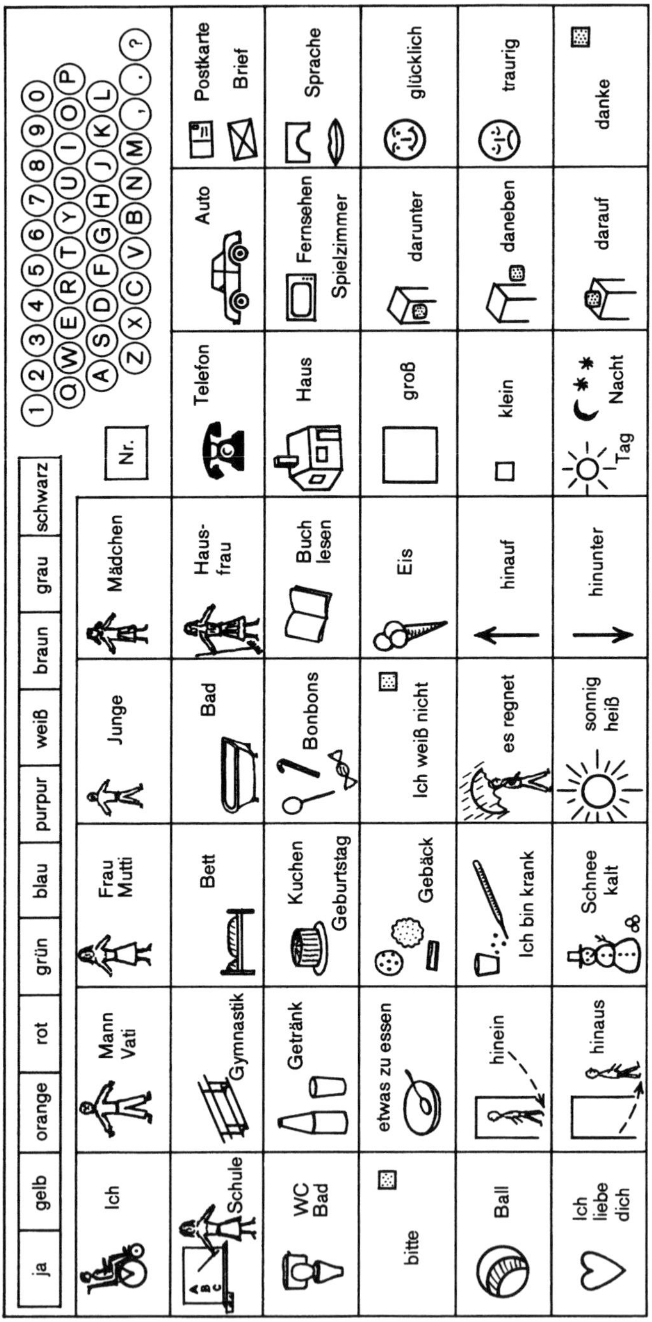

Abb. 11: Visuelles Zeichensystem. Aus: Vanderheiden, Harris-Vanderheiden 1977, 283

8 Nichtverbale Kommunikationstechniken

Ein didaktisch lange Zeit zu wenig aufgearbeitetes Problemfeld liegt im Bereich der *unterrichtlichen Kommunikation nicht sprechender Kinder.* Sie sind zwar in der Lage, über Mimik und Gestik Informationen – insbesondere den Beziehungsaspekt betreffend – auszutauschen. Es mangelt ihnen aber in der Regel an Modalitäten zum Austausch von Inhalten („Aussagen"), für die eine natürliche Mimik oder Gestik nicht hinreichen, und die auf eine logische Syntax angewiesen sind, z. B. für eine Information wie: „Auf der Straße fährt ein Auto." Oder „Die Flasche steht im Schrank."

Die Entwicklung entsprechender *Nicht-Sprech-Kommunikationssysteme* (Non-speech communication systems) befindet sich im Bereich geistiger Behinderungen noch in ihrem Anfangsstadium. Aus den USA wird berichtet, dass dort eine ganze Reihe verschiedener *Zeichensysteme* erprobt wird. Fristoe und Lloyd (1978) referierten insgesamt 19 solche Systeme, die sich unterscheiden lassen, je nachdem, ob es sich um Hand- und Körperzeichen bzw. Gesten oder um andere Zeichen (vgl. Abb. 12) handelt. Sie sind nur zum Teil im Besonderen für geistig retardierte Personen entwickelt worden, werden aber auch für diese z. T. in individuellen Abwandlungen und Kombinationen verwendet. Am häufigsten ist das System der *Bliss-Symbole* in Gebrauch (benannt nach C. K. Bliss). Es handelt sich um ein nicht-phonetisches, sondern verbildlichendes bzw. ideographisches System von Zeichen, die sich relativ leicht erlernen und auch zeichnen lassen (vgl. Abb. 11). Die insgesamt etwa 50 Symbole können miteinander kombiniert werden, so dass das Kind sich syntaktisch äußern kann (Vanderheiden, Harris-Vanderheiden 1977). Eine Untersuchung von Song (1979) an vier geistig behinderten Jugendlichen zeigte Erfolgsmöglichkeiten, aber auch individuelle Unterschiedlichkeiten hinsichtlich rezeptiver, respondierender und spontaner expressiver Anwendung. Letztere stellt die höchsten Ansprüche. Das *Bliss-Symbol-System* ist somit nicht in jedem Fall geeignet.

Didaktische Voraussetzung für die syntaktische Verwendung *visueller Zeichensysteme* ist das Erlernen der *Bedeutungen* visueller Zeichen. Dies sollte sehr früh schon angebahnt werden über das Betrachten und Zeigen

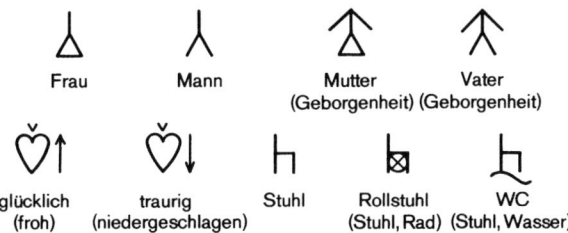

Abb. 12: Bliss-Symbole. Aus: Vanderheiden, Harris-Vanderheiden 1977, 288

von Photos, Abbildungen und Zeichnungen meist in Verbindung mit Gesten (Hobson, Duncan 1979). In einem nächsten Schritt werden auch die *Schriftbilder* mitverwendet. Sie können sich auch auf *adjektivische Bedeutungen* beziehen, die bereits zeichnerische Abstraktionen darstellen.

Abb. 13

Allmählich lernt das Kind auch relativ *abstrakte* Zeichen deuten:

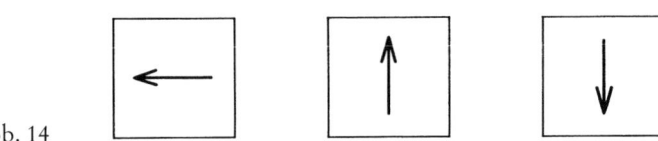

Abb. 14

Erst in einem weiteren Schritt lernt das Kind, sich auch *expressiv* dieser Zeichen zu bedienen. Man wird sich dabei sehr auf das individuelle Lernfeld und die individuelle Lernfähigkeit des Kindes einstellen müssen.

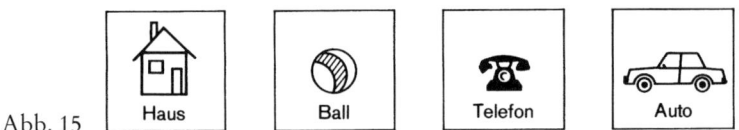

Abb. 15

Es lassen sich auch *apparative Techniken* verwenden, und zwar sowohl zum Zeigen einzelner Bedeutungen (Karten) als auch zur syntaktischen Anordnung einer „Aussage". Fröhlich (1979) verwendete eine Dreifachscheibe zum Drehen und eine „Ja-Nein-Maschine". Elder und Bergmann (1978) benutzten in ihrem Lehrprogramm für visuelle Kommunikation mit *Bliss-symbols* ebenfalls eine einfache Apparatur. Es sind sicherlich noch differenziertere Techniken möglich, die eine syntaktisch kombinierende Verwendung von visuellen Zeichen ermöglichen könnten, aber die didaktische Erfahrung lehrt, dass unkomplizierte Techniken sich eher durchsetzen.

So wurde in der Praxis u. a. ein relativ einfaches *Bildkarten-System* nach R. Löb (1985, Löb-System) verwendet. Es setzt sich aus mehr als 60 Piktogrammen für Begriffe zusammen, die für die Alltagskommunikation besonders wichtig sind. – An sich kann jeder Lehrer zusammen mit seiner Klasse ähnliche Bild- und Symbolsysteme entwickeln. Diese sind im Übrigen auch für Kinder angezeigt, die noch nicht sprechen. Sie können die Entwicklung des Sprechens und der Sprache vorbereiten.

Von erheblicher Bedeutung für die non-verbale Kommunikation ist auch der *sprachunterstützende Gebrauch von Handzeichen*. Diese Technik stellt den wesentlichen Bestandteil dessen dar, was als „*Unterstützte Kommunikation*" bezeichnet wird. Einen Überblick über diesen Ansatz in Theorie und Praxis vermittelt der Bericht von Wilken (2002, siehe auch Boenisch, Bünk 2001). Adam (1990) hatte Handzeichen unter besonderem Bezug auf das in Holland verwendete Gebärden-System nach Speth und van den Hoven (1982) entwickelt. – Ob sich der immer wieder geäußerte Wunsch nach einer Vereinheitlichung der verschiedenen Gebärden-Systeme für Menschen mit geistiger Behinderung verwirklichen lässt, bleibt eine offene Frage. Vorschläge enthält der vom *Verband evang. Einrichtungen für geistig und seelisch Behinderte* (1990) herausgegebene Band „Schau doch meine Hände an!". Verwiesen sei auch auf die Arbeit von Bernhard-Opitz u. a. (1988).

Aufsehenerregende Erfolge werden der Methode der *Gestützten Kommunikation* (Facilitated Communication = FC) zugeschrieben. Es wird berichtet (Zöller 1992), dass autistische Kinder, Jugendliche und Erwachsene in der Lage sind, mit Hilfe eines Computers zu schreiben, wenn sie dabei physisch an Hand, Handgelenk oder Unterarm unterstützt werden (Braun 1994, Kristen 1994).

9 Zur Frage der Kulturtechniken

Die bisherige Darstellung der inhaltlichen Lernbedürfnisse geistig behinderter Kinder lässt erkennen, dass das Geamtlehrangebot sich eindeutig auf die Förderung sensomotorischer und real-sozialer Fertigkeiten im Sinne eines entwicklungsadäquaten und mehr praktischen Leben-Lernens konzentrieren muss. Da diese komplexe Aufgabe immer wieder in einen – scheinbaren – Widerspruch zu Lehrmöglichkeiten in den Bereichen von *Lesen, Schreiben und Rechnen (Mathematik)* gebracht wird und diese unter Umständen – wie etwa in der Aufbauphase der Schule für geistig Behinderte – überbetont werden können, erscheint eine Bemerkung hierzu nötig.

Die Frage nach der Rolle der *Kulturtechniken* im Unterricht geistig behinderter Kinder hatte sich zunächst zu einer Art „*Gretchenfrage*" der *Geistigbehindertenpädagogik* entwickelt. Da empirisch-wissenschaftliche Befunde über den Wert oder Unwert dieser Schultechniken fehlten, wurde die Auseinandersetzung weithin *ideologisch* geführt. Auch Mediziner beteiligten sich an ihr (Wunderlich 1970). Sie werden im Übrigen fälschlicherweise als „die" Kulturtechniken verabsolutiert, als gäbe es nicht auch andere kulturrelevante Techniken, z. B. auch bei Analphabeten.

In den USA und auch anderswo sind die „academic skills" ebenfalls umstritten. Im Labor gewonnene Forschungsergebnisse hinsichtlich der möglichen Erlernbarkeit werden nicht ohne weiteres als relevant für Klassenzimmer-Methoden angesehen (Hirshoren, Burton 1979).

Der angesprochene Komplex enthält ein Bündel von Einzelfragen, Fragen nach der allgemeinen und individuellen Berechtigung des Lesens, Schreibens und Rechnens bei geistiger Behinderung, Fragen nach Möglichkeiten, Methoden und Bedingungen. Es sollen hier einige Gesichtspunkte aufgezeigt werden.

Die unterrichtliche Erfahrung lehrt: *Geistig behinderte Schüler vermögen „Lesen, Schreiben und Rechnen" zu erlernen.* Was heißt aber Lesen, Schreiben und Rechnen bei geistiger Behinderung?

„Unter Lesen versteht man die Entnahme der in der Schriftsprache niedergelegten Sinngehalte" (E. Kern, Enzyklopäd. Handbuch der Sonderpädagogik, 1969, Sp. 790). Zweifellos vermögen geistig behinderte Schüler Schriftbilder sinnentnehmend zu deuten, also zu lesen; aber ebenso sicher ist, dass dies nicht alle können, und dass sie eine sehr unterschiedliche Lesefertigkeit entwickeln (Haug, Schmitz 1977, Haug, Keuchel 184, Jansen 1985).

Aus der unterrichtlichen Erfahrung lassen sich folgende *drei Gruppen geistig behinderter Kinder* hinsichtlich ihrer Leselernfähigkeit unterscheiden:

1. Eine geringe Zahl von Kindern, die keinerlei Schriftbild, auch keinen Buchstaben als Laut, deuten können.
2. eine größere Zahl von Kindern, die bestimmte Namen, Aufschriften und Schilder wieder erkennen und deuten können,
3. eine geringere Zahl von Kindern, die neue Schriftbilder und Texte erlesen können.

Die Unterschiede zwischen diesen Gruppen sind fließend. Wie weit die Leselernpotenz eines Kindes tatsächlich reicht, lässt sich nur nach einer sorgfältigen Beobachtung und Untersuchung sagen. Kirk und Johnson (1964) waren der Auffassung, dass das Intelligenzalter gewisse Hinweise auf die zu erwartende Lesefertigkeit geben kann. Allerdings sind inzwischen bei beiden und anderen Verfassern Korrekturen anzubringen, soweit sie von der Annahme ausgingen, dass Kinder im Allgemeinen erst mit sechs Jahren lesen lernen können. Schon Dreijährige verfügen über Leselernvermögen (Doman, Lückert 1966). Daraus allerdings die Schlussfolgerung zu ziehen, alle Kinder mit einem Intelligenzalter von drei Jahren, also auch geistig retardierte, könnten das Lesen erlernen, erscheint bei der andersartigen Lernstruktur dieser Kinder zumindest fraglich. Auf die Unzulänglichkeit von Klassifizierungsversuchen mittels Intelligenzquotienten bei geistiger Behinderung ist bereits hingewiesen worden.

Ähnliches ist vom *Schreibenlernen* zu sagen. Geistig behinderte Schüler sind durchaus in der Lage, Schriftbilder zu produzieren, aber *nicht alle* von ihnen können dies. Im Allgemeinen ist dies ein Nachvollziehen, also ein Abschreiben. Nur ein kleiner Teil dürfte fähig sein, selbstständig und spontan Gemeintes schriftlich zu fixieren, z. B. für Mitteilungen an andere. Als Beispiel kann auf die von Gabriele Bender (1986) verfassten und bebilderten

Texte verwiesen werden. Bei den von Wunderlich (1970) publizierten, geradezu fehlerlos geschriebenen und stilistisch wie grammatikalisch bemerkenswerten Briefen von Down-Kindern wären genauere Angaben über die einzelnen Bedingungen wichtig, unter denen diese Leistungen zustande kamen.

Das *Rechnen* oder die *Mathematik* als das Operieren mit Mengen und Zahlen, also der Lernbereich Mathematik, bereitet bei geistiger Behinderung die *größten Schwierigkeiten.* Aber auch hier, also im Bereich des „quantitativen Denkens" oder des Zahlendenkens, kann man eine Stufung der Lernfähigkeit der einzelnen Kinder feststellen. Einige scheinen nicht in der Lage zu sein, *quantitative Unterschiede* auszumachen, andere können auch nicht einen Zahlbegriff bilden, Einzelne wiederum gehen in verblüffender Weise mit Zahlen und Münzen um.

Der traditionelle Begriff „Rechnen" verstellt ein angemessenes Verständnis dessen, was in diesem mathematischen Lernbereich als Lernleistung angestrebt und erreicht werden kann. Als realistisches Beispiel seien hier die entsprechenden Lernziele wiedergegeben, wie sie der Bayerische Lehrplan (Staatsinstitut für Schulpädagogik 1982 a, 180) enthält:

1. *In und mit Räumen handeln*
2. *Mengen durch Begrenzungen herstellen*
3. *Mengen ordnen*
4. *Mengen vergleichen*
5. *Mengen verändern*
6. *Der numerischen Sprache begegnen*
7. *Mengen bewusst erfassen (Mächtigkeit, Kardinalzahlen)*
8. *Zahlbeziehungen bewusst erfassen (Anzahl / Ordinalzahl)*
9. *Zahlen lesen und schreiben*
10. *Mit Mengen, Zahlen und Ziffern im Zehner umgehen*
11. *Den erweiterten Zehnerraum verstehen*
12. *Mit Geld umgehen*
13. *Mit Maßen umgehen.*

Im „Grundlagenmaterial" für die Rehabilitationspädagogischen Förderungseinrichtungen in der ehemaligen DDR war eine eigene Förderungsdisziplin „Bekanntmachen mit quantitativen Sachverhalten" ausgewiesen. Der Lehrstoff gliedert sich in die Erarbeitung

- *von Mengen,*
- *von Zahlen und Ziffern und*
- *von räumlichen Ausdehnungen.*

Die bisherigen Feststellungen haben Folgendes deutlich werden lassen:

a) Die Begriffe „Lesen, Schreiben und Rechnen" („Kulturtechniken") sind bei geistiger Behinderung spezifisch zu *modifizieren.* Sie können infolge der unterschiedlichen Lernfähigkeit der Kinder nicht die gleiche Lernzielbedeutung für alle haben. Geistig behinderte Schüler können entsprechend ihren individuellen Fähigkeiten nur bestimmte Lernziele innerhalb des Lese-, Schreib- und Rechen-Lernprogrammes erreichen.

b) Die mit „Lesen, Schreiben und Rechnen" gemeinten Lernvorgänge und Fertigkeiten lassen sich gemeinhin nicht so weit quantifizieren, dass ein bestimmtes Minimum angegeben werden könnte, das diese Begriffe noch rechtfertigt. Die schulrechtliche Bestimmung, dass ein geistig behindertes Kind „wenigstens in ganz bescheidenem Umfang" diese „Kulturtechniken" erlernen können müsse, um in der Schule sinnvoll unterrichtet werden zu können, ist daher nicht verifizierbar, erst recht nicht in prognostischer Hinsicht.

c) Die anfängliche Ablehnung der Kulturtechniken in der neu errichteten Schule für geistig Behinderte war u. a. auch ideologisch begründet und zwar durch die Tatsache, dass zunächst keine für diese Aufgabe qualifizierten Lehrerinnen und Lehrer zur Verfügung standen. Die Beobachtung, dass (einige) geistig behinderte Kinder durchaus mit geradezu verblüffender Geschicklichkeit „lesen und schreiben" konnten, wurde mit der Behauptung abgewehrt, dies seien mehr mechanische Fertigkeiten, die diese Kinder nicht selbstständig in ihrem Alltag anwenden könnten. Man sollte sich daher die unnötigen Mühen ersparen, die mit der Vermittlung dieser Fertigkeiten verbunden seien und schließlich zu Überforderungen führten.

Die inzwischen gemachten Erfahrungen haben diese generell ablehnenden Positionen widerlegt bzw. relativiert. Es hat sich gezeigt, dass einerseits individuell differenziert werden muss, und dass andererseits geistig behinderte Kinder vieles lernen, was sie möglicherweise zunächst nicht „einsehen" oder transferieren können, was aber eine Grundlage für eine spätere Weiterentwicklung darstellt. Die Erfolge der Erwachsenenbildung haben dies belegt.

Generell ist es wichtig, dass das Einüben der „Kulturtechniken" dann von bildender Wirkung ist, also didaktisch-psychologisch sinnvoll ist, wenn diese Lernvorgänge der Lernfähigkeit des einzelnen Schülers entsprechen, er also nicht überfordert wird und dabei wirkliche Erfolge erzielt und damit neue Lernmotivationen erhält.

Unter diesen lernpsychologischen Bedingungen sind die Argumente von Interesse, die *für die Berechtigung* der Kulturtechniken im Lehr- und Lernplan der Schule für geistig Behinderte, d. h. für eigene Kurse für ausgewählte kognitiv leistungsfähigere Schüler sprechen.

1) In *sozial-rehabilitativer* Hinsicht: Das Vermögen, zu lesen, zu schreiben und zu rechnen erleichtere die soziale Eingliederung. Vetter (1966) wies u. a. auf diese Bedeutung der „Kulturtechniken" hin. Sie gelinge leichter, wenn der geistig behinderte Mensch kein Analphabet sei und damit den durchschnittlichen Erwartungsnormen entsprechen könne. „Kenntnisse und Fertigkeiten in den Kulturtechniken stellen Hauptziele dar, weil sie gegenüber der engeren und weiteren Öffentlichkeit am besten darstellbar sind" (51). Unter Umständen könnten solche Ziele gar im Sinne der „Normalisierung" gewertet werden.

Es ist bereits darauf hingewiesen worden, dass sich insbesondere die *Eltern* diesem Anpassungszwang ausgesetzt sehen. Da auch sie von den allgemeinen Erwartungsnormen bis zu einem gewissen Grad abhängig sind, ist es für sie und damit für ihr Verhältnis und ihre Einstellung zum Kind nicht unbedeutend, ob es diesen Normen entspricht oder nicht. Dabei dürfte es von sekundärer Bedeutung sein, ob diese Erwartungsvorstellungen menschlich berechtigt sind oder nicht. Auf jeden Fall kommt dem genannten sozialpsychologischen Argument nur temporäre und mittelbare Bedeutung zu, und die Gefahr, die in ihm für das Kind liegt, muss sehr ernst genommen werden. Ihr erliegen viele Eltern. Sie können die Schule und das Kind unter einen erheblichen Druck setzen.

2) In *persönlichkeitspsychologischer* Hinsicht lässt sich aus der Verfügbarkeit über Schrift und Zahl eine Steigerung des *Eigenmachtgefühls* ableiten. Lersch (1965) hatte darauf hingewiesen, dass der Mensch mit der Verfügbarkeit der Sprache auch *Verfügungsmacht über die Dinge* erhält, sie dadurch in den Griff bekommt. Die sprachliche Fixierung der wechselnden Erscheinungen ermöglicht es dem Menschen, sich abzuheben vom bloßen Getriebensein in der Flucht der Erscheinungen.

Dies gilt offensichtlich für das gesprochene wie für das geschriebene Wort. Man kann für den geistig behinderten Menschen, der sich weithin in einer Welt voller fremder Dinge und Wesen vorfindet, folgern, dass sein Eigenmachtgefühl eine Steigerung erfahren dürfte, wenn er in der Lage ist, die Dinge, ihre Bilder und Namen, zu fixieren, beziehungsweise sie in ihren Wortfixierungen zu entschlüsseln.

Es ist eine bekannte Erfahrung, dass sich die Eindrücke und Gedanken klarer fassen und ordnen lassen, wenn man sie schriftlich fixiert, um sie auch optisch überschauen zu können. Umgekehrt ist auch die Beklommenheit bekannt, die einen befällt, wenn man in einer ausländischen Stadt die Zeichen und Wörter, die einen umgeben, nicht entschlüsseln kann. Man kann annehmen, dass die Lebensorientierung des geistig behinderten Menschen mit jedem Wort, das er fixieren und entschlüsseln kann, klarer und sein Weltbild reicher wird.

3) In *sprachlicher* Hinsicht ist in der Unterrichtspraxis zu beobachten, dass der Lese- und Schreibunterricht einen fördernden Einfluss auf die *Sprechentwicklung* ausübt. Geistig behinderte Kinder mit einem angepassten und intensiven Lese- und Schreibunterricht sprechen vermutlich besser. Diese Wirkung dürfte mit der gründlichen und vielseitigen Auseinandersetzung und Beschäftigung mit jedem einzelnen Laut und Wort zu erklären sein.

Die optische und handmotorische Funktion unterstützt offenbar die mnestische und motorische Funktion des Sprechens.

4) In *kommunikativer* Hinsicht wird dem Menschen mit einer geistigen Behinderung durch die Lese- und Schreibfertigkeit die Möglichkeit gegeben, *mit anderen in schriftlichen Kontakt* zu treten. Er kann dann beispielsweise einen Kartengruß entgegennehmen oder sich einem Verwandten oder Freund auf dem gleichen Wege mitteilen, mag er dazu auch der Hilfe bedürfen. Dieses schriftliche In-Beziehung-Treten kann für ihn ein Weg aus seiner Isolierung heraus sein.

Es sei nochmals betont, dass die genannten Lebens- und Bildungshilfen nur dann tatsächlich möglich und nur so weit realisierbar sind, als das Erlernen des „Lesens, Schreibens und Rechnens" den wirklichen *Lernfähigkeiten des Kindes entspricht.* Die Kinder müssen so weit fortgeschritten sein, dass sie „willig und ohne Überanstrengung mit einiger Aussicht auf Erfolg und in sinnvollem Umfang" diese Techniken erlernen können (Bach 1967, 42). Vor einer *Überforderung* ist mit aller Deutlichkeit zu warnen.

Diese Gefahr kann sich aus mehreren Gründen leicht einstellen, nicht zuletzt deshalb, weil diese Techniken eine praktikable Beschäftigung des Kindes darstellen, sofern einem pädagogisch nichts Besseres einfällt. Die Gefahr kann auch aus dem Selbstrechtfertigungsbemühen der Sonderschule erwachsen, wenn sie also den Versuch unternimmt, den Sinn und Wert ihrer Arbeit nach außen hin durch „echt schulische" und möglichst bemerkenswerte Leistungen plausibel zu machen.

Unter Umständen könnte dann aber auch von einer *Unterforderung* die Rede sein und zwar bei jenen geistig behinderten Schülern, die zur oberen Leistungsgruppe gehören und u. U. fähig wären, den Leistungsanforderungen der Unterstufe der Schule für Lernbehinderte zu genügen (Bernart 1970). Nach Untersuchungsbefunden, von denen u. a. Hirshoren und Burton (1979) aus den USA berichteten, beziehen sich die erfolgreich und experimentell durchgeführten Versuche zum Erlernen von „academic skills" auf geistig behinderte Personen bis zu einem unteren IQ von ca. 40. Die Autoren betonten jedoch ausdrücklich, dass selbst bei einer experimentell nachweisbaren Erlernbarkeit die Realisierung unter schulischen Bedingungen nicht eo ipso zu rechtfertigen sei.

Für das *unterrichtliche Vorgehen* im Lesen, Schreiben und quantitativen Operieren erscheinen folgende *didaktische Leitgedanken* wichtig:

a) Das Erlernen des Lesens, Schreibens und quantitativen Operierens erfolgt in *Stufen.* Dem Lesen und Schreiben des ersten Buchstabens oder Wortes wie auch der einfachsten quantitativen Operation gehen Vorstufen und Vorübungen voraus. Sie gelten dem Sammeln und Ordnen von Erfahrungen, dem Erarbeiten elementarer quantitativer und qualitativer Begriffe (groß/klein, hell/dunkel, süß/sauer, viel/wenig), dem Erkennen und Dar-

stellen von Beziehungen und Abfolgen (Vater und Mutter; über – unter –
zwischen, wenn – dann; zuerst – dann – dann), Bilder „lesen", vergleichen,
ordnen, Üben der Groß- und Feinmotorik, Nachbilden einfachster Formen
in verschiedenen Materialien.

b) Die erhebliche Unterschiedlichkeit der Lernfähigkeit bedingt ein unter-
schiedliches *Lerntempo,* so dass nicht generell festgelegt werden kann, in
welchem Schuljahr ein Kind so weit fortgeschritten ist, dass es mit „den Kulturtechniken" beginnen kann. Während Vetter (1966) die Mittelstufe für
den Beginn empfahl, verwies Bach (1967) diesen Unterricht in die Oberstufe. Es liegt lernpsychologisch gesehen genügend Grund dafür vor, dass
sich eine Verfrühung, aber auch eine Verspätung lernnachteilig auswirken
kann. Es gibt nachweislich – in geringer Zahl – geistig behinderte Schüler,
die schon in der Unterstufe besagte kognitive Techniken bis zu einem gewissen Grad erlernen können, ohne dass man ihnen deshalb ihre „echte"
geistige Behinderung absprechen müsste; denn sie wären nicht in der Lage,
dem Bildungsweg der Lernbehindertenschule zu folgen. Sie sind vielfach
nach vergeblichem Besuch dieser Schule in die Geistigbehindertenschule
überwiesen worden.

Dass auch nach Ende der üblichen Schulzeit noch beachtliche Chancen
bestehen, die Kulturtechniken zu erlernen, zeigten die ermutigenden Erfahrungen in der *Erwachsenenbildung* (Meyer-Jungclausen 1985, Baumgart
1987). Es konnte beobachtet werden, dass im ersten Erwachsenenalter (3.
Lebensjahrzehnt) das eigene Bedürfnis, Lesen, Schreiben und den Umgang
mit Zahlen (Geld) zu erlernen, deutlich wirksam wird.

c) Soweit das Umgehen mit Schriftzeichen und Zahlen nicht bloßes mechanisches Andrillen sein soll, lässt sich als *Lernziele* nicht von vornherein ein
bestimmter, allgemein verbindlicher Katalog von Wörtern (Namen, Aufschriften) und Zahlenräumen festlegen. Er könnte im Übrigen auch dazu
angetan sein, bestimmte Kinder zu überfordern und andere zu unterfor-
dern. Bach (1967) gab für die Kinder der Oberstufe als Lernziel an, dass sie
„nach Möglichkeit ihren *Namen und ihre Adresse gut lesbar und sauber ,ab-
zumalen'* und danach auch auswendig ,aufzumalen', einige häufig vorkom-
mende und praktisch wichtige Wortbilder zu erkennen lernen und in der
Beurteilung des Wertes der gängigen *Geldsorten geübt* werden" (gesperrt
bei Bach, 42). Andere Autoren (Vetter 1966 und Bernart 1970) gingen darüber hinaus. Dass Rechnen auch im Zahlenraum 100–1000 möglich und
sinnvoll sein kann, zeigt ein von Rehbein (1979) durchgeführtes Programm
mit geistig behinderten Jugendlichen.

d) Der Erwerb von Fertigkeiten im Lesen, Schreiben und quantitativen
Operieren spielt sich in hochkomplexen Lernprozessen ab. Diese erfordern
eine wohl überlegte, psychologisch *angemessene Lehrweise.* Ihre Bedeut-

samkeit für den Lernerfolg erstreckt sich auf die Stoffauswahl wie auf die methodischen Mittel und Wege, z. B. die Verwendung von Handzeichen beim Lesen.

Da das Erlernen dieser Techniken sich in ihrer wirklichen Bedeutsamkeit für die Kommunikation, d. h. für eine bessere Lebensorientierung und Lebensbewältigung des Kindes erweisen, d. h. ein Sinnvolles sein soll, muss es sich stofflich-inhaltlich in enger Beziehung zum *Sachunterricht* vollziehen. Es soll vermieden werden, dass aus formal-methodischen Gründen künstliche, imaginäre „Sach"-bezüge an das Kind herangetragen werden, die dazu führen könnten, dass das Kind verwirrt wird. Andererseits muss die Abfolge der einzelnen Lernschritte einem didaktisch-methodisch differenzierten *Lehrgang* folgen.

Die Verantwortung für die Gestaltung dieses Unterrichts in den genannten elementaren Kulturtechniken im Sinne einer angemessenen Kombination beider didaktischer Prinzipien muss daher beim *Sonderschullehrer* liegen. Assistenzlehrerinnen unterstützen ihn bei der Durchführung von Übungen.

e) Im Erlernen der Kulturtechniken kann *nicht das Hauptziel* der Schule für geistig Behinderte gesehen werden, da sie im späteren Leben eine eindeutig untergeordnete Rolle spielen und da für das Kind das Erlernen anderer Fertigkeiten für die spätere Lebensbewältigung wichtiger ist. Da der für das Erlernen von Lesen, Schreiben und Rechnen notwendige Zeitaufwand relativ groß ist, muss mit aller Sorgfalt und Verantwortung geprüft werden, ob und wieweit dieser wirklich zu rechtfertigen ist gegenüber einem *Verlust an Unterrichtszeit* für lebenspraktisch dienlichere Lehrziele. Andererseits käme es einem Vorenthalten von Bildungschancen gleich, wenn auf jegliches Lehren dieser Fertigkeiten gänzlich verzichtet wird und von vornherein generell die Aussichtslosigkeit jedes Versuches behauptet wird.

10 Die Lernorganisation der Schule für geistig Behinderte

Wenn Schule Lebenswelt und ein Ort, um leben zu lernen, sein soll, so wird sie sich gegenüber dem üblichen Schule-Schema durch besonders viel *Lebensnähe* und Natürlichkeit des Tagesablaufs und der Begegnung mit den alltäglichen Geschehnissen und Erfordernissen auszeichnen müssen. Aus diesem Grunde ist die Schule für geistig Behinderte in der Regel als *Tagesschule* errichtet worden. Sie vereinigt damit in einer organisatorisch-komplementären Verdichtung heilpädagogisch- schulische und sozialpädagogische Elemente und Ressourcen.

Die Form der *Tagesschule* mit täglich siebenstündigem Betrieb von Montag bis Freitag kann sicherlich in gewisser Weise den Erfordernissen einer Geistigbehindertenschule im Sinne einer Schule zur Lebenshilfe gerecht werden: Erziehungs- und Unterrichtsaufgaben können gesamtheitlich aufeinander abgestimmt werden, das Lernfeld wird weiter und vielgestaltiger, es schließt so wichtige Lerninhalte wie die der Alltagshygiene, des Verhaltens beim Essen, bei der Mittagsruhe, in der Freizeit, bei gemeinsamer Arbeit ein; schließlich bringt die Tagesschule den Eltern die so dringend nötige Entlastung, und der hohe Aufwand an Zeit und Kraft für den Transport zur und von der Schule wird rentabler.

Diese Form der Schule kann mit ernst zu nehmenden Gründen auch in Frage gestellt werden. So wird von Elternseite geltend gemacht, dass die Chancen für eine soziale Eingliederung in die *Lebenswelt außerhalb der Schule* erheblich schwinden, wenn das geistig behinderte Kind im Gegensatz zu seinen Altersgenossen ohne geistige Behinderung den ganzen Tag in der Schule verbringt.

Diese Auffassung wird nicht von allen Eltern geteilt. Sie sollte aber respektiert werden. Da sich die Schulpflicht nicht auch auf den Besuch eines Tagesheimes bezieht, müssten die Eltern das Recht haben, ihr Kind nur halbtags zur Schule zu schicken. Dies setzt freilich eine Trennbarkeit von Schule und Tagesheim voraus, wie sie beispielsweise in Bayern gegeben ist. Bei dieser – fiskalisch und auch administrativ – additiven Form wird es darauf ankommen, durch eine möglichst enge Zusammenarbeit einheitlich zu planen und sich gegenseitig zu unterstützen. Regelmäßige gemeinsame Konferenzen sind dazu nötig.

Die *Gliederung der Schülerschaft* in Klassen oder Gruppen richtet sich nach verschiedenen Gesichtspunkten, die im Einzelfall gegeneinander abgewogen werden müssen. Zu nennen sind insbesondere das individuelle Lernvermögen eines Kindes, sein soziales Verhalten und sein Lebensalter (Bach 1967). Je größer die Zahl der Schüler einer Schule, desto größer sind die Möglichkeiten der Differenzierung und damit der Bildung lernhomogener Gruppen. Das Differenzierungsprinzip wird jedoch überzogen, wenn unübersichtliche Mammutschulen entstehen, die die Binnenkontakte verdünnen und Eltern und Schülern zu weite und beschwerliche Schulwege zumuten.

Nur dem Grad und der Art der Bildungsbehinderung entsprechende *kleine Klassen* sind geeignet, das Selbsttun und Mittun des Kindes im wünschenswerten Maße zu aktivieren.

Das pädagogische Heil liegt aber nicht in der kleinen, abgeschlossenen Klasse. Diese kann auch – unbemerkt – veröden, wenn nicht genügend lebendige Außenkontakte bestehen. Wir verfolgten in einem Projekt das Ziel, durch die temporäre Bildung von *Großgruppen* als Kombination verschiedener Klassen eine Auflockerung und Dynamisierung des Schulalltags für Schüler und Lehrer herbeizuführen (Straßmeier, Speck, Homann 1990). In der *nachbarschaftlichen Öffnung der Klassen* sehen wir eine Chance, einer möglichen Erstarrung des Unterrichts in bloßer Routine und dem Burnout-Syndrom vorzubeugen, und vor allem der Isolierung der intensiv geistig behinderten Schüler in eigenen „Schwerstbehindertenklassen" zu begegnen.

Für die Einteilung in *Schulstufen* – Unter-, Mittel-, Ober- und Werkstufe oder Abschlussstufe – gibt es keine genauen Markierungseinheiten.
Mit ihnen werden lediglich Schwerpunkte für die Unterrichtsplanung
gesetzt und Lernfelder abgesteckt, die der ungefähren Sequenz der Lernstufen geistig behinderter Kinder entsprechen. Bedingt durch die Unregelhaftigkeit ihrer Entwicklung und die große Streuung ihrer Begabungs-
strukturen sind nur vage Charakterisierungen der einzelnen Schul- und
Lernstufen möglich; sie greifen jeweils weit ineinander. In der einführen-
den Unterstufe steht nach Bach (1967) das „spielende Lernen" im Vordergrund, in der Mittelstufe das „mitschaffende Lernen", in der Oberstufe das
„werkgerichtete Lernen".

Die *Werkstufe* entspricht im Rahmen der zwölfjährigen Schulpflicht dem
Abschnitt des Berufsschulbesuchs. Ihr Bildungsauftrag erstreckt sich auf
die Sicherung der Allgemeinbildung sowie auf die berufliche, freizeit-
pädagogische und erwachsenenpädagogische Förderung *(Staatsinstitut für
Schulpädagogik München, Modellversuch Werkstufe)*. Sie ist in gewissem
Sinn das *Bindeglied zwischen Oberstufe und Werkstatt für Behinderte*. Dabei behält der Gesamtbildungsauftrag seine volle Gültigkeit; der geistig behinderte Jugendliche und Heranwachsende wird noch nicht in spezieller
Weise in den Dienst der Produktion gestellt. Allerdings werden mit dem
Erlernen von arbeitsartigem Verhalten (Arbeitstechniken und Arbeitshaltungen) schwerpunktmäßig die Voraussetzungen für eine spätere Arbeits-
anleitung im Sinne der Produktion geschaffen. Hand in Hand damit geht
das Erlernen von Motiven und Fertigkeiten zur Gestaltung einer sinnvollen *Freizeit*.

Stuffer (1975) hatte in einer empirischen Untersuchung die pädagogische
Notwendigkeit einer der Schule für geistig Behinderte zugeordneten Werkstufe begründet und ein entsprechendes Konzept vorgelegt.

Von zentraler Bedeutung für die gesamte Lernorganisation sind die *Lehrenden*. Ein grundlegendes Erfordernis ist ihre heilpädagogische Spezialisierung auf der Basis einer pädagogischen Grundausbildung. Dabei ist
nicht nur an diejenigen zu denken, die über einen offiziellen Lehrersta-
tus verfügen (Fachlehrerinnen und -lehrer, Heilpädagogische Förderlehrerinnen und -lehrer), sondern auch an die in diesem Schulbereich in relativ
großer Zahl eingesetzten Sozialpädagogen und therapeutischen Mitarbeite-
rinnen und Mitarbeiter (Heilpädagoginnen). Wichtig ist dabei die Ausrich-
tung ihrer speziellen Ausbildung auf die besonderen Erziehungs- und Förderungsbedürfnisse, wie sie bei Kindern und Jugendlichen mit einer geistigen Behinderung vorliegen, unter hinreichender Berücksichtigung des
schulischen Lehrens und Lernens.

Vom *Sonderschullehrer* wird ein sonderpädagogisches Hochschulstu-
dium verlangt, das ihn instandsetzt, seinen speziellen und komplexen Aufgaben mit wissenschaftlichen Begründungen gerecht zu werden. Er muss
insbesondere Unterricht und jegliche Lernprozesse den besonderen Situa-

tionen, Fähigkeiten und Grenzen geistig behinderter Schüler entsprechend organisieren und reflektieren können (Deutscher Bildungsrat 1973). Darüber hinaus muss er in Anbetracht der verschiedenartigen Schädigungen und nicht auf eine Behinderungsart reduzierbaren speziellen Erziehungs- und Förderungsbedürfnisse über eine breite, grundlegende heilpädagogische Fachkompetenz (non-kategoriale heilpädagogische Grundausbildung) verfügen und gleichzeitig über pädagogisch-didaktisch allgemeine Kompetenzen, um im Sinne einer integrativen Kooperation mit der allgemeinen Schule und ihren Lehrern zusammenarbeiten zu können.

Neben den Sonderschullehrern werden auch *Sozialpädagogen* oder *Heilpädagogen* mit der Führung einer Gruppe oder Klasse betraut. In den einzelnen Bundesländern sind für diesen Personenkreis verschiedene Berufsbezeichnungen geprägt worden: Heilpädagogische Assistenten an Sonderschulen, Personal für heilpädagogische Unterrichtshilfe, Fachlehrer an Sonderschulen. Man könnte auch von Assistenzlehrern an Sonderschulen reden. Gemäß den schulrechtlichen Bestimmungen in mehreren Ländern kann nur einem „Lehrer" die pädagogisch verantwortliche Leitung einer Schulklasse übertragen werden. Demnach können die oben genannten Lehrpersonen nur in Mitarbeit neben dem Sonderschullehrer tätig werden.

Da aber einem Lehrer auch zwei oder drei Klassen als ein Klassenverbund übertragen werden können, bietet sich die Möglichkeit, solche Klassen für bestimmte Aufgaben den genannten Mitarbeitern („Sonderpädagogen", „Heilpädagogen") in kooperativer Teilverantwortlichkeit anzuvertrauen (Klassenführung). Auf die Dauer wird sich ein Zwei-Lehrer-System, bestehend aus Sonderschullehrer plus Assistenzlehrer für jede Schulklasse, als notwendig erweisen, wenn all die hier genannten erzieherischen und didaktischen Prinzipien wirklich zum Tragen kommen sollen.

Fachlehrer (technische Lehrer, Handarbeits- und Hauswirtschaftslehrerinnen, Rhythmiklehrerinnen) werden für einen stundenweisen Unterricht nur so weit in Betracht kommen, als an die Umstellungsfähigkeit der Kinder keine zu hohen Anforderungen gestellt werden. Vor allem in den unteren Schulstufen sollten so wenig als nötig weitere Lehrpersonen verwendet werden. Soweit erforderlich werden für spezielle *therapeutische* Aufgaben auch Krankengymnastinnen, Beschäftigungstherapeutinnen und Heilpädagogen eingesetzt.

Nur in enger Fühlungnahme miteinander und in gemeinsamer Planung, gesichert durch regelmäßige Besprechungen, wird es möglich sein, die schwierigen Aufgaben dieser Arbeit zu erfüllen. Dazu empfiehlt es sich, die Gesamtmitarbeiterschaft aufzugliedern und in *kooperativen Abteilungen* zu organisieren. Diese können sich auf die verschiedenen Schulstufen beziehen. Ein Koordinator sorgt pro Abteilung für regelmäßige Zusammenkünfte und eine pädagogische Abstimmung der verschiedenen Arbeitsansätze. Auftretende Probleme können hier ebenso besprochen werden wie Fragen der

Zusammenarbeit mit den *Eltern.* Derartige Abteilungsteams auf der Basis relativ vertrauten Kooperierens können erfahrungsgemäß zu einem lebendigen Instrument der Schule werden (Teamarbeit).

Einzelheiten zu weiteren Bereichen der Schul- und Unterrichtsorganisation bieten die Übersicht von Höss (1979) sowie die Empfehlungen des *Pädagogischen Ausschusses der Bundesvereinigung Lebenshilfe für geistig Behinderte* (1973).

XI Das erzieherische Verhältnis

Der Begriff des *erzieherischen Verhältnisses* ist ein tradierter Begriff der Pädagogik, der aber im Zuge der Entwicklung des Bildungswesens zur Lehr-Lern-Organisation immer mehr aus dem Blickfeld geraten ist. Im Vordergrund der Bildungsdiskussion stehen heute Begriffe, wie „Wissensmanagement" und Leistungssteigerung (Förderung). Das Pauschalieren des pädagogischen Ansatzes kennt zwar noch das Prinzip des Individualisierens; dieses ist aber nicht gleichzusetzen mit der Interpersonalität, die im „erzieherischen Verhältnis" wirksam wird.

Es sollen zunächst allgemeine Bedeutsamkeiten dieses pädagogischen Bezugs angesprochen werden und anschließend das spezielle „dialogische Prinzip", im Wesentlichen nach Martin Buber, und schließlich ein kritisches Fehlverstehen des erzieherischen Verhältnisses, das so genannte Burnout-Syndrom.

1 Allgemeine Bedeutsamkeiten der pädagogischen Interaktion

Eine zentrale Rolle im erzieherischen Prozess spielte früher stets das so genannte *Autoritätsverhältnis.* Von der Einsicht ausgehend, dass der – früher so genannte – „geistesschwache" Mensch der schlechthin unselbstständige, abhängige sei, der beständiger Fürsorge und Führung bedurfte, war man früher geneigt, im erzieherischen Verhältnis zum geistig behinderten Kind dem Erzieher eine dominierende Position und direktive Rolle zuzuschreiben.

Diese Auffassung von der primär autoritativen und Unterordnung einfordernden pädagogischen Haltung ist längst einem Wandel gewichen.

Das erzieherische Verhältnis zu einem Kind mit einer geistigen Behinderung ist im Prinzip kein spezifisch anderes als das zu einem nicht behinderten Kind. Natürlich ergeben sich situative und individuelle Modifizierungen aufgrund von Eigenarten des Lernens und Verhaltens. So sind geistig behinderte Kinder einerseits führungsbedürftiger als intelligentere, sie verlangen aber andererseits nach einem differenzierteren Berücksichtigen und Verstehen ihrer individuellen Bedürfnisse und Eigenheiten.

Wichtig ist die *Echtheitsqualität des Bezugs,* in welchem sich Pädagogin/Pädagoge und Kind als zwei Subjekte begegnen und in welchem die Erziehungsbedürftigkeit des Kindes zur subjektiven Aufgabe, zum Problem des Erziehers wird (Kobi 1983). Sie bedeutet letztlich, dass der Erzieher „da sein", das Kind voll „wahrnehmen" und sich mit ihm einlassen sollte.

Geistig behinderte Kinder sind sicherlich stärker auf ihren Erzieher angewiesen, er sieht sich aber auch stärker genötigt, sein Verhalten auf sie abzustimmen. Der Kompetenzunterschied zwischen ihm und den Kindern ist
einerseits viel größer, andererseits kommen sie ihm persönlich viel näher,
reden ihn z. B. in der Regel mit dem vertrauten Du an.

In einer Übermächtigkeit des Erziehers gegenüber dem geistig behinderten Kind, die sich aus der Hilf- und Wehrlosigkeit des Kindes und aus der
Überlegenheit des Erziehers leicht einstellen könnte, ist demnach eine
pädagogische Fehleinstellung zu sehen. Sie kann sich in den beiden Extrem-
formen der libidinös einhüllenden Distanzlosigkeit (a) und der autoritär verfügenden Kontaktlosigkeit (b) ausdrücken.

Im letzteren Fall (b) befindet sich das Kind in einem Hörigkeitsverhält-
nis gegenüber dem dominierenden und zugleich distanzierten Erzieher. Es
wird in seinem Eigenwert missachtet und könnte beliebig manipuliert und
abgerichtet werden.

Im ersten Fall (a) entsteht – vielfach aus übermäßiger Sorge und elementarer Bemutterung – eine Einengung und Abschnürung des Lebensspiel-
raumes des Kindes. Sein Selbst kann sich nicht voll entfalten.

Die Grundlage des erzieherischen Verhältnisses muss die gleiche sein wie
für jede konstruktive soziale Beziehung. Es treten jeweils zwei autonome
(autopoietische) Einheiten miteinander in Austausch. Autonom heißt hier,
dass jedes System sich selbst zu organisieren hat, also sich selbst steuert.
Diese Ontogenese kommt aber nur durch eine Ko-Ontogenese mit dem Anderen zustande. Dabei gehen jeweils von beiden Einheiten Wirkungen aus.
Beide Seiten haben sich umzustrukturieren.

Es erfolgt also keine direkte Übertragung – z. B. einer erzieherischen Information – an das Kind. Dieses nimmt nur das wahr, was es – aufgrund seiner Struktur – wahrnehmen, d. h. verstehen kann, nicht also das, was der
Erzieher absendet. Ein wichtiger Transporteur sind dabei die gegenseitigen
Gefühle.

Abhängigkeit spielt in der pädagogischen Interaktion eine ebenso zentrale Rolle wie Autonomie. Sie ist freilich eine *gegenseitige,* eine *inter-
dependente:* Auch der Pädagoge ist, wenn er sein erzieherisches Verhalten
(autonom) steuert, abhängig von den Eigenstrukturen des Kindes, von des-

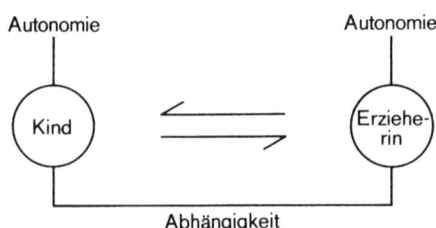

Abb. 16

sen Wahrnehmung, von dessen Ansprechen, Reagieren-Können oder Einsicht. Er versucht, sich permanent auf diese ontogenetischen Prozesse im Kind einzustellen. Autonomie und Abhängigkeit sind also erzieherisch gesehen in einem konstruktiven Spannungsverhältnis zueinander zu sehen. Der Pädagoge, der dem geistig behinderten Kind diejenigen Anregungen und Spielräume vermittelt, die das Kind als „Akteur seiner Entwicklung" (Kautter 1998) nutzen soll, bleibt zugleich pädagogisch autonom und kann damit rechnen, dass sich das Kind bereitwillig in seine Abhängigkeit (Geborgenheit) begibt, soweit es selber auf diese angewiesen ist.

Die erzieherische Abhängigkeit, in der das Kind steht, ist naturgemäß größer, je jünger und weniger entwickelt (gereift) es ist. In dem Maß, in dem es zur Selbsterhaltung noch nicht fähig ist, ist es auf Fremdbestimmung (Führung, „äußeren Halt") angewiesen. Seine Identität baut es im Übergang von Fremdbestimmtheit zur Selbstbestimmtheit auf. Alle Erziehung hat sich am immanenten Grundbedürfnis nach Selbstsein, Selbstaufbau und Selbsterhaltung zu orientieren. Alle erzieherische Intentionalität hat die wachsende Eigenintentionalität zu beachten und zu fördern, auch wenn sie – wie im Falle einer geistigen Behinderung – eine noch so behinderte ist.

Als eine weitere Form einseitigen Bezugs kann auch die betont *sachliche Zugeordnetheit* zum Kind angesehen werden, bei der die Person, das Persönliche des Erziehers, hinter der sachlich orientierten erzieherischen oder „therapeutischen" Absicht und den im Vordergrund stehenden Mitteln und Methoden weitgehend zurücktritt. Er handelt als „Bezugsperson", deren wesentliches Merkmal die „betont sachliche Einstellung" sei, die alles Persönliche meidet. Die gewährte Freundlichkeit sei von der Sache her gefordert: Sie schließe das Hassen – aber auch das Lieben aus.

Die Einseitigkeit solchen Bezugs kommt darin zum Ausdruck, dass generell nur der Erzieher als Bezugsperson des Kindes gemeint ist, nicht die Gegenseitigkeit des Bezugs. Die ihn treffenden Beziehungslinien des Kindes registriert und verarbeitet er primär in seinem „Sachverstand".

Unter dem erzieherischen Verhältnis ist ein Kommunikationskomplex zu verstehen, der von zentraler pädagogischer Bedeutung ist. Er ist nicht einfach „Beziehung", sondern eine Beziehung, die sich am Erziehungsziel orientiert. Es beinhaltet vor allem den Stil der interpersonalen Begegnung zwischen Erzieher und Kind. In diesem pädagogisch-kommunikativen Grundverhältnis werden von Person zu Person, von Subjekt zu Subjekt Inhalte wechselseitig übermittelt und zwar auf der Basis einer innerlich verbindenden *emotionalen* Beziehung.

Watzlawick u. a. (1974) unterschieden in jeglicher Kommunikation einen *Inhalts-* und einen *Beziehungsaspekt: Inhaltlich* werden bestimmte Informationen vermittelt, während der *Beziehungsaspekt* erkennen lässt, wie diese Informationen zu verstehen sind. Je dichter und vertrauter eine Beziehung ist, desto sicherer gelingt die Vermittlung der Inhalte. Ein Kind, das sich der liebenden Zuwendung seiner Pädagogin sicher ist, versteht deren

Aussagen, Wünsche und Befürchtungen besser. Umgekehrt: Wo die emotionale Beziehung gestört ist, ist mehr Mühe aufzuwenden, um sich verständlich zu machen und Sachverhalte angemessen zu vermitteln, oder sie scheitert.

Ein stabiles *Interaktionsverhältnis* ist wichtig für eine *kommunikativ orientierte Didaktik*. Im pädagogischen Verhältnis vollzieht sich eine interpersonale Annäherung; sie ist ein Akt personaler Zuwendung, durch den das Anderssein des anderen anerkannt und bestätigt wird, und zwar unabhängig von aktuellen Unzulänglichkeiten und kommunikativen Erschwerungen (Behinderungen). In der interpersonalen Beziehung erfährt jeder Partner eine Ergänzung und Entsprechung; es entsteht ein Wir. Darin kann sich die Hoffnung auf Dauer und Verlässlichkeit der Zugewandtheit und Verbundenheit ausdrücken.

Die Asymmetrie der Intelligenzkapazität ist hierfür kein Hindernis; denn es geht nicht um rationale Kommunikation, sondern um primär emotionale Qualitäten. *Empathie* entwickelt sich da, wo eine Wechselseitigkeit in der Kommunikation zustande kommt. Pfeffer (1988) wies darauf hin, dass immer auch *Nichtverstehen* im Spiel ist. „Die wechselseitige Ratlosigkeit und Unsicherheit postuliert vom reflektierenden Erzieher die Anerkennung der letztlichen Unverfügbarkeit des zu Erziehenden, das geduldige Offensein für das Unerwartete und die Bereitschaft, (den anderen) trotz alledem nicht allein zu lassen" (174).

Eine gewisse *Distanz* oder *Differenz* freilich bleibt. Sie ist als Voraussetzung für Kommunikation notwendig, aber auch für die freie eigene Entfaltung, für die Wahrung der Andersheit (Stinkes 1993). Sie ist „Distanz, die Nähe ist" (Lévinas), kein trennender, isolierender Abstand. Der in einem hohen Maß abhängige, ausgelieferte geistig behinderte Mensch lebt aus seiner Eigenheit, aber auch aus deren Respektierung und der emotionalen Verbundenheit. Sie erschließen ihm den anderen und damit das andere, die Umwelt, fundieren also den nötigen Realitätsbezug.

In der erzieherischen Beziehung wird *Verstehen* möglich, und zwar dann, wenn ich dem Kind nahe bin, so dass ich seine – oft diffusen – Kommunikationszeichen deuten kann. Das ist vor allem dann möglich, wenn es zu einem „liebenden Verstehen" kommt (Moor 1965, 300ff), zu einem Teilnehmen am Leben des anderen, zum Annehmen des anderen, wie er ist. Diese Haltung müsste ein wesentlicher Bestandteil dessen sein, was heute als *Assistenzfunktion* des Heilpädagogen bezeichnet wird.

Die konkreten Schwierigkeiten des näheren In-Beziehung-Tretens sind bekannt. Vielfach kommen Beziehungen nicht zustande, ohne dass die Gründe im Einzelnen eruiert werden könnten. Das Verhältnis kann ein negatives werden. Es kann vermehrt zu Aggressionen und Selbstverletzungen kommen (Kane, Klauß 2003). Besonders erschwert wird das Zustandekommen eines erzieherischen Verhältnisses bei autistischen Blockaden (Theunissen 2003).

Empirische Befunde über Einzelheiten der Kommunikation zwischen Lehrern / Erziehern und geistig behinderten Kindern liegen im Wesentlichen auf kasuistischer Basis vor (Pfeffer 1988). Objektivierende Befragungen von Personen mit geistiger Behinderung sind schwierig. Ohne interpersonalen Bezug verlieren im Übrigen Beobachtungen und Aussagen über geistig behinderte Menschen an Validität.

2 Dialogische Beziehung (Martin Buber)

Eine dialogische Beziehung, wie sie vor allem M. Buber als Ich-Du-Beziehung herausgearbeitet hat, gilt im Besonderen dem unmittelbaren und engeren Verhältnis eines Pädagogen zu einem Kind. „Objektivierende" Aussagen über das, was sich in einem erzieherisch bedeutsamen Dialog zwischen Pädagogen und geistig behindertem Kind abspielt, sind kaum möglich. Die Sprache über dialogische Beziehungen ist im Wesentlichen auf die phänomenologische Intuition angewiesen.

Eine dialogische Beziehung kommt unter bestimmten personalen Bedingungen zum Tragen und stellt für beide Seiten, Ich und Du, eine Bereicherung dar. Sie geht über das Ergebnis professionellen Agierens hinaus.

Moor (1958) hatte vom „ohnmächtigen Geist äußerlicher Formung" gesprochen, der die Erziehung zum bloßen Handwerk werden und den Erzieher meinen lasse, „in Mitteln, Regeln, Methoden das Wesen der Erziehung", „in der *Anwendung* grundsätzlicher Ansichten und psychologischer Erkenntnisse bereits die Erfüllung seiner Aufgabe" zu sehen. „Bleibe ich als Erzieher stehen bei der psychologischen Deutung kindlichen Verhaltens und bei der Anwendung bewährter Erziehungsregeln, geschieht bei all dem in mir selber nichts, habe ich nichts vernommen, das mich verwandelt, und geschieht kein Aufbruch eines neu Gewordenen, so ist in mir kein geistiges Geschehen", ... das „die Menschwerdung überhaupt erst in Gang brächte" (82).

Gerade gegenüber dem geistig behinderten Kind ist die Verklammerung der sachlichen pädagogischen Aufgaben mit der „dialogischen Zweiheit" (Faber 1962, 174) von Erzieherin und Kind wichtig. Sie ist gewissermaßen die Achse, um die sich das pädagogische Tun dreht, und durch die Lebenszutrauen, Fertigkeiten, Orientierung und Einstellungen ihre eigentliche Stabilisierung und Richtung erhalten.

Man könnte geneigt sein, die der geistigen Behinderung – früher oft – zugeschriebene „geistige Stumpfheit" als ein Hindernis für das Wirksamwerden einer dialogischen Zuwendung anzusehen. Die kommunikative Erfahrung aber lehrt, dass man auch von der *seinsmäßigen Ebenbürtigkeit* von Behinderten und Nichtbehinderten ausgehen kann, um dann am profilscharfen und geradezu provozierenden Beispiel der geistigen Behinderung aufzuzeigen, dass es in der Tat die Ich-Du-Beziehung ist, die das erzieherische Verhältnis eigentlich konstituiert (Faber 1962).

Nach Faber, dessen Darstellung über „das Dialogische Prinzip Martin Bubers und das erzieherische Verhältnis" wir folgen, ist in der *dialogischen Beziehung* eine *Sonderform* der zwischenmenschlichen Beziehung zu sehen, in der sich zwei *ebenbürtige Personen* gegenübertreten. Die faktische Unzulänglichkeit des Zöglings – sei sie noch so groß – wird durch eine „kreatürliche und personhafte Seinsebenbürtigkeit" überdeckt. Sie wird für den Erzieher erfahrbar, indem er als Folge seiner Zuwendung zum Kind *in sich eine Umgestaltung* oder Verwandlung wahrnimmt.

Das *dialogische Prinzip* stellt ein Doppelprinzip aus „Urdistanz" und „Beziehung" dar. In der „Urdistanz" liegt die seinsmäßige Selbstständigkeit der Partner, die jegliches Übertreten der Grenzen zum Innenraum des Zöglings ausschließt. Die „Kontrapunktik von Hingabe und Zurückhaltung, Vertrautheit und Distanz" (Buber) verwehrt es dem Erzieher, sich des Kindes zu bemächtigen. Vielmehr stellt sie ihn in eine seinsmäßige Verantwortlichkeit gegenüber dem Zögling.

Die konstitutive Bedeutung der Ich-Du-Beziehung für das erzieherische Verhältnis reicht über ein Denkmodell „herzlicher Zuneigung" – etwa im Sinne der freundlichen Bezugsperson – hinaus und liegt in der Anerkennung eines „Seelenmodells" (Buber), das allein erst „jegliches Erziehen zulässt. Das Gegenüber von Erzieher und Zögling wird damit auf eine Grundlage gestellt, die tragfähiger ist und sein kann als die Vorstellung von der Würde des Menschen; es steht in dem seinsmäßigen Auf-ein-Miteinander-zu, das für alles Menschliche gilt" (Faber, 119).

Die Struktur und Dynamik der Ich-Du-Beziehung lässt sich an ihren einzelnen Wesenszügen verdeutlichen:

Die Anerkennung der Andersheit fundiert und eröffnet das erzieherische Verhältnis. Das Kind will spüren, dass es angenommen ist und zwar so, wie es nun einmal ist, d. h. auch in seiner ganzen „Unansehlichkeit". Das Kind mit einer geistigen Behinderung als eine „in der Welt verlorene Mitkreatur" (Buber) bedarf des „Ja des Seindürfens", um sich der erzieherischen Einwirkung zu öffnen. Das Ja sprechen die Eltern, spricht der Lehrer, der nicht auswählt: „Da betritt er den Schulraum zum ersten Mal, da sieht er sie in den Bänken hocken, wahllos, tierische Gesichter, nichtige und edle; sein Blick, der Blick des Erziehers, nimmt sie alle an und nimmt sie auf" (Buber 1956, 31). In der Anerkennung des Andersseins liegt die *Achtung* vor dem Menschen, die Bekundung seines Dazugehörens. Anerkennung und Bestätigung erlebt aber nicht nur das Kind, sondern auch sein Erzieher, der ernst genommen und damit für das Kind wirksam wird.

In der *Unmittelbarkeit zwischen Erzieher und Zögling* ist ein weiteres Wesenselement der Ich-Du-Beziehung zu sehen. Unmittelbar sein bedeutet: wirklich da sein, bedeutet, in Offenheit und Lauterkeit in ungetrübte mitmenschliche „Berührung" mit dem Kinde treten, ihm wirklich nahe kommen. Der Erzieher hat erst dann Unmittelbarkeit verwirklicht, wenn seine Verhaltensweisen nicht „methodisch" eingesetzte Mittel darstellen, sondern Ausdruck einer spontanen und aufrichtigen Wesenszuwendung zum Zögling sind.

Da geht es nicht um einen „Fall von Mongolismus", um einen postencephalitischen Zustand, um die Begutachtung, um die Behandlung – seien solch differenzierte heilpädagogische Kenntnisse und Fertigkeiten auch noch so wichtig – sondern da begegnen sich in bestimmten Situationen und Augenblicken Mensch und Mensch in unzweckhaftem Umgang miteinander, treten zueinander ohne objektivierende „Vorsatzlinsen" in Blickberührung. Da das systematische Unterrichten an sich wenig Gelegenheiten hierfür bietet, wird es darauf ankommen, dass der Erziehungsraum nicht allein vom Unterrichten beherrscht wird, und dass natürlich-lebendige Formen des erzieherischen Miteinander gefunden werden. Schulen für geistig Behinderte sollten nicht der „Verschulung" durch eine Angleichung an das übliche Schule-Schema zum Opfer fallen!

Ein Beispiel aus dem Schulalltag mit geistig Behinderten könnte das hier dargestellte unmittelbare Nahe-Kommen von Erzieher und Zögling veranschaulichen:

> *In einer Gruppe von zehn Kindern befand sich ein dreizehnjähriger Schüler mit einem Down-Syndrom, der erst seit wenigen Monaten überhaupt in der öffentlichen Bildungseinrichtung war und bisher kein verständliches Sprechen gelernt hatte. Eines Tages gelang ihm das Wort „Lehrer". Dieser war hocherfreut über diesen Fortschritt. Der Schüler merkte dies, war seinerseits sichtlich beglückt, versuchte nun unentwegt dieses „Zauberwort", rief also immer wieder „Lehrer" und erhielt jedes Mal die Antwort: „Ja, Hansi!" Die Blicke trafen sich jedes Mal, und jeder erlebte die Freude des anderen in diesen kurzen Augenblicken als seine Freude.*

Dieses Beispiel leitet bereits über zu einem weiteren Phänomen der Ich-Du-Beziehung, das als *Ausschließlichkeit* bezeichnet wird. Immer nur *ein* Kind tritt im Augenblick der aktualisierten Begegnung in die Unmittelbarkeit der Berührung. Der Erzieher wendet sich ausschließlich und uneingeschränkt diesem einen bestimmten Kinde zu. „In der Ausschließlichkeit des Augenblicks löst sich der einzelne Schüler aus der Gesamtheit der Klasse und tritt in die Verbundenheit mit dem Lehrer; wenn dieser sich einem anderen zuwendet, lösen sie sich voneinander, aber der Schüler hat neue Kraft und neue Bestätigung erfahren und findet sich neu und anders der Gemeinschaft seiner Klasse eingefügt" (Faber, 135).

Das Bedürfnis nach einer ganz persönlichen Zuwendung des Erziehers, mag sie auch noch so kurz und unscheinbar sein, ist beim geistig behinderten Kinde besonders deutlich, ja geradezu „unverblümt" zu beobachten. Es zieht den Lehrer immer wieder auf sich, indem es ihn durch Gestikulieren oder durch bestimmte Laute auf sich aufmerksam macht, und es ist sichtlich glücklich, wenn der Lehrer es anschaut, ihm antwortet oder wenn es seine Hand halten kann. Auch in seiner Vorstellung ist dieses Verlangen nach Ausschließlichkeit lebendig:

Ein Mädchen mit einem Down-Syndrom sollte wegen einer leichten Erkran-kung nicht zur Schule gehen. Es war ganz bestürzt, als die Mutter ihm dies eröffnete, und machte den Einwand: „Da wird ja der Lehrer sagen: Wo ist denn heute die Nora?" In der Schule wird nämlich jeden Tag jedes Kind einzeln be-grüßt und der Lehrer fragt auch nach jedem Kind, das fehlt.

In der *„Umfassung im erzieherischen Verhältnis"* (Faber) geht es um die bipolare Erfahrung des Erziehungsvorganges. „Der Erzieher befindet sich im Umfassungsakt an beiden Enden der Situation, er steht in voller Wirklichkeit in sich selbst, erfährt sich in seiner gegenwärtigen Seinslage und in seinem verantwortlichen Tun und ist zugleich auf der Seite des Zöglings, wo er den von ihm selbst ausgegangenen Erziehungsakt auffängt und aus der Perspektive dieses jungen Menschen erlebt" (Faber, 137). Eine solche Bipolarität oder „Doppelendigkeit" beim Menschen mit einer geistigen Behinderung zu erfahren, dürfte nicht immer leicht sein. Und doch muss diese „Erfahrung der Gegenseite" (Buber) auch seinem Erzieher möglich sein, sei es auch nur komplexhaft oder spurenweise. Nur durch sie findet er die Angemessenheit seines erzieherischen Tuns. Zugleich manifestiert sich in diesem „Zugleich-drüben-Sein" das, was Buber *Liebe* im Sinne von „Verantwortung eines Ich für ein Du" nennt.

Das *Vertrauen,* „das innerlichste Werk des erzieherischen Verhältnisses" (Buber), löst die Verschlossenheit des Zöglings und öffnet sein Wesen dem Erzogenwerden. In der Gegenseitigkeit des Vertrauens gibt sich das Kind dem Erzieher ganz anheim. Es traut und glaubt ihm und schaut zu ihm auf. Wie befremdend vielfältig und undurchdringlich ist für das geistig behinderte Kind die Welt! Da findet es in seinem Erzieher einen Menschen, der an seinem Leben teilnimmt. „Man hatte einen Lehrer, unter allen den einen; man wußte es: es gibt diesen Menschen, also ist alles in Ordnung" (Buber, zit. b. Faber, 145). Es löst sich die Angst, das Kind findet Zugang zu anderen Menschen und Zutrauen zum Künftigen. Wie grenzenlos Vertrauen sein kann, das ein Kind seinem Erzieher schenkt, kann man bei Menschen mit einer geistigen Behinderung unter Umständen in besonderer Eindringlichkeit erfahren.

Damit stoßen wir auf ein letztes Phänomen der Ich-Du-Beziehung, die *dialogische Verantwortung.* Es bedeutet für das erzieherische Verhältnis, gemäß der Besonderheit der jeweiligen Situation rechtschaffen, d. h. dem werdenden Leben dienend, zu antworten. „Eine an den Widersprüchen in der Welt, in der menschlichen Gesellschaft, in ihrem eigenen leiblichen Dasein leidende Seele tritt mir mit einer Frage entgegen; indem ich ihr nach meinem Wissen und Gewissen zu antworten versuche, helfe ich ihr ...". Dieser Satz M. Bubers (1956, 69) trifft in besonderer Weise für die menschliche Situation bei einer geistigen Behinderung zu.

Die genannten Einzelphänomene der dialogischen Beziehung zeichnen sich durch eine besondere innere Dichte aus, die es von vornherein nicht zulässt, dass sie unentwegt aktualisiert werden. Sie treten vielmehr über weite Strecken des erzieherischen Miteinander in Latenz, wirken aber untergründig weiter und beeinflussen das erzieherische Tun in der erzieherischen Haltung. Buber hat in seinen Jerusalemer Radioreden 1950 (zit. b. Störmer 1966, 28) in Zusammenhang mit dem Begriff *Kontakt* als Grundwort der Erziehung Folgendes ausgeführt: „Es bedeutet, daß der Lehrer den Schülern nicht von Gehirn zu Gehirn, von entwickeltem Gehirn zu unfertigem, sondern von Wesen zu Wesen, von gereiftem zu werdendem Wesen gegenüberstehen soll, wirklich gegenüber, das heißt nicht in einer Richtung von oben nach unten, sondern in echter Wechselwirkung, im Austausch von Erfahrungen, Erfahrungen eines erfüllten Lebens mit denen unerfüllter, die aber nicht weniger wichtig sind, nicht bloß Auskunftsuchen von unten und Auskunftgeben von oben, auch nicht bloß fragen und antworten hinüber und herüber, sondern echtes Wechselgespräch, das der Lehrer zwar leiten und beherrschen, in das er aber doch auch mit seiner eigenen Person unmittelbar und unbefangen eintreten muß. Dieses Gespräch aber soll sich ins schweigende Miteinandersein hinein fortsetzen, ja hier wohl erst eigentlich kulminieren. Das ist es, was ich das dialogische Prinzip in der Erziehung nenne."

3 „Selbstloses" Helfen – Burnout?

Heilpädagogisches Helfen versteht sich als Antwort auf einen Anderen, der Beistand und Unterstützung braucht. Dieser primäre Bezug zum Anderen stellt in aller Regel einen erhöhten Anspruch an den einzelnen Helfenden dar. Man ist zu der Annahme geneigt, diesen Akt von eigener „*Selbstlosigkeit*" bestimmt zu sehen, d. h. er müsste dem Prinzip der Selbstverwirklichung im Wege stehen.

Die verbreitete Diskussion um das so genannte *Burnout-Syndrom* oder *Helfer-Syndrom* (Schmidbauer 1977) zeigt, dass der Ansatz oder die Motive des Helfens auch kritisch zu sehen sind (Speck 1992). Mit *Burnout* ist ein „Ausbrennen" der eigenen Bereitschaft und Kraft gemeint, einen Beruf auszuüben, der nicht mehr genug Sinn für die eigene Selbstverwirklichung abgibt, bzw. der zu einer nicht mehr verkraftbaren psycho-physischen Belastung wird. Das Burnout-Phänomen ist sicherlich kein Phantom, sonst wäre es nicht zum Gegenstand einer Vielzahl von Untersuchungen und Diskussionen im In- und Ausland geworden (Aronson u. a. 1983, Maslach 1985). Speziell mit dem Bezug dieses Phänomens zur Arbeit mit schwerer behinderten Menschen befassen sich die Arbeiten von Hahn (1985), Buchka, Hackenberg (1987) und Straßmeier (1990). Uns interessieren hier im Besonderen Fragen nach dem Erlebnishintergrund dieses Phänomens, also Fragen, die sich auf die *Haltung* der heilpädagogisch Helfenden erstrecken.

Im Vordergrund der verschiedenen Befunde stehen Angaben zur Kennzeichnung des Erlebens der eigenen Überlastung:

- emotionale Erschöpfung, Hilf- und Ausweglosigkeit
- verlorener Idealismus, Unzufriedenheit mit der Wirklichkeit
- geistige Erschöpfung, Dehumanisierung der eigenen Einstellung, Negativismus
- physische Erschöpfung, Neigung zu psychosomatischen Erkrankungen und überhöhtem Alkohol- und Medikamentenverbrauch.

Die *Entstehungsgründe* werden insbesondere in den spezifischen Tätigkeitsmerkmalen (Mangel an Bestätigung, emotionalem Dauerstress, frustrierenden Situationen ohne Sinnerleben, Gefühl ineffektiven Arbeitens), in belastenden äußeren Arbeitsbedingungen (Überforderung wegen fehlenden Personals, Mangel an Selbstständigkeit und Unterstützung) und in individuellen Persönlichkeitsfaktoren gesehen. Straßmeier *(1990)* hatte das Geflecht der verschiedenen, individuell wirksamen Bedingungen verdeutlicht, gleichzeitig seine Verbreitung relativiert und u. a. ermittelt, dass nicht die „Schwere" der Arbeit (Arbeit mit *schwer* geistig behinderten Kindern) entscheidend ist, auch nicht der damit verbundene „Stress", aber offensichtlich die Einstellung zum *Sinn* der eigenen Aufgabe.

Diese Feststellungen geben Anlass, über eine mögliche grundlegende *Gefährdung der heilpädagogischen Haltung* nachzudenken. Was heißt es, Sinn in der eigenen Arbeit sehen? Geht man von einigen der o. g. negativen Erlebnisweisen aus, so fällt auf, dass eine innere Erschöpfung im Besonderen im Zusammenhang mit *„Sinn für mich"* steht:

- *Meine* Erwartungen waren andere, wurden enttäuscht.
- *Ich* sehe keine Effekte meiner Arbeit.
- Auf *mich* kommt zu wenig Befriedigendes zurück.
- *Ich* werde zu wenig verstärkt und unterstützt.
- *Ich* fühle mich zu sehr abhängig und kontrolliert.
- *Ich* finde für *mich* keinen Sinn.

Der aufgeklärte und emanzipierte Mensch heute sieht sich genötigt, seine *Ich- oder Selbstreferenz* verstärkt geltend zu machen. Er ist „auf sich selbst zurückgeworfen" (Lyotard). Damit ist auch sein Ich stärker im Spiel („Was habe ich davon?"). Er hat die eigene Lebenssituation vermehrt unter dem Aspekt des Wertes „für mich" zu sehen. Dies bedingt eine Fülle von „Unzufriedenheiten". In den Vordergrund der Alltagsinszenierung treten die jeweils eigenen (subjektiven) Ich- und Selbstverwirklichungsvorstellungen.

Der alte Begriff der „*Selbstlosigkeit" könnte* als Widerspruch zur Selbstverwirklichung abgewertet worden sein, und zwar dann, wenn damit ein Handeln *ohne das eigene Selbst* gemeint wäre, geradezu ein Handeln *gegen* eigene (Selbst-)Interessen. Der Grund für eine derartige Interpretation könnte darin gesehen werden, dass sozialer Dienst ursprünglich aus dem *Ideal* einer *Selbstverleugnung* moralisch begründet worden ist. Eine Folge dieses Totalanspruchs von außen war letztlich das, was als „Ausbeutung" zu kritisieren war, und was schließlich die Gegenströmung betonten Ich-Interesses auslöste. An sich wissen wir – nicht erst seit M. Buber –, dass nicht das Ich die Grundgestalt des Menschen ausmacht, sondern das *Ich – Du.* Nicht eine Verdrängung des Selbst ist gefragt, sondern ein besonders *starkes Selbst*, wenn es um den Einsatz für andere geht.

Varela und Thompson (1992) suchten einen „Mittleren Weg der Erkenntnis", also einen Weg zwischen den extremen Maximen der Selbstverleugnung und der Selbstverwöhnung und gelangten zur Feststellung, dass wir auf der Basis der betonten Trennung von Subjekt und Objekt (Descartes: Cogito, ergo sum!) in die Falle eines unglückseligen Dualismus gegangen seien, und dass nun die Existenz des aus ihm hervorgegangenen eigenen Ich / Selbst zur Disposition stehe. Die für den heutigen homo oeconomicus bestimmend gewordene Orientierung an sich selbst habe zu einem Denken und Handeln im Sinne des *Nutzens für sich selbst* geführt. Sogar der *Altruismus* werde so gedeutet, dass er letztlich auf eigenen *Nutzen* abziele (Dankbarkeit, Bestätigung durch andere oder ewige Güter). In den Vordergrund stelle sich das rastlose Fragen nach Gewinnen oder Verlieren.

Was beim *Care-Akt* zurückzunehmen wäre, ist nicht das Selbst, sondern *das Ich.* Das *Selbst*, eine „starke" Persönlichkeit, ist die Voraussetzung für ein Helfen, das sich am Anderen orientiert, gleichgültig, ob man dafür einen Lohn erhält oder nicht. *Altruismus* als eine aktive Sorge um das Wohlergehen eines Anderen, auch wenn das eigene Wohlergehen dabei zu kurz kommt oder Schaden nimmt, ist im Menschen biotisch verankert. Das Reden von „Selbstlosigkeit" verfälscht diese menschliche Eigenschaft (Speck 1996a, 114).

XII Eltern und Familie

Die Eltern sind die Primär-Erzieher des geistig behinderten Kindes. An ihnen macht es seine grundlegenden Lebens- und Lernerfahrungen. Ihre Haltung und ihr erzieherisches Verhalten prägen in besonderer Weise sein Werden, die Entwicklung seiner Fähigkeiten, seine Einstellungen, sein späteres Lebensgefühl.

Gleichzeitig aber stellt die Aufgabe der Erziehung eines geistig behinderten Kindes seine Eltern vor außergewöhnliche Schwierigkeiten und Aufgaben. Sie können unter Umständen so groß werden, dass man sagen könnte, sie sei eine übermenschliche Aufgabe, eine Aufgabe, die nur unter großen Opfern zu bewältigen sei.

Der pädagogischen Überlegung stellt sich damit die Frage, worin die speziellen Möglichkeiten und Schwierigkeiten der häuslichen Erziehung liegen.

Die unvergleichliche Herausforderung, die Eltern durch die Geburt eines geistig behinderten Kindes erleben, kann man sich klarmachen, wenn man sie rechtsphilosophisch betrachtet. Kant schrieb in der Rechtslehre seiner „Metaphysik der Sitten" (§ 28), dass es eine notwendige Idee sei, „den Akt der Zeugung als einen solchen anzusehen, wodurch wir eine Person ohne ihre Einwilligung auf die Welt gesetzt, und eigenmächtig in sie herüber gebracht haben; für welche Tat auf den Eltern nun auch eine Verbindlichkeit haftet, sie, so viel in ihren Kräften ist, mit diesem ihrem Zustande zufrieden zu machen". Sie übernehmen damit die Pflicht, für diesen Menschen zu sorgen, freilich mit der Zielvorstellung und in aller Regel mit der Aussicht, dass diese Fremderhaltung allmählich in eine Selbsterhaltung, nach Kant in die „Entlassung (emancipatio)" (§ 29) führe.

Diese Aussicht zerbricht, wenn eine geistige Behinderung entdeckt wird. Die Eltern werden sich eines Aktes bewusst, der anders ausgeht, als sie angenommen hatten: Der von ihnen in die Welt „herübergezogene" Mensch wird bei aller Fremderhaltung sich nicht im üblichen Sinne emanzipieren können; er bleibt ein Abhängiger. Für die Eltern entfällt die Rechtfertigung, einem Menschen zwar ohne seine Zustimmung ins Leben verholfen zu haben, aber doch mit der Aussicht, ein freier Mensch zu werden. In dem Bewusstsein dieses zweifellos belastenden Ereignisses liegt wohl letztlich das begründet, was Eltern als „Schuld" im weitesten Sinne empfinden könnten. – Die „Verantwortung" dafür bleibt auf ihnen unter Umständen ein Leben lang haften und drängt sie oft auch noch im Angesicht des Todes, sie weiterzugeben zu dürfen, das heißt, von ihr erlöst zu werden.

Aus der Tatsache der lebenslang stärkeren Fremdbestimmung, die nicht zu einer selbstverantwortenden Lebensführung gelangen kann, erwächst der Erziehung die besondere Aufgabe, virulente Selbstbestimmung mit nötiger und bleibender Fremdbestimmung in Einklang zu bringen. Dies kann nicht über eine Fixierung der Abhängigkeit gelingen, sondern bedarf der Unterstützung aller Selbstbestimmungsintentionen, deren der Mensch mit einer geistigen Behinderung fähig ist, auch wenn er letztlich auf Andere angewiesen bleibt.

1 Die affektive Belastung der elterlichen Einstellungen

Das erzieherische Verhalten im Einzelnen wird zentral bestimmt durch die Einstellungen, die ihm zugrunde liegen. Diese werden durch die Entdeckung einer geistigen Behinderung am Kinde empfindlich getroffen und verändert. Dies geht aus der Fülle von Untersuchungen hervor. Eine ausführliche Literaturübersicht gaben Vliegenthart und v. d. Dunk (1968) und Ross (1967). Verwiesen sei auch auf Tizard und Grad 1961, Carr 1974, Hutt und Gibby 1976, Robinson und Robinson 1976, Thomas 1980, Prekop 1979, Clemens 1979, Bodenbender 1981, Rache 1980, Guski 1980, Graf 1987, Nippert 1988 und Dalbert 1996.

Die Vielschichtigkeit und Kompliziertheit der ermittelten Reaktionsweisen der Eltern macht es schwer, sie in ein System zu bringen. Es besteht die Gefahr unzulässiger Verallgemeinerungen und damit der Verstellung wichtiger Nuancierungen im Einzelfall (Jeltsch-Schudel 1988).

Über den Zeitpunkt des Entdeckens der geistigen Behinderung wurden von Eggert (1969 a) folgende Angaben gemacht: In 20,9 % der untersuchten Fälle war die Behinderung schon bei der Geburt bekannt, im Durchschnitt fiel sie mit zwei Jahren auf und bei 25 % sogar erst nach dem sechsten Lebensjahr.

Das Wahrnehmen einer mentalen Schädigung des Kindes löst unterschiedliche Reaktionen aus (Clemens 1979). Sie sind allgemein bedingt durch die jeweilige Dynamik und Struktur der Persönlichkeit von Vater und Mutter, ihrer Ehe und ihrer Familie, soweit diese schon besteht, aber auch durch das Verhalten der näheren Umwelt. Im Einzelnen determinieren vor allem Schuldgefühle, die Enttäuschung eigener Zukunfterwartungen, pädagogische Hilf- und Ratlosigkeit, das Miterleiden der eingeschränkten Lebensmöglichkeiten des Kindes und der Druck des sozialen Urteils die eigenen erzieherischen Einstellungen.

Die Elternproblematik würde jedoch vereinseitigt, wollte man sie nur als eine ungelöste betrachten. Viele Eltern lernen, die durch die geistige Behinderung ihres Kindes entstandenen *Probleme positiv zu lösen*, worauf unter anderem auch Vliegenthart, v. d. Dunk (1968), Carr (1978), Clemens (1979) und Schubert (1987) hingewiesen haben.

Die Eltern geistig behinderter Kinder stammen aus allen *sozialen Schichten*. Ihr Verhalten gegenüber dem Kind wird generell von ihrer sozio-ökonomischen Lage beeinflusst, wie dies auch bei normalen Kindern der Fall ist (Carr 1978, 114). Mohr, Müller, Plein (1979) haben ermittelt, dass die sozio-ökonomische Situation in diesen Familien nicht durch eine generelle Zuordnung zu definierten sozialen Schichten hinreichend beschrieben werden kann.

Von *Schuldgefühlen* bei Eltern geistig behinderter Kinder wurde früher häufig berichtet (van Es b. Vliegenthart, Dunk 1968). Der Grund lässt sich in infantilen Sündenvorstellungen suchen, aber auch – und zwar gerade heute – in der vermehrten Kenntnis möglicher äußerer Einwirkungen auf die Leibesfrucht, seien sie zutreffend oder nicht, Einwirkungen jedenfalls, für die sich der Mensch selbst verantwortlich ansieht. Es kann auch die Frage nach der *Erblichkeit* sein oder speziell bei Müttern die Vorstellung von der Unfähigkeit des eigenen Leibes, „dem Mann ein gesundes Kind zu schenken" (Ross 1967).

Die *Enttäuschung eigener Zukunftserwartungen*, die man in das Kind gesetzt hatte, dürfte in einer Leistungsgesellschaft wie der heutigen besonders verbreitet und schwerwiegend sein. „Unsere Gesellschaft hält es für eine gute Sache, Kinder zu haben", schrieb Ross im Anschluss an Zuk (1962), „aber für schlecht, schwachsinnige zu haben, weil sie auf dem Prinzip von Leistung und Wettbewerb aufgebaut ist und Glieder der Gesellschaft, die nichts leisten und keinen Erfolg haben, nur gering achtet" (Ross 116).

Man könnte, wie Vliegenthart und v. d. Dunk (1968), geneigt sein, die seelische Erschütterung der Eltern gerade über eine *intellektuelle* Schädigung ihres Kindes als die schwerste anzusehen im Vergleich zu anderen möglichen Behinderungen, und zwar deshalb, weil „die Intelligenz im Allgemeinen als eine Fähigkeit betrachtet wird, die des Menschen höchste Würde ausmacht" (Vliegenthart und v. d. Dunk 369). Untersuchungen an Eltern gliedmaßengeschädigter Kinder aber haben ergeben, dass deren Reaktion auf die schwere Behinderung ihres Kindes ganz ähnliche Konflikte aufweist. So berichteten Strasser u. a. (1968) über eine solche Mutter in der Phase des ersten Schocks: „In dieser Zeit war der Mutter alles gleich, auch, ob das Kind sterben würde. Sie hat mehr mechanisch alles gemacht. Das Gefühl hat sich völlig von der Realität zurückgezogen. Sie sagt, sie sei damals wie tot gewesen... Sie konnte ohne Ermüdung arbeiten, sie hatte das Gefühl, als seien Körper und Seele getrennt. Mitteilungen, die ihr gemacht wurden, konnte sie nicht mehr auffassen" (14). Auch Tötungen solcher Kinder durch ihre Eltern sind bekannt geworden. Möglicherweise ist es nicht die Intelligenzschwäche an sich, sondern die befürchtete absolute Lebensuntüchtigkeit, die sogar Todeswünsche aufkommen lässt.

Die Enttäuschung, ein geistig behindertes Kind zu haben, dürfte umso größer sein, je höher die *Erwartungen* der Eltern angesetzt waren, z. B. im Hinblick auf die Mehrung des Sozialprestiges durch das Kind. Das „nichtvollwertige" Kind kann als *narzisstische Kränkung* für das Ich und als Unglück empfunden werden. Man stellt sich die schwere seelische und körperliche Belastung vor, die das behinderte Kind für das eigene Leben und das der Familie in Zukunft bedeuten wird.

Vliegenthart, v. d. Dunk (1968) hatten mit Recht darauf hingewiesen, dass es eine Simplifizierung darstelle, lediglich die Frustrierung der *eigenen,* also mehr oder weniger egoistischen Zukunftserwartungen der Eltern als Enttäuschungen zu sehen. Es gibt darüber hinaus auch die Trauer der Enttäuschung über die Verkürzung der *Lebensmöglichkeiten des behinderten Kindes* selber. Es gibt einen Schmerz aus selbstloser Liebe zum Kind, Sorge um seine gefährdete Zukunft, weil man es liebt. Hier handelt es sich um echtes *Mit-Leiden,* wie es Vliegenthart, v. d. Dunk (1968) am Beispiel eines Vaters verdeutlichten, der nach dem ersten Besuch bei seinem anormalen Kind vor Erschütterung eine Stunde im Bahnhofswartesaal sitzen blieb, bevor er zu Hause darüber sprechen konnte. Wie er später sagte, habe seine Erschütterung *sowohl* der Angst, wie es diesem Kinde später gehen werde, *als auch* der Angst um die eigene Zukunft gegolten.

Die genannten emotionalen Reaktionsweisen der Eltern sind mitbedingt durch das *Verhalten der Umwelt,* durch den Druck des sozialen Urteils. Neugieriges Gaffen, abfällige Äußerungen, Gleichgültigkeit und Distanz werden als Erniedrigung erlebt. Der Grad dieses Erlebens, d. h. des sozialen Drucks, hängt wesentlich ab von der eigenen Empfindlichkeit der Eltern und dem Grad ihrer psychischen Stabilität (Tizard und Grad 1961). Wie stark und allgemein verbreitet die soziale Distanz gegenüber geistig behinderten Kindern sein kann, hatte die Erhebung von v. Bracken (1976) gezeigt. Gefühle des Befremdetseins, der Unsicherheit, der Angst und der Ablehnung hatte nahezu die Hälfte der Befragten geäußert. Ein Drittel wollte das eigene Kind nicht mit einem geistig behinderten Kind spielen lassen, nahezu alle lehnten eine Adoption ab. 70 % konnten im Leben dieser Kinder kaum positive Werte sehen und hielten es für besser, wenn diese früh stürben. Die meisten befürworteten eine Heimunterbringung – in möglichst entlegenen Orten (vgl. auch die umfangreichen und differenzierten Analysen von Cloerkes 1985).

Man kann sagen, dass sich eine besondere *Empfindlichkeit gegenüber der Umwelt* bei den Eltern erst allmählich herausbildet, je nachdem, wie man die Reaktionen der Umwelt erlebt und bewertet. Man projiziert u. U. in das Verhalten der anderen Motive und Absichten hinein, die gar nicht vorliegen; man beklagt sich über die Verständnislosigkeit der Mitmenschen, übersieht aber, wie schwer es diesen Nichtbetroffenen fällt, sich „richtig" zu verhalten, weil sie sich einfach nicht in die tatsächliche Situation einfühlen können, und weil auch die betroffenen Eltern andere geworden sind. Die Erfahrungen, die sie machen mussten, andere aber nicht kennen, haben ihr Erleben und ihr Weltbild verändert (Vliegenthart, v. d. Dunk 1968).

Der inzwischen eingetretene *Wandel der Einstellungen* hat u. a. dazu geführt, dass Eltern geistig behinderter Kinder ihre Umwelt heute nicht als schlechthin feindlich einschätzen (Clemens 1979, 57). In der Untersuchung von Carr (1978) erklärte mehr als die Hälfte der befragten Mütter, sie hätten von *Verwandten und Freunden Hilfe* erfahren.

Die Einstellung der Eltern zu ihrem behinderten Kind wird schließlich auch stark beeinflusst von der physisch-psychischen *Überbeanspruchung, vor allem der Mutter,* und von der Ungewissheit der Zukunft (Bodenbender 1981). Die permanente Hilfebedürftigkeit der Kinder, ihre ständige Gefährdung und Beaufsichtigung, ihre täglich sich wiederholenden Schwierigkeiten und Nöte können zu stärksten Belastungen führen (Bremer-Hübler 1990).

Stellt heute schon die Erziehung eines nicht behinderten Kindes eine Aufgabe dar, für die *Elternschulung* und psychologische Information für notwendig erachtet werden, so lässt sich das Ausmaß der Schwierigkeiten abschätzen, das durch eine geistige Behinderung des Kindes hervorgerufen wird.

2 Innerfamiliäre Verarbeitungsprozesse

Die Einstellung der Eltern zum Kind hängt von der Art der Verarbeitung der Erschütterung und des inneren Konfliktes ab. In der vorliegenden Literatur erscheint vor allem die *ungelöste Problematik* als Gegenstand zahlreicher Untersuchungen. Sie beruht auf der unrealistischen Beurteilung des kindlichen Zustandes. Es ist die Angst, die bestimmte *Abwehrmechanismen* auslöst. Sie sollen das durch die Schädigung des Kindes gestörte innere Gleichgewicht wiederherstellen und aufrechterhalten. Es sind dies, wie Ross aus *psychoanalytischer* Sicht darstellt (Prekop 1979), vor allem Folgende:

In der *Verleugnung* wird der Versuch gemacht, in der Vorstellung zu leben, es fehle dem Kinde nichts. Vor allem solange das Kind noch klein ist, neigen Eltern zu dieser Selbsttäuschung und verbinden sie mit Vorwürfen gegen die Umwelt oder bestimmte Fachleute und Einrichtungen, die dem Kinde zu wenig Chancen für seine Entwicklung gäben. Um die Konfrontation mit nicht behinderten Kindern zu vermeiden, wird das Kind von ihnen fern gehalten und in der Familie überbehütet. Damit aber wird es an der Entfaltung seiner tatsächlichen Fähigkeiten gehindert. – Verleugnung kann aber auch dazu führen, dass das Kind unter einen *Lernüberdruck* gestellt wird. Durch übermäßige Forderungen und Übungen will man den Beweis für die Richtigkeit seiner These von der Nichtbehinderung des Kindes erbringen.

Bei der *Projektion* wird die wahrgenommene Behinderung als solche zwar akzeptiert, aber die Schuld am Zustandekommen der Schädigung wird, um *Selbstvorwürfe* abzuwehren, in bestimmten Umständen und Personen gesucht. Die ständige Suche nach einem Sündenbock bannt die Eltern in eine Dauerspannung, die die Erziehung des Kindes belasten muss, und zwar vor allem dann, wenn die Verantwortung verschoben wird (Görres 1974).

Die *Intellektualisierung* des Konfliktes kann sich in einer intensiven Beschäftigung mit dem Defekt des Kindes äußern, unter Umständen in einer geradezu wissenschaftlichen Erforschung der Behinderung. Bei der *Sublimierung* wird die durch die Konfliktspannung erzeugte psychische Energie in gesteigerte soziale Aktivität zugunsten behinderter Kinder umgesetzt, z. B. in den *Elternvereinigungen*. Intellektualisierung und Sublimierung haben nur dann eine aufbauende Wirkung, wenn die unbewussten Konflikte der Eltern verarbeitet sind und die wirklichen Bedürfnisse des Kindes ernst genommen werden.

Als eine Form des *Abreagierens von Aggressionen* gegen das Kind erweist sich vielfach die als Konsequenz getarnte erzieherische Strenge verbunden mit *Strafen*, mühevollen Übungen oder strenger Diät. Bei der *Ritualisierung* werden die heilpädagogischen Maßnahmen zum Zeremoniell: Sie werden auf das peinlichste genau beachtet. Eine solche *Übergewissenhaftigkeit* ist dazu angetan, die Beziehung zum Kind zu mechanisieren.

Die häufig anzutreffende *Überbehütung* und *Verwöhnung* des geistig behinderten Kindes ist sicherlich auf mehrere Gründe zurückzuführen. Es kann sich um eine Kompensation der eigenen Enttäuschung, um Schuldgefühle oder falsches Mitleid handeln. Gelegentlich auftreten kann jene Opferhaltung, welche zu einer Selbstüberforderung ohnegleichen führen kann.

Hutt und Gibby (1976) unterschieden hauptsächlich drei größere Kategorien emotionaler Reaktionen:

- *Eltern, die die Realität ihres behinderten Kindes akzeptieren,*
- *Eltern, die sich verstellen, und*
- *Eltern, die die Realität der Behinderung verleugnen.*

Je nach der Persönlichkeitsstruktur können als emotionale Fehlanpassungen eintreten:

- *Verzerrungen in der Wahrnehmung des kindlichen Verhaltens,*
- *Zurückweisungen und Feindseligkeit,*
- *eheliche Unstimmigkeiten,*
- *narzisstische Verwicklungen,*
- *Abhängigkeitsreaktionen,*
- *Fehlreaktionen gegenüber sozialen Gruppen und*
- *Schuldgefühle.*

Die Einstellung von Vater und Mutter steht in Wechselwirkung zueinander und zu der der gesunden Kinder. Die *ganze Familie* kann, muss aber nicht „Sonderfamilie" (Ross 1967) werden, wenn ein Mitglied in besonderer Weise beeinträchtigt ist. Es können *Ehekonflikte* heraufbeschworen werden, wie die Untersuchung von Farber (1959) gezeigt hat, es können aber auch bisher latente Konflikte z. B. zwischen den Eltern und einem anderen Kind, manifest werden. Die durch das behinderte Kind notwendig gewordene bzw. ausgelöste Veränderung und Neuordnung des Rollensystems der ganzen Familie wird von den einzelnen Mitgliedern unterschiedlich mitvollzogen. Unter Umständen kann psychotherapeutische Hilfe angebracht sein (Müller-Hohagen 1987).

S. Görres (1974) beschrieb, wie die Andersartigkeit des behinderten Kindes benutzt werden kann, um die übrigen – sich distanzierenden – Familienmitglieder in ihrer Verantwortung zu entlasten. Das behinderte Kind wird etwa zum Sündenbock der Familie, zum Dauer-Kleinkind oder zum Star bzw. zum „Auserwählten".

Eine für den Ansatz von Familientherapie wichtige Sicht der familiären Probleme ergibt sich, wenn man diese unter systemtheoretischem Aspekt untersucht. Entsprechende familiendiagnostische Befunde liegen von Schubert (1987) vor. Danach ist die Funktionabilität einer Familie mit einem geistig behinderten Kind von einer insgesamt schwächeren innerfamiliären Kohäsion und Adaptabilität geprägt. Vermehrte Probleme werden für jede 5. Familie registriert, während diese Einschätzung nur von jeder 15. Familie, die kein behindertes Kind aufweist, vorgenommen wird. Insgesamt überwiegen reale innerfamiliäre Belastungen – vor allem in emotionaler Hinsicht –, die für eine wachstumsfördernde Lebensgestaltung weniger dienlich sind.

In einem nur scheinbaren Gegensatz hierzu steht die weitere Feststellung, dass Familien mit einem geistig behinderten Kind im Vergleich zu so genannten Normalfamilien keine größeren Probleme bezüglich der konkreten „Aufgabenerfüllung" (Identifizierung von Problemen, Finden von Lösungen, Anwendung probater Maßnahmen) haben. Die Konzentration auf diese Aufgaben, die wegen der besonderen Herausforderung durch das behinderte Kind auch zu einer – vielfach mehr äußeren – Stabilisierung des familiären Zusammenhalts führen kann, wird vielfach „bezahlt" mit einer chronischen Vernachlässigung der Eigenbedürfnisse der Familienmitglieder.

Insbesondere werden gehäufte Konflikte zwischen den Eltern und deutlich schlechtere Kind-Eltern-Beziehungen aus der Sicht der nicht behinderten Kinder registriert. Die vielfach verdeckten Konflikte zwischen Vater und Mutter werden über das Kind „umgeleitet". Dieses erfährt dadurch mehr Zuwendung durch den einzelnen Elternteil, während sich die Eltern einander weniger zuwenden. Das auf diese Weise „triangulierte" Kind tritt als gemeinsames Sorgenkind in den Mittelpunkt des Familiengeschehens. Diese Position zwischen den Eltern verleiht ihm die Rolle des Bindeglieds oder des Prellbocks. – Die Beratung der Eltern darf diese zumeist verdeckten Rollenkomplikationen nicht übersehen.

Was die *Geschwister* eines geistig behinderten Kindes betrifft (Hackenberg 1983, Seifert 1989), so ist zu beachten, dass sie sich in der Regel mit der Einstellung ihrer Eltern identifizieren, solange sie im Kindesalter sind. So können sie etwa die helfende Bereitschaft der Eltern übernehmen und dadurch sogar zu einer Steigerung des Zusammengehörigkeitsgefühls der Familie beitragen. Angesichts der vermehrten und oft recht mühsamen Aufsicht und Pflege des Kindes entsteht daraus leicht eine Überforderung der gesunden Geschwister.

Hinzu kommt eine mehrfache Benachteiligung durch eine Verringerung der Zuwendung der Eltern an sie, wenn das behinderte Kind zum Mittel- und Schwerpunkt der Familie wird, und durch die Schmälerung des Sozialkontaktes außerhalb der Familie. Auch für Belange der persönlichen Entwicklung steht weniger Zeit und Kraft zur Verfügung. „Es ist sehr schwer, den Geschwistern klarzumachen, daß man sich um ein krankes Kind noch mehr kümmern muß als um ein gesundes, und daß ein solches manchmal etwas darf, was man bei ihnen nicht richtig findet, klagen die Eltern (D. Fischer 1969).

Die Folgen können Spannungen im Verhältnis zu den Eltern wie zum behinderten Geschwister sein. Psychische Fehlhaltungen wie Regressionen und Aggressionen können sich einstellen. Bach (1967) wies auf die besondere Gefahr hin, die darin liegen kann, dass die Eltern ein Kind mit dem Versprechen überbürden, sein Leben lang für das behinderte Geschwister zu sorgen. Dies könne zu einer feindseligen Haltung gegenüber dem Behinderten oder zu einer Aufopferung des Eigenlebens mit allen ihren problematischen Folgen führen. Weitere Hinweise zur Geschwistersituation enthalten die Arbeiten von Vliegenhart, v. d. Dunk (1968), Farber (1962), Caldwell, Guze (1964), Ross (1967), S. Görres (1974), Jeltsch-Schudel (1988) und Seifert (1989).

3   Beratende Hilfe für die Eltern – Kooperation

Nicht nur das geistig behinderte Kind, sondern auch seine Eltern brauchen Hilfe. Ohne Beratung, Anleitung und Unterstützung werden ihre Kräfte angesichts der ihnen gestellten Aufgaben leicht überfordert und bleiben ihre noch so gut gemeinten Bemühungen um ihr Kind ohne den sonst möglichen Erfolg. Im Übrigen sollen auch sie und ihre anderen Kinder ein Leben führen können, das lebenswert ist.

3.1 Das Gespräch mit den Eltern

Beratung soll die Eltern instand setzen, die eigenen Probleme und Aufgaben zu lösen, soweit sie dazu fähig sind. Ross (1967) sah es als letztes Ziel unserer Hilfeleistung an, dass die Eltern ihr Kind als individuelles Menschenkind sehen, dessen Behinderung ein unglücklicher Zufall der Natur ist. „Man muß den Eltern helfen, das Problem klar zu sehen und realistisch die notwendigen Entscheidungen zu treffen" (88). Dazu brauchten sie sachliche Informationen über den Zustand und die mögliche Zukunft des Kindes, aber auch Ermutigung, um über die erlittenen Enttäuschungen hinwegzukommen. Dabei wird es darauf ankommen, dass sie sich ihrer eigenen Gefühle bewusst werden, und dass sie ein gewisses Verständnis für das vielfach befremdende Verhalten der anderen Leute erlernen.

Die Beratung der Eltern zielt darauf ab, ihnen zu einer realistischen und akzeptierenden Einstellung zum Kind und zu sich selbst zu verhelfen. Es geht aber auch entsprechend den ständig neu auftretenden Schwierigkeiten mit dem Kind um die möglicherweise fortlaufende Beantwortung ganz „simpler" Fragen des praktischen Verhaltens gegenüber dem Kind, Fragen nach Gesichtspunkten bei der Sauberkeits-, Selbstständigkeits- oder Geschlechtserziehung, Fragen der Verwendung von Lohn und Strafe u.Ä. (Nauck 1963, Bundesvereinigung Lebenshilfe 1993, Klauß 2004).

Antwort auf diese Fragen kann sicherlich nur ein Berater geben, der sowohl über das nötige Fachwissen wie auch über eine gewisse Erfahrung im Umgang mit geistig behinderten Kindern verfügt. Die Zahl der Fachleute, die sich mit geistig behinderten Kindern beschäftigen, ist größer geworden. Ob sie alle, Ärzte, Heilpädagogen, Krankengymnastinnen, Psychologen, Sozialarbeiter u.a., in gleichem Maße in der Lage sind, den Eltern zu helfen, könnte bezweifelt werden. Ross (1967) meinte, dass gerade eine Vielzahl von Spezialisten das Ergebnis der Beratung eher beeinträchtigen als verbessern könne.

Auf die besondere Problematik der stets besserwissenden Berater wies A. Görres (1972) hin. Als Psychologe prophezeite er jedem behinderten Kind und seinen Eltern, dass sie „unter die Ratgeber fallen" würden, „wie man unter die Räuber fällt" (5). Ratgeben entlastet – auch wenn es nicht hilft, und wer rät, ist oben. In der Tat brauchen die Eltern mehr als bloßen Rat begutachtender Experten, und vielfach geht der erteilte Rat an ihrer eigentlichen Problematik vorbei. Nach Sarason (1952) ist die Unwissenheit eines großen Teils der Eltern nicht durch ihr Nicht-wissen-Wollen, sondern durch das Versagen der Spezialisten bei der Aufklärung der Eltern bedingt (19).

Roos (1975) beschrieb das Fehlverhalten der – beratenden – Experten im Einzelnen. Sie neigten dazu, die Probleme der Eltern darin zu sehen, dass sie die Behinderung nicht genügend akzeptierten, dass sie wegen ihrer verdeckten Todeswünsche gegenüber dem Kind chronisch depressiv würden, dass sie wegen ihrer latenten Feindseligkeit ihr Kind überbehüteten oder dass ihre ehelichen Probleme aus der Verschiebung und Projektion dieser Feindseligkeit resultierten (340).

Gegenüber diesen destruktiven Stereotypien der Eltern machte Roos *Fehlverhaltensweisen der Experten* geltend:

- *professionelle Ignoranz,*
- *professionelle Hoffnungslosigkeit,*
- *endlose Überweisungen von Spezialist zu Spezialist,*

- *Geheimniskrämerei,*
- *das Taube-Ohren-Syndrom,*
- *professionelle Alles-Wisserei,*
- *professionelle Omnipotenz und*
- *die Tendenz, die Eltern zu Patienten zu machen (341ff).*

Nur sehr mühsam kommt eine gegenseitige Verständigung der verschiedenen Berufsgruppen zustande, die sich an der Beratung beteiligen.

Es erscheint daher eine stärkere Koordinierung der Arbeit der verschiedenen Fachleute, eine engere Fühlungnahme miteinander und ein häufigerer Erfahrungsaustausch notwendig (Speck 1988). Wunderlich (1970) hatte im Besonderen die Bedeutung herausgestellt, die der *Arzt,* speziell der Hausarzt, vor allem in den ersten Lebensjahren des Kindes hat und haben kann, ohne sich Illusionen über die gegenwärtigen Unzulänglichkeiten hinzugeben. Es sei ein gründliches ärztliches Umdenken und Umgestalten der ärztlichen Betreuung des Down-Kindes und seiner Kinder nötig, und zwar nicht so sehr in Bezug auf die Neuorientierung im Bereich der Pathogenese, als vielmehr in sozialpsychologischer Hinsicht angesichts der Verantwortlichkeit der Ärzte als der vielfach ersten wesentlichen Bezugspersonen der Eltern in deren spezieller Notlage. Tatsache sei jedoch, „daß wir (Ärzte) – auch heute noch – diesen Problemen vielfach so ablehnend und widerwillig gegenüberstehen und uns so gerne auf unsere naturwissenschaftlichen Bereiche zurückziehen", und dies sei „oft der sichtbare Ausdruck einer Verdrängung von Aggressionen gegen diese Kinder, die in unserer Gesellschaft noch tief verwurzelt sind" (Neuhäuser, Steinhausen 2003, 83).

Wer auch immer Eltern geistig behinderter Kinder berät, muss neben Wissen und Erfahrung vor allem über bestimmte *menschliche Qualitäten* verfügen. Ross (1967) nannte u. a. die Bereitschaft, den anderen anzunehmen, Verständnis und Wärme, fachliche Objektivität und Sicherheit und die technischen Fertigkeiten der Gesprächsführung. Wer über derartige Befähigungen, die sich aus Lehrbüchern nicht erlernen lassen, nicht verfügt, sollte Abstand von einem Beruf nehmen, dessen zentrale Aufgabe das mitmenschliche Helfen ist.

Über die Techniken und Prinzipien der *Gesprächsführung* speziell mit Eltern behinderter Kinder gab Ross (1967) eine ausführliche Darstellung. Dabei wurde auch die Möglichkeit der Beratung in Gruppen berücksichtigt. Sie ist – auch aufgrund eigener Erfahrungen – für bestimmte Eltern und für bestimmte Beratungsthemen geeigneter als die Einzelberatung. In der Schule für Geistigbehinderte in München war es üblich, dass die Eltern in regelmäßigen Abständen Gelegenheit hatten, am Unterricht teilzunehmen. Dadurch boten sich besonders günstige und anschauliche Anhaltspunkte für ein Beratungsgespräch. Überdies war auf eine solche Weise die Anleitung der Eltern zum rechten erzieherischen Umgang mit den Kindern wohl am anschaulichsten möglich.

Viele Eltern sind auch an *Gesprächen mit anderen Eltern* in der gleichen Situation interessiert. Das Programm „Eltern helfen Eltern" ist seit langem bekannt. Über damals erste Ergebnisse von Gruppensitzungen mit Eltern geistig behinderter Kinder hatte Auerbach (1959, b. Ross) berichtet:

– *Die Eltern fühlten sich erleichtert und unterstützt durch das gemeinsame Tragen von Enttäuschungen und Erfolgen. Sie sprachen aus, dass sie sich nicht mehr so einsam fühlten in ihren Nöten;*
– *sie schienen weniger von Schuldgefühlen bedrückt;*
– *sie verstanden es besser, das Kind dafür zu gewinnen, Neues zu lernen und ihm dabei zu helfen. Zu all dem könnte man noch beifügen, dass diese Eltern fähiger geworden schienen, sich mit den Grenzen ihres Kindes abzufinden, und freier, ihm zu helfen, das Beste aus seinen Möglichkeiten zu machen (Ross, 114, Klauß 2000)*

Über die Bedeutung und über Formen der Elternarbeit in der Schule berichtete Mertes 1978, bezogen auf die Frühförderung (Speck, Warnke 1989 und Weiß 1989).

3.2 Der Beratungsvorgang als ökologische Kommunikation

Das traditionelle Modell der Beratung versteht sich als *fachmännische Einflussnahme* oder als das Laien-Modell (Speck, Warnke 1983). Der zu Beratende wird zum Objekt des besser Bescheid wissenden Experten. Die dazu verwendeten Methoden sollen zwar der Intention nach die Entscheidungsfreiheit des Beratenen berücksichtigen, sie verfolgen aber eben doch die Absicht, den Klienten die Maßnahmen und Lösungen, „die der Experte für angezeigt erachtet, ... selbst finden zu lassen" (Däumling 1970, zit. b. Houben 1975, 94).

Dieses Modell ist durch die Fachautorität auf der einen Seite und durch die Autoritätsabhängigkeit auf der anderen Seite gekennzeichnet. Auf den ersten Blick erscheint es ganz plausibel; schließlich ist es doch der Fachmann, der über das Wissen und Können verfügt, dessentwegen jemand seinen Rat sucht, bzw. das dazu legitimiert, Rat zu erteilen. Aus dieser Sicht müsste Beratung ihre höchste Effektivität jeweils dann erreichen, wenn der Beratende ein Höchstmaß an fachlichem Wissen und Können aufweist.

Dem entspricht aber nicht die Realität. Auch der Zu-beratende ist ein eigenes, ein autonomes System, das nicht einfach das, was vom Berater an ihn abgeschickt wird, quasi als Informationspaket in Empfang nimmt, sondern er übernimmt bestenfalls das, was ihm aufgrund seiner Situation passend erscheint.

Entscheidend ist dabei nicht das, was z. B. der Berater sagt, sondern was der andere wahrnimmt, und zwar aufgrund seiner eigenen Lebensgeschichte und ihres Kontextes.

Diese eigene Sicht der Wirklichkeit und die Schwierigkeit, Übereinstimmung zu erzielen, soll an einem Beispiel aus der Frühförderung erläutert werden:

Ein Mädchen mit dem Down-Syndrom (3 J.) versucht in Anwesenheit der Mutter und der Frühbetreuerin immer wieder, aber vergeblich, sich auf ein Puppenstühlchen zu setzen; dabei fällt es jedes Mal um, gibt aber nicht auf. Während die Frühbetreuerin in diesen Lernversuchen einen positiven Effekt sieht, den sie unterstützt, beurteilt die Mutter diese Versuche ganz entgegengesetzt und macht dem Kind Vorwürfe: „Immer ist sie so stur; sie muss doch merken, dass das nicht geht." (Arbeitsstelle Frühförderung 1988, 108f)

Jeder von beiden Beobachtern sieht dieselbe Wirklichkeit anders. Es wäre also zu eruieren, wie sie das Kind sieht und warum es in dieser Situation, im gegebenen Kontext, so handelt. Diese Frage führt uns zum nächsten Aspekt:

Der Mensch nimmt seine Umwelt jeweils aus einem bestimmten Lebenskontext wahr und ist deshalb nur in dem Maße verstehbar, in dem der andere diesen Lebenskontext, d. h. seine *Lebenswelt,* in seine Beobachtung miteinbezieht. „Lebenswelt" ist das Geflecht sozialer Systeme, in denen ein Kind regelmäßig agiert und kommuniziert.

Bronfenbrenner hatte in seiner „Ökologie der menschlichen Entwicklung" die Bedeutung der Wechselwirkungen herausgearbeitet, in die das sich entwickelnde Kind hineingewoben ist als in einen Komplex ineinander geschachtelter, vielfältiger Zusammenhänge, die für die Entwicklung seiner Vorstellung von der Welt und seines Handelns bedeutsam werden (Lewin und Piaget). Dabei nimmt jedes Kind *auf seine Weise* Wirklichkeit wahr; es entsteht eine gewisse Kontinuität der Wahrnehmung (Identität), je nachdem in welcher Umwelt das Kind aufwächst und was es dabei wahrnimmt. Dies gilt vor allem für den primären Lebensbereich, die Familie, auch für die Schule (Schulklasse).

Bronfenbrenner nannte diese vom Kind unmittelbar und direkt erlebten Lebensbereiche „*Mikrosysteme*" im Unterschied zu „*Makrosystemen*" (größere, kulturelle Zusammenhänge) und „*Exosystemen*" (indirekt beeinflussende Ereignisse, z. B. Arbeitslosigkeit). Uns interessieren hier im Besonderen die Mikrosysteme und zwar nicht für sich allein, sondern unter dem Aspekt ihrer Verbindung, also intersystemisch. Bronfenbrenner sprach von „*Mesosystemen*". Das uns hier interessierende Mesosystem wäre das zwischen Familie und Schule. Das Kind hat als Schüler/in Anteil an beiden, erlebt aber beide jeweils aus der eigenen Wahrnehmung, d. h. nicht so, wie Eltern und Lehrer diese Wirklichkeiten wahrnehmen. Darauf muss man sich einstellen, d. h. keiner der Beteiligten kann seine Sicht verabsolutieren als „die richtige". Dass diese Komplizierung im Beratungsvorgang eine entscheidende Rolle spielt, liegt auf der Hand. Sie bedeutet, dass man sehr leicht aneinander vorbeireden kann.

Eine an der Lebenswelt des Kindes oder ökologisch orientierte pädagogische Beratung muss von seinen realen Lebensbereichen ausgehen, von der Geschichte seiner eigenen Erfahrungen darin, nicht primär von der Fachbasis des Beratenden.

Wie aber wird ihm der Lebenskontext der Kinder und deren Geschichte zugänglich? Sicherlich auch über Anamnesebögen und Sozialtests. Das aber reicht nicht aus. Bronfenbrenner (205) sprach von *„unterstützenden Verbindungen"*, die zwischen den Mikrosystemen, also im Mesosystem, bestehen müssen. Sie kommen dadurch zustande, dass man sich gegenseitig einschlägige (und zutreffende) Informationen und Erfahrungen zugänglich macht. Der kommunikative Austausch muss in beiden Richtungen laufen, also nach beiden Seiten offen sein. Es geht um häufige Kontakte und dabei auch um gemeinsame Tätigkeiten (z. B. über gemeinsam gestaltete Schulfeste u. Ä.). Die dabei entstehenden Partnerschaften sind ein wichtiges Förderungselement für das Kind.

Grundqualitäten, die für eine pädagogische Beratung im Besonderen unter dem Aspekt ökologischer Kommunikation wünschenswert sind, seien hier nur stichwortartig aufgelistet:

- *Realitätsoffenheit – keine Verbohrtheit in die eigene Welt,*
- *Empathie – sich einfühlen können in andere,*
- *kontrolliert und aufmerksam zuhören können,*
- *Wertschätzung, Bejahung, Toleranz und Akzeptanz des anderen,*
- *positive Grundhaltung im Sinne von Zuversicht, um Hoffnung und Mut erschließen zu können,*
- *eine Sprache, die verständlich ist und zum Gespräch einlädt,*
- *Bemühung um Sachlichkeit und Redlichkeit,*
- *sich Zeit für den anderen nehmen können,*
- *Bereitschaft zur Revision eigener (Fehl-)Urteile, zum Bekenntnis eigener Grenzen und u. U. zum Hinzuziehen oder Empfehlen eines weiteren Ratgebers,*
- *relative Festigkeit im eigenen Standpunkt (fachlich und ethisch) und Offenheit und Anpassungsbereitschaft zugleich.*

Beratung hat es nicht mit Einzelpersonen zu tun, sondern mit einem Gefüge *innerfamiliärer Interaktionen.* Schubert (1987) hatte Familien mit einem geistig behinderten Kind unter systemtheoretischem und familientherapeutischem Aspekt untersucht und kommt aufgrund ihrer Ergebnisse u. a. zu folgenden Empfehlungen für die Beratung:

Beratung soll sich an *beide* Elternteile und entsprechend dem Alter auch an die Geschwister wenden. Die Eltern sollten darin unterstützt werden, dass sie *gemeinsame* Entscheidungen treffen und sich gegen unzulässige Einmischungen von außen oder auch von Seiten des Kindes (der Kinder) schützen. Sie sollten ermutigt werden, ihrer Paar-Beziehung genügend Zeit und Energie zu widmen und diese klar nach außen abzugrenzen. Innerhalb der

Familie sollte es möglich werden, auch die – vielfach gemiedenen – affektiven Bereiche anzusprechen und den Austausch von Gefühlen zuzulassen. Schuldzuweisungen seien unbedingt zu vermeiden (99).

3.3 Partnerschaftliche Elternarbeit

Elternarbeit als Hilfe für die Eltern ist Aktion *mit* den Eltern, nicht *an* den Eltern. Die Eltern heute fühlen sich stärker, ihre Erziehungsverantwortung selber wahrzunehmen. Dieser Trend artikulierte sich deutlich auf dem *7. Weltkongress der Internationalen Liga der Elternverbände* für geistig Behinderte 1978 in Wien (siehe Kongressbericht, darin u. a. Mittler und Speck).

Eltern wollen, dass sie als selbstbestimmt Handelnde verstanden und beachtet werden. Das bedeutet professionell gesehen eine klare Abkehr von einer Orientierung an bloßer Be-ratung, Be-lehrung, Be-handlung. Eltern sind weder Schüler noch Patienten. Sie haben sich nicht einfach belehren oder therapieren zu lassen. Ihr Leben mit ihrem behinderten Kind ist mehr als bloßes Fördern unter pädagogisch-therapeutischen Maßgaben. Eine Mutter schrieb: „Die ständige Förderung und der Zwang zu Erfolg und Leistung hat die Kehrseite, dass ich nur selten meinen Buben als Kind akzeptieren kann. Sehr schnell werde ich immer wieder daran gestoßen, dass er behindert ist – in erster Linie jemand, dem etwas fehlt."

Partnerschaft mit den Eltern (Mittler, McLonachie 1986) bedeutet, dass sich beide Teile, Eltern und Professionelle, als Teilhaber an einer gemeinsamen Aufgabe erfahren (Hofman u. a. 1993). Dies bedeutet, dass beide sich gegenseitig achten und ergänzen. Dabei mag der Experte über das differenziertere und qualifiziertere Wissen und Können verfügen, dies jedoch im Wesentlichen in genereller Hinsicht. Was aber die *individuelle* Situation des Kindes betrifft, so dürfte dafür niemand kompetenter sein als seine Mutter und sein Vater.

Die Rolle der professionellen Helfer ist deshalb eine *assistierende.* Sie verfehlen sie, wenn sie meinen, für alles kompetent sein zu müssen, was das einzelne Kind betrifft. Sie belasten und verfremden die Eltern, wenn sie sie als ein Subsystem zur Verfolgung der eigenen Therapieziele und Förderpläne verwenden. Eine Erziehung der Kinder zur Selbstständigkeit wird in Frage gestellt, wenn die elterlichen Erzieher in Abhängigkeit von ihren Experten handeln.

Wenn von *assistierender Funktion der Fachleute* die Rede ist, so bedeutet dies keine lediglich nachgeordnete, weniger wichtige Funktion. Partnerschaft erweist sich in persönlicher Beteiligung, nicht im bloßen Abwickeln eines professionellen Programms.

Die Eltern brauchen als Partner nicht nur Spezialisten, sondern auch Alltagsfreunde. Damit sind persönliche Freundschaften, aber auch Verwandtschaften und Nachbarschaftshilfen (freiwillige Helfer) gemeint und damit ein Partnerbereich, der zwar weniger strukturiert ist, sich jedoch in dieser

Hinsicht als unmittelbar dienlich erweisen kann. Ein Teil der Eltern findet Kontakte und Austausch in locker und autonom organisierten *Elterngruppen*.

Partnerschaft als kreative Qualität wird wesentlich vom *offenen* Gespräch abhängen, vom gegenseitig vertrauensvollen Zuhören und von der Bereitschaft, sich ansprechen und bewegen zu lassen – jenseits vorgefasster Meinungen, fertiger Programme. Die Entscheidungen, die für ein Kind zustandekommen, sollten aus solchen interpersonalen Verständigungen hervorgehen.

Auf einer derartigen Ausgangsbasis erhalten u. U. auch spezielle Eltern-Trainings ihre Legitimation (Innerhofer 1977). Sie sind nicht auf die direkte oder indirekte Erzeugung eines vorab programmierten Endverhaltens angelegt, sondern lassen bei aller nötigen Technik den erforderlichen Spielraum für offene Interaktionen zu und orientieren sich intensiv an der familiären Ausgangssituation. Gemeinsam mit den Eltern werden auch hier die Möglichkeiten für eine bessere Verständigung über die Bedürfnisse ihres Kindes und seiner Erziehung gesucht, wobei das Sichtbar-werden-Lassen der eigenen Verhaltensweisen mittels Spiel und Videoband erfahrungsgemäß wichtige Dienste zu leisten vermag.

Das hypothetische Aufzeigen von Chancen in einer partnerschaftlichen Elternarbeit kann nicht die oft gravierenden Probleme verdecken, die einer Realisierung im Wege stehen können. Partnerschaft lässt sich nicht programmieren. Sie kommt vielfach überhaupt nicht zustande. Die Gründe sind auf beiden Seiten zu suchen: Sie können in Persönlichkeitseigentümlichkeiten oder besonderen sozialen Bedingungen liegen. Der Weg zur Verständigung und wirklichen Hilfe führt häufig über zahllose, mühselige und entmutigende Umwege, Missverständnisse, Blockaden.

4 Erziehung in der Familie

Die Erziehung eines geistig behinderten Kindes stellt die Eltern vor eine ungewohnte und deshalb schwierige Aufgabe. Die erhöhte körperliche Anfälligkeit und Pflegebedürftigkeit des Kindes löst vermehrte Bemühungen, Sorgen und Ängste aus. Sein vom üblichen Bild abweichendes Verhalten führt allzu leicht zu Missdeutungen, erzieherischen Fehlgriffen und dadurch in steigendem Maße zu schweren und schwersten nervlichen Belastungen aller Familienmitglieder. Nicht alle Eltern sind diesen Anforderungen gewachsen und stehen deshalb vor der Frage, ob sie ihr behindertes Kind nicht anderen oder einem Heim anvertrauen sollten.

Es ist bereits darauf hingewiesen worden, dass nicht alle Verhaltensschwierigkeiten die direkte Folge der geistigen Behinderung bzw. einer organischen Schädigung sind. Viele dieser Kinder brauchten keine zusätzlichen Verhaltensstörungen (Neurotisierungen) aufzuweisen, wenn sie angemessen erzogen worden wären … – (Einzelheiten über Verhaltensstörungen bei geistiger Behinderung siehe Speck 1979a, Theunissen 2000a).

Häusliche Probleme: Bevor einige wichtige Gesichtspunkte für die erzieherische Orientierung der Eltern und überhaupt der Primärerzieher des geistig behinderten Kindes dargestellt werden, sei auf einige *Probleme* hingewiesen, die sich der Familie stellen können.

Die Erziehung des geistig behinderten Kindes hängt entscheidend von der angemessenen *Einstellung zum Kind, zu seinen Problemen* und seiner Zukunft ab. Insbesondere ist es das innere Annehmen des Kindes und der Aufgaben, die es dem Erzieher stellt, und das Ernstnehmen der kindlichen Persönlichkeit. Das innere Aufarbeiten der Tatsache, ein behindertes Kind zu haben, ist ein ureigenes Problem der Eltern. Ob das Bejahen gelingt, ist eine im Prinzip offene Frage. Sie kann ein ganzes Leben begleiten. Die Erziehung erhält eine sichere Grundlage, wenn das Annehmen gelingt (Sporken 1975).

Die Eltern brauchen dazu Verständnis und Unterstützung durch andere. Ganz und gar nicht hilfreich, sondern als Anmaßung erweist sich dagegen ein verdeckter oder ausgesprochener moralischer Anspruch, der durch andere, z. B. Professionelle, an die Eltern – u. U. vorwurfsvoll – gerichtet wird, sie *sollten* ihr behindertes Kind annehmen.

Das geistig behinderte Kind sollte *nach Möglichkeit innerhalb seiner Familie* erzogen werden. Es kann erwartet werden, dass es hier – insbesondere in seinen ersten Lebensjahren – diejenige Geborgenheit, persönliche Zuwendung und individuelle Förderung erfährt, die es für seinen erschwerten Lebensstart braucht (Sporken 1975). Diese Erwartung aber ist nicht in jedem Falle gegeben. Sie ist an bestimmte Bedingungen gebunden, vor allem an die, dass die zu verkraftende Aufgabe für die Betroffenen nicht zu einer Überbelastung wird. Diese kann durch die verschiedensten Umstände hervorgerufen werden; zu denken ist an den Schweregrad der Behinderung, an die Familienkonstellation, an die psychische und physische Belastbarkeit der gesunden Familienmitglieder, an die wirtschaftliche Situation, an die Einstellung der Nachbarschaft und an die zur Verfügung stehenden außerfamiliären Hilfen in Beratungs- und Bildungsinstitutionen.

Wenn die äußeren und inneren Voraussetzungen für eine gedeihliche Pflege und Förderung des Kindes im Elternhaus fehlen, kann eine *Heimunterbringung* die bessere Lösung darstellen (Heimlich, Rother 1995, Schnieber 1995). Nach den Untersuchungen von Bondy, Cohen, Eggert, Lüer (Eggert 1969 a, 38) war bei 42,6 % von 808 Kindern das Personensorgerecht auf eine Jugendbehörde oder einen Vormund übergegangen. Dieser hohe Prozentsatz ist u. a. auf die große Zahl der damals in Heimen untergebrachten geistig behinderten Kinder und Jugendlichen zurückzuführen.

Auch die 1985 von Thimm u. a. erhobenen Daten zeigten einen relativ hohen Anteil von Kindern und Jugendlichen mit einer geistigen Behinderung, die in Heimen untergebracht waren. Die in 3 Regionen vorgenommenen Auszählungen (Oldenburg, Süddeutschland und Dänemark) ergaben Quoten von 5–23 % bei den 0–10-Jährigen und von 13–57 % bei den

11–20-Jährigen, die stationär untergebracht waren, wobei freilich unklar blieb, aus welchen Regionen diese Kinder stammten (129).

Mit erfolgter Heimunterbringung sind nicht von selbst alle Probleme gelöst. In der Familie können Schuldgefühle zurückbleiben. Ein neues Gleichgewicht im Rollensystem der Familie muss erst gefunden werden. Die Eltern bedürfen zumindest in einer Übergangszeit der Beratung und Unterstützung.

Häusliche Erziehungsgrundsätze: Für eine Orientierung der Erziehungspraxis in der Familie stehen im Wesentlichen aus der Erfahrung gewonnene praktisch pädagogische Handlungsnormen und -regeln zur Verfügung:

Das in seiner Entwicklung beeinträchtigte Kind braucht viel *Bestätigung, Ermutigung und Freude.* Seine Aktivität kann sich vor allem dann entfalten, wenn es eine relativ achtsame und bejahende häusliche Atmosphäre erleben kann und sich des unermüdlichen Beachtens seiner kindlichen Bedürfnisse und der vielfach unscheinbaren Versuche, die vorhandenen Kräfte und Fähigkeiten zu aktualisieren, sicher sein kann. Selbst kleinste Erfolge sollten immer wieder, unter Umständen auch überschwänglich bestätigt und anerkannt werden. Lob stärkt sein Selbstwertgefühl und damit seine Kraft und Bereitschaft, sich weiter ins Leben hineinzuwagen.

Besonders unter dem Aspekt der Früherziehung als sensomotorischer Anregung zum Erwerb *grundlegender Fertigkeiten* braucht das Kind vielfältige Gelegenheiten für die Entwicklung und Förderung der Bewegung, der Wahrnehmung, der Unterscheidung, Zuordnung und Kombination, der Nachahmung und Anwendung in den verschiedensten Alltagserfordernissen. Eine reiche Sammlung von Lernhilfen haben J. Thomae (1976) und Cunningham, Sloper (1980) vorgelegt. (Siehe auch Speck u. a. 1977 c und Byrne u. a. 1988).

Das Kind, das frühzeitig *gute Gewohnheiten* („habits") erwirbt, kann dadurch selbstständiger werden. Gewohnheiten sind erlernte Verhaltenstendenzen von sozialer Bedeutsamkeit. An ihrem Zustandekommen ist weniger die kognitive Komponente beteiligt als vielmehr die Handlungs- und affektive Komponente. Durch Nachahmung, Anleitung, Übung und Verstärkung prägen sich im Kinde Verhaltensdispositionen aus, die insbesondere beim geistig Behinderten für die gesamte Lebensführung bestimmend werden können. Als solche sozial bedeutsamen Gewohnheiten sind anzusehen: das Einhalten von Regeln und Rhythmus im Tagesablauf, angemessene Umgangsformen, Selbstständigkeit in der Besorgung von Alltagsverrichtungen (Selbsthilfe) und Ähnliches.

Die Verantwortung der Eltern für das Erlernen derartiger Gewohnheiten, die für den primär nicht durch Einsicht gesteuerten geistig behinderten Menschen von beachtlicher Bedeutung sind, ist groß. Sie sind während der ersten Lebensjahre im Allgemeinen die einzigen Erzieher des Kindes. Was sich in dieser Zeit hoher Prägbarkeit als Verhaltenstendenz im Gehirn „einschleift", ist später nur schwer korrigierbar. Unter dem Aspekt der Normativität aller Erziehung sind es hauptsächlich zwei *Fehler,* die unerfahrenen Eltern dabei widerfahren können, die Unterforderung oder die Überforderung des Kindes.

Die *Unterforderung,* das heißt ein zu geringes Maß an Zumutung oder Anleitung, kommt entweder durch Vernachlässigung auf der Grundlage von Gleichgültigkeit gegenüber dem Kind zustande oder durch Verwöhnung als Folge von falschem Schonungsbedürfnis und bloßem Mitleid; dem Kind wird jede Mühe abgenommen. Es entstehen dadurch nicht nur keine guten, sondern dazu schlechte Gewohnheiten. Die gerade beim geistig behinderten Kinde sehr mühsame Aufgabe der Gewöhnung erfordert erzieherische Geduld, Ausdauer und Konsequenz. Was ein intelligentes Kind innerhalb weniger Tage erlernen kann, das erfordert beim geistig behinderten Kinde vielleicht Monate oder gar Jahre. Eine besonders wichtige Bedingung für das Erlernen guter Gewohnheiten ist ein rhythmisierter Tageslauf und das Gleichmaß der Tagesabläufe. Der Ertrag der Gewöhnung ist ein Höchstmaß an Selbstständigkeit, d. h. Unabhängigkeit von fremder Hilfe, ein Zustand also, der für die Zukunft des geistig behinderten Menschen von wesentlicher Bedeutung ist.

Wie die Unterforderung, so kann auch die *Überforderung* die rechte Gewöhnung gefährden. Man erwartet vom Kinde mehr, als zu leisten vermag. Seinem Versagen gegenüber wird zu wenig Toleranz und Geduld aufgebracht. Es soll zu viel auf einmal erlernen. Solches Leisten-Sollen, das auch von der Schule erwartet wird, nimmt zu wenig Rücksicht auf die tatsächlichen Entwicklungsmöglichkeiten des Kindes. Der Überdruck, dem das überforderte Kind ständig ausgesetzt ist, führt entweder zu einer schablonenhaften Abgerichtetheit oder zur Verhaltensverwirrtheit und Aggressivität.

Die angelegten beziehungsweise verbliebenen motorischen und kognitiven Fähigkeiten bedürfen *systematischer und vielfältiger Übung.* – Körperliche und geistige Lebendigkeit entwickeln sich nicht von selbst. Können und Leisten müssen geübt sein. Die Übung hat für das Werden des Menschen eine wesentliche, jedoch weithin vernachlässigte Bedeutung. Übung führt zum Können. Im „Ich-kann-Sagen" äußert sich Selbstgewissheit. „Der Mensch ist das, was er vermag", zitiert Bollnow in seiner kleinen Schrift „Vom Geist des Übens" (1987) J. König.

Während aber das intelligente Kind dank seiner Spontaneität vieles selbst einübt und lernt, zum Beispiel im nachahmenden Spiel, ist das geistig behinderte Kind auf Anregung von außen und auf die Mithilfe des Erwachsenen bei jeglicher Übung angewiesen. Die besondere Bedeutung seiner ersten Erzieher ist darin begründet, dass in den ersten Lebensjahren wichtige, basale Funktionen, zum Beispiel im Bereiche der Körpermotorik oder der Sprache, reifen und dass lernpsychologisch gesehen ein optimaler Lernerfolg unmittelbar nach abgeschlossener Funktionsreifung einzutreten pflegt. Voraussetzung ist das Zuführen der entsprechenden Anreize in der Umwelt und zwar schon in der frühesten Kindheit (Speck 1977 c). Die Eltern brauchen Aufklärung darüber, dass *Bewegungsförderung* nicht nur unmittelbar der Entwicklung der Groß- und Feinmotorik, der körperlichen Geschicklichkeit und Gewandtheit dient, sondern der gesamten Entwicklung, also auch seiner sprachlichen und intellektuellen Entwicklung.

Was das geistig behinderte Kind für seine Bewegungsförderung braucht, sind eine Vielzahl von Bewegungsanreizen im Alltag, Bewegungsspielraum im Hause und im Freien, auch im Wasser, sind Übungsgeräte und Spielmaterial, wie z. B. Steckbretter, Bausteine, Lego, Eisenbahn, Puppen, Perlen zum Schnüren, Puzzlespiele und anderes. Hinweise für das Spielen mit geistig behinderten Kindern geben unter anderem der *Arbeitsausschuss „Gutes Spielzeug"* in Ulm, van den Bos (1968), Herzka (1964) und Hofmann (1975).

Ein günstiger Ansatzpunkt für Übungen sind die alltäglichen Verrichtungen, z. B. des Anziehens, Waschens oder Essens, aber auch des häuslichen Mithelfens. Rhythmische Bewegungen, auch in Verbindung mit Singen und Tanzen, regen selbst antriebsschwache Kinder zum Mitmachen an (Hetzer 1968). Überhaupt motiviert das gemeinsame Spielen und Tun stärker als das Allein-Spielen und Allein-Tun. Manche Eltern können aber auch hilflos sein, wie aus einer Erhebung von D. Fischer (1969) hervorging:

> *„Spielen ist ihr zu langweilig."*
> *„Sie weiß oft nichts mit dem Spielzeug anzufangen."*
> *„Beim Spielen muss er meist mit seinem Spielzeug allein sein, das gefällt ihm nicht."*
> *„Er spielt ja immer nur das Gleiche."*
> *Das Kind hilft lieber den Eltern:*
> *„Da ist es wenigstens nicht für sich allein."*
> *„Da kann er bei uns sein."*
> *„Da fühlt er sich groß, dass er auch was kann."*
> *„Mit dem Vater arbeiten ist ihm das Allerliebste."*

Auch für die Förderung der *sprachlichen* und *kognitiven* Fähigkeiten geben die Eltern die ersten Anregungen. Sie tun dies, indem sie das Kind viele ihm zugängliche Erfahrungen machen lassen, seine Wahrnehmungen klärend begleiten, die es interessierenden Dinge benennen, mit ihm sprechen, auch wenn es selber noch nicht sprechen kann, es quantitative Unterscheidungen vornehmen lassen, es kleine Schwierigkeiten selbst lösen lassen und Ähnliches mehr. Der Umgang mit geeigneten Bilderbüchern bietet eine Fülle von Möglichkeiten zur Förderung des Kindes. Der Schule fällt die Aufgabe zu, die Eltern darin zu beraten und anzuleiten.

Fragwürdig ist dagegen der erzieherische Wert des *Fernsehens.* Nach der Erhebung von D. Fischer (1969) werden Sendungen für Kinder wie für Erwachsene von der Mehrzahl der erfassten Kinder täglich gesehen. Besonders beliebt sind Sendereihen mit immer wiederkehrenden Darstellern (vgl. auch Schmidt-Thimme 1970).

Die relativ rege Anteilnahme am Sendegeschehen, wie sie aus den nachfolgend zitierten Elternantworten hervorgeht, darf nicht darüber hinwegtäuschen, dass es sich nicht um ein zusammenhängendes Erfassen des Ganzen, sondern nur von mehr oder weniger zufälligen Bruchstücken handelt:

„Sie erzählt nur, was die Bilder darstellen."
„Er eignet sich Redewendungen und Gesten der Künstler an, macht sie dauernd nach, weiß ihre Namen und Lieder."
„Tiere sind ihm am wichtigsten."
„Sie fragt: ‚Wer ist beim Krimi der Böse?'"

Immerhin gehen viele Anregungen zu Fragen und Gesprächen vom Umgang mit den Medien aus, die die Eltern als Chancen nutzen sollten.

Das geistig behinderte Kind braucht *Umgang mit anderen Kindern,* und zwar möglichst auch mit nicht behinderten Altersgenossen. – Besorgte Eltern neigen dazu, soziale Interaktionen zu vermeiden und ihr behindertes Kind vor Schwierigkeiten und Verletzungen durch andere Kinder zu bewahren. Sie binden es dadurch stärker an sich, isolieren es sozial und beschneiden ihm damit wichtige Möglichkeiten seiner Sozialentwicklung. Vor allem seine Zukunft – ohne Eltern – wird erschwert.

Nach der Untersuchung von D. Fischer (1969) lebten 60 % der untersuchten Kinder von der übrigen Außenwelt isoliert nur in Familie und Schule. Die Eltern nannten unter anderem folgende Schwierigkeiten, die im Umgang mit anderen Kindern leicht entstehen:

„Sie lassen ihn oft nicht richtig mitmachen, weil er die Spielregeln nicht versteht, um die es geht."
„Sie darf oft nicht mitspielen, weil sie nicht richtig sprechen kann."
„Manche Kinder mögen ihn schon deswegen nicht, weil er anders aussieht."
„Auf dem Kinderspielplatz steht ‚meiner' bald nebendraußen, weil er nicht so schnell schalten kann."
„Die Ungeschicklichkeit meiner Tochter wird den anderen Kindern oft zur Gaudi."

Wo *Geschwister* in der Familie vorhanden sind, ergeben sich zunächst natürliche Möglichkeiten des Umgangs und des Spiels mit Altersgenossen. Dabei sollten die nicht behinderten Geschwister nicht immer nur zurücktreten und auf die Behauptung ihrer berechtigten Interessen verzichten. Dies gilt auch für den Umgang mit nicht zur Familie gehörenden Kindern, z. B. aus der Nachbarschaft.

Adäquate Möglichkeiten des *sozialen Umgangs* und damit der inneren Bereicherung findet das geistig behinderte Kind in der Gruppe mit anderen ebenso *behinderten* Kindern. Sie bieten sich im privaten Bereich bei Besuchen anderer Familien mit geistig behinderten Kindern und durch den Besuch öffentlicher Bildungseinrichtungen, seien es Sonderkindergarten oder

Schule. Darüber hinaus sollte der Kontakt zu *nicht behinderten* Kindern gesucht werden. Möglichkeiten bieten sich – in jüngster Zeit vermehrt – in Kindergärten an, die sich einer gemeinsamen Erziehung mit einer entsprechenden heilpädagogischen Zusatz-Ausstattung stellen. Unter bestimmten Bedingungen können geistig behinderte Kinder auch im Rahmen eines integrativen Schulbesuchs förderliche soziale Erfahrungen machen (Wocken, Antor 1987).

Angesichts der besonderen Schwierigkeiten der sozialen Kontaktnahme werden Eltern oder andere Erzieher vermittelnd, beobachtend und steuernd *mehr* in Aktion treten müssen, als dies bei nicht behinderten Kindern nötig ist. Sie sollten aber nicht voreilig eingreifen. Gewisse unangenehme Erfahrungen im Umgang mit anderen Menschen sind etwas Natürliches. Wichtig ist der soziale Rückhalt, den die Kinder immer dann vorfinden sollten, wenn sie seiner wirklich bedürfen.

Unter dem Aspekt der *moralischen Entwicklung* sollte geistig behinderten Kindern immer wieder auch Gelegenheit gegeben werden, anderen Kindern beizustehen, mit ihnen zu teilen und ihnen zu *helfen*.

Die *Pflege der leiblichen Gesundheit* erfordert besondere Beachtung. Da der Organismus bei geistiger Behinderung im Allgemeinen anfälliger als der nicht behinderter Kinder ist, ergibt sich die Notwendigkeit erhöhter Aufmerksamkeit und vermehrter ärztlicher Fürsorge und Hilfe. Es ist u. a. Sorge zu tragen für einen angemessenen Rhythmus zwischen Anspannung (Spiel und Arbeit) und Erholung, für eine zuträgliche Ernährung, für feste hygienische Gewohnheiten, für regelmäßige ärztliche Kontrolle und Behandlung und erforderlichenfalls für krankengymnastische, beschäftigungstherapeutische und orthopädische Maßnahmen.

Die *emotionale Erziehung*, die Pflege des Gemüts, wird normalerweise im Elternhaus fundiert. Sie ist wesentlich abhängig von der emotionalen Gestimmtheit derjenigen Menschen, die ihm innerlich besonders nahe sind. Sie bildet die Grundlage für emotionale Bindungen und soziale Teilhabe.

Emotionale Erziehung wird möglich durch die verbindliche Einstellung der Erzieher zum Kind und zum Dasein an sich, durch die Erfülltheit von Freude, Glauben und Vertrauen. Viele Eltern geistig behinderter Kinder finden besonderen Rückhalt in ihrer Religion. Entsprechende Untersuchungsbefunde liegen von Farber (1959) und Zuk (1959) in den USA vor (Ross 1967).

Gefühle lassen sich *nicht machen*, aber man kann für Voraussetzungen sorgen, dass das Gefühlsleben Geltung erhält. Solche können sein: der taktvolle, freundliche Umgang miteinander, das Mitmachen-Dürfen, der pflegliche Umgang mit Blumen und Tieren, musisch-bildnerisches Gestalten, frohes Singen und Spielen und insgesamt eine liebevolle Atmosphäre in der Familie.

Die Eltern geistig behinderter Kinder können ihre anstrengende Pflege- und Erziehungsarbeit am ehesten dann bewältigen, wenn sie auch *entlastet* werden. Sie, die die Last der täglichen Betreuung eines behinderten Kindes übernommen und zu tragen haben, sollten nicht sich selbst überlassen bleiben. Immerhin ersparen sie dem Staat enorme Summen für die sonst nötige und teurere Heimunterbringung. Sie brauchen nicht nur Freunde und Elterngruppen, die sie stützen, sondern auch Dienste, die ihnen einen Teil der täglichen Belastung abnehmen. Zu den familienentlastenden Diensten gehören alle pädagogischen und sozialen Einrichtungen, die hier angesprochen worden sind, von der Frühförderung angefangen bis zur Erwachsenenbildung.

Eine weitere dringend nötige Maßnahme zur Unterstützung der Eltern, vor allem der *Mütter,* sind Erholungskuren bzw. die Einrichtung von Ferienaufenthalten für das behinderte Kind, damit die Eltern auch *Urlaub* machen können.

XIII Die Erziehung im Heim

Ein beachtlicher Teil der Kinder und Jugendlichen mit einer geistigen Behinderung wird in *Heimen* untergebracht. Dies geschieht vor allem dann, wenn sich die eigene Familie nicht bereitfindet oder sich außerstande sieht, die Pflege und häusliche Erziehung selber zu übernehmen bzw. wenn keine Pflegefamilie gefunden werden kann (Heimlich, Rother 1995). Im Einzelnen können verschiedene *Gründe* maßgebend werden:

- nicht anders überbrückbare, innerfamiliäre Probleme
- fehlende außerfamiliäre, soziale Hilfe und Unterstützung
- Fehlen von erreichbaren Tageseinrichtungen für eine spezielle pädagogische Förderung
- die besondere Schwere und Intensität der Behinderung des Kindes.

Früher, d. h. bis Anfang der siebziger Jahre, war die Unterbringung eines geistig behinderten Kindes in einer „Anstalt" die Regel. Sie war die Konsequenz aus einer allgemeinen Distanz, Hilflosigkeit oder Gleichgültigkeit der Gesellschaft gegenüber diesen Menschen. Die Massierung in solchen *Großeinrichtungen* mit relativ geschlossenem Charakter hatte zu höchst inhumanen Zuständen geführt (Hospitalisierung) und in den siebziger Jahren heftige Kritiken ausgelöst.

Sie führten dann zu einem Wandel, bei dem zunächst die generelle *Abschaffung* der Großeinrichtungen gefordert wurde. Innovative Programme der *De-Institutionalisierung* oder *Enthospitalisierung* führten dann einerseits zu einer Ausgliederung geistig behinderter Menschen aus *psychiatrischen Einrichtungen* (Theunissen 1999, Dalferth 2000, Straßmeier 2001) und andererseits zu einer *Reform innerhalb der Heime*. Ein Verbleiben des Kindes innerhalb seiner Familie setzte *familienentlastende Dienste* voraus. Es waren die entsprechenden Institutionen (ambulante Dienste, Tageseinrichtungen etc.) zu schaffen.

In dem Maße, in dem ambulante Dienste den Eltern die Möglichkeit boten, ihr Kind zu Hause zu behalten, entschieden sich viele Eltern für die *Familienlösung*. Die Zahl der in Heimen angemeldeten Kinder ging zurück. Die Heime sahen sich genötigt, sich auf die neue Situation einzustellen, Missstände zu beseitigen und neue Konzepte für eine humane Erziehung zu entwickeln. Diese bezogen sich vor allem auf den *Abbau der Massenunterbringung*, auf mehr *Professionalität der Betreuung*, auf *kleinere Wohngruppen* und auf eine *Öffnung der Heime nach außen*. Damit waren aber nicht alle Probleme gelöst (Metzler, Wacker 1990).

Der gegenwärtige Stand ist der, dass in Deutschland schätzungsweise 16.000 geistig behinderte Kinder in Heimen der Behindertenhilfe untergebracht sind (Thimm 1998, b. Beck 2002). Dies entspricht einem Fünftel bis einem Drittel aller geistig behinderten Kinder (Metzler, Wacker). Die Mehrzahl der Einrichtungen (72,6 %) verfügt über weniger als 50 Plätze; allerdings beziehen sich diese nur auf 28,1 % aller geistig behinderten Heimkinder. Die meisten leben in größeren Heimen, fast ein Viertel in Heimen mit über 300 bis 500 Plätzen (Wacker u. a. b. Beck 2002, 277).

Die Nachfrage nach Heimplätzen ist inzwischen wieder gestiegen und bezieht sich vor allem auf *schwerer behinderte* und *verhaltensgestörte Jugendliche*. Als Hauptgrund wird angegeben, dass die *Pflege zu Hause nicht mehr möglich* ist (Dritter Bayer. Landesplan für Menschen mit Behinderung 1994).

An sich waren – geschichtlich gesehen – die „Anstalten" die ersten Orte, die „geistesschwachen" Menschen Zuflucht, Schutz, Pflege und Bildung überhaupt ermöglichten. Durch ihre lange Tradition haben sie sich eine gewisse *Sonderstellung* erworben und sich weitgehend *verselbstständigt*. Durch die ungebrochene Nachfrage wird diese bestätigt. Dabei spielen *fiskalische Gründe* keine unbedeutende Rolle. Der Ausbau der ambulanten Dienste ist ins Stocken geraten.

Fatal wäre es, wenn die fiskalischen und administrativen Systemzwänge dazu führten, die Heimunterbringung als die einfacher zu verwaltende Lösung zu priorisieren, z. B. gegenüber Pflegefamilienplätzen (Tuckermann 1981).

Das immer wieder diskutierte Dilemma liegt darin, dass einerseits Heime für einen Teil der Menschen mit geistiger Behinderung real *notwendig* sind. Es gibt sie in allen vergleichbaren Ländern, auch in Italien – trotz der dort groß angelegten Strukturreform und zur Sicherung der schulischen Integration, die sich auf die leichter behinderten Schüler beschränkt. In Schweden leben 21 % der geistig behinderten Kinder und Jugendlichen außerhalb des Elternhauses oder einer Pflegefamilie (Wallner 1985).

Heime müssten also als nicht verzichtbare Bestandteile des sozialen Netzes intern so ausgebaut sein, dass in ihnen ein menschenwürdiges Leben möglich ist. Auf der anderen Seite wäre es wichtig, dass daraus kein Trend entsteht, die Maßnahmen zur Eingliederung in die Gemeinde und familienentlastende Dienste als soziale Aufgabe zu vernachlässigen, und die Bedeutung des sozialen Lebens in der angestammten Lebenswelt zu diminuieren. Dieses hat prinzipiellen Vorrang.

Das genannte Dilemma ist nach aller Erfahrung nicht bündig lösbar. Es bleibt ein Spannungsverhältnis, dessen Sinn darin gesehen werden kann, dass es dazu beiträgt, um die jeweils besten Lösungen zu ringen. Eine wichtige Voraussetzung dafür ist der Verzicht auf vorurteilsbehaftete soziale Feindbilder, wie z. B. die Stigmatisierung der Heime als „Ghettos". Ein Heim darf und muss kein Ghetto sein; es darf auch nicht von außen her dazu gemacht

werden. Verzweifelt um eine Entscheidung ringenden Eltern ist mit ideologisch pauschalen Diskreditierungen nicht gedient. Eine verantwortungs-
bewusste und menschlich legitime Entscheidung kann auch eine Entscheidung für eine gute Heimunterbringung sein. Die Eltern sollten wählen können, welchem Heim sie ihr Kind anvertrauen wollen. Sie sollten auch
Mitsprachemöglichkeiten bezüglich der Qualität der Heime haben.

Die dazu notwendig gewesene Strukturreform der Heime ist längst vollzogen. Wir verweisen u. a. auf den von Wacker, Neumann (1985) herausgegebenen Sammelband „Geistige Behinderung und soziales Leben" sowie
auf den Tagungsbericht von Neumann (1988).

Wichtige Anstöße hatte international gesehen das *Normalisierungsprinzip* gegeben. Es bedeutete keineswegs eine totale Absage an jegliche Heimunterbringung; es galt explizit auch für Heime. Nirje (1974) stellte folgende Teilgesichtspunkte für eine Normalisierung der Heime zusammen:

- *normaler Tagesrhythmus (aus den Betten, Anziehen, normales Essen,
  Berücksichtigen des persönlichen Rhythmus)*
- *lokaler Wechsel im Tagesablauf (verschiedene Orte für verschiedene Tätigkeiten, wie z.B. für Wohnen, Schule, Arbeit, Freizeit)*
- *Erleben des normalen Jahresrhythmus (Feiertage in der Familie, Urlaubs-
  reisen)*
- *Lebensablauf so normal wie möglich (Erfahren der weiteren Umwelt, kleine Gruppen im Heim, wenig Personalwechsel, möglichste Selbstständigkeit)*
- *weitestgehende Berücksichtigung der Eigeninteressen insbesondere in der
  Freizeitgestaltung*
- *Leben in einer bisexuellen Umwelt, Miteinander der Geschlechter (die Emp-
  fehlung, u.U. Heiraten zuzulassen, bezieht sich explizit auf leichtgradige
  Behinderte (Speck 1977a)*
- *Ermöglichen eines normalen wirtschaftlichen Standards (Mindestein-
  kommen, Sozial- und Altersversicherung etc.)*
- *Orientierung aller Einrichtungen (Kliniken, Schulen, Heime) an den Maß-
  stäben, die für alle Mitbürger üblich sind. Kleine, in die Umwelt integrier-
  bare Einheiten, räumliche Integration, Wohnlichkeit.*

Normalisierung in diesem Sinne ist ein Programm, das für jegliche Lebensformen und Institutionen gilt. Freilich enthält es aber es eine klare Absage
an eine bestimmte Art von *Massen-Institutionen* mit ihren spezifischen depersonalisierenden und sozial isolierenden Auswirkungen, wie sie in den
USA vor allem von B. Blatt (Kugel, Wolfensberger 1974) gegeißelt worden
sind. Ein Beispiel nicht zu verantwortender Heimerziehung beschrieb
Tuckermann (1981).

Auf dem historischen Hintergrund der Massendeprivation in Anstalten
muss man die Bewegung der *Deinstitutionalisierung* in den USA sehen, wenn
man sie von außen angemessen beurteilen will. Sie war auf den *Abbau der*

Mehrzweck-Massenanstalten zugunsten eines differenzierten, gestuften Systems weithin normalisierter, d. h. *sozial integrierter kleiner Heim-Einrichtungen* für verschiedene Zwecke (kürzere oder längere Aufenthalte, medizinische oder schulische Intentionen) (Dunn 1974) sowie auf den Ausbau offener, sozial-integrierender Dienste *(Tageszentren)* gerichtet.

Unter dem Sammelbegriff „Heime" oder der wenig glücklichen Formulierung „stationäre Unterbringung" sind also recht *verschiedene Wohnformen* zu verstehen: Größere, in sich gegliederte Heime, Wohnheime, Schulheime, Schülerwohngemeinschaften, aber auch Pflegeheime.

Die Primär-Orientierung der Geistigbehindertenhilfe an der Unterstützung der Familie ging u. a. auf Untersuchungsbefunde zurück, die aus *Vergleichen* von Entwicklungsdaten familiär und institutionell untergebrachter geistig behinderter Kinder hervorgegangen sind. So ließen Untersuchungen, die noch in den sechziger Jahren stattfanden (Carr 1974, 813), vermuten, dass geistig behinderte Kinder in Anstalten im Allgemeinen stärker retardiert und mehr behindert seien und aus größeren Familien stammten, vor allem solchen, die wenig Hilfe erhielten. Was den letzteren Umstand betrifft, so konnte inzwischen erhärtet werden, dass familiär-soziale Gründe für eine Heimeinweisung die wohl vorherrschenden sind, vor allem wenn noch zusätzliche Behinderungen und Verhaltensstörungen beim Kinde vorliegen (Carr 1978, Liepmann 1979).

Nicht mehr haltbar aber erscheint die einstige Annahme, dass in Heimen aufwachsende geistig behinderte Kinder schlechthin retardierter seien als Familienkinder, wie die Untersuchung von Carr (1978, 33) ergab. Es hatte sich gezeigt, dass bei einer entsprechenden pädagogischen Anpassung des Heimes an die Bedürfnisse der Kinder und bei einer Intensivierung der Förderung sich keine signifikanten Unterschiede in den Entwicklungsdaten mehr feststellen lassen. Im Übrigen war ein gewisses Überwiegen niedrigerer Entwicklungswerte nicht einfach den Erziehungsbedingungen zuzuschreiben, sondern der *Auslese der Heimkinder,* die offensichtlich von Anfang an schwerer geschädigt sind.

Eine weitere Unterschiedlichkeit ergab eine vergleichende Untersuchung zwischen Heimen und Kliniken. Raynes und King (1974) fanden in England, dass in Krankenhäusern (hospitals) im Gegensatz zu Heimen die typischen Anstaltsbedingungen vorherrschen: Starrheit der Routine, Block-Verfahren (nicht auf Einzelbedürfnisse abgestellt), Depersonalisation und soziale Distanz (300).

Zusammenfassend lässt sich feststellen, dass die Frage der Heimunterbringung geistig behinderter Kinder im Wesentlichen nach *zwei Kriterien zu beantworten ist:*

- der prinzipiellen Sekundärfunktion der Heime gegenüber der Familie, also der Priorität der ambulanten Hilfen und
- der pädagogischen Qualität (Lebensqualität) in den Heimen.

Nach heutigem Verständnis kommt den Heimen eine Subsidiaritätsfunktion gegenüber der Familie zu. In dieser Funktion aber unterliegen sie dem vollen, konzentrierten Anspruch einer familienersatzorientierten Erziehung und Pflege. Was eine Heimerziehung für geistig behinderte Kinder zu leisten vermag, wurde durch die Praxis in zahlreichen Einrichtungen belegt (S. Görres 1974, Schmidt-Thimme 1970, Kaspar 1979, Kaminski u. a. 1978, Wacker, Neumann 1985 und Neumann 1988).

Wenn von Fortschritten in der Heimerziehung die Rede ist, so gilt dies nicht schlechthin für alle Heime. Immer wieder treten auch Heime aus ihrer Abgeschiedenheit ins Rampenlicht der Öffentlichkeit, weil in ihnen Kinder menschenunwürdigen Bedingungen, z. B. Gewaltanwendungen, ausgesetzt sind.

Für die *Eltern* ist es wichtig, sich *vor einer Aufnahme* ihres Kindes in ein Heim genauer zu informieren, welche Art von Lebensbedingungen es hier vorfinden wird. Von Interesse wären Fragen nach der fachlichen Vorbildung des Personals, nach der ärztlichen Versorgung, nach der Wohnweise, nach der Gruppengröße, nach dem Tagesablauf, nach den Freizeitmöglichkeiten, nach den Außenkontakten, nach dem Jahresrhythmus, nach Festen und Feiern, nach dem *Ethos* eines Heimes.

Wieweit *auf Heimerziehung* verzichtet werden kann, hängt letztlich auch von der Eingliederungsbereitschaft der Gesellschaft ab. Die Einstellungen sind nach wie vor unterschiedliche. Gibson (1978) hatte aus kanadischer Sicht ernüchternd festgestellt, dass die erhoffte breite Akzeptierung dieser Menschen durch eine in Großmut gewandelte Gesellschaft sich nicht ereignet habe. „Ganz offensichtlich hat der Kaiser keine Kleider!" (323) Natürlich müssten alle nötigen Schritte unternommen werden, damit eine soziale Integration gelingt, wo sie möglich ist. Aber so, wie die Dinge jetzt stünden, sollte man nicht zu viel von der potenziellen Eingliederungsfähigkeit geistig behinderter Erwachsener und der Eingliederungsbereitschaft des Durchschnittsbürgers erwarten. Man müsse verstehen lernen, dass die Toleranz des Gemeinwesens im Selbstinteresse der Mehrheit seiner Mitglieder begründet liege (327). Dass in der Gesellschaft die Integrationsbereitschaft – trotz bedeutsamer Fortschritte – nach wie vor geteilt ist, zeigen auch neuere Befunde (Cloerkes 2001).

XIV Bildung im Erwachsenenalter

Welche Bildungschancen im Erwachsenenalter von Menschen mit einer geistigen Behinderung liegen, konnte in vollem Umfang erst erkannt werden, nachdem eine ganze Generation eine differenzierte Schulbildung erfahren hatte und in verschiedenen Lebensbereichen über soziale Teilhabe gelernt hatte, das eigene Leben sinnvoller zu gestalten. *Bildung* war zunächst im Wesentlichen auf die Institution *Schule* bezogen worden. Deren Ertrag wäre jedoch nach kurzer Zeit vertan gewesen, wenn nicht auch danach bildende Einflüsse weitergewirkt hätten. Man war bis dahin der Meinung gewesen, diese Menschen würden auf Lebensdauer nur im Entwicklungsstand eines Kindes verbleiben, und sie könnten kaum noch etwas dazulernen.

Erst Anfang der achtziger Jahre begann man, sich systematisch auch für die Lernbedürfnisse der erwachsen gewordenen Menschen mit einer geistigen Behinderung zu interessieren. *Erste Konzepte* wurden eingebracht (Speck 1982). Wie beachtlich diese Bildungsmöglichkeiten waren, stellte sich erst im Verlaufe des Ausbaues entsprechender Einrichtungen heraus (Baumgart 1985, 1987, Höss 1987, Jakobs, König und Theunissen 1987, Bundesvereinigung Lebenshilfe 1991). Das Bild, das Menschen mit geistiger Behinderung heute im öffentlichen Leben abgeben, hatte man sich Anfang der siebziger Jahre nicht vorstellen können.

1 Erwachsenwerden

Die Entwicklung zum Erwachsenen stellt einen Prozess dar, bei dem sich der Mensch aus der Abhängigkeit von der erzieherischen Autorität in Kindheit und Jugend (Fremdbestimmtheit) allmählich löst und sich zur Selbstständigkeit des Wertens, Entscheidens und Handelns (Selbstbestimmtheit) entwickelt. Dieser Prozess der Loslösung aus dem Unmündigsein in der Kindheit ist, entgegen früheren Annahmen, eindeutig, wenn auch in modifizierter Form, auch bei Erwachsenen mit einer geistigen Behinderung zu beobachten. Es ist ein *emanzipatorischer Vorgang:* Der Erwachsene emanzipiert sich von der Fürsorge durch Andere und strebt danach, sein Leben selbst zu gestalten. Dass er dabei auch Hilfe von außen braucht, gilt im Prinzip nicht nur für Menschen mit einer geistigen Behinderung. Entwicklungspsychologisch gesehen sind es neue *Entwicklungsaufgaben*, die vom Erwachsenen zu bewältigen sind. Das besondere Problem bei einer geistigen Behinderung liegt darin, dass diese Menschen wissen, dass sie diese neuen Aufgaben, also ihre Emanzipation, nicht völlig selbstständig werden meistern können, sondern weiterhin auch auf Unterstützung und Begleitung angewiesen sein werden. Sie wissen auch – mehr oder weniger intuitiv –, dass sie nicht alle Erwachsenenrollen werden ausüben können, wie sie diese bei Anderen erleben; z. B. wird vielen von ihnen die Wohnfreiheit, die freie Partnerwahl, das Autofahren, das Heiraten-Können und das Kinder-Bekommen verwehrt bleiben.

Der *Loslösung* von den Kindheitsrollen, vor allem von den Eltern, entspricht die *körperliche und geschlechtliche Entwicklung* zum Erwachsenen. Es bilden sich neben den Reifungsvorgängen im genitalen Bereich die typischen Erwachsenen-Merkmale aus; zugleich stellt sich das zentrale Bedürfnis nach personaler Ergänzung durch einen Partner ein. Die kindliche zwischenmenschliche Ergänzungsbedürftigkeit nach einem sichernden und anleitenden Erwachsenen wird abgelöst durch diejenige nach einem *Geschlechtspartner* für eine gemeinsame Lebensbewältigung nach eigenen Maßgaben.

Dieser Prozess des Sich-Lösens aus primärer Abhängigkeit, des Geltend-Machens eigener Rechte und des interpersonalen Ergänzens und Sich-Bindens in Partnerschaft verläuft nicht ohne Hindernisse und Probleme. Diese sind in der Regel umso größer, je weniger dieses Erwachsenwerden durch eine gezielte Selbstständigkeitserziehung, durch ausreichende Gelegenheiten zu sozialem Lernen, vorbereitet wurde und je stärker der Widerstand – bewusst oder unbewusst – war, diese Selbstverwirklichungsansätze zu respektieren und zu unterstützen. Menschen mit einer geistigen Behinderung hatten es lange Zeit schwerer als andere, erwachsen zu werden. Sie wissen auch selber um die Ambivalenz ihrer Zukunft als Erwachsene.

So ergaben *Befragungen* (Speck 1982), dass sich die Mehrzahl *auf ihr Erwachsenwerden freut*. Als Gründe werden u. a. angegeben, dass man arbeiten und Geld verdienen, sich schön anziehen und schminken kann und mehr Selbstständigkeit hat. Es gab aber auch andere, die *lieber Kind bleiben* wollten. Als Gründe nannten sie: Als Erwachsener müsse man arbeiten, sei man so allein, habe man Angst vor Alter und Tod und Angst, nicht zurechtzukommen. Die Angst, sich von den Eltern lösen zu müssen, reicht bis ins Extrem: „Wenn die Mama stirbt, dann mach ich Selbstmord, dann mag ich nicht mehr leben." Die *Zukunftswünsche* richten sich u. a. darauf, einen Beruf auszuüben, den Führerschein zu machen, zu heiraten und Kinder zu haben, eine eigene Wohnung zu haben oder mit mehreren Leuten zusammenzuwohnen, die einem helfen, wenn man in Not ist, oder Reisen, Ausflüge zu machen, abends auszugehen, zu tanzen, mit Freunden wegzugehen.

Die *künftigen Probleme*, einen Partner zu finden, werden deutlich erkannt: „Ich möchte heiraten, aber ich habe Angst, dass ich mit der Frau nicht zurechtkomme." „Das Leben ist nicht schön, weil ich nie heiraten und Kinder haben kann."

Derartige Aussagen legen den Schluss nahe, dass das Erwachsenwerden bei einer geistigen Behinderung dann eher gelingt, wenn für die Loslösung von den Eltern *partnerschaftliche Beziehungen* eingetauscht werden können. Das so genannte „Kindbleiben" Erwachsener mit einer geistigen Behinderung dürfte zu einem wesentlichen Teil darauf zurückzuführen sein, dass ihnen normalisierte zwischengeschlechtliche Kontakte und Lebensformen versagt blieben.

Das Erwachsenwerden ist pädagogisch als ein Prozess zu sehen, der im Wesentlichen durch Lernen, durch *soziales Lernen*, zustande kommt. Die *Lernkapazität* geistig behinderter Erwachsener wurde lange Zeit sehr unterschätzt. Sie ist von zentraler Bedeutung für die Weiterbildung dieser Personen.

Es liegen Untersuchungsbefunde vor (Speck 1982), die übereinstimmend darauf hindeuten, dass die *Lernzuwachsmöglichkeiten* im Erwachsenenalter *wesentlich höher* zu veranschlagen sind als bisher angenommen, dass z. B. der *Gipfel der intellektuellen Leistungsfähigkeit im Durchschnitt zwischen 20 und 34 Jahren erreicht* wird (Gunzburg 1974). Ein weiterer Zugewinn an personaler und sozialer Kompetenz über diesen Zeitraum hinaus konnte von Nihira (1976) für Personen mit schweren und schwersten geistigen Behinderungen ermittelt werden.

Eine über das Kind-Stadium hinausreichende Entwicklung kann nur dann realisiert werden, wenn sie gefördert, unterstützt und begleitet wird. Erwachsenenbildung bei geistiger Behinderung ist deshalb eine unabweisbare humane Verpflichtung im Rahmen der Behindertenhilfe (Höss, Goll 1987, Heilpädagogisches Centrum Augustinum 1986).

2 Bildung und unterstützende Lebensbegleitung

Wenn man gewohnt ist, den Begriff *Bildung* in Kindheit und Jugend auf die Institution Schule zu beziehen, so zeigen sich Schwierigkeiten, wenn man versucht, ihn für das *Erwachsenenalter* zu verwenden, es sei denn, man denkt an das System der direkten *Erwachsenenbildung*. Damit aber würde man den *Gesamtbereich bildungswirksamer Einflüsse* verkürzen. Bildung im Erwachsenenalter vollzieht sich nicht allein unter dem Einfluss direkter Angebote eigener Institutionen für Erwachsenenbildung, sondern vor allem auch als Nebenprodukt vielfältig wirksamer und notwendiger Maßnahmen und Dienste zur Lebensbegleitung und -unterstützung.

Buchka (2003) hat in seiner differenzierten Begriffsanalyse zur Theorie und Praxis der *„Sozialagogik"* wichtige Unterscheidungen vorgenommen. Er ging dabei nicht primär vom Bildungsaspekt aus, sondern von der Gesamtsituation, in die sich Erwachsene mit einer geistigen Behinderung gestellt sehen; und diese ist nicht nur ein Feld von Bildungseinrichtungen. Unter dem Oberbegriff der „Sozialagogik" im Sinne von

Menschenführung und Menschenbegleitung fasst Buchka drei Aufgabenbereiche zusammen:

– die sozialagogische Bildung,
– die sozialagogische Begleitung und
– die sozialagogische Therapie.

Es wird damit eine *Verbindung pädagogischer und sozialer Hilfen* im Sinne gegenseitiger Ergänzung angestrebt. Es geht um einen ganzheitlichen Ansatz und einen Komplex von „Bedingungen und Möglichkeiten der Unterstützung und Förderung des Lernens und der ganzheitlichen Selbstbildung sowie der sozialen Begleitung im Alltagsleben" und zwar im Rahmen „inszenierter Gemeinschaften" (44). Da es im Wesentlichen um die *Bildung des Selbst* geht, wird die *unterstützende und bildende Begleitung* vor allem von der Beachtung des Selbst, der eigenen Interessen und Neigungen, bestimmt sein müssen, d. h. von einer interpersonalen Offenheit und Partnerschaftlichkeit.

Geht man vom *Bildungsaspekt* aus, so lassen sich *zweierlei Formen von Bildungshilfen* im Erwachsenenalter unterscheiden: direkte Bildungsangebote („Erwachsenenbildung") und indirekte Hilfen über eine unterstützende Lebensbegleitung. (Abb. 17)

Im ersteren Fall handelt es sich um *eigene Veranstaltungen,* die den unmittelbaren Zweck haben, Bildungsinhalte *direkt* zu vermitteln, im zweiten Fall sind die *bildenden Wirkungen* gemeint, die von Begegnungen und Erfahrungen im Rahmen einer unterstützenden Lebensbegleitung ausgehen (Alltag, Wohnen, Sozialtherapie, Biografiearbeit u. Ä., siehe Buchka). Entscheidend ist, dass der Einzelne die Chance erhält, aus dem Begegnenden selbstbestimmt das auszuwählen, zu internalisieren und in Lebenswirklichkeit umzusetzen, was seinem Ansatz von Selbstbildung entspricht.

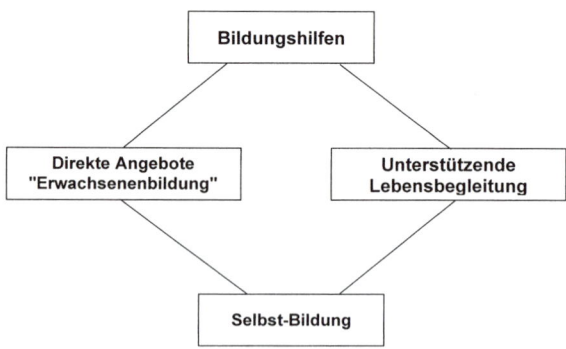

Abb. 17: Bildungshilfen im Erwachsenenalter

Werbeantwort

Ernst Reinhardt Verlag
Postfach 20 07 65

80007 München

Tel. 089/17 80 16-0 • Fax -30 • info@reinhardt-verlag.de • www.reinhardt-verlag.de

**Ich bestelle aus dem
Ernst Reinhardt Verlag,
Postfach 20 07 65, D-80007 München**

––– Expl. Peterander/Speck, Qualitätsmanagement

––– Expl. Speck, System Heilpädagogik

––– Expl. ....
(Preise zzgl. Versandkosten)

Name, Vorname

Straße

PLZ, Ort

Total-Value-Management, Personalentwicklung, Balanced Scorecard – in vielen sozialen Einrichtungen sind dies auch heute noch Fremdwörter. Mehr und mehr aber etabliert sich das System des Qualitätsmanagements auch in Schulen, Kindertagesstätten, Werkstätten der Behindertenhilfe, Rehabilitation oder Altenhilfe. Die Beiträge dieses Buches stellen theoretische und praktische Konzepte vor. Dabei werden auch neue Erkenntnisse und Erfahrungen bei der Umsetzung reflektiert.

Peterander
Speck (Hg.)

Qualitätsmanagement
in sozialen
Einrichtungen

2. Auflage

ℰ𝒱 reinhardt

2., völlig neu bearb. Auflage 2004. 346 Seiten. 24 Abb. 3 Tab. (3-497-01703-5) gb

Otto Speck

System
Heilpädagogik

Eine ökologisch
reflexive Grundlegung

5. Auflage

ℰ𝒱 reinhardt

Auch in der fünften Auflage seines Standardwerkes ist es Otto Speck wieder gelungen, Basiswissen mit aktuellen Aspekten optimal zu verbinden. Im Mittelpunkt steht nach wie vor der ökologisch-systemtheoretische Ansatz. Aktuelle Themen, wie die Diskussion um eine eugenisch orientierte Gentechnologie, ökonomisierende Einflüsse, Qualitätsentwicklung, Auswirkungen der PISA-Studie und Care-Ethik, wurden mit aufgenommen.

5., neu bearbeitete Auflage 2003. 547 Seiten. 26 Abb. 7 Tab. (3-497-01626-8) gb

ℰ𝒱 reinhardt

2.1   Erwachsenenbildung

2.1.1 Aufgaben

Bildung bei Erwachsenen mit geistiger Behinderung bezieht sich auf all die Lebensbereiche, die für den Einzelnen in seiner sozialen Situation bedeutsam sind. Es kann also beispielsweise nicht nur um die Pflege einzelner Sonderinteressen, z. B. individueller Hobbys, oder um das bloße Erlernen isolierter Fertigkeiten gehen; worauf es vielmehr ankommt, das ist die Sicherung der personalen und sozialen Entwicklungsmöglichkeiten, die der Einzelne erkennen lässt, sei es in den Bereichen der beruflichen Bildung, der Alltagsbedürfnisse, der Freizeit, des Wohnens, der Partnerschaft und Geselligkeit oder anderer Interessen und Lebensbedeutsamkeiten.

Damit ist keinesfalls eine totale Pädagogisierung des Erwachsenenlebens bei geistiger Behinderung gemeint, sondern vielmehr die Notwendigkeit eines in dieser Weise *umfassenden Angebots,* damit jeder Einzelne in seinen verschiedenen Bedürfnissen und Interessen erreicht werden kann.

Geht man von der Zielvorstellung eines *möglichst selbstständigen Erwachsenen* aus, der zu einer Stabilisierung seiner Identität und zu bereichernder sozialer Teilhabe gefunden bzw. gelernt hat, aktiv an der Gestaltung seiner Umwelt mitzuwirken, und berücksichtigt man zugleich die spezifischen *Erschwerungen,* die mit einer geistigen Behinderung verbunden sein können, so lassen sich folgende *erwachsenenpädagogischen Aufgabenstellungen* benennen:

1. Unter dem Aspekt der Persönlichkeitsbildung, die sowohl dem Erfahren der eigenen Person und der Selbstverwirklichung als auch dem Erwerb von Fertigkeiten zur Selbstversorgung und zur Sicherung der eigenen Existenz dienen, lassen sich folgende Aufgaben im Einzelnen benennen:

– *Weiterführung der Vermittlung von Kenntnissen und Fertigkeiten, die für eine relativ selbstständige Bewältigung des Alltags in den Bereichen des Wohnens, der Arbeit, der Selbstdarstellung, des Verkehrs u. dgl. wichtig sind,*
– *Hilfe zur Überwindung persönlicher Probleme und Hindernisse (Selbstbehauptung),*
– *Vermittlung von Inhalten und Werten für eine relativ selbstbestimmte Lebensführung,*
– *Schaffen von Gelegenheiten, um eigene Entscheidungen in konkretem Handeln einzuüben und zu erproben,*
– *Religiöse Bildung (Heinen 1988).*

2. Unter dem Aspekt der *Hilfe zur sozialen Teilhabe* und zur *Umwelterweiterung* lassen sich Aufgaben ausmachen, die auf folgende Ziele gerichtet sind:

- *Erlernen kommunikativer Fertigkeiten (Eisenwort u. a. 1990),*
- *Kennenlernen sozialer Regeln für den Umgang mit Erwachsenen,*
- *Erlernen von Formen und Regeln des geselligen Beisammenseins und des Spiels miteinander,*
- *Erfahren von Hilfe zur Verarbeitung sozialer Konflikte,*
- *Erwerb spezifischer Kenntnisse und Verhaltensmuster für den zwischengeschlechtlichen, partnerschaftlichen Kontakt,*
- *Erweiterung der Umweltorientierung, des kulturellen Erfahrungsraumes, Beteiligung am Zeitgeschehen u. Ä.*

Derartige mehr formalen Aufgabenstellungen bedürfen zur Konkretisierung lebensnahe *Handlungsfelder,* in denen sich dann Erwachsenenbildung praktisch strukturiert und vollzieht. Folgende Bereiche ließen sich unterscheiden:

- *Alltag im Wohnbereich (Wohnungspflege, Selbstversorgung, Hygiene, Mahlzeiten u. Ä.),*
- *Arbeitsbereich (berufliches Wissen und Können),*
- *Musischer Bereich (Sport, Musik, Spiele, Bildnerisches Gestalten, Theaterbesuch u. Ä.),*
- *Technischer Bereich (Fotografieren, Video),*
- *Partnerschaft und Gruppe (Tanz, selbstgewählte Gruppenaktivität, Feiern),*
- *Ausflüge und Wanderungen,*
- *Unsere Stadt (Straßen, Geschäfte, Verkehr).*

Ein kleines und handliches „Lexikon" mit Wissenswertem zur Erwachsenenbildung bei geistiger Behinderung legten Baumgart und Bücheler (1998) vor.

2.1.2 Didaktische Gesichtspunkte

Erwachsene müssen *als Erwachsene angesprochen* werden, auch wenn sie geistig behindert sind. Diese Forderung mutet trivial an, ist aber eigens zu betonen, da die Mitarbeiter vielfach aus pädagogischen Einrichtungen stammen, in denen sie mit Kindern und Jugendlichen zu tun haben und deshalb geneigt sind, ihre gewohnten Umgangsformen und Methoden hierher zu übertragen.

Die Erwachsenenbildung für Teilnehmer mit geistiger Behinderung muss klar von *Prinzipien der allgemeinen Erwachsenenbildung* geprägt sein. Dies bedeutet u. a.

- das Berücksichtigen der persönlichen Wünsche der Teilnehmer, z. B. bei der Auswahl von Kursen
- das Respektieren eigener Entscheidungen
- das bewusste Einbeziehen von Mitbestimmung für den Ablauf bestimmter Kurse.

Selbstverständlich wird man sich auch auf die individuelle Situation (Behinderungsform, Elterneinfluss) einzustellen haben.

Sachbezogenheit und Personbezogenheit müssen sich ergänzen. Auf der einen Seite sind deshalb *Kurse* notwendig, die um eines im Einzelnen definierten Lernergebnisses willen und aufgrund eines von der Sache her einzuhaltenden Lehr- und Lernablaufs inhaltlich und sequenziell näher strukturiert, also geschlossener sind, z. B. „Wir bereiten eine Mahlzeit" oder ein „Nähkurs".

Auf der anderen Seite sind Angebote gefragt, die für momentane und interaktionale Bedürfnisse nach Interessen der Teilnehmer *offen* gehalten bleiben. Soziale und emotionale Aspekte kommen stärker zum Tragen. Die notwendige inhaltliche Offenheit schließt eine gewisse Grundstrukturiertheit nicht aus, wie z. B. beim musischen Tun.

Für den einzelnen Teilnehmer stehen nicht unbedingt die ausgewiesenen Kursthemen, z. B. „Tonen" oder „Gymnastik", im Vordergrund, sondern die sich dabei gleichzeitig abspielenden *sozialen Prozesse.* Es konnte beobachtet werden, dass die auf dem Programm stehenden Lerntätigkeiten vielfach nur ein Vehikel oder Medium für eigentliche Interessen darstellen, die ihren Schwerpunkt in der Begegnung mit anderen Menschen haben. Dieses starke Bedürfnis erklärt sich u. a. aus der sonstigen sozialen Isoliertheit, der Erwachsene mit einer geistigen Behinderung in der Regel ausgeliefert sind. Die Eltern sind kein Ersatz für Kontakte mit Altersgenossen. Für die Kursplanung ist deshalb die Beachtung dieses impliziter ablaufenden sozialen Kontaktbedürfnisses einschließlich der sich dabei stellenden Aufgaben sehr wichtig.

Im Gegensatz zur üblichen Erwachsenenbildung, die weithin belehrende Verfahren aufweist, erfordert die geistige Behinderung eine ausdrückliche Orientierung an *konkretem Handeln in realen Situationen. Projektvorhaben* stehen deshalb im Kursprogramm im Vordergrund. Dieses Prinzip fanden wir besonders intensiv beachtet im dänischen Erwachsenen-Unterricht (Speck 1982).

Die Kurse sollten, auch wenn sie speziell für Teilnehmer mit einer geistigen Behinderung gedacht sind, grundsätzlich auch für *nicht behinderte* Teilnehmer offen sein. Gemischte Gruppen können zur sozialen Annäherung und Verständigung beitragen. Hier können Scheu und Ängste abgebaut, dort neue Aktivitäten geweckt werden. Kurse mit mehr offenen Strukturen und mehr geselligen Inhalten eignen sich dafür besser als solche, die spezielle motorische und kognitive Fähigkeiten verlangen.

Für Teilnehmer, die bei ihren *Eltern* wohnen, ist es besonders wichtig, dass die Erwachsenenbildungsstätte sich mit diesen immer wieder zu verständigen sucht. Eigene regelmäßige Veranstaltungen sind dazu notwendig, Hausbesuche wünschenswert. Es geht darum, den Eltern die Intentionen der Kursangebote näher zu bringen, um ihnen dabei auch die Eigeninteressen ihrer erwachsenen „Kinder" zu verdeutlichen und deren Loslösungsprozess zu unterstützen. Von daher gesehen ist es verständlich, wenn in der Regel eine Beteiligung der Eltern an den Kursen selbst für ungünstig gehalten wird. Ebenso sollte die Entscheidung für einen bestimmten Kurs nicht von den Eltern festgelegt werden.

Die Kurssituation ist in der Regel durch verschiedene *dynamische Komponenten* der individuellen geistigen Behinderungen *belastet*. Die Teilnehmer erfahren sich unter für sie ungewohnten interaktionalen Bedingungen. Häufig sind sie durch die Werkstatt-Arbeit ermüdet. Immer wieder müssen eintretende *Konflikte* aufgearbeitet werden. Bei derartigen komplexen pädagogischen Anforderungen ist ein Kursleiter vielfach überfordert. Deshalb wird die Zusammenarbeit mit einem zweiten Mitarbeiter für wünschenswert angesehen, wobei es sich auch um einen Helfer handeln könnte. Darüber hinaus haben sich *regelmäßige Mitarbeiterbesprechungen* als notwendig erwiesen, um Erfahrungen auszutauschen und das eigene Konzept besser abstimmen zu können.

2.1.3 Institutionen

Die Weiterentwicklung eines Erwachsenen mit einer geistigen Behinderung ist von einer *kontinuierlichen und konstanten Weiterbildung* abhängig. In der Obhut der Eltern droht Langeweile. Die Werkstätten haben ihre Vorstellungen von „begleitenden Diensten" nicht hinreichend verwirklichen können (Bernhart 1977, Stuffer 1975). Es hat sich gezeigt, dass das, was als Erwachsenenbildung notwendig ist, ein eigenes Unternehmen darstellt, das über Familie und Werkstatt hinausreicht und eigener Institutionen bedarf.

Dabei ist immer wieder der – aus dem Normalisierungsprinzip heraus – nahe liegende Gedanke einer *Integration in die allgemeinen Volkshochschulen* verfolgt worden. So begrüßenswert er auch ist, zeigt jedoch die Erfahrung, dass sich in der Praxis im Allgemeinen nur nominelle und additive Möglichkeiten realisieren lassen. Von einer Integrierung Erwachsener mit einer geistigen Behinderung in die üblichen Volkshochschulangebote kann nicht die Rede sein. Praktiziert werden lediglich – hier und da – eigene Veranstaltungen „im Rahmen der Volkshochschule", freilich in eigenen Räumen und speziell für Personen mit geistiger Behinderung gedacht (Höss, Goll 1987, Baumgart 1987).

Da überdies in finanzieller Hinsicht die Volkshochschulen ihre eigenen Probleme haben, bestehen kaum Aussichten, dass sie ihre knappen Ressourcen künftig auch noch für spezielle Aufgaben der Erwachsenenbildung bei geistiger Behinderung abzweigen. Es dürfte kein Zufall sein, dass in *Dänemark*, dem Ursprungsland der Volkshochschulen und des Normalisierungsprinzips, *eigene Volkshochschul-Einrichtungen für Erwachsene mit einer geistigen Behinderung* auf der rechtlichen Grundlage eines eigenen Gesetzes für den Spezialunterricht für behinderte Erwachsene bestehen. Die geradezu deprimierenden Erfahrungen mit der Finanzierung der Erwachsenenbildung geistig behinderter Personen hierzulande zeigen, dass mit einer Verbesserung der Situation nur über eine *gesetzliche Verankerung* dieser Aufgabe gerechnet werden kann.

Modellcharakter hatte in Dänemark lange Zeit die „Volkshochschule" für geistig Behinderte an der *Spaniensgade in Kopenhagen.* Hier hält man seit vielen Jahrzehnten *Jahreskurse* für Erwachsene aus dem ganzen Land ab. Seit 1980 wird über das Unterrichtsministerium der gesamte *Erwachsenenunterricht* gesetzlich geregelt, also auch für Personen mit geistigen Behinderungen. Der *Staat finanziert* die verschiedenen Formen dieses Unterrichts: Abendschulen, Abendhochschulen, Studienkreise, Interessengruppen, berufliche Kurse, Spezialunterricht. Die Teilnehmer zahlen lediglich eine eher symbolische Gebühr. Träger solcher Einrichtungen sind regionale oder örtliche Instanzen oder Verbände. Das Gesetz regelt im Einzelnen auch Mindestgrößen der Gruppen, Qualifikationen der Mitarbeiter und die Verpflichtung zur Bereitstellung geeigneter Räumlichkeiten.

Erwachsene mit Behinderungen können und sollen nach Möglichkeit auch am *integrierten Erwachsenenunterricht* teilnehmen. – Das Weiterbildungswesen für Erwachsene mit geistigen Behinderungen hat in Dänemark eine klare und tragfähige Organisationsbasis und ist inzwischen im ganzen Lande weithin ausgebaut.

Als Modelleinrichtung in Deutschland nach dem Vorbild der „Volkshochschule" für geistig Behinderte an der Spaniensgade in Kopenhagen kann das *Bildungswerk des HPCA in München* (Oberschleißheim) angesehen werden. Es wurde 1977 von Otto Steiner speziell für Personen mit einer geistigen Behinderung gegründet (Speck 1982).

Von einem Projekt, das im Rahmen einer Volkshochschule durchgeführt wurde, berichtete Meyer-Jungclaussen (1985). In ähnlicher Richtung wird im „Heidelberger Modell" gearbeitet (Höss, Goll 1987a, b).

Über Erfahrungen in der *Schweiz* legte Siegenthaler (1984) Berichte vor. Sie bezogen sich vornehmlich auf Arbeiten in Wohnheimen bzw. auf die Freizeitgestaltung. Betont wurde die Notwendigkeit einer „andauernden" Fortbildung. Ein originelles Beispiel für einen offenen Ansatz einer Weiterbildung im Kurssystem bildet das Projekt *„Bildungsklub" in Zürich,* damals unter der Leitung von E. Baumgart (1985, 1987). Es folgt konsequent dem Normalisierungsprinzip und einer ausgesprochenen *Bildungsintention,* also nicht dem bloßen Bedürfnis nach Freizeitbeschäftigung.

Erfahrungsberichte aus anderen Ländern (Dänemark, Holland, Österreich) enthält der Tagungsbericht des *Heilpädagogischen Centrums Augustinum,* München (1986). Weitere Anregungen enthalten die Tagungsberichte der *Bundesvereinigung Lebenshilfe für geistig Behinderte e. V.* (1991) und von Baumgart (1991).

Welche gemeinhin kaum für möglich gehaltenen Chancen einer Erwachsenenbildung sich auch für Erwachsene ergeben, die in *psychiatrischen Einrichtungen* aufwuchsen, zeigen die Arbeiten von Theunissen (1985, 1987,

1999) und die von Höss und Goll (1986). Theunissen konnte belegen, dass Erwachsene mit einer – auch schweren – geistigen Behinderung im Rahmen „Heilpädagogischer Heime" in ihrer geistigen Entwicklung erfolgreich gefördert werden können, dass also diese Heime als ihr Lebensort in Betracht kommen, nicht aber psychiatrische Krankenhäuser (1991, vgl. auch Bradl, Schädler 1986).

2.2 Bildende Lebensbegleitung

2.2.1 Begeitetes Wohnen

Eine zentrale Basis für die Gestaltung eines kultivierten Lebensalltags und für das Wirksamwerden begleitender Dienste ist das *Wohnen.* Der Ort und die Lebensqualität des *Alltags* bestimmen weithin, welches *kulturelle Niveau* diese Menschen erreichen. Wie weit sich die Wohnsituation unter dem Einfluss des Normalisierungsprinzips inzwischen geändert hat, zeigt der von Eisenberger u. a. 1999 herausgegebene Band. Zu den äußeren Bedingungen eines zugleich auch *bildenden Wohnens* wären vor allem folgende zu rechnen:

- *ein zureichender Eigenraum für jeden Bewohner, über dessen Gestaltung er allein verfügen kann,*
- *die Unantastbarkeit von Eigentum,*
- *die Respektierung des eigenen Territoriums durch andere, auch durch die Angehörigen,*
- *die Beständigkeit des Lebensortes (kein willkürliches Verlegtwerden),*
- *eine relative Kontinuität der Hausgemeinschaft ohne Konformitätszwänge,*
- *ausreichend Gelegenheiten zur persönlichen Gestaltung der Freizeit und zur Pflege von Gesellligkeit, Freundschaften und Partnerschaft (Speck 1982).*

Qualitativ entscheidend sind aber nicht allein die äußeren (materiellen) Gegebenheiten des Wohnens, sondern das *subjektive Wohlbefinden* der Bewohner (Hahn u. a. 2003). Es wird als persönliches *Beheimatetsein* erlebt. Wohnliches Wohlbefinden bildet sich weniger durch kognitive als vielmehr durch *emotionale* Prozesse. Die Alltagsereignisse binden das eigene Erleben und verleihen ihm Stabilität. Der Einzelne gewinnt dabei das Gefühl von *Ortsidentität und Zugehörigkeit.* Die eigene Wohnwelt gilt als zentraler Referenzpunkt für die Verwirklichung eigener Bedürfnisse und Ziele. Wohnheimat als Aneignung und Bindung kann so stark sein, dass sich ein Mensch mit aller Affektivität und Gewalt dagegen wehrt, wenn er genötigt wird, sie zu verlassen.

Die *äußere Gestalt der Wohnumwelt* ist in ihrem individuellen Bedeutungsgehalt für den Einzelnen nicht ohne weiteres von außen her erschließbar. Die persönlich erlebte Qualität, z. B. in ästhetischer Hinsicht, ist *vielfältig* bedingt, etwa durch persönlichen Geschmack, Interessen und sonstige Eigenheiten. Sie sind zu achten. Zugleich muss ein Ausgleich von *Beständigkeit* (Konvention, Verlässlichkeit, Sicherheit) und *Abwechslung,* also dem Gegenteil von Monotonie, bestehen. Vom Erleben dieser *Wohn-qualität* hängt der Grad der psychischen Aktivität und der emotionalen Befindlichkeit ab, aber auch die erreichbare Leistungsfähigkeit. Wichtig ist dabei auch ein gewisser Grad an Ordnung, Ruhe, Privatheit und Natür-lichkeit (Thesing 1990, Bundesvereinigung Lebenshilfe 1982, 1990a, Ar-beitsgemeinschaft Wohnplätze 1990).

Welche Bedeutung das Wohnerleben für Menschen mit schwerer geisti-ger Behinderung hat, hat die Forschungsgruppe von M. Hahn (Berlin) er-mittelt (Seifert 1997a, 1997b, Fischer, U. u. a. 1996, Fischer, U. u. a. 1998).

2.2.2 Begleitete Sexualität und Partnerschaft

Auf die Unregelhaftigkeit der pubertären Vorgänge ist bereits hingewiesen worden. Die geschlechtliche Entwicklung verläuft im Allgemeinen ver-langsamt und oft nicht bis zur vollen Reife. Das Geschlechtliche spielt zwar im Leben des Menschen mit einer geistigen Behinderung im Allgemeinen eine geringere Rolle als beim nicht geistig behinderten Heranwachsenden, aber deshalb sind die Erziehungsaufgaben nicht einfacher, zumal die an-

deren Menschen wenig Rücksicht auf die besondere Situation bei geistiger Behinderung nehmen und sie selbst kaum in der Lage sind, die neuen, bisher nicht gekannten Motivationen und Verhaltensweisen zu akzeptieren und zu steuern. Die Gefahr des sexuellen Missbrauchs durch andere besteht ebenso wie die der Missdeutung und Unterdrückung sexueller Bedürfnisse.

Aufgrund der inzwischen vorliegenden Befunde und Diskussionsergebnisse (Sporken 1974, Bundesvereinigung Lebenshilfe 1976, Schröder 1977, Bach 1981, Stöckmann 1979, Huber, Katz 1975, de la Cruz, LaVeck 1975, Walter 2002) lassen sich einige Leitgedanken festhalten:

1. *Die Geschlechtlichkeit des geistig behinderten Menschen ist prinzipiell von konstitutiver Bedeutung für die Persönlichkeit und ihre interpersonalen Beziehungen. Sie beansprucht daher eine in die Gesamterziehung einbezogene Pflege und Beachtung, insbesondere eine Erziehung der Emotionalität (Sandre, Raute 1972).*

2. *Eine Geschlechtserziehung beginnt nicht erst in der Pubertät im Sinne von Maßnahmen zum Gebrauch oder zur Unterdrückung des Sexualtriebes, sondern wird in der Kindheit fundiert, und zwar durch eine Gewöhnung als soziale Anpassung an gängige Normen im Bereich des Geschlechtlichen, z.B. durch Erziehung zum Schamverhalten (nicht Prüderie), zu einer gewissen Zurückhaltung gegenüber Fremden (Huber, Katz 1975).*

3. *Die grundsätzliche Akzeptanz der sexuellen Selbstbefriedigung sollte gekoppelt sein mit der Gewöhnung an einen privaten Raum bzw. dem Vermeiden der Anwesenheit anderer.*

4. *Durch geschlechtliche Koedukation sollen Mädchen und Jungen einander besser kennen lernen. Die begleitende Erziehung sollte für sinnvolle Begegnungen in Freizeit und Spiel Sorge tragen. Die dabei entstehenden Freundschaften sind zunächst als personale Bereicherungen zu werten und in der Regel nicht genital intendiert.*

5. *Geistig behinderte Personen sind im Allgemeinen auf ein lebenslanges Geleit in der geschlechtlichen Begegnung angewiesen. Dritte Personen (Erzieher) haben kein Recht, genitale Kontakte anzuregen, wenn diese vom Behinderten weder gewusst noch gesucht werden (Huber, Katz).*

6. *Ehen geistig behinderter Personen bleiben ein Problem, eine „äußerst heikle Sache" (Sporken 1974), und bedürfen eines „intensiven Geleits", das nicht beliebig abgebrochen werden darf.*

7. *Sexuelle Auffälligkeiten treten bei geistig behinderten Menschen nicht häufiger auf als bei nicht behinderten.*

8. *Zur Verhütung von Schwangerschaften ist für die Anwendung von empfängnisverhütenden Mitteln Sorge zu tragen. Die Durchführung von Sterilisationen ist umstritten (Walter 2002).*

9. *Die Entwicklung der Geschlechtlichkeit vollzieht sich bei geistig behin-
    derten Personen individuell derart unterschiedlich, dass hilfreiche Aus-
    sagen im konkreten Fall nur unter Berücksichtigung der individuellen Si-
    tuation möglich sind.*

10. *Der heranwachsende Mensch mit einer geistigen Behinderung soll diejeni-
    gen Informationen (Aufklärung) zum Geschlechtsbereich erhalten, die er
    individuell braucht, und wie er sie für seinen Alltag umsetzen kann. Verall-
    gemeinerungen können ihn überfordern. Insbesondere bedürfen genitale
    Prozesse wie das Ersterlebnis des Eintretens von Menstruation oder Pol-
    lution einer vorbereitenden bzw. begleitenden informativen Hilfe.*

2.2.3 Begleitete Freizeit

Ein Bereich, von dem starke bildende Wirkungen ausgehen können, ist der
Bereich der *Freizeit (Markowetz u. Cloerkes 2000). Seine Bedeutung für den
Menschen heute* reicht über die einer von Arbeit freien und der Rekreation
dienenden Zeit hinaus.

Freizeit ist immer mehr zur *Sinn-Zeit* geworden und zu einem Bereich,
in dem vor allem konkreter und subjektiver Lebenssinn verwirklicht werden kann. Seine Bedeutung für den Einzelnen erhält er v. a. dadurch, dass
er in besonderem Maße Selbstbestimmung – gegenüber der vorherrschenden Abhängigkeit im Beruf – ermöglicht. Es sind die alltäglichen Zonen des
Feierabends, des Wochenendes und die besonderen Zonen des Urlaubs und
der Feste und Feiern, und schließlich die Zeiten des Ruhestandes (Bundesvereinigung Lebenshilfe 1997).

Die Probleme, die für Menschen mit einer geistigen Behinderung entstehen können, gehen insbesondere daraus hervor, dass deren Selbstverfügung
(Autonomie) eingeschränkt, ihre Abhängigkeit also größer ist. Sie führt, wie
u. a. Mühl (1984) aus verschiedenen Untersuchungsergebnissen resümierte,
dazu, dass ein *passives Freizeitverhalten* und Langeweile relativ weit verbreitet sind, dass sich Freizeit vor allem auf den häuslichen Bereich mit star-
ker elterlicher Kontrolle beschränkt, und dass – vor allem infolge des Man-
gels an Kontakten zu *Freunden* – insgesamt deutlich Züge sozialer Isolation
einstellen können (129, vgl. auch Zielniok, Schmidt-Thimme 1983 und Willand, Schwedes 1980).

Daraus ergeben sich spezielle *freizeitpädagogische Konsequenzen:* Das
Nutzen der Freizeit muss gelernt, unterstützt und begleitet werden. Es sind
spezielle Freizeitdienste erforderlich.

Die *Möglichkeiten* für eine begleitete Freizeit sind vielfältig und erstrecken sich auf die verschiedenen Alltagsbereiche (Bundesvereinigung Lebenshilfe 1984, Ebert 2000). Sie beziehen sich auf das häusliche Feld, wobei
vor allem an das Fernsehen (Kerkhoff 1978), an Hobbys oder an Spiele zu
denken ist (Krenzer 1974, 1975) und an die Vermittlung entsprechender Fertigkeiten (wie z. B. Musikhören, Umgang mit sonstigen Medien, bildneri-

sches Gestalten). Vor allem aber stellen sich außerhäusliche Aufgaben: die Teilnahme an Spiel und Sport mit anderen, an kulturellen Veranstaltungen, an Fahrten u. a. gemeinsamen Freizeiten.

Als Institution hierfür hat die *Offene Behindertenarbeit* besondere Bedeutung erlangt, die auch ganz bewusst die Einbeziehung nicht behinderter Jugendlicher und Erwachsener praktiziert. Es sind Freizeitclubs als regelmäßige Treffs entstanden, wie z. B. in München das „Löhe-Haus", das mit hauptamtlichen Sozialpädagogen arbeitet. Zunehmende Bedeutung erhält der für behinderte Personen organisierte Tourismus (Wilken 1983).

Der Bereich der Freizeit ist z. T. auch unmittelbar verflochten mit dem des Wohnens, im Speziellen bezogen auf *Wohnstätten, Wohnheime und Heime* im Allgemeinen (Jantzen 1980, Bundesvereinigung Lebenshilfe 1982, Bruckmüller 1988).

Ein Handbuch für die Gestaltung eines lebensnahen Tagesablaufs in Tagesheimstätten, Wohn- und Pflegeheimen liegt aus Schweden vor. Es handelt sich um das *SIVUS-Modell* (Walujo, Malmström 1996), eine gruppendynamische Methode für die individuelle und soziale Entwicklung und Förderung, die vor allem auf dem Prinzip gemeinsamer Tätigkeiten beruht. Nach dieser SIVUS-Methode (Social Individ Utveckling i Samverkan), herausgegeben. vom Schwedischen Sozialministerium, wird seit 1978 in mehr als 200 schwedischen Heimen und Wohngemeinschaften gearbeitet.

Vorschläge für eine lebensförderliche Wohnfeldgestaltung haben Mahlke und Schwarte (1985) entwickelt.

2.2.4 Begleitetes Arbeiten

Das Erlernen und Ausüben einer angemessenen Berufstätigkeit gehört zum Grundbedürfnis des Menschen (Speck 1998c). Sie ermöglicht ihm auch bei einer geistigen Behinderung in aller Regel ein sinnvolles Entfalten der eigenen beruflichen Gestaltungskräfte, das Erleben von Leistung und Nützlichsein, eine Stärkung des eigenen Selbst- und Lebensgefühls und als Teilhaben an einem wichtigen Lebensbereich das Erleben von sozialer Zugehörigkeit (Bell u. a. 1988).

Berufliche Bildung ist sowohl darauf gerichtet, eine *berufliche Tätigkeit (Beruf) zu erlernen*, als auch darauf, die eigene *Persönlichkeit weiterzubilden*. Es ist deshalb wichtig, dass diese Menschen eine Tätigkeit ausüben und eine *Arbeitsatmosphäre* erleben können, die nicht von abstumpfender Eintönigkeit und Einseitigkeit gekennzeichnet ist. Sie würde die erworbene Schulbildung zum Versiegen bringen (Speck 1974, 1988, Bach u. a. 1975, Stuffer 1975, Bernhart 1977). Infolge der begrenzten Selbstständigkeit bedarf sie begleitender Hilfen.

Der Ort begleiteter Arbeit für Erwachsene mit einer geistigen Behinderung ist im Allgemeinen die *Werkstatt für Behinderte*. Einige von ihnen können auch *außerhalb der Werkstatt* einen begleiteten Arbeitsplatz finden (Speck, Kanter 1992).

Auf jeden Fall muss der Betrieb, in dem gearbeitet wird, ein Ort sein, an dem der Mensch mit einer geistigen Behinderung sich auch in seinem Personwert bestätigt findet, indem er erlebt, dass seine Bedürfnisse Beachtung finden, dass auch seinen Urteilen und Entscheidungen Rechnung getragen wird, dass er nicht als lediglich abhängiges Rollenobjekt behandelt wird, dass ihm vielmehr auch Autonomie zugesprochen wird.

Mit Entfaltung der *Persönlichkeit* meinen wir aber auch die Möglichkeit für ihn, dass er seine Fertigkeiten erweitert, dass er Leistungen erbringen kann, die ihm Anerkennung und Bestätigung einbringen, und dass er sich *weiterbildet*. Die Werkstatt ist auch ein *Lernort, ein Ort zur Bildung.* Die *begleitenden Dienste* sind kein bloßes Appendix der Werkstatt. Ohne ihren entsprechenden Ausbau in Bezug auf die verschiedenen Bedürfnisse, seien es pädagogische, pflegerische, ärztliche, therapeutische, verlören sie ihren Sinn und Wert. Da hier vermehrt *Verhaltensstörungen* auftreten können, z. B. in Formen destruktiver Aggressivität (Bruckmüller 1985), haben diese Dienste auch eine *therapeutische Funktion.*

Der Arbeitsplatz sollte vor allem auch ein Ort zwischenmenschlicher Begegnung sein, ein Ort sozialen Austausches und gegenseitiger Ergänzung. Personen mit einer geistigen Behinderung können sich im täglichen Arbeitsleben nicht ohne weiteres auf die bloße Werkrolle beschränken. Sie, die außerhalb der Werkstatt vielfach verdünnte und wenig motivierende zwischenmenschliche Kontakte erleben, haben ein ausgeprägtes Bedürfnis nach Kontakten mit Freunden und Freundinnen, d. h., sie möchten ihren Arbeitsplatz auch als Lebenswelt erleben.

Diese sozialen Bedürfnisse, auch die zwischengeschlechtlichen Kontaktinteressen, sind legitim, wenn sie zugleich auch sinnvoll gesteuert und begleitet werden. Eine Werkstatt, die ihre Arbeitsleistung auf Kosten zwischenmenschlicher Kontakte zu erhöhen suchte, wäre keine für geistig behinderte Menschen geeignete Werkstatt. Schließlich sind das psychische Wohlbefinden und auch der Gewinn an bildenden Erfahrungen und Erlebnissen (Begegnungen) Voraussetzungen für gute Arbeitsleistungen.

3 Lebensbegleitung für älter werdende Menschen mit einer geistigen Behinderung

3.1 Problemlage

Bildung ist ein *lebenslanger Prozess.* Gerade an der Lebendigkeit, mit der alte Menschen imponieren können, an ihrer Teilhabe am Leben um sie herum, an ihrem kulturellen Interesse, an ihrem Bedürfnis nach sozialer Zugehörigkeit, an ihrer Nachdenklichkeit, an ihren Erinnerungen und an ihrer Gesprächsbereitschaft zeigt sich, wie weit in ihnen gebildetes Leben wirksam ist, man könnte auch sagen: belebender Geist, der das physische Altern auffangen und bereichern kann.

Diese Beobachtung bezieht sich auf älter werdende bzw. alte Menschen an sich, seien sie geistig behindert oder nicht. Damit stellt sich aus pädagogischer oder sozialagogischer Sicht die Frage nach den Möglichkeiten einer *Altenbildung* bei geistiger Behinderung. Analysiert man die relativ wenigen Berichte und Expertisen, die noch vor mehr als zehn Jahren vorlagen (Berthold, Dürr 1980, Bundesvereinigung Lebenshilfe 1983, 1984, Wieland 1987), so überwogen Ausführungen zu Kenntnisdefiziten, Desideraten, Unterbringungsfragen, Annahmen über Entwicklungsverläufe und Altersgrenzen sowie zu Ideen für eine menschenwürdige Betreuung.

Einen neueren Stand, sowohl in statistischer Hinsicht als auch in Bezug auf reale Möglichkeiten und Erfordernisse eines lebenswerten Lebens im Alter vermittelte der von Rapp und Strubel (1992) herausgegebene Sammelband. Er machte zugleich die *sich zuspitzende Versorgungssituation* deutlich. Unter den Betroffenen, insbesondere unter den Eltern, hatten sich zunehmende Sorgen um einen Platz in einem Heim für die eigene Tochter bzw. den eigenen Sohn eingestellt. Man entdeckte, dass nicht genügend vorgesorgt ist.

Dass die bisherigen Planungen hinter dem bevorstehenden enormen Bedarf zurückliegen, ist hierzulande zum Teil darauf zurückzuführen, dass die Zahl der älteren Personen mit einer geistigen Behinderung bisher relativ gering war: eine Spätfolge der mörderischen Euthanasie-Aktionen der Nazis. In kürzester Zeit aber werden diese Lücken geschlossen sein. *Die Lebenserwartung der Menschen mit einer geistigen Behinderung steigt* ohnehin an. Sie erreichen inzwischen ein vergleichbares Lebensalter wie die übrige Bevölkerung.

Wenn bei den bisherigen Planungen der Aspekt der „Versorgung" und der Bereitstellung von „Betten" vorherrschte, so hing dies zum großen Teil mit der bisherigen Annahme zusammen, dass es sich bei diesen Personen generell um *Pflegebedürftige* handle, wenn sie überhaupt das Alter erreichten. Die unmittelbar Betroffenen, diese Menschen selber, meldeten sich nicht zu Wort. Sie wissen mit Sicherheit um ihre totale Ausgeliefertheit: „They never ask for help" lautete der Titel einer kanadischen Studie von Betty Anglin, deren Text 1981 die Diskussion um diesen bisher vergessenen Personenkreis und seine Bedürfnisse hierzulande angeregt hatte.

Es verwundert daher nicht, dass bis vor kurzem nur Ansätze einer Altenbildung für Menschen mit geistiger Behinderung bestanden. Diese Menschen sind buchstäblich *die Letzten,* über die man sich Gedanken macht. Sie sind doppelt schwer benachteiligt: Sie sind *alt und geistig behindert!* Das Interesse der Gesellschaft an ihnen bewegte sich nahezu am Nullpunkt. Sie spielten im Wesentlichen nur in Versorgungs- und Unterbringungsfragen eine gewisse Rolle.

Inzwischen sind einige Fortschritte im Bemühen um eine menschengerechte Altenbildung zu verzeichnen, über die u. a. Buchka (2003) ausführlich berichtete (siehe auch Skiba 1996). Es fehlt jedoch nach wie vor an hinreichenden *Finanzierungsgrundlagen* und deshalb auch an *Personal.*

3.2 Der Alterungsprozess

Die auffallend *geringe Kenntnis* um den Alterungsprozess bei geistiger Behinderung drückte sich u. a. in unterschiedlichen und vagen Annahmen aus. Soweit sie empirisch begründet werden, mangelt es ihnen an Repräsentativität:

– Es gäbe keinen eigentlichen Alterungsprozess, weil es gar nicht zum Alter komme.
– Das Alter trete abrupt ein und zwar relativ früh.
– Die Lebenserwartung sei wesentlich niedriger als in der Gesamtbevölkerung.
– Es träten frühzeitig psychotische Störungen (Demenz) ein (Weber, Rett 1991).
– Der Alterungsprozess verlaufe wesentlich anders und werde durch die intellektuelle Schädigung determiniert.

Zu der Vielfalt der angesprochenen Annahmen, wie sie auch Wieland (1987), Bach (1991) und Theunissen (2000 b) zusammengestellt haben, soll hier nur kurz angemerkt werden:

1. Aus *gerontologischen Befunden* (H. Thomae, 1985) ergeben sich hinreichend Indizien dafür, dass der Alterungsprozess bei geistiger Behinderung im Allgemeinen *nicht anders verläuft als bei alternden Menschen an sich*. Er ist – unter vergleichbaren Lebensbedingungen – als gleichartig anzusehen. Er wird nicht durch die geistige Behinderung schlechthin determiniert.
2. Für das psychische Altern bei geistiger Behinderung sind in erster Linie *Umweltfaktoren* maßgebend. H. Thomae sprach von „sozialem Schicksal". Unterschiedliche Entwicklungen im körperlichen Bereich, z. B. bezüglich der Anfälligkeit für Erkrankungen, ergeben sich jeweils aus bestimmten genischen und umweltbedingten Prägungen.
3. Wenn vermehrt psychische (psychotische) oder sonstige *Störungen bzw. Empfindlichkeiten* beschrieben wurden, so lag diesen Erscheinungen eine komplexe und wechselwirkende Kausalität zugrunde, die sich aus sozialen Lebensbedingungen, körperlicher Gesundheit, Art der Hirnschädigung und verfügbaren Hilfen (Therapien) zusammensetzte (Weber 1997).
4. *Zahlenangaben* über gehäuftes Auftreten psychiatrischer Störungen waren in aller Regel in *Großheimen* oder psychiatrischen Kliniken gewonnen worden. Da sie wegen fehlender Erfassungsmöglichkeiten außerhalb solcher Einrichtungen nicht vergleichbar sind, müssen sie relativiert werden, können also nicht verallgemeinert werden.
5. Bündige Aussagen über *Ergebnisse* einer Altenbildung für Menschen mit einer geistigen Behinderung können erst gemacht werden, wenn diese von früher Kindheit an in ihrer personalen und sozialen Entwicklung geför-

dert wurden, und wenn sie durchgängig – wie andere Menschen auch – eine hinreichend bedürfnisadäquate Lebensbegleitung einschließlich einer angemessenen Altenbildung erfahren haben. Dies trifft für den größeren Teil der heutigen alten Menschen mit einer geistigen Behinderung nicht zu.

3.3 Altenbildung als Lebensbegleitung

Wieweit heute real eine Altenbildung praktiziert wird, kann nur vage geschätzt werden. Für die *Defizite* sind u. a. finanzielle und personelle Engpässe und ein minimales öffentliches Interesse verantwortlich. Dabei hat man zu bedenken, dass die natürlicherweise wichtigsten Vertreter und Verteidiger dieser Rechte die Menschen mit einer geistigen Behinderung selber wären bzw. die eigenen Eltern, die aber mit zunehmendem Alter ausfallen bzw. selber weitestgehend abhängig werden.

In der einschlägigen Literatur war der Begriff *Altenbildung* bei geistiger Behinderung bisher kaum thematisiert worden. Es war höchstens von „Beschäftigung" mit ihnen die Rede, einem Begriff, der vielfach bedeuten sollte, dass es sich nicht um bloßes Vegetieren handelt. Aber selbst dann, wenn von „Beschäftigung" berichtet wurde, war höchst Dürftiges gemeint, z. B. wenn es hieß, dass in einer Einrichtung für 53 Personen im Alter von 58 bis 84 Jahren sich die „Altenbeschäftigung" darauf beschränkt, dass an zwei Halbtagen in der Woche zwei Betreuer in Funktion treten (Beermann, Reischuk 1987, 96). Ansonsten war die Rede von Mitarbeit in der Hauswirtschaft oder in Regiebetrieben oder von „Werktherapie" (?). Wenn es hieß, dass Beschäftigungsmöglichkeiten kaum in Betracht kämen, weil der *Pflegeaufwand* zu hoch sei, so muss dabei auch die Wechselwirkung mit unzureichenden Lebensbedingungen gesehen werden.

Besondere Verantwortung fällt den *Vollzeitheimen* zu, in denen über 90 % aller älteren Menschen mit einer geistigen Behinderung leben. Diese Menschen sollten, zumal wenn sie schon bisher hier ihren Lebensort hatten (Neumann 1988), unbedingt in Bildungsangebote einbezogen werden; und diese wiederum sollten sich vermehrt auch auf integrative Kontakte und Einbeziehung der Umwelt erstrecken, z. B. in Form gemeinsamer Freizeitmaßnahmen oder Feste.

Was als Altenbildung hier angesprochen wird, versteht sich als eine Form der *Lebensbegleitung*, die darauf abzielt, geistiges Leben und damit auch körperliche Gesundheit zu erhalten (Skiba 1996). Dies setzt immer wieder neue oder gewohnte Impulse zur Teilhabe am Leben der eigenen Lebenswelt voraus und zwar über

- Spiel, Liebhabereien und Gelegenheiten zu körperlicher Betätigung
- Gemeinsame Unternehmungen (Reisen, Wandern u. Ä.)
- Medien zur Unterhaltung und zur Belebung geistiger Interessen (Bücher, Bilder, Filme, Cassetten)

– musische Betätigungsmöglichkeiten
– Gelegenheiten zu Gesprächen (Plausch) und gewohnten sozialen Kontakten
– einladende Gelegenheiten, in den eigenen guten Erinnerungen zu leben.

Als eine Methode zur bewussten Erhellung der Sinninhalte des eigenen Lebens und damit zur Bereicherung der eigenen Bildung hat sich die *„Biographiearbeit"* bewährt (Theunissen 2002, Buchka 2003). Im Alter spielen die eigene *Vergangenheit* aber auch die ungewisse *Zukunft* eine stärkere Rolle. Der alte Mensch reflektiert und durchlebt die Anfänge und Etappen seines bisherigen Lebens, spürt aber auch das nun näher kommende Ende.

In der *begleiteten Biografiearbeit* werden dem Menschen mit einer Behinderung Gelegenheiten und Möglichkeiten gegeben, seine *Lebenslinien,* seine Erlebnisse, seine Schicksale, die für ihn bedeutsam gewesen Menschen seiner Lebenswelt noch einmal zu vergegenwärtigen, zu überdenken und auf verschiedene Weise nachzugestalten. In einem von guten oder auch kritischen Erinnerungen begleiteten Tun kann der eigene Lebenslauf in gestaltete Formen und in neue und beglückende Deutungszusammenhänge gebracht werden. Sein Sinn kann sich dabei klären. Das Ende des Lebens kann im Sinne eines guten Abschlusses vorbereitet werden. Unter Umständen kann Lebensbegleitung dabei auch in *Sterbebegleitung* übergehen (Buchka 2003, N. Huber, in Rapp, Strubel (1992).

Eine Begebenheit aus einem Heim in Bruckberg sei hier wiedergegeben, die Pfr. Sommerer (Ursberger Kalender 1987, 82) berichtete, und die verdeutlichen kann, was sich bei einem Menschen mit einer geistigen Behinderung hinter seiner kaum durchschaubaren Verhaltensfassade an Geist und Gemüt verbergen kann, und mit welcher Würde ein solcher Mensch seinen letzten Abschied begehen kann:

Es handelte sich um eine Frau, die 20 Jahre hier gelebt hatte. „Man hielt sie für schwerstbehindert. Immer apathisch, kaum ein Zeichen zur Außenwelt, kaum ein Kontakt, nie ein Wort, kaum ein Lächeln. Bewegungslos blickte sie stundenlang vor sich hin oder sie zappelte in sichtlicher Erregung, wobei niemand wusste, warum. Sie aß und trank, schlief und wachte, schrie manchmal unartikuliert – andere Lebensregungen wurden nicht wahrgenommen ... An der Umgebung nahm sie nicht den geringsten Anteil. Körperlich wurde sie immer elender ... Ihr Siechtum, ihre Hilflosigkeit verstärkten sich." – Eines Tages lag sie im Sterben. Sie ahnte es offensichtlich; denn in ihr vollzog sich eine ganz auffallende Veränderung: Zum Staunen ihrer Mitbewohner, die um sie herum standen, fing sie an zu singen. Sie, „die nie ein Wort gesprochen, sang, sang mit klarer Stimme selbst ihre Sterbelieder: ‚Wo findet die Seele die Heimat, die Ruh'? wiederholte sie mehrmals mit klarer Stimme, etwa eine halbe Stunde lang"; dann starb sie mit selig verklärtem Gesicht. –

Eine ungewöhnliche Geschichte, die nachdenklich macht: Von dem, was im Anderen wirklich vor sich geht, und was für ihn ein Leben lang tiefverankerte Bedeutung hat, wissen wir zu wenig. In der vielfach verborgenen personalen Einzigartigkeit dürfte die Achtung der Würde jedes Menschen ihren eigentlichen Grund haben. Zur vollen Entfaltung aber kann sie nur in einer Umgebung kommen, in der Menschen mit einer geistigen Behinderung diese Achtung ihrer Menschenwürde konkret erleben durften und durch Erziehung und Bildung gestalteten Lebenssinn erfahren konnten.

Literatur

AAMD (Amer. Ass. Ment. Defic., Ed.) (1972): International Research Seminar on Vocational Rehabilitation of the Mentally Retarded, Washington D. C.

Adam, H. (1977): Curriculumkonstruktion für Geistigbehinderte. Untersuchung zur Theorie und Praxis in den USA unter besonderer Berücksichtigung des Normalisierungsprinzips. Marburg

Adriaans, P., Duker, P. (1975): Die Behandlung von Verhaltensstörungen bei Geistigbehinderten. Bern/Stuttgart

Aebli, H. (1968): Psychologische Didaktik. 3. Aufl. Stuttgart

– (1968 a): Grundformen des Lehrens. 5. Aufl. Stuttgart

Altner, G. (1991): Naturvergessenheit. Grundlagen einer umfassenden Bioethik. Darmstadt

Anstötz, Ch. (1984 a): Geistigbehindertenpädagogik als erziehungswissenschaftliche Disziplin. Köln

– (1984 b): Zur Verbindung von Wissenschaft und ethischen Fragestellungen in der Pädagogik bei Geistigbehinderten. Heilpädagogische Forschung (XI) 3, 191–205

– (1985): Analyse und Kritik des Ganzheitsdenkens in der (deutschsprachigen) Geistigbehindertenpädagogik. In: Heilpädagogische Forschung (XII), 3, 257–268

– (1987): Grundriß der Geistigbehindertenpädagogik. Berlin

Antor, G. (1987): Wege zur Normalisierung für Geistig Behinderte und ihre Angehörigen. Geistige Behinderung 4, 267–275

– (1991): Ethische Fragen in der pädagogischen Förderung schwerstbehinderter Menschen. In: A. Fröhlich (Hrsg.): Pädagogik bei schwerster Behinderung. Handbuch der Sonderpädagogik. Bd. 12. Berlin, 70–88

–, Bleidick, U. (Hrsg.) (1995): Recht auf Leben – Recht auf Bildung. Aktuelle Fragen der Behindertenpädagogik. Heidelberg

–, – (2000): Behindertenpädagogik als angewandte Ethik. Stuttgart, Berlin, Köln

Arbeitsgemeinschaft Wohnplätze für behinderte Menschen, Sozialamt der Stadt Wien (Hrsg.) (1990): Wohnen mit behinderten Menschen. Wien

Arbeitsstelle Frühförderung (Hrsg.) (1988): Verlaufsstudien zur Frühförderung. München

Argyle, M. (1972): Soziale Interaktion. Köln

Aronson, E., Pines, A. M., Kafry, D. (1983): Ausgebrannt. Vom Überdruß zur Selbstentfaltung. Stuttgart

Aschaffenburg, G. (1931): Grenzen der Heilpädagogik. In: E. Lesch (Hrsg.): Bericht über den 5. Kongreß für Heilpädagogik in Köln. München

Atzesberger, M. (1978): Sprachaufbauhilfe bei Geistigbehinderten. Berlin

Bach, H. (1974): Geistigbehinderte unter pädagogischem Aspekt. In: Bach, Kanter, Kauter, Munz: Sonderpädagogik 3. Stuttgart

– (1981): Sexuelle Erziehung als Eingliederungshilfe bei geistiger Behinderung. Berlin

- (1984): Geistigbehindertenpädagogik. 11. Aufl. Berlin
- (1991): Hauptbedürfnisse behinderter alter Menschen als Herausforderung für die Pädagogik. In: Schweizer heilpädagogische Rundschau 9, 221–226
- (1999): Grundlagen der Sonderpädagogik. Bern / Stuttgart / Wien
- (2001): Pädagogik bei mentaler Beeinträchtigung – sogenannter geistiger Behinderung. Bern / Stuttgart / Wien
- (Hrsg.) (1974 b): Früherziehungsprogramme für geistigbehinderte und entwicklungsverzögerte Säuglinge und Kleinkinder. Berlin
- (Hrsg.) (1979): Pädagogik der Geistigbehinderten. Handbuch der Sonderpädagogik Bd. 5. Berlin

Bachmann, W. (1985): Das unselige Erbe des Christentums: Die Wechselbälge. Zur Geschichte der Heilpädagogik. Gießen

Bandura, A. (1979): Sozial-kognitive Lerntheorie. Stuttgart

Bank-Mikkelsen, N. E. (1972): Das Normalisierungsprinzip. Zur Fortbildung 2, 24–30
- (1976): Misconceptions of the Principle of Normalisation. Vortragsmanuskript f. d. 4. Intern. Congr. der IASSMD. Washington

Barker, P. (1973): Grundlagen der Kinderpsychiatrie. Ravensburg

Bartsch, P. (1934): Meine Berufskameraden im Anstaltsdienst. In: Die Deutsche Sonderschule, 48

Baudrillard, J. (2000): Der unmögliche Tausch. Berlin

Baumgart, E. (1985): Bildungsklub. Erwachsenenbildung für Menschen mit geistiger Behinderung an einer Züricher Modelleinrichtung. Luzern
- (1986): Ablösung. Geistig behindert sein und erwachsen werden. Luzern
- (1987): Volkshochschulen – auch für geistig behinderte Menschen. Erfahrungen mit Weiterbildung im Kurssystem. Luzern
- (1991): Mehr Lebensqualität für Menschen mit geistiger Behinderung. Stuttgart
-, Bücheler, H. (Hrsg.) (1998): Lexikon. Wissenswertes zur Erwachsenenbildung unter besonderer Berücksichtigung von geistiger Behinderung. Neuwied / Berlin

Baun, M. (1978): Förderung sprachlicher Kommunikation bei Geistigbehinderten. Berlin

Bayer. Staatsministerium für Unterricht und Kultus (Hrsg.) (2003): Lehrplan für den Förderschwerpunkt geistige Entwicklung. München

Beck, I. (2002): Die Lebenslagen von Kindern und Jugendlichen mit Behinderung und ihrer Familien in Deutschland: soziale und strukturelle Dimensionen. In: Sachverständigenkommission 11. Kinder- und Jugendbericht (Hrsg.): Bd. 4: Gesundheit und Behinderung im Leben von Kindern und Jugendlichen. München, 175–315
-, Düe, W., Wieland, H. (Hrsg.) (1996): Normalisierung: Behindertenpädagogische und sozialpolitische Perspektiven eines Reformkonzeptes. Heidelberg

Becker, R. u. Autorenkollektiv (1978): Früherziehung geschädigter Kinder. Berlin

Beermann, M., Reischuk, R. (1987): Zur Lebenssituation älterer Menschen mit geistiger Behinderung in der BRD. Analyse der vorfindlichen Rahmenbedingungen für die Versorgung innerhalb der Institutionen der Behindertenhilfe anhand einer Umfrage. In: H. Wieland (Hrsg.): Geistig behinderte Menschen im Alter. Heidelberg, 67–115

Bell, H., Kuznik, R., Laga, G., Runde, P. (1988): Arbeit, Orientierung, Rehabilitation. Zu arbeitspädagogischen Förderungsmöglichkeiten geistig behinderter Menschen. Villingen-Schwenningen

Bender, G. (1986): So erlebe ich meine Welt. Bilder und Geschichten eines behinderten Mädchens. 2. Aufl. Freiburg / Basel / Wien

Bernhart, P. (1977): Pädagogische Förderung in der Werkstatt für Behinderte. Ein Beitrag zur Praxis der Arbeit mit geistigbehinderten Erwachsenen. München/Basel

Bertalanffy, L. von (1970): Aber vom Menschen wissen wir nichts. Düsseldorf / Wien

Berthold, M., Dürr, E. (1980): Delphi-Umfrage: Der geistig behinderte Mensch in der 3. Lebensphase. Zur Orientierung (4), 4, 336–395

Beschel, E. (1960): Der Eigencharakter der Hilfsschule. Weinheim

Biewer, G. (1992): MontessoriPädagogik mit geistig behinderten Schülern. Bad Heilbrunn

Binding, K., Hoche, A. (1922): Die Freigabe der Vernichtung lebensunwerten Lebens. 2. Aufl. Leipzig

Blatt, B. (1974): Fegefeuer. In: R. Kugel, W. Wolfensberger (Hrsg.): Geistige Behinderte – Eingliederung oder Bewahrung. Stuttgart, 17–23

Bleidick, U. (1988): Betrifft Integration: Behinderte Schüler in allgemeinen Schulen. Berlin

Bodenbender, E. (1981): Zur psychosozialen Situation der Eltern geistig behinderter Kinder. Geistige Behinderung (1), 5–16

Böker, W., Brenner, H.-D. (Hrsg.) (1990): Geistigbehinderte in psychiatrischen Kliniken. Bern/Stuttgart/Toronto

Boenisch, J., Bünk, Ch. (Hrsg.) (2001): Forschung und Praxis der Unterstützten Kommunikation. Karlsruhe

Bollnow, O. F. (1987): Vom Geist des Übens. Eine Rückbesinnung auf elementare didaktische Erfahrungen. Oberwil b. Zug

Bondy, C., Cohen, R., Eggert, D., Lüer, G. (1969): Die Testbatterie für geistig behinderte Kinder. Weinheim/Berlin/Basel

Bonn, H. (1985): Arbeitslehre: Sachbezogene Arbeitshaltung schwerstgeistigbehinderter Werkstufenschüler. Anbahnung und Vorhabengestaltung. Berlin

Bopp, L. (1930): Allgemeine Heilpädagogik. Freiburg

Bos, E. van den (1968): Neues Spielmaterial für behinderte Kinder. Heidelberg

Boswell, D. M., Wingrove, J. M. (Eds.) (1974): The Handicapped Person in the Community. London

Bowlby, J. (1975): Bindung. München

Bracken, H. v. (1976): Vorurteile gegen behinderte Kinder, ihre Familien und Schulen. Berlin

Bradl, Ch. (1987): Gemeindeintegrierte Hilfen für ältere Menschen mit geistiger Behinderung. Gesellschaftliche, sozialrechtliche und sozialpolitische Aspekte. In: Wieland, H. (Hrsg.): Geistig behinderte Menschen im Alter. Heidelberg, 141–189

– (1991): Anfänge der Anstaltsfürsorge für Menschen mit geistiger Behinderung („Idiotenanstaltswesen"). Ein Beitrag zur Sozial- und Ideengeschichte des Behindertenbetreuungswesens am Beispiel des Rheinlandes im 19. Jahrhundert. Butzbach

–, Schädler, B. (1986): Zur Situation geistig Behinderter in psychiatrischen Krankenhäusern. Geistige Behinderung (25), 4, 243–251

Breitinger, M., Fischer, D. (1981): Intensivbehinderte lernen leben. Würzburg

Bremer-Hübler, U. (1990): Streß und Streßverarbeitung im täglichen Zusammenleben mit geistig behinderten Kindern. Eine empirische Studie zur Situation der Mütter. Frankfurt a. M. u. a.

Brezinka, W. (1974): Grundbegriffe der Erziehungswissenschaft. München

Bronfenbrenner, U. (1981): Die Ökologie der menschlichen Entwicklung. Stuttgart

Bruckmüller, M. (1985): Aggression und Regression bei geistiger Behinderung – Ausdrucksmittel oder Störung? Geistige Behinderung (24), 2, 114–125

– (1988): Menschen sehen. Wien

Brück, M. v. (2002): Wie können wir leben? Religion und Spiritualität in einer Welt ohne Maß. München

Brügelmann, H. (Hrsg.) (1999): Was leisten unsere Schulen? Zur Qualität und Evaluation von Unterricht. Seelze-Velber

Bruner, J. (1973): Relevanz der Erziehung. Ravensburg

Buber, M. (1951): Urdistanz und Beziehung. Heidelberg

Buchka, M. (1984): Katechese und Religionsunterricht bei Geistigbehinderten. Frankfurt a. M.

– (2003): Ältere Menschen mit geistiger Behinderung. Bildung, Begleitung, Sozialtherapie. München 2003

–, Hackenberg, I. (1987): Das Burn-out-Syndrom bei Mitarbeitern in der Behindertenhilfe. Dortmund

Bürli, A. (1985): Zur Behindertenpädagogik in Italien, England und Dänemark. Luzern

Bundesregierung (Bundesminister für Arbeit und Sozialordnung) (1984): Behinderte und Rehabilitation. Bonn

Bundesvereinigung Lebenshilfe für Geistig Behinderte e.V. (Hrsg.) (1975): Frühe Hilfen – wirksamste Hilfen. Marburg

– (1976): Geistige Behinderung, Partnerschaft, Sexualität, Marburg

– (1978 a): Hilfen für schwer geistig Behinderte. Eingliederung statt Isolation. Marburg

– (1978 b): Materialien zur Freizeitgestaltung. 3. Aufl. Marburg

– (1982): Humanes Wohnen – seine Bedeutung für das Leben geistig behinderter Erwachsener. Marburg

– (1983): Altwerden von Menschen mit geistiger Behinderung. Marburg

– (1984): Freizeitförderung bei geistig Behinderten. 5. Aufl. Marburg

– (1985): Hilfen für alte und alternde geistig behinderte Menschen. Marburg

– (1986): Familienentlastende Dienste. Marburg

– (1990 a): Selbständigere und neuere Wohnformen. Marburg

– (1990 b): Pflegeeltern von Kindern mit Behinderungen. Marburg

– (1991): Erwachsenenbildung für Menschen mit geistiger Behinderung. Marburg

– (1993): Eltern- und Familienberatung. Praktische Handreichungen zum Angebot beratender Hilfen für Eltern und Angehörige. 4. Aufl. Marburg

– (1997) Freizeit. Ein Reader. Marburg

Bundschuh, K. (1985): Dimensionen der Förderdiagnostik. München/Basel

– (1999): Einführung in die sonderpädagogische Diagnostik. 5. Aufl. München/Basel

Burkart, H., Krech, R. (1985): Aggression und geistige Behinderung. Berlin

Byrne, W., Cunningham, C., Slope, P. (1988): Families and their Children with Down's Syndrome. London

Caldwell, B., Guze, S. A. (1960): A study of adjustment of parents and siblings of institutionalized and non-institutionalized retarded children. Amer. J. Ment. Deficiency, 845–861

Carr, J. (1974): The Effect of the Severely Subnormal on their Families. In: A. M. Clarke, A. D. B. Clarke (Eds.): Mental Deficiency. The Changing Outlook. 3rd Edition. London, 807–839

– (1978): Young Children with Down's Syndrome. London/Boston 1975. Deutsch: Down-Syndrom in früher Kindheit. München/Basel

Carroll, J. B. (1967): Psycholinguistics in the Study of Mental Retardation. In: Schiefelbusch, Copeland, Smith (Eds.): Language and Mental Retardation. New York

Childs, R. E. (1979): A Drastic Change in Curriculum for the Educable Mentally Retarded Child. In: Mental Retardation (17), 299–301

Chirrek, E., Donalies, C., Körner, K. (1985): Die Anwendbarkeit des Persönlichkeitsbegriffes auf geistig schwer Geschädigte. Ärztliche Fortbildung (79), 1003–1005

Chomsky, N. (1970): Sprache und Geist. Frankfurt/M.

Clarke A. M., Clarke A. D. B. (Eds.) (1974): Mental Deficiency. The Changing Outlook. 3rd Edition. London

Clauß, Th. (1996): Ist Integration leichter geworden? Zur Veränderung von Einstellungen für die Realisierung von Leitideen. In: Geistige Behinderung (35), H. 1, 56–68

– (2000): Eltern beraten Eltern – Ein Peer-Counseling-Konzept. Bd. 2, Aachen

Clemens, E. (1979): Eltern- und Umweltreaktionen auf die Geburt eines geistigbehinderten Kindes. In: H. Bach (Hrsg.): Familien mit geistigbehinderten Kindern. Berlin, 2–62

Cloerkes, G. (1985): Einstellung und Verhalten gegenüber Behinderten. Eine kritische Bestandsaufnahme internationaler Forschung. 3. Aufl. Berlin

– (2001): Soziologie der Behinderten. Eine Einführung. Heidelberg

– (2003) (Hrsg.): Wie man behindert wird. Texte zur Konstruktion einer sozialen Rolle und zur Lebenssituation betroffener Menschen. Heidelberg

Comenius, J. A. (1985): Große Didaktik. Hrsg. v. A. Flitner. Stuttgart

Conradi, E. (2001): Take care. Grundlagen einer Ethik der Achtsamkeit. Frankfurt/M.

Correll, W. (1969): Pädagogische Verhaltenspsychologie. 3. Aufl. München/Basel

Corte, E., Corwinus, L. (1926): Entwicklungsgehemmte Kinder in Vorbereitungsklasse und Sonder-Kindergarten. Leipzig

Cruz, E. de la, LaVeck, G. D. (Hrsg.) (1975): Geistig Retardierte und ihre Sexualität. München/Basel

Cues, N. v. (1935): Der Laie über den Geist. Idiota de mente. Hamburg

Cunningham, C., Sloper, P. (1980): Hilfe für Ihr behindertes Baby. Früherkennung und Therapie. Frankfurt/M.

Cuomo, N. (1988): „Schwere Behinderungen" in der Schule. Unsere Fragen an die Erfahrung. Bad Heilbrunn

Dalbert, C. (1996): Belastung und Bewältigung bei Vätern und Müttern behinderter Kinder. In: Heilpädagogische Forschung (XXI), 3, 97–104

Dalferth, M. (2000): Enthospitalisierung konkret. Heidelberg

Damm, E.-L. (1984): Malen mit seelenpflegebedürftigen Kindern. Stuttgart

Dank, S. (1990): Geistigbehinderte pflegen ihren Körper. Fitneß, Training, Hygiene, Herstellung von Kosmetika. Dortmund

Decroly, O., Monchamps, E. (1932): L'initation à l'activité intellectuelle et motrice par les jeux éducatifs. Neuchâtel

Dederich, M. (2003)(Hg.): Bioethik und Behinderung. Bad Heilbrunn Obb.

Dennison, G. (1971): Lernen und Freiheit. Aus der Praxis der First Street School. Frankfurt/M.

Derbolav, J. (1959): Problem und Aufgabe einer pädagogischen Anthropologie. In: H. Roth, J. Derbolav (Hrsg.): Psychologie und Pädagogik. Heidelberg

Descoeudres, A. (1921): Die Erziehung der anormalen Kinder. Zürich

Deutsche Gesellschaft für Medizinrecht (Hrsg.) (1987): Grenzen der ärztlichen Behandlungspflicht bei schwerstgeschädigten Neugeborenen. In: Zeitschrift klinische Pädiatrie (199), 318–319

Deutscher Bildungsrat (Hrsg.) (1973): Empfehlungen zur pädagogischen Förderung behinderter und von Behinderung bedrohter Kinder und Jugendlicher. Bonn/Bad Godesberg

Deutsches Jugendinstitut (Hrsg.) (1990): Projekt „Integration von Kindern mit besonderen Problemen". Gemeinsam leben. München

Dittmann, W. (1982): Intelligenz beim Down-Syndrom. Heidelberg

– (1992): Kinder und Jugendliche mit Down-Syndrom. Aspekte ihres Lebens. Bad Heilbrunn

– Hahn, M., Ruoff, E., Sautter, H. (Hrsg.) (1983): Lernen durch Handeln. Neue Richtlinien für den Unterricht in der Schule für Geistigbehinderte. Stuttgart

–, Klöpfer, S. (Hrsg.) (1998): Zum Problem der pädagogischen Förderung schwerstbehinderter Kinder und Jugendlicher. 3. Aufl. Heidelberg

Dmitriev, V. (1987): Frühförderung für „mongoloide" Kinder. Weinheim/Basel

Dobeneck, R. v. (1983): Gebundenes Malen mit geistig behinderten Kindern. München/Basel

Doerner, K. (1988): Tödliches Mitleid. Gütersloh

Down, J. L. H. (1968): Beobachtungen zu einer ethnischen Klassifizierung von Schwachsinnigen. Dortmund

Drave, W., Rumpler, F., Wachtel, P. (2000) (Hrsg.): Empfehlungen zur sonderpädagogischen Förderung. Allgemeine Grundlagen und Förderschwerpunkte (KMK) mit Kommentaren. Würzburg

Dreher, W. (1996): Denkspuren. Bildung von Menschen mit geistiger Behinderung. Basis einer integralen Pädagogik. Mainz

Dreitzel, H. P. (1968): Die gesellschaftlichen Leiden und das Leiden an der Gesellschaft. Stuttgart

Dunn, L. M. (1974): Kleine Heime für geistig Behinderte mit spezieller Aufgabenstellung. In: R. B. Kugel, W. Wolfensberger (Hrsg.): Geistig Behinderte – Eingliederung oder Bewahrung. Stuttgart, 59–71

Ebert, H. (2000): Menschen mit geistiger Behinderung in der Freizeit. Bad Heilbrunn

Eberwein, H. (Hrsg.) (1988): Behinderte und Nichtbehinderte lernen gemeinsam. Handbuch der Integrationspädagogik. Weinheim/Basel

Egenberger, R. (1913): Die Güte der Hilfsschulorganisationen. In: Die Hilfsschule, 6, 97–104

– (1927): Die Bildungsfähigkeit abnormer Kinder. In: E. Lesch (Hrsg.): Bericht über den 3. Kongreß für Heilpädagogik 1926 in München. Berlin, 37–40

Egg, M. (1966): Andere Menschen – anderer Lebensweg. Zürich

Eggert, D. (1969 a): Ein Beitrag zur Sozial- und Familienstatistik von geistig behinderten Kindern. In: K. W. Zimmermann (Hrsg.): Neue Ergebnisse der Heil- und
Sonderschulpädagogik. Bonn, 29–46
– (1969 b): Die Testbatterie für geistigbehinderte Kinder. In: Lebenshilfe, 75–78
– (1970): Tests für Geistigbehinderte. Weinheim/Basel
– (1974): Zur Bewährung der Testbatterie für geistigbehinderte Kinder (TBGB) in
der Schulpraxis. In: Zeitschrift für Heilpädagogik, 25, 75–91
– (1979): Psychodiagnostik. In: H. Bach: Handbuch der Sonderpädagogik Bd. 5.
Pädagogik der Geistigbehinderten, 392–417
Ehrhardt, H. (1965): Euthanasie und Vernichtung „lebensunwerten" Lebens. Stuttgart
Eisenberger, J., Hahn, M. Th., Hall, C., Koepp. A., Krüger, C. (Hrsg.) (1999): Das
Normalisierungsprinzip – vier Jahrzehnte danach. Veränderungsprozesse statio-
närer Einrichtungen für Menschen mit geistiger Behinderung. Reutlingen
Eisenwort, B., Burian, K., Viehauer, G. (1990): Kommunikationstraining. Kommu-
nikationsförderung hochgradig geistig behinderter Erwachsener. Stuttgart
Elder, P. S., Bergmann, J. S. (1978): Visual Symbol Communication Instruction with
Nonverbal, Multiply Handycapped Individuals. In: Mental Retardation (16),
107–112
Erlinghagen, K. (1960): Vom Bildungsideal zur Lebensordnung. Freiburg/Basel/
Wien
Eßbach, S. u. Autorenkollektiv (1981): Ein Kind kann keine Schule besuchen – hat
es überhaupt eine Entwicklungschance? Berlin
Eyman, R. K., Miller, C. (1978): A Demographic Overview of Severe and Profound
Mental Retardation. In: C. E. Meyers (Ed.): Quality of Life in Severly and Pro-
foundly Mentally Retarded People: Research Foundations for Improvement.
Washington D. C., IX–XI

Faber, W. (1962): Das Dialogische Prinzip Martin Bubers und das erzieherische Verhältnis. Ratingen
Fäth, J. (1979): Die soziale Herkunft von Schülern einer Sonderschule für Geistig-
behinderte in einem Landkreis Unterfrankens. München (unveröffentl. Examens-
arbeit am Institut f. Sonderpädagogik)
Faltermeier, L. (1987): Sport macht lebendiger. Zur Entdeckung des Körper-Poten-
tials und der Körperlust von Menschen mit geistiger Behinderung. 3. Aufl. Bonn
Farber, B. (1959): Effects of a severely mentally retarded child on family integration.
Monogr. Soc. Res. Child Develm., 24, 2
Fauser, P., Fintelmann, K. J., Flitner, A. (Hrsg.) (1983): Lernen mit Kopf und Hand.
Berichte und Anstöße zum praktischen Lernen in der Schule. Weinheim
Fawcus, M., Fawcus, R. (1974): Disorders of Communication. In: A. M. Clarke,
A. D. B. Clarke (Eds.) Mental Deficiency. The Changing Outlook. 3rd Edition,
592–627
Ferber, Ch. v. (1972): Der geistig behinderte Jugendliche in der Gesellschaft von
heute. In: W. Thimm (Hrsg.): Soziologie der Behinderten. Materialien. Neuburg-
weier/Karlsruhe, 118–129
Feuser, G. (1978): Zur Realisation des Auftrags der Förderung aller geistig Behinderten in Kindergarten und Schule. In: BV Lebenshilfe e.V. (Hrsg.): Hilfen für
schwer geistig Behinderte. Marburg, 68–76

- (1979): Grundlagen zur Pädagogik autistischer Kinder zum gesellschaftswissenschaftlich-erziehungswissenschaftlichen Verständnis des „Frühkindlichen Autismus". Weinheim
- (1980): Autistische Kinder. Gesamtsituation, Persönlichkeitsentwicklung, Schulische Förderung. Solms-Oberbiel
- (1981): Beiträge zur Geistigbehindertenpädagogik. Solms-Oberbiel
- (1995): Behinderte Kinder und Jugendliche. Zwischen Interpretation und Aussonderung. Darmstadt
-, Meyer, H. (1987): Integrativer Unterricht in der Grundschule. Ein Zwischenbericht. Solms-Oberbiel

Fischer, D. (1969): Innerfamiliäre Belastungen durch das außerschulische Verhalten geistig behinderter Kinder. München (unveröffentl. Examensarbeit d. Staatsinstituts f. d. Ausbildung d. Lehrer an Sonderschulen)
- (1976): Die Förderung Intensiv-Geistigbehinderter – eine schulpädagogische Aufgabe. In: H. Baier (Hrsg.): Beiträge zur Behindertenpädagogik in Forschung und Lehre. Rheinstetten, 62–100
- (1978): Neues Lernen mit Geistigbehinderten. Eine methodische Grundlegung. Würzburg
- (1992): Ich setzte meinen Fuß in die Luft – und sie trug. Leben und Lernen mit behinderten Menschen. Bd. 1–3. Würzburg

Fischer, E. (1992): Die schulische Förderung mehrfachgeschädigter Kinder und Jugendlicher mit geistiger Behinderung in der Bundesrepublik Deutschland. Hamburg
- (1995): Vorhaben und Unterrichtseinheiten in der Schule für Geistigbehinderte. Dortmund
- (1998): Wahrnehmungsförderung. Handeln und sinnliche Erkenntnis bei Kindern und Jugendlichen. Dortmund
- (2003) (Hrsg.): Pädagogik für Menschen mit geistiger Behinderung. Sichtweisen – Theorien – aktuelle Herausforderungen. Oberhausen

Fischer, U., Hahn, M. Th., Klingmüller, B., Seifert, M. (Hrsg.) (1996): Urbanes Wohnen für Erwachsene mit schwerer geistiger Behinderung. Herausforderung – Realität – Perspektiven. Reutlingen
-, Lindmeier, Ch., Reimann, B., Richardt, M. (Hrsg.) (1998): Wohlbefinden und Wohnen von Menschen mit schwerer geistiger Behinderung. Reutlingen

Fleming, J. (1973): Denver-Entwicklungsskalen. Deutsche Bearbeitung des Denver Development Screening Test von Frankenburg und Dodds 1967. Hamburg

Florin, I., Tunner, W. (1970): Behandlung kindlicher Verhaltensstörungen. München

Flynn, R. J., Nitsch, K. E. (Eds.) (1980): Normalization, Social Integration and Community Services. Baltimore

Fornefeld, B. (1989): „Elementare Beziehung" und Selbstverwirklichung geistig Schwerstbehinderter in sozialer Integration. Reflexionen im Vorfeld einer leiborientierten Pädagogik. Aachen
- (2000): Einführung in die Geistigbehindertenpädagogik. München

Fröhlich, A. (1977): Wahrnehmungsstörungen und Wahrnehmungstraining bei Körperbehinderten. Rheinstetten
- (Hrsg.) (1989): Lernmöglichkeiten. Ansätze zu einer pädagogischen Förderung schwerst mehrfachbehinderter Kinder. 2. Aufl. Heidelberg

– (Hrsg.) (1991): Pädagogik bei schwerster Behinderung. Handbuch der Sonderpädagogik. Bd. 12. Berlin
–, Haupt, U. (1983): Förderdiagnostik mit schwerstbehinderten Kindern. Dortmund
–, Heinen, N., Lamers, W. (2001)(Hrsg.): Schwere Behinderung in Praxis und Theorie – ein Blick zurück nach vorn. Düsseldorf
Fuchs, A. (1917): Die unterrichtliche und erziehliche Versorgung der im Elternhaus verbleibenden schwer schwachsinnigen Schulkinder. Die Hilfsschule
– (1922): Schwachsinnige Kinder, ihre sittlich-religiöse, intellektuelle und wirtschaftliche Rettung. Versuch einer Hilfsschulpädagogik. 3. Aufl. Gütersloh
Fukuyama, F. (2002): Das Ende des Menschen. Stuttgart / München
Furger, F. (1985): Ethik der Lebensbereiche. Entscheidungshilfen. Freiburg/Basel/Wien

Galliani, L. (1982): Situation und Probleme der Sonderpädagogik in Italien. Zeitschrift für Heilpädagogik (33), 193–203
Gardner, H. (1991): Abschied vom IQ. Die Rahmen-Theorie der vielfachen Intelligenzen. Stuttgart
Gastager, S. (1973): Schwachsinn und Gesellschaft. Fallstudien aus sozialpsychologischer Sicht. Wien/München
Geisler, E., Förster, C. (1960): Über Entwicklungsstörungen der Motorik bei cerebralgeschädigten Kindern und deren Bedeutung für die Diagnostik und Praxis. Münchner Medizinische Wochenschrift (102), 2391
Gibson, D. (1978): Down's Syndrome. The Psychology of Mongolism. London/New York/Melbourne
Glenn, S., Cunningham, C. (1984): Special Care – but Active Learning. Special Education: Forward Trends (11), 4, 33–36
Goddard, H. H. (1914): Die Kallikak-Familie. Eine Studie über die Vererbung des Schwachsinns. Langensalza
Göllnitz, G. (1973): Neuropsychiatrie des Kindes- und Jugendalters. 2. Aufl. Stuttgart
–, Lenz, H., Winterling, D. (1957): Beiträge zur Psychodiagnostik des Sonderschulkindes. München/Basel
Görres, A. (1972): Sinn und Grenzen der Psychologie in der Elternberatung. In: BV Lebenshilfe e. V. (Hrsg.): Beratung – Lebensbegleitende Hilfe für Behinderte. Marburg, 5–15
Görres, S. (1974): Leben mit einem behinderten Kind. Zürich/Köln
–, Hansen, G. (1991): Psychotherapie bei Menschen mit geistiger Behinderung. Bad Heilbrunn
Goffman, E. (1974): Stigma. Über Techniken der Bewältigung beschädigter Identität. 8. Aufl. Frankfurt a. M.
Goll, H. (1993): Heilpädagogische Musiktherapie. Grundlegende Entwicklung eines ganzheitlich angelegten ökologisch-dialogischen Theorie-Entwurfs, ausgehend von Jugendlichen und Erwachsenen mit schwerer geistiger Behinderung. Frankfurt / M. u. a.
Gontard, A. v. (2003): Genetische und biologische Grundlagen. In: Neuhäuser, Steinhausen, 24–41
Gottwald, P., Redlin, W. (1972): Verhaltenstherapie bei geistigbehinderten Kindern. Göttingen

Graf, E. (1987): Zur Einstellung von Eltern gegenüber ihrem geistigbehinderten Kind. Berlin

Gröschke, D. (1993): Praktische Ethik der Heilpädagogik. Individual- und sozialethische Reflexionen zu Grundfragen der Behindertenhilfe. Bad Heilbrunn

–, Greving, H. (Hrsg.): Geistige Behinderung – Reflexionen zu einem Phantom. Ein interdisziplinärer Diskurs um einen Problembegriff. Bad Heilbrunn

Grond, J. (Hrsg.) (1977): Früherziehung behinderter Kinder. Luzern

Grossmann, H. I. (Ed.) (1973): Manual on Terminology and Classification in Mental Retardation. 1973 Revision, AAMD Washington

Günzburg, H. L. (1978): Die Erstellung eines individuellen Entwicklungsprogramms für schwer geistig Behinderte auf der Grundlage einer päd. Bestandsaufnahme: P-A-C System. In: Bundesverband Lebenshilfe e.V. (Hrsg.): Hilfen für schwer geistig Behinderte. Marburg, 139–147

Gunzburg, H. C. (1974): Further Education for the Mentally Handicapped. In: A. M. Clarke, A. D. B. Clarke (Eds.): Mental Deficiency. The Changing Outlood. 3rd Edition. London, 669–707

Guski, E. (1980): Die Dynamik der Eltern-Kind-Beziehung bei geistig Behinderten. Geistige Behinderung (3), 130–142

Haas, P. (1987): Fördern durch Fordern. Eine leistungsorientierte Bewegungs- und Sporterziehung mit Geistigbehinderten. Dortmund

Habbel, R. W. (2001): Faktor Menschlichkeit. Führungskultur in der Net e-conomy. Wien/Frankfurt

Habermas, J. (1991): Erläuterungen zur Diskursethik. Frankfurt/M.

– (2001): Die Zukunft der menschlichen Natur. Auf dem Weg zu einer liberalen Eugenik. Frankfurt a. M.

Hackenberg, J. (1987): Das Burn-out-Syndrom bei Mitarbeitern in der Behindertenhilfe. Dortmund

Hackenberg, W. (1983): Die psychosoziale Situation von Geschwistern behinderter Kinder. Heidelberg

Haeberlin, U. (1985): Das Menschenbild für die Heilpädagogik. Bern/Stuttgart

– (1996): Heilpädagogik als wertgeleitete Wissenschaft. Ein propädeutisches Einführungsbuch in Grundfragen einer Pädagogik für Benachteiligte und Ausgegrenzte. Bern u. a.

Hänsel, D. (1974): Die „physiologische Erziehung" der Schwachsinnigen (Edouard Séguin 1812–1880). Freiburg/Br.

Hagemeister, U. (1977): Geistigbehindertenpädagogik. In: U. Bleidick, N. Myscher, W. Rath, G. Renzelberg, A. Welling: Einführung in die Behindertenpädagogik Bd. 11. Stuttgart, 52–73

Hahn, M. (1981): Behinderung als soziale Abhängigkeit. Zur Situation schwerbehinderter Menschen. München

–, Eisenberger, J., Hall, C., Koepp, A., Krüger, C. (2003) (Hrsg.): Die Leute sind ja draußen aufgeblüht… Zusammenfassende Gesamtdarstellung des Projektes USTA. Reutlingen

Hanselmann, H. (1934): Vom Sinn des Leidens. Zürich

– (1958): Einführung in die Heilpädagogik. 5. Aufl. Zürich

Hansen, H. (1978): Decline of Down's Syndrome after Abortion Reform in New York State. American Journal of Mental Deficiency (83), No. 2, 185–188

Haring, N. G. (1972): The New Curriculum Design in Special Education. In: A. U. Iriarte (Ed.): 27 – 47

–, Brown, L. J. (Eds.) (1976 a): Teaching the Severely Handicapped Vol. 1. New York/San Francisco/London

–, Schiefelbusch, R. L. (Eds.) (1976 b): Teaching Special Children. New York

Haug, Ch., Keuchel, B. (1984): Lesen, Schreiben und Rechnen mit geistig Behinderten. Handbuch zur Didaktik der Kulturtechniken. Wien

Heckel, H. (1977): Einführung in das Erziehungs- und Schulrecht. Darmstadt

Heckhausen, H. (1969): Förderung der Lernmotivierung und der intellektuellen Tüchtigkeiten. In: H. Roth (Hrsg.): Begabung und Lernen. Stuttgart, 193 – 228

Heilpädagogisches Centrum Augustinum am Hasenbergl, München (Hrsg.) (1986): Der Erwachsene mit geistiger Behinderung: Seine Lebensbewältigung, ein Ergebnis von Fortbildung und Anregung. Tagungsbericht. München

Heimlich, H., Rother, D. (1995): Wenn's zu Hause nicht mehr geht. Eltern lösen sich von ihrem behinderten Kind. 2. Aufl. München / Basel

Heinemann, P. (1976): Grundriß einer Pädagogik der nonverbalen Kommunikation. Kastellaun

Heinen, N. (1988): Elementarisierung als Forderung an die Religionsdidaktik mit geistigbehinderten Jugendlichen und jungen Erwachsenen. Diss. Univ. Köln

Herzka, H. (1964): Spielsachen für das gesunde und behinderte Kind. Basel/Stuttgart

Herzog, W. (1991): Das moralische Subjekt. Pädagogische Intuition und psychologische Theorie. Bern/Göttingen/Toronto

Hetzer, H. (1967): Das Spiel geistig behinderter Kinder. Lebenshilfe (5), 1 – 8

– (1968): Spielpflege bei geistig zurückgebliebenen Kindern als heilpädagogische Aufgabe. In: H. v. Bracken (Hrsg.): Erziehung und Unterricht behinderter Kinder. Frankfurt a. M., 213

Hill, F. (1971): Behinderte Kinder – vernachlässigte Kinder? Göttingen

Hilscher, K. (1930): Geschichte der Schwachsinnigenfürsorge, des Schwachsinnigenbildungswesens und der Hilfsschule. Wien/Leipzig

Hinz, A. (2002): Von der Integration zur Inklusion – terminologisches Spiel oder konzeptionelle Weiterentwicklung? In: Zeitschrift für Heilpädagogik, 9, 354 – 361

Hirshoren, A., Burton, T. A. (1979): Teaching Academic Skills to Traiable Mentally Retarded Children: A Study in Tautology. In: Mental Retardation (17), 177 – 179

Höck, M. (1979): Die Hilfsschule im national-sozialistischen Staat. Berlin

Höffe, O. (1997): Lexikon der Ethik. 5. Aufl. München

Höss, H., Goll, H. (1986): Wege nach draußen. Reaktivierung und Revitalisierung in der Psychiatrie. Heidelberg

–, – (1987 a): Das Heidelberger Modell. Erwachsenenbildung für Menschen mit geistiger Behinderung. Geistige Behinderung (26), 3, 167 – 177

–, – (Hrsg.) (1987 b): Heidelberger Kolloquium. Erwachsenenbildung für Menschen mit geistiger Behinderung. Dokumentation. Heidelberg (Bildungszentrum)

–, Wolf, G. (Hrsg.) (1982): Psychomotorische Förderung geistig Behinderter. Stuttgart

Hössl, A. (1982): Integration behinderter Kinder in Schweden. München

Hofmann, A., Jocham, E., Stengel-Rutkowski, S. (Hrsg.) (1993): Kinder mit Down-Syndrom. Ein Ratgeber für Betroffene, geschrieben von einer Elterngruppe. Stuttgart

358 Literatur

Hofmann, Th. (1975): Medien für geistig behinderte Kinder und Jugendliche. Rheinstetten

Hofmann, W. (1959): Zum Problem der heilpädagogischen Betreuung schwachsinniger Kinder. Zeitschrift für Heilpädagogik, 248–250

Holtz, K. L. (1987): Geistige Behinderung, soziale Kompetenz und Sozialverhalten. Heidelberg

– (1994): Geistige Behinderung und soziale Kompetenz. Analyse und Integration psychologischer Konstrukte. Heidelberg

–, Eberle, G., Hillig, A., Marker, K. R. (1998): Heidelberger Kompetenz-Inventar für geistig Behinderte. 4. Aufl. Heidelberg

Houben, A. (1975): Klinisch-psychologische Beratung. München/Basel

Huber, N., Katz, G. (1975): Geschlechtserziehung bei geistig Behinderten. Freiburg/Br.

–, Striebel, M. (Hrsg.) (1978): Aggression und Hyperaktivität bei Geistigbehinderten. Freiburg

Hundertmarck, G. (Hrsg.) (1981): Leben Lernen in Gemeinschaft. Behinderte Kinder im Kindergarten. Freiburg/Br.

Hunt, N. (1967): The World of Nigel Hunt. The Diary of a Mongoloid Youth. Beaconsfield/Bucks. Deutsch: Die Welt des Nigel Hunt. Tagebuch eines mongoloiden Jungen. 5. Aufl. 2000 München/Basel

Hutt, M. L., Gibby, R. G. (1976): The Mentally Retarded Child. Development, Education and Treatment, 3. Aufl. Boston/London/Sydney

Inhelder, B. (1978): Die kognitive Entwicklung und ihr Beitrag zur Diagnose einiger Erscheinungsformen geistiger Behinderung. In: B. Inhelder (Hrsg.): Von der Kinderwelt zur Erkenntnis der Welt. Wiesbaden, 252–260

Innerhofer, P. (1977): Das Münchner Trainingsmodell. Beobachtung, Interaktionsanalyse, Verhaltensänderung. Berlin/Heidelberg/New York

–, Klicpera, Ch. (2002): Die Welt des frühkindlichen Autismus. 3. Aufl. München/Basel

International League of Societies for the Mentally Handicapped (Eds.) (1978): 7th World Congress of the ILSMH on Mental Handicap 1978, Vienna, Austria Vol. 1, 11. Wien

Irblich, D., Stahl, B. (Hrsg.) (2003): Menschen mit geistiger Behinderung. Psychologische Grundlagen, Konzepte und Tätigkeitsfelder. Göttingen

Irmischer, T. (1981): Bewegungserziehung an der Schule für Geistigbehinderte. Dortmund

Itard, J. (1965): Victor, das Wildkind vom Aveyron. Zürich/Stuttgart

Jakobs, H., König, A., Theunissen, G. (Hrsg.) (1987): Lebensräume – Lebensperspektiven. Erwachsene mit geistiger Behinderung in der Bundesrepublik Deutschland. Frankfurt a. M.

Jansen, B. (1985): Menschen mit geistiger Behinderung lernen lesen. Theorie und Praxis eines Unterrichtsmodells. Berlin

Jantzen, W. (1980): Geistigbehinderte Menschen und gesellschaftliche Integration. Bern

– (1988): Allgemeine Behindertenpädagogik Bd. 1. Weinheim/Basel

Jeltsch-Schudel, B. (1988): Bewältigungsformen von Familien mit geistig behinderten Söhnen und Töchtern. Gespräche mit Müttern und anderen Familienangehörigen über ihren Alltag mit einem geistig behinderten Kleinkind, Schulkind oder Erwachsenen. Berlin

Jenner, H., Klieme, J. (Hrsg.) (1997): Nationalsozialistische Euthanasieverbrechen und Einrichtungen der Inneren Mission. Eine Übersicht. Reutlingen

Jensen, J. (o. J.): Lebensrecht und Lebenssinn der Schwachen. Evang. Heilerziehungs-, Heil- und Pflegeanstalten. Hamburg.

Johnson, V. M., Werner, R. A. (1975): A Step-by-Step Learning Guide for Retarded Infants and Children. Syracuse, N. Y.

Jordan, Th. E. (1966): The Mentally Retarded. 2. Aufl. Columbus, Ohio

Josef, K., Böckmann, G. (1978): Spracherziehungshilfen bei geistig behinderten und sprachentwicklungsgestörten Kindern. 4. Aufl. Berlin

Jung, E., Krenzer, R., Lotz, I. (1976): Handbuch der Unterrichtspraxis mit Geistigbehinderten. Methodische und didaktische Wege. Frankfurt a. M.

Jung, G. (1988): Orff-Instrumente für den Unterricht mit Geistigbehinderten. Bolin

Kagan, J. (1987): Die Natur des Kindes. 2. Aufl. München

Kaminski, H., Kast, W., Spellenberg, A. D. (1978): Das Leben Geistigbehinderter im Heim. Stuttgart

Kane, J. F. (1979): Neue Ansätze zur Regelung der therapeutischen Maßnahmen bei geistig Behinderten. In: BV Lebenshilfe e.V. (Hrsg.), 55–63

–, Kane, G. (1976): Geistig schwer Behinderte lernen lebenspraktische Fertigkeiten. Bern/Stuttgart/Wien

–, Klauß, Th. (Hrsg.) (2003): Die Bedeutung des Körpers für Menschen mit geistiger Behinderung. Zwischen Pflege und Selbstverletzung. Heidelberg

Kant, I. (1977): Über Pädagogik. Werkausgabe. Hrsg. v. W. Weischedel. Bd. XII, 695–761. Frankfurt a. M.

Kanter, G. (1974): Lernbehinderungen, Lernbehinderte, deren Erziehung und Rehabilitation. In: Sonderpädagogik 3. Stuttgart, 117–234

Kaplan, K. (1992): Integrative Frühförderung als Alternative zur Sonderbetreuung im Elementarbereich. In: A. Mühlum, H. Oppl (Hrsg.): Handbuch der Rehabilitation. Neuwied, 41–62

Kaspar, E. (1979): Anstalten. In: H. Bach (Hrsg.): Pädagogik der Geistigbehinderten. Berlin, 132–137

–, Wollasch, H. J. (1981): Bilder aus 100 Jahren caritativer Sorge um geistig behinderte Menschen. Freiburg/Br.

Kasztantowicz, U. (Hrsg.) (1982): Wege aus der Isolierung. Heidelberg

Kautter, H. u. Mitarbeiter (1998): Das Kind als Akteur seiner Entwicklung. Idee und Praxis der Selbstgestaltung in der Frühförderung entwicklungsverzögerter und entwicklungsgefährdeter Kinder. 4. Aufl. Heidelberg

Kegan, R. (1986): Die Entwicklungsstufen des Selbst. Fortschritte und Krisen im menschlichen Leben. München

Keller, M. (1969): Die Einstellung zu geistig Behinderten in Geel. München (unveröffentl. Examensarbeit d. Staatsinstitutes f. d. Ausbildung d. Lehrer an Sonderschulen)

Kerkhoff, W. (1978): Familien-Fernsehen für geistig behinderte Kinder und Jugendliche? Überlegungen zu einer sonderpädagogischen Fernsehnutzung. Das behinderte Kind (15), 23–27

- (Hrsg.) (1982): Freizeitchancen und Freizeitlernen für behinderte Kinder und Jugendliche. Berlin

Kiphard, E. J. (1980): Wie weit ist ein Kind entwickelt? 4. Aufl. Dortmund

- (1983): Mototherapie Bd. 2/3. Dortmund

Klauer, K. J. (1967): Über den Effekt eines Schulreifetrainings für die Behandlung der Intelligenzschwäche. In: F. Weinert (Hrsg.): Pädagogische Psychologie. Köln/Berlin, 431–441

-, Mitter, W. (Hrsg.) (1987): Vergleichende Sonderpädagogik. Handbuch der Sonderpädagogik Bd. 11. Berlin

Klauß, Th. (1996): Probleme und Perspektiven der aktuellen Geistigbehindertenpädagogik. Zeitschr. für Heilpädagogik (47), 233–240

- (2004): Was Eltern und Pädagogen von Menschen mit geistiger Behinderung wissen müssen. 2. Aufl. Heidelberg

Klee, E. (1983): „Euthanasie" im NS-Staat. Die „Vernichtung lebensunwerten Lebens". 2. Aufl. Frankfurt a. M.

Klein, F. (1979): Die häusliche Früherziehung des entwicklungsbehinderten Kindes. Bad Heilbrunn/Obb.

Klein, G., Kreie, G., Kron, M., Reiser, H. (1987): Integrative Prozesse in Kindergartengruppen. Über die gemeinsame Erziehung von behinderten und nichtbehinderten Kindern. München

-, Nestle, W. (Hrsg.) (1992): Kooperation zwischen behinderten und nichtbehinderten Menschen. Dokumente, Erfahrungen, Ergebnisse des Projektes „Gemeinsam leben – Gemeinsam handeln". Rheinbreitbach

Kleinbach, K. (1994): Zur ethischen Begründung einer Praxis der Geistigbehindertenpädagogik. Bad Heilbrunn

Klevinghaus, J. (1964): Der geistig behinderte Mensch in der heutigen Gesellschaft. Sozialpädagogik, 98–101

- (1972): Hilfen zum Leben. Zur Geschichte der Sorge für Behinderte. Bielefeld

Klink, J.-G. (Hrsg.) (1966): Zur Geschichte der Sonderschule. Bad Heilbrunn

Klöpfer, S. (1978): Kommunikation im Unterricht geistigbehinderter Schüler. Bielefeld

- (Hrsg.) (1997): Sonderpädagogik praktisch. Beiträge zur Erziehung und zum Unterricht von Schülerinnen und Schülern mit Behinderungen. Reutlingen

- (Hrsg.) (1999): Schule für Geistigbehinderte im Dialog. Förderung der Kommunikation als gemeinsame Aufgabe von Pädagogik, Psychologie und Medizin. Heidelberg

KMK Kultusministerkonferenz (1994): Empfehlungen zur sonderpädagogischen Förderung in den Schulen in der Bundesrepublik Deutschland. Bonn

Kniel, A. (1992): Entwicklungstendenzen in der vorschulischen Erziehung behinderter Kinder: Modelle, Perspektiven. In: A. Mühlum, H. Oppl (Hrsg.): Handbuch der Rehabilitation. Neuwied/Berlin, 63–86

-, Kniel, Ch. (1984): Behinderte Kinder in Regelkindergärten. Eine Untersuchung in Kassel. München

Kobi, E. E. (1983): Grundfragen der Heilpädagogik und der Heilerziehung. 4. Aufl. Bern/Stuttgart

König, A. (1984): „The Right of Habilition". Eine sozialpolitische Diskussion in den USA. Heilpädagogik (35), 550–553

König, K. (1959): Der Mongolismus. Stuttgart

Kornbrink, U. (1986): Bildnerisches Gestalten als Entwicklungsförderung bei geistig Behinderten. Gießen

Krampf, A. (1936): Hilfsschule im neuen Staat. Leipzig

Krenzer, R. (1974): Feste und Feiern mit Behinderen. Staufen/Br.

– (1975): Spiele mit behinderten Kindern. 4. Aufl. Staufen/Br.

Kreuzer, M. (Hrsg.) (1999): Behindertenhilfe und Sonderpädagogik. Erfahrungen und Praxisbeispiele aus Dänemark. Neuwied/Kriftel/Berlin

Kriwet, I. (1996): Die Grenzen der Integrationsbewegung in Schweden. Zeitschrift für Heilpädagogik (47), 318–329

Kron, E. W. (2001): Grundwissen Pädagogik. 6. Aufl. München/Basel

Kugel, R. B., Wolfensberger, W. (Hrsg.) (1974): Geistig Behinderte – Eingliederung oder Bewahrung. Stuttgart

Kuhlen, V. (1974): Verhaltenstherapie im Kindesalter. 4. Aufl. München

Kuratorium Gedenkstätte Sonnenstein e.V., Sächsische Landeszentrale für politische Bildung (Hrsg.) (1996): Nationalsozialistische Euthanasie-Verbrechen in Sachsen. Beiträge zu ihrer Aufarbeitung. 2. Aufl. Dresden/Pirna

Kusch, M., Petermann, F. (1990): Entwicklung autistischer Störungen. Bern/Stuttgart/Toronto

Kushlick, A., Blunden, R. (1974): The Epidemiology of Mental Subnormality. In: A. M. Clarke, A. D. B. Clarke (Eds.): Mental Deficiency. The Changing Outlook. 3rd Edition. London, 31–81

Lane, H. (1990): Mit der Seele hören. Die Lebensgeschichte des taubstummen Laurent Clerc und sein Kampf um die Anerkennung der Gebärdensprache. München

Lempp, R. (1964): Frühkindliche Hirnschädigung und Neurose. Berlin/Stuttgart

Lent, J. R., McLean, B. M. (1976): The Trainable Retarded: The Technology of Teaching. In: N. G. Haring, R. L. Schiefelbusch (Eds.): Teaching Special Children. New York, 197–231

Leonhardt, A. (Hrsg.) (2004): Wie perfekt muss der Mensch sein? Behinderung, molekulare Medizin und Ethik. München/Basel

Leontjew, A. N. (1975): Probleme der Entwicklung des Psychischen. Berlin

Lersch, Ph. (1965): Der Mensch als soziales Wesen. 2. Aufl. München

Lévinas, E. (1995): Zwischen uns. Versuche über das Denken an den Anderen. München/Wien

– (1998): Die Spur des Anderen. Untersuchungen zur Phänomenologie und Sozialphilosophie. 3. Aufl. Freiburg/München

Lewin, K. (1967): Eine dynamische Theorie des Schwachsinnigen. In: E. Weinert (Hrsg.): Pädagogische Psychologie. Köln/Berlin, 390–411

Liepmann, M. C. (1979): Geistig behinderte Kinder und Jugendliche. Eine epidemiologische, klinische und sozialpsychologische Studie in Mannheim. Bern/Stuttgart/Wien

Liljeroth, I., Niméus, B. (1973): Praktische Bildung für geistig Behinderte. Weinheim/Basel

Lindmeier, B., Lindmeier Ch. (Hrsg.) (2002): Geistigbehindertenpädagogik. Studientexte zur Geschichte der Behindertenpädagogik. Bd. 3. Weinheim u. a.

Lingg, A., Theunissen, G. (1993): Psychische Störungen bei geistig Behinderten. Erscheinungsformen, Ursachen und Handlungsmöglichkeiten aus pädagogischer und psychiatrischer Sicht. Freiburg i. Br.

Löb, R. (1985): Das Löb-System. Amberg

Löwisch, D.-J. (1969): Pädagogisches Heilen. München

Lüer, G., Cohen, R., Nauck, W. (1966): Eine Kurzform der „Vineland Social Maturity Scale" für minderbegabte Kinder. Praxis der Kinderpsychologie u. Kinderpsychiatrie, 101

Luhmann, N. (1988): Ökologische Kommunikation. 2. Aufl. Opladen

– (1997): Die Gesellschaft der Gesellschaft. 2 Bde. Frankfurt a. M.

–, Schorr, K. E. (1979): Das Technologiedefizit der Erziehung und die Pädagogik. Zeitschrift für Pädagogik, 25, 345–365

Luria, A. R. (Ed.) (1963): The Mentally Retarded Child. Washington (russ. 1960)

Lutz, J. (1961): Kinderpsychiatrie, Zürich / Stuttgart

Lyotard, J.-F. (1989): Der Widerstreit. 2. Aufl. München

MacIntyre, A. (2001): Die Anerkennung der Abhängigkeit. Über menschliche Tugenden. Hamburg

Mahlke, W., Schwarte, N. (1985): Wohnen als Lebenshilfe. Ein Arbeitsbuch zur Wohnfeldgestaltung in der Behindertenhilfe. Weinheim/Basel

Mall, W. (1990): Kommunikation mit schwer geistig behinderten Menschen. Ein Werkheft. Kommunikation ohne Voraussetzungen mit Menschen mit schwersten Behinderungen. 5. Aufl. 2004. Heidelberg

Mannoni, M. (1972): Das zurückgebliebene Kind und seine Mutter. Eine psychoanalytische Studie. Olten/Freiburg

Markowetz, R., Cloerkes, G. (2000): Freizeit im Leben behinderter Menschen. Theoretische Grundlagen und sozialintegrative Praxis. Heidelberg

Maslach, Ch. (1985): Das Problem des Ausbrennens bei berufsmäßigen Helfern. In: E. Wacker, J. Neumann (Hrsg.): Geistige Behinderung und soziales Leben. Frankfurt a. M./New York, 249–265

Maslow, A. H. (1973): Psychologie des Seins. Ein Entwurf. München

Mattner, D. (2000): Behinderte Menschen in der Gesellschaft. Zwischen Ausgrenzung und Integration. Stuttgart

Maturana, H. R. (1997): Biologische Grundlagen von Moral und Ethik in der Erziehung. Vierteljahresschrift für Heilpädagogik und ihre Nachbargebiete (VHN), H. 2, 206–224

–, Varela, F. J. (1987): Der Baum der Erkenntnis. Die biologischen Wurzeln des menschlichen Erkennens. Bern/München/Wien

Meier, F. u. S. (1986): heute hat es nicht geregnet. Gedanken und Gebete eines behinderten Mädchens. Zürich

Meltzer, E. (1925): Das Problem der Abkürzung „lebensunwerten" Lebens. Halle

Merkens, L. (1988): Einführung in die historische Entwicklung der Behindertenpädagogik in Deutschland unter integrativen Aspekten. München/Basel

Merleau-Ponty, M. (1966): Phänomenologie der Wahrnehmung. Berlin

Mertes, J. P. (1978): Praxis der Elternarbeit an Schulen für geistig Behinderte. Zeitschrift für Heilpädagogik (29), 327–340

Metz, J.-B. (2000): Compassion. Zu einem Weltprogramm des Christentums im Zeitalter des Pluralismus der Religionen und Kulturen. In: J.-B. Metz, L. Kult, A. Weisbrod (Hrsg.): Compassion. Weltprogramm des Christentums. Soziale Verantwortung lernen. Freiburg/Basel/Wien, 9–18

Metzler, H., Wacker, E. (1990): Fremdunterbringung schwerbehinderter Kinder und Jugendlicher. In: Materialien zum Achten Jugendbericht. Bd. 3 München 339–400

Meyer, D. (1973): Erforschung und Therapie der Oligophrenien in der ersten Hälfte des 19. Jahrhunderts. Berlin

Meyer, H. (1977): Zur Psychologie der geistig Behinderten. Berlin

Meyer-Jungclausen, V. (1985): Geistige Behinderung und Erwachsenenbildung. Berlin

Michaelis, C. T. (1978): Communication with the Severely and Profoundly Handicapped. A Psycholinguistic Approach. Mental Retardation, 16, 346–349

Miedaner, L. (1987): Gemeinsame Erziehung Behinderter und Nichtbehinderter. Materialien zur pädagogischen Arbeit im Kindergarten. München

Miessler, M., Bauer, I. (1978): Neues Lernen mit Geistigbehinderten. Wir lernen denken. Würzburg

–, Bauer, I., Thalmeier, K. (1984): Das bin ich. Beiträge zu einer persönlichkeitsorientierten Erziehung. Bonn-Bad Godesberg

Ministerium für Gesundheitswesen der Deutschen Demokratischen Republik (Hrsg.) (1977): Bildungs- und Erziehungsprogramm für Rehabilitationspädagogische Förderungseinrichtungen des Gesundheits- und Sozialwesens der DDR. Berlin

– (Hrsg.) (1987): Grundlagenmaterial zur Gestaltung der rehabilitativen Bildung und Erziehung in rehabilitationspädagogischen Einrichtungen des Gesundheits- u. Sozialwesens der DDR. Berlin

Minski, L., Shepperd, M. J. (1970): Non-communicating Children. London/Boston

Mittler, P. J. (1974): Language and Communication. In: A. M. Clarke, A. D. B. Clarke (Eds.): Mental Deficiency. The Changing Outlook. 3rd Edition. London, 527–591

–, McLonachie, H. (Eds.) (1986): Parents, Professionals and Mentally Handicapped Children. 2. Aufl. London

Möckel, A. (1988): Geschichte der Heilpädagogik. Stuttgart

–, Adam, H., Adam, G. (Hrsg.) (1997/1999): Quellen zur Erziehung von Kindern mit geistiger Behinderung. Bd. 1, 19. Jahrh., Bd. 2, 20. Jahrh. Würzburg

Mohr, K., Müller, R., Plein, J. (1979): Die sozio-ökonomische Situation von Familien mit geistig behinderten Kindern. In: H. Bach (Hrsg.): Familien mit geistigbehinderten Kindern, Berlin, 64–207

Montessori, M. (1913): Selbsttätige Erziehung im frühen Kindesalter.

Moor, P. (1965): Heilpädagogik. Bern/Stuttgart

– (1960): Heilpädagogische Psychologie. Bd. I. Bd. II. 2. Aufl. Bern/Stuttgart 1958

Mühl, H. (1969): Notwendigkeit und Möglichkeit der Erziehung geistig behinderter Kinder. Bonn – Bad Godesberg

– (1979): Handlungsbezogener Unterricht mit Geistigbehinderten. Bonn-Bad Godesberg

– (1984): Einführung in die Geistigbehindertenpädagogik. Stuttgart u. a.

– (1987): Integration von Kindern und Jugendlichen mit geistiger Behinderung. Berlin

– (1997): Einführung in die Schulpädagogik bei geistiger Behinderung. Oldenburg

–, E. Grüning, Kleine-Schimmöller, V. (1997): Lernen unter einem Dach. Schulische Integration durch Kooperation. Marburg

Müller, A. M. K. (1978): Wende der Wahrnehmung. Erwägungen zur Grundlagenkrise in Physik, Medizin, Pädagogik und Theologie. München

Müller-Hohagen, J. (1987): Psychotherapie mit behinderten Kindern. München

Müller-Wiedemann, H., Vierl, K., Goelzer, G., Goelzer, V., Pietzner, C. (1974): Beiträge zur heilpädagogischen Methodik. Heilpädagogik aus anthroposophischer Menschenkunde Bd. 2. Stuttgart

Murken, J., Dietrich-Reichart, E. (Hrsg.) (1990): Down-Syndrom: aktuelle Bezeichnung für Mongolismus. Starnberg

Mutters, T. (1965): Lebenshilfe für geistig Behinderte. In: Enzyklopäd. Handbuch der Sonderpädagogik Berlin. Sp. 1102–1108

Neuhäuser, G., Steinhausen, H.-C. (Hrsg.) (2003): Geistige Behinderung. Grundlagen, klinische Syndrome, Behandlung und Rehabilitation. 3. Aufl. Stuttgart

Neumann, J. (Hrsg.) (1988): Arbeit im Behindertenheim. Situationsanalyse und Strategien zu ihrer Humanisierung. Frankfurt a. M.

Niedermann, A., Müller, M., Simmen, R. (Hrsg.) (1986): Die TARC-Methode von Wayne Sailor und Bonnie Jean Mix. Bern

Nietzsche, F. (1988): Zur Genealogie der Moral. Eine Streitschrift (1887). Stuttgart

Nihira, K., Forster, R., Shellhaas, M., Leland, H. (1975): AAMD Adaptive Behavior Scale. 1975 Revision. Washington, D.C.

Nippert, J. (1988): Die Geburt eines behinderten Kindes. Belastung und Bewältigung aus der Sicht betroffener Mütter und ihrer Familien. Stuttgart

Nirje, B. (1974): Das Normalisierungsprinzip und seine Auswirkungen in der fürsorgerischen Betreuung. In: R. B. Kugel, W. Wolfensberger (Hrsg.): Geistige Behinderte – Eingliederung oder Bewahrung. Stuttgart, 33–46

Oerter, R. (1968): Moderne Entwicklungspsychologie. Donauwörth

Oevermann, U. (1969): Schichtenspezifische Formen des Sprachverhaltens und ihr Einfluß auf die kognitiven Prozesse. In: H. Roth (Hrsg.): Begabung und Lernen. 2. Aufl. Stuttgart, 297–356

Opp, G. (1993): Mainstreaming in den USA. Heilpädagogische Integration im Vergleich. München/Basel

Ornstein, R. (1990): Multimind. Ein neues Modell des menschlichen Geistes. Paderborn

Oy, C. M. v., Sagi, A. (2002): Lehrbuch der heilpädagogischen Übungsbehandlung. Hilfe für das geistig behinderte Kind. 12. Aufl. Ravensburg

Patton, J. R., Beirne-Smith, M. A. Payne, J. S. (1990): Mental Retardation. 3rd Edition, Columbus, Ohio

Paulmichl, F. (1990): Verkürzte Landschaft. Texte und Bilder. Innsbruck
– (2001): Vom Augenmaß überwältigt. Briefe, Glossen und Bilder. Innsbruck

Pechstein, J. (1974): Umweltabhängigkeit der frühkindlichen zentralnervösen Entwicklung. Stuttgart

Penrose, L. S., Smith, G. F. (1966): Down's anomaly. London

Pestalozzi, J. H. (1927–1932): Sämtliche Werke (S. W.) Bd. 1–13. Hrsg. v. Buchenau, Spranger, Stettbacher Berlin/Leipzig 1927

Peterander, F., Speck, O. (Hrsg.) (2004): Qualitätsmanagement in sozialen Einrichtungen. 2. Aufl. München/Basel

Pettinger, J. (1989): Einstellung von Eltern geistig Behinderter zu den vorschulischen und schulischen Einrichtungen nach dem Sonderschulgesetz in Bayern. Diss. Univ. München, Fak. 11

Pfeffer, W. (1988): Förderung schwer geistig Behinderter. Eine Grundlegung. Würzburg

Philipps, E. (1965): Bildungsfähigkeit und Bildungsunfähigkeit. In: Enzyklopädisches Handbuch der Sonderpädagogik Berlin, Sp. 377–379

Piaget, J. (1946): Psychologie der Intelligenz, 2. Aufl. Zürich

– (1969): Das Erwachen der Intelligenz beim Kinde. Stuttgart

– (1975): Gesammelte Werke Bd. 2: Der Aufbau der Wirklichkeit beim Kinde. Bd. 10: Entwicklung des Erkennens III. Stuttgart

Pitsch, H.-J. (2002): Zur Entwicklung von Tätigkeit und Handeln Geistigbehinderter. Marburg

Pörtner, M. (2003): Brücken bauen. Menschen mit geistiger Behinderung verstehen und begleiten. Stuttgart

Pohl, S. (1995): Erhebung zum individuellen Hilfebedarf von Personen mit Behinderungen (EHB). Freiburg

Popper, K. R. (1975): Die offene Gesellschaft und ihre Feinde, 4. Aufl. München

Prekop, I. (1979): Wir haben ein behindertes Kind. Eltern berichten. Stuttgart

Pueschel, S. M. (1987): Kinder mit Down-Syndrom. Wachsen und Lernen. Marburg/Lahn

– (Hrsg.) (1995): Down-Syndrom: Für eine bessere Zukunft. Stuttgart

Quambusch, E. (1989): Die Bedeutung des Verfassungsbegriffs der Würde für Menschen mit geistiger Behinderung. Zeitschrift für Sozialhilfe und Sozialgesetzbuch, H. 1, 10–21

Rabenstein, R., Haas, R. (1969): Erfolgreicher Unterricht durch Handlungseinheiten. 3. Aufl. Bad Heilbrunn

Rache, H. (1980): Zur sozialen Situation des geistig-behinderten Kindes. In: D. Eggert, E. Schomburg, R. Altemöller (Hrsg.): Familie, Umwelt und Persönlichkeit geistig Behinderter. Bern/Stuttgart/Wien, 22–27

Rapp, N., Strubel, W. (Hrsg.) (1992): Behinderte Menschen im Alter. Freiburg/Br.

Rauh, H. (1979): Lernpsychologie. In: H. Bach (Hrsg.): Pädagogik der Geistigbehinderten. Berlin, 354–391

–, Rudinger, G. (1987): Early Development of Down Syndrome Children as Assessed by the Bayley Scales. Berlin

–, Berry, P. B. (1989/90): Differentielle Entwicklungsverläufe bei Kleinkindern mit Down-Syndrom. In: Risikobewältigung in der lebenslangen psychischen Entwicklung. – Verlaufsstudien im Kindes-, Jugend- und Erwachsenenalter. (Vorabdruck) Leipzig

Raynes, N. V., King, R. D. (1974): Residential Care for the Mentally Retarded. In: D. M. Boswell, J. M. Wingrove (Eds.): The Handicapped Person in the Community. London, 299–306

Remschmidt, H. (1979): Kinder- und Jugendpsychiatrie. Praktische Einführung für Krankenpflege-, pädagogische und soziale Berufe. Stuttgart

– (2002): Autismus. Erscheinungsformen, Ursachen, Hilfen. 2. Aufl. München

–, Schmidt, M. (Hrsg.) (1994): Multiaxiales Klassifikationsschema für psychiatrische Störungen des Kindes- und Jugendalters. 3. Aufl. Bern/Stuttgart/Wien

Rest, F. (1992): Das kontrollierte Töten. Lebensethik gegen Euthanasie und Eugenik. Gütersloh

Rett, A. (1983): Mongolismus. Biologische, erzieherische und soziale Aspekte. 2. Aufl. Bern/Stuttgart/Wien

Rieder, H., Buttendorf, Th., Höss, H. (Hrsg.) (1981): Förderung der Motorik geistig Behinderter. Theoretisch und praktisch orientierte Beiträge. Berlin

Rifkin, J. (1998): Das biotechnische Zeitalter. Die Geschäfte mit der Genetik. München

– (2000): Access. Das Verschwinden des Eigentums. Frankfurt/New York

Robinson, N. M., Robinson, H. B. (1976): The Mentally Retarded Child. A Psychological Approach. 2nd Editon. New York

Rödler, P. (2002): Geistig behindert: Menschen lebenslang auf Hilfe anderer angewiesen. Grundlagen einer basalen Pädagogik. 2. Aufl. Neuwied

Rösler, R. (Hrsg.) (1997): Biologie im Horizont der Philosophie. Der Entwurf einer europäischen „Bioethik"-Konvention. Frankfurt a. M. u. a.

Rogers, C. R. (1976): Entwicklung der Persönlichkeit. Stuttgart

Roos, Ph. (1975): Parents and Families of the Mentally Retarded. In: Kauffmann, Payne (Eds.): Mental Retardation. Introduction and Personal Perspectives. Columbus, Ohio, 336–386

Ross, A. O. (1967): Das Sonderkind. Stuttgart

Roth, H. (1966): Pädagogische Anthropologie Bd. 1: Bildsamkeit und Bestimmung. Hannover

Rutter, M. (1978): Bindung und Trennung in der frühen Kindheit. München

–, Tizard, J., Whitmore, K. (Eds.) (1970): Education, Health and Behavior. London

Saegert, C. W. (1846): Die Heilung des Blödsinns auf intellektuellem Wege. Bd. I 1845, Bd. II, Berlin

Sagitz, W. (1967): Beitrag zur Frage der schulischen und beruflichen Betreuung geistesschwacher Kinder. Praxis der Kinderpsychologie und Kinderpsychiatrie, 306–309

Sander, A. (1973): Die statistische Erfassung von Behinderten in der Bundesrepublik Deutschland. In: Deutscher Bildungsrat (Hrsg.): Sonderpädagogik 1. Stuttgart, 13–109

Sander-Beuermann, Ch. (1985): Sportbezogene Freizeitaktivitäten bei Kindern und Jugendlichen mit geistiger Behinderung. Berlin

Sandre, E., Raute, H. (1972): Das geistig behinderte Kind. Sexualität und Gefühlswelt in seiner Erziehung. Zürich/Köln

Sandvoß, O. (1983): Die Auswirkung sportmotorischer Förderung auf geistig behinderte Schüler. Folgerungen für den Sportunterricht in den Schulen für Geistigbehinderte. Berlin

Sarason, S. B. (1952): The psychology of the exceptional child. In: Woods Schools. Helping parents understand the exceptional child. Langhorne, Pa. (Woods Schools)

Sarimski, K. (2001): Kinder und Jugendliche mit geistiger Behinderung. Göttingen

– (2003 a): Psychologische Theorien geistiger Behinderung. In: G. Neuhäuser, H.-C. Steinhausen (Hrsg.): Geistige Behinderung. Grundlagen, klinische Syndrome, Behandlung und Rehabilitation. 3. Aufl. Stuttgart, 42–54

– (2003): Psychologische Diagnostik. In: G. Neuhäuser, H.-C. Steinhausen (Hrsg.): Geistige Behinderung. Grundlagen, klinische Syndrome, Behandlung und Rehabilitation. 3. Aufl. Stuttgart, 55–70

Schamberger, R. (1978): Frühtherapie bei geistig behinderten Säuglingen und Klein-kindern. Untersuchungen bei Kindern mit Down-Syndrom. Weinheim/Basel

Schiefelbusch, R.L. (1972): Language of the Mentally Retarded. Baltimore, Md.

Schlaich, L. (1974): Erziehung und Bildung geistig Behinderter durch Eltern und Erzieher. Neuburgweier

Schmidbauer, W. (1977): Die hilflosen Helfer. Über die seelische Problematik der helfenden Berufe. Reinbek

Schmidt-Thimme, D. (1970): Chancen für Ihr geistig behindertes Kind. Heidelberg

Schmitz, E. (1976): Elternprogramm für behinderte Kinder. München/Basel

Schnell, I., Sander, A. (Hrsg.) (2004): Inklusive Pädagogik. Bad Heilbrunn

Schnieber, M. (1995): In unserer Mitte – der Mensch. Liebenau

Schockenhoff, E. (1993): Ethik des Lebens. Ein theologischer Grundriß. Mainz

Schratz, M., Iby, M.U., Radnitzki, E. (2000): Qualitätsentwicklung. Verfahren, Me-thoden, Instrumente. Weinheim

Schröder, S. (1977): Beschützte Ehe bei Geistigbehinderten. In: Kluge, Sparty (Hrsg.): Können, dürfen, sollen Behinderte heiraten? Bonn-Bad Godesberg, 70–81

Schubert, M.Th. (1987): System Familie und Geistige Behinderung. Wien/New York

Schuchardt, E. (1985): Warum gerade ich …? Behinderung und Glaube. 3. Aufl. Of-fenbach

Schulze, A. (1972): Sprachausbildung und Hörsprecherziehung bei Geistigbehin-derten. Bonn-Bad Godesberg

Schurad, H. (2002): Curriculum Sachunterricht für die Schule für Geistigbehinderte. Marburg

Seebandt, G. (1964): Die Psychomotorik des schwachsinnigen Kindes und ihre Be-deutung für die heilpädagogische Arbeit im Rahmen der Lebenshilfe für das geis-tig behinderte Kind. Praxis der Kinderpsychologie und Kinderpsychiatrie, 56–63

Seeboth, E.-H. (1973): Kreativitätsförderung bei Geistigbehinderten. Bonn-Bad Godesberg

Seguin, E. (1976): Origin of Treatment and Training of Idiots (1864). In: M. Rosen, G.R. Clark, M.S. Kivitz (Eds.): The History of Mental Retardation., Vol. 1, 151–159

Seifert, M. (1989): Geschwister in Familien mit geistig behinderten Kindern. Eine praxisbezogene Studie. Bad Heilbrunn

– (1997a): Lebensqualität und Wohnen bei schwerer geistiger Behinderung. Theo-rie und Praxis. Reutlingen

– (1997b): Wohnalltag von Erwachsenen mit schwerer geistiger Behinderung. Eine Studie zur Lebensqualität. Reutlingen

Sengelmann, H.M. (1975): Sorgen für geistig Behinderte. Mit einer originalgetreuen Wiedergabe von „Idiotophilus" 1885. Hamburg

Siegenthaler, H. (Hrsg.) (1984): Andauernde Fortbildung des erwachsenen Geistig-behinderten. Erfahrungen aus schweizerischen Einrichtungen. Luzern

Sinason, V. (1992): Mental Handicap and the Human Condition. New Approaches from Tavistock. London

Singer, P. (1984): Praktische Ethik. Stuttgart

Skeels, H.M., Dye, H.B. (1939): A Study of the Effects of Different Stimulation. Proc. Amer. Assoc. Ment. Defic., 114–136

Skiba, A. (1996): Fördern im Alter. Integrative Geragogik auf heilpädagogischer Grundlage. Bad Heilbrunn

Skodak, M. (1967): Adult Status of Individual who Experienced Early Intervention. 1st Congress International Assocciation for the Scientific Study of Mental Deficiency, Montpellier, 11–18

Sondersorge, R. (1967): Geistig behindert – mehrfach behindert. Lebenshilfe, 140–144

Spaemann, R. (1989a): Glück und Wohlwollen. Versuch über Ethik. Stuttgart

– (Hrsg.) (1989b): Ethik-Lesebuch. Von Plato bis heute. 2. Aufl. München/Zürich

Specht, E. (1963): Erfahrungen mit der Vineland Social Maturity Scale in der Kinderpsychiatrie. Praxis der Kinderpsychologie und Kinderpsychiatrie, 204–207

Speck, O. (1964): Schulen für nicht-hilfsschulfähige schwachbildbare Kinder in Bayern. Zeitschrift für Heilpädagogik, 351–356

– (1973): Bildung, Bildbarkeit und Lernen des geistigbehinderten Menschen. Vierteljahresschrift für Heilpädagogik und ihre Nachbargebiete (VHN), 42, 137–144

– (1975): Soziale und personale Integration. Grundgedanken zur Erziehung des geistig behinderten Menschen. Lebenshilfe, 14, 18–24

– (1977a): Zum Thema „Heirat geistig Behinderter". Begriffsverwirrung – Mißverständnisse. Jugendwohl, 58, 35–38

– (1977b): Pädagogische Aufgabenstellung. In: G. Kanter, O. Speck (Hrsg.): Pädagogik der Lernbehinderten, Handbuch der Sonderpädagogik Bd. IV. Berlin, 90–100

– (1978): Kinder mit Intensivformen geistiger Behinderung. Tendenzen zu ihrer Förderung im internationalen Überblick. Vierteljahresschrift für Heilpädagogik und ihre Nachbargebiete (VHN), 47, 6–14

– (1978): Erziehung zur Partnerschaft. In: International League of Societies for the Mentally Handicapped (Hrsg.): Vol. 2, 269–278

– (1978): Behinderung: Besondere Erziehungsbedürfnisse und allgemeine Leistungsprobleme. In: Österreichische Gesellschaft für Heilpädagogik (Hrsg.): Neue Impulse in der Heilpädagogik. Wien/München, 66–78

– (1979a): Geschichte. In: H. Bach (Hrsg.): Pädagogik der Geistigbehinderten. Berlin, 57–72

– (1979b): Das pädagogische Gesamtkonzept der Förderung geistig behinderter Kinder. In: BV Lebenshilfe e.V. (Hrsg.): Verhaltenstherapien im Rahmen der Gesamtförderung geistig Behinderter. Marburg, 14–20

– (1980): Wissenschaftstheoretische Grundlagen und ihre Bedeutung für das Miteinander von Natur- und Geisteswissenschaften. In: A. Rett (Hrsg.): Infans Cerebropathicus, 4, 85–91

– (1982): Zur Praxis der Erziehung und des Unterrichts bei geistiger Behinderung. Heilpädagogik (Wien), 130–138

– (1982): Die Bedeutung des Wohnens für den geistig behinderten Menschen aus philosophisch-anthropologischer Sicht. In: BV Lebenshilfe e.V. (Hrsg.), 5–15

– (1983): Der ältere geistig behinderte Mensch aus pädagogischer Sicht. In: BV Lebenshilfe e.V. (Hrsg.): Altwerden von Menschen mit geistiger Behinderung. Marburg, 6–10

– (1984): Verhaltensstörungen, Psychopathologie und Erziehung. 2. Aufl. Berlin

– (1985): Mehr Autonomie für Erwachsene mit schwerer geistiger Behinderung. Geistige Behinderung, 3, 162–170

– (1987): Lebenssinn für den (geistig) behinderten Menschen. Jugendwohl (68), 313–321

- (1990): Pädagogische Hilfe für Kinder mit Down-Syndrom. In: J. Murken, E. D. Reichart (Hrsg.): Down-Syndrom, aktuelle Bezeichnung für Mongolismus. Starnberg / Percha, 225–257
- (1992): Helfen als Beruf – warum eigentlich? Zeitschrift zusammen (12), H. 7, 4–7
- (1993): Ändern sich die Bildungschancen für Kinder und Jugendliche mit (schweren) geistigen Behinderungen? Behindertenpädagogik in Bayern 1993 (36), Nr. 1, 1–10
- (1995): Die soziale Integration von Menschen mit Behinderungen – unter ethischem Aspekt. In: G. Antor, U. Bleidick (Hrsg.): Recht auf Leben – Recht auf Bildung. Aktuelle Fragen der Behindertenpädagogik. Heidelberg, 91–115
- (1996 a): Erziehung und Achtung vor dem Anderen. Zur moralischen Dimension der Erziehung. München/Basel
- (1996 b): Autonomie als Selbstregulierung und Selbstbindung an moralische Werte. In: Bundesvereinigung Lebenshilfe für geistig Behinderte (Hrsg.): Selbstbestimmung. Kongressbeiträge. Marburg, 15–21
- (1997 a): Chaos und Autonomie in der Erziehung. Erziehungsschwierigkeiten unter moralischem Aspekt. 2. Aufl. München/Basel
- (1997 b): Alte Menschen mit geistiger Behinderung im Kontext gesellschaftlicher Veränderungen. In: D. Weber (Hrsg.): Psychische Störungen bei älteren Menschen mit geistigen Behinderungen. Bern u. a., 286–304
- (1998 a): Bildung – ein Grundrecht für alle. In: G. Dürr (Hrsg.): Neue Perspektiven in der Sonderpädagogik, Düsseldorf, 33–55
- (1998 b): Arbeit für Menschen mit geistiger Behinderung. Orientierung, H. 1, 5–11
- (1998 c): Wohnen als Wert für ein menschenwürdiges Dasein. In: U. Fischer, Ch. Lindmeier, B. Reimann, M. Richardt (Hrsg.): Wohlbefinden und Wohnen von Menschen mit schwerer geistiger Behinderung. Reutlingen, 19–42
- (1999): Die Ökonomisierung sozialer Qualität. Zur Qualitätsdiskussion in Behindertenhilfe und Sozialer Arbeit. München/Basel
- (2003): System Heilpädagogik. Eine ökologisch reflexive Grundlegung. 5. Aufl. München/Basel
- (2003 a): Die Ökonomisierung des Lebenswertes als Gefährdung behinderten Lebens. In: M. Dederich (Hrsg.): Bioethik und Behinderung. Bad Heilbrunn Obb., 104–137
- (2004): Das Projekt der gentechnischen Optimierung menschlichen Lebens aus heilpädagogisch ethischer Sicht. In: A. Leonhardt (Hrsg.): Wie perfekt muss der Mensch sein? Behinderung, molekulare Medizin und Ethik. München / Basel, 31–58
- –, u. a. (1977 c): Frühförderung entwicklungsgefährdeter Kinder. Der pädagogische Beitrag zu einer interdisziplinären Aufgabe. München/Basel
- –, Kanter, G. (1988): Berufliche Förderung und Eingliederung für schwer vermittelbare junge Menschen mit erheblichen Lernbeeinträchtigungen. Zeitschrift für Heilpädagogik (39), 5, 331–333
- –, Kanter, G. (Hrsg.) (1992): Schwer vermittelbar! Spezielle berufliche Eingliederungshilfen. Aufgezeigt am Modell „Pro Integration e. V.". München/Basel
- –, Miessler, M., Straßmeier, W. (1988): Geistige Behinderung. In: U. Koch, G. Lucius-Hoene, R. Stegie (Hrsg.): Handbuch der Rehabilitationspsychologie. Berlin, 700–721

–, Peterander, F. (1994): Elternbildung, Autonomie und Kooperation in der Frühförderung, In: Frühförderung interdisziplinär, H. 3, 108–120

–, Thalhammer, M. (1977): Die Rehabilitation der geistig Behinderten. 2. Aufl. Mün-
chen/Basel

– (Hrsg.) (1982): Erwachsenenbildung bei geistiger Behinderung. München/Basel

– (Hrsg.) (1985): Integration und Autonomie behinderter Menschen. Stuttgart u. a.

–, Thurmaier, M. (Hrsg.) (1989): Fortschritte der Frühförderung entwicklungsgefährdeter Kinder. München/Basel

–, Warnke, A. (Hrsg.) (1989): Frühförderung mit den Eltern. 2. Aufl. München/Ba-
sel

Spitz, R. (1957): Die Entstehung der ersten Objektbeziehungen. Stuttgart

Spitzer, M. (2002): Lernen. Gehirnforschung und die Schule des Lebens. Heidel-
berg/Berlin

– (2004): Selbstbestimmen. Gehirnforschung und die Frage: Was sollen wir tun?
Heidelberg / Berlin

Sporken, P. (Hrsg.) (1974): Geistig Behinderte, Erotik und Sexualität. Düsseldorf

– (1975): Eltern und ihr geistig behindertes Kind. Das Bejahungsproblem. Düsseldorf

Spradlin, J. E., Spradlin, R. R. (1976): Developing Necessary Skills for Entry into
Classroom Teaching Arrangement. In: N. G. Haring, R. L. Schiefelbusch (Eds.):
Teaching Special Children. New York, 232ff

Sprau-Kuhlen, V. (1979): Verhaltenstherapeutische Methoden. In: H. Bach (Hrsg.):
Pädagogik der Geistigbehinderten. Berlin, 163–173.

Spreen, O. (1978): Geistige Behinderung. Berlin/Heidelberg/New York

Spreng, H. (1979): Schwerstbehinderte Kinder – eine Herausforderung für die
Schule. München/Basel

Staatsinstitut für Schulpädagogik und Bildungsforschung München (Hrsg.) (o. J.):
Lehrplan Werkstufe der Schule für geistig Behinderte. Entwurf

– (Hrsg.) (1982 a): Lehrplan der Schule für geistig Behinderte. München

– (Hrsg.) (1982 b): Lehrplan und Materialien für den Unterricht in der Schule für
geistig Behinderte. München

– (1992): Erziehung und Unterricht, Diagnostik und Förderung schwer geistigbehinderter Schüler. München

– (Hrsg.) (1997 a): Die Schule zur Individuellen Lebensbewältigung – eine Schule
mit Zukunft. München

– (Hrsg.) (1997 b): Computer in der Schule zur individuellen Lebensbewältigung.
2. Aufl. Donauwörth

– (Hrsg.) (1998): Medienpaket Kooperation. Materialien und Unterrichtshilfen. Donauwörth

Stachel, G. (1973): Religiöse Erziehung als offene Frage. In: Handbuch der Reli-
gionspädagogik. Hrsg. v. E. Feifel u. a. Bd. 1. Zürich / Einsiedeln, Köln, 21–33

Ständige Konferenz der Kultusminister der Länder in der Bundesrepublik (Hrsg.)
(1960): Gutachten zur Ordnung des Sonderschulwesens

– (1972): Empfehlungen zur Ordnung des Sonderschulwesens

– (1979/80): Empfehlungen für den Unterricht in der Schule für Geistigbehinderte
(Sonderschule). Bonn / Neuwied

Starck, Ch. (1987): Menschenwürde. In: Staatslexikon Recht, Wirtschaft, Gesellschaft.
Bd. 3. Hrsg. v. d. Görresgesellschaft. 7. Aufl. Freiburg / Basel / Wien, 1118–1121

Steinhausen, H.-C. (1990): Allgemeine und spezielle Psychopathologie. In: G. Neuhäuser, H.-C. Steinhausen (Hrsg.): Geistige Behinderung. Grundlagen, klinische Syndrome, Behandlung und Rehabilitation. 3. Aufl. Stuttgart, 64–73

Steppacher, J. (1987): Psychomotorische Förderung bei leichter geistiger Behinderung. Eine Studie zu einem Übungsprogramm im basalen Funktionsbereich. Berlin

Stinkes, U. (1993): Spuren eines Fremden in der Nähe. Das „geistigbehinderte" Kind aus phänomenologischer Sicht. Würzburg

Stockhausen, K.-H. (1975): Geistigbehinderte erwachsene Menschen in Heimen. Diss. Univ. München (FB 11)

Stöckmann, F. (1979): Bereich des Sexuellen. In: H. Bach (Hrsg.): Pädagogik der Geistigbehinderten. Berlin, 268–275

Störmer, G. (1966): Soziale Erziehung. Handbücherei der Lebenshilfe Bd. VI. Marburg

Stolk, J. (1988): Euthanasie und die Frage nach der Lebensqualität geistig behinderter Kinder. Vierteljahresschrift Heilpädagogik und ihre Nachbargebiete (VHN) (57), 2, 118–131

Strasser, H., Sievert, G., Munk, K. (1968): Das körperbehinderte Kind. Berlin

Straßmeier, W. (1982): Spielerziehung und Kreativitätsförderung Geistigbehinderter. Hagen

– (1990): Berufsbelastungen von Mitarbeitern an Schulen für Geistigbehinderte speziell durch den Umgang mit schwer behinderten Schülern. München

– (2000): Didaktik für den Unterricht mit geistigbehinderten Schülern. 2. Aufl. München/Basel

– (2001): Enthospitalisierung von Menschen mit geistiger Behinderung aus den Bezirkskrankenhäusern Bayerns. Forschungsbericht. München

– (2002): Frühförderung konkret. 5. Aufl. München/Basel

–, Speck, O., Homann, G. (1990): Förderung von Kindern mit schweren geistigen Behinderungen in der Schule. München

Stuffer, G. (1975): Arbeit und Berufsbildung Geistigbehinderter. Diss. Univ. München (FB 11)

Sucharowski, W. (1993): Begegnung & Dialog. Zur Zusammenarbeit von Schulen für Geistigbehinderte mit allgemeinen Schulen. Regensburg

– (Hrsg.) (1999): Wandel durch Annäherung. Integrative Effekte bei einem kooperativ organisierten Unterricht. Rostock

Switzki, H., Rotatori, A. E., Miller, T., Freagon, S. (1979): The Developmental Model and its Implications for Assessment and Instruction for the Severly/Profoundly Handicapped. In: Ment. Retardation 17, 167–169

ter Horst, W. (1983): Einführung in die Orthopädagogik. Stuttgart

Thalhammer, M. (1977): Geistige Behinderung. In: O. Speck, M. Thalhammer: Die Rehabilitation der Geistigbehinderten. 2. Aufl. München/Basel

– (1979): Konstrukte und Fragmente zur Erziehungswirklichkeit schwer körperlich und geistig behinderter Kinder. Vortragsmanuskript Würzburg

– (1980): Fragmente zur Erziehungswirklichkeit körperlich- und geistigbehinderter Kinder. Zeitschrift für Heilpädagogik (31), 547–556

– (1986): Warten und Erwarten, Träumen und Trauern. Anthropologische Fragmente zur Schwerstbehindertenpädagogik. In: M. Thalhammer (Hrsg.): Gefährdungen des behinderten Menschen im Zugriff von Wissenschaft und Praxis. München/Basel, 122–149

Theile, R. (1976): Förderung geistigbehinderter Kinder. Psychomotorische Übungsbehandlung und rhythmische Erziehung. 2. Aufl. Berlin
Theiner, Ch., Künne, E., Becker, K.-P. (1977): Zur Theorie und Praxis der Erziehung und Bildung Geschädigter in sozialistischen Ländern. Berlin
Thesing, Th. (1990): Betreute Wohngruppen und Wohngemeinschaften für Menschen mit einer geistigen Behinderung. Freiburg/Br.
Theunissen, G. (1985): Abgeschoben, isoliert, vergessen – Schwerstgeistigbehinderte
und mehrfach behinderte Erwachsene in Anstalten. Frankfurt a.M.
– (1986): Der Schule entwachsen – Wege zur Rehabilitation Geistigbehinderter im
Erwachsenenalter. Frankfurt a.M.
– (1987): Behindertenpädagogisch-therapeutische Arbeit mit schwer geistig- und
mehrfachbehinderten Erwachsenen aus der Perspektive Rhein. In: W. Dreher, Th.
Hofmann, Ch. Bradl (Hrsg.): Geistigbehinderte zwischen Pädagogik und Psychiatrie. Bonn, 174–193
– (1991): Heilpädagogik im Umbruch. Freiburg/Br.
– (1997): Basale Anthropologie und ästhetische Erziehung. Eine ethische Orien-
tierungshilfe für ein gemeinsames Leben und Lernen mit behinderten Menschen.
Bad Heilbrunn
– (1999): Wege aus der Hospitalisierung. Empowerment in der Arbeit mit schwerstbehinderten Menschen. 4. Aufl. Bonn
– (2000 a): Pädagogik bei geistiger Behinderung und Verhaltensauffälligkeiten.
3. Aufl. Bad Heilbrunn
– (2000 b): Alte Menschen mit geistiger Behinderung und Demenz: Handlungsmöglichkeiten aus pädagogischer Sicht. In: Bundesvereinigung Lebenshilfe (Hrsg.):
Persönlichkeit und Hilfe im Alter: Zum Alterungsprozess bei Menschen mit geistiger Behinderung. Marburg, 54–92
– (2000): Pädagogik bei geistiger Behinderung und Verhaltensauffälligkeiten. Ein
Kompendium für die Praxis. 3. Aufl. Bad Heilbrunn
– (2002): Altenbildung und Behinderung. Impulse für die Arbeit mit Menschen, die
als lern- und geistig behindert gelten. Bad Heilbrunn
– (2003): Krisen und Verhaltensauffälligkeiten bei geistiger Behinderung und
Autismus. Forschung, Praxis, Reflexion. Stuttgart
–, Plaute, W. (1995): Empowerment und Heilpädagogik. Freiburg i. Br.
Thimm, W. (2003): Epidemiologische und sozio-kulturelle Faktoren. In: G. Neuhäuser, H.-Ch. Steinhausen (Hrsg.): Geistige Behinderung. Grundlagen, klinische
Syndrome, Behandlung und Rehabilitation. 3. Aufl. Stuttgart, 9–23
–, v. Ferber, Ch., Schiller, B., Wedekind R. (1985): Ein Leben so normal wie möglich führen ... Zum Normalisierungskonzept in der Bundesrepublik Deutschland
und in Dänemark. Marburg
Thomae, H. (1985): Die psychologische Situation des alternden und alten geistig
Behinderten. In: BV Lebenshilfe e.V. (Hrsg.): Hilfen für alte und alternde geistig
behinderte Menschen. Marburg, 3–11
Thomae, I. (1964): Der Sonderkindergarten – seine Aufgaben und Arbeitsweise. Lebenshilfe, 10–19
– (1976): „Risiko-Kinder“. Zürich/Köln
– (1979): Früh- und Elementarbereich. In: H. Bach (Hrsg.): Pädagogik der Geistigbehinderten. Berlin, 75–87

Thomas, D. (1978): The Social Psychology of Childhood Disability. London. Deutsch: Sozialpsychologie des behinderten Kindes. München/Basel

Thompson, T., Grabowski, J. (Hrsg.) (1976): Verhaltensmodifikation bei Geistigbehinderten. München

Thurmair, M., Naggl, M. (2003): Praxis der Frühförderung. 2. Aufl. München/Basel

Tizard, J., Grad, J. C. (1961): The Mentally Handicapped and their Families. Oxford

Tolmein, O. (1993): Wann ist der Mensch ein Mensch? Ethik auf Abwegen. München/Wien

Tomaszewski, T. (1978): Tätigkeit und Bewußtsein. Beiträge zur Einführung in die polnische Tätigkeitspsychologie. Weinheim/Basel

Tornow, K. (1941): Bildungsunfähige Hilfsschulkinder: Was wird aus ihnen? Deutsche Sonderschule, 24–35

Trogisch, J. (1979): Ärztliche Aufgaben bei der Rehabilitation geistig Schwerstbehinderter. Zur Orientierung, 378–388

–, Trogisch, U. (1977): „Sind Förderungsunfähige ‚nur‘ Pflegefälle?" Zeitschrift für ärztliche Fortbildung, 71, 720–722

Tuckermann, A. (1981): Down-Kind Andreas. Der Weg eines Heimkindes. München/Basel

Varela, E. J., Thompson, E. (1992): Der Mittlere Weg der Erkenntnis. Die Beziehung von Ich und Welt in der Kognitionswissenschaft – der Brückenschlag zwischen wissenschaftlicher Theorie und menschlicher Erfahrung. Bern/München/Wien

Verband Kath. Einrichtungen für Lern- und Geistigbehinderte (Hrsg.) (1989): Ein Jahrhundert der Sorge um geistig behinderte Menschen. Bd. 1: Kaspar, F.: Die Zeit der Gründung: Das 19. Jahrhundert. Bd. 2: Wollasch, H.-J.: Ausbau und Bedrängnis: Die erste Hälfte des 20. Jahrhunderts. Freiburg i. Br.

Vereinigung der Bayerischen Wirtschaft (Hrsg.) (2003): Bildung neu denken! Das Zukunftsprojekt. Opladen

Vetter, Th. (1966): Das geistig behinderte Kind, seine Bildung und Erziehung. Villingen

Villinger, W. (1929): Die Grenzen der Erziehbarkeit und ihre Erweiterung. In: E. Lesch (Hrsg.): Bericht über den 4. Kongreß für Heilpädagogik 1928 in Leipzig. Berlin

Vliegenthart, W. E. (1968): Anders-sein und Mitmachen-wollen. Ein Spannungsfeld in der Erziehung behinderter Kinder. In: H. v. Bracken (Hrsg.): Erziehung und Unterricht behinderter Kinder. Frankfurt a. M., 18–33

–, Dunk, G. C. van den (1968): Die Problematik von Eltern geistig behinderter Kinder. Heilpädagogische Forschung Bd. 1. Marburg, 353–380

Voigt, W. (1934): Einsparungsmöglichkeiten in Heilerziehungsanstalten. Die Deutsche Sonderschule, 64–66

Wacker, E., Neumann, J. (Hrsg.) (1985): Geistige Behinderung und soziales Leben. Frankfurt/New York

Walburg, W.-R. (1974): Lebenspraktische Erziehung Geistigbehinderter. 2. Aufl. Berlin

Wallner, T. (1985): Realitäten und Tendenzen der Betreuung geistig behinderter Menschen in den skandinavischen Ländern am Beispiel Schwedens. In: E. Wacker, J. Neumann (Hrsg.): Geistige Behinderung und soziales Leben. Frankfurt/New York, 43–58

Walter, J. (Hrsg.) (2002): Sexualität und geistige Behinderung. 5. Aufl. Heidelberg

Walujo, S., Malmström, C. (1996): Grundlagen der SIVUS-Methode. Förderung der individuellen und sozialen Entwicklung bei Menschen mit geistiger Behinderung. 2. Aufl. München/Basel

Walzer, M. (1994): Sphären der Gerechtigkeit. Ein Plädoyer für Pluralität und Gleichheit. Frankfurt a. M.

Watzlawick, P., Beavin, J. H., Jackson, D. D. (1974): Menschliche Kommunikation. Formen, Störungen, Paradoxien. 4. Aufl. Bern/Stuttgart/Wien

Weber, D. (1970): Der frühkindliche Autismus unter dem Aspekt der Entwicklung. Bern/Stuttgart/Wien

–, Rett, A. (1991): Down-Syndrom im Erwachsenenalter. Klinische, psychologische und soziale Aspekte beim Mongolismus. Bern

– (Hrsg.) (1997): Psychische Störungen bei älteren Menschen mit geistiger Behinderung. Bern u. a.

Wegener, H. (1962): Bildungsunfähige in die Sonderschule? Zeitschrift für Heilpädagogik, 13, 213–217

Weise, T. (1966): Betrachtung über geistesschwache Kinder (1820). In: J.-G. Klink (Hrsg.): Zur Geschichte der Sonderschule. Bad Heilbrunn, 46–54

Weiß, H. (1989): Familie und Frühförderung. Analysen und Perspektiven der Zusammenarbeit mit Eltern entwicklungsgefährdeter Kinder. München/Basel

– (1992): Annäherungen an den Empowerment-Ansatz als handlungsorientierendes Modell in der Frühförderung. Frühförderung interdisziplinär (11), 157–169

– (1999): Empowerment in der Heilpädagogik und speziell in der Frühförderung – ein neues Schlagwort oder eine handlungsleitende Idee? Vierteljahresschrift für Heilpädagogik und ihre Nachbargebiete (VHN), H. 1, 23–35

Weizsäcker, C. F. v. (1977): Der Garten des Menschlichen. 2. Aufl. München/Wien

Wendeler, J. (1976): Psychologische Analysen geistiger Behinderung. Weinheim/Basel

– (1984): Autistische Jugendliche und Erwachsene. Gespräche mit Eltern. Weinheim/Basel

– (1992): Geistige Behinderung. Normalisierung und soziale Abhängigkeit. Heidelberg

– (1996): Psychologie des Down-Syndroms. 2. Aufl. Bern/Stuttgart/Wien

WHO Weltgesundheitsorganisation (2000): Internationale Klassifikation psychischer Störungen. ICD-10 Kapitel V (F). Klinisch-diagnostische Leitlinien. 4. Aufl. Bern/Göttingen/Toronto/Seattle

Wieland, H. (Hrsg.) (1987): Geistig behinderte Menschen im Alter. Heidelberg

Wilken, E. (2003): Sprachförderung bei Kindern mit Down-Syndrom. 9. Aufl. Berlin

– (Hrsg.) (1997): Neue Perspektiven für Menschen mit Down-Syndrom. Dokumentation der Fachtagung Down-Syndrom 1996 in Hannover. Erlangen

– (Hrsg.) (2002): Unterstützte Kommunikation. Eine Einführung in Theorie und Praxis. Köln

Wilken, U. (1983): Tourismus und Behinderung. Sonderpädagogik (13), 4, 157–164

Wilker, F. (1989): Autismus. Darmstadt

Willand, H., Schwedes, R. (1980): Materialien zur Problematik der Freizeitgestaltung Geistigbehinderter. Zeitschrift für Heilpädagogik (31), 216–227

Williams, H. M., Connor, F. P., Brewer, J. (1966): Das geistig behinderte Kind in der Sonderschule. Bern

Wing, L. (1973): Das autistische Kind. Ravensburg

Wocken, H., Antor, G. (Hrsg.) (1987): Integrationsklassen in Hamburg. Erfahrungen, Untersuchungen, Anregungen. Solms-Oberbiel

Wohlfahrth, R. (1985): Nonverbale Kommunikation. Ihre Bedeutung für die Erziehung geistig behinderter Menschen. Geistige Behinderung (24), 4, 253–263

Wolfensberger, W. (1972): The Principle of Normalization in Human Services. Toronto

Wüllenweber, E. (2000): Krisen und Behinderung. Entwicklung einer praxisbezogenen Theorie und eines Handlungskonzeptes für Krisen von Menschen mit geistiger Behinderung. 2. Aufl. Bonn

Wunderlich, Chr. (1977): Das mongoloide Kind, Möglichkeiten der Erkennung und Betreuung. 2. Aufl. Stuttgart

Wygotski, L. S. (1974): Zur Orientierung auf die „Zone der nächsten Entwicklung". In: Psychologische Studientexte, Vorschulerziehung. Berlin, 48–51

Zerbin-Rüdin, E. (1990): Genetische und biologische Faktoren. In: G. Neuhäuser, H.-C. Steinhausen (Hrsg.): Geistige Behinderung. Grundlagen, klinische Syndrome, Behandlung und Rehabilitaiton. 3. Aufl. Stuttgart, 24–34

Zielniok, W., Schmidt-Thimme, D. (Hrsg.) (1990): Gestaltete Freizeit mit geistig Behinderten. 4. Aufl. Rheinstetten

Zigler, E. (1961): Social Deprivation and Rigitity in the Performance of Feeble-minded Children. Journal Abnormal and Social Psychology (62), 413–421

– (1975): Cognitive-Developmental and Personality Factors in Behavior. In: J. M. Kauffman, J. S. Payne, (Eds.): Mental Retardation. Introduction and Personal Perspectives. Columbus, Ohio, 360–387

– (1978): National Crisis in Mental Retardation Research. American Journal Mental Deficiency, 83, 1–8

Sachregister

Otto Speck
System Heilpädagogik

Eine ökologisch reflexive Grundlegung
5., neu bearbeitete Auflage 2003
547 Seiten. 26 Abb. 7 Tab.
(3-497-01626-8) gb

Die fünfte Auflage des Standardwerkes
der Heilpädagogik erscheint in erneut
aktualisierter Form. Berücksichtigt
werden wichtige Veränderungen in
den gesellschaftlichen und wissenschaftlichen Rahmenbedingungen in
Theorie und Praxis, ohne dass der Kernbestand des ökologisch-
systemtheoretischen Ansatzes angetastet wurde. So wurden
heilpädagogisch relevante Themen aufgenommen, z. B. die Diskussion um eine eugenisch orientierte Gentechnologie, ökonomisierende Einflüsse, Qualitätsentwicklung, die Frage einer neuen
Selektion im Schulwesen auf der Basis der PISA-Studie 2000,
Care-Ethik und die wachsende Bedeutung des erzieherischen
Verhältnisses.

ℝ reinhardt
www.reinhardt-verlag.de

Franz Peterander
Otto Speck (Hrsg.)
**Qualitätsmanagement in
sozialen Einrichtungen**

2., völlig neu bearb. Auflage 2004
346 Seiten. 24 Abb. 3 Tab.
(3-497-01703-5) kt

Das System des Qualitätsmanagements in sozialen Einrichtungen hat
sich rasant weiterentwickelt: Neue
Begriffe und Konzepte haben sich etabliert, zugleich sollen fachliche Stan-
dards und ethische Normen ihre Gültigkeit behalten. Einrichtungen und Trägerverbände suchen daher nach Orientierung
und Entscheidungshilfen.

Was können Qualitätsmanagement-Systeme leisten? Wie kann
man sie gewinnbringend für den Menschen nutzen? In die völlig
neu bearbeitete Auflage wurden u.a. sieben neue Themen wie
Personalentwicklung und Führung, Wissensmanagement, Total-
Value-Management und Balanced Scorecard aufgenommen.

Die Beiträge dieses Buches stellen theoretische und praktische
Konzepte des Qualitätsmanagements vor. Neue Erkenntnisse
und Erfahrungen bei der Umsetzung in der Frühförderung, in
Kindertagesstätten, Schulen, Jugendhilfe, Erwachsenenbildung,
Werkstätten der Behindertenhilfe, Rehabilitation, Altenhilfe etc.
werden reflektiert.

ℰⱽ reinhardt
www.reinhardt-verlag.de

Walter Straßmeier
Didaktik für den Unterricht mit geistigbehinderten Schülern

2. Auflage 2000. 183 Seiten. 19 Abb.
UTB-L (3-8252-8132-9) kt

Dieses Buch schlägt eine Brücke zwischen den Zielen der allgemeinen Didaktik und den besonderen Ansprüchen einer Didaktik für geistigbehinderte Schüler. Es ist Ergebnis langjähriger Unterrichtserfahrung des Autors mit behinderten Schülern und eine fundierte Einführung, die in diesem speziellen Bereich eine Lücke schließt. Anschaulich wird das Buch durch die zahlreichen Unterrichtsbeispiele, die klar aufgegliedert sind in Lernschwerpunkte, Lernvoraussetzungen der Schülern, Unterrichtsziele und -feinziele. Basale Lernprozesse anregen, elementare Beziehungen aufbauen, zu psychischer Stabilität verhelfen, Lebensfertigkeiten vermitteln, Lebensaufgaben eröffnen – das sind nur einige Ziele, die im praktischen Teil des Buches vorgestellt werden. Förderpläne, Arbeitsaufgaben, Lösungsvorschläge und ein Glossar ergänzen das Lehrbuch, das gleichermaßen für Studenten und Lehrer eine wertvolle Hilfe ist.

ℝⱽ reinhardt
www.reinhardt-verlag.de

Barbara Fornefeld
Einführung in die Geistigbehindertenpädagogik

3., aktualisierte Auflage 2004. 197 Seiten.
29 Abb. 5 Tab. 59 Übungsaufgaben
UTB-M (3-8252-2160-1) kt

Das Buch führt anschaulich in das komplexe Gebiet der Geistigbehindertenpädagogik ein. Es gibt einen Einblick in die zentralen Themen und die vielfältigen Aufgabenfelder der Geistigbehindertenpädagogik, die von der Frühförderung über schulische und nachschulische Erziehung, Arbeit, Wohnen und Freizeit bis hin zur Begleitung im Alter reichen. Der didaktische Aufbau des Buches mit Marginalienspalte und Glossar erleichtert den Studierenden das Lernen. Übungsfragen dienen der unmittelbaren Lernzielkontrolle und regen zur weiterführenden Diskussion in Arbeitsgruppen an. Nützliche Adressen im Anhang weisen auf zusätzliche Informationsquellen hin.

EV reinhardt
www.reinhardt-verlag.de

Otto Speck
Chaos und Autonomie in der Erziehung

Erziehungsschwierigkeiten unter moralischem Aspekt
2., überarb. Auflage 1997.
269 Seiten. (3-497-01439-7) gb

Erziehungsschwierigkeiten breiten sich aus und münden immer häufiger in destruktive Aggressivität. Otto Speck geht den Gründen nach, die zur gegenwärtigen Verunsicherung in der Erziehung geführt haben: Vernachlässigt wurde und wird insbesondere die moralische Dimension kindlichen und jugendlichen Verhaltens und des erzieherischen Handelns. Selbstbestimmte Erziehung wird fehlinterpretiert in Richtung bloßer Freiheitlichkeit.

Otto Speck zeigt, wie Erziehung zur Autonomie als moralische Erziehung über das Prinzip der „Gerechtigkeit als Fairneß" umgesetzt werden kann.

Otto Speck
Die Ökonomisierung sozialer Qualität

Zur Qualitätsdiskussion in Behindertenhilfe und Sozialer Arbeit
1999. 241 Seiten. 7 Abb.
(3-497-01502-4) gb

Ist der Sozialstaat wirklich am Ende? Müssen soziale Dienstleistungen gekürzt werden, um qualitativ besser zu werden?

Der renommierte Fachmann Otto Speck liefert eine wohltuend fundierte und differenzierte Argumentation. Einerseits geht es um eine qualitative Weiterentwicklung der fachlichen Arbeit und um eine Sicherung der Lebensqualität für Menschen, die Hilfe brauchen; auf der anderen Seite werden ökonomisierende Tendenzen bis in die Basis dieser Arbeit wirksam, so dass das bisher gültige Menschenbild infrage steht.

ℝ reinhardt
www.reinhardt-verlag.de